国内外经典教材辅导系列·金融类

黄达《金融学》（第5版）笔记和课后习题（含考研真题）详解

主编：圣才考研网
www.100xuexi.com

中国石化出版社

内 容 提 要

本书是黄达主编的《金融学》(第5版)[货币银行学(第七版)]的学习辅导书。本书遵循该教材的章目编排，包括5篇，共分29章，每章由两部分组成：第一部分是复习笔记，总结本章的重难点内容，部分章节精选名校考研真题，并提供详细答案；第二部分是课(章)后习题详解，结合本教材和最新参考资料对该教材的课后习题进行了详细的分析和解答。

圣才考研网(www.100xuexi.com)提供黄达《金融学》配套电子书、题库。购书即可免费享受大礼包增值服务【本书电子书+考研专业课咨询服务】。手机扫码(本书封面左下角)免费领取本书大礼包。

图书在版编目(CIP)数据

黄达《金融学》(第5版)笔记和课后习题(含考研真题)详解/圣才考研网主编.—北京:中国石化出版社,2020.6
ISBN 978-7-5114-5854-4

Ⅰ.①黄… Ⅱ.①圣… Ⅲ.①金融学-研究生-入学考试-自学参考资料 Ⅳ.①F830

中国版本图书馆CIP数据核字(2020)第091161号

中国石化出版社出版发行
地址:北京市东城区安定门外大街58号
邮编:100011 电话:(010)57512500
发行部电话:(010)57512575
http://www.sinopec-press.com
E-mail:press@sinopec.com
武汉市盛宏源印务有限公司印刷
全国各地新华书店经销
*
787×1092毫米16开本28印张664千字
2020年8月第1版 2020年8月第1次印刷
定价:68.00元

国内外经典教材辅导系列·金融类

编 委 会

序　言

我国各大院校一般都把国内外通用的权威教科书作为本科生和研究生学习专业课程的参考教材，这些教材甚至被很多考试（特别是硕士和博士入学考试）和培训项目作为指定参考书。为了帮助读者更好地学习专业课，我们有针对性地编著了一套与国内外教材配套的复习资料，并提供配套的名师讲堂和题库。

黄达主编的《金融学》（第5版）［货币银行学（第七版）］是我国高校采用较多的金融学权威教材。作为该教材的学习辅导书，本书具有以下几个方面的特点：

1. 框架图表体系，通俗易懂易记

本书每章的知识框架图和考点归纳表，在全方位把握重要考点的同时，提纲挈领地以思维导图形式，呈现重要的考点、难点，脉络清晰，一目了然，更容易记忆。

2. 双色印刷+星级标记，透彻剖析必考点

本书每章的复习笔记均对该章的考点难点进行了整理，全书考点均按重要程度分为一星（一般了解）至五星（熟练掌握），并对关键词用波浪线进行了标记，方便考生更有针对性地复习。

3. 精选考研真题，强化知识考点

本书对考研涉及的重点章节，精选了部分名校近年的金融学考研真题并提供答案详解，特别注重理论联系实际，凸显当前热点。

4. 解析课后习题，提供详尽答案

本书参考大量金融学相关辅导资料对该教材的课（章）后习题进行了详细的分析和解答，并对相关重要知识点进行了延伸和归纳。

要深深牢记：考研不同一般考试，概念题（名词解释）要当作简答题来回答，简答题要当作论述题来解答，而论述题的答案要像是论文，多答不扣分。有的论述题的答案简直就是一份优秀的论文（其实很多考研真题就是选自一篇专题论文），完全需要当作论文来回答！

购书即可免费享受大礼包增值服务。手机扫码（本书封面左下角）免费领取本书大礼包。具体包括：①本书电子书；②考研专业课咨询服务。

圣才考研网（www.100xuexi.com）是圣才学习网旗下的考研考博专业网站，提供考研公共课和全国各高校金融类专业考研考博辅导班【一对一辅导（面授/网授）、网授精讲班等】、电子书、题库、全套资料（历年真题及答案、笔记讲义等）、国内外经典教材名师讲堂、考研教辅图书等。

考研辅导：kaoyan.100xuexi.com（圣才考研网）
资格考试：www.100xuexi.com（圣才学习网）

圣才考研网编辑部

目　录

第1篇　货币、信用与金融

第2篇　金融中介与金融市场

第 3 篇　货币均衡与宏观政策

第 4 篇　金融运行的微观机制

第 5 篇　金融发展与稳定机制

第1篇

货币、信用与金融

第1章　货币与货币制度

1.1　复习笔记

【知识框架（庖丁解牛）】

- 货币与货币制度
  - 货币的起源
    - 马克思的论证
    - 交易的社会成本角度
    - 其他货币起源论
  - 形形色色的货币
  - 货币的职能
  - 货币的界说
  - 货币制度
    - 含义及构成要素
    - 演变

【考点难点归纳（厚积薄发）】

考点一：货币的起源（见表1-1）　★★

表1-1　货币的起源

论证角度	具体内容	
马克思的论证	价值及其形式	商品具有两个属性：使用价值形式和价值形式。其中使用价值形式是自然形式，能够被感知的；而价值形式是商品的交换价值，难以具象化的，只能通过交换表现出来。因此为了弄清货币的起源和本质，需要结合商品交换发展的历史进程，分析价值形式发展的过程
	价值形式的发展与货币的产生	①价值形式的发展：简单的价值形式（或偶然的价值形式）→扩大的价值形式→一般价值形式→货币形式。 ②货币的产生：货币形式是价值形式的完成形式。货币产生后，商品世界分为两级，一是商品，二是货币
交易的社会成本角度	经济行为的演化与交易成本有紧密的联系，并且正逐渐向低交易成本的方向演变。通过货币进行的交易与物物交易的交易成本差距会随着商品数量的增加而增加，最终物物交易会被货币交易所取代	
其他货币起源论	①货币是国家规定或创造的； ②货币的出现是为了克服直接物物交换的麻烦	

考点二：形形色色的货币（见表 1-2） ★★

表 1-2 形形色色的货币

<table>
<tr><th>货币形式</th><th colspan="2">具体内容</th></tr>
<tr><td>古代的货币</td><td colspan="2">贝是我国古代最早应用的货币</td></tr>
<tr><td>币材</td><td colspan="2">作为货币的商品应当具有如下特征：①价值高；②易于保存；③易于分割；④便于携带</td></tr>
<tr><td rowspan="2">铸币</td><td>含义</td><td>金属货币最初以块状流通，后来逐渐演变为由国家的印记证明其重量和成色的金属块，即铸币</td></tr>
<tr><td>相关定律</td><td>流通中出现铸造重量轻、成色低的劣质铸币时，足值货币会被收存，而劣币大量流通，这就是劣币驱逐良币定律</td></tr>
<tr><td>用纸做的货币</td><td colspan="2">北宋年间，已有大量用纸印制的货币，称作“交子”。元代，具有代表性的是“中统钞”和“至元钞”。明代发行“大明宝钞”</td></tr>
<tr><td>银行券与国家发行的纸币</td><td colspan="2">①银行券是首先在欧洲出现的一种用纸印制的货币。到 19 世纪，在工业化国家中，只有中央银行才可发行。
②中国的现代银行出现较晚。中国人民银行于 1948 年 12 月 1 日开始发行不兑现的银行券——人民币，这标志着我国货币制度的建立</td></tr>
<tr><td>可签发支票的存款</td><td colspan="2">支票是顾客依据存款向银行签发的可用于支付货款、支付各种收费的支付命令书。这种可签发支票的存款又被称为“存款货币”。在现代经济生活中，存款货币的数量是不兑现银行券数量的几倍</td></tr>
<tr><td>外汇存在的种种形态</td><td colspan="2">在对外经济活动中，需要使用外国货币进行结算。外汇主要包括外国钞票、外国小额金属硬币、外币存款、外国票据、以外币标示的有价证券等</td></tr>
<tr><td>计算机的运用、无现金社会与数字货币</td><td colspan="2">电子技术和网络技术迅速发展，导致货币形态及传统的银行业务均产生了较大的改变。
①2008 年比特币出世，数字货币登上世界经济的舞台，网络虚拟货币开始风靡全球。
②2019 年“JPM 硬币”创建，它是全球首款由银行支持的数字货币</td></tr>
</table>

考点三：货币的职能 ★★★★★

1. 赋予交易对象以价格形态

货币在表现商品的价值并衡量商品价值的大小时发挥价值尺度职能，这是货币的首要职能，即作为商品价值的尺度或计价的标准。

（1）货币单位

价格是发挥商品价值尺度的单位，各种交易对象具有不同的价格，货币单位表现为价格单位。

最初的货币单位是自然单位（如头、匹、斤、两），后来逐渐演变为抽象名称（如元、文、镑）。

（2）价格波动

价格是价值的货币表现，价格围绕价值上下波动，但在实际中价格并不完全符合价值。价格一般包含价值和供求对比两个因素。

2. 购买和支付手段(见表 1-3)

表 1-3　购买和支付手段

要点	具体内容
货币购买力	货币购买力是所有商品价格的倒数，货币购买力变动的趋势和幅度是物价指数变动的倒数
交易媒介或流通手段	商品流通是指以货币作为媒介不断进行商品的交换，因此货币也被称为流通手段、购买手段和交易媒介
价值尺度与流通手段的统一	货币是价值尺度和流通手段的统一。价值尺度和流通手段也是货币两个最基本的职能。当某一种商品同时满足了这两个需求时，其就取得了充当货币的资格
支付手段	在赊买赊卖过程中，结束流通过程的货币起着支付手段职能。国家财政与银行信用领域是货币发挥支付手段的重要场所
流通中的货币	流通手段与支付手段在数量上难以细分，因此把二者统称为购买和支付手段
货币需求	支付手段和流通手段所需的货币构成流通中的货币需求。货币需求的恒等式：$PQ = MV$，其中，P 代表价格；Q 代表商品数量；M 表示货币需求量；V 代表货币流通速度

【例 1.1】税务局征收税款时，货币执行(　　)职能。[中国人民大学 2017 金融硕士]

A. 价值尺度　　B. 流通手段　　C. 支付手段　　D. 价值贮藏手段

【解析】支付手段指货币作为价值的独立运动形式进行单方面转移，执行支付手段职能的货币必须是现实的货币。支付手段的特点为仅仅有货币的单方面流通，没有对应商品的同时流通。支付手段常出现的领域：延期付款、工资、劳动报酬、赋税、地租、借贷、国家财政和银行信用。A 项，价值尺度即用货币来表现和衡量其他商品的价值，使商品、服务能够相互比较；B 项，流通手段指货币在商品流通或购买服务过程中充当交换的媒介，流通手段职能的特点是同时有货币和商品流通；D 项，价值贮藏手段指货币被人们当作社会财富的一般代表保存起来时所执行的职能。

【答案】C

【例 1.2】在赊买赊卖中，货币发挥(　　)职能。[中国人民大学 2018 金融硕士]

A. 流通手段　　B. 支付手段　　C. 交易媒介　　D. 价值贮藏

【解析】货币的支付手段职能是指在商品交换发展的过程中，发生赊买赊卖，即用延期支付的方法买卖商品的情况下，货币用于清偿债务时执行的职能，此时，货币已经不是流通过程的媒介，而是补足交换的一个独立的环节，即作为价值的独立存在而使早先发生的流通过程结束。

【答案】B

3. 积累和保存价值的手段

具备价值尺度和流通手段职能的货币一经产生，便立即具备了可被保留、积累财富职能。贮藏金银是积累和储存价值的古典形态。随着现代货币流通的发展，现在人们主要采取在银行存款和储蓄的方式积累和保存价值。

【例 1.3】货币的一个重要职能是价值贮藏，(　　)。[南京大学 2013 金融硕士]

A. 由于纸币没有价格，所以纸币不执行价值贮藏职能

B. 在正常经济环境中，纸币具有价值贮藏职能

C. 在现代社会，执行价值贮藏职能是高品质国债而非纸币

D. 在现代社会，执行价值贮藏职能的是黄金而不是纸币

【解析】货币退出流通，贮藏起来，就执行贮藏手段的职能。纸币是一种信用货币，如果通货膨胀水平较低，并且预期通货膨胀水平也很低，信用货币是可以被"贮藏"起来的。

【答案】B

4. 国际交往中的货币职能

由于国际交往离不开货币，货币在其中发挥的是计价和支付的功能。马克思指出：一种货币作为世界货币，应当具有充当价值尺度、一般的支付手段、一般的购买手段和一般的转移财富手段的职能。

考点四：货币的界说（见表 1-4）★★

表 1-4　货币的界说

界说角度	具体内容
职能视角	①该观点从流通、支付的职能来界定货币。 ②价值尺度与流通手段的统一是货币，这是马克思从职能角度给货币所做的界定
一般等价物	货币具有排他性，是可以在商品世界中起一般等价物的作用的特殊商品
流动性	与任何商品和有价证券相比，货币的流动性是最高的
社会计算工具或"选票"	①货币是否与商品交换以及交换多少是在证明生产出的产品是否被社会接纳，或者说反映商品价值的大小，所以货币称为社会计算工具。 ②从货币信息指挥生产要素配置的视角来看，可以把货币界定为"选票"，它是"看不见的手"指挥人们行为的必要环节
财富	重商主义认为金银就是货币，货币就是财富，而且是财富的唯一形态。但货币并不是社会财富本身，最多是社会财富的一部分
法	法律规定货币具有无限偿付能力。若客观经济发展没有提供这种钞票流通的基础，法律就不能把它们创造出来
控制货币的要求	国际货币基金组织用M1、M2、M3 系列来确定货币统计问题。通过对货币的控制实现对整个经济进程的干预和调节，便有货币统计问题
生产关系的体现	货币根植于商品经济关系，体现并服务于商品经济关系，但并不能改变商品经济关系

考点五：货币制度 ★★★★★

1. 货币制度的含义及其构成要素

货币制度是指国家以法律形式规定的本国货币的流通结构和组织形式，它由国家有关货币方面的法令、条例等综合构成。

货币制度的构成要素如表 1-5 所示。

表 1-5　货币制度的构成要素

要素	具体内容
币材的确定	币材是指充当货币的材料或物品。币材应同时具备价值较高、易于分割、易于保存、便于携带以及供给弹性这五大特质
确定货币单位	货币单位是指货币制度中规定的货币计量单位。货币单位的规定主要有： ①规定货币单位的名称； ②确定货币单位的“值”
规定流通中的货币种类	流通中的货币种类主要是指主币和辅币。辅币是主币最小单位以下的不同面额的可以等分的货币。主币是一国流通中的基本通货
对货币法定支付偿还能力的规定	无限法偿是指货币可以任意购买商品，对方不能拒收任何货币；有限法偿是指在一次支付中，在法定限额内不能拒收，但超过规定的数额收款人则有权拒收
货币发行准备制度的规定	各国在准备比例和准备资产上也有差别，目前各国货币发行准备的构成有： ①现金准备，包括黄金、外汇等具有强流动性的资产； ②证券准备，包括短期商业票据、财政短期国库券、政府公债券等

2. 货币制度的演变(见表 1-6)

表 1-6　货币制度的演变

类型	具体内容
银本位制	银本位制是最早的货币制度，它是指以白银为本位货币的一种货币制度。银币具有无限法偿能力，其名义价值与实际含有的白银价值是一致的
金银复本位制	金银复本位制是指以金和银同时作为本位币，均可自由铸造与兑换，并且都是无限法偿货币。金银复本位制按金银两金属的不同可分为： ①平行本位制：金银两种货币均各按其所含金属的实际价值任意流通的货币制度。 ②双本位制：金银两种货币按法定比例流通的货币制度。 ③跛行本位制：国家规定金币可自由铸造而银币不允许自由铸造，并且二者可按固定的比例兑换的货币制度
金本位制	金本位制是指以黄金作为本位货币的货币制度。其主要形式分为三种： ①金币本位制：以黄金为货币金属的一种典型的金本位制。其主要特点有三个： a. 黄金可以自由输出与输入； b. 流通中的辅币和价值符号可以自由兑换金币； c. 金币可以自由铸造、自由熔化。 ②金块本位制：没有金币的铸造和流通，由中央银行发行以金块为准备的纸币流通的货币制度。 ③金汇兑本位制：以银行券作为流通货币，通过外汇间接兑换黄金的货币制度
不兑现的信用货币制度	不兑现的信用货币制度是指以不兑换黄金的纸币或银行券为本位币的货币制度。不兑现的纸币一般是由中央银行发行，国家法律赋予无限法偿能力。这种制度会使得国家获得干预经济手段的同时，也会出现通货膨胀
纸币本位制度	纸币的发行不受黄金准备的限制，其发行量取决于货币管理当局实现货币政策的需要；纸币的价值不取决于黄金的价值，而取决于购买力；纸币的流通取决于纸币发行者的信用

【例1.4】金银复本位制的不稳定性源于(　　)。[中央财经大学2015金融硕士]

A. 金银的稀缺　　B. 生产力的提高

C. 货币发行管理混乱　　D. 金银同为本位币

【解析】金银复本位制是一种不稳定的货币制度，当金银铸币各按其自身所包含的价值并行流通时，市场上的商品就出现了金价和银价两种价格，容易引起价格混乱，给商品流通带来许多困难。

【答案】D

【例1.5】格雷欣法则[云南大学2018金融硕士；中国科学技术大学2016金融硕士；中国人民大学2015金融硕士；上海大学2013金融硕士；中央财经大学2012金融硕士；华东师范大学2011金融硕士]

答：格雷欣法则又称"劣币驱逐良币定律"。在金银复本位制下，金银两种货币按国家规定的法定比例流通，结果官方的金银比价与市场自发金银比价平行存在。当金币与银币的实际价值与法定比例相背离，从而使实际价值高于名义价值的货币(即"良币")被收藏、熔化而退出流通，实际价值低于名义价值的货币(即"劣币")则充斥市场，这就是"劣币驱逐良币定律"，即格雷欣法则。

【例1.6】自由铸造，自由兑换及黄金自由输出是(　　)本位制度的三大特点。[中国人民大学2015金融硕士]

A. 金块　　B. 金币　　C. 金条　　D. 金汇兑本位

【解析】金币本位制度是金本位货币制度的最早形式，亦称为古典的或纯粹的金本位制。金币可以自由铸造，自由熔化，具有无限法偿能力。在该制度下，黄金可以自由输出或输入国境，并在输出入过程形成铸币物价流动机制，对汇率起到自动调节作用。

【答案】B

【例1.7】金本位制度是指(　　)。[南京大学2015金融硕士]

A. 一国的纸币可以按法定兑换率自由兑换为黄金

B. 黄金成为一国的主要货币

C. 国际之间贸易往来以黄金为计价和支付工具

D. 以金币作为主要流通货币的制度

【解析】金本位制有三种形式：金币本位制、金块本位制、金汇兑本位制。A项，只有在金币本位制下，一国的纸币可以自由兑换为黄金；C项，国际之间贸易往来以黄金和外汇为计价和支付工具；D项，金币本位制是以金币作为主要流通货币的制度。

【答案】B

1.2　课后习题详解

1. 钱、货币、通货、现金是一回事吗？银行卡是货币吗？

答：(1)钱、货币、通货、现金不是一回事

虽然钱、货币、通货、现金的内容有所重叠，但这几个概念之间是有区别的。

钱是人们对货币的俗称。经济学中被称为货币的东西，就是在人们日常生活中被称为钱的东西。

货币是由国家法律规定的，在商品劳务交易中或债务清偿中被社会普遍接受的东西。

通货即流通中的货币，指流通于银行体系外的货币。

现金就是指家庭个人、工商企业、政府部门所拥有的现钞，包括纸币现钞、硬币现钞。现金是货币的一部分，这部分货币的流动性强，使用频率高，对人们日常消费影响大。

(2)银行卡属于货币

银行卡亦称“塑料货币”，是由银行发行，供客户办理存取款等业务的新型服务工具的总称，包括信用卡、支票卡、记账卡、自动出纳机卡、灵光卡等。各种银行卡是用塑料制作的，可用于存取款和转账支付。现在，特别在西方发达国家，各种银行卡正逐步取代现钞和支票，成为经济生活中广泛运用的支付工具。因此，银行卡也属于货币。

2. 社会经济生活中为什么离不开货币？为什么自古至今，人们又往往把金钱看作万恶之源？

答：(1)社会经济生活离不开货币的原因

社会经济生活离不开货币，货币的产生和发展都有其客观必然性。物物交换的局限性要求有某种商品充当共同的、一般的等价物，而金银的特性决定其成为货币的天然材料。作为货币的金银等贵金属，便于携带、铸造和分割，大大推动了商品经济的发展。

随着经济的发展，货币形态不断发生变化。经历了实物货币阶段、贵金属货币阶段、代用货币阶段和信用货币阶段。当今货币正朝着专门化、无体化、扩张化、电子化的趋势发展。但不管货币的具体形态如何，都是媒介商品经济所必需的。货币节省了社会劳动，促进了市场经济更有效率地发展。对货币的使用是实现市场对资源合理配置的必要条件，也是市场经济正常运行的必要条件。从这个意义上说，市场经济实际上是一种货币经济：货币方便了市场交换，提高了市场效率；货币保证了社会需求的实现，促进了市场对资源的有效配置。

从交易成本上看，节约是经济生活中最基本的规律。经济行为的演化与交易成本有紧密的联系：演化的方向总是从交易成本较高的趋向交易成本较低的。经济制度、经济结构、经济活动方式之所以这样演化而不是那样演化，最终都可以从社会费用、社会成本的节约中找到原因。人们不论怎样按照自己的思路去营造一个经济理想国，其成败最终取决于是否合乎这样的规律而不取决于主观愿望。通过货币的交易取代物物交易也同样是如此。

(2)人们把金钱看作万恶之源的原因

货币原本同斧头、猪、牛一样是商品，但由于固定充当与其他商品相交换的一般等价物，因此成为了社会财富的一般性代表。货币并非财富本身，但有人将其夸大为“唯一的”财富，为了获得它而不择手段，甚至谋财害命，因而货币被看作是万恶之源。其实货币本身是中性的，它只是交换其他商品的媒介，由于人们对其态度不同，而被赋予了感情色彩。

3. 货币种种形态的演进有何内在规律？流通了几千年的金属货币被钞票和存款货币所取代，为什么是历史的必然？

答：(1)货币形态的演进规律

当货币在生活中的重要性日益加强时，一般说来，作为货币的商品就要求具有如下四个特征：①价值比较高，这样可用较少的媒介完成较大量的交易；②易于分割，即分割之后不会减少它的价值，以便于同价值高低不等的商品交换；③易于保存，即在保存过程中不会损失价值，无须支付费用等；④便于携带，以便于在不同地区之间进行交易。事实上，最早出现的货币就在不同程度上具备这样的特征。

随着交换的发展，对以上四个方面的要求越来越高，这就使得世界各地历史上比较发达的民族，先后都走上用金属充当货币之路。充当货币的金属主要是金、银、铜，而铁作为货币的情况较少。金属货币流通及其以前货币形态的演变基本上遵循了上述四个特征的要求，随着商品交换深度和广度的发展，其形态越来越先进。

(2)金属货币被取代的原因

金属货币与实物货币相比，有很多优点，但最终还是退出了历史舞台，取而代之的是信用货币，这是历史的必然，因为：

①金属货币的产量跟不上经济的发展，币材的日益匮乏使人们开始寻找可以适应成倍增长的经济量的货币形式。

②金银的国际分布极不平衡，动摇了自由铸造、自由输出入和自由兑换等贵金属流通的基础。

③在金银复本位条件下，金贵银贱引起了“劣币驱逐良币”的现象，这极大地撼动了复合金本位的根基，随后的金本位制虽然克服了“劣币驱逐良币”的不良后果，但因银退出了主币行列，使得原来就不足的货币金属量更显匮乏。

④货币信用理论的发展和奥匈帝国打破“黄金桎梏”的实践使各国商业银行开始大量发行银行券，公众则因金属货币流通、携带及保存的不方便而逐渐接受了银行券。同时各国都意识到金属货币在流通中不断磨损是一种社会财富的浪费，也鼓励和支持银行券的流通。

⑤经济危机使各国在贸易、金融等方面纷纷筑起了壁垒。尤其是在古典重商主义的影响下，人们认为金银即国家财富，因此，各国都把金银作为战略物资管制起来。另外，连绵不断的战争和财政赤字使各国进一步管制黄金并大量发行不兑换的银行券和纸币。

4. 就你在生活中的体验，说明货币的各种职能以及它们之间的相互关系。如果简要概括，你认为货币职能最少不能少于几个？

答：(1)货币的职能及其相互关系

按照马克思的货币职能观，货币具有价值尺度、流通手段、贮藏手段、支付手段和世界货币五种职能。

在生活中，当货币表现和衡量商品价值时，就执行着价值尺度职能；货币在商品交换过程中发挥媒介作用时，便执行流通手段职能；货币退出流通，贮藏起来，就执行贮藏手段的职能；货币作为交换价值而独立存在，并非伴随着商品运动，而是作单方面的转移，其执行着支付手段职能；当货币超越国界，在世界市场上发挥一般等价物作用时便执行世界货币的职能。

货币的五种职能并不是各自孤立的，而是相互联系的，每一个职能都是货币作为一般等价物的本质的反映。其中，货币的价值尺度和流通手段职能是两个最基本的职能，其他职能是在这两个职能的基础上产生的。所有商品首先要借助于货币的价值尺度来表现其价格，然后才通过流通手段实现其价值。正因为货币具有流通手段职能，随时可购买商品，货币能作为交换价值独立存在，可用于各种支付，所以人们才贮藏货币，货币才能执行贮藏手段的职能。支付手段职能是以贮藏手段职能的存在为前提的。世界货币职能则是其他各个职能在国际市场上的延伸和发展。从历史和逻辑上讲，货币的各个职能都是按顺序随着商品流通及其内在矛盾的发展而逐渐形成的，从而反映了商品生产和商品流通的历史发展进程。

(2)货币所应具有的最基本的职能

货币的职能最少不能少于三个，即赋予交易对象以价格形态、购买和支付手段、积累和保存价值的手段。

①现代的经济生活中，作为交易的对象都具有以一定的货币金额表示的价格。马克思把货币赋予交易对象以价格形态的职能定义为价值尺度。交易对象如果不具备用一定金额表示的价格，则无法想象交易如何进行；或者说，没有价格的对象就不能称其为交易对象。

②在商品流通中，起媒介作用的货币被称为流通手段或购买手段。在赊买赊卖过程中，要以货币的支付结束一个完整的交易过程；这时，货币已经不是流通过程的媒介，而是补充交换的一个独立的环节，即作为价值的独立存在而使早先发生的流通过程结束。结束流通过程的货币就是起着支付手段职能的货币。

③具备给出价格和交易媒介职能的货币一经产生，便立即具备了用来积累价值、保存价值、积累财富、保存财富的职能。

5. 如何定义货币，才能最简明易懂地概括出这一经济范畴的本质？

答：如何界定货币，由于时代背景、观察角度、观察深度、侧重于理论剖析与侧重于解决处理实际问题的需要的不同而不同。对于像货币这样的经济范畴，从不同视角、不同深度来认识其性质，会有较为全面的理解。

(1)马克思对货币的定义

马克思从职能角度给货币所做的界定较简明完整。那就是价值尺度与流通手段的统一是货币。

根据马克思论证货币起源的思路及有关行文，可以归结出这样的界说：货币是商品世界中排他性地起一般等价物作用的特定商品；进行简化，则成为“起一般等价物作用的商品”。

现在的问题是，各国的货币运动都与最后一个在世界范围内起一般等价物作用的货币商品——黄金——割断了联系。在这种情况下，如果不是把一般等价物拘泥地解释为某种商品，而是解释为某种“等价形态”，那么一般等价物的界说依然可以沿用下来。至于其不断深化的内涵，无疑需要加以探讨。上面讲解了两条：其一，货币是普遍被接受的作为购买、支付的手段(隐含着赋予交易对象以价格形态的前提)；其二，货币是市场经济中的一般等价形态。以此来回答货币的界说或定义的问题。综合以上两点，或许可以达到起码的要求。

(2)凯恩斯对货币的定义

自凯恩斯经济理论流行以来，“流动性”几乎成为货币的同义语。在凯恩斯那里，流动性的概念则仅仅赋予货币。

如果就“流动”的性能来把握，与任何商品比，与任何有价证券相比，货币的流动性都是最高的。在现在的经济文献中，“流动性”有时指的就是货币，有时指的范围比较大，如包括国家债券等，需注意区分。

(3)从货币在“价值规律”之中发挥作用的角度定义货币

将货币看成社会计算工具或“选票”。这是从货币在“看不见的手”或通常所说的“价值规律”之中发挥作用的角度所给出的界说。

从劳动价值观的视角来看，生产劳动是否是社会分工的有机构成部分，从而是否为社会所需要，必须通过商品与货币的交换来检验：假使商品生产者的产品不能卖掉，即不能用它获得货币，证明这样的生产劳动不为社会所需要；反之，产品能够卖掉，即能够换成货币，则证明这样的生产劳动的确是社会所需要的。正是这些货币信息，使得不依人们意志为转移的客观规律指挥着生产要素的重新配置。列宁特别重视这一点，并把货币表述为“社会计算”的表现形式。撇开是否遵循劳动价值论的区别，在西方经济学中，从货币信息指挥生产要素配置的视角，把货币界定为“选票”。一个社会生产什么东西，要取决于货币选票：形形色色的消费者对每一件商品是购买还是不购买，这是投不投选票；是愿意出较高的价格还是只愿意出较低的价格，这是投多少选票。

(4)从控制货币的要求出发定义货币

从这个要求出发，通常是从能否充当流通手段和支付手段职能的角度出发来具体确定界限。但是在这个大框子里，有的可以立即作为购买手段和支付手段，如现钞、支票存款，有的却不那么方便。由于存在着区别，所以对能起购买手段和支付手段作用的货币也要划分为若干组。国际通用的是 M1、M2、M3 系列。国际货币基金组织把各国大多采用的 M1 直接称为货币，它主要包含通货(不兑现的银行券和辅币)和可签发支票的活期存款；把 M1 之外可构成 M2 的称为准货币，如定期存款等。

(5)从人与人的关系这个角度来定义货币

货币是根植于商品经济关系，体现并服务于商品经济关系，却不具有任何可能更改商品经济关系潜力的经济范畴。

6. 建立货币制度的主要目的是什么？当今世界上的货币制度是由哪些要素构成的？

答：(1)建立货币制度的目的

建立货币制度的目的是保证货币和货币流通的稳定，使之能够正常地发挥各种职能，为发展商品经济提供有利的客观条件。

在现代社会，建立有效的货币制度日益成为建立宏观调控系统的重要内容，以便有效地利用货币来实现经济发展的目标。

(2)货币制度的主要构成要素

当今世界货币制度主要包括以下六大要素：规定货币材料、规定货币单位、规定流通中的货币种类、规定货币法定支付偿还能力、规定货币铸造发行的流通程序、货币发行准备制度的规定。

①币材的确定，货币材料简称“币材”，是指用来充当货币的物质。确定不同的货币材料就构成不同的货币本位，如确定用黄金充当货币材料就构成金本位，用白银充当货币材料就构成银本位。

②确定货币单位，货币单位是指货币制度中规定的货币计量单位。货币单位的规定主要有两个方面：

a. 规定货币单位的名称；

b. 确定货币单位的“值”。

③规定流通中的货币种类，规定流通中的货币种类主要是指规定货币的主币和辅币：

a. 本位币是一国流通中的基本通货，用法定货币金属按照国家规定的规格经国家造币厂铸成的铸币称之为“主币”或“本位币”；

b. 辅币是本位币最小单位以下的不同面额的可以等分的货币。

④规定货币铸造或发行的流通程序，在金属货币流通条件下，一般规定辅币由国家铸造发行，对本位币则需要明确规定是自由铸造还是限制铸造。在现代不兑现的信用货币制度下，信用货币的发行权都集中在中央银行或指定的发行机构。

⑤对货币法定支付偿还能力的规定。在国家干预货币发行和流通的情况下，还要通过法律对货币的支付偿还能力做出规定，即规定货币是无限法偿还是有限法偿。

a. 无限法偿是指不论支付数额多大，不论属于何种性质的支付(买东西、还账、缴税等)，对方都不能拒绝接受；

b. 有限法偿是指在一次支付中，若超过规定的数额，收款人有权拒收，但在法定限额内不能拒收。有限法偿主要是针对辅币而言的。

⑥货币发行准备制度的规定。货币发行的准备制度是指在货币发行时须以某种金属或某几种形式的资产作为其发行货币的准备，从而使货币的发行与某种金属或某些资产建立起联系和制约关系。各国在准备比例和准备资产上也有差别，目前各国货币发行准备的构成一般有两大类：

a. 现金准备，包括黄金、外汇等具有极强流动性的资产；

b. 证券准备，包括短期商业票据、财政短期国库券、政府公债券等必须在金融市场上流通的证券。

7. 货币是不是终归要消亡?

答：(1)马克思主义的观点

根据马克思主义的观点，货币是商品经济的产物，自然会伴随着商品的消亡而一起消亡。货币消亡之后，其核算社会劳动和媒介产品交换的任务，将由劳动券来承担。但货币消亡必须具备一定的条件。恩格斯曾指出，商品货币消亡必须具备两个条件：①社会占有生产资料；②社会能够直接以社会化的形式将生产资料和劳动资源运用于生产之中。当然只有到了马克思所设想的共产主义社会，才可能实现生产资料完全的社会占有和劳动完全的直接社会性。这两个条件不能同时实现，货币也就不可能消亡。

(2)“货币永恒论”的观点

“货币永恒论”的观点认为，货币作为一般等价物，作为社会计算的工具和决定生产行为的选票，始终是社会进步的车轮，货币将随着社会经济的发展而永恒存在，货币不会消亡，所变换的只是其形态而已。当然这一论点是在社会经济条件稳定的前提下得出的。

实际上，货币是不以人们意志为转移而客观存在的。货币制度有其存在的合理性，社会经济生活离不开货币，货币的产生和发展都有其客观必然性。物物交换的局限性要求有某种商品充当共同的、一般的等价物，而金银的特性决定其成为货币的天然材料。作为货币的金银等贵金属，便于携带、铸造和分割，大大推动了商品经济的发展。从交易成本上看，节约是经济生活中最基本的规律。经济行为的演化与交易成本有紧密的联系：演化的方向总是从交易成本较高的趋向交易成本较低的。经济制度、经济结构、经济活动方式，之所以这样演化而不是那样演化，最终都可以从社会费用、社会成本的节约找到答案。人们不论怎样按照自己的思路去营造一个经济理想国，其成败最终取决于是否合乎这样的规律而不取决于主观愿望。通过货币的交易取代物物交易也同样是如此。只有出现了另外一种交易媒介，能够以更经济地解决整个社会庞大的交易需求，货币才会最终退出历史舞台。但不管最终货币是否消亡，在现实经济生活中，必须遵守经济规律，不能人为强行取消货币，否则只会导致经济混乱。

8. 谈谈你对数字货币的看法，脸书的 Libra 会成为一种加密货币时代的国际货币吗？

答：(1)数字货币是未来发展的需要

数字货币是电子货币形式的替代货币，是一种不受管制的、数字化的货币，通常由开发者发行和管理，被特定虚拟社区的成员所接受和使用。它不同于虚拟世界中的虚拟货币，因为它能被用于真实的商品和服务交易，而不局限在网络游戏中。

人类从动物牙和贝壳类货币到金属币，再到纸币，本都是发展商贸需要而发展起来的，也并非政治集团想出来的，是社会经济发展的产物。货币发行权是政治集团从民间抢走的，这是为某些经济政治集团利益而强行抢走的(货币并非都是政府发行的，比如港币、欧元等为银行和政治集团发行的)。数字货币是对抗美国这类利益集团剪羊毛和操控的产物，也是对抗想印就印、想发就发货币的必然，更是社会经济科学技术的产物，因而是发展的必然。因此，我认为数字货币是未来贸易的交换介质。

(2)Libra 有可能会成为一种加密货币时代的国际货币

Libra 作为一种数字加密货币，也是一种建立在区块链技术上的数字货币。但是根据所发布的白皮书声称，Libra 与价格极其不稳定的比特币不同，Libra 数字加密货币会与一篮子低波动率的实体资产进行捆绑，比如美国或欧盟等金融系统稳定可靠的国家和组织所发行的债券以及美元欧元等法定货币，所以其价值相对其他数字加密货币来说会更“稳定”。所以 Libra 又被称为稳定的数字加密货币。Facebook 推出 Libra 的新加密货币计划已经得到 20 多家金融、电商、创业投资和电讯公司出资支持，包括 Visa、万事达卡、PayPal、Uber 等知名企业。这些企业和组织，在瑞士成立了一个 Libra 协会，来具体负责 Libra 数字加密货币的运作。从 Libra 白皮书的介绍来看，这些公司和投资机构还将每家至少投资 1000 万美元作为储备金，以支撑起 Facebook 的 Libra 数字加密货币到 2020 年时正式有效运行。

第 2 章　国际货币体系与汇率制度

2.1　复习笔记

【知识框架(庖丁解牛)】

国际货币体系与汇率制度
- 国际货币体系
- 外汇与外汇管理
- 汇率与汇率制度
- 汇率与币值、利率
- 汇率的决定
  - 古典汇率理论
  - 现代汇率理论
- 人民币汇率制度

【考点难点归纳(厚积薄发)】

考点一：国际货币体系　★★★

1. 国际货币体系的含义

当一个国家或一个地区的货币制度问题超出国界时，就演变为国际货币制度或国际货币体系的问题。国际交往中的货币主要涉及三个方面：国际储备资产的确定、汇率制度的安排和国际收支调节方式。

2. 金汇兑本位下的国际货币体系

金汇兑本位是一种必须有双边的国际安排才能成立的国际货币体系，曾经在第一次世界大战后短暂存在。

金汇兑本位下国际货币体系的特点是：各国货币依然维持金平价，即货币均规定了含金量；本币不能自由兑换成黄金，而是通过兑换外汇间接与黄金联系，这是不完全的金平价；汇率与某一特定强国的货币挂钩，实际属于一种钉住汇率制度；一国货币当局除持有黄金储备外，还持有大量外汇，以保证本币可以通过兑换为外汇来保持稳定。

3. 以美元为中心的国际货币体系

布雷顿森林体系是以美元为中心的国际货币体系，其具体内容见表 2-1。

表 2-1　以美元为中心的国际货币体系

要点	具体内容
布雷顿森林体系的特点	双挂钩制度，即美元与黄金直接挂钩，其他各国货币与美元挂钩，各国货币与美元保持固定比率

续表

要点	具体内容
布雷顿森林体系的终结	1976年4月，取消了固定汇率制度，这标志着布雷顿制度的彻底崩溃。但是，美元依旧处于中心地位
浮动汇率制	1976年1月，《牙买加协议》宣布废除黄金官价，实行黄金非货币化，以特别提款权(SDR)作为主要国际储备资产，各国可自由选择汇率制度
特里芬悖论	由于美元是国际核心货币地位，但各国须用美元作为结算与储备货币，导致美国发生长期贸易逆差；而作为国际核心货币应该保持币值稳定，这要求美国须是长期贸易顺差国。这种矛盾就是特里芬悖论

【例2.1】美元与黄金挂钩，其他国家的货币与美元挂钩，这是(　　)的基本特点。[中国人民大学2017金融硕士]

A. 金本位制　　B. 金银复本位制

C. 牙买加体系　　D. 布雷顿森林体系

【解析】布雷顿森林体系的特点是双挂钩制度，即美元与黄金直接挂钩，各国货币和美元挂钩。参加国际货币基金组织的成员国的货币金平价应以黄金和美元来表示。

【答案】D

【例2.2】布雷顿森林体系下的汇率制度属于(　　)。[北京航空航天大学2014金融硕士]

A. 浮动汇率制　　B. 可调整的浮动汇率制

C. 联合浮动汇率制　　D. 可调整的固定汇率制

【解析】布雷顿森林货币体系是“双挂钩”的以美元为中心的国际货币体系，即美元与黄金挂钩，其他各国货币与美元挂钩。规定货币汇率只能在±1%的限度内波动，如超过规定的上、下限，各国中央银行有义务进行干预，使汇率维持在规定的波动幅度之内。

【答案】D

【例2.3】布雷顿森林体系[对外经济贸易大学2016金融硕士；南京理工大学2015金融硕士；社科院2013金融硕士；深圳大学2012金融硕士；东北大学2003研；上海财经大学1998研]

答：布雷顿森林体系是第二次世界大战后建立的以美元为中心的国际货币体系。其主要内容有：

①建立一个永久性的国际金融机构——国际货币基金组织，以促进国际货币合作。国际货币基金组织是战后国际货币制度的核心，它的各项规定构成了国际金融领域的基本秩序。它对会员国融通资金，在一定程度上维持着国际金融形势的稳定。

②规定了以美元作为最主要的国际储备货币，实行美元-黄金本位制。布雷顿森林体系规定美元直接与黄金挂钩，各国政府或中央银行随时可用美元向美国按官价兑换黄金。另外，其他国家的货币与美元挂钩，规定与美元的比价，从而间接与黄金挂钩，各国货币均与美元保持固定汇率，但在出现国际收支根本不平衡时，经国际货币基金组织批准可以进

行汇率调整。

③国际货币基金组织向国际收支赤字国提供短期资金融通，以协助其解决国际收支困难。会员国在需要国际储备时，可用本国货币向国际货币基金组织按规定程序购买一定数量的外汇，将来在规定的时间内再以用黄金和外汇购回本币的方式偿还借用的外汇资金。

④废除外汇管制。国际货币基金组织协定规定会员国不得限制经常项目的支付，不得采取歧视性货币措施，要在兑换性的基础上实行多边支付，但也存在一些例外。

⑤制定了稀缺货币条款，但这一条款并没有真正实施过。

布雷顿森林体系是国际货币合作的产物，它在一定时期内稳定了资本主义世界的货币汇率，营造了一个相对稳定的国际金融环境，促进了世界贸易和世界经济的增长。但是，布雷顿森林体系也存在一些缺陷：①信心和清偿力之间的矛盾，即存在“特里芬难题”。②布雷顿森林体系的可调整汇率制度难以按照实际情况经常调整。③在布雷顿森林体系下，各国为了维持对外收支平衡和稳定汇率，不得不丧失国内经济目标的独立性。

这个体系是美国在世界经济中占据绝对优势的条件下建立的，因而其盛衰与美国经济实力和地位的变化有密切联系。随着美国经济地位相对衰落和美元危机的不断爆发，以美元为中心的布雷顿森林体系最终彻底瓦解。

4. 货币局制度(见表 2-2)

表 2-2　货币局制度

要点	具体内容
特征	①锚货币是指本国的货币钉住一种强势货币，并与之建立固定的汇率联系。 ②本国以外汇储备作为货币发行保证，以此来保证本币与外币随时可以按固定汇率兑换。 ③货币局制度意味着一国或地区不具有完全的货币政策独立性
香港联系汇率制度	香港从 1983 年开始实行对美元的联系汇率制度。其基本内容是： ①发钞银行发行货币时，要按 7.8 元等于 1 美元的比例，向外汇基金存入百分之百的外汇储备。 ②港币自由浮动，凡涉及外汇的交易往来都是按市场供求所决定的汇率进行。多年来的市场汇率一直低于联系汇率。 ③一般的存款货币银行需要港币时，需用相同价值的美元向发钞银行兑换。 ④政府设立外汇基金，发钞银行以外汇储备向其交换负债证明书

5. 美元化

狭义上的美元化是指一个国家的本币被美元所替代进行流通的现象。广义上的美元化可以形容任何货币制度以任何形式、在任何程度上对美元的依附。

从货币制度的角度说，狭义上的美元化涉及的主要问题是货币主权的完全丧失。美元化意味着放弃了本币的发行，同时这也是放弃了铸币税以及发行银行在本国金融体系陷入困境时进行最后救助的可能。

但是，美元化也有一定的优点，实行美元化的国家可以解决经济困境、遏制通货膨胀、减少货币兑换等麻烦。

考点二：外汇与外汇管理　★★★

1. 外汇及其构成

(1)外汇的含义

外汇是以外币表示的、可用作国际间结算、并能兑换成其他形式的外币资产和支付手段。其特征包括：①可自由兑换；②必须是外币或以外币表示。

(2)我国外汇的构成

《中华人民共和国外汇管理条例》所称的外汇，是指下列以外币表示的可以用作国际清偿的支付手段和资产：①外币现钞，包括纸币、铸币；②外币支付凭证或者支付工具，包括票据、银行存款凭证、银行卡等；③外币有价证券，包括债券、股票等；④特别提款权；⑤其他外汇资产。

2. 外汇管理与管制

(1)外汇管理与外汇管制的含义

外汇管理是指国家对外汇收支或者外汇经营活动进行管理。外汇管理的松紧程度依国家、地区、时间而有所不同。外汇管制是指国家对机构或个人的外汇收支或者外汇经营活动进行严格限制。

(2)外汇管理与外汇管制的关系

严格的外汇管理就是外汇管制。

(3)可兑换货币与不完全可兑换货币

根据在兑换成其他货币时是否存在限制，外汇分为可兑换货币和不完全可兑换货币。

一般发达的市场经济国家实行本币与外汇的自由兑换，大体是指：①本币在境内可兑换为外汇，外汇可携出或汇出境外；②本币出入境无任何限制；③外汇可携入、汇入境内，并在境内兑换为本币；④居民和非居民均可在境内持有外汇，且彼此之间可相互授受。实施外汇管制的国家实行本币与外汇的不可兑换或不完全可兑换。

考点三：汇率与汇率制度　★★★★★

1. 汇率

(1)汇率的概念

汇率是不同货币间的折算比率，也是一国货币表示的另一国货币的价格。

(2)汇率的标价法(见表2-3)

表2-3　汇率的标价法

种类	具体内容
直接标价法	直接标价法是以一定基数(1或100)的外国货币单位为基准，折算成若干单位的本国货币单位来表示
间接标价法	间接标价法是以一定数量的本国货币单位为基准，折算成若干单位的外国货币单位来表示
美元标价法	美元标价法是指用美元表示一国货币价值的标价法

【例2.4】直接标价法［南开大学2016金融硕士；中南财经政法大学2008研；南开大学2000研］

答：直接标价法又称“应付标价法”或“价格标价法”，指以一定单位（1 或 100、10000 个单位）的外国货币为标准，折成若干单位的本国货币来表示汇率的标价方法。它是与间接标价法相对应的汇率标价方法。在此标价法之下，汇率是以本国货币表示的单位外国货币的价格。汇率越高，表示单位外币所能换取的本国货币越多，表明外国货币的币值越高、本国货币的币值越低。包括中国在内的世界上绝大多数国家目前都采用直接标价法。

【例 2.5】间接标价法［四川大学 2017 金融硕士；中南财经政法大学 2008 研］

答：间接标价法又称“应收标价法”或“数量标价法”，指以一定单位（1 或 100、10000 个单位）的本国货币为标准，折成若干单位的外国货币来表示汇率的标价方法。它是与直接标价法相对应的汇率标价方法。在此标价法之下，汇率是以外国货币表示的单位本国货币的价格。汇率越高，表示单位本币所能换取的外国货币越多，表明本国货币的币值越高、外国货币的币值越低。英国和美国都是采用间接标价法的国家，但美元对英镑汇率保持了过去习惯用的直接标价法。

【例 2.6】在直接标价法下，一定单位的外国货币折成的本国货币数额增加，则说明（　　）。［南京大学 2015 金融硕士］

A. 外币币值上升，外汇汇率上升　　B. 外币币值下降，外汇汇率下降
C. 本币币值上升，外汇汇率上升　　D. 本币币值下降，外汇汇率下降

【解析】直接标价法是以若干单位的本国货币来表示一定单位的外国货币的标价方法。在直接标价法下，当一定单位的外国货币折算的本国货币的数额增大时，说明外国货币币值上升，本国货币币值下降，称为外币升值或本币贬值，此时外汇汇率上升。

【答案】A

（3）汇率的种类（见表 2-4）

表 2-4　汇率的种类

划分依据	种类	具体内容
经济生活使用的汇率数量	单一汇率	单一汇率是指一种货币只有一种汇率
	复汇率	复汇率是指一种货币有两种或两种以上汇率。复汇率不利于健康的竞争环境的形成，甚至影响国际合作
外汇管制程度	市场汇率	市场汇率是指在不存在外汇管制或外汇管制较松的国家，由外汇的供求关系决定的汇率
	官方汇率	官方汇率是指在外汇管制较严的国家，由一国或地区的货币管理当局对外制定和公布的汇率
	黑市汇率	黑市汇率是指在外汇管制较严的国家，存在一个由盲目性较强的供求关系形成的不被官方认可的汇率
能否自由波动以及波动范围是否存在限制	浮动汇率	浮动汇率指汇率水平由外汇市场上的供求决定、政府不加干预的汇率制度
	固定汇率	固定汇率是指政府用行政或法律手段选择某一个基本参照物，并确定、公布和维持本国货币与该参照物的固定比价的汇率制度

2. 国际货币基金组织的汇率制度安排(见表 2-5)

表 2-5　国际货币基金组织的汇率制度安排

汇率制度		特点
硬钉住	无单独法定货币	其他国家的货币作为唯一的法偿货币在本国流通，或者是货币联盟成员国之间的汇率安排
	货币局安排	在法律中明确规定本国货币与某一外国可兑换货币保持固定的交换率，并且对本国货币的发行作特殊限制以保证履行这一法定义务
软钉住	传统钉住	钉住单一货币或货币篮子，汇率波动的最大幅度不超过中心汇率的上下 1%
	稳定化安排	政府不明确承诺维护汇率稳定的目标，但即期市场汇率波动至少连续六个月不超过 2%
	爬行钉住	该国货币按照某一固定的、事先宣布的幅度或者根据某些量化指标的变化，定期、小幅度调整
	准爬行	与“爬行钉住”类似，区别在于此类货币围绕中心汇率保持一定的波动幅度
	水平区间钉住	货币当局将该国的汇率设于特定区间内，而不是设为固定值
其他有管理的汇率制度		汇率制度不满足规定的任何类别，通常指政府频繁且无规律的干预汇率，使得货币当局的汇率制度不符合任何一种定义
浮动	浮动汇率	汇率很大程度上由市场决定，一国货币当局在外汇市场上的干预，旨在缓和汇率的变动和防止汇率的过度波动，而没有明确的以特定的汇率水平作为干预目标
	自由浮动	汇率由市场决定，一国货币当局在外汇市场上的干预只是偶尔发生，旨在处理无序的市场状况

【例 2.7】Crawling Peg［中央财经大学 2016 研；东北财经大学 2005 研；上海财经大学 1994 研］

答： Crawling Peg 中文译为“爬行钉住”，又称“滑动平价(Sliding Parity)”或“蠕动钉住(Wriggling Peg)”，指国家货币当局承担维持一个钉住(或平价)的义务，以使汇率保持在一定限度内，并允许钉住(或平价)进行经常的、小幅度的而非偶然的、跳跃性的变动。

这种汇率制度介于可调整的钉住汇率制度与管理汇率制度之间，因而它具有两种制度的特点，主要包括：①规定货币平价；②货币平价可以调整；③货币平价调整是经常的、有一定时间间隔的(区别于可调整的钉住汇率制)；④汇率的波动幅度比较小(如 2% ~ 3%)。由于这种制度兼具约束和自由的特点，较符合许多发展中国家的经济特征，因此它成为发展中国家特有的一种汇率制度。拉丁美洲的一些国家，如巴西、智利、阿根廷、哥伦比亚从 20 世纪 60 年代起就相继实行了这种汇率制度。这些国家的政府可以经常地、按照一定时间间隔、以事先宣布的百分比对汇率平价作小幅度调整直至汇率达到均衡汇率为止。

根据运用的条件和目的不同，爬行钉住可以分为“消极的爬行钉住”和“积极的爬行钉住”两种主要形式。“消极的爬行钉住”是指在受约束的经济中，由于本国的通货膨胀率难以控制，事前又无法准确地进行预测，政府对汇率只能进行事后调节，调节的指标是国内外通货膨胀率的差异。其目的是使本国货币的实际汇率能够与国际经济相协调，避免降低本国产品的出口竞争力，减少外贸波动。“积极的爬行钉住”是指一国根据本国的政策目标，对汇率进行经常性的小幅度的调整以诱导汇率走势。这种调整的比率由货币当局决定，可以背离当时的国内通货膨胀率差异，不再与前一时期的价格上涨指数相联系，目的是用一个不断降低的向下浮动的比率来影响人们的通货膨胀预期，把汇率作为降低并最后结束通货膨胀的一个工具。

【例 2.8】联合浮动汇率制度[西安交通大学 2020 金融硕士]

答：联合浮动汇率制度是指成员国货币之间实行固定汇率，对相互间汇率波动的幅度规定不得超过的上下限，而对成员国之外的其他货币的汇率则实行同升共降的浮动汇率制度，比较典型的例子就是欧元区。浮动汇率是指一国货币相对于另一国货币在外汇市场上根据供求关系自由波动的汇率。实行联合浮动汇率制度的成员国中任何一员一旦受到抛售或抢购等冲击时，参加联合浮动的各国则采取一致的行动，但由于参加联合浮动的各国经济实力存在差异，利害关系并不完全一样，导致联合浮动的基础比较脆弱。

考点四：汇率与币值、利率　★★★★★

1. 货币的对内价值与对外价值

币值泛指货币具有的购买能力，它相当于物价的倒数，这是货币的对内价值；在引入汇率概念后，一国货币的币值还可以用另一国的货币来表示，这称为货币的对外价值。货币的对内价值和对外价值之间可能存在偏离。

2. 名义汇率与实际汇率

名义汇率是指由金融市场的供求关系所决定的汇率，它忽略了通货膨胀的因素。实际汇率是指在名义汇率的基础上，剔除了通货膨胀因素后的汇率。

【例 2.9】**Real Exchange Rate**[中央财经大学 2016 研；中国人民大学 2005 研；上海财经大学 1998 研]

答：Real Exchange Rate 中文译为“实际汇率”，指在名义汇率基础上剔除了通货膨胀因素后的汇率。根据纸币制度下汇率是否经过通货膨胀调整，汇率可分为名义汇率和实际汇率。名义汇率是由官方公布的或在市场上通行的没有剔除通货膨胀因素的汇率。它是随着外汇市场上外汇供求的变动而变动的外汇买卖价格，不能反映两种货币的实际价值变化。实际汇率的计算公式为：$e=E\cdot P^{*}/P$，其中 e 和 E 分别代表实际汇率和名义汇率；P^{*} 和 P 分别代表外国和本国的有关价格指数。实际汇率剔除了通货膨胀对于货币实际价值的影响，因此它比名义汇率更能反映不同货币实际的购买力水平，并且可以用来衡量两国产品在国际市场上的相对(价格)竞争力。

3. 汇率与利率

在开放经济条件下，汇率与利率存在着紧密的联系。

在对外开放的市场经济国家，在其他条件不变时，货币资本会从利率水平偏低的国家流向利率水平偏高的国家，这必将引起汇率的波动。

钉住汇率的国家和地区在利率上必须与钉住货币的国家的利率水平保持同一变化趋势。否则，货币资本大量流出流入的冲击，必将使钉住汇率受到挑战。

考点五：汇率的决定 ★★★★

1. 古典汇率理论(见表 2-6)

表 2-6　古典汇率理论

理论	具体内容
铸币平价说	铸币平价说指金铸币本位制时期，各国货币之间以铸币平价决定兑换基础，并受外汇供求影响，在各国黄金输出点和输入点之间小幅波动
国际借贷说	国际借贷说认为汇率是由外汇的供给和需求决定的，而外汇的供给和需求是由国际借贷所产生的，因此国际借贷关系是影响汇率变化的主要因素
一价定律	一价定律是在无贸易摩擦和完全竞争(买卖双方无价格操纵)的情况下，在不同市场上同一种商品以相同的货币表示的价格相同
购买力平价说	购买力平价说认为汇率是由各国货币购买力之比决定的，它是根据各国不同的价格水平计算出来的货币之间的等值系数
利率平价说	由凯恩斯提出的利率平价说表明，远期汇率的基本决定因素是货币短期存款利率之间的差额。国内利率等于外国利率与本国货币的预期升值率的差额
汇兑心理说	汇兑心理说强调心理因素对汇率变动的影响，适用于解释短期汇率波动

【例 2.10】利率平价[中国人民大学 2018 金融硕士]

答：利率平价理论由凯恩斯提出。凯恩斯认为远期汇率的基本决定因素为货币短期存款利率之间的差额。投资者投资外币资产时，其回报还取决于汇率的波动，只有当国内外资产的预期回报率相同时，投资者才愿意同时持有国内外资产。利率平价条件的表达式为：

$$i_D = i_F - \frac{E_{t+1}^e - E_t}{E_t}$$

式中，i_D为国内资产的利率；i_F为国外资产的利率；E_t为即期汇率；E_{t+1}^e为预期汇率；$(E_{t+1}^e - E_t)/E_t$为本国货币的预期升值率。利率平价条件表明，国内利率等于外国利率减去本国货币的预期升值率。

【例 2.11】解释金本位制度时期外汇供求与汇率形成的理论是(　　)。[中央财经大学 2011 金融硕士]

A. 国际借贷说　　B. 购买力平价说

C. 货币分析说　　D. 金融资产说

【解析】国际借贷说也称国际收支说，是在金本位制度盛行时期流行的一种阐释外汇供求与汇率形成的理论。该理论认为，外汇汇率变动是由外汇供求对比变动所引起，而外汇供求状况又取决于由国际间商品进出口和资本流动所引起的债权债务关系。在国际债权债务关系中，主要是一定时期之内需要及时支付的流动债权债务影响该时期的外汇供求状况。

当一国的流动债权（即外汇应收）多于流动负债（即外汇应付）时，外汇的供给大于需求，因而外汇汇率下跌；当一国流动负债多于流动债权时，外汇的需求大于供给，因而外汇汇率上升。

【答案】A

2. 现代汇率理论

现代汇率理论从资本流动和货币供应的角度对汇率的决定进行分析。其背景是：①各国逐渐放松对资本流动的管制，国际资本流动已成为影响国际收支的重要因素；②在各国经济日益开放的情况下，汇率变动影响并关联着国民生活；③各国实行浮动汇率制度，汇率波动幅度增大，市场因素的影响加强。

（1）货币分析说

货币分析说强调货币的作用，将汇率与货币政策联系起来，认为汇率受两国货币供给量的制约。这一学说试图从国内外货币流通统一的角度去分析汇率，有一定的意义。

货币分析说的缺陷：①过分依赖货币数量论；②强调货币的作用，但是把贸易收支和商品市场置于次要地位。

（2）金融资产说

金融资产说将视野扩大到货币以外的其他金融资产的供求分析，充分反映了客观经济生活的复杂性和矛盾性。但是其同样把贸易收支和商品市场对汇率的变动置于次要地位。

考点六：人民币汇率制度 ★★

自 2005 年 7 月 21 日起，我国开始实行以市场供求为基础、参考一篮子货币进行调节、有管理的浮动汇率制度。这次人民币汇率形成机制改革的内容是：人民币汇率不再钉住单一美元，而是组成一篮子货币，以适应我国经济发展需求。此外，根据国内外经济金融形势，以市场供求为基础，参考一篮子货币计算人民币多边汇率指数的变化，对人民币汇率进行管理和调节，维持人民币汇率在合理均衡水平上的基本稳定。参考一篮子表明外币之间的汇率变化会影响人民币汇率，但参考一篮子并不意味着钉住一篮子货币，它还需要将市场供求关系作为另一重要依据，据此形成有管理的浮动汇率。

【例 2.12】现阶段我国实行的人民币汇率制度是（　　）。[中央财经大学 2016 金融硕士；东北财经大学 2014 金融硕士]

A. 固定汇率制度

B. 联合浮动汇率制

C. 有管理的浮动汇率制

D. 单独浮动汇率制

【解析】自 2005 年 7 月 21 日起，我国开始实行以市场供求为基础、参考一篮子货币进行调节、有管理的浮动汇率制度。人民币汇率不再钉住单一美元，而是组成一篮子货币，以适应我国经济发展需求。

【答案】C

2.2　课后习题详解

1. 比较外汇与本币的异同。一国居民持有的外汇在本国境内是否具有货币的各种职能？为什么？

答：(1)外汇的定义

一般地，可以将外汇定义为一切外国货币。现代经济生活中的外汇，主要是指以外币标示的债权债务证明。现代的经济是由债权债务网络全面覆盖的经济——任何经济行为主体都是在这个网络下活动的；相应地，任何货币的流通与信用的活动都变成了同一的过程，任何货币都体现着债权债务关系，任何货币的支付都反映着债权债务的消长、转移。就一个国家和地区来说是这样，就联系着全球经济体的国际经济关系来说也是如此。非常明显，外汇的流转，不过是应收应付的债权债务关系产生、转移和结清。

(2)外汇与本币的异同

外汇作为货币，与本币都是债权债务证明，这是没有区别的。如果要加以区分，那就是外汇还包括股票这类所有权证。而在论及国内货币时，所有权证则不包括在货币之内。债务凭证和所有权证，统称为金融资产。所以，更确切地说，应将外汇界定为是以外币表示的金融资产，它可用作国际间结算的支付手段，并能兑换成其他形式的外币资产和支付手段。

(3)外汇在本国境内的职能

应当注意的是，尽管理论上外汇与本币的职能并无实质性的区别，但事实上居民持有外汇在本国境内能否行使如同本币一般的职能，还要取决于本币是否已经实现了完全可兑换。而即使是实现了完全可兑换，也只是允许本币及外汇的自由进出境和相互自由兑换，并未赋予任何外汇在境内日常交易中充当价值尺度、交易媒介或支付手段的职能。这些职能只有本币才能执行，这是国家主权赋予本币的特殊权力。

目前，国际金融体系的发展，美元化、欧元化的出现使得外汇取得了在本国境内货币的各种职能，但这只是局部现象。

2. 了解我国目前的外汇管理制度。为什么说人民币还不是完全可兑换货币？

答：(1)我国目前的外汇管理制度

自 2005 年 7 月 21 日起，我国开始实行以市场供求为基础、参考一篮子货币进行调节、有管理的浮动汇率制度。这次人民币汇率形成机制改革的内容是，人民币汇率不再钉住单一美元，而是按照我国对外经济发展的实际情况，选择若干种主要货币，赋予相应的权重，组成一个货币篮子。同时，根据国内外经济金融形势，以市场供求为基础，参考一篮子货币计算人民币多边汇率指数的变化，对人民币汇率进行管理和调节，维持人民币汇率在合理均衡水平上的基本稳定。参考一篮子表明外币之间的汇率变化会影响人民币汇率，但参考一篮子不等于钉住一篮子货币，它还需要将市场供求关系作为另一重要依据，据此形成有管理的浮动汇率。

(2)人民币还不是完全可兑换货币的原因

人民币完全可兑换是指：人民币在境内可兑换为外汇；外汇可携出或汇出境外；人民

币可自由进出境；外汇可携入、汇入境内，并在境内兑换为人民币；无论是居民和非居民均可在境内持有外汇；彼此之间可相互授受。人民币的完全可兑换包括经常项目的可兑换和资本项目的可兑换。

目前，人民币在经常项下是可兑换的。但是在资本项下还没有完全可兑换，原因在于：

①外汇政策要绝对避免直接或间接导致金融危机，甚至社会动荡。中国发展的根本基础就在于社会稳定。中国目前，金融体系还不健全，很少的资金就可能冲击整个金融体系。如果贸然开放资本项目，很容易造成金融危机。未来一些年内，只要世界金融体系的过渡未完成，高频率、大规模的金融危机在所难免。2008 年的次贷危机，中国的金融体系未被卷入风浪，其根本原因也就在于资本项目的封闭。而其他如欧洲经济，由于货币的传导作用，也不得不经受来自美洲大陆的金融风暴。

②中国经济的规模越来越大，内需在 GDP 中所占的比例越来越高，在这一背景下，中国要保持宏观政策的自主性，就不宜实行人民币完全可兑换。中国早期发展的主要动力之一来自竞争激烈的贸易，这就要求执行固定汇率或管理浮动汇率制度，来减少不确定性、降低贸易的成本。最终，解决这两个相互矛盾的目标的办法，就是管理浮动加不可自由兑换。但执行此种政策有很大的难度，因为管理者要确定什么是合适的汇率。

③中国作为世界两大经济体之一，外汇政策迟早要实行自由兑换和某种程度的管理浮动，但要想使中国的经济与金融体系能够免疫于开放外汇政策的副作用，必须有一些先决条件。当前，中国金融市场已经有了长足的进步，但还有许多机制尚未建立，最简单的包括利率的市场化与债券市场的进一步健全，而金融机构包括银行、券商等的市场化竞争力也必不可少。有了强大、健康的金融机构，才能维持未来世界经济与金融中心的正常运行。

3. 浮动汇率制度与固定汇率制度各自的利弊是什么？汇率市场化是否意味着实现完全的浮动汇率？

答：(1) 固定汇率制度和浮动汇率制度的含义

固定汇率制度指一国货币的汇率基本固定，同时又将汇率的波动限制在一个规定的范围内的汇率制度。浮动汇率制度是指汇率水平完全由外汇市场的供求决定的、政府不加任何干预的汇率制度。

(2) 固定汇率制度的利弊

①固定汇率制度的优点：

固定汇率制度有利于世界经济的发展。由于在固定汇率制度下两国货币比价基本固定，或汇率的波动范围被限制在一定幅度之内，这就便于经营国际贸易、国际信贷与国际投资的经济主体进行成本和利润的核算，也使进行这些国际经济交易的经济主体面临的汇率波动风险损失较小，从而有利于国际经济交易的进行与开展，从而有利于世界经济的发展。

②固定汇率制度的缺点：

a. 汇率基本上不能发挥调节国际收支的经济杠杆作用。汇率变动有着影响国际收支的经济作用，因而汇率可充当调节国际收支的经济杠杆。既然货币比价基本固定或汇率的波动范围被限制在一定幅度之内，汇率自然就基本不能发挥其调节国际收支的经济杠杆作用。

b. 固定汇率制度会影响国家内部平衡。由于汇率基本不能发挥调节国际收支的经济杠杆作用，当一国国际收支失衡时，就需采取紧缩性或扩张性财政货币政策，这会使国内经济增长受到抑制和失业扩大化，或者使通货膨胀与物价上涨严重化。另外，维持汇率波动官定上下限所采取的干预外汇市场的措施，也会有同样的后果：软货币(或称“弱币”，即汇率有下降趋势的货币)发行国货币当局进行干预，一方面会使其外汇储备流失，另一方面又会形成紧缩性的经济影响；硬货币(或称“强币”，即汇率有上升趋势的货币)发行国货币当局进行市场干预，会形成扩张性经济影响，使该国通货膨胀与物价上涨加快。

c. 固定汇率制度易引起国际汇率制度的动荡与混乱。当一国国际收支恶化，进行市场干预仍不能平抑汇价时，该国最后有可能采取法定贬值的措施。这会引起同该国有密切经济关系的国家也采取法定贬值的措施，从而导致外汇市场和整个国际汇率制度的动荡与混乱。只有经过一段时期以后，才会平静下来。在未恢复相对平静以前的这段时期内，经营国际贸易、国际信贷与国际投资的经济主体，都可能抱观望态度，从而出现国际经济交易在某种程度的中止、停顿现象。

(3)浮动汇率制度的利弊

①浮动汇率制度的主要优点：

a. 汇率能发挥其调节国际收支的经济杠杆作用。一国的国际收支失衡，可以经由汇率的上下浮动而加以消除。

b. 只要国际收支失衡不是特别严重，就没有必要调整财政政策和货币政策，从而不必以牺牲内部平衡来换取外部平衡的实现。

c. 浮动汇率制度减少了对储备的需要，并使逆差国避免了外汇储备的流失。这是因为，在浮动汇率制度下，各国货币当局没有干预外汇市场和稳定汇率的义务。这一方面使逆差国避免了外汇储备的流失，另一方面又使各国不必保持太多的外汇储备，从而能把节省的外汇资金用于本国经济的发展。

②浮动汇率制度的主要缺点是汇率频繁与剧烈地波动，使进行国际贸易、国际信贷与国际投资等国际经济交易的经济主体难以核算成本和利润，并使他们面临较大的汇率波动所造成的外汇风险损失，从而对世界经济的发展产生不利影响。浮动汇率制度的另一个主要缺点是为外汇投机提供了土壤和条件，助长了外汇投机活动，这必然会加剧国际金融市场的动荡与混乱。

(4)汇率市场化并不意味着实现完全的浮动汇率

汇率市场化是指由供求力量决定汇率水平。但是，由于汇率对一国经济和政治具有重要作用，政府对于汇率通常或多或少会加以适度调节，不进行任何有目的的干预是少见的。在实际的经济生活中，完全的浮动汇率是不存在的。

4. 货币制度与国家主权的联系应该怎样理解？结合欧洲货币、货币局制度和“美元化”，理一理你的思路。

答： 古代就有可以称之为货币制度的制度，几千年来货币制度都是与国家的主权不可分割地结合在一起。国家在不同程度、从不同角度对货币所进行的控制，其意图总是在于建立能够符合自己政策目标，并可能由自己操纵的货币制度。一般说来，有秩序的、稳定的，从而能为发展商品经济提供有利客观条件的货币制度，是国家追求的目标。要求能够有效地操纵货币制度，也包括为了保证这个目标的实现。控制货币制度日益成为建立宏观调控系统的重要内容，以便有效地利用货币来实现经济发展的目标。但这样的观念和准则却在 20 世纪中受到严重的挑战。

先是以美元为中心的国际货币体系建立起美元在全球的主导地位。但相当长的期间，在控制与反控制的较量中，各国的货币主权依然得以保持；有的货币如德国马克等，还很有与美元分庭抗礼的态势。在美元为中心的国际货币体系之外，还曾同时存在着社会主义世界的集中计划经济体制的货币制度。但到了 20 世纪的后十年，货币制度对主权的挑战却沿着以下三个趋向而迅速强化：

(1)欧洲货币制度的建立

欧元是超越欧洲各国传统边界的货币，欧洲货币当局是超越各国货币主权的统一的中央银行。加入欧元区的国家必须放弃原有的国家货币制度，共同使用欧元和制定统一的货币政策，各成员国之间不再保持独立的国际收支，从而丧失了很大部分货币主权。对于传统的货币制度观念，这是直接的挑战。

(2)货币局制度

货币局制度是指一国(地区)所发行的货币完全与其外汇储备挂钩的货币制度。在该制度下，基础货币要由百分之百的外汇储备来支持。货币局规定本币对某一外币的固定汇率。货币局不是中央银行，它不能持有任何国内资产，没有自己独立的货币政策。实施货币局制度，也就意味着失去了独立实行货币政策的主动权。

(3)美元化

美元化是指一国以美元代替本国货币流通，放弃铸币税和发行银行在本国金融体系陷入困境时进行最后救助的可能。本国货币让位于美元，意味着货币主权的完全丧失。这一进程，有可能进一步推进。

综上所述，货币制度与国家主权的联系是与生俱来的。货币制度服务于国家主权；国家主权为了实现其目的必须对货币制度进行有效的操纵。但是，国际金融体系的发展，给这一关系带来了新的内容：欧元，货币局制度，美元化等说明货币制度有可能独立于国家主权，即国家主权对货币制度的有效控制不是必须的。

5. 我国对现行汇率制度的标准是怎么表述的？你是否知道当前国内外围绕中国汇率制度的不同见解？对此，你有何评价？

答：(1)我国对现行汇率制度的标准

我国实行以市场供求为基础、参考一篮子货币进行调节、有管理的浮动汇率制度。

人民币汇率不再钉住单一美元，而是按照我国对外经济发展的实际情况，选择若干种主要货币，赋予相应的权重，组成一个货币篮子。同时，根据国内外经济金融形势，以市场供求为基础，参考一篮子货币计算人民币多边汇率指数的变化，对人民币汇率进行管理和调节，维持人民币汇率在合理均衡水平上的基本稳定。

(2)当前国内外围绕中国汇率制度的不同见解

人民币汇率升值已成为焦点，讨论激烈。例如，美财长斯诺、欧央行行长特里谢和日本金融学家黑田东彦都认为中国经济以每年近 10% 的高速发展，人民币明显被低估了。而诺贝尔经济学奖获得者蒙代尔认为中国应该保持人民币汇率的稳定，而且，在未来 20 年内，人民币钉住美元的政策都应该保持不变。汇丰银行企业、投资银行与市场研究部、亚太区首席经济学家 Arup Raha 也认为人民币在最近一段时间不要进行任何改变。

对各种上述观点的评价：

①国际收支，非严格地说，是指一国对外经济活动中所发生的收入和支出。当一国的国际收入大于支出时，即为国际收支顺差。在外汇市场上，国际收支顺差就表现为外汇（币）的供应大于需求，使本国货币汇率上升，外国货币汇率下降。相反，当一国的国际收入小于支出时，即为国际收支逆差，在外汇市场上就表现为外汇（币）的供应小于需求，因而本国货币汇率下降，外国货币汇率上升。

我国长期以来国际收支顺差，并积累了巨额外汇储备，而美国则长期国际收支逆差。从这一点上来讲，人民币应该升值，美元贬值，我国的汇率应该调整。

②汇率的变动，最终是经济增长率的较量。从长期看，当一国经济增长率快于另一个国家时，该国汇率趋于上升。反之，则趋于下跌。

我国经济增长长期保持在7%以上，而同期主要发达国家的经济增长速度低于3%。因此，从经济增长率角度来看，人民币汇率也需要调整。

③中央银行直接在外汇市场上买进或卖出外汇，发表直接左右公众心理预期的声明对汇率的短期干预具有更直接的效果。

我国的人民银行长期通过结汇制和外汇市场干预来维持人民币的汇率稳定，使外汇市场难以形成均衡的市场化的汇率。这使得人民币的汇率调整幅度难以确定。

④预期有时候能对汇率产生重大的影响。预期多种多样，包括经济、政治和社会的各个方面。就经济方面而言，预期包括对国际收支状况、相对物价水平（通货膨胀率）、相对利率或相对的资产收益率以及对汇率本身的预期等等。预期通常是以捕捉刚刚出现的某些信号来进行的。因此，有意地或无意地发出一些与之相对冲的信号，有时可以改变预期的方向。

近年来，国际社会普遍预期人民币将升值，热钱大量涌入中国，使人民币的升值压力越来越大，但热钱的趋利性和羊群效应使中国短期内不得不保持汇率稳定，以维护国际经济安全，避免对经济造成严重的冲击。

⑤财政赤字的增加或减少，也会影响汇率的变动方向。财政赤字往往导致货币供应增加和需求增加，因此，赤字的增加将导致本国货币汇率的下降。但和国际收支等其他因素一样，赤字增加对货币汇率的影响也并非是绝对的。如果赤字增加的同时伴有利率上升，则其对货币汇率的影响就很难说了。

长期以来，中国和美国都出现了财政赤字，这使两国的汇率变动难以预料。但中国的利率一直处于较低的水平，而美国却已经进入了加息周期。从这一角度来讲，人民币汇率应当保持稳定，以抵消上述要求人民币升值的因素。

由此可见，上述关于人民币的种种观点，都有正确之处，但都太过于强调某一方面，人民币汇率改革是一个极其复杂的过程，需要权衡各种观点，明确利弊，才能找出比较合适的方案。

6. 人民币国际化对于未来国际货币体系的演进将产生何种影响？

答：（1）人民币国际化的发展历程

人民币国际化发展至今，人民币已实现从跨境贸易支付结算，到投融资货币，再到全球储备货币的跨越。

①初期：跨境贸易支付结算。2008 年次贷危机后，以美元为主导的国际货币体系陷入流动性短缺。很多新兴经济体需要其他货币补充支付结算过程中的流动性。中国是全球排名前列的贸易伙伴，且币值较为稳定，部分经济体主动开展人民币互换。

②发展期：跨境投融资及储备货币。跨境贸易人民币结算步入正轨后，央行逐渐放开资本项目管制。2015 年 11 月，国际货币基金组织执行董事会批准人民币加入特别提款权（SDR）货币篮子。2016 年以来，证券投资和其他投资项下人民币结算占据了总结算额的半数以上。一方面，人民币资产具有较高的绝对收益率；另一方面，随着准入额度等限制的取消和配套设施的完善，外资增配人民币资产的热情提升。截至 2018 年末，全球有 60 多个国家和地区将人民币纳入外汇储备。

（2）国际货币体系的演进

国际货币体系的演变是一个自然的发展过程，历史上曾经历了由低级到高级、由单一到多元化的演变。主要可划分为国际实物货币、国际金本位制度、布雷顿森林体系和牙买加体系。

以美元为主导的国际货币体系天然存在“特里芬难题”的短板，2008 年爆发的金融危机进一步暴露了该体系的不足。全球需要一个更多元、更均衡的货币体系，逐步扩大人民币的跨境使用，有助于完善国际货币体系，有利于全球金融稳定和经济发展。

（3）人民币国际化对于未来国际货币体系演进的影响

当一国货币被作为国际储备货币时，基本可以判断其已经成为国际货币。人民币目前已经在周边地区和国家流通，已经具有部分国际化货币职能，但显然人民币还不是真正意义上的国际货币。人民币国际化的深入推进将对未来国际货币体系的演进产生以下影响：

①有助于国际储备货币多元化。当今正处百年未有大变局，且国内资本市场开放程度提升，人民币资产逐渐进入全球大类资产配置的视野。以美元为主要国际储备货币的国际货币体系有诸多弊端，而人民币国际化则有助于国际储备货币多元化。

②有利于改善国际货币体系结构。未来国际化后的人民币会成为国际货币体系中的重要组成部分，这有利于改善原本不对称的国际货币体系结构，从而不仅有利于我国经济、金融的稳定和发展，也有利于全球经济、金融的稳定和发展。

③助推国际货币体系改革。以单一币种为核心的全球货币体系难以维持经济稳定发展，更多币种共同主导的全球货币体系是趋势。由于各国经济情况差别较大，货币政策和财政政策的施行都不尽相同，多极联手的全球货币体系才有可能适应当前的情况。人民币国际化的推进加速中心货币多极化，有利于提升新兴国家对改革全球金融系统协调和治理结构的参与度。

第3章 信用、利息与信用形式

3.1 复习笔记

【知识框架(庖丁解牛)】

信用、利息与信用形式
- 信用及其与货币的联系
- 利息
- 现代社会之前的信用
  - 高利贷信用
  - 民间信用
- 现代信用活动的基础
- 现代信用的内容与形式
- 国际信用
- 我国当前的“信用缺失”与信用秩序重建
- 资金流量分析

【考点难点归纳(厚积薄发)】

考点一：信用及其与货币的联系 ★

1. 信用的概念

(1)定义

信用是借贷行为的总称，是以偿还为条件的价值的特殊运动形式。

(2)信用关系建立的三要素

①由借贷双方构成的债权债务关系；

②价值作相向运动形成的时间差；

③保证债权债务关系确定的凭据——信用工具。

2. 信用形式

信用以实物借贷和货币借贷两种形式存在。实物借贷在自然经济中占主导地位；货币借贷应用于资本主义经济，且货币借贷逐渐成为信用最主要的形式。

考点二：利息 ★★★★★

1. 利息的含义

利息又被称为货币资本的“价格”，是货币在一定时期内的使用费，是货币所有者(或债权人)因贷出货币或者货币资本而从借款人(或债务人)那里获得的报酬。对于债务人来说，利息是借入货币或者货币资本所付出的成本或代价。从来源上看，利息是剩余价值或者利润的一部分，也就是说利息是投资人让渡资本使用权而索要的补偿。

2. 利息的实质

马克思论证了利息实质上是利润的一部分，是利润在从事产业经营的资本家与贷放货币资产的资本家之间的分配。剩余价值论中关于利息的观点可以概括为：在典型的资本主义社会中，利息体现了从事产业经营的资本家与贷放货币资产的资本家共同占有以及瓜分剩余价值的关系。

3. 收益的资本化

(1)利息转化为收益的一般形态

①含义：无论贷出资金与否，利息都被看作是资金所有者可能取得或将会取得的收入。

②表现：利息率成为一个衡量投资标准的尺度，即如果利润率低于利率，则不应该投资。

(2)收益资本化的含义与公式

①含义：资本化是指，任何有收益的事物，不论它是何种资本或者金额，都可以通过收益与利率的对比计算出它相当于多大的资本金额。

②资本化的一般公式为：

$$P=C/r$$

其中，C 为收益；P 为本金；r 为利率。

资本化使本身无价值的事物有了价格，其主要作用领域是有价证券价格的形成。

【例 3.1】利息是资金的(　　)。[北京航空航天大学 2014 金融硕士]

A. 价值　　B. 价格　　C. 指标　　D. 水平

【解析】资金价格是资金使用权的价格，在现象形态上表现为利率。利率实质上是货币资金使用权转移的价格，对于资金的出借者而言，利率是其转让资金使用权所获得补偿的价格，而对于资金的借贷者而言，利率则是取得资金使用权所付出代价的价格。

【答案】B

4. 利息与信用

除了为货币资本“定价”，利率还可以衡量金融产品的信用水平。

信用的衡量方式分为两种：

(1)非市场方式

非市场方式是以人与人之间的关系作为衡量标准。

(2)市场方式

市场方式包括市场签约、评级以及金融产品的市场出价和要价等。

利息属于市场方式。通常情况下，金融产品的品质越高，市场定价(即利率)会越低；反之，品质越低，市场定价会越高。因此，金融产品的信用水平和风险水平可以通过利率水平的高低来分辨。

考点三：现代社会之前的信用（见表3-1） ★★★

表3-1 现代社会之前的信用

信用形式		具体内容
高利贷信用	特点	①利率极高，剥削重； ②高利贷的利息来源于奴隶或小生产者的全部剩余劳动或一部分必要劳动； ③用途、来源的非生产性
	作用	①在前资本主义社会，高利贷具有推动自然经济解体和商品货币关系发展的双重作用，破坏和阻碍了生产力的发展； ②在封建社会向资本主义社会过渡时，高利贷促进了资本主义生产方式前提条件的形成
	含义	当用“高利贷”泛指前资本主义社会中的信用关系时，它应包括如下几重含义： ①它是高利盘剥的手段，是摧残再生产的消极力量； ②经济条件决定了它的利率较现代社会中占主导地位的利率高； ③它是经济中的必要因素，对于保持农业再生产以及发展商业均有积极作用
民间借贷	民间自发产生的借贷组织形式	这种形式的民间借贷政府不予支持，也得不到专门法律或法规的保护
	无固定组织形式，但严格遵循借贷准则的经济行为	这种形式的民间借贷严格遵守借贷准则，且通常通过中介进行

考点四：现代信用活动的基础 ★★

1. 信用经济

由于债权债务关系在现代经济中普遍存在，所以现代经济又称作“信用经济”。

2. 盈余与赤字、债权与债务

当经济主体的收入大于支出时会出现盈余；当经济主体的收入小于支出时产生赤字。余缺调剂，形成债权债务关系，即信用关系。

当然，无论盈余单位、赤字单位还是平衡单位，都既有债权又有债务。

3. 货币资金的供给与货币资金需求的形成

（1）信用关系中的个人

个人是货币的主要贷出者。个人的货币支出以其收入为度，个人作为整体，通常是盈余部门，是货币的主要贷出者、供给者。

可支配货币收入是指扣除个人的应缴纳义务后所剩余的个人货币收入。关于个人对可支配收入的消费和储蓄比例的基本观点有：①当期消费取决于当期收入；②当期消费取决于当期收入与持久收入两者；③当期消费是前期所达到的最高消费水平的函数；④当期消费不简单受自己当期收入的具体水平所制约，而是具有向同等收入等级的消费水平“看齐”的倾向；⑤生命周期假说，强调一生中全部收入与全部支出的对应，从而当期消费取决于跨期的约束条件。

(2)信用关系中的企业

企业从总体上看，既是巨大的货币资金需求者，又是巨大的货币资金供给者：

①需求方面：企业创业、扩大经营的资本金需求，满足生产周期的阶段性需要，平衡市场波动所造成的收不抵支等均构成企业借入款项的原因。

②供给方面：包括企业的折旧资金、利润盈余、临时性资金富余等。

资金需求方面与资金供给方面两相比较，通常是需求大于供给。

(3)信用关系中的政府

①政府的货币需求与供给：需求方面包括国家经济建设等方面；供给方面由财政的实施形成。

②财政赤字：政府一般是货币资金的需求者，赤字普遍存在且数量可观。在盈余或平衡的预算条件下，因支出先于收入等原因，政府也需不时借入货币。

(4)国际收支中的盈余和赤字

①来自外国的货币收入少于支出，出现赤字，称为"国际收支逆差"。

②来自外国的货币收入大于支出，出现盈余，称为"国际收支顺差"。

国际收支顺差，则盈余是向别国提供信贷的资金来源；国际收支逆差，则该国必须从国外借入资金以平衡赤字。

(5)作为信用媒介的金融机构

①个人、企业、政府部门及与其有经济联系的国外部门之间的债权债务绝大多数通过金融机构来完成。

②作为信用媒介的金融机构通过聚集资金形成债务，进而通过将聚集的资金分配出去形成债权。当金融市场上对资金的需求超过他们所聚集的资金时，金融机构会寻求可以集聚资金的补充来源；反之，它们将设法将多余资金加以运用。这是非金融单位所不具有的一种特殊差额，也是这类金融机构经营活动所独具的特征。

考点五：现代信用的内容与形式 ★★★★★

1. 现代信用

现代信用是借贷资本的运动形态。首先，借贷资本是资本，以追求回报为核心；其次，借贷资本并不参与实体资本的运作过程，其回报即为"利息"。

2. 商业信用

(1)定义

商业信用是指企业之间以赊销方式所提供的信用，如预付货款。商业信用包括买卖行为和借贷行为。

(2)特点

①企业是商业信用的主体；

②商品资本是客体；

③商业信用与产业资本的动态一致。

【例 3.2】企业与企业间存在三角债，与此相关的是(　　)。[中国人民大学 2017 金融硕士]

A. 商业信用　　　　B. 银行信用

C. 消费信用　　　　D. 国家信用

【解析】典型的商业信用是工商企业以赊销方式对购买商品的工商企业所提供的信用。三角债是企业相互之间拖欠并延展形成的，三角债发生在企业之间，因而属于商业信用范畴。B 项，银行信用是指以金融机构为媒介，以货币形态的资本为借贷对象的信用；C 项，消费信用是指对消费者个人提供的，为满足其消费所需货币的信用；D 项，国家信用指的是政府或统治当局的信用。

【答案】A

(3)商业票据和票据流通

①定义：商业票据是以信用形式出售商品的债权人，为了保证自己的债权而持有的一种书面债权凭证。

②特点：商业票据是商业信用的票据化；其票面必须载明特定的内容，且具有不可争辩性；票据具有流动性。

③商业票据的种类：

a. 商业汇票，是由债权人向债务人发出的，要求债务人在约定的期限支付一定款项给第三人或持票人的支付命令书。汇票必须经过债务人承认才有效；债务人承认付款的手续为承兑。

b. 商业本票，是由债务人向债权人发出的，承诺在约定期限支付一定款项给债权人的支付承诺书。

④票据的流通主要是通过背书来实现。

(4)商业信用的作用和局限性

①作用：存在稳定经济联系的工商企业之间的商业信用活动，贯穿整个经济活动，调节经济运行。

②局限性：规模限制(以产业资本的规模为度)；严格的方向性；时间上的限制。商业信用的局限性决定了票据流通的局限性。

(5)中国的商业信用

我国的商业信用通常泛指企业之间所发生的一切信用关系。一般商业信用是在商品卖方主动提供，或经买卖双方磋商之下形成的。此外，强制商业信用是指本应支付的货款拖欠不付这类现象，它违背了商品经济下交换与借贷的基本原则，实际是拖欠方对被拖欠方财产的侵犯行为。

3. 银行信用

(1)定义

银行信用是银行及其他金融机构以金融机构为媒介并直接以货币形式向职能资本家或其他债务人提供的信用。

【例 3.3】下列信用形式属于银行信用的是(　　)。[中央财经大学 2012 金融硕士]

A. 商业汇票和银行承兑汇票　　B. 商业本票和银行汇票
C. 商业汇票和银行本票　　D. 银行承兑汇票和银行本票

【解析】汇票分为银行汇票和商业汇票。银行汇票是由出票银行签发的。商业汇票是由出票人签发的，出票人一般是企业。商业汇票又分为商业承兑汇票(由银行以外的付款人承兑)和银行承兑汇票(由银行承兑)两种。银行本票是银行签发的，承诺在见票时无条件支付确定金额给收款人或者持票人的票据。

【答案】D

(2)特点

①银行信用以金融机构作为媒介。这里的金融机构主要是指银行，同时也包括经营类似银行业务的其他非银行的金融机构。

②银行信用借贷对象是货币形态的资本。

(3)银行券

银行券是由银行签发的可随时兑付的票据。

(4)间接融资与直接融资

间接融资是指资金的所有者和需求者通过金融机构实现资金余缺调剂，在借贷过程中不发生直接债权债务关系的资金融通方式。直接融资是指公司、企业在金融市场上以发行股票或债券的方式从资金所有者那里直接融通货币资金的融资方式。

间接融资与直接融资的优缺点如表 3-2 所示。

表 3-2　间接融资与直接融资的优缺点

融资方式	优点	缺点
间接融资	快速调节大额资金余缺；风险分散、安全性高	减少了投资者对投资经营对象、经营状况的关注和筹资者在资金使用方面的压力和约束
直接融资	供需双方直接联系；减少时间成本；筹集的资金可长期使用	双方在资金量、期限、利率等方面受限多于间接融资；风险比间接融资大

【例 3.4】下面哪种行为可以认为是直接融资行为？(　　)[清华大学 2015 金融硕士]

A. 你向朋友借了 10 万元

B. 你购买了 10 万元余额宝

C. 你向建设银行申请了 10 万元汽车贷款

D. 以上都是

【解析】直接融资是指拥有暂时闲置资金的单位(包括企业、机构和个人)与资金短缺需要补充资金的单位相互之间直接进行协议，或者在金融市场上前者购买后者发行的有价证券，将货币资金提供给需要补充资金的单位使用，从而完成资金融通的过程。间接融资是通过金融中介机构完成资金融通。

【答案】A

4. 国家信用(见表 3-3)

表 3-3　国家信用

要点	具体内容	
定义	国家信用是以国家和地方政府为债务人或债权人而出现的一种信用形式	
形式	内债	国家从国内筹款
	外债	国家从国外筹款
工具	公债券	为弥补财政赤字而发行，是政府举借债务的借款凭证
	国库券	国家为解决紧急预算支出而发行的一种短期债券，其偿还期在一年以内
作用	①平衡财政赤字，缓解货币流通，保持物价稳定； ②调节经济	
影响因素	①偿债能力； ②可供分配的资源	

5. 消费信用(见表 3-4)

表 3-4　消费信用

要点	具体内容	
定义	消费信用是指银行或企业对消费者个人提供的、用以满足其消费需求的信用	
方式	赊销	分期付款、信用卡
	消费贷款	买方信贷、卖方信贷
评价	优点	①一定程度上促进相关商品的生产与销售，进而促进经济的增长； ②促进新技术迭代、产品的更新换代
	缺点	一定情况下会对经济发展产生消极影响。当消费需求过高，生产扩张能力有限时，消费信用就会加剧市场供求紧张状态，使得物价上涨，造成虚假繁荣
我国的消费信用	特点	发展慢、规模小
	种类	个人住房贷款、个人股票质押贷款、汽车贷款、出国留学贷款、不限用途贷款等

考点六：国际信用 ★★★

1. 资本输出与国际资本流动

资本输出是国与国之间资本流动的早期形式，是指发达国家对落后国家或地区的跨国投资。随着经济发展，资本输出被国际资本流动取代，这也是当今国际经济联系的一个重要特征。国际资本流动所概括的则是资本在国际之间的多边相互流动。

2. 国际信用的形式

(1)国外商业性借贷

国外商业性借贷是指资金输出者与使用者之间构成借贷双方的资本流动形式。其具体形式包括出口信贷、政府贷款、银行贷款、债券发行等。

(2)国外直接投资

国外直接投资是指一国资本以直接投资于另一国企业的方式成为企业的所有者或享有部分所有权的一种资本流动形式。其形式有股权式(欧洲债券、外国债券)、契约式合营、独资经营三种。

3. 国际信用的特征

国际信用有四大特征：①规模大；②风险大；③复杂性；④方向上的不对称性。

4. 我国国际信用的发展

改革开放之前，在高度集中的计划经济与闭关锁国的政策下，禁止国际资本以任何方式流出入。改革开放以后，逐渐开放国际信贷，对外国直接投资实行鼓励政策，对外债规模严格控制，积极有序推进资本市场对外开放，防范国际资本流动冲击。

考点七：我国当前的“信用缺失”与信用秩序重建 ★

1. 信用缺失的危害

普遍存在的失信行为，会导致信用联系萎缩。信用缺失会增加微观经济行为主体之间的交易成本。此外，银行与企业之间的信用缺失通常表现为银行贷款条件趋于严格，更严重的会导致银行“惜贷”，无法促进资金的配置效率提升。

2. 信用缺失的原因

计划经济体制导致轻视信用联系观念，形成了缺乏严格履行信用契约的自我约束的行为习惯。不断的轻视信用会带来更多的失信行为与困境。

3. 重建信用秩序是系统工程

重建诚信是社会政治经济生活发展的必然要求，而建立市场经济的信用秩序是重要的一部分。建设现代信用体系、重建信用秩序是一项复杂的系统工程，需要经历一个长期曲折的过程。

考点八：资金流量分析 ★

1. 定义

资金流量分析是指把国民经济划分为几个部门，从货币收支的盈余和赤字的角度建立数量模型进行统计分析的行为。

2. 模型依据的恒等式

将一国的经济体看作一个整体，则有国民收入恒等式：

$$Y=C+I+X-M \text{ 或 } Y-C-I-X+M=0$$

其中，Y 为国民收入；C 为消费；I 为投资；X 为出口；M 为进口。

3.2　课后习题详解

1. 你过去对于信用这个经济范畴是怎样理解的？应该怎样界定信用较好？

答：过去对信用这个经济范畴的理解是，信用相当于“借贷”或“债”的概念。

按照下面的方式来界定信用比较好：

信用这个经济范畴是指借贷行为。从逻辑上推论，私有财产的出现是借贷关系存在的前提条件。这种经济行为的形式特征是以收回为条件的付出，或以归还为义务的取得；而且贷者之所以贷出，是因为有权取得利息，借者之所以可能借入，是因为承担了支付利息的义务。现实生活中有时也有无利息的借贷，但这是由于某种政治目的或经济目的而采取的免除利息的优惠，是一般中的特殊。西方不少国家的银行对企业的活期存款也往往不支付利息，但存款者可以享受银行的有关服务和取得贷款的某些权利，实际上还是隐含有利息的。

2. 经济学意义上的“信用”与日常生活和道德规范里的“信用”有没有关系？是怎样的关系？

答：道德范畴中的“信用”实际上是指“信守诺言”的一种道德品质。从经济的角度理解“信用”，它实际上是指“借”和“贷”的关系。

从经济意义上看，信用的含义转化和延伸为以借贷为特征的经济行为，是以还本付息为条件的，体现着特定的经济关系。它既区别于一般商品货币交换的价值运动形式，又区别于财政分配等其他特殊的价值运动形式，是不发生所有权变化的价值单方面的暂时让渡或转移。

这两个范畴的信用密切相关。诚信是交易、支付和借贷活动得以顺利进行的基础。借贷活动是以收回为条件的付出，或以归还为义务的取得；而且贷者之所以贷出，是因为有权取得利息，借者之所以可能借入，是因为承担了支付利息的义务。如果没有当事人之间的最基本的信任，就不会发生借贷活动。诚信是借贷活动的基础。如果失信成为信用行为中的主导方面，借贷活动就会萎缩甚至中断。而借贷活动的发展，使得经济活动参与者日益意识到诚信的重要性，进而使诚信成为经济生活的重要准则之一。

3. 为什么说在现代经济生活中，信用联系几乎无所不在，以致可以称为“信用经济”？能否谈谈你本人的体验？

答：(1) 将现代经济称作信用经济的原因

信用经济是从金融的角度提出来的，体现在现代经济的特点上：

①信用关系无处不在。现代经济关系的方方面面、时时处处都打着债权债务的信用关系的烙印，商品货币关系覆盖整个社会。信用货币代表着央行对货币持有者的负债，而持有货币就是拥有债权，货币从金属货币发展为信用货币也就意味着信用关系覆盖着整个社会。不仅在发达工业化国家，就是在发展中国家，债权债务关系的存在，都是极其普遍的现象。对于企业经营单位来说，借债与放债，也都是不可缺少的。在国内的经济联系中是这样，在国际经济联系中更是这样。政府几乎没有不发行债券的，而各国政府对外国政府，往往是既借债又放债；银行通过办理个人储蓄，吸收企业、政府存款，发放贷款来促进国民经济发展；个人依靠分期付款购买耐用消费品及房屋。在经济不发达的过去，负债是不光彩的事情，现在则相反，若能获取信贷，正说明有较高信誉。

②信用规模日趋扩张，并加速扩张，这是信用经济发展的必然结果。经济主体拥有债权债务的规模在年复一年的加速扩张，这是经济发展的结果，是人类财富积累的结果。债台高筑是信用经济不断发展的必然结果，这已不是贬义词。

③信用结构日趋复杂化。随着信用经济的发展，为了规避风险，大量信用工具和衍生工具应运而生，使得信用关系和信用结构复杂化。你中有我，我中有你，信用网络越来越

复杂。信用活动同时就是交易活动，任何一个买卖都是信用关系的重新变动，这种变化每时每刻都在进行。

④国家对经济的调控离不开信用。现代经济的一个重要特征就是国家对经济的全面调控，而在调控过程中信用是必不可少的。国家一般利用财政政策与货币政策进行调控。财政政策尤其是积极财政政策必须有国债筹资作为基础，而货币政策的各种工具无不利用银行系统和资本市场的信用作为传导。

⑤作为信用媒介的金融机构的飞速发展。个人、企业、政府和有经济联系的国外各单位，它们相互之间的债权债务有些是直接发生的，但绝大部分都是通过各种金融机构媒介而形成的。作为媒介要聚集资金，从而形成它们的债务；作为媒介要把聚集的资金通过诸如贷款等方式分配出去，从而形成它们的债权。信用媒介的发展，是现代社会合理分工的表现，它的出现使信用成为联结整个经济的网络。

因此，现代经济不是简单的商品经济，而是信用经济。信用经济使经济加速，使经济的影响面很宽，信用对经济的渗透力很强。

(2)本人体验

现代经济社会离不开信用，如人与人的交往、共享单车的使用，甚至国家与国家之间的交涉，都需要信用的支持。一个人的信用影响其所能够获得的资源、所能结识的人脉；一个企业的信用影响其所能拥有的资金，甚至会关乎一个企业的生死存亡；一个国家的信用能够大幅度提升其在国际社会上的地位等等。回归经济这一层面，经济的基础是金钱，而金钱很大程度上是靠企业或者个人的信用获取的。一个企业要想从 0 到 1 实现跨越就必须得跨过资金这道门槛，而起初靠的就是信用。

4. 记住资金流量核算的基本模型。对于它的重要性，你有什么认识？

答：(1)资金流量核算的基本模型

把国民经济划分为几个部门，从货币收支的盈余或赤字的角度建立数量模型，并据以进行统计分析，称之为“资金流量核算”“资金流量分析”。

经济生活中微观行为主体是由不同的类型构成的。如果把不同类型的主体分别归入几个部门，则每一个部门的活动结果，在货币收支对比上不是盈余，就是赤字，而很少是零。最基本的部门划分是分为政府部门、个人部门、工商企业部门、国外部门和作为中介的金融部门。在这种分析体系中，是把部门内部的资金流动略去了。作为这个体系的特征是在分部门的基础上建立起数量模型。其最简单的形式如表 3-5 所示。

表 3-5 资金流量核算的分部门数量模型

部门	收入	消费	投资	进出口	资金差额：盈余(+)/赤字(-)
1. 政府部门	Y_1	$-C_1$	$-I_1$		$=F_1$
2. 个人部门	Y_2	$-C_2$	$-I_2$		$=F_2$
3. 工商企业部门	Y_3		$-I_3$		$=F_3$
4. 金融部门	Y_4		$-I_4$		$=F_4$
5. 国外部门				$-X+M$	$=F_5$
合计	Y	$-C$	$-I$	$-X+M$	$=0$

模型中的 F 指资金的盈余或赤字，这是从通过信用调剂的资金流动角度所考察的差额，通常称为“金融盈余”或“金融赤字”。根据上面的分析，经常的、大量的赤字是出现在企业部门；政府部门也通常是资金的需求者。国外部门的 F 或为正，或为负；个人部门的 F 则多为正；金融部门的 F 则有正有负。不论哪个部门，有盈余，如上面曾分析过的，在信用关系存在的条件下，必然表现为债权，即实际上必然已经“贷出”；赤字之所以能够成立，实际上是负有债务，即必然已经“借入”。这就是说，一个部门的债权必然在另一个或另几个部门中有对应的等额债务；反之，一个部门的债务也必然在另一个或另几个部门中有对应的等额债权。所以，各部门的 F 相加应该等于零。但实际统计中，由于误差和遗漏，则很难等于零。

在这种分析体系中，是把部门内部的资金流动略去了。事实上，有的部门内部的资金流动也极重要，如不同类型的企业之间的资金流动，不同类型的金融机构之间的资金流动，等等。为此，需要在几个部门之下再划分亚部门。但统计工作中实际存在的困难往往不易实现过细的划分。

(2) 资金流量的统计和分析对于实现经济的宏观控制的意义

通过对过去年份的统计与分析，可从中找出信用运动的规律，进而可以对整个经济进程中存在的问题加以剖析，总结经验教训；对未来年份的规划和预测可以看出经济发展规划是否有足够的财力保证，并进而重新考虑整体规划的合理性，以便作适当的调整。

5. 比较商业信用与银行信用的特点，两者之间有怎样的联系？目前，我国为什么大力推广票据？

答：(1) 商业信用和银行信用的特点

商业信用是指企业之间提供的与商品交易相联系的一种信用形式，典型形式有赊销、赊购、分期付款等。它包含了销售与借贷两方面，作为信用制度的基础，调节资金余缺，对经济有润滑和促进作用。但其在方向上是严格单向的，规模上也受到局限。

商业信用主要有以下特点：①是企业之间提供的信用，债权人与债务人都是企业。②商业信用的发生必包含两种经济行为：买卖行为和借贷行为，或者说是两种行为的统一。③商业信用在生产资本循环和周转过程中为产业资本循环和周转服务，与产业资本循环密切相联，其增减变化也受产业资本循环的影响和制约。

银行信用是银行以货币形态提供给企业的信用。它是适应商品经济发展的需要，在商业信用广泛发展的基础上产生的一种信用形式。

与商业信用比较，银行信用具有如下特点：

①银行信用的债权人是银行或其他金融机构，债务人则是企业。银行成为专门经营信用的企业和信用中介。

②银行信用在规模、方向和时间上都大大超过了商业信用。由于银行一开始就是以借贷行为这一单纯的债权债务关系出现，并不受商品流转方向制约，而且有金融机构作为中介，因此，银行信用彻底克服了商业信用的局限性。在银行信用中，货币资金可以自由地调剂，不受商品流转方向的限制，也不受商品流通规模的限制。银行信用既可聚小额的、闲置的货币为巨额的资本力量，以满足社会再生产对大额资本的需求，也可使大额的货币资金分散满足较小数额的货币需求；既可把短期资金集中起来利用其稳定的余额满足社会

对长期资本的需求，也可以将长期的货币资本分散满足效益可观的、短期的货币需求；如此等等。因此，银行信用较之商业信用有绝对优越的灵活调剂功能，这也是银行信用成为现代经济生活中主要的信用形式的原因所在。

③银行信用可以满足生产发展所引起的对于流通中追加货币的需求，可使信用相对于社会再生产而发生“膨胀”。银行办理商业票据贴现依靠的是它们所聚集的货币资金，当这些货币资金不能满足贴现业务的需求时，银行发现可以签发自己的票据来代替企业家的票据，银行的票据即银行券。随着银行业务的发展，银行券日益不限于用来代替商业票据流通，而是被更广泛地用于信用业务之中独立地发挥作用，并最终和货币融为一体。

(2)商业信用与银行信用的关系

现代信用制度中，在世界各国，不论其社会制度如何，银行信用均居于主导地位，但并不否认商业信用的基础地位。两者之间有其固有联系。

①从信用发展的历史来看，商业信用先于银行信用产生，银行信用是在商业信用广泛发展的基础上产生和发展起来，并且与银行的产生与发展相联系。没有商品经济就不会有商业信用，而没有商业信用的充分发展就不会有银行信用。

②商业信用直接和商品的生产和流通相联系，在有着密切联系的经济单位之间，它的发生有其必然性，甚至不必求助于银行信用。因此，即使在银行信用发达的情况下，也不可能完全取代商业信用。

③在市场经济条件下，商业信用的发展日益依赖于银行信用，并在银行信用的促进下得到进一步完善，二者在总体上互相依存、互相促进。商业信用不断呈现票据化趋势，而票据则成了部分银行信用的工具，如票据贴现、票据抵押贷款等等。同时随着银行信用的发展，大银行不断集中借贷资本，为垄断组织服务，进一步促进了产业资本与银行资本的结合，从而促使银行信用和商业信用也进一步融合渗透。

总之，两种信用各具特点，相互补充，相辅相成，不可或缺。应充分利用两种信用，相互配合，以促进经济发展。

(3)目前我国正在大力推广票据的原因

目前我国正在大力推广票据是由我国目前所处的经济形势和票据的特殊性决定的。

①改革开放以来，我国经济得到了迅猛的发展，商品交易频繁，以往仅使用现金结付现在已经不能满足扩大的交易活动的需求，因此，必须大力推广使用票据，这不仅可以节省点数的麻烦和时间，而且十分安全。票据还可以通过背书作多次转让，在市场上成为一种流通的支付工具，减少现金的使用。以票据作为支付工具，代替现金支付，可以达到迅速、准确、安全的目的。

②随着经济和社会的发展，我国的信用活动也开始蓬勃起来，出现了商业信用、银行信用、消费信用、国际信用等一系列信用形式。信用活动的发展必然要求票据的出现和发展。因为在商品经济社会里，一切商品交易并非都是交易与付款同时进行的现货交易，常常是在交易之后的一定时间再予以付款的，它是建立在信用基础之上的交易。这时票据就成为利用商业信用时所不可缺少的工具。而背书制度使票据的信用从狭窄的直接交易人之间的信用扩大为社会信用。因此，有学者把票据称为“人的信用证券化”。

③商业活动的频繁，必然导致现金流量的不足，这就要求具备融资功能的票据的出现。

这主要通过票据贴现来实现，票据贴现是以未到期票据向银行总换现金。银行按市场利率，先行扣除贴现日至到期日的利息，然后以票面金额付给持票人。银行以贴现方式收下票据，可再向中央银行或其他银行贴现以取得资金，前者称为“再贴现”，后者称为“转贴现”。票据贴现，解决了资金流转的困难，使票据持有人的资金从票据的形式转变为现金形式，从而加速资金周转，促进经济的发展。

6. 在我国，利用外资包括哪些形式？大量、长久地利用外国资本是否必然会陷入债务奴隶的境地？

答：(1)我国利用外资的形式

外资，是与本国资本相对而言的，即在本国境内使用，但所有权属于外国人(包括外国法人和自然人)的资本。在我国利用外资的形式多种多样，其中最主要的有外国直接投资、对外借款、发行债券和股票上市融资四种。

①外国直接投资(FDI)是指非居民对我国的公司型或非公司型企业投资，并由此获得对企业的管理控制权的投资形式。其具体方式包括：在我国开办独资企业、收购或合并我国企业、与我国企业合资开办企业、对我国企业进行一定比例以上的股权投资(通常为10%以上)、利润再投资。

我国采用最多的直接投资方式是中外合资经营企业、中外合作经营企业、外商独资经营企业和合作开发。此外，还有补偿贸易、加工装配等形式。

②对外借款主要有外国政府贷款、国际金融组织贷款、国际商业贷款等。一般将外国政府贷款和国际金融组织贷款统称为优惠贷款。外国政府贷款也称为“双边政府贷款”，具有一定的援助性质，期限长，利率低。但是债权人对贷款的投向有一定的限制。目前我国的外国政府贷款主要投向城市基础设施、环境保护等非营利项目。国际金融组织贷款是指由国际金融组织，如世界银行、亚洲开发银行等，向我国政府或企业提供的贷款。国际商业贷款则是我国从境外商业性金融机构获得的贷款。

③在国际金融市场上发行的以外币表示的债券是一种广泛采用的筹资渠道。国际金融市场上发行的债券种类繁多。如我国发行的在美国市场上以美元计值的扬基债券，在日本市场上以日元计值的武士债券等。除债券外，还包括大额可转让存单、商业票据等等。

④股票融资是指境内的企业以现有资产或以新设立的公司的名义在境外发行股票并在境外证券交易所上市的融资活动。最近几年，境外股票融资已成为我国重要的利用外资手段。

此外，还有项目融资、国际金融租赁等利用外资的方式。

(2)大量地、长久地利用外国资本并不必然陷入债务奴隶的境地

外资、外债规模都会影响国际收支的长期平衡。借用外债，迟早要还本付息，并且要支付外汇。利用外债的规模过大，势必增加以后平衡外汇收支的难度，甚至陷入债务陷阱，失去信誉。利用外债，要求有相应的配套资金，偿债时还需筹措还本付息的外汇资金。如果外债规模过大，可能迫使财政收支和银行信贷收支失衡，带来需求膨胀的后果。因此，需要结合各国国情，对利用外资情况进行管理。如果能够有效地控制利用外资的规模使之处于偿还能力之下，并引导外资流向资金短缺部门，提高资金使用效率，大量地、长久地利用外国资本并不必然陷入债务奴隶的境地。

利用外国资本对发展本国经济也具有重要的作用。利用外资是我国改革开放的重要战

略措施。它有利于弥补国内建设资金的不足，有利于引进先进技术促进产业升级，有利于吸收先进的企业经营管理经验，有利于创造更多的就业机会和增加国家财税收入。实践也已充分证明，利用外资对我国国民经济的快速、健康、稳定发展发挥了不可替代的作用。

7. 自 1997 年以来，我国开始大力发展消费信用，其意义何在？了解一下我国商业银行目前推出的有关消费信用的贷款有哪些类型。大学生助学贷款算不算一种消费信用？

答：(1)我国发展消费信用的意义

消费信用是指对消费者个人提供的，用以满足其消费方面所需货币的信用，是现代经济生活的一种信用形式。它是与商品，特别是住房和耐用消费品的销售紧密联系在一起的。

在我国消费信用开始较晚，目前尚处于起步阶段，但在现阶段加快发展消费信贷也表现出其特别的积极意义：

①扩大有效需求，促进经济增长。1997 年以来，我国有效需求不足，经济增长遇到了一定困难，表现在物价指数上是相当一段时期的持平甚至负增长，加之整个国际经济形势不佳，出口难以有太大作为，因此必须扩大内需。而当时在短期内收入无法有大的增长，消费信贷便成了重要手段之一。近几年，虽然我国的经济增长较快，但是国际收支极度不平衡，扩大国内有效需求也是当务之急。

②启动新的消费热点，改善人民生活。目前我国大部分消费者对耐用消费品的需求已经基本满足，但又难以进入下一个阶段对汽车住房等奢侈品的消费。因此必须借助消费信贷，形成消费能力，加快启动消费热点，提前进入下一个消费阶段，提高生活水平。

③配合各项改革顺利进行。当前我国陆续出台许多改革措施，对个人生活形成冲击。例如住房改革取消了实物分房；教育产业化要求每个享受高等教育的人都必须交纳学费等等。商业银行适时推出的住房贷款和教育贷款起到了很好效果。如果没有消费信贷作为各项改革的润滑剂，改革就很难平稳进行。

④促进商业银行资产多元化。目前我国商业银行也面临着“脱媒”现象的威胁，对企业贷款业务逐渐萎缩，尤其是随着我国商业银行坏账增多，银行不得不惜贷。消费信贷成为了商业银行又一个利润增长点，有利于资产多元化，分散风险。

(2)我国商业银行推出的有关消费信用的贷款种类

①个人住房贷款：个人住房贷款、个人再交易住房贷款(二手房)、个人住房公积金贷款、个人住房组合贷款、个人住房转让贷款、个人商业用房贷款。

②个人消费类贷款：国家助学贷款、个人消费额度贷款、个人住房装修贷款、一般商业性助学贷款、下岗失业人员小额担保贷款、个人耐用消费品贷款、个人权利质押贷款。

③个人助学贷款。

(3)大学生助学贷款也是消费信用的一种形式

助学贷款是我国的新型教育辅助政策，主要用于解决我国贫困学生教育问题，适用的对象是在校全日制本专科学生。这些学生可以向银行申请助学贷款，此贷款是一种信用贷款，无需担保，申请的条件是学生的学生证、身份证、贫困证明。

我国的助学贷款也属于消费信贷的一种，是关于教育消费的信贷，是学生借助自身的信用资源和预期的未来收入，利用自己的信用资源完成学业的一种提前消费行为。在中国农业银行等网站，国家助学贷款业务归入个人消费信贷业务。

第 4 章　金融范畴的形成与发展

4.1　复习笔记

【知识框架(庖丁解牛)】

- 金融范畴的形成与发展
  - 金融及其涵盖的领域
    - 金融的含义
    - 比较“金融”与“finance”
    - 如何对待中文“金融”的不同用法
  - 金融范畴的形成
    - 古代相互独立发展的货币范畴与信用范畴
    - 现代银行的产生与金融范畴的形成
  - 金融范畴的发展
    - 金融范畴的扩展
    - 金融体系
    - 对金融范畴的界定
    - 金融是现代经济的核心

【考点难点归纳(厚积薄发)】

考点一：金融及其涵盖的领域 ★

1. 金融的含义

金融是由货币流通、金融机构体系、短期资金拆借市场、资本市场、保险系统以及国际金融等构成的系统。

2. 比较“金融”与“finance”

把中文的“金融”与西文的 finance 相比较，如图 4-1 所示。

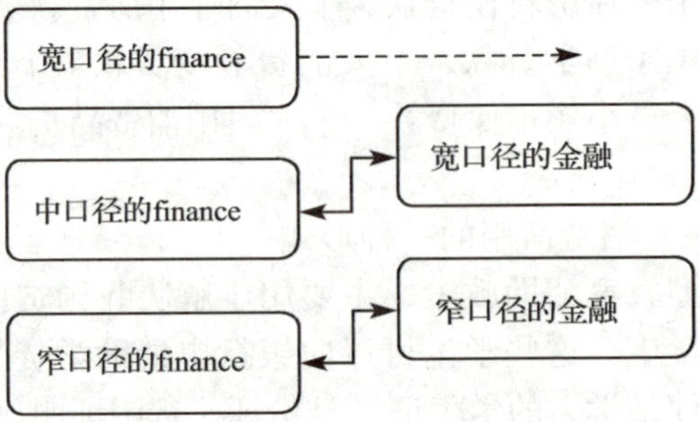

图 4-1　“金融”与“finance”词义涵盖范围比较

3. 如何对待中文“金融”的不同用法

就中文词“金融”来说，宽口径和窄口径两种用法并存。

其实，国内对金融涵盖范围的宽窄两种口径并不是完全的排斥关系，如图 4-2 所示。

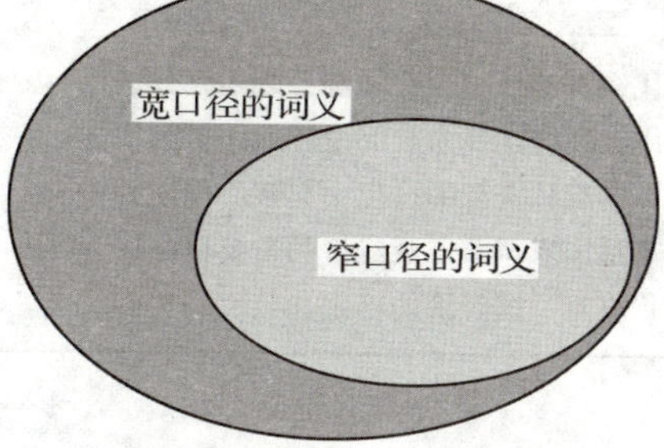

图 4-2　“金融”涵盖范围两种口径的关系

考点二：金融范畴的形成　★★

1. 古代相互独立发展的货币范畴与信用范畴

在前资本主义社会，信用以实物借贷和货币借贷两种形式存在。随着商品货币关系的发展，货币、信用之间的联系日益增强，但两者仍然保持着相互独立的状态。

货币经历了实物形态、金属铸币形态、信用货币形态三种形式。其中，货币在以实物形态存在时，不是信用的创造。此外，金属铸币的存在也不依存信用。

2. 现代银行的产生与金融范畴的形成

现代银行的出现衍生出了银行券和存款货币。19 世纪末 20 世纪初，是银行券和存款货币完全占领流通领域的转折点。此后，货币流通都以信用为基础。

同时，任何信用活动也都是货币的运动：信用扩张、紧缩和资金调剂，就意味着对货币供给和货币流通速度的调剂。

当货币的流通与信用的活动变成了同一过程时，一个由货币与信用这两个范畴长期相互渗透所形成的新范畴随之产生。通常习惯使用的“金融”词义正好符合这一范畴的外延。

考点三：金融范畴的界定(见表 4-1)　★★★★

表 4-1　金融范畴的界定

金融范畴	含义
金融范畴的扩展	在金融形成的过程中，也同时向投资(股份有限公司和资本市场)和保险等领域覆盖。此外，信托、租赁等也都在不同程度上与金融活动结合，也成为金融所覆盖的领域
金融体系	现代金融体系有五个构成要素： ①由货币制度所规范的货币流通； ②各种调控制度与机制； ③金融市场，包括资本市场、货币市场、外汇市场、保险市场、衍生性金融工具市场等； ④金融工具，是金融机构和金融市场中交易的对象； ⑤金融机构，通常区分为银行和非银行金融机构
对金融范畴的界定	金融范畴是指有关货币，又涉及信用，并以货币与信用结合为一体的形式生成、运作的所有交易行为的集合；也可以理解为：金融范畴是指涉及货币供给、银行与非银行信用、以证券交易为操作特征的投资、商业保险以及以类似形式进行运作的所有交易行为的集合

续表

金融范畴	含义
金融是现代经济的核心	金融是现代经济的核心。它强调：必须充分估计金融在现代经济中举足轻重和提纲挈领的地位和作用。环绕这一命题的论述大体可归纳为： ①金融在市场配置资源的过程中起核心作用； ②金融政策是国家调节宏观经济的重要杠杆； ③金融的状况对一国经济的稳定和效率有关键意义

4.2 课后习题详解

1. 你是如何理解“金融是现代经济的核心”这个论断的?

答：随着金融业的不断发展，金融已经成为现代经济的核心，现代经济也正在逐步转变为金融经济。金融在现代经济中的核心地位，可以从以下六个方面反映出来：

(1)经济货币化程度加深

经济货币化是当代经济发展的趋势。从测量经济货币化的三个常用指标来看，实际金融资产存量/国民生产总值、实际金融资产存量/有形财富总量以及人均实际货币量(广义)都比20世纪70年代以前大大提高了。从全球看，金融资产交易已经成为社会经济活动的热点，其规模已经超过商品交易。它不仅能满足商品交易规模扩大的需要，而且还同社会经济发展机制紧紧地联系在一起，成为推动社会经济发展的重要力量。

(2)以银行为主体的多元化金融体系已经形成

在现代经济活动中，银行作为信贷中心、结算中心和现金出纳的中心地位依然保持，作为社会分配中心、经济信息中心和资金调剂中心的地位已经形成。同时，一个以银行为主体的多元化金融体系已经产生。在这个金融体系中，现代中央银行的职能在不断健全，其调控手段不断完善，调控效果也不断提高。其他金融机构，如投资银行、合作金融机构、保险公司、信托投资公司、证券公司、财务公司、租赁公司、各种投资基金以及各种有关金融咨询的中介机构等，都在不断增加和发展。他们也成为金融市场上的重要成员。在资金融通和信用活动中发挥着巨大的作用。可以说，金融在市场配置资源中起核心作用。

(3)金融创新方兴未艾，货币形式正在发生变化

20世纪60年代兴起的金融创新浪潮正在以更强劲的势头向前推进，新的金融工具不断出现，各种金融衍生工具也不断产生。随着新的金融工具的不断发展，货币形式也在悄悄发生变化，电子货币已经出现，信用卡等支付手段也正在逐渐取代传统的货币，这些新型的货币以其便利性和安全性受到了人们的欢迎。它们加速了社会资金周转，减少了货币流通费用，有利于经济的发展。

(4)经济主体的持币动机发生转移

现代经济中，由于货币形式的变化，以及金融市场的不断完善，经济主体持有货币的动机已经不是交换商品或预防未来不确定性支出，而是更注意持有货币的机会成本和持币本身所带来的收益。货币已经成为一种真正的资产，而不仅是交换媒介。借助于发达的金融工具，经济主体在追求实物资产增长的同时，可以比较方便地追求金融资产的增值。经

济主体持币动机的转移，是现代金融与现代经济增长结合的产物，它使经济因此而获得了更多的增长点。

(5)金融调控已经成为主要的宏观调控方式

在传统的商品经济中，货币作为交换的媒介只是被动地推动着生产的发展，而在金融经济中，信贷、利率等经济杠杆引导着货币在经济活动中流转，从而使货币作为第一推动力和持续推动力引导着生产要素的转移。正因为有了这一变化，以实行货币政策为主要方式的金融调控就比传统的市场调节显得更有效。利率水平能够更好地反映经济活动的状况，它成为国民经济活动的主要调节手段，中央银行也因此而成为现代经济中主要的宏观调控主体。

(6)金融深化已经成为现代经济发展中的典型特征

金融深化是一国经济发展的必经之路。金融深化就是放松对金融市场和金融体系的过度干预，使利率和汇率能够充分反映资金和外汇供求情况，并能有效地抑制通货膨胀。由于在经济活动中，金融与经济发展息息相关，所以，金融深化必然会不断促进经济良性增长。金融深化的实质是要求实行金融体制的改革，以便能更好地发挥金融在现代经济中的核心作用。因此，金融改革发展已经在大多数发展中国家广泛开展。

2. 中文的“金融”与英文的 finance 有何异同？为什么对一些学术概念往往有不同的理解和不同的使用方法？应如何面对这样的现实？

答：(1)中文的“金融”的理解

“金融”是由中国字的“金”与“融”组成的词汇。在中国的日常生活中，它的范围大体包括：与物价有紧密联系的货币流通、银行与非银行金融机构体系、短期资金拆借市场、资本市场、保险系统以及国际金融等领域。如用经济学的术语来概括，通常所理解的金融，就是指由这诸多部分所构成的大系统，这个大系统既包括宏观运行机制，也包括微观运行机制。这可以认为是“宽”口径的金融。

也有一种理解认为“金融”仅指资本市场，仅指资本市场的微观运行机制。相对于上述的日常习惯观念，这样的观念狭窄得多，仅指其中的微观运行机制。这可以认为是“窄”口径的金融。

(2)西方人对 finance 的理解

西方人对 finance 的诠释，大体可归纳为三种口径：

①最宽泛的诠释为：货币的事务、货币的管理、与金钱有关的财源等。这是最为普通的用法，具体包括三个方面：政府的货币资财及其管理，归之为 public finance，即“国家财政”；工商企业的货币资财及其管理，归之为 corporate finance，即“公司理财”；个人的货币资财及其管理，归之为 personal budget，即个人收支。这种诠释所概括的范围大于“金融”在中国涵盖的范围。

②最狭窄的诠释：金融概括了与资本市场有关的运作机制以及股票等有价证券的价格形成。在国外的经济学界，这样的用法通行。近年来，在我国开始流行的对“金融”的狭义解释，即来源于国外对 finance 的这种用法。

③介于两者之间的口径的诠释为：货币的流通、信用的授予、投资的运作、银行的服务等。一些国际组织采用这样的统计口径。

(3)中文的“金融”与西文的 finance 的比较

从本章复习笔记的图 4-1 可以看出，“金融”与“finance”并无完全的一一对应关系。特别是在经济发展变化的过程中，中文的金融与西文的 finance 所包含的内容都在不断演进。所以，中文“金融”与西文 finance 不能强行使之简单恒等。

(4)学术概念有不同理解和不同的使用方法的原因

对于一些学术概念往往有不同的理解，这是因为很多概念的界定和理解受到很多因素的影响。从不同的角度、不同的学科背景、不同的研究背景和不同的理论流派来看，往往就会形成不同的看法，对学术概念的内涵和外延就有了不同的界定。

(5)面对学术概念不同理解的方法

对于学术概念的不同理解，必须相互理解，相互尊重。很多学术概念的不同理解也并不是完全的排斥关系，通常会有某些共同点，有可以相互吸收的合理的部分。

3. 金融范畴的形成经历了怎样的发展过程？现代金融涵盖了哪些领域？

答：(1)金融范畴的形成源于货币和信用的发展

在现代资本主义市场经济之前，货币范畴的发展同信用范畴的发展保持着相互独立的状态。流通中的货币形态的发展历程是：最初的实物形态；而后的金属铸币形态；再后的信用货币形态。信用的产生是与财富非所有权转移的调剂需要相联系的。在前资本主义社会，信用一直是以实物借贷和货币借贷两种形式并存。随着商品货币关系的发展，作为财富凝结的货币在借贷中日益占据了重要地位。信用的发展，对于货币的流通确实起过强大的作用，但总的看来，货币与信用仍然保持着相互独立的状态。

随着资本主义经济的发展，在西欧产生了现代银行。银行家签发允许随时兑付金银铸币的银行券。银行券流通的规模迅速扩大，越来越多地代替铸币执行流通手段和支付手段职能。同时，在银行存款业务的基础上，形成了既不用铸币也不用银行券的转账结算体系和在这个体系中流通的存款货币。一战后，在发达的资本主义国家中，贵金属铸币全部退出流通。到 20 世纪 30 年代，则先后实施了彻底不兑现的银行券流通制度。这时，货币的流通与信用的活动，则变成了同一的过程。任何信用活动也同时都是货币的运动：信用扩张意味着货币供给的增加，信用紧缩意味着货币供给的减少，信用资金的调剂则时时影响着货币流通速度和货币供给在部门之间、地区之间和微观经济行为主体之间的分布。

当货币的运动和信用的活动虽有多方面联系却终归保持着各自独立发展的过程时，这是两个范畴；而当两者密不可分地结合到一起，则产生了一个由这两个范畴长期相互渗透所形成的新范畴，这个新范畴就是金融。

(2)现代金融涵盖的领域

伴随着货币与信用相互渗透并逐步形成一个新的金融范畴的过程，金融范畴也同时向投资和保险等领域覆盖。

投资的古典形式，是个人出资或合伙集资经营农工商业，将本求利。而伴随着金融范畴的形成过程，投资也发生了质的飞跃——形成了以股票交易为特征的资本市场。

保险包括财产保险和人身保险，其存在的根据是危险、风险及生命周期，均独立于货币、信用之外。但早期的保险业务，往往是与贷款业务同处在一个金融机构之中——保险的集中货币资金与货币资金的贷放直接结合。很快，保险集中的货币资金虽然主要不再用以直接贷放，但却主要投放于金融市场。在金融市场上，保险资金所占的份额有举足轻重的地位；保单之类的保险合约也成为金融市场上交易的重要金融工具之一。至于其中的人寿保险，从其产生伊始，就是保险与个人储蓄的结合，一直到今天。而在后来发展的相互人寿保险的形式中，保险又与投资结合起来。所以，从不同角度，保险均成为金融领域的重要组成因素。

此外，信托与租赁等等，或几乎完全与金融活动结合，或大部分与金融活动结合，成为金融所覆盖的领域。

综上所述，金融涵盖的范围有：凡是既涉及货币，又涉及信用，以及以货币与信用结合为一体的形式生成、运作的所有交易行为的集合；换一个角度，也可以理解为：凡是涉及货币供给，银行与非银行信用，以证券交易为操作特征的投资、商业保险以及类似形式进行运作的所有交易行为的集合。

4. 金融的宏观方面与金融的微观方面有何不同？它们之间有什么内在的联系？

答：(1)金融的宏观方面与微观方面的区别

金融的宏观方面与微观方面是指金融所涵盖的两个不同方面。其中金融的宏观方面主要侧重于金融运行对整个国民经济运行和世界经济的影响，与国家宏观经济政策密切相关，主要包括以下几个部分：①货币需求与货币供给、货币均衡与市场均衡；②利率形成与汇率形成；③通货膨胀与通货紧缩；④金融危机、国际资本流动与国际金融震荡；⑤名义经济与实际经济、虚拟经济与实体经济；⑥货币政策及其与财政政策等宏观调控政策的配合；⑦国际金融的制度安排与国际宏观政策的协调等等。

金融的微观方面则主要体现在具体的金融市场制度和体系、金融中介组织的作用和功能、金融工具的设计与创新等方面，它与各个经济主体密切相关，主要有以下几个方面：①对金融市场的分析；②对金融中介机构的分析；③对具体金融工具的设计、交易规则的制定；④论证金融市场与金融中介机构相互渗透的必然趋势；⑤金融功能分析，即通过揭示稳定的金融功能来探讨金融在经济生活中的地位，等等。

金融的宏观方面与金融的微观方面的关系如图 4-3 所示。

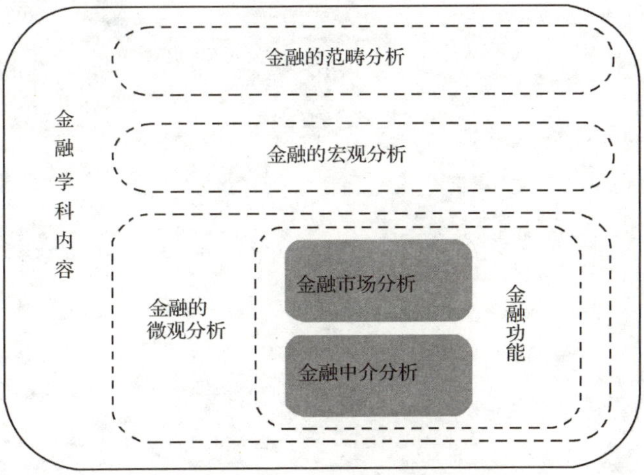

图 4-3　金融学科体系

(2)金融的宏观方面与微观方面的联系

金融的微观方面与宏观方面并不是完全不同的两个部分，相反它们是一个相互联系的整体。它们相互渗透，相互包含，不能够说某个事物完全是金融的宏观方面，或者是微观方面的，而应该说每一个金融方面的事物既有宏观的也有微观的方面。金融的微观方面是宏观方面的基础，没有微观的金融经济主体的运行就不可能产生宏观的金融现象，就达不到宏观的经济效果；同时金融的宏观方面又是金融微观主体活动结果的综合，宏观金融的调整必须通过微观主体的行为才能达到预期效果。把握宏观的金融规律有助于更好地做出经济政策决策，促进经济发展。

第2篇

金融中介与金融市场

第 5 章　金融中介体系

5.1　复习笔记

【知识框架(庖丁解牛)】

- 金融中介体系
  - 金融中介及其包括的范围
    - 金融中介的定义与范围
    - 金融中介的国际分类
    - 金融服务业的特点
  - 西方国家的金融中介体系
  - 中国的金融中介体系
  - 国际金融机构体系

【考点难点归纳(厚积薄发)】

考点一：金融中介及其包括的范围(见表 5-1)　★★★★

表 5-1　金融中介及其包括的范围

要点	具体内容	
金融中介的定义与范围	金融中介定义	又称金融中介机构或金融机构，是指从事各种金融活动的组织，其基本功能是连接资金需求者和盈余者，使得资源得到合理配置
	金融中介范围	①在间接融资领域，主要为各种类型的银行； ②在直接融资领域，为筹资者和投资者提供各种服务的证券公司、投资银行、证券经纪人等等； ③从事各种保险事业的组织机构； ④从事信托、金融租赁、地产金融的组织机构
金融中介的国际分类	联合国统计署的分类	①按经济活动类型，分为不包含保险和养老基金的金融中介机构、保险和养老基金、辅助性金融中介； ②按中心产品，可分为金融中介服务、投资银行服务、再保险服务等 9 大类
	国民核算体系(SNA)对金融业按机构的分类	①中央银行； ②其他存款公司； ③其他金融中介机构； ④金融辅助机构； ⑤保险公司和养老基金
金融服务业的特点	①金融资产比率极高； ②高负债率，即金融业务自有资本占资金来源比例较低； ③高风险产业； ④政府严格监管	

考点二：西方国家的金融中介体系（见表 5-2）★★★

表 5-2　西方国家的金融中介体系

金融机构	具体内容
中央银行	即货币当局，是一国金融中介机构体系的中心环节
存款货币银行	即商业银行，以经营工商业存贷款为主要业务
政策性银行	由政府设立，以实施国家政策为目标的金融机构，其业务一般由商业银行代理
投资银行	在英国又称为商人银行，在日本和中国称为证券公司，其资金主要来源于发行证券。投资银行有以下几项主要业务： ①对证券进行直接投资； ②代办发行或包销证券； ③参与企业兼并收购等活动； ④包销政府发行的公债
金融公司	通过发行商业票据、股票债券等方式来筹资，其资金来源于购买耐用消费品的消费者和小型企业
储蓄银行	办理居民储蓄并将吸收储蓄作为主要资金来源的银行
农业银行	多为国家专门设立的，向农业提供信贷的银行机构
抵押银行	是指专门从事以土地、房屋等不动产为抵押，办理长期贷款业务的银行
信用合作社	互助合作的金融组织，如农村信用合作社、城市手工业者信用合作社等
社区银行	为区域内中小企业和居民提供金融服务的资产规模较小的地方性商业银行
保险公司	①按照保险种类分为财产保险公司、人寿保险公司和信贷保险公司等； ②按照主要组织形式分为国营保险公司、私营保险公司、合作保险、个人保险公司和自保保险公司等
跨国金融中介	在国外设立众多分支机构、具有全球战略目标的大型金融中介机构

考点三：中国的金融中介体系（见表 5-3）★★★

表 5-3　中国的金融中介体系

金融机构	具体内容
政策性银行与开发性金融机构	实行自主经营的企业化管理，经营目标是保本微利，其主要资金来源为： ①财政拨款； ②原商业银行划拨部分资金； ③债券融资
国有商业银行	在我国金融中介体系中处于主体地位，是原国有专业银行转变而来的商业银行
其他商业银行	即股份制商业银行、民营银行
邮政储蓄机构	主要办理城乡居民储蓄存款、汇兑、结算、代理发售国库券等
农村金融机构	包括新型农村金融机构以及数量巨大的小额贷款公司
证券公司	专门从事有价证券的买卖业务、银行的各项投资业务
保险公司	包括人寿保险、财产保险、再保险、出口信用保险公司以及保险集团和控股公司
金融资产管理公司	国家组建的专门收购、管理和处置国有独资商业银行不良资产的金融机构

续表

金融机构	具体内容
信托投资公司	将金融、投资、贸易、服务相结合的综合性经济实体
财务公司	非银行金融机构，隶属于企业集团
金融租赁公司	通常由银行、其他金融机构以及一些行业主管部门合资设立
汽车金融公司	从事汽车消费信贷业务并提供相关汽车金融服务的专业机构
货币经纪公司	为金融产品交易提供信息、促成交易达成的专业化机构
在华外资金融机构	外资在我国设立的金融机构
一委一行两会	“一委”指国务院金融稳定发展委员会；“一行”指中国人民银行；“两会”指中国银行保险监督管理委员会、中国证券监督管理委员会。“一委一行两会”是我国现有货币当局和金融监管机构的统称
汇金公司、中国投资有限责任公司	①中央汇金投资有限责任公司为国有独资公司，由国家授权对国有重点金融企业进行股权投资，并以出资额为限代表国家依法履行相关义务； ②中国投资有限责任公司成立后，汇金公司作为全资子公司整体并入

我国目前形成了以银行体系为主体，多种金融机构并存的金融中介体系格局，如图5-1所示。

- 银行类机构
  - 开发性金融机构：国家开发银行
  - 政策性银行：中国进出口银行和中国农业发展银行
  - 国有大型商业银行
  - 住房储蓄银行：中德住房储蓄银行
  - 全国股份制商业银行
  - 城市商业银行
  - 农村商业银行
  - 农村信用社
  - 民营银行
  - 村镇银行
  - 农村资金互助社
  - 外资法人银行
- 证券类机构
  - 证券公司
  - 证券投资咨询公司
  - 公募基金管理公司
  - 私募基金管理公司
  - 证券交易所
  - 期货交易所
  - 期货公司
- 保险类机构
  - 人身保险公司
  - 财产保险公司
  - 再保险公司
  - 政策性公司
  - 保险集团和控股公司
  - 保险资产管理公司
  - 专业保险经纪公司
- 其他类机构
  - 资产管理公司
  - 信托公司
  - 财务公司
  - 租赁公司
  - 汽车金融公司
  - 货币经纪公司
  - 消费金融公司
  - 小额贷款公司

图5-1　中国的金融中介体系

【例5.1】以下哪个不是政策性银行的资金来源？（　　）［中国人民大学2018金融硕士］

A. 吸收公共存款　　B. 发行债券　　C. 同行拆借　　D. 政策拨款

【解析】我国有中国进出口银行、中国农业发展银行两大政策性银行，直属国务院领导。

两家政策性银行在业务活动中，均贯彻不与商业性金融机构竞争、自主经营与保本微利的基本原则。其资金来源主要有财政拨付、原来各专业银行资本金划出和发行金融债券三条渠道。A 项，吸收公众存款是存款货币银行的资金来源。

【答案】A

考点四：国际金融机构体系（见图 5-2）★

- 国际金融机构体系
  - 全球性国际金融机构
    - 国际清算银行
    - 世界银行
    - 国际货币基金组织
  - 区域性国际金融机构
    - 亚洲开发银行
    - 非洲开发银行
    - 金砖国家新开发银行
    - 亚洲基础设施投资银行

图 5-2　国际金融机构体系

5.2　课后习题详解

1.“金融中介”所指的范围有大有小，通常使用的口径有几个？

答：“金融中介”是指从事各种金融活动的组织，也称为“金融机构”“金融中介组织”。

（1）联合国统计署的分类

①按经济活动类型分类，把现今世界上的经济活动分成 17 个大类。金融中介，是其中的一大类，包括的内容是：

a. 不包含保险和养老基金的金融中介活动。

包括：货币中介活动，主要指中央银行的活动和存款货币银行性质的活动；其他金融中介活动，主要指金融租赁活动、专业信贷活动及其他中介活动。

b. 保险和养老基金——不包括强制性社会保障。

包括：生命保险活动、养老基金活动、非生命保险活动。

c. 辅助金融中介的活动。

包括：金融市场组织，如证券交易所的活动；证券交易活动，如投资银行、投资基金之类的活动；与金融中介有关的其他辅助活动。

②按中心产品的分类，世界经济活动共分 9 大类。金融产品属于服务性质的产品。“金融中介、保险及辅助服务”包括的内容是：

a. 金融中介服务——不包括投资银行服务、保险和养老基金服务。

包括：中央银行服务、存款贷款服务、中间业务的服务、金融租赁，等等。

b. 投资银行服务。

包括：投资银行服务、证券买卖服务、证券承销、包销服务，等等。

c. 保险和养老基金服务——不包括强制性社会保障。

包括：生命保险和养老基金服务、意外伤害和健康保险服务、非生命保险服务，等等。

d. 再保险服务。

e. 金融中介辅助服务。

包括：与投资银行有关的服务，如合并与收购服务、公司理财和风险投资服务；经纪服务、证券交易的处理和结算服务；金融资产管理、信托、委托服务；与金融市场有关的营运服务和管理服务。

f. 保险和养老基金辅助服务，等等。

(2)国民核算体系(SNA)对金融业按机构的分类

这种分类，是从交易主体或资金收支角度来划分不同金融机构的，具体划分是：中央银行；其他存款公司；不是通过吸纳存款的方式而是通过在金融市场上筹集资金并利用这些资金获取金融资产的其他金融中介机构，如投资公司、金融租赁公司以及消费信贷公司等；金融辅助机构，如证券经纪人、贷款经纪人、债券发行公司、保险经纪公司以及经营各种套期保值的衍生工具的公司等；保险公司和养老基金。

2. 对金融中介机构的分类有各种标准，对它们进行分类为什么很不容易？

答：(1)常见的几种金融中介机构分类方式

在当前世界市场经济生活中，所有的金融中介构成一个极其庞大、极其多样性的大系统，对其依据一定标准进行分类有助于更深入地研究金融市场运行、精准研判市场趋势。

①间接融资和直接融资。在间接融资领域中，与资金余缺双方进行金融交易的金融中介有各种类型的银行；在直接融资领域中，为筹资者和投资者双方牵线搭桥，提供策划、咨询、承销、经纪服务的金融中介，有投资银行、证券公司、证券经纪人、金融市场上的各种基金以及证券交易所；与它们并存的另一大类是各种保险事业；从事信托、金融租赁、土地和房地产金融活动的机构也是金融中介系统的重要组成。

②联合国统计署和国民核算体系的分类标准。联合国统计署统计分类处把金融中介按照经济活动类型、中心产品分别进行了分类。国民核算体系(SNA)也对金融业进行了按机构的分类，这种分类是从交易主体或资金收支角度来划分不同金融机构的。

(2)对金融中介机构分类困难的原因

在实际应用中，用于满足统计需要的分类是极其精细的。这些种种分类只不过是提供从不同视角观察一个复杂大系统所形成的不同的分类和描述，并希望从中给出一个轮廓印象。因此在不同教材和著述中，对金融中介机构体系的介绍可能会存在差异。各国学者对此领域有持续探究，但要明确金融中介系统中各产业的划分口径，以及在这一领域内如何有条理地分门别类，是非常不容易的事情。

3. 试分门别类地说明我国当前金融机构体系的构成，并同主要西方国家的金融机构体系进行比较：它们的共同之处有哪些方面？主要差异可归结为几点？

答：(1)我国当前的金融机构体系

经过 40 多年的改革开放，我国目前形成了以中国人民银行为领导，国有商业银行为主体，多种金融机构并存，分工协作的金融中介机构体系格局。随着改革开放的深入发展，这一格局将持续向现代化的方向演进，具体构成是：

①开发性金融机构：国家开发银行；

②政策性银行：中国进出口银行和中国农业发展银行；

③国有大型商业银行：中国工商银行、中国农业银行、中国银行、中国建设银行、交通银行和中国邮政储蓄银行；

④住房储蓄银行：中德住房储蓄银行；

⑤全国股份制商业银行：中信银行、中国光大银行、华夏银行、中国民生银行、广东发展银行、深圳发展银行、招商银行、兴业银行、浦东发展银行、恒丰银行、浙商银行和渤海银行等；

⑥城市商业银行：截至 2018 年底，城市商业银行 134 家；

⑦农村商业银行：截至 2018 年底，农村商业银行 1427 家；

⑧农村信用社：截至 2018 年末，农村信用社共 812 家；

⑨民营银行：到 2018 年底，民营银行 17 家；

⑩村镇银行：到 2018 年底，村镇银行 1621 家；

⑪农村资金互助社：截至 2018 年末，农村资金互助社 45 家；

⑫外资法人银行：截至 2018 年末，外资法人银行 41 家；

⑬证券公司：截至 2018 年末，证券公司 131 家；

⑭证券投资咨询公司：截至 2018 年末，证券投资咨询公司 84 家；

⑮公募基金管理公司：截至 2018 年末，公募基金管理公司 131 家；

⑯私募基金管理公司：截至 2018 年末，私募基金管理公司 258 家；

⑰证券交易所：上海证券交易所和深圳证券交易所；

⑱期货交易所：郑州商品交易所、上海商品交易所、大连商品交易所和中国金融期货交易所；

⑲期货公司：截至 2018 年末，期货公司 149 家；

⑳保险类机构：截至 2018 年末，人身保险公司 88 家、财产保险公司 86 家、再保险公司 10 家、政策性公司 1 家、保险集团和控股公司 12 家、保险资产管理公司 14 家和专业保险经纪公司 32 家；

㉑其他类型机构：截至 2018 年末，资产管理公司 4 家、信托公司 68 家、财务公司 253 家、租赁公司 39 家、汽车金融公司 25 家、货币经纪公司 5 家、消费金融公司 25 家和小额贷款公司 8133 家。

(2)我国与西方国家金融体系的相同点

①都设立有中央银行及中央金融监管机构；

②金融机构的主体都是商业银行和专业银行；

③非银行金融机构都比较庞杂；

④金融机构的设置不是固定不变的，而是随着金融体制的变革不断进行调整的。

(3)我国的金融机构与西方国家的金融机构的不同点

①中国人民银行隶属于政府，独立性较小，制定和执行货币政策都要服从于政府的经济发展目标；

②中国的金融机构以国有制为主体，即使是股份制的金融机构，实际上也是以国有产权为主体；

③中国商业银行总数不多，规范的专业银行也少，即作为金融机构体系主体的商业银

行和专业银行数量相对不足；

④中国政策性银行的地位突出，但政策性金融业务（包括五大国有商业银行承担的）的运作机制仍然没有完全摆脱资金“大锅饭”体制的弊端；

⑤中国商业银行与投资银行仍然实行严格的分业经营，而西方国家商业银行都在向混业制全能银行方向发展；

⑥中国的专业银行发展缓慢，种类较少；

⑦西方国家金融机构的设置及其运作，都有相应的法律作为依据，而中国金融法律不健全，由此造成了各类金融机构发展的不规范和无序竞争。

4. 比较直接融资市场和间接融资市场上金融中介的异同，试分析这两种金融中介在我国的发展状况。

答：(1)直接融资和间接融资的含义

直接融资指资金短缺单位直接在证券市场上向资金盈余单位发行股票债券等凭证融通资金的一种融资形式。在此过程中资金供求双方直接建立金融联系，因此被称为直接融资。直接融资可以节约中介成本，获得长期稳定资金，同时在法人治理上发挥作用，但同时其门槛较高，并需要一定的专业知识。

间接融资指资金盈余单位把资金存放或投资到银行等中介机构，再由这些机构以贷款或直接投资形式将资金转移到资金短缺单位的一种融资形式。它可以动员零星存款，减少信息成本和合约成本，实现期限转化，同时通过资产多元化降低风险，但对中介机构更为依赖。

(2)直接融资市场和间接融资市场中金融中介的异同

相同点：都是指从事各种金融活动的组织，其基本功能都是使资金在资金需求者和盈余者之间得到合理配置。

不同点：

①在资金运动中的地位不同。直接融资机构只是协助地位，而资金流通的双方是实际供求者。间接融资机构处于债务人和债权人的双重地位，把资金流通全过程分为两个阶段，并在每个阶段都处于主体地位。

②承担风险不同。直接融资机构不承担风险，全部风险由资金供求单位承担。间接融资机构由于处于法律合同主体的地位，要承担所有投资风险，但可以通过资产多元化进行分散。

③职能不同。直接融资机构在投资运作中主要行使设计投融资方案、咨询和管理、代理投资等职能，并不作为主体进行投资。而间接融资机构则作为投资主体直接行使投资职能。

④资金运用利润分配不同。直接融资机构的投资收益是事前固定的，可以是一个固定数额，也可以是一个比例，而受益的剩余部分归投资者所有。相反，间接融资机构则占有了大部分投资利润，只需支付给资金供给者一个固定数额。

(3)直接融资市场和间接融资市场的金融中介在我国的发展状况

在直接融资市场上，我国目前有数量较多的证券公司，如中国国际金融有限公司、申银万国、华夏、国泰君安、海通、南方，投资基金也发展迅速。在间接融资市场上，我国目前存在大量的银行，如六大国有商业银行和数量较多的股份制银行、农村信用合作社、城市信用合作社等。

长期以来，间接融资是我国企业主要的资金来源。间接融资为我国经济发展做出了突出贡献，但同时也承担了经济体制改革的巨大成本。随着国有商业银行改革的进行，我国间接融资市场将得到进一步的发展。近年来，我国的直接融资市场发展迅猛，为企业提供了大量资金支持，缓解了间接融资市场的压力，但由于其发展时间短，市场机制不完善，目前还存在许多问题。

5. 了解改革开放以来我国金融机构体系的变化，分析变化的原因和未来的发展趋势。

答：（1）改革开放以来我国金融机构体系的变化

经过 40 多年的改革开放，我国目前形成了以中国人民银行为中心，国有商业银行为主体，多种金融机构并存的金融中介机构体系格局。随着改革开放的深入发展，这一格局将持续向现代化的方向推进，具体分为银行类机构、证券类机构、保险类机构和其他类机构四大类。

①改革开放以前，我国的金融体系呈现“大一统”的局面，中国人民银行实际上成为我国唯一的银行，垄断了几乎所有的金融业务。

②1979 年开始，我国金融机构体系进入了逐步恢复、发展和完善的阶段，陆续恢复了几个主要的商业银行。1983 年 9 月中国人民银行转变为专司中央银行职能的银行。1984 年，中国工商银行从中国人民银行分离，办理中国人民银行原来办理的全部工商信贷业务和城镇储蓄业务，形成现代“双层”银行体系框架。1993 年 12 月，国务院颁发了《关于金融体制改革的决定》，标志着国家专业银行开始向国有商业银行转变。目前，处于我国金融体系主体地位的是六家国有商业银行，即中国工商银行、中国农业银行、中国银行、中国建设银行、交通银行和中国邮政储蓄银行。为改善垄断经营局面，提高效率，2003 年末，又开始对几家国有商业银行进行股份制改造，中国银行、中国建设银行和中国工商银行分别获得外汇储备注资，交通银行也得到国家政策支持。之后，几家银行按照财务重组、成立股份公司、引进境外战略投资者和在境内外进行 IPO 的路径进行改革。经过改革，四家银行在各方面均取得突出成就，与国际先进银行的差距不断缩小。农业银行的股份制改革也在不断推进中。

自 1986 年国家决定重新组建股份制商业银行以来，我国陆续建立了多家股份制商业银行，这些商业银行在筹建之初以国有资本为主，而且大多没有采取股份有限公司的形式，近些年则先后实行了股份制改造。1998 年我国开始出现了以城市名命名的商业银行，这些商业银行由城市企业、居民和地方财政投资入股组建，到 2018 年末，全国共有 134 家城市商业银行，其中共有 19 家银行已成功上市，其他未上市商业银行也都在积极创造上市条件，以期加速向现代商业银行的方向发展。

1994 年以前，国家的政策性金融业务由当时的四家国有独资商业银行承担。1994 年，为适应经济发展的需要及遵循政策性金融与商业性金融相分离的原则，相继建立了国家开发银行、中国进出口银行和中国农业发展银行三家政策性银行。2007 年初，按“分类指导、一行一策”的原则对政策性银行进行改革，实现自主经营、自担风险、自负盈亏，国家开发银行将最先被打造成商业银行。

1999 年 3—10 月，我国先后建立了四家由国家投资的特定政策性金融资产管理公司——华融、长城、东方、信达，分别收购、管理和处置从工、农、中、建四家国有商业银行剥离出来的不良资产。截至 2001 年底，四家金融资产管理公司收购了 1.4 万亿不良资产，使四家国有商业银行不良贷款比率下降了近 10 个百分点。到 2006 年 3 月末，四家金融资产管理公司累计处置不良资产 8663.4 亿元。目前，四家资产管理公司将适应改革发展的需要对业务范围和经营方法进行调整。比如，开始向商业化转型，积极开展金融创新，加快多元化步伐，同时提高内部控制和风险管理能力。

③改革开放以来，我国资本的市场规模迅速扩张，企业债券和股票初露头角，并开始柜台交易。1990 年 12 月和 1991 年 7 月，上海和深圳证券交易所成立，中国证券市场特别是股票市场开始飞速发展，各类证券公司、基金组织随之发展起来。截至 2018 年末，全国共有证券公司 131 家，总资产约 6.27 万亿元，净资本约 1.89 万亿元，具有代表性的有中国国际金融有限公司、申银万国、国泰君安、中信证券、国泰证券等。但我国证券公司与国外投资银行存在明显差距，不能充分发挥投资银行的职能，而且规模小、竞争力低。我国的投资基金最早产生于 20 世纪 80 年代末，较为规范的证券投资基金产生于 1997 年 11 月《证券投资基金管理暂行办法》出台之后，首先推出的是封闭式基金，2000 年开始推出开放式基金，近几年，私募基金和风险投资基金在我国也有发展。随着基金业的发展，各类基金公司和基金管理机构迅速发展起来。

④改革开放以来，我国保险业发展迅速。1988 年以前，保险业由中国人民保险公司独家经营，后来，保险市场主体逐步增加。1988 年 3 月和 1991 年 4 月，中国平安保险公司和中国太平洋保险公司先后建立。1998 年 10 月，中国人民保险公司撤销，业务由其三家子公司管理。近年又成立了政策性保险公司、保险代理公司等。许多外国保险公司也纷纷来华设立分公司及代表处。

⑤此外，我国金融体系范围不断扩大，金融机构种类不断增加，例如，农村信用合作社、农村金融机构、城市信用合作社、信托投资公司、财务公司、金融租赁公司、在华外资金融机构等，近几年也有非常迅速的发展。

为对迅速发展和日益多元化的金融体系进行有效监管，我国的金融监管机构也开始发展并不断完善。1992 年 10 月，中国证券委员会和中国证券监督管理委员会成立。1998 年 11 月，中国保险监督管理委员会成立。2003 年 3 月，中国银行业监督管理委员会成立。证券业、保险业和银行业的监管职能相继从中国人民银行的职能中分离出来。目前，我国的金融监管体系格局已由“一行三会”转变为“一委一行两会”。

(2)我国金融体系变化的原因和未来发展趋势

改革开放以来，我国金融机构体系呈现出多样化、市场化、现代化和国际化的发展趋势，这是市场经济发展的客观要求。

①金融机构的多样化是经济发展的客观要求。金融的主要功能是实现储蓄向投资的转化，经过 40 多年的改革开放和市场经济的发展，我国经济结构与经济主体呈现多元化态势，国民收入分配格局变化显著，储蓄向投资的转化日益要求开通越来越多样化的渠道为之服务。不同金融中介根据其自身特点提供给社会不同的金融产品和服务，适应了市场经济多元化的发展要求，高效率地发挥其带动整个经济的能动作用。

②金融机构的市场化是我国为适应市场经济的发展而不断推进金融体制市场化改革的必然结果。在我国从计划经济体制向市场经济体制转变的过程中，金融机构也不断向市场化、商业化过渡。无论是专业银行与人民银行分离、政策性银行与专业银行分离、国有专业银行的商业化及股份制改造、政策性银行的商业化，还是各种非银行金融机构的产生和发展，都体现了政策性与商业性分离、不断提高效率以追求利益最大化的适应市场经济的目标，不但增强了专业性、提高了自身竞争力，而且有效推动了市场经济的发展。

③金融机构的现代化和逐步向国际接轨的趋势是我国加入 WTO 之后，为适应全球经济一体化、提高国际竞争力而做出的不断努力。国外的金融机构体系经过了长时间的发展，无论在制度还是管理方面都已经成熟，我国的金融机构体系只有在适合我国基本国情的基础上积极学习国外先进管理理念和技术才能少走弯路，提高自身竞争力；同时尽快完善我国金融体系建设，为经济发展创造一个良好的资金平台。

④在未来，我国的金融体系将继续向着多样化、市场化、现代化和国际化的趋势发展，并且根据实际经济状况不断自我调整、完善。同时，金融创新的发展和竞争的日益激烈也使我国商业银行不断突破分业经营界限，逐步向综合经营的方向推进。

6. 为什么说金融中介机构多样化是市场经济发展的客观要求？我国有庞大的金融机构体系，为什么还广泛存在着民间借贷？

答：(1)金融中介机构多样化是市场经济发展的客观要求

金融这个范畴，它存在于经济生活中的理由是借助自身的一些特定功能，实现储蓄向投资的转化。经过 40 多年的改革开放和市场经济的发展，我国经济结构与经济主体呈现多元化态势，国民收入分配格局变化显著，储蓄向投资的转化日益要求开通越来越多样化的渠道为之服务。由于不同的金融中介经营规模、业务领域、职能特征不同，提供给社会的金融产品和服务不同，因而有着各自的比较优势。如果金融中介系统的结构过分简化，就难以适应市场经济多元化的发展。由于历史与现实，经济与政治，社会与观念习俗等诸方面极为多种多样，各国金融中介机构体系多样化的发展途径各异。但金融机构必须适应不同的客观条件实现多样性的发展则是市场经济的共同要求。否则，金融中介机构体系就难以保证金融高效率地发挥其带动整个经济的能动作用。

(2)民间借贷存在的原因

①民间借贷方式简单灵活，对借款者有较大吸引力。民间借贷具有独特的融资优势：一是民间借贷以信用借贷为主，借贷方式简便。借贷一般发生在亲戚、熟人、朋友之间，无需抵押、担保手续，只要借款人立据后即可取得资金，手续简便快捷。二是民间借贷条款约定比较灵活，与银行贷款相比，在期限、利率约定方面有较大的灵活性，期限可根据借款者用款时间而定，利率定价也基本上达到了市场化，借贷双方任何条款均可协商，基本不存在“霸王”条款。三是民间借贷顺应商机。个体工商户、企业往往在资金方面需求较急，而从银行取得一笔贷款需多部门审批，时间较长，等资金到位后，借款者有时已错过商机，民间借贷正是在正规融资渠道与商机的不匹配中逐步发展起来的。四是民间借贷利率的高收益集聚了大量社会闲散资金，使资金需求者向社会寻求资金支持成为可能。

②中小企业“贷款难”问题尚未根本解决，民间借贷促进了民间借贷市场的存在与发展。各国有独资商业银行高度集中的“分级授信”管理体制，使其在经济欠发达地区基层机构信

贷权限越来越小，当地中小企业取得信贷资金支持的难度也不断加大。随着近年地方经济的快速发展，现行信贷授权政策对基层金融机构信贷投放的刚性制约与经济发展的现实需求越来越格格不入，客观上造成了地方中小企业不得不多渠道寻求资金支持，使地区民间借贷需求越来越强烈，为民间借贷提供了较大的发展空间。

③正规金融机构借贷资源有限。在我国经济比较落后的农村，靠种地维持生活的农民比较普遍，相当一部分农民春天种地全靠借贷，而正规的银行和信用社借贷资源又有限，民间借贷则很好地满足了他们的需求。

7. 你是否了解我国在几个国际金融机构中的活动状况？

答：(1)我国与国际清算银行的往来

中国人民银行早于1984年就开始在国际清算银行存款，并与其建立了正式的业务联系，以后每年中国都派代表团出席该行的年会。1994年克罗克特就任国际清算银行总经理之后，积极推进该行的国际化进程。他首先扩大了中央银行行长例会的规模，有选择地邀请非股东中央银行行长出席会议。随着中国在亚洲的经济地位不断提升，中国人民银行也多次受邀派代表参会，进一步增加了中国中央银行与国际清算银行及各国中央银行的交往。1995年1月，时任国务院副总理、中国人民银行行长的朱镕基同志在访问瑞士期间曾正式访问了国际清算银行，为增强双方的进一步合作奠定了基础。1996年7月8日，国际清算银行董事会通过决议，批准向中国、新加坡和中国香港等9个国家和地区的中央银行或货币当局出售股份，当年9月，中国中央银行正式加入国际清算银行。

近年来，中国每年派代表参加国际清算银行召开的中央银行行长例会以及一些专门委员会的各种会议，及时了解世界经济形势和国际金融热点问题，适时宣传中国改革开放的政策和成就。这些会议也为我国开展双边和多边交流提供了很好的平台。同时，由于中国人民银行与国际清算银行双方高层往来频繁，及时就重大问题交换意见，有力地推动了双方友好关系的发展。

(2)我国与国际货币基金组织的往来

中国是IMF的创始国之一。1980年4月，IMF执行董事会通过决议，恢复了中国的合法席位，在2010年最新一轮IMF改革之后，中国成为IMF第三大股东国，特别提款权份额增至6.39%，投票权上升到6.07%，仅次于美国和日本，居世界第3位。自1980年以来，我国与IMF建立了良好的合作关系，我国与IMF的各种业务往来也在不断增加。双方的合作主要有以下方面：

①IMF通过提供贷款支持我国国际收支的改善。如1980年，我国宏观经济失衡，通货膨胀加剧，国际收支逆差扩大，为此，IMF向我国提供了4.5亿特别提款权的第一档信贷和3.05亿特别提款权的信托基金贷款。两种贷款我国分别于1983年和1990年全部还清。又如1986年，我国再次向IMF借入5.97725亿特别提款权的第一档信贷，促进了我国经济的稳定增长，该借款亦于1991年还清。

②IMF通过提供多次技术援助与人员培训，帮助我国提高管理技术水平。在IMF的援助下，我国已在建立外债管理指标与统一监测制度，改进国际收支编制方法，加强中央银行作用，推进税制改革及完善税收管理等方面，取得了明显的进步。

③我国也定期与IMF磋商与交流。例如：向IMF提供本国国民经济统计数字，介绍我

国的经济发展状况和政策意向，让世界进一步了解中国。1980 年 11 月、1986 年 11 月和 1990 年 1 月，我国先后与 IMF 举办大型学术研讨会，1997 年 9 月还在中国香港特别行政区召开了 IMF 和世界银行的年会，这些会议就各国宏观经济管理和经济增长，IMF 的地位、作用及其改革，以及中国银行业务、防范金融危机等重要问题进行了讨论，产生了积极影响。

④我国按 IMF 要求进一步改善投资环境，并参与 IMF 的实际救援工作。1994 年我国推出了汇制改革与货币自由兑换的措施，并于 1996 年实现了货币在经常项目下可兑换。1997 年东南亚发生货币危机后，我国从大局出发，坚持了人民币汇率不贬值的政策，并积极参与了在 IMF 框架下对亚洲金融危机的资金援助计划。这些举措受到了 IMF 及其他成员国的普遍赞扬。

(3)我国与世界银行集团的往来

①与世界银行的往来：

中国是世界银行的创始国之一。1980 年 5 月 15 日，中国在世界银行和所属国际开发协会及国际金融公司的合法席位得到恢复。

我国在世界银行有投票权。在世界银行的执行董事会中，我国单独派有一名董事。我国从 1981 年起开始向该行借款。此后，我国与世界银行的合作逐步展开、扩大，世界银行通过提供期限较长的项目贷款，推动了我国交通运输、行业改造、能源、农业等国家重点建设以及金融、文卫环保等事业的发展，同时还通过本身的培训机构，为我国培训了大批了解世界银行业务、熟悉专业知识的管理人才。

2010 年，我国向世界银行认购的股份占该行总股份的 2.85%，获得的投票权占总投票权的 2.77%。在国际货币基金组织宣布份额和治理改革方案生效后，中国已成为国际货币基金组织第三大股东，特别提款权份额增加至 6.39%，投票权上升到 6.07%。2016 年，国际货币基金组织进行了新一轮改革，中国的份额和投票权变化不大，分别上升至 6.41% 和 6.09%。1947—2015 年，我国共获得世界银行贷款约 551.2 亿美元，分别用于 384 个建设项目。随着我国经济的快速发展，世行认为中国已接近中等发达国家水平。因此，从 1999 年 7 月起，将不再对我国提供优惠的软贷款。这会对我国利用世行贷款的规模和结构产生一定影响。

②与国际开发协会的往来：

1980 年 5 月 15 日，中国在该协会的席位得到恢复，在协会中享有投票权。国际开发协会主要向我国提供长期低息贷款，用于我国基础设施的建设与完善。2007 年 12 月，我国首次向国际开发协会捐资 3000 万美元，这标志着我国已经从国际开发协会的受援国转变为捐款国。

③与国际金融公司的往来：

1980 年 5 月 15 日，中国在该公司的席位得到恢复。我国按规定认缴股金并享有投票权。目前，我国与国际金融公司的业务往来日益密切。从 1987 年该公司开始向我国中外合资企业提供融资开始，援助的范围不断扩大，现已涉及包括中外合资企业、集体企业(含乡镇)、私营企业及实行股份制的企业等，为我国这些企业竞争能力的提高及我国多种所有制经济成分的发展，做出了一定的贡献。

(4)我国与亚洲开发银行的往来

我国在亚洲开发银行的合法席位于 1986 年恢复。中国是亚行第三大股东国，持股 6.44%，拥有 5.45% 的投票权。2017 年，面向中国的融资曾经占到亚行融资总额的 15.2%，位居首位；2018 年，该比例降至 12%，居第四位，印度(16.2%)和孟加拉国(13.2%)分列前两位。截至 2018 年 10 月，亚行累计批准对华融资 391 亿美元。

8. 试简述中国发起创设亚洲基础设施投资银行(AIIB)等国际金融机构的背景与意义。

答：(1)背景

根据亚洲开发银行的预测，从 2015 年到 2020 年期间，亚洲地区每年基础设施投资需求将达到 7300 亿美元，现有的世界银行、亚行等国际多边机构都没有办法满足这个资金的需求。由于基础设施投资的资金需求量大、实施的周期很长、收入流不确定等的因素，私人部门大量投资于基础设施的项目是有难度的。

亚洲地区其实并不缺乏资金，缺少的只是融资机制，需要搭建一个专门的基础设施投融资平台，以充分利用本地区充裕的储蓄。亚洲基础设施投资银行首任行长金立群称，亚洲基础设施投资银行将和现有的多边开发银行合作，撬动私营部门的资金，合理分担风险，利益共享，促进亚洲基础设施的建设。

2013 年 10 月 2 日下午，中国国家主席习近平在雅加达同印度尼西亚总统苏西洛举行会谈时表示，为促进本地区互联互通建设和经济一体化进程，中方倡议筹建亚洲基础设施投资银行，愿向包括东盟国家在内的本地区发展中国家基础设施建设提供资金支持。

2014 年 10 月 24 日，包括中国、印度、新加坡等在内 21 个首批意向创始成员国的财长和授权代表在北京签约，共同决定成立亚洲基础设施投资银行。

(2)意义

亚洲基础设施投资银行的成立是国际经济治理体系改革进程中具有里程碑意义的重大事件，具体表现为：

①亚洲基础设施投资银行有助于弥补亚洲地区基础设施建设的资金缺口，推进亚洲区域经济一体化建设，实现本地区资本的有效配置。

②亚洲基础设施投资银行可以扩大全球投资需求，支持世界经济复苏，增强全球经济增长的持续性和稳定性。

③亚洲基础设施投资银行有利于推动国际金融体系特别是国际货币基金组织、世界银行及亚洲开发银行等全球性和区域性金融组织的改革以及全球金融治理体系与金融规则的调整和重构。

④亚洲基础设施投资银行展示了中国作为一个新兴经济金融大国对全球繁荣与稳定的应有担当。

第6章　存款货币银行

6.1　复习笔记

【知识框架(庖丁解牛)】

- 存款货币银行
  - 存款货币银行的产生和发展
    - 存款货币银行的产生
    - 商业银行的作用
  - 存款货币银行的类型与组织
    - 西方商业银行的类型
    - 商业银行的组织制度
    - 中国存款货币银行的类型与组织
  - 分业经营与混业经营
  - 金融创新
    - 概念
    - 直接原因及形式
    - 金融创新与经济、金融发展的关系
  - 不良债权
  - 存款保险制度
    - 存款保险制度概述
    - 存款保险制度的功能与问题
    - 中国的存款保险制度
  - 银行与产业
  - 中国国有商业银行改革的问题和成效

【考点难点归纳(厚积薄发)】

考点一：存款货币银行的产生和发展(见表6-1)　★★★★

表6-1　存款货币银行的产生和发展

要点	具体内容	
存款货币银行的产生	古代的货币兑换和银钱业	负责铸币及货币的鉴定和兑换、货币保管、汇兑
	现代银行的产生	①现代银行由早期高利贷性质银行降低利率转变而来； ②现代银行以股份制的形式成立。1694年，英格兰股份制银行的建立标志着现代商业银行的诞生
	旧中国现代商业银行的产生、发展及构成	1845年设立了第一家外国银行——丽如银行；1897年成立了中国通商银行

续表

要点	具体内容
商业银行的作用	①充当信用中介和支付中介； ②将社会各阶层的储蓄、收入转为资本； ③创造信用流通工具

考点二：存款货币银行的类型与组织

1. 西方商业银行的类型（见表 6-2）★★★

表 6-2　西方商业银行的类型

分类标准	类型
资本所有权	①私人商业银行，拥有多位出资人，规模和比重很小； ②股份制商业银行，一般由企业法人持股，自主经营、独立核算，以利润最大化为经营目的的银行，是主要的商业银行形式； ③国有商业银行，是由国家直接管控的大型银行
业务覆盖地域	①地方性银行，其业务范围一般以所在社区为限； ②区域性银行，其业务范围一般以所在城市或区域为限； ③全国性银行，其业务范围在全国进行拓展； ④国际性银行，主要为国际客户提供服务
经营模式	①职能分工型，不同业务有严格分工的银行； ②全能型银行，能够经营各种业务的银行

2. 商业银行的组织制度（见表 6-3）★★★★

表 6-3　商业银行的组织制度

组织制度	主要内容
单元银行制度 （单一银行制度）	业务只由独立的银行机构经营而不设立分支机构的银行组织制度
总分行制度 （分支行制度）	在大城市设立总行，并在国内外各地设立分支行的制度
代理行制度	银行间互相签有代理协议，委托对方银行代办指定业务的制度
银行控股公司制度	由某集团或某家大银行成立控股公司，通过购买拥有决定性表决权的股份控制、收购股份制银行的制度
连锁银行制度	两家以上商业银行受控于同一人或集团，但又不以股权公司形式出现的制度

3. 中国存款货币银行的类型与组织 ★★★

目前我国存款货币银行均属职能分工型银行，在金融业实行“分业经营，分业管理”的模式。各类商业银行和中国农业发展银行实行总分行制度。

考点三：分业经营与混业经营（见表 6-4）★★★

表 6-4　分业经营与混业经营

要点	具体内容	
20 世纪 30 年代开始的分业经营与传统的混业经营并存	美国、日本、英国等国家实行分业经营；德国、北欧等国家实行混业经营	
美、日等国从强调分业到转变方向	商业银行全能化的原因	①金融业的竞争激烈，商业银行需从事更广泛的业务活动； ②商业银行负债业务结构发生变化，可以获得大量长期资金； ③国家金融管理当局放宽了对商业银行业务分工的限制
	全能化的途径	①利用金融创新绕开管制； ②通过收购、成立附属机构等形式渗入投资业务领域； ③直接开办其他金融机构
	混业经营的基本形式	①一家银行同时开展信贷中介、投资、信托和保险等业务； ②以金融控股公司形式连接独立经营金融业务的公司
我国强调分业经营的背景与问题	1995 年颁布《商业银行法》，确立了中国严格的分业经营金融体制	
突破分业经营界限的趋向	坚持分业经营与管理的基本框架，放松管制，支持商业银行的金融创新	

考点四：金融创新（见表 6-5）★★★★

表 6-5　金融创新

要点	具体内容	
概念	为避开金融管制，在金融工具、机构、服务技术等方面进行的创造活动，分为业务创新和制度创新	
直接原因及形式	避免风险的创新	利率风险增大金融市场不稳定性，减少投资额，促使一些国家为规避利率风险而进行金融创新
	资产证券化	银行将小额同质贷款打包成组合，并以此作担保发行证券，出售给投资者
	技术进步推动的创新	金融创新依托以计算机为核心的现代技术
	规避行政管理的创新	利用法规的漏洞，规避不合理法规
金融创新与经济、金融发展的关系	金融创新反映经济发展的客观要求	
	金融创新对金融制度和金融业务的影响	①使金融工具多样化； ②突破金融机构传统分工格局； ③迫使部分国家放宽某些金融法令法规； ④增加各国货币政策的复杂性； ⑤推动金融业的同质化、自由化、国际化

考点五：不良债权（见表 6-6）★★★★

表 6-6　不良债权

要点	具体内容		
不良债权及其不可避免性	不良债权的含义	银行客户不愿或无力按照约定的期限、数额归还本息的贷款	
	不可避免性	银行的经营性质决定其必然面临各种风险	
我国银行不良债权的成因	①国有经济的低效率； ②体制限制企业自主经营； ③国有企业依靠银行贷款； ④由国有经济负担改革成本； ⑤企业和银行存在资金浪费现象，且不能自偿； ⑥国有大银行从事高风险活动； ⑦宏观经济波动		
债权质量分类法	一逾两呆	"逾"是逾期未还的贷款；"呆"是逾期两年或经营停止、项目下马贷款	
	五级分类法	正常类	借款人能按时足额偿还本息
		关注类	存在对借款人偿还产生不利影响的因素
		次级类	借款人已无法保证足额偿还本息
		可疑类	借款人即使执行抵押或担保合约，也会造成部分损失
		损失类	在采取一切措施后，本息只能收回一点或无法收回
	大洋洲模式	按是否计息将贷款分为正常与受损害两类	

【例 6.1】贷款五级分类制［中国人民大学 2017 金融硕士］

答： 贷款五级分类制指商业银行依据借款人的实际还款能力进行贷款质量的五级分类，即按风险程度将贷款划分为五类：正常、关注、次级、可疑、损失，后三种为不良贷款。五级分类各档次的定义分别如下：①正常类是指借款人能够履行合同，有充分把握按时足额偿还本息的贷款；②关注类是指尽管借款人目前有能力偿还贷款本息，但存在一些可能对偿还产生不利影响的因素的贷款；③次级类是指借款人的还款能力出现明显问题，完全依靠其正常营业收入无法足额偿还贷款本息的贷款；④可疑类是指借款人无法足额偿还贷款本息，即使执行抵押或担保，也肯定要造成一部分损失的贷款；⑤损失类是指在采取所有可能的措施和一切必要的法律程序后，本息仍然无法收回，或者只能收回极少部分的贷款。

考点六：存款保险制度（见表 6-7）★★★★★

表 6-7　存款保险制度

要点	具体内容	
存款保险制度概述	含义	对存款人利益提供保护、稳定金融体系的制度安排
	组织形式	①由官方建立机构，如美国、英国和加拿大等； ②由官方与银行界共同建立机构，如日本等； ③由银行同业合建机构，如德国和法国等

续表

要点	具体内容	
存款保险制度概述	参加原则	各国参加原则不统一：自愿或者强制参加
	对象	以银行所在空间地域为原则确定保险对象
	标的	大多数包括本国货币存款和外币存款
	赔偿	大多数国家对最高控制点内的损失给予 100% 赔偿
存款保险制度的功能与问题	功能	维护存款人的利益，稳定金融体系
	问题	①银行外部约束被削弱； ②银行可能不会谨慎经营； ③对于监管当局，容易导致风险不断累积
中国的存款保险制度	发展历程	①1985 年首次提出建立存款保险制度； ②2004 年中国人民银行设立专部实施制度事宜； ③2015 年国务院正式公布了《存款保险条例》； ④2019 年中国人民银行出资设立存款保险基金管理有限责任公司
	作用	弱化银行隐性担保，促进中小银行发展，改善银行市场结构
DD 模型	假定条件	①一种同质的物品； ②三个时期； ③一个经济行为人的集合
	三个观点	①进行风险分担，改进竞争性的市场； ②可能会引起银行挤兑； ③银行挤兑将造成贷款被收回，生产投资终止
	结论	通过活期存款业务，银行提供流动性保险：当投资者在前两期提取存款，银行保证支付按最优风险分担所要求的合理回报率，实现最优风险分担的均衡

考点七：银行与产业（见表 6-8）★★

表 6-8　银行与产业

要点	具体内容	
产融结合	工商产业与金融产业的联结	①单纯的存、贷等金融服务的联系； ②超越单纯金融服务的联系，融合并混合生长
	国外产融结合的主要途径	①大银行与大企业间长期、稳定的借贷关系； ②银行与企业以股权关系为纽带，发展成内在的股权融合； ③人事结合模式
对我国产融结合方式的探索	拓展产融结合的广度和深度，以推进商业银行与企业市场化进程	

考点八：中国国有商业银行改革(见表 6-9)　★★★

表 6-9　中国国有商业银行改革

要点	具体内容	
国有商业银行改革面临的问题	明晰产权、摆脱行政干预、市场条件约束的强化等	
客观评价改革成效	目前取得的明显成效	①初步建立相对规范的风险防范机制； ②财务状况明显好转； ③公开发行上市成功，市场约束增强； ④经营管理能力和市场竞争力稳步提高
	改革中需要注意的问题	①国有商业银行全面深化改革需基于国情； ②改革应因时因地制宜，交错渐次推进； ③改革应统筹安排； ④社会经济主体信用观念淡薄也会影响银行改革

6.2　课后习题详解

1. 一个金融机构是不是存款货币银行，其判断的基本标志是什么？

答： 在金融中介体系中，对于能够创造存款货币的金融中介机构，国际货币基金组织把它们统称为存款货币银行，而不论其具体采取的称呼为何。西方国家的存款货币银行主要指传统称之为商业银行或存款银行的银行；我国的存款货币银行包括国有商业银行、政策性银行中的中国农业发展银行、其他商业银行、信用合作社及财务公司等金融机构。

存款货币银行是金融体系中最重要的金融机构。判断一个金融机构是否是存款货币银行的基本标志是该金融机构能否发挥资金借与贷的中介作用，例如：吸收存款、发放贷款、创造信用流通工具等。职能分工体制下的商业银行，与其他金融机构的最大差别在于：①只有商业银行能够吸收使用支票的活期存款；②商业银行一般以发放 1 年以下的短期工商信贷为其主要业务。

2. 从现代商业银行在我国的出现，演进到今天的存款货币银行体系——对于这一百多年的全过程试予以简明的描述。

答： 1845 年在中国出现第一家新式银行，即英国人开设的丽如银行。从这以后至 19 世纪末，英国以及各帝国主义列强的银行，相继到中国设立了一批分行。中国自办的第一家银行是 1897 年成立的中国通商银行。它的成立标志着中国现代银行信用事业的创始。这家银行是以商办面目出现的股份银行，但实质上受控于官僚、买办。1904 年成立了官商合办的户部银行(1908 年改为大清银行，1912 年又改为中国银行)；1907 年设立了交通银行，亦为官商合办性质。与此同时，一些股份集资或私人独资兴办的较典型的民族资本商业银行也陆续建立。第一次世界大战及其以后的几年，随着民族资本主义工商业的发展，中国的私人银行业有一个发展较快的阶段，仅在 1912—1927 年间就新设立 186 家。中国的私营银行业逐渐发展起来。

1927 年以后，在国民党当政期间，系统地开始了官僚资本垄断全国金融事业的进程，其中包括以多种形式渗入和控制国内各大商业银行。旧中国，主要的商业银行，除由国民党政府直接控制的中国银行、交通银行和中国农民银行外，有被人称为“小四行”的中国通商银行、四明银行、中国实业银行和中国国货银行，它们是官商合办的商业银行；有江浙财团的“南三行”——浙江兴业、浙江实业和上海商业储蓄银行，它们也受到官僚资本的控制；有被人称为“北四行”的盐业银行、金城银行、中南银行、大陆银行，它们虽未被官僚资本直接控制，但实际上也并非是全然独立的。此外，还有几家较大的商业银行以及众多的中小商业银行，它们也都或多或少，或直接或间接地受控于国民党官僚资本银行体系。

新中国成立前夕的 1948 年，中国人民银行在石家庄成立，并开始了人民币的发行。新中国成立之后，接管了国民政府设立的国家银行和官僚资本银行，并通过公私合营完成了对私营金融业的改造，建立了以中国人民银行为主体的国家银行体系，这个体系一直持续到改革开放。

自 1979 年以来，中国的银行体制进行了一系列改革，其中最重要的是传统的“大一统”银行体制已经被现代的多层次的银行体制所代替。改革从设立独立经营，实行企业化管理的专业银行开始。首先是中国农业银行在 1979 年 2 月恢复，随后中国银行和中国人民建设银行也分别从中国人民银行和财政部分设出来。1984 年 1 月 1 日，中国人民银行正式成为中央银行，同时成立了中国工商银行，负责办理原来由人民银行办理的全国工商信贷业务和城镇储蓄业务。到 1993 年 11 月，中共十四届三中全会进一步做出了将专业银行转变为国有独资商业银行，以及成立三家政策性银行（中国农业发展银行、中国进出口银行和国家开发银行），使政策性业务和经营性业务分离的决定。除四大国有独资商业银行之外，中国还批准成立了一些股份制商业银行，如交通银行、中信实业银行等，还在原来城市信用合作社的基础上，组建了一批城市合作银行。与此同时，中国银行业的对外开放步伐也大大加快。最后形成了目前的中国银行体系。它是以国有独资商业银行为主体，包括政策性银行、股份制商业银行、合作银行、城市商业银行、信用社、外资银行、财务公司等金融机构的完整的存款货币银行体系。

1994 年至 2003 年，是银行业向商业化转型阶段。这一阶段的银行业改革包括：①加强监督管理体系建设，确立强有力的中央银行宏观调控体系，成立银监会（现银监会与保监会已合并为银保监会）、强化金融监管。②分离政策性金融与商业性金融，形成以国有银行为主体、政策性金融机构和多元金融机构并存的金融组织体系。③增加竞争性供给，提高商业化机构占比，建立起统一开放、有序竞争、严格管理的金融市场体系。④加强法制建设，颁布《中国人民银行法》《商业银行法》等法律，为商业银行自主经营、自担风险、自负盈亏提供法律保障。

2004 年至 2016 年，是银行业向市场化转型阶段。2004 年，国务院启动国有银行股份制改革，推进建立现代金融企业制度。本次改革采取了比较彻底的市场化方式，措施包括国家注资、财务重组，彻底消化历史包袱；按照《公司法》《商业银行法》对国有银行进行股份制改革；引入境内外合格机构投资者，通过引资，实现“引智”“引制”，完善公司治理与内控管理；在境内外资本市场发行上市，接受市场监督。

2017 年以来，银行业迈入高质量发展新时代。进入新时代，经济增长从高速增长转向高质量发展阶段，要求金融业增强服务实体经济能力，提高直接融资比重，健全监管体系，守住不发生系统性金融风险的底线。2018 年以后，在构建现代金融体系方面，中国推出一系列新的改革开放措施，如有效防范金融风险、调整完善金融监管框架、规范资产管理业务机制、实行银行业全方位和高水平对外开放、深化金融供给侧结构性改革等。

3. 存款货币银行与其他金融机构相比，最大的不同是什么？为什么它在金融机构体系中居于主要的、主导的、主体的地位？

答：(1)存款货币银行与其他金融机构的最大不同

存款货币银行能够作为借与贷的中介提供更多、更全面的金融服务，能够吸收活期存款；其他金融机构不能吸收活期存款，只能提供某一个方面或某几个方面的金融服务。

(2)存款货币银行居于金融体系主要地位的原因

①存款货币银行分支网点多，并可以运用各种形式吸收存款，形成巨额资金，这是其他金融机构和金融市场上单个投资者难以比拟的。

②存款货币银行是国民经济中的支付枢纽，提供支付工具和信用工具，其他金融机构、企业单位一般都要通过存款货币银行完成货币收付。

③存款货币银行是同业拆借市场的主要成员，并通过贴现、转贴现介入票据市场，从而促进货币市场的发展。在有些国家允许存款货币银行在不同程度上参与证券市场，在这种情况下存款货币银行的资金进入和退出无疑是影响证券市场发展的重要力量。

4. 一些西方国家的金融业，近年来经历了分业经营到混业经营的发展过程，你是如何理解这一体制变迁的？对我国从 20 世纪 90 年代中期以来实行的金融分业经营、分业管理的格局、背景及当前的发展变化趋势，你又有怎样的看法？

答：(1)西方金融业分业经营到混业经营的变迁

进入 20 世纪 90 年代以来，一向坚持分业经营的美国、日本等国纷纷解除禁令，默许乃至鼓励其大中型商业银行向混业经营方向发展。日本于 1998 年颁布了《金融体系改革一揽子法》，即被称为“金融大爆炸(Big Bang)”的计划，允许各金融机构跨行业经营各种金融业务。1999 年 10 月，美国通过了《金融服务现代化法案》，废除了代表分业经营的《格拉斯-斯蒂格尔法》，允许银行、保险公司及证券业互相渗透并在彼此的市场上进行竞争。这标志着西方国家分业经营制度的最终结束。

目前世界金融三巨头美国、欧洲和日本都先后走上了混业经营的道路，从分业经营到混业经营是国际金融业的发展趋势，也是金融企业实施多元化经营、增强国际竞争力的重要变革。混业经营通过多样化、综合化的业务经营，可以调剂银行各项业务盈亏，减少乃至避免风险，有助于经营稳定，分散风险；通过吸收资金的负债业务，可以使银行的资本结构发生变化，获得大量长期资金来进行更多的业务活动，特别是长期信贷和投资活动；可以充分利用现有的很多银行机构网点为客户提供全方位的金融服务，降低信息收集成本和金融交易成本，增强银行竞争地位。尽管混业经营有如此多的好处，但是由于历史的原因和现实中的具体情况，我国金融业分业经营、分业管理的格局短时间内还很难打破，这就要求在今后的工作实践中应加大银证、银保间的合作，以弥补这一缺陷。

(2)我国实行金融分业经营、分业管理的格局的背景及发展变化趋势我国于 1995 年颁布《商业银行法》，确立了中国现阶段严格的分业经营的金融体制。应该说这个体制在当前的经济条件和市场基础的情况下还是很适应的。

虽然就国际潮流尤其是西方发达国家银行经营来看，银行的全能化趋势确在日益加强，分业向混业的转化日益加速。但这要求具备一些基本条件。比如，银行和其他金融中介机构自身的治理水平和自我约束能力不断提高，达到符合市场经济的要求；宏观调控水平及金融监管体系的提高与完善；相关经济、金融法规的健全；证券市场乃至各类市场运行机制的日臻成熟，等等。从这样的角度分析，这些条件我国现阶段仍在培育之中，尚未完全具备。因而，选择分业经营、分业管理制度，定位存款货币银行于职能分工型是有其原因的。

当然，分业经营对银行业发展与生俱来的桎梏也显而易见。就我国的情况来说，它在很大程度上限制了商业银行的业务范围，使其利润来源渠道减少——主要限于存贷利差；同时也难于以多元化资产结构分散风险。过分地强调分业经营，也使我国的保险业发展相当缓慢，信托业从发展到现在则呈现萎缩的态势，金融中介机构多样性的发展也得不到鼓励，等等。总之，分业经营不仅使我国的金融机构缺乏规模经济效应和国际竞争力，而且降低了资金的配置与使用效率。

随着经济的发展、金融改革的深化，分业经营与综合经营必须严格划分的凝固化观念不断受到冲击。我们应该一方面要求坚持分业经营与分业管理的基本框架，同时松动管制，支持商业银行的金融创新，并逐步向综合经营的方向推进。

5. 金融创新指的是什么？为什么金融创新活动会形成一种趋势？从经济发展的角度来看，金融创新的意义何在，同时带来了哪些问题？

答：(1)金融创新的含义

金融创新是西方金融业中迅速发展的一种趋向。其内容是突破金融业多年传统的经营局面，在金融工具、金融方式、金融技术、金融机构以及金融市场等方面均进行了明显的创新、变革。这个趋势从 20 世纪 60 年代后期就已开始，70 年代各种创新活动日益活跃，到 80 年代已形成全球趋势和浪潮。金融创新浪潮的兴起及迅猛发展，给整个金融体制、金融宏观调节乃至整个经济都带来了深远的影响。

(2)金融创新成为趋势的原因

金融创新之所以会形成一种趋势，是因为这种创新浪潮反映了经济发展的客观要求。当今世界的经济处于不断发展的进程之中。特别是日新月异的技术进步，使得经济的发展不断突破时间、地域以及各种社会传统的界限，涌现出更多、更新的为人类文明生存与发展所需的行业、部门、模式和手段。在这种形势下，当然就会从不同角度、不同层次对于为之服务的金融事业提出新的要求。面对新的要求，原有的金融机构、金融工具、金融业务操作方式、金融市场组织形式和融资技巧等就会在一些方面显得笨拙、落后，不合理并缺乏效率。这就必然导致突破原有樊篱的金融创新。而且，由于经济发展变化所提出的客观需要不仅是强劲的，而且是持久的，所以金融创新的浪潮也仍在不断地推进。

(3)金融创新的意义

反映经济发展的金融创新，已对并将继续对整个经济的发展起着有力的推动作用，其意义主要表现在：

①使得金融工具多样化、灵活化。创新的金融工具一般具有更高的流动性，且金额大小均有，适合不同投资者需要。

②使金融机构传统的分工格局被突破，彼此业务全面交叉。如商业银行普遍开始涉足证券业务；不少其他金融机构也开始办理支票存款这类商业银行的传统业务。金融业务日趋综合化、全面化的格局在形成。

③使一些国家在既成事实面前被迫放宽某些金融行政管制或取消、修改一些法令法规。这又成为推动和鼓励金融创新的因素。

(4)金融创新带来的问题

金融创新带来的问题主要是增加了各国货币政策的复杂性。由于创新后的金融工具大多增强了支付的功能，这必然增大了货币当局在宏观调节中对货币层次划分标准及控制上的难度，容易对货币供应量做出错误判断。

另外，金融创新在降低风险的同时，也带来了新的风险。信息技术在金融领域的广泛应用，使得国际结算的速度和成本大大降低，但同时也使各国金融体系联系得更加紧密，金融风险的传递更加迅速，一旦一国发生问题，将造成全球性危机。金融衍生工具是金融创新的重要产物，但是其本身操作的复杂性以及保证金制度的杠杆效应增大了金融体系面临的风险。

6. 自 20 世纪 80 年代中期以来，我国商业银行的不良债权问题成为国内外关注的热点。你过去听到过什么议论？现在对其严重性怎样估价？

答：(1)过去对我国商业银行不良债权问题的议论

2002 年春，时任央行行长的戴相龙指出，国有商业银行不良贷款占全部贷款比例为 25.3%。2004 年 8 月，国务院银行业监督管理机构公布，中国四大国有银行、三家政策性银行和 11 家股份制商业银行的平均不良贷款率低于 20%。但这一说法没有得到国内研究者的认同，不少研究者指出，这个资料具有不可比性，一是中国国有银行的不良资产比率没有包括已经转移到四大资产管理公司的 15888 亿不良资产，如果加上这一块，估计不良贷款率就需修正为 35%；二是中国国有银行对贷款仍沿用“一逾(逾期贷款)二呆(呆账)”的办法，而非国际通行的“五级分类”办法，这也使得名义上的不良资产比率较低。

至于国际金融界关于中国银行的坏账比率更是众说纷纭，比中国政府公布的数位要高许多。国际债信权威评级机构标准普尔于 2003 年 11 月 26 日发表了《中国金融服务业展望 2004》。

标准普尔估计，2002 年底中国金融体系不良资产可能几乎占据贷款总额的一半。在说明中国不良资产比率估计为 44% 至 45% 时，标普强调：①所采用的指标为不良资产率而非不良贷款率；②百分之四十五的不良资产率是当前数位，并不包括一九九八年早已剥离的一万四千亿不良贷款。这一比率虽然较之标普以前百分之五十的估计有所下降，但是依然保持在相当高的水平，不仅与 2000 年世界前二十家大银行(不包括中国的银行和未提供资料的银行)3.27% 的平均不良贷款率相差甚远，而且也远远高于亚洲危机前东南亚各银行的水平(东南亚各国银行在金融危机前不超过 6%)。标准普尔还作出另一项预估：中国银行体系的呆账以及银行再资本化的费用约 6500 亿美元，占国内生产总值(GDP)的 40%。

(2)对我国不良债权问题严重性的估价

2020 年 8 月 20 日，银保监会发布的数据显示，今年二季度末，商业银行不良贷款余额 2.74 万亿元，较上季度末增加 1243 亿元；商业银行不良贷款率 1.94%，较上季度末增加 0.03 个百分点。银保监会有关负责人近期表示，当前由于经济尚未全面恢复，新冠肺炎疫情仍有较大不确定性，所带来的金融风险也存在一定时滞，有相当规模贷款的风险会延后暴露，未来不良贷款率上升压力较大。

7. 对于存款保险制度，赞成者认为，这是保持银行体系稳定的关键制度，国家必须给予财力支持；反对者认为，这一制度是道德风险的根源，不利于银行体系的健康运作与发展。对于这样对立的见解，你的判断是什么？

答：赞成者的观点聚焦存款保险制度的积极影响，反对者的观点基于存款保险制度的潜在风险。总体看来，存款保险制度有力地保护了存款人的权益，对于防范出现系统性金融风险有重要意义，应规范引导、加强监管，保障其稳健良好运行。

(1)存款保险制度的积极意义

①存款保险制度是指成立存款保险机构，由各家存款性金融机构交纳保费，一旦投保机构面临破产，由保险机构为存款人支付一定存款的制度。在这一制度安排下，吸收存款的金融机构根据其吸收存款的数额，按规定的保费率向存款保险机构投保，当存款机构破产而无法满足存款人的提款要求时，由存款保险机构承担支付法定保险金的责任。

②存款保险制度是为了整个银行体系设立的一道“安全网”，它是通过事前预防和事后补救的各种措施，保持公众的信心，抑制挤兑，减少银行的连锁破产，从而保证金融体系的稳定。

(2)目前存款保险制度存在的局限

从现有文献研究成果看，学者对于存款保险制度能否促进金融系统稳定的目标并没有明确结论。金融体系的稳健运行需要其他的条件的协同配合，如有效的金融监管、完善的市场机制、健全的商业银行运行机制等。

①存款保险制度不是万能的，作为清偿赔付的保证制度，它是对市场机制和监管当局金融监管制度的一种补充。存款保险制度既不能取代监管当局的审慎监管职能，也不能取代中央银行的最后贷款人职能和政府出资维护金融体系稳定的职能。

②存款保险制度是一种心理支持制度。它以“保险”的承诺，给存款人特别的心理慰藉，使存款人一般不会轻信传闻而非正常地到银行提款，从而大大减少了对商业银行挤兑的风险。但是，心理支持毕竟有限，保险金集中的程度更有限，一旦银行经营问题严重且具有普遍性，存款保险制度就会由于心理支持不堪重负和保险金不足以补亏而濒于崩溃。过高期望存款保险制度来维护金融体系的稳定运行是不现实的，在银行体系出现系统危机时，有限清偿赔付的存款保险制度是无效的，因为系统危机超出了存款保险制度安排的预算约束。

(3)存款保险制度在我国的发展

2015 年 3 月，《存款保险条例》的出台标志我国存款保险制度落地。央行金融稳定局存款保险制度处是负责主体，《条例》结合我国现实国情和国际经验在限额赔付、投保主体范围、费率要求、存款保障范围等方面作出适当性安排。我国存款保险制度的关键有以下几点：

①限额赔付，起始限额较高适用于我国“高储蓄率”的特征，有助于化解“存款搬家”。

②风险差别费率，其设计重点是考虑道德风险和金融稳定的关系。

③早期纠正职能，是央行维护金融稳定的重要工具，仍需进一步拓展、落到实处。

综上所述，存款保险制度的推出稳定了储户的信心，有利于银行体系的平稳运行。虽然存款保险制度存在一定局限和不足，但不能因此机械地对其持负面态度。未来应进一步完善存款保险制度的配套措施，打通货币政策传导机制的梗阻，发挥更优化的制度效能。

8. 你是否同意在不久的将来“银行会消亡”的观点？

答：银行不会消亡，其理由主要有以下几点：

(1)商业银行体系通过转账结算体系创造了流通的信用货币

根据货币金融学的理论，商业银行与一般的工商企业不同，商业银行经营的商品是货币，并且更为重要的是，商业银行体系通过转账结算体系创造了流通的信用货币。在现有的货币形态下，商业银行创造的信用货币实际上就构成了资本市场上各种金融活动的基础，没有商业银行创造的信用货币，资本市场的运行就是无源之水。

(2)银行降低交易成本和信息的不对称

从“参与成本”角度的剖析，西方传统理论认为银行存在的根据是交易成本和信息的不对称，即市场的不完全性或市场摩擦的存在。交易成本和信息不对称的明显下降理应带来投资者直接参与市场比例的增大。然而实际却是个人直接持股比例减少，中介持股比例增加。原因在于金融创新的进程越来越快，风险交易和风险管理操作要求有很高的专业性，获取和使用这些专业知识和技能都要付出参与成本。总的说来，参与成本明显有上升趋势。在这样的条件下，即使是信息充分从而有可能进行资产组合动态管理的投资者，面对过高的参与成本也有可能会放弃自己直接操作；至于信息不充分的投资者，更难以直接参与市场。金融中介正是通过提供信息，代理投资，创造收益相对稳定的产品、提供固定收入等服务，证明了自己存在的价值。

(3)银行提供风险管理服务

从风险交易和风险管理角度来看，风险是经济行为主体普遍面对的问题，如何把风险控制在可以承受的限度之内越来越成为投资者生死攸关的急迫要求。银行具备在这方面提供明智而有效服务的能力。日益增大的需求使风险交易和风险管理成为银行的中心职能。

(4)商业银行仍然处于支付系统的核心

商业银行存款的突出特点是最为确定以及能够迅速由存款人划转，所以，商业银行存款被作为支付的主要方式。通过指令，人们既可以办理商业银行账户之间的直接支付，也可以办理各种间接支付。即使由于“脱媒”(指资金融通或金融交易不通过金融机构这一媒介体)现象而产生新的支票便利的领域(如货币市场基金领域)，也仍然需要通过结算银行进行有关清算。另外，虽然新的货币交易形式(如电子货币)正在发展，并且这种发展可能是在传统的银行系统之外，但是这些新的交易工具也需要依靠银行系统来进行清算。

(5)银行体系的资金来源与直接融资不存在此消彼长的关系

银行体系的资金，涵盖处于银行体系中的各种货币资金。商业银行要为国民经济各个部门和各种经济活动提供货币资金转账结算服务，因此，除现金漏损外，无论是直接融资还是间接融资，它们的资金实际始终都是处于银行体系之中的。在现代中央银行体制下，银行体系中货币资金量的增减主要与中央银行和商业银行之间的资金往来有关。因此，金融市场的发展、直接融资范围的扩大等，并不能成为商业银行衰落的理由。

当然，不可否认的是，直接融资对银行体系的资金来源确实是有影响的。但是这种影响并不体现在总量上，而是主要体现在结构上。一方面是主体结构。居民和企业参与资本市场投资后，它们的资金就由居民储蓄存款和企业存款变成了开户证券公司在商业银行的结算存款，资本市场的变化可以引起银行存款结构的变化。以下现象可以作为例证：近年来，我国商业银行同业存款项下的数额激增，其起伏波动的状况大都与股票市场的动态密切相关。另一方面是期限结构。在过去没有资本市场的情况下，居民的长期积累主要是以银行长期储蓄的形式存在，而资本市场的发展，有助于改变银行存款的期限结构. 缓解银行长期储蓄存款快速增长的状况，从而减轻银行的付息压力。

(6)商业银行仍然具有存在和发展的客观必然性

这种客观必然性主要表现在：一是商业银行提供的是一种稳妥的、符合各个阶层需要的资金融通方式。商业银行在筹集和运用资金上具有积少成多、续短为长的特点，可以为不同数量、不同期限的资金提供不同形式的融通，因此，尽管证券市场的便利性、收益性、灵活性等极具诱惑力，仍然会有相当一部分资金短缺者和盈余者出于对安全性、流动性的考虑而选择银行。二是商业银行能够为一部分中小企业提供资金支持。尽管直接融资市场能提供许多融资便利，但总会有一部分资产规模相对较小的企业无法通过直接融资获得支持其发展所必需的资金，并且企业通过资本市场筹集资金，所担负的分红压力比偿还贷款的本息压力可能还要大。因此，相当多的企业仍需向商业银行等金融中介机构融资。

(7)有实证研究结论为上述观点提供佐证

迈耶关于公司融资结构跨国比较的研究结果显示，对于工商企业来说，发行股票不是最主要的外部融资来源；发行可交易债券与股权证券，也不是工商企业融资的主要途径；间接融资远比直接融资更重要，银行是企业最重要的外部资金来源。米什金认为，只有大型资信良好的公司才能进入证券市场，证券市场在企业融资中的作用被高估了。这个结论被广泛引用，以论证商业银行依然是最重要的金融机构。

而从金融业的实践角度看，一方面，无可置疑地，近年来商业银行在发达国家金融业中的地位在下降。以美国为例，商业银行目前虽然在所有金融机构中依然是位居首位，但其相对份额也已经历了较大的变化。其地位已由绝对主导变为相对重要。到 1997 年底，美国商业银行的总资产只占所有金融服务企业总资产的 36% 左右。另一方面，尽管商业银行收益的波动性加大了，但商业银行的盈利能力还是很强的，如美国商业银行从 1990—1997 年的年平均股权收益率达到 12.91%，可见商业银行也并不像人们所想的那样正在衰落。

9．对于银行存在理由的论证有一个很长的发展过程。试理一理有关这方面理论观点的发展脉络。

答：(1)银行存在的根据是交易成本和信息的不对称

西方传统的理论认为，银行存在的根据是交易成本和信息的不对称。对于这两者通常归纳表述为市场的不完全性或市场摩擦的存在。其思路可以概括为：

①如果一个人要直接投资贷出自己的货币资本，他需要在可能的借款人中选择可靠并有发展前途的对象，要了解贷款所要投入项目的可行性和可能带来的收益，要设计贷款契

约，贷出后要监控其使用，要随时评估贷款可回收的保险系数。简言之，为了贷出，要付出可观的交易成本。银行具有规模经济的优势，从而能够节约交易成本。

②交易成本大多与信息不对称相联系。要了解贷款所要投入项目的可行性和可能带来的收益，这要收集信息，并要在贷出后监控其使用并随时评估贷款可回收的保险系数。具有规模经济优势的银行，不仅可以节约信息收集成本，而且可以加工出来高质量的信息产品——依据信息加工出可供选择的决策判断，还可以相应设计有利于协调满足不同要求的金融产品。

假如交易成本和信息的不对称也即市场的不完全性或市场的摩擦不复存在，银行中介也就没有存在的理由。但事实上，交易成本和信息不对称的明显下降理应带来投资者直接参与市场比例的增大。

(2)从风险交易和风险管理角度分析银行的存在

风险是经济行为主体普遍面对的问题。如何把风险控制在可以承受的限度之内越来越是生死攸关的急迫要求。于是银行家有了需要在风险管理方面为之服务的客户群。有的风险可通过风险交易消除或回避，有的风险可通过风险交易分散或转移，有的风险可通过风险交易予以治理。银行具备在这方面提供明智而有效服务的能力，面对日益增大的需求，使风险交易和风险管理成为自己的中心职能。

(3)从参与成本视角剖析银行的存在

在一个长期存在的“完全市场”假设中，意味着所有投资者能够无摩擦地参与市场，或者说市场处于充分参与状态。但这样的假设并不存在于生活之中。投资者要想参与市场，要付出学习成本，用习惯用语就是要“交学费”。需要投入精力，学习市场运作，了解资本收益的变化，监视市场的动态。不仅要懂得如何进行资产组合，而且要实时地调整组合，特别是金融创新的进程越来越快，风险交易和风险管理操作要求有很高的专业性，获取和使用这些专业知识和技能都要付出参与成本。总的说来，参与成本有明显上升趋势，在这样的条件下，即使是信息充分从而有可能进行资产组合动态管理的投资者，面对过高的参与成本也有可能会放弃自己直接操作；至于信息不充分的投资者，更难以直接参与市场。金融中介正是通过提供信息，代理投资，创造收益相对稳定的产品，提供固定收入等服务，证明了自己存在的价值。

(4)从货币角度看银行的存在

从货币支付系统的角度来看，间接融资作为金融的一项功能，是有其继续存在的根据的。而服务于货币支付体系各个环节(具有间接融资功能的环节)的机构就是银行。只要间接融资的功能存在，执行这种功能的金融机构也就必然存在。

(5)Diamond-Dybvig 模型

这是由两位美国教授 Diamond 和 Dybvig 提出的。对于银行存在的理由，这个模型是最为标准的规范模型。该模型认为：①银行开办活期存款可以通过在那些需要在不同时间消费的人们之间进行较好的风险分担来改进竞争性的市场；②提供这种改进的活期存款合同有一个大家不希望的均衡(银行挤兑)，处于这种均衡状态时，所有的存款人都很惊慌并且马上提款，包括那些本来是愿意把钱继续存在银行里的人。③银行挤兑引起实际经济的问题，因为即使是“健康的”银行也会失败，这造成贷款被收回，生产投资被终止。

第 7 章　中央银行

7.1　复习笔记

【知识框架（庖丁解牛）】

- 中央银行
  - 中央银行的产生及类型
  - 中央银行的职能
    - 发行的银行
    - 银行的银行
    - 国家的银行
  - 中央银行的独立性

【考点难点归纳（厚积薄发）】

考点一：中央银行的产生及类型（见表 7-1）　★★

表 7-1　中央银行的产生及类型

要点	具体内容	
初创阶段和迅速发展阶段	中央银行建立的必要性	①银行券统一发行的需要； ②建立全国统一的清算机构的需要； ③为商业银行提供最后流动性支持的需要； ④代表政府意志对金融业实施监管、协调
	中央银行形成的过程	①17 世纪中叶到 19 世纪末，中央银行的初创时期，英格兰银行最早全面行使中央银行职能； ②20 世纪初到二战结束，中央银行制度的普遍建立时期，中央银行的三大职能逐渐完善； ③20 世纪中叶至今，中央银行的强化时期
	国家对中央银行控制的加强	①中央银行的国有化； ②制定新的银行法
中央银行制度的类型	单一中央银行制度	国家单独建立中央银行机构，又可分为一元式（国内设立一个统一的央行）和二元式（国内设立中央和地方两级央行）中央银行制度
	复合中央银行制度	国家不专设中央银行，由某大银行保留一般存款货币银行职能的同时兼顾中央银行职能
	跨国中央银行制度	由作为货币联盟成员国的若干国家联合组建中央银行
	准中央银行制度	只设置类似中央银行的机构或授权几个商业银行，行使中央银行部分职能

续表

要点	具体内容	
中央银行的资本组成类型	①资本全部国有的中央银行； ②资本部分国有、部分民间持有的中央银行； ③资本全部非国有的中央银行； ④无资本金的中央银行； ⑤资本为多国共有的中央银行	
中央银行的组织结构	权力分配结构	最高权力分为决策权、执行权和监督权
	内部机构设置	①直接与行使中央银行职能相关的部门； ②提供咨询、调研和分析的部门； ③提供保障和行政管理服务的部门
	分支机构的设置	①按经济区域设置； ②按行政区划设置； ③以经济区域为主、兼顾行政区划设置

考点二：中央银行的职能（见表 7-2） ★★★★★

表 7-2　中央银行的职能

要点	具体内容	
业务经营的特点及其职能划分	中央银行的活动特征	①不以营利为目的； ②不经营普通银行业务； ③独立制定、执行货币政策
	中央银行的职能	①发行的银行，即全国唯一的现钞发行机构； ②银行的银行，集中存款准备金，作为最后贷款人支持商业银行的流动性，组织全国清算； ③国家的银行，代表国家执行财政金融政策，代理国库收支，代理发行国债，通过信贷支持国家财政
	中央银行的地位和作用	①为经济发展提供货币； ②承担着为经济运行提供货币稳定环境的职责； ③作为"最后贷款人"和全国资金清算中心； ④是国家在国际经济合作中的重要纽带
中央银行的资产负债表	资产负债表反映中央银行的业务活动，表中资产项目包括国外资产、贴现及放款、政府债券和财政借款、外汇及黄金储备、其他资产；负债项目包括流通中通货、商业银行等金融机构存款、国库及公共机构存款、对外负债、其他负债和资本项目	
中央银行资产负债表的特点	①最主要的资产项目是国外资产，以外汇储备为主； ②最主要的负债项目是其他存款性公司贷款，货币发行次之。这是我国基础货币的特殊格局	

【例 7.1】银行的银行［中央财经大学 2016 研；山东大学 2015 金融硕士］

答："银行的银行"是中央银行的一项重要职能，是中央银行对商业银行和其他金融机构发挥的特殊的作用，具体表现为：①吸收与保管存款准备金，以加强存款机构的清偿能力。一旦发生信用危机，中央银行可给予资金支持。中央银行也可通过存款准备金率的变动来调节一国的货币供应量。②充当最后贷款人，对商业银行提供信贷。当商业银行和其他金融机构发生资金短缺或周转不灵时，可以向中央银行要求资金融通。中央银行一般通过票据的再贴现向商业银行提供融资贷款，而贴现率的高低也就成了中央银行调控货币供应量的重要杠杆。③作为全国票据清算中心，组织全国票据清算事宜。中央银行作为清算银行可为各商业银行和金融机构间货币的收付转账提供快捷便利的服务，解决单个银行清算的困难。

【例 7.2】以下哪一选项不属于中央银行的基本职能？(　　)[厦门大学 2012 金融硕士]

A. 发行的银行　　B. 银行的银行　　C. 国家的银行　　D. 人民的银行

【解析】中央银行的基本职能包括：①发行的银行，是指垄断银行券的发行权，成为全国唯一的现钞发行机构；②银行的银行，是指中央银行以商业银行或其他金融机构为业务对象提供金融服务；③国家的银行，是指中央银行代表国家贯彻执行财政金融政策，代理国库收支以及为国家提供各种金融服务。

【答案】D

【例 7.3】什么确定了中央银行在金融体系中的核心和主导地位，确定了中央银行对金融机构监督管理的必然性和必要性？(　　)[清华大学 2014 金融硕士]

A. 依法实施货币政策　　B. 代理国库

C. 充当“最后贷款人”角色　　D. 集中与垄断货币银行

【解析】“最后贷款人”的角色确立了中央银行在金融体系中的核心和主导地位，明确了中央银行对金融机构实施金融监督管理的必然性与必要性。尽管随着金融体系与制度的发展，有些国家对金融机构的监督管理不是由中央银行一家承担而是与另外专设的金融监管机构共同分工负责，但中央银行作为最后贷款人及由此决定的中央银行对金融机构实施监督管理的基本属性并未改变，而且还在不断增强。

【答案】C

考点三：中央银行的独立性(见表 7-3)　★★★★★

表 7-3　中央银行的独立性

<table>
<tr><th>要点</th><th colspan="2">具体内容</th></tr>
<tr><td rowspan="3">中央银行独立性问题</td><td>含义</td><td>中央银行在决策运作货币政策时拥有的自主程度</td></tr>
<tr><td>对政府保持独立性的原因</td><td>①中央银行与政府所处地位、行为目标存在差异；
②中央银行与一般的行政管理机构不同</td></tr>
<tr><td>相对独立性的原因</td><td>①从金融与经济整体的关系看，金融是子系统；
②在宏观调控体系中，中央银行只是其中一个组成部门，需要与其他政策配合；
③中央银行只在国家授权下进行活动</td></tr>
</table>

续表

<table>
<tr><th>要点</th><th colspan="3">具体内容</th></tr>
<tr><td rowspan="6">中央银行相对独立的模式</td><td>独立性强弱的主要表现</td><td colspan="2">①法律赋予中央银行的权限大小；
②中央银行是隶属于国会，还是政府某一部门；
③中央银行负责人的产生、任期与权力大小；
④中央银行对财政部直接融通资金的条件；
⑤政府人员是否参与中央银行的决策</td></tr>
<tr><td rowspan="3">中央银行相对独立的模式</td><td>独立性强的模式</td><td>中央银行直接对接国会，如果与政府发生矛盾，通过协商解决</td></tr>
<tr><td>独立性居中的模式</td><td>中央银行名义上隶属于政府，实际上保持着一定的独立性</td></tr>
<tr><td>独立性弱的模式</td><td>中央银行接受政府的指令，政府有权停止、推迟其决议的执行</td></tr>
<tr><td>我国中央银行独立性问题</td><td colspan="2">中国的中央银行是政府的一个部门，并且不受地方政府、各级政府部门、社会团体和个人的干涉</td></tr>
<tr><td>中央银行和政府部门之间的关系</td><td colspan="2">①一般由财政部门持有中央银行资本金的所有权；
②大多数国家中央银行的利润全部归属于国家财政，亏损由国家财政填补；
③中央银行代理国库；
④中央银行代理财政债券发行；
⑤许多国家财政部门负责人是央行决策机构的参与者；
⑥某些国家中央银行直接隶属于财政部；
⑦中央银行与财政部门协调货币、财政政策制定及执行</td></tr>
</table>

7.2 课后习题详解

1. 为什么在市场经济体制下需要有中央银行？学习以下各篇之后对这个问题会有较多的理解，希望把它列在需要继续思考的问题之中。

答： 市场经济体制下，需要有中央银行是出于以下几个方面的原因：

(1)统一银行券发行的需要

在商业银行发展初期，各家都有发行银行券的权利。实行金本位制时，各家银行只要保证自己所发行的银行券能随时换成金属货币，就可以稳妥经营。但随着市场竞争的加剧与银行经营问题的增加，商业银行可能无法保证自己所行的发银行券的兑现。此外，因商业银行资金实力、经营范围的限制，其发行的银行券在流通方面往往有很大限制。为了解决这些问题，需要有一个资金实力雄厚且具有权威性的银行来统一发行银行券并确保其兑现。

(2)票据交换、清算的需要

随着商业银行间相互支付量的增加，每天收受的票据数量在扩大，由各银行自行轧差清算成为问题，客观上要求有一个统一的票据交换和债权债务清算机构，为各个商业银行之间的票据交换和资金清算提供服务。

(3)最后贷款人的需要

随着工商业的发展与市场的扩张，商业银行的贷款规模不断扩大，期限不断延长，银行的流动性风险上升。单个银行由于资金有限，支付能力不足而产生挤兑与破产事件。为此，有必要集中各家银行的准备金，对某一银行的支付困难实施救助。

(4)金融监管的需要

随着银行业与金融市场的发展，金融活动需要政府进行必要的管理。这种管理的专业性与技术性很强，一般的政府机构很难胜任，要由专业性的机构来对全国的货币金融活动进行必要的监督和管理。

要解决以上问题，需要成立专门的机构，来担负统一发行、票据清算、提供再贷款与金融管理任务。这就是现代的中央银行。

2. 中央银行区别于一般商业银行的特点是什么？试通过中央银行的资产负债表来说明其特定的职能。

答：(1)中央银行区别于一般商业银行的特点

①中央银行的活动不以盈利为目的。获取利润是商业银行业务经营的目标。中央银行向政府和银行提供资金融通和划拨清算等方面的业务时，也收取利息和费用，但中央银行业务经营的目标却不是获取利润，而是制定与实施货币政策以确保货币政策目标的实现。

②中央银行与国家政府关系密切，享有国家法律上所授予的特权。各国建立中央银行的主要目的在于借助中央银行制定与实施宏观金融政策，管理和监督金融机构，要达到这一目的，必须使中央银行具有一般商业银行所不具备的超然地位和特权地位。这种地位借助法律来实现，即国家赋予中央银行以法定职责，明确其在制定和执行货币政策上具有相对独立性，享有垄断货币发行、代理国家金库、掌握发行基金、集中保管商业银行的存款准备金、制定基准利率、管理金融市场等一般银行所没有的特权。

③中央银行具有特殊的业务对象。中央银行不为工商企业和个人办理业务，其业务对象是政府和各类金融机构。而且中央银行的业务活动涉及的是货币政策、利率政策、汇率政策等宏观金融活动，即以宏观金融领域作为活动范围。

④中央银行的资产流动性高。中央银行持有具有较高流动性的资产(现金、短期公债、部分能随时变现的有价证券等)，旨在灵活调节货币供求，确保经济金融稳定运行。

⑤中央银行不在国外设立分支机构。根据国际法的有关规定，一国中央银行在他国只能设置代理处或分理处而不能设立分支行，不能在他国发行货币、经营商业银行业务，不能与他国商业银行发生任何联系。

(2)中央银行的特定职能

由于各个国家的金融制度、信用方式等方面存在着差异，各国中央银行资产负债表的项目多寡以及包括的内容颇不一致。这里仅就中央银行最主要的资产负债项目概括成表7-4，旨在概略表明其业务基本关系。

表 7-4　中央银行资产负债表

资　产	负　债
国外资产	流通中通货
贴现和放款	商业银行等金融机构存款
政府债券和财政借款	国库及公共机构存款
外汇、黄金储备	对外负债
其他资产	其他负债和资本项目
合　计	合　计

中央银行在履行职能时，其业务活动可以通过资产负债表上的记载得到概括反映。

中央银行一般是一国通货的唯一发行银行，因此，流通中的通货是中央银行负债的一个主要项目。作为银行的银行，它与商业银行等金融机构间的业务关系，主要是列于负债方的商业银行等金融机构在中央银行的存款(包括准备金存款)和列于资产方的贴现及放款；作为国家的银行，它在业务上与政府的关系，主要是列于负债方的国库等公共机构的存款和列于资产方的为向政府提供资金而持有的政府债券与财政借款，以及为国家储备的外汇、黄金等项目。

由此可见，中央银行具有发行的银行、银行的银行和国家的银行三大职能，具体体现在：

①发行的银行：

发行的银行就是垄断银行券的发行权，成为全国唯一的现钞发行机构。目前，世界上几乎所有国家的现钞都由中央银行发行。一般硬辅币的铸造、发行，也多由中央银行或财政部经管。银行券的发行是中央银行的重要资金来源，为中央银行调节金融活动提供了资金实力。

②银行的银行：

银行的存款、贷款和汇款等传统业务，同样是中央银行的主要业务内容，只不过业务对象不是一般企业和个人而是商业银行与其他金融机构。作为银行的银行，其职能具体表现在三个方面：集中存款准备、作为最终贷款人、组织全国的清算。

③国家的银行：

国家的银行，是指中央银行代表国家贯彻执行财政金融政策，代理国库收支以及为国家提供各种金融服务。作为国家银行的职能，主要是通过以下几方面得到体现：代理国库、代理国家债券的发行、对国家财政给予信贷支持、保管外汇和黄金储备、进行外汇与黄金的买卖和管理、制定和实施货币政策、制定并监督执行有关金融管理法规。此外，中央银行作为国家的银行，还代表政府参加国际金融组织，出席各种国际性会议，从事国际金融活动以及代表政府签订国际金融协定；在国内外经济金融活动中，充当政府的顾问，提供经济、金融情报和决策建议。

3. 通过对我国 20 多年来中央银行资产负债表主要项目的内容与比重变化的分析，试归纳出：(1)职能变迁的原因及特点；(2)与发达市场国家中央银行的异同点。

答：(1)中国人民银行职能变迁的原因和特点

中国人民银行的职能变迁的原因是按照我国建设社会主义市场经济的要求，为适应国内和国际金融发展的新形势，中国人民银行需要不断减少其他职能，而越来越专注于制定和执行货币政策，为国家的宏观经济发展服务。

中国人民银行职能变迁的特点是商业银行业务全部剥离，金融监管职责逐步转移出去，专注于制定和执行货币政策，维护金融稳定。

(2)中国中央银行与发达国家中央银行的异同点

①相同点：

中央银行一般是一国通货的唯一发行银行，因此，流通中的通货是中央银行负债的一个主要项目。作为银行的银行，它与商业银行等金融机构间的业务关系，主要是列于负债方的商业银行等金融机构在中央银行的存款(包括准备金存款)和列于资产方的贴现及放款；作为国家的银行，它在业务上与政府的关系，主要是列于负债方的接受国库等机构的存款和列于资产方的通过持有政府债券融资给政府，以及为国家储备外汇、黄金等项目。

②不同点：

虽然各国中央银行资产负债表的格式和主要项目基本一致，但各项目所占的比重却有明显不同。中国中央银行与发达国家(以美国为例)中央银行的资产负债表中资产项目构成比例上的差别，反映了央行货币投放渠道及主要货币政策操作工具的不同。

a. 中国的基础货币投放渠道中，中国人民银行通过买入外汇而投放的货币占有非常大的比例。1994—2012年间强制结售汇的外汇体制背景下，国际收支中顺差产生的外汇全部要由中国人民银行发行货币来买入。而美国的中央银行就没有这一任务。

b. 美国中央银行的资产负债表中，最主要的资产项目是财政部证券，这是美联储大量进行公开市场业务操作的结果。这种资产结构反映了美国金融市场高度发达和美联储以公开市场业务为主要货币政策工具的特征。而中国的金融市场比较落后，可供央行进行公开市场操作的证券数量少，央行公开市场业务操作较少，资产项目中的证券类资产也就较少。

4. 既然中央银行是国家的银行，为什么还要强调中央银行相对于政府的独立性？

答： 由于中央银行在金融体系和国民经济中处于特殊的地位，承担着特殊的职责，要真正发挥中央银行的作用，必须使中央银行具有一定的独立性。

(1)中央银行是特殊的金融机构

中央银行履行其职责必须通过具体的业务活动来进行，中央银行的业务活动必须符合金融运行的客观规律和自身业务的特点，这是由经济与金融的关系和金融行业的特殊性质决定的。

(2)中央银行工作具有较强的专业性和技术性

中央银行制定和执行货币政策，对金融业实施监督管理，调控宏观经济运行和保持金融稳定，具有较强的专业性和技术性。中央银行作为宏观经济的调控部门，虽然要按政府确定的目标和意图行事，但中央银行不同于一般行政管理机构，它的调控对象是货币、信用、金融机构与金融市场，调控手段是技术性很强的经济手段，需要中央银行机构与人员具有熟练的业务、技术与经验和中央银行一定程度的独立性和稳定性。

(3)中央银行与政府工作重点不同

中央银行与政府两者所处的地位、行为目标、利益需求及制约因素有所不同。政府工作的侧重点经常会根据情况不时变化，经济工作虽然也是政府贯彻始终的中心工作，但社会问题往往是政府时时关注的。而在经济工作中，政府的重点也经常予以调整，基础设施建设问题、地区平衡发展问题、行业调整与产品结构调整问题、扶贫救灾问题、就业问题、社会保障问题等等都是政府关注的重点，而这些重点又是根据具体情况而不时变化的。如果中央银行完全按政府指令行事而缺乏独立性，一是可能出现用货币发行弥补政府赤字，从而导致财政赤字货币化，可能造成通货膨胀，二是可能降低货币政策的稳定性从而导致金融运行的波动。中央银行虽然要对政府的工作重点予以配合，但这种配合不能违反金融活动的基本规律。为了保证经济、社会长期的稳定协调发展，中央银行工作的重点是围绕稳定货币币值这一基本原则或目标进行的。稳定货币币值的目标具有很强的持续性、稳定性和社会性，是中央银行维护国家根本利益的集中体现。中央银行通过稳定货币，为政府各项目标的实现提供条件、环境和保障。虽然稳定货币有时可能与政府的短期工作重点发生矛盾，但符合政府的长期目标。因此，中央银行具有一定的独立性，对于经济、社会的长期持续稳定发展是有益的。

(4)中央银行与其他部门间形成互补制约关系

中央银行保持一定的独立性可以使中央银行与政府其他部门之间的政策形成一个互补和制约关系，增加政策的综合效力和稳定性，避免因某项决策或政策失误而造成经济与社会发展全局性的损失。

(5)中央银行保持独立性以减少政府干预

中央银行保持一定的独立性还可以使中央银行和分支机构全面、准确、及时地贯彻总行的方针政策，而少受地方政府的干预，保证货币政策决策与实施的统一，增加中央银行宏观调控的时效性和提高中央银行运作的效率。

从中央银行在现代经济体系中所处的重要地位和所担负的重要职责看，中央银行必须保持一定的独立性。现代经济和金融的发展证明，中央银行要真正发挥其作用，就必须具有一定的独立性，这是保持经济、金融稳定和维护社会公众信心的一个必要条件。中央银行对政府保持一定的独立性，使其权力与责任相统一，能够在制定和实施货币政策、监管金融业和调控宏观经济方面自主地、及时地形成决策和保证决策的贯彻执行，这对促进经济与社会的健康、稳定发展和保障国家的根本利益具有重要意义。

5. 为了判断中央银行独立性的强弱，人们设计了一些度量的标准。你认为目前我国中央银行独立性的状况如何？

答：(1)中央银行的独立性的衡量标准

中央银行的独立性主要取决于中央银行的法律地位。由于各国的国情与历史传统不同，各国对中央银行确定的法律地位也有所不同。中央银行对政府独立性的强弱，体现在以下几个方面：

①法律赋予中央银行的职责及履行职责时的主动性大小。有些国家把稳定货币明确作为中央银行的主要职责，并授予中央银行独立制定和执行货币政策的特权，不受政府制约。当中央银行的政策目标与政府的经济目标出现矛盾时，中央银行可以按自己的目标行事，这种类型的中央银行独立性就较强。而有些国家法律对中央银行的授权较小，因此其中央银行的独立性就较弱。

②中央银行的隶属关系。一般说来，隶属于国会的中央银行，其独立性较强，而隶属于政府或政府某一部门(主要是财政部)的中央银行，其独立性就弱一些，当然这也不是绝对的。

③中央银行负责人的产生程序、任期长短与权力大小。

④中央银行与财政部门的资金关系，主要是是否允许中央银行对财政部直接融通资金、融资的条件是否严格、限额及弹性大小、期限长短等。

⑤中央银行最高决策机构的组成，政府人员是否参与决策等。

(2)我国中央银行独立性的状况

《中国人民银行法》(以下简称《人行法》)第 2 条第 2 款规定，“中国人民银行在国务院领导下，制定和执行货币政策，防范和化解金融风险，维护金融稳定”，这就明确了中国人民银行隶属于国务院，是国务院领导下的宏观调控部门。该法第 5 条第 1 款规定，“中国人民银行就年度货币供应量、利率、汇率和国务院规定的其他重要事项作出的决定，报国务院批准后执行。”该法第 12 条第 1 款规定，“中国人民银行设立货币政策委员会。货币政策委员会的职责、组成和工作程序，由国务院规定，报全国人民代表大会常务委员会备案。”1997 年 4 月 15 日国务院颁布了《货币政策委员会条例》，规定货币政策委员会为“中国人民银行制定货币政策的咨询议事机构”。法律在规定中国人民银行必须接受国务院领导的同时，也对中国人民银行的独立性给予了一定范围的授权：《人行法》第 7 条规定，“中国人民银行在国务院领导下依法独立执行货币政策，履行职责，开展业务，不受地方政府、各级政府部门、社会团体和个人的干涉”；第 13 条第 1 款规定“中国人民银行根据履行职责的需要设立分支机构，作为中国人民银行的派出机构。中国人民银行对分支机构实行统一领导和管理”；第 5 条第 2 款规定，中国人民银行就第 5 条第 1 款(前已引用)规定以外的“其他有关货币政策事项作出决定后，即予执行，并报国务院备案”。另外，法律还对中国人民银行的具体业务活动作了更大程度的授权。

在负责人方面，《人行法》第 10 条规定，“中国人民银行设行长一人，副行长若干人。中国人民银行行长的人选，根据国务院总理的提名，由全国人民代表大会决定；全国人民代表大会闭会期间，由全国人民代表大会常务委员会决定，由中华人民共和国主席任免。中国人民银行副行长由国务院总理任免。”

在经济与财务方面，《人行法》第 8 条规定，“中国人民银行的全部资本由国家出资，属于国家所有。”由于中央银行资本中没有任何私人份额，故中央银行不代表任何私人利益。第 29 条规定，“中国人民银行不得对政府财政透支，不得直接认购、包销国债和其他政府债券。”第 30 条规定，“中国人民银行不得向地方政府、各级政府部门提供贷款，不得向非银行金融机构以及其他单位和个人提供贷款。”由此可见，中国人民银行在与政府的资金往来及财务方面，享有较大的独立性。

从上述法律规定看，中国人民银行在重要事项的决策方面对政府的独立性是较弱的，但这只是对中央政府而言，对地方政府和各级政府部门等，法律赋予中央银行完全的独立性。同时在货币政策操作、业务活动等方面，中央银行的独立性就更强一些。如果从历史发展看，中国人民银行的独立性明显地呈逐步增强的趋势。

①从中国人民银行的行政地位看，在 1962 年之前，中国人民银行是国务院的直属机

构，虽然在1962年中共中央、国务院决定将中国人民银行升格为与国务院所属部委同等的地位，但在1969年7月又决定中国人民银行系统与财政部系统合并，一套机构两个牌子，业务分别管理。1977年底，国务院决定自1978年1月1日起，中国人民银行总行作为国务院部委一级单位与财政部分设。之后，虽然国务院的部委机构多次变化，但中国人民银行都一直保持了国务院部委机构的地位。1998年，第九届全国人民代表大会批准国务院机构改革方案，国务院的机构设置大幅精简，但中国人民银行仍然成为国务院组成部门之一，并且作为国家宏观经济调控部门之一，其地位进一步增强。

②从实际运作看，中国人民银行虽然在国务院领导下履行其职责，但中国人民银行在货币政策制定和实施方面提出的方案一般都能得到国务院的顺利批准，并在执行中还能得到国务院有力支持，特别是在中央银行的具体运作上，国务院越来越重视其自主操作。

因此，中国人民银行实际上的独立性呈不断增强的趋势。

6. 中央银行作为"最后贷款人"的角色，其重要意义日益受到重视。为什么？

答：最后贷款人一词是巴奈霍特于1837年在其《伦巴街》一书中首次提出的，意指在商业银行发生资金困难而无法从其他银行或金融市场筹措资金时，向中央银行融资是最后的办法，中央银行对其提供资金支持则是承担最后贷款人的角色，否则缺乏流动性、偿付压力大的银行可能面临"挤兑"，银行一旦破产可能造成风险的传染，触发系统性风险危机。在19世纪中叶前后，连续不断的经济动荡和金融危机使人们认识到，金融恐慌或支付链条的中断是触发经济危机的导火线，而要避免或减轻金融危机和经济危机，应该让中央银行承担最后贷款者的责任。最后贷款人可以发挥以下作用：

(1) 中央银行化解金融危机

当商业银行或其他金融机构发生资金周转困难、出现支付危机时，中央银行为其提供全力支持，以防银行挤兑风潮的扩大导致支付链条中断以至引起金融恐慌甚至整个银行业的崩溃。

(2) 中央银行提供最终保障

为商业银行办理资金融通，使其在同业拆借方式之外，增加银行资金头寸短期调剂的渠道，为其提供最终保障。

(3) 中央银行实施金融调控

中央银行通过对商业银行等金融机构提供多种资金支持方式，调节银行信用和货币供应量，传递实施金融调控的意图。中央银行作为最后贷款人对商业银行和其他金融机构融通资金，主要采取为这些机构办理票据再贴现、再抵押的方式，在特别需要时，也采取直接提供贷款的方式。中央银行根据宏观经济政策和金融政策的需要，可以主动采取降低或提高再贴现率和贷款利率的措施，以调节商业银行的信用规模。

"最后贷款人"的角色确立了中央银行在金融体系中的核心和主导地位，确定了中央银行对金融机构实施金融监督管理的必然性与必要性。尽管随着金融体系与制度的发展，有些国家对金融机构的监督管理不是由中央银行一家承担而是与另外专设的金融监管机构共同分工负责，但中央银行作为最后贷款人及由此决定的中央银行对金融机构实施监督管理的基本属性并未改变，而且还在不断增强。

第 8 章　金融市场

8.1　复习笔记

【知识框架（庖丁解牛）】

- 金融市场
  - 金融市场及其要素
    - 金融市场概述
    - 金融市场的构成要素
    - 金融资产
    - 金融市场的功能
    - 金融市场的类型
  - 货币市场
    - 票据市场
    - 国库券市场
    - 可转让大额存单市场
    - 回购市场
    - 银行间拆借市场
  - 衍生工具市场
  - 外汇市场
  - 黄金市场
  - 投资基金
  - 金融市场的国际化

【考点难点归纳（厚积薄发）】

考点一：金融市场及其要素　★★★

1. 金融市场概述

(1)定义

金融市场是要素类市场，用于进行资本的交易。一般地说，金融市场就是资金盈余部门向资金赤字部门融通资金的场所，这种资金的转移可以表现为货币资金的借贷，也可以表现为金融商品的买卖，因此，金融市场就有广义和狭义之分。广义的金融市场包括了社会一切金融活动，如存贷款业务、保险业务、信托业务、贵金属买卖、外汇买卖、金融同业拆借和各类有价证券的买卖。狭义的金融市场则仅包括典型的金融商品即有价证券的买卖。但在现代，金融市场多指广义的金融市场。

(2)金融市场与一般商品市场的区别

①交易对象不同；

②交易场所不同；

③交易价格不同。

(3)证券化

证券化是指在一些经济发达国家以证券交易方式实现的金融交易所占份额越来越大的现象。从狭义来看，证券化是指传统的银行和储蓄机构的资产(主要有贷款或抵押物)被转变成可转让证券的过程；从广义来看，证券化是指各种各样新型可转让票据市场的新发展，如票据发行便利和浮动票据等。

2. 金融市场的构成要素(见表 8-1)

表 8-1　金融市场的构成要素

要素	具体内容	
交易的价格	利率	
交易的对象	货币资金	
交易的工具	金融产品	
交易的主体	居民个人	既是资金需求者也是资金供应者(主要)
	企业	既是资金需求者也是资金供应者
	政府	资金的筹措者和金融市场的管理者
	金融机构	既是资金需求者也是资金供应者，既创造金融工具也购入金融工具。其中，中央银行是金融市场上资金的最终提供者，同时又是金融市场的直接管理者
交易的组织方式	交易所	在专门的交易所内，由交易双方通过公开竞价确定成交价格
	柜台	由金融机构根据市场行情和供求状况制定出交易价格，买方或卖方按此价格在金融机构的柜台上与金融机构进行交易
	中介	通过中介人(经纪人)或中介机构(经纪公司)把买卖双方联系起来促成交易。中介人或中介机构可以从中收取一定的佣金。中介方式可以在交易所内采用，也可以在柜台交易中采用。前者如客户委托证券公司卖出或买入证券，后者如银行通过经纪人拆借资金或买卖外汇
交易的方式	现货交易	成交以后“立即”(三天以内)交割的交易方式
	期货交易	成交以后不进行立即交割，而是按合同上的约定时间在未来某一时间交易的交易方式。特点是交易量大、投机性强、风险高
	期权交易	该交易不是直接以金融资产为买卖对象，而是买卖在特定时期内购买或出售某种金融资产的选择权(即期权合约)
	信用交易	又称“垫头交易”，购买者购买有价证券时只支付部分价款，其余部分由经纪人垫付，经纪人对垫付部分的款项收取利息

3. 金融资产(见表 8-2)

表 8-2　金融资产

要素	具体内容
含义	金融资产是一切可以在有组织的金融市场上进行交易，具有现实价格和未来估价的金融工具的总称。金融资产的价值是由其能够给所有者带来未来收入的规模和可能性决定的

续表

要素	具体内容
功能	①资源配置功能：帮助实现资金和资源由盈余部门向赤字部门转移； ②风险转移功能：帮助交易主体分散或转移交易过程中的风险
特征	①流动性：指迅速转换为现金的能力，即可以在金融市场上以合理价格迅速出售； ②期限性：是指金融资产一般具有一个最终支付的期限； ③风险性：指持有购买金融资产会带来本金损失的不确定性； ④收益性：指金融资产可以取得收益或者有价值增值，这相当于投资者让出资金使用权的回报。收益性的大小由收益率表示，收益率有名义收益率、现时收益率和平均收益率三种： 名义收益率 = (票面收益额/票面金额) × 100% 现时收益率 = (年收益额/市价) × 100% 平均收益率 = [(年利息收入 + 年资本损益额)/当前市价] × 100%

4. 金融市场的功能(见表 8-3)

表 8-3　金融市场的功能

功能	含义
资源配置	金融市场可以促进资金合理流动，实现资源的优化配置
分散和转移风险	分散风险是指金融市场一方面使投资者实现分散化投资，另一方面将融资者的风险分散给众多投资者承担；风险转移是指通过转让金融工具来转移该工具相关风险。分散与转移风险并不能消除风险
定价	金融市场为买卖双方提供交易场所，在他们的相互作用下形成金融产品的价格
提供流动性	金融市场为金融资产的出售、变现提供了场所，因此可以为交易主体提供流动性
降低交易的搜寻成本和信息成本	金融市场提供了一个大型交易场所，投资者可以在其中以低成本寻找最适合自己的金融资产和交易对手

5. 金融市场的类型(见表 8-4)

表 8-4　金融市场的类型

划分标准	类别	含义
金融交易的期限	货币市场	一般是指融资期限在一年以内的金融市场
	资本市场	一般是指融资期限在一年以上的金融市场
金融交易的交割期限	现货市场	一般在成交后的 1 ~ 3 日内办理交割，有的甚至在当日交割
	期货市场	一般在成交日之后按合约所规定的日期(如几周、几个月之后)进行交割
金融交易的区域	国内金融市场	指融资交易活动的范围以一国国境为限，不涉及其他国家，即只有本国居民参与交易的金融市场
	国际金融市场	指融资交易活动并不限于一国国境之内，而是涉及多个国家，即允许外国居民参与交易的金融市场

续表

划分标准	类别	含义
融资形式	直接融资市场	指使最终贷款人和最终借款人直接结合起来融通资金的场所，其间不存在任何金融中介机构的参与
	间接融资市场	指使最终贷款人通过金融中介机构来完成向最终借款人融出资金的场所
金融工具的属性	基础性金融工具市场	指对那些交易内容简单的传统金融工具交易提供的场所
	衍生性金融市场	指对那些新型、衍生性的金融工具交易提供的场所

【例 8.1】货币市场［中国人民大学 2016 金融硕士］

答：货币市场是指交易期限在一年以内的短期融资市场，主要满足企业的短期流动性需求，是金融市场的重要组成部分。货币市场是典型的以机构投资者为主体的市场，具有期限短、流动性强和风险小的特点。货币市场主要包括票据市场、可转让大额定期存单市场、国库券市场、回购市场、同业拆借市场等。

【例 8.2】资本市场［中国人民大学 2017 金融硕士］

答：资本市场指交易期限在一年以上的长期金融交易市场，主要满足工商企业的中长期投资需求和政府弥补财政赤字的资金需要，具有期限长、风险大、收益高、流动性差的特点。资本市场主要包括长期存贷市场和证券市场，证券市场又可分为债券市场和股票市场。资本市场可以动员民众储蓄，有效促进资本形成，通过将其合理分配，可以促进国民经济协调发展。

【例 8.3】下面不属于货币市场的是（　　）。［中国人民大学 2018 金融硕士］

A. 短期国债市场　　　　B. 外汇市场

C. 证券回购市场　　　　D. 银行间拆借市场

【解析】货币市场是交易期限在一年以内的短期金融交易市场，其功能在于满足交易者的资金流动性需求，主要包括票据贴现市场、银行间拆借市场、短期债券市场、大额存单市场、回购市场等。资本市场是政府、企业、个人筹措长期资金的市场，包括长期借贷市场和长期证券市场。ACD 三项都属于货币市场，外汇市场指进行外汇买卖的市场，而货币市场和资本市场的划分依据主要是资金借贷期限，因此 B 项不属于货币市场。

【答案】B

考点二：货币市场 ★★★★

1. 票据市场

商业票据和银行承兑票据是货币市场所使用的两大票据。票据交易的市场称为票据市场。

（1）票据（见表 8-5）

表 8-5　票据

种类	含义	特征
商业票据	企业间由于信用关系形成的短期无担保的债务凭证，反映交易中货币债权债务关系	①抽象性(无因性)：由于交易行为已经发生，商业票据不反映交易内容； ②不可争辩性：只要票据真实，付款人必须按照条款履行义务； ③无担保性：商业票据的签发不需要提供其他保证，只靠签发人的信用
银行承兑票据	商业银行承兑的票据	①要求由付款人申请，且付款人在票据到期前向银行交纳应付款项。 ②信用风险较小
中央银行票据	中央银行向商业银行发行的短期债务凭证	①发行的目的主要是调节商业银行的超额准备金。 ②交易方式主要是回购交易，分为正回购和逆回购两种。正回购是中央银行出售有价证券给一级交易商，并约定未来购回及购回日期的行为，其结果是央行从市场收回流动性；逆回购是中央银行从一级交易商手中购买有价证券并约定未来回售及回售日期的行为，其结果是央行向市场投放流动性

(2)票据贴现与贴现市场

①票据贴现是指持票人将自己所持有的未到期票据转让给银行，银行扣除一定的利息后将剩余资金交于出票人的一种短期资金融通行为。贴现的利率即贴现率，贴现率相当于借款人融资的利息率，其高低取决于商业票据的质量。一般来说，评级越高的商业票据，贴现率越低，发行价格越高。

②贴现市场就是指短期融资的市场。

2. 国库券市场(见表 8-6)

表 8-6　国库券市场

要点	内容
国库券的含义	一年以内的国家债券，期限品种有3个月、6个月、9个月和12个月
国库券的特点	期限短、信用高、流动性强，通常当作无风险的金融资产
国库券的发行方式	采用贴现发行的方式。贴现率和收益率的计算公式分别为： $贴现率=\frac{利息}{国库券面值}\times\frac{360}{国库券期限}\times100\%$ $收益率=\frac{利息}{国库券售价}\times\frac{360}{国库券期限}\times100\%$ 发行时一般采取拍卖的方式，竞争性报价来确定发行价格
国库券市场的特点	具有市场风险小、流动性强和税收优惠的特征

3. 可转让大额存单市场

(1)可转让大额存单的含义

可转让大额存单(简称 CDs)，是商业银行发行的期限不低于七天，金额为整数，存款利率一定，期限内可转让的存款单据，是银行对传统定期存款的一种创新。

(2)可转让大额存单市场的特点

①由于 CDs 可以在二级市场上流通，因此可转让大额存单市场的流动性强。

②质量更高的银行发行的可转让大额存单信用评级更高，发行价格相应更高。

③与国库券相比信用风险较高。

4. 回购市场

(1) 回购协议与回购市场

回购协议是指由卖方在出售证券时承诺在事先约定的日期将该证券买回，同时买方也承诺在约定日期将买入的证券回售给卖方的协议，其实质是一种质押贷款，质押品就是相关的证券。

回购协议交易的市场就是回购市场，是短期融资市场。

(2) 回购市场的特点

回购市场流动性强、安全性高，收益稳定且超过银行存款收益。商业银行利用回购协议融入的资金可以不用交纳存款准备金。

【例 8.4】回购协议[中国人民大学 2017 金融硕士]

答： 回购协议是证券出售时卖方向买方承诺在未来的某个时间将证券买回的协议。以回购方式进行的证券交易其实是一种质押贷款：证券的购买，实际是买方将资金出借给卖方；证券的卖方在规定的时间购回证券，实际是通过购回证券归还借款；贷款交易中的抵押品就是相关的证券。

5. 银行间拆借市场

银行间拆借市场是指银行之间进行短期资金融通的市场。银行之间进行资金拆借的期限很短，一般为隔夜、7 天、14 天等，最长不超过 1 年。交易方式主要有信用拆借和回购，以回购方式为主。

我国规模最大的货币市场就是银行间拆借市场，该市场也是我国央行进行公开市场操作的场所。

考点三：衍生工具市场 ★★★★★

1. 衍生工具的含义

金融衍生工具是指价值随标的资产价格变动而变动的一类金融产品，其种类主要有远期、期货、期权和互换及其组合。金融衍生工具起源于金融交易中规避通胀风险、利率风险、汇率风险的需求，后来由于政府对金融管制的逐渐放松，金融风险和金融业竞争的日益加剧以及期权定价公式的问世而得到快速发展。

2. 金融衍生工具的类型(见表 8-7)

表 8-7 金融衍生工具的类型

分类依据	类型	含义/举例
合约的类型	远期合约	指合约双方约定在未来某一日期按约定的价格买卖约定数量的相关资产的合约。远期合约主要包括货币远期和利率远期两类
	期货合约	指合约双方约定在将来某一时间按约定的价格、交割地点、交割方式等条件，买入或卖出一定数量的相关资产的标准化协议

续表

分类依据	类型	含义/举例
合约的类型	期权合约	指赋予合约购买者在约定的时间内按双方约定的价格购买或出售一定数量相关资产的权利的合约。买方向卖方支付的费用为期权费。买方可选择放弃行权
	互换合约	又称“掉期”，指当事人按照商定的条件，在约定的有效期内按照一定的名义本金额和约定的支付率互相交换支付的合约。互换合约也可以看作是一系列远期合约的组合
相关资产	货币衍生工具	包括远期外汇合约、外汇期货、外汇期权以及货币互换
	利率衍生工具	包括短期利率期货、债券期货、利率互换、利率互换期权和远期利率协议等
	股票衍生工具	包括股票期权、股指期权、股指期货、认股权证和可转换债券等
衍生次序	一般衍生工具	指单一的远期、期货、期权、互换等
	混合衍生工具	指传统金融工具与一般衍生金融工具的组合
	复杂衍生工具	指把一般衍生工具改造、组合而成的新工具，又称“衍生工具的衍生物”

3. 远期/期货和期权收益图解

(1)远期/期货

在远期合约有效期内，合约的价值随着标的资产的市场价格波动而波动。若双方约定合约到期时以现金结算，当市场价格高于合约约定的执行价格时，由卖方向买方支付价差，合约的多头方获得收益；相反，则由买方向卖方支付价差，合约的空头方获得收益。对于远期合约来说，双方可能形成的收益或损失都是无限大的，如图8-1所示。

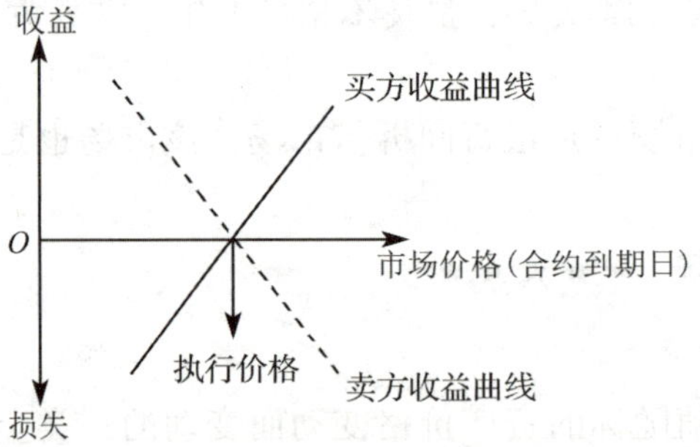

图8-1 远期合约的收益/损失

期货交易是一种标准化的远期合约，与远期合约有着相同的收益曲线。二者的区别在于：远期交易在场外进行，远期合约的交易双方可以对合约条件进行磋商；而期货合约的交易在有组织的交易所内进行，合约的内容，如相关资产的种类、数量、价格、交割时间和地点等，都是交易所规定好的标准化条款。

无论是远期合约还是期货合约，都是规避一段时期内标的资产价格波动风险的金融工具；此外，它们也是投机者利用价格波动获取投机收入的金融工具。

(2)期权

按照期权的权利，期权可以分为看涨期权和看跌期权两种类型：看涨期权赋予期权持有者在某一确定的时间内，以确定的价格购买相关资产的权利；看跌期权赋予期权持有者在某一确定时间内，以确定的价格出售相关资产的权利。

对于看涨期权的买方来说，当市场价格高于执行价格时，他会行使以约定价格买入标的资产的权利，取得收益；当市场价格低于执行价格，他会放弃行使权利，损失期权费。因此，看涨期权的买方可以实现有限的损失和无限的收益，而看涨期权卖方则恰好相反，即损失无限而收益有限，如图 8-2 所示。

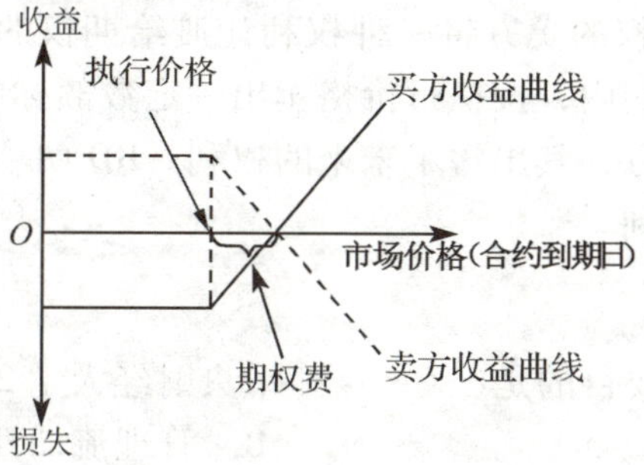

图 8-2 看涨期权的收益/损失

对于看跌期权的买方来说，当市场价格低于执行价格，他会行使以约定的价格卖出标的资产的权利，取得收益；反之，则放弃行使权利，损失期权费。同样，看跌期权的买方可以实现有限的损失和无限的收益，而看跌期权卖方则恰好相反，即损失无限而收益有限，如图 8-3 所示。

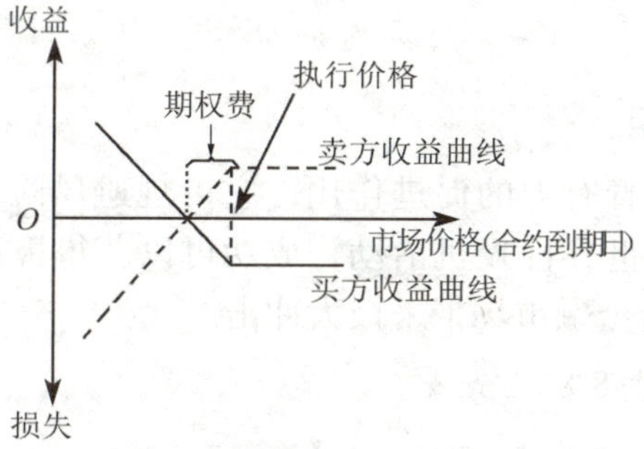

图 8-3 看跌期权的收益/损失

在这种看似不对称的条件下之所以还会有期权的卖方是因为：①卖出看涨期权，价格有可能不涨甚或反跌；卖出看跌期权，则有可能不跌甚或反涨。而且更一般的可能是：价格虽涨，但涨不到执行价格；价格虽跌，但跌不破执行价格。②用于对冲操作以避险。

【例 8.5】期货与远期本质上是一致的，形式上的差别之一是期货具有标准化的合约，在交易所集中交易；而远期合约标准化程度较低，并不在交易所交易。（　　）[中央财经大学 2012 金融硕士]

【解析】期货合约和远期合约本质是一致的，都是在交易时约定在将来某一时间按约定的条件买卖一定数量的某种标的物的合约。它们的区别之一是期货具有标准化的合约，在交易所集中交易；而远期合约标准化程度较低，没有固定的交易场所。

【答案】√

【例 8.6】看跌期权的卖方(　　)。[南京大学 2014 金融硕士]

A. 购买了按约定价格购买某种特定资产的权利

B. 出售了按约定价格购买某种特定资产的权利

C. 购买了按约定价格出售某种特定资产的权利

D. 出售了按约定价格出售某种特定资产的权利

【解析】看跌期权是指期权的卖方将一种权利让渡给期权的买方，这种权利是指期权的买方有权在期权合约的有效期内，按执行价格卖出一定数额标的物。AC 两项，看跌期权的卖方是指卖出看跌期权的一方，其出售了未来的权利。BD 两项，看跌期权持有者拥有在未来卖出一定数额标的物的权利。

【答案】D

【例 8.7】利率互换的主要目的是(　　)。[中央财经大学 2016 金融硕士]

A. 降低融资成本

B. 管理流动性

C. 获得目标货币债务

D. 规避利率风险

【解析】利率互换是指交易双方，以同种货币同样的名义本金为基础，在未来的一定期限内交换现金流，其中一方的现金流根据浮动利率计算，而另一方的现金流则根据固定利率计算。利率互换既可以满足不同的筹资需求，也可以发挥交易双方的比较优势，降低融资成本，使交易双方实现双赢。

【答案】A

4. 衍生工具的双刃作用

衍生工具对经济发展起着有力的促进作用，它可规避风险，降低交易成本。同时，衍生工具的发展促成了巨大的世界性投机活动，成功可以获得极高的收益，失败则会造成严重后果，其“高杠杆化”会给金融市场带来极大冲击。

考点四：外汇市场(见表 8-8)　★★

表 8-8　外汇市场

要点	具体内容
概念	外汇市场是进行外汇交易的场所，由外汇需求者、外汇供给者以及买卖中介机构所构成
功能	在当今国际金融和国际贸易领域中，外汇市场提供了兑换和结算的便利，同时也为金融资本的输出、国际垄断资本的对外扩张和外汇投机等提供了交易场所
基本形态	一种是有固定交易场所的外汇市场；一种是无形的外汇市场
参与者	外汇银行、外汇经纪人、中央银行、进出口商、非贸易外汇供求者和外汇投机者
参与方式	即期外汇交易、远期外汇交易、外汇期货交易和外汇的其他衍生工具交易
中国的外汇市场	由银行间外汇市场(中国外汇交易中心)、银行结售汇市场(外汇零售市场)和外汇黑市三部分组成

考点五：黄金市场(见表 8-9)　★★

表 8-9　黄金市场

要点	具体内容
历史发展	黄金市场是进行黄金交易的市场，19 世纪初在伦敦产生了世界上最早的黄金市场
金融功能	由于黄金的特性，黄金在经济不稳定的情况下是重要的保值工具。在经济衰退时期，各种以黄金为标的的投资活动会相当活跃
类型	银行间无形黄金市场、黄金现货交易有形市场、黄金期货交易有形市场、黄金零售市场等
国际金价大幅波动	20 世纪 70 年代布雷顿森林货币体系瓦解后，金价一路攀升的原因： ①美元持续贬值； ②对世界经济的担忧； ③中国与印度的黄金消费的迅速增长

考点六：投资基金　★★★

1. 投资基金的概念、特点、功能及分类(见表 8-10)

表 8-10　投资基金的概念、特点、功能及分类

要点	具体内容		
概念	投资基金是指通过发售基金份额，将众多投资者的资金集中起来，形成独立资产，由基金托管人托管，基金管理人管理，以投资组合的方法进行证券投资的一种利益共享、风险共担的集合投资方式		
特点	①集合理财，专业管理；②组合投资，分散风险；③利益共享，风险共担；④严格监管，信息透明；⑤独立托管，保障安全		
功能	积累个人财富、价值储藏、追求高收益		
分类	按照基金的组织形式划分	契约型基金	是基于信托契约原理而组织起来的委托投资制度。由基金管理公司(委托人)作为基金发起人发行投资凭证，然后依照契约运用、管理信托财产进行投资，受托人(如银行或信托公司)负责保管信托财产，而投资成果由投资者(受益人)享有
		公司型基金	指具有共同投资目标的投资者依据公司法组成的以盈利为目的、投资于有价证券的股份制投资公司，它是具有法人资格的经济实体。由选定的管理公司管理该公司资产，由选定的银行或信托公司保管资产，由承销公司完成公司股票的推销与回购，购买公司股份的投资者就是公司股东，可享受定期获取投资收益的权利
	按照基金的资金募集方式划分	公募基金	是指以公开发行证券募集资金的方式设立的基金
		私募基金	是以非公开的方式设立的基金，且多为封闭式基金
	按照对投资收益与风险的设定目标划分	收益基金	追求投资的定期固定收益
		增长基金	追求证券的增值潜力
		收益与增长混合基金	是以上两种基金的综合

续表

要点	具体内容		
分类	按照基金的投资品种划分	债券基金	是专门投资于债券类资产的基金，收益与风险较低
		股票基金	是专门投资于股票资产的基金，收益与风险均较高
		混合基金	是既投资于债券又投资于股票的基金
		货币市场基金	是专门投资于货币市场相关金融产品的基金

2. 契约型基金与公司型基金

(1)契约型基金

契约型基金又分为单位型与基金型。单位型契约基金是指有确定的筹资规模和存续期限，到期信托契约自动解除，基金终止的基金；而基金型契约基金对筹资规模和存续期均没有严格限定，投资人可以比较灵活地随时买卖受益凭证，买卖价格根据基金净资产价值调整。其运作方式类似于开放式基金，即设立基金时基金单位或者股份总规模不固定，可视投资者的需求，随时向投资者出售基金单位或者股份，并可以应投资者的要求赎回发行在外的基金单位或者股份。

(2)公司型基金

公司型基金可分为封闭式和开放式两种，其主要区别为：

①基金规模不同。封闭式基金的基金份额是固定的，在封闭期限内除经法定程序认可外不能改变；而开放式基金规模不固定，投资者可随时提出申购或赎回申请，基金份额会随之增加或减少。

②交易方式不同。封闭式基金在完成募集后，基金份额在证券交易所上市交易；对于开放式基金，投资者可以按照基金管理人确定的时间和地点向基金管理人或其销售代理人提出申购、赎回申请，交易在投资者与基金管理人之间完成。

③交易价格形成方式不同。封闭式基金的交易价格主要受二级市场供求关系的影响；开放式基金的买卖价格以基金份额净值为基础，直观反映基金单位资产净值的高低。

3. 常见的私募基金

(1)对冲基金

对冲基金是专门面向追求高投资收益的投资人的高风险基金。它广泛运用期权、期货等金融衍生工具，在股票市场、外汇市场和债券市场上进行投机活动，这是其最大的特点。

根据投资策略，对冲基金可以分为宏观基金和相对价值基金。宏观基金是利用各国宏观经济的不稳定性，围绕宏观经济不均衡波动所进行的套利活动，对全球金融体系有较大的破坏性。相对价值基金一般只对密切关注证券的相对价格进行投资，一般不冒较大的市场风险，但是更倾向于使用高杠杆操作。

对冲基金的主要运作特点是：暗箱操作，投资策略高度保密；高度杠杆操作；主要投资于金融衍生市场，多从事买空、卖空交易；操作手法多样，更多地呈现全球化特征。

(2)风险投资基金

风险投资基金也是私募基金的一种，它是对尚未上市但有很好成长前景的公司所进行的直接权益投资，并通过私下转让或分期出售股票的方式获取利润。

4. 养老基金(见表 8-11)

表 8-11 养老基金

要点	具体内容	
含义	养老基金是指通过发行基金股份或受益凭证来募集社会上的养老保险资金，委托专业基金管理机构进行投资管理，以资金保值增值为目的而设立的基金。养老基金是用于支付退休收入的基金，属于社会保障体系的一部分	
分类	公共养老基金	由政府主办，专门为政府雇员设立的基金，通常也是最大的基金
	私人养老基金	由雇主和雇员出资，为满足公司雇员的养老需求而设立的基金
管理方式	内部管理	全部的养老金资产由自己管理
	外部管理	把养老金资产分配给一个或多个资金管理公司进行管理
	内、外部管理结合	内部管理和外部管理的综合

【例 8.8】专门从事商业银行票据、银行承兑汇票、可转让大额存单等短期票据买卖的是(　　)。[中国人民大学 2017 金融硕士]

A. 债券基金　　B. 股票基金　　C. 混合基金　　D. 货币市场基金

【解析】按照基金的投资品种划分，投资基金可以分为债券基金、股票基金、混合基金与货币市场基金。债券基金指的是专门投资于债券类资产的基金；股票基金指的是专门投资于股票资产的基金；混合型基金综合了债券基金与股票基金的特点，既投资于债券，又投资于股票；货币市场基金投资于货币市场金融产品，专门从事商业票据、银行承兑汇票、可转让大额定期存单及其他短期类票据的买卖。

【答案】D

考点七：金融市场的国际化 ★★★

1. 金融创新、金融自由化与金融市场全球化

经济全球化是当前时代的基本特征，而实体经济需要金融市场为其服务，因此金融市场也不断呈现出国际化的趋势，其主要表现有：国际私人资本在各个国家之间的游动；地区性的经济联盟和金融、货币联盟；金融风险的国际传递；跨国公司业务引起的融资、结算、汇率风险管理等服务的国际化等等。

对于推进金融市场全球化，金融创新与金融自由化均有关键的意义。金融创新，特别是大量衍生金融工具的不断创造，为国际私人资本提供了极为方便的规避投资风险和获取投机利润的工具。金融自由化，其形成需要突破各国对金融的严格管制。金融自由化的浪潮使得资本充分自由流出流入的局面成为现实，并使金融市场的全球化得以形成。

2. 国际金融市场

传统意义的国际金融市场是西方发达国家国内金融市场的自然外延。传统的国际金融市场在相当长的期间，主要还是办理居民与非居民间的传统金融业务，并且要受所在国法律的限制。但随着离岸金融市场的形成和发展，当代已经发展出可以不受某国法律限制的、自由的国际金融市场。国际金融市场的主要类型见表 8-12。

表 8-12　国际金融市场的主要类型

市场类型	要点	具体内容
欧洲货币市场	形成过程	在布雷顿森林体系建立后，美元成为国际支付的主要工具，国际贸易的扩张使得国际市场对美元的需求增加，许多国家放松外币管制，促进欧洲银行经营的美元存贷业务获得迅速发展，并形成了欧洲美元市场
	特点	①所在国不限制欧洲货币市场经营，相对自由； ②资金来源广泛、交易币种多、交易规模庞大，能满足多种筹资需要； ③实行存款利率相对高，贷款利率相对低的特殊利率结构吸引存贷双方加入； ④借款条件灵活，不限制贷款用途且手续简便
	主要业务	①以银行间同业拆借为主的欧洲短期信贷； ②以国际银团贷款为主的欧洲中长期信贷； ③欧洲债券
离岸金融市场	定义	离岸金融市场指的是发生在某国，但与该国的货币制度、金融制度相独立，不在该国金融法规管制范围内的金融活动场所
	特点	①市场交易以非居民为主，基本不受所在国的法规和税制限制； ②资金流量极大，流动性极强
	分布	全球广泛分布，以国际金融中心配合次级金融市场，实现全天 24 小时不停顿的资金调度，在全球范围开展国际业务
	影响	一方面促进金融效率提高，另一方面扩大外汇汇率波动和股市波动的全球影响

3. 国际游资

国际游资一般是特指专门在国际金融市场上进行投机活动的资金，是在国际之间流动性极强的短期资本。驱使国际游资在国际之间迅速流动的力量，基本都是为了逃避风险以及获取较高收益。国际游资的特点包括：交易杠杆化、快速流动、集团作战。

国际游资超越了国际金融组织的权利范围。它会将东道国的经济和金融形势的不稳定迅速传递到全球其他国家。但同时，国际游资在一定程度上可以活跃东道国的证券市场并解决短期资金不足的问题。

4. 金融市场全球化与中国

金融市场国际化，也称金融市场全球化，是一个不可逆的过程。在这个过程中，世界各国在享受巨大的经济利益的同时，也要为其所带来的不安定因素付出代价。发展中国家不成熟的金融体系导致其在这个过程中可能付出更大的代价，但其融入全球金融市场中的脚步不会停止。

中国经济逐步深入地融入全球经济，必然带动金融层面上的接轨。中国金融市场对外开放不是行与否的问题，而是早晚快慢的问题。为此，需要尽快加速我国金融市场的建设，提高对风险的控制和消化能力，进而推动中国经济更快更好地融入世界经济。

8.2　课后习题详解

1. 金融市场是一个包括许多子系统的大系统，各子系统之间并不是简单的并列关系，试画一张图表形象地说明这个体系。

答：金融市场体系如图 8-4 所示。

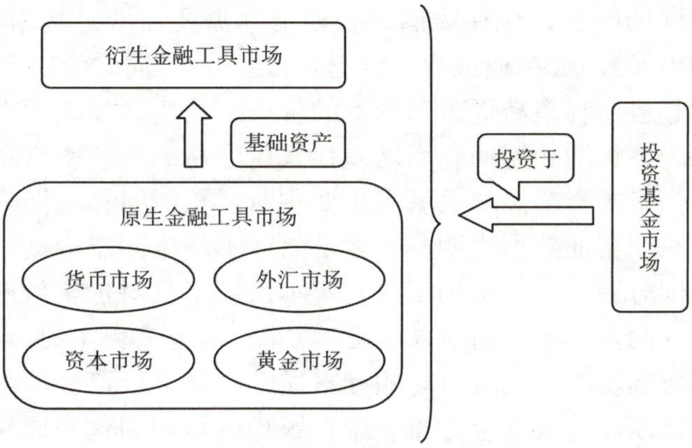

图 8-4　金融市场体系

2. 货币市场为短期融资市场，资本市场为长期融资市场，你如何理解这两个市场之间的相互关系？

答：货币市场一般是指融资期限在一年以下的金融市场；资本市场一般是指融资期限在一年以上的金融市场。

(1)货币市场和资本市场之间的区别

①期限的差别。资本市场上交易的金融工具均为一年以上，最长者可达数十年，有些甚至无期限，如股票等；而货币市场上一般交易的是一年以内的金融工具，最短的只有几日甚至几小时。

②作用的不同。货币市场所融通的资金，大多用于工商企业的短期周转资金；而在资本市场上所融通的资金，大多用于企业的创建、更新、扩充设备和储存原料，政府在资本市场上筹集长期资金则主要用于兴办公共事业和保持财政收支平衡。

③风险程度不同。货币市场的信用工具，由于期限短，因此流动性高，价格不会发生剧烈变化，风险较小；资本市场的信用工具，由于期限长，流动性较低，价格变动幅度较大，风险也较高。

④资金来源不同。两类市场的融资目的和风险程度决定了其资金来源必然存在区别。在西方发达国家比较成熟的金融体系中，公司和银行通常将其暂时性的资金盈余投于货币市场以获取利息，而保险公司和养老基金则大量持有资本市场证券谋求投资收益。

(2)货币市场和资本市场之间的联系

货币市场与资本市场在很多方面都是相互联系、相互影响，甚至相互重合的。

①资金相互流动。由于这两类市场的进入退出不存在什么重大的市场障碍，因此，许

多资金供应者和需求者同时存在于两种市场，当他们自己的境遇和金融情况发生变化时，他们在货币或资本市场的活动程度也会及时转变，于是资金常常从这类市场流动到另一类市场。在目前先进的通信设施、齐全的金融工具条件下，通过对不同金融工具的利率信息以及包蕴其中的成本收益信息进行比较分析之后，市场主体完全可以根据自己的实际情况在两类市场间权衡抉择，利用货币市场的资金滚动(使用固定期限首尾相连的货币市场工具)来筹措长期资金，或利用资本市场进行短期融资。事实也正是如此，市场主体在等待较为有利的资本市场情况的时候，往往为满足长期资本需要而涉足货币市场寻求临时资金，许多金融中介机构和中间人(如商业银行、经纪人和经销商)同时活动于两类市场。

②利率同向变动趋势。利率是货币和资本的价格，其变动反映两类市场的资金供需状况。现代利率理论认为，长期和短期利率之差代表风险贴水，利率水平的高低与间隔时间的长短有关，因此，当市场资金供求关系发生变化时，长短期利率即货币市场和资本市场的利率会同步变化。长期实证数据表明，二者虽然并不严格同步变动，但基本上仍具有同向变动的趋势。在不同时期，货币市场工具和资本市场工具对价格敏感程度不同，但从总体和长期的角度看，这两类市场在利率方面相互关联，以至实际上可看作是同一个市场。

③资金存量相互影响。两类金融市场相互贯通，一类市场资金的增减必然会影响另一类市场的资金供求，进而影响其资金存量。中央银行就是利用这一原理，通过传统货币政策的实施，控制货币市场上基础货币的投放量，通过金融机构的媒介和放大作用影响资本市场，从而达到其调控宏观经济的政策目标。

④金融工具相互重合。两类市场的金融工具并非截然分开，它们在一定条件下可相互转化。随着金融市场的日益发展和金融工具的不断创新，二者的分别日见模糊，一些衍生金融工具如期货、期权、互换等已很难指明究竟属于哪类市场工具。

3. 把我国的货币市场和资本市场与发达国家的货币市场和资本市场加以比较，有何差别?

答: (1)我国货币市场与发达国家货币市场的差别

①货币市场的交易规模偏小，对经济金融发展的促进作用受到制约。首先是货币市场成员单位偏少，没有达到应有的覆盖面，大多数金融机构没有或很少参与货币市场交易。其次是通过货币市场成员单位代理的金融机构偏少，特别是国有商业银行基层行没有参与货币市场交易，使得其掌握的部分资源形成浪费，缺乏资金时，通过内部调剂速度慢、成本高。再次是货币市场的交易量偏小，直接或间接参加货币市场交易的金融机构的覆盖面不广，直接造成了货币市场交易规模偏小。

②货币市场的媒介和工具还不够丰富，各种媒介和工具之间的连通性和协调性还不强。目前货币市场依赖的交易媒介以短期债券为主，其中又以财政部国债、开发行债券为主，品种较为单一。债券回购市场中缺乏其他媒介，如大额可转让存单，票据市场中主要媒介是银行承兑汇票，基于商业信用的商业承兑汇票很少。

③微观交易主体的信用问题仍制约着货币市场业务对经济金融的促进作用。企业与企业的诚信、金融机构与企业的诚信、交易对手之间的诚信都对货币市场业务的发展产生重要影响。个别失信现象的发生，直接导致了票据流通不畅、货币市场资金链条中断，而且还会沉重打击市场情绪和预期。

④货币市场缺乏中介沟通，信息不对称问题仍有待进一步解决。由于货币市场成员单位地处全国各地，特别是各地方性金融机构分布广泛，即使总部在大城市的国有商业银行之间也由于存在竞争关系，相互的信息沟通也不够充分。能上网实时进行报价的单位普及率不高，即使能上网报价，由于缺乏相互的了解，也不敢贸然选择对手进行交易。目前货币市场的有形市场少，如票据回购市场只是一个无形的市场，没有报价系统，只有靠有限的几个交易员通过电话、传真和网络进行相互询价，以完成交易。

⑤货币市场还受到汇划问题的制约。目前，中央银行的电子联行和各金融机构的资金汇划渠道存在技术和管理水平不平衡的问题，经常出现电子联行技术性故障造成汇路不通的现象，或由于操作程序复杂，影响资金实时汇划，从而影响了货币市场的操作效果。

⑥货币市场成员单位大量持有低利率国债和无限制增加持债额度也蕴含了一定风险。货币市场成员长期大量持有低利率特别是固定利率的国债，又缺乏利率期权交易等衍生金融产品的支持，一旦利率走势逆转，势必产生利率风险。由于货币市场成员的趋同，一旦市场资金供求形势紧张，债券变现非常困难。目前部分商业银行的持债额度占总资产运用的比重越来越高，如果无限制的增加，也会影响存贷款等主要业务的发展，影响对经济发展的持续推动作用，并且对货币市场的依赖程度提高，市场风险加大。

(2)我国的资本市场与发达国家资本市场的差别

尽管我国已经具有了多层次资本市场的雏形，但与美国发达的多层次资本市场相比，还是存在一些比较明显的问题。

①资本市场各主体缺乏组织性和规范性。

首先，上市公司资质参差不齐。上市公司的质量决定了资本市场的稳定性和发展性。目前我国的上市公司在公司治理结构方面仍存在许多问题，例如，我国大部分上市公司是从国企转化而来，虽然名义上已经是遵循现代企业制度的股份公司，但其经营、决策、管理、激励等机制仍未完全市场化。

其次，投资者结构不合理。投资主体多元化是调节资本市场内部机制、控制资本市场波动的有效手段。尤其是在创业板、新三板等层次较低的资本市场上，由于其本身存在的高风险，一般只有机构投资者才能承受。所以，数量众多的以获取长期稳定收益为目的的机构投资者，是抑制资本市场过度投资、平抑资本市场波动的关键。但是在我国，尽管机构投资者的数量增长很快，但目前市场上仍以散户为主。所以很多情况下，庄家操纵市场、散户盲目跟随、投机气氛浓厚，导致市场秩序混乱。这也是我国 2015 年下半年以来，股市大幅波动的一大原因。资本市场上市主体缺乏规范性和合理性，使得资本市场本身就缺乏活力、创新能力和抵御风险的能力，更难以在促进产业结构升级方面发挥作用。

②市场结构不合理，缺乏对冲和转板机制。

我国企业的融资方式，长期以来一直是重间接融资、轻直接融资；重银行融资、轻债券融资，这种融资模式导致了我国整个社会资金分配运用上的低效率，严重影响到金融资源的合理配置和市场风险的分散，也不利于多层次资本市场的完善。但随着国内资本市场的不断发展完善，直接融资和债券融资越来越重要。目前我国证券市场中的交易产品主要以股票、债券、基金为主；支持的产品主要有上证指数、深证成指和深证综指等，缺少具有价值发现功能以及平衡风险功能的各种金融衍生工具。多层次资本市场要为各类市场供需主体提供适合自己的交易场所和交易机制，就必须要有相应的金融产品对其提供支撑。由于金融衍生品的缺乏，不仅导致投资者的投资渠道狭窄，企业发展难以获得需要的资金，还使我国资本市场的定价机制扭曲，尤其是由于缺乏风险对冲机制，致使资本市场的系统性风险不能得到有效的释放。转板机制的缺乏也使得上市公司无法按照自身的发展情况在不同层次的资本市场之间进行转换，资本市场不同层次之间也难以形成有效的衔接，进而阻碍了资本市场在促进产业结构升级方面发挥作用。

③相关的法律与监管不完善。

目前我国有关监管资本市场的相关法律，主要是《公司法》和《证券法》。但里面有些规定已经不适合目前我国的发展阶段，应当进行调整。比如，与欧洲和美国对于股份公司成立的最低资本金要求相比，我国的最低要求仍然相对较高，且存在严格的行政管制等。这就使得资本市场无法发挥对有发展前途的中小企业提供初始资金的功能，在很大程度上限制了新兴产业的发展。另一方面，许多参与筹资的公司大部分是由国有企业转制而来的，它们往往把重点放在资本市场的融资上，而企业改制则往往被忽略。这就使得资本市场成为大企业融资的工具，但在企业改制提升效率方面发挥的作用有限。对于监管而言，我国目前也尚未建立起与多层次资本市场相对应的分层次监管体系。这不仅加大了资本市场的风险，也降低了资本市场的融资效率。以上这些问题都极大地阻碍了我国资本市场在促进产业结构升级方面发挥作用。

4. 金融衍生工具是在怎样的经济背景下产生并迅速发展起来的？衍生金融工具一经出现，认为它的出现使得金融市场投机之风盛行的议论就极为强烈，但衍生工具的发展势头并未因此而减弱。对此，你能给予解释吗？

答：(1)金融衍生工具发展的经济背景

金融衍生工具，顾名思义，是指一类价值依赖于原生性金融工具的金融产品，原生的金融工具一般指股票、债券、存单、货币等。20 世纪 70 年代以来，金融衍生工具发展迅速，其经济背景如下：

①20 世纪 70 年代，通货膨胀率高企，加上当时普遍实行浮动汇率制度，通货膨胀风险、利率风险和汇率风险使金融交易面临的风险增加。规避风险成为投资者的一项重要需求。

②各国政府逐渐放松金融管制，金融业的竞争日益加剧，现有的金融工具同质度高，无法满足投资者的多样化需求。金融机构为了占领市场，积极开发各种工具以满足投资者的各种需求。金融衍生工具应运而生。

③期权定价公式的问世为金融衍生工具的发展提供了理论支持。1997 年诺贝尔经济学奖金获得者斯科尔斯和默顿在 20 世纪 70 年代初，推出了期权定价公式，解决了期权定价的难题。许多相关领域的定价问题也连带获得解决。

(2)衍生工具的发展促成了巨大的世界性投机活动

目前世界性的投机资本，其运作的主要手段就是衍生工具。衍生工具的交易实施保证金制度，相对于交易额，对保证金所要求的比例通常一般不超过 10%，因而投机资本往往可以支配 5 ~ 10 倍于自身的资本进行投机，这对金融市场是一个极其巨大的冲击力量。衍生工具的投机，成功，可以获得极高收益；失败，则会造成严重后果。在国际金融投机中，投机资本利用衍生工具冲击一国金融市场并造成该国金融动荡和危机的例子也不胜枚举。但是，衍生工具的发展势头并未因此而减弱，这是因为：

①迅速发展的金融衍生工具，使规避形形色色的金融风险有了灵活方便、极具针对性且交易成本日趋降低的手段，这对现代经济的发展起了有力的促进作用。

②衍生证券所具有的杠杆效应大大降低了交易成本，从而提高了市场的流动性。有了衍生金融工具后，人们在投资组合管理、筹码转换、盈亏锁定、风险管理等方面，通过少量的衍生证券交易就可取代大量的现货交易，从而节省大量的交易成本，大大提高了市场的流动性。

5. 我国曾经有过金融衍生品的交易吗？对于改革开放后在发展金融衍生工具交易中的波折和现状，你了解多少？

答：我国自 1990 年起有序稳健开展金融衍生品的交易。我国衍生工具市场是随着经济体制和金融体制的改革发展的，曾经存在或现在仍然存在的金融衍生工具主要有股票期权、股指期货、外汇期货、认股权证、可转换债券、国债期货等，除国债期货外，其他几类交易都未形成较大规模。

(1)期货市场的发展

在我国衍生工具市场上，郑州、大连和上海三个商品期货市场在经历了 1994 年和 1998 年两次整顿和规范后，取得了在中国发展衍生工具市场的成功经验。在金融衍生工具方面，经过多次的失败经验，我国目前有股指期货、国债期货、外汇期货等金融衍生品，但品种仍较少，规模仍较小。总的来说，我国衍生品市场还处于起步阶段。

①国债期货本质上是长期利率期货。国债期货是我国最早进行试点的一个金融衍生工具。1992 年 2 月上海证券交易所率先推出国债期货交易，先后共有 12 个对机构投资者开放的品种。1993 年 12 月北京商品期货交易所也推出了国债期货交易，随后广东、武汉等地也先后推出了国债期货交易。国债期货交易在经过最初的一段冷清之后，从 1994 年第二季度开始逐渐活跃并迅速膨胀，最终导致 1995 年 2 月著名的“3. 27”违规操作事件。1995 年 5 月 17 日下午，证监会不得不发出通知，决定暂停国债期货交易。2012 年 2 月 13 日，国债期货仿真交易联网测试启动，8 家金融机构参与首轮联网测试。后向全市场推广。2013 年 8 月 30 日，证监会宣布，国债期货于 9 月 6 日上市交易。

②外汇期货最早于 1992 年由上海外汇调剂中心推出。1992 年 6 月 1 日，上海外汇调剂中心率先推出外汇期货交易，但由于人民币没有实现自由兑换，在严格的外汇管制环境下，投资者的参与意愿严重不足，再加上市场流动性不足等多方面原因，最终被迫停止了交易。

③股指期货于 2010 年正式在中金所挂牌交易。1993 年 3 月 10 日，海南证券交易中心首次推出深圳 A 股综合指数期货，由于投资者对这一类衍生产品了解甚少，投机盛行，并出现了大户联手交易，打压股价指数，同年 9 月底股指期货全部平仓，停止交易。1994 年 10 月底，中国证监会特批深交所的 6 只权证，即厦海发、闽闽东、湘中意、吉轻工、桂柳工、武凤凰 A 权转配部分继续交易。股指期货运行至今表现良好，累计成交额超过 300 万亿元，在全球排名居于前列。

(2)利率互换的发展

利率互换也是我国近年才正式开展的衍生品交易，2006 年 2 月，央行发布《中国人民银行关于开展人民币利率互换交易试点有关事宜的通知》，正式开启了我国的利率互换品种，而第一笔交易是在国开行和光大银行之间完成的。

(3)信用类衍生工具的发展

信用类衍生工具的勃兴有利于为难以获得信贷的资金需求方征信，如小微企业、民营企业等。近年来信用类衍生工具在纾解小微企业、民营企业“融资难、融资贵”的问题上不断发力。

①信用风险缓释凭证(CRMW)是由信用保护卖方创设的标准化的凭证，且可在二级市场上流通转让。

②信用风险缓释合约(CRMA)于 2010 年由中债公司首期发行。其交易结构和形式与国际通行的 CDs 类似，但标的债务的约定方式有所不同，且不可在二级市场流通转让。

6. 近几十年来，投资基金迅速发展的原因是什么？近年来，我国的投资基金也有较快的发展，但主要是各种证券投资基金而罕有货币市场基金，为什么？

答：(1)投资基金迅速发展的原因

投资基金是一种利益共享、风险共担的集合投资制度。投资基金集中投资者的资金，由基金托管人委托职业经理人员管理，专门从事证券投资活动。

投资基金之所以获得如此迅速的发展，与一系列复杂的因素如金融市场发展程度、金融风险程度、社会专业化分工程度等等有关。在金融市场不发达、专业化分工程度不高的社会中，因为交易品种少，交易技术简单，证券投资者即便不是专业人士，也可以应付自如，甚至取得不错的业绩。但随着证券市场品种增加，交易的复杂程度提高，专营此道的专业人士与其他人相比，在经营业绩方面的差距越来越大。将个人不多的资金委托给专门的投资管理人集中运作，也可以实现分散投资和降低风险的效果。此外，各国养老金制度的建立和发展，也为集合式基金运作模式的发展起到了巨大的推进作用。

(2)我国罕有货币市场基金的原因

我国货币市场发展不足，这是制约货币市场基金发展的最大原因。美国的货币市场基金之所以发展较快，是因为其货币市场具备了下述条件：①有丰富的货币市场工具可供投资；②有不同类型的众多市场参与者；③利率是市场化的；④有优化的结构和层次，比如不同的信用级别与不同的税收优惠程度；⑤清算系统高效便捷。

我国货币市场发展时间短，不具备以上条件，不可避免地会影响货币市场基金的发展：

①货币市场工具少。目前我国货币市场没有大额可转让存单、商业本票、具有不同税收制度安排的市政债券等工具，短期国债也比较少，货币市场基金的投资组合对象范围由此受到较大限制，收益必然也受到影响。

②市场主体的同质性会导致流动性问题。我国货币市场主体实力相差悬殊，国有独资商业银行占主导地位，一旦市场预期发生变化，会出现有行无市的流动性问题，从而影响货币市场基金的进出。

③市场利率存在一定的扭曲。由于缺乏利率风险管理手段，加上市场主体的非理性炒作，利率结构不合理、利率水平存在扭曲现象，这可能导致货币市场基金承担一定的利率风险。

④货币市场参与者资信差别大，存在违约风险。

⑤清算系统的效率有待提高。我国银行间支付清算系统还处于建设完善过程中，效率较低，不能完全满足货币市场的发展要求，这也会影响到货币市场基金的清算效率。

另外，利率市场化的进程和中央银行货币政策调控方式的转变，也是影响货币市场、进而影响到货币市场基金发展的重要因素。在一个转轨的金融市场中，货币政策的决策和操作会受到多种不确定因素的影响，这在事实上也会成为货币市场基金经营管理和稳定发展的一个制约因素。最后，货币市场基金相关法规不明确，也会制约货币市场基金在未来的发展。

7. 各种社会保障基金(特别是养老基金)发展迅速，它们对金融市场可能施加的影响应如何估价？对于中国社会保障基金的发展状况，你了解多少？

答：(1)养老基金对金融市场的影响

养老基金是一种用于支付退休收入的基金，是社会保障基金的一部分。养老基金通过发行基金股份或受益凭证，募集社会上的养老保险资金，委托专业基金管理机构用于产业投资、证券投资或其他项目的投资，以实现保值增值的目的。从当前发达国家的养老保险市场的经验来看，养老基金不仅在安定社会经济方面起到了决定性作用，而且还能刺激资本市场的发展，尤其是未成熟的金融市场的发展。

养老基金对金融市场的有利影响表现在：①由于养老基金非常庞大，作为机构投资者，它有能力要求更好的信息披露，改善会计操作及增加市场透明度。②它会使资本市场的基础设施现代化，如改善结算系统。③有助于通过提供可替代银行的长期性的融资来源，分散银行业的危机给经济带来的风险。④它能使国内市场避免所有权的过度国际化。

同时，养老基金自身也具有不稳定性，主要表现在：①养老基金的增多，竞争日趋激烈，越来越多的养老基金开始将投资转向高风险、高收益的业务，从而增加了经营风险。②养老基金容易受到一些消息的影响，做出相似或相同的举动，这种基于不确定性而非风险的行为将导致金融市场的不稳定。③由于对养老基金的安全性要求较高，各国对养老基金的检查和监督也特别严格，这迫使基金管理者经常采取行动以避免业绩不好，从而对资本市场产生不良冲击。④随着基金的成熟，基金资产组合的最优结构也随之变化，需要增加具有固定回报率的债券的比例，以降低到期不能支付的风险。这样，债券的价格就会上升，增大了金融市场的不稳定性。

(2)中国社会保障基金的发展概况

截至 2019 年 12 月底，社保基金共累积 6.85 万亿元人民币资产，投资范围较广。其中，委托投资管理人进行股票投资的资产达 1.09 万亿元人民币，约占全部对外投资的 15.9%。中国社会保障基金运行总体平稳，基金收支规模进一步扩大，各项社会保障待遇水平普遍提高，社会保障经办管理服务能力不断增强。但是中国社会保障基金的发展仍然存在以下问题：①在社会保障基金的收支管理方面存在着脱节的问题。②对社会保障基金的监管力度需要加强。③社会保障基金投资使用存在不少问题。

8. 金融市场的国际化会对一国国内金融市场产生什么影响？

答：金融市场的国际化对一国国内金融市场既有积极影响，也有消极影响。

(1)提高金融资源配置效率

金融市场的国际化为各国的企业和金融机构融通资金、经营资产、规避风险提供了多样化的手段，同时还扩大了信息传播的范围、促进了资本的流动，从而提高了在全球范围内配置金融资源的效率，有利于各国经济的发展。

(2)促进国际合作和协调

加强国际合作和协调是防范和处理国际金融危机的重要机制。由于金融危机通常具有较强的国际扩散效应，仅仅依靠单个国家的努力难以奏效，随着各国金融市场相互依存关系的提高，需要国际金融合作和协调来防范和控制金融风险。

(3)削弱国家货币政策的独立性

金融市场的国际化加强了各国金融市场之间的联系，使一国的货币政策受到溢出或溢入效应的影响，即本国的货币政策未能或仅能对部分国内经济变量发生作用而使货币政策不能实现最终目标，或是外国的货币政策干扰国内货币政策的实施，使一国或地区的货币政策失效或偏离预期的政策目标。

(4)增加了金融风险的传播

金融市场的国际化增加了国际资本的流动性，加强了各国金融市场之间的竞争。资本的流动容易加剧金融资产的价格波动，而金融资产价格的过度波动有可能引发金融风险；激烈的竞争会迫使金融机构追逐利润最大化，经营高收益、高风险的业务，一旦经营不善也可能引发金融风险。金融市场的国际化扩大了信息的传播，使各国金融市场相关度提高，也使金融风险传播的范围扩大、速度加快。一国的金融风险可能影响国际金融市场的正常运行，甚至一个金融机构的操作失误会影响国际金融市场的正常走势，而短期国际资本的流动可能直接引起一国、甚至多国发生金融危机。

9. 中国改革开放的不断深入，无疑会加快金融市场国际化的步伐。你认为哪些因素会对我国金融市场国际化的进程产生实质性影响？宏观管理当局应当对哪些问题给予特别的关注？

答：(1)影响我国金融市场国际化的因素

在席卷全球的金融市场一体化潮流中，我国金融市场对外开放程度不断扩大，国际化进程加速。下列因素会对我国金融市场国际化进程产生实质性影响：

①利率市场化。我国的利率市场化水平还处于较低层次。金融市场国际化要求利率市场化与国际接轨，因此，利率市场化与否直接影响我国的金融市场国际化程度。

②人民币可兑换。我国目前实现了经常项目的完全可兑换，但尚未实现资本项目的完全可兑换，而资本项目的管制直接影响国际资金的流动。

③金融调控方式。目前，我国的金融调控方式与国际惯例不符。在我国金融市场调节上，以行政命令为主，而市场化的经济调节手段十分有限。而金融市场的国际化，要求金融调控方式间接化、市场化、法律化。

④宏观政策与综合环境。政策和环境是金融市场国际化的两大基石。目前，我国的对外金融政策总体上是有所松动，但离国际化的标准还有一段距离。对国际化金融机构、工具和人才的交流，项目的单独与合作开发等均约束重重。同时，经济、文化、地理位置、交通条件、基础设施等综合环境因素也严重影响我国金融市场国际化的发展。面对现代世界信息网的形成和飞速发展，我国金融业在办公自动化、计算机化、国际金融信息的获得

方面与国外差距较大。

⑤人才问题。人才问题是业务发展的主要制约因素，其表现在数量不足和质量不高，真正懂得国际金融和现代投资的人不多。同时在人才使用方面，缺乏一套合理有效的人才竞争机制。

因此，我国要实现金融市场国际化，必须解决上述问题。

(2)宏观管理当局应特别注意的问题

①推进利率市场化。根据我国国情，稳步推进利率市场化，完善利率体系，形成市场化的利率决定机制、灵活的利率联动机制、适当的利率水平和合理的利率结构。

②实现人民币自由兑换。适当放松对资本流动的出入境的管制，逐步实现资本项目的可自由兑换。加强对资本流动的监督，使国内金融市场资金与国际金融市场资金可以自由流动。

③完善金融宏观调控机制。理顺金融宏观调控的市场机制，丰富调控手段，减少行政手段的使用。通过利益引导、法律规范来实现金融监管的间接化和法治化，增进与国际金融监管机构的沟通与合作，完善金融监管。

第 9 章　资本市场

9.1　复习笔记

【知识框架(庖丁解牛)】

- 资本市场
  - 股票市场
    - 股票市场概述
    - 我国股票市场的发展
  - 风险投资与创业板市场
  - 长期债券与长期债券市场
  - 初级市场与二级市场
  - 证券价格与证券价格指数
  - 资本市场的效率
    - 市场效率的定义
    - 研究市场效率的意义
    - 行为金融学对有效市场假说的挑战
  - 股份公司
    - 含义
    - 特点
    - 股份公司与信用

【考点难点归纳(厚积薄发)】

资本市场又称长期资金市场，是以期限在1年以上的金融工具为媒介进行长期性资金交易活动的市场。广义的资本市场包括银行中长期存贷款市场和有价证券市场；狭义的资本市场则专指发行和流通股票、债券、基金等证券的市场，统称证券市场。本章仅讨论证券市场。

考点一：股票市场 ★★★★

1. 股票市场概述

(1)股票和股票市场

①股票：指由股份公司发行的，代表持有者对公司资产和收益具有剩余要求权的权益凭证。股票持有人可以定期或不定期地获得该公司的股利收入。股票是股份公司融资的重要工具，也是资本市场重要的投资工具。

②股票市场：指专门对股票进行交易的市场，包括场内和场外两个市场。

(2)场内交易市场

场内交易市场是指通过证券交易所进行集中交易的市场。

证券交易所内的证券交易是通过竞价的方式成交的。竞价成交是指将所有买方的有效委托按报价由高到低的顺序排列，价格相同者按照进入证券交易所交易系统电脑主机的时间先后排列；将所有卖方的有效委托按报价由低到高的顺序排列，价格相同者也按照进入交易系统电脑主机的时间先后排列。系统依序逐笔将排在前面的买方委托与卖方委托配对成交。

竞价成交后，需要办理证券的交割和过户。交割证券是结算过程中，投资者与证券商之间的资金结算。证券过户是指证券的所有者向新所有者转移有关证券全部权利的记录行为。

(3)场外交易市场

场外交易市场也称为“柜台交易”或“店头交易”，是指在没有确定场所内进行交易的市场。

场外交易市场的主要特点包括：①无集中交易场所，交易通过通信网络进行；②交易的对象主要是未在交易所登记上市的股票；③证券交易可以由客户直接进行，也可以通过交易商或经纪人进行；④证券交易的价格一般由双方协商议定，而不是采用竞价方式。

场外交易市场的优势在于：从技术上帮助市场参与者打破地域的限制；许多场外交易市场的信息披露要求较低，所以场外交易市场是场内交易市场的重要补充。

2. 我国股票市场的发展(见表 9-1)

表 9-1　我国股票市场的发展

时间	发展
1880 年前后	我国的股票交易萌芽
1918—1949 年	上海和北京证券交易所成立，促进金融业发展
1990 年和 1991 年	上海、深圳证券交易所相继成立，标志着我国的证券交易市场走上了正规化的发展道路
2005 年	关于股权分置改革的政策出台，这标志着我国证券市场的发展进入了新时期
2009 年 10 月	中国的创业板市场在深圳证券交易所正式启动
2019 年 6 月	中国的科创板在上海证券交易所正式启动，标志着我国向注册制改革迈出重要一步

考点二：风险投资与创业板市场　★

1. 风险投资(见表 9-2)

表 9-2　风险投资

要点	具体内容
含义	风险投资是由专门的投资机构向具有发展潜力和高风险的中小科技企业或高成长企业提供权益资本，并辅之以管理，追求最大限度资本增值的投资行为
筹集方式	风险投资属于非公开的资本市场，因此其资本采取私募方式筹集
投资对象	一般投资于高风险的新项目、新企业，特别是高科技企业。但近年来，激烈的市场竞争，迫使风险投资向私人权益资本市场的一些低风险的传统项目和企业扩张
作用	推动科技向实际生产能力转化，推动社会的技术进步
退出途径	公司上市、兼并收购、公司股份回购、股份转换、亏损清偿、注销等

2. 创业板市场

风险资本所培育的一般是发展历程短、资产规模小的企业。它们在一些新的领域内发展，失败的风险较大。风险投资家有力求较早地把企业推向市场以撤出资金的倾向，这就使股票市场承受较大的风险。在这样的背景下，发展有别于成熟企业股票发行和交易的、专门针对小型企业以及创业企业的股票交易的市场具有重大意义。因此，这种市场一般被称为“创业板市场”，又称“二板市场”“小盘股市场”。

世界最有名的创业板市场是美国的 NASDAQ。2004 年，深交所推出中小企业板。2009 年 10 月，中国的创业板市场在深圳正式启动。

考点三：长期债券与长期债券市场　★★★★

1. 长期债券

债券是一种资金借贷的凭证，其要素包括债券的票面价值、到期期限、债券发行者、票面利率、利息支付方式等内容。长期债券是期限为1 年以上的债券，包括公司债券、长期政府债券等。

（1）长期债券种类（见表 9-3）

表 9-3　长期债券种类

种类	具体内容	
长期政府债券	发行主体	由政府发行
	特征	一般附有息票，定期付息、到期还本，或到期一次还本付息
公司债券	发行主体	由公司发行，包括金融机构类公司以及非金融机构
	分类	①抵押债券：以实物资产作抵押的债券。如果债务人到期无法偿还债务，债券持有人有权出售抵押品，所得款项用来偿还债务，如有剩余则剩余部分归还债务人。 ②担保信托债券：以有价证券作抵押的债券。 ③信用债券：不以任何资产作为担保品的债券。但该债券持有人拥有对债务人尚未用于担保或抵押的资产和收益的求偿权，并且求偿的资产价值甚至可以高于债务的面值。 ④次级信用债券：持有人对于债务人资产与收益的求偿权排在抵押债券、担保信托债券和信用债券之后。 ⑤担保债券：由另一实体担保债务责任的债券

（2）信用评级

公司债券发行人的资信状况不同，并且资金实力和风险承受能力弱于政府，导致公司债券的风险高于政府债券。因此，公司债券的发行与交易一般要在通过权威的、中立的信用评级机构进行评级之后，才可以进入市场进行交易。

信用评级旨在向投资人展示各债券发行人的盈利能力和偿债能力。信用级别越高，偿债能力就越强，债券发行人的融资成本也就可以越低，即债券拥有较高的发行价格和较低的息票利率。目前，标准普尔公司、穆迪投资者服务公司和惠誉国际评级公司是国际上的三大信用评级机构。

【例 9. 1】标准普尔将 R 公司评级从 AAA 调到 BBB，R 公司发行债券票面利率与之前相

比（ ）。[中国人民大学 2017 金融硕士]

A. 升高　　B. 下降　　C. 不变　　D. 不清楚

【解析】企业债券信用评级是对具有独立法人资格的企业所发行的特定债券按期还本付息的可靠程度进行评估，并标示其信用程度的等级。一般来说，资信等级越高的债券，越容易得到投资者的信任，能够以较低的利率发行；而资信等级低的债券，风险较大，只能以较高的利率发行。R 公司的信用评级降低后，意味着其信用风险增大，其发行的债券票面利率会升高。

【答案】A

2. 长期债券市场

长期债券市场是指对长期债券进行交易的市场，是资本市场的一个重要组成部分，是企业、政府、金融机构等经济主体筹集长期资金的平台之一。

考点四：初级市场与二级市场（见表 9-4） ★★★

表 9-4 初级市场与二级市场

种类	具体内容	
初级市场	定义	又称一级市场、发行市场，是组织证券发行的市场
	功能	融资、价值发现与信息传递：通过创造金融工具，把资金从储蓄者直接转移到投资者，实现资金的余缺调剂
	新证券的发行方式	①私募发行：也称“证券直接发行”，仅向少数特定投资者发行证券。特点是发行范围小、手续简单、费用低廉，不能公开上市。 ②公募发行：向广泛的而非特定的投资者发行证券。特点是发行涉及众多的个人投资者；政府对证券的公募发行控制很严，要求发行人具备较高的条件；发行成本较高；可以上市流通，具有较高的流动性，易被广大投资者接受，能提高发行者的知名度
二级市场	定义	又称次级市场、流通市场，是对已经发行的证券进行交易的市场
	功能	实现金融资产的流动性、价值发现
初级市场与二级市场的关系：初级市场是二级市场存在的前提；二级市场是初级市场存在的保证；两者相辅相成，缺一不可		

拓展：按发行人是否直接参与证券发行过程，证券的发行方式又可分为直接发行和间接发行两种。前者是指发行人不通过证券承销机构而自己发行证券的一种方式；后者也称“承销发行”，是发行人不直接参与证券的发行过程，而是委托给一家或几家证券承销机构承销的一种方式。

考点五：证券价格与证券价格指数 ★★

1. 证券价格

每个证券都有两种价格，一是证券的面值，即有价证券的票面价值；二是证券的市值，即有价证券的市场价格。

2. 证券价格指数

证券价格指数是根据一定的原则编制的，描述证券市场整体价格水平变化的指标，主要包括股票价格指数和债券价格指数。其中股价指数应用得非常广泛，常作为经济分析的先行指标。

目前世界上比较有影响的几种股价指数有：美国的道琼斯平均股价指数、纽约证交所股价指数、标准普尔股价指数、英国的金融时报指数、法国的巴黎CAC指数、德国法兰克福的DAX指数、日本的日经平均股价指数和东京证交所股价指数、中国香港的恒生指数、新加坡的海峡指数。

我国的股价指数主要有上海证券交易所股价指数和深圳证券交易所股价指数。

考点六：资本市场的效率 ★★★★

1. 市场效率的定义

市场效率是指市场反映有关证券的信息，从而确定证券价格的效率。

市场有效假说认为资本市场的有效性就是指市场根据新信息迅速调整证券价格的能力。根据市场效率的不同，将资本市场的有效性分为弱有效、中度有效（半强有效）和强有效三种。

2. 研究市场效率的意义

高度有效的市场可以及时传递所有有关证券的真实信息，使市场价格反映其内在价值；反之则否。也就是说，市场的效率直接影响证券的价格与其内在价值的偏离程度，进而影响相应的投资策略。

高效的市场可以更好地发挥资本市场的资源配置功能，促进经济增长。此外，从维护市场交易秩序、实现“公开、公平、公正”的原则出发，也需要推动有效市场的形成。

3. 行为金融学对有效市场假说的挑战

有效市场假说的理论前提：把经济人设定为一个完全的理性人，他们的行为完全由理性控制，单一地从经济联系中做出自利的判断，以决定自己的行为。

但在现实生活中，人并不是完全理性的。因此，行为金融学的学者提出了人类行为的三点预设，即有限理性、有限控制力和有限自利，并根据这三点预设来解释理性选择理论为何与实际的金融活动相违背。

考点七：股份公司（见表9-5） ★★

表9-5 股份公司

要点	具体内容
含义	是指公司资本由股份组成、公司股东认购股份并对公司承担责任的企业组织形式，其典型形式是股份有限责任公司，简称股份有限公司
特点	①资本通过向公众发行股票的方式筹集； ②股票持有人称为股东，股东对公司只负有限责任； ③股票一般不能退股，但可以出售、转让； ④股东以其所持股票数量有相应的投票权； ⑤公司的经营一般是由专业管理者进行，即所有权和经营权分离； ⑥各国对股份公司均有设定详尽的法规

续表

要点	具体内容
股份公司与信用	①信用的普遍发展是股份公司存在的前提； ②货币资金市场的高度发展与股东只负有限责任是股票得以发行的前提

9.2 课后习题详解

1. 在资本市场上，企业是直接在一级市场上筹集资金，那它为什么还必须在二级市场上存在和充分发展？

答：一级市场，是组织证券发行的市场。新公司成立发行股票、老公司增资发行股票、政府及工商企业发行债券等，都构成发行市场的活动。在发行市场上，发行人自己直接或者借助中介机构的帮助发行证券。由于中介机构有丰富的经验和大量信息，绝大多数的证券发行均通过它们完成。发行市场通常无固定场所，是一个无形的市场。发行市场在发挥融资功能的同时，还发挥价值发现与信息传递的功能。好的发行市场能够相对准确地确定金融资产价值。

二级市场，是对已经发行的证券进行交易的市场。股东想转让股票或债券持有人想将未到期债券提前变现，均需在流通市场上寻找买主。希望将资金投资于股票或者债券等长期金融工具的人，可以进入流通市场，从希望提前变现的人手里购买尚未到期的证券，实现投资。流通市场最重要的功能在于实现金融资产的流动性。如果没有流通市场，许多长期融资将无法完成。流通市场同样具有价值确定的功能。

一级市场与二级市场有着紧密的相互依存关系。一级市场是二级市场存在的前提，没有证券发行，自然谈不上证券的再买卖；有了发行市场，还必须有二级市场，否则，新发行的证券就会由于缺乏流动性而难以推销，从而导致一级市场萎缩以至无法存在。另外，如果一级市场价值发现功能较弱，也会影响二级市场的价值发现的效果。例如，种种原因使一级市场定价普遍偏低时，会促使二级市场价格波动幅度加大，助长过度投机，不利于市场正常发展。因此，虽然企业是在一级市场上筹集资金，但也必须保证在二级市场上有充分发展。

2. 什么是风险投资？对于风险投资，你能归纳出几个要点吗？

答：风险投资是由专门的投资机构向具有发展潜力和高风险的中小科技企业或高成长企业提供权益资本，并辅之以管理，追求最大限度资本增值利得的投资行为。

(1)风险投资的特征

风险投资具有高风险。由于风险投资承担了高风险，也就要求有投资的高收益，这种高收益主要以资本利得的形式获取。风险投资的投资对象是成长性较好的新建企业或中小型企业。风险资本选择投资对象，首先要着眼于企业的发展潜力和良好的成长性，这一点区别于普通投资主要投资于技术和产品较为成熟、市场相对稳定的企业。风险投资的投资周期长。风险投资从投入到退出，其投资周期一般为 3 ~ 7 年甚至更长。由这一特性所决定，风险投资一般流动性较差。

(2)风险投资的功能

风险投资作为特殊的投资活动，除了具有普通投资的功能外，更为引人注意的是以下几个方面的功能：

①科技事业发展的“推进器”。风险投资公司在选择投资对象时，企业的科技水平是其考察的关键方面之一。在实际中，风险投资主要投资于高新技术行业、企业或项目。因此风险投资活动促进了科技成果转化，支持了科技事业发展。

②未来经济增长点的“培育器”。风险投资主要集中于极具发展潜力、前瞻性的高新技术行业，风险投资家们凭其过人的洞察力和预见性寻找未来的经济热点，并通过风险投资活动使这些行业中的一些新领域得以不断进步和实现产业化，进而发展成为一国经济新的增长点。可以说，在现代市场经济中，风险投资活动对整个世界经济未来增长点的发现和培育起到了很大的作用。

③政府资金投入的“放大器”。对某些具有特殊意义的领域，政府必要的资金投入具有很强的政策示范效应。政府利用风险投资机构向高新技术产业投入资金，经过风险投资家的有效运作，会吸引更多的非政府部门投资者提供资金，使实际投入的资金放大。

④投资风险的“调节器”。风险资本来源是多元化或分散化的，这使得风险投资的风险分散到了许多投资主体身上；风险资本以组合方式投资，能够分散和降低风险投资公司的整体投资风险，进而有效降低各投资主体所承担的风险；通过风险投资家的有效运作，还能够降低风险投资经营管理的风险，并使承担了高风险的投资主体获得较高的回报。

⑤新企业的“孵化器”。企业初创阶段，技术和产品往往仅初具雏形，甚至还仅是一个观念上的产品，因此投资风险极高，很难从银行及其他金融机构获得资金支持。有了风险资本对新建企业的扶持才使新企业得以“孵化”，踏上创业之路。而且，也正是因为有了风险投资家参与风险企业的经营管理，这些企业更有可能获得成功。

(3)风险投资的意义

①风险投资为新兴高科技产业提供融资服务。对于新兴高科技企业而言，由于规模小，各方面不成熟，它们很难从银行与信托等机构那里获得融资。但是这些新兴企业对经济的发展又意义重大，是未来经济的代表。风险投资可以为新兴高科技企业解决融资问题。

②风险投资为高科技企业注入了管理内涵。企业管理是决定企业成败的关键。高科技企业的创业者绝大多数都是技术的天才，但不一定是管理天才，新兴高科技企业在创业初期往往缺乏管理能力，风险投资家以其精通的金融知识和管理知识填补了高科技企业这方面的空缺。

③风险投资是知识经济时代的一种金融服务形式。知识经济是以无形的创造性知识为基础的，创造性知识向实际生产转化的必不可少的条件是资本，而为知识经济提供资本的就是风险投资。高科技企业在发展之初具有明显的高风险性，只有风险投资才能够适应知识经济时代金融服务的要求。

(4)风险投资的投资过程

①交易发起，即风险资本家获知潜在的投资机会。

②筛选投资机会，即风险资本家在众多的潜在投资机会中初选出小部分做进一步分析。

③评价，即对选定项目的潜在风险与收益进行评估。

④交易设计，交易设计包括确定投资的数量、形式和价格等。一旦交易完成，风险资本家需要与企业家签订最后合同。

⑤投资后管理，这一步的内容包括设立控制机制以保护投资、为企业提供管理咨询、募集追加资本、将企业带入资本市场运作以顺利实现必要的兼并收购和发行上市。

3. 结合全球创业板市场发展状况，谈谈你对中国创业板市场的看法。

答： 创业板市场也称“二板市场”或“第二交易系统”，是与现有证券市场即一板或主板市场相对应的概念，主要是为扶持中小企业、高新技术企业和成长型企业发展，提供融资服务，适应新经济发展的需要而建立起来的。

（1）中国需要创业板市场的原因

①创业板市场可以促进高新技术企业和高成长性企业的发展。科学技术是第一生产力。但科技成果要转化为现实生产力，需要资金支持。资金来源不可能单靠财政拨款，而银行贷款不仅成本高，而且对许多正在成长的企业并不提供资金支持。创业板市场的建立为广大投资者提供新的投资渠道，使他们能够分享高新技术发展的成果。从国外资料看，创业板市场的回报率，大大高于主板市场回报率，更高于储蓄存款回报率。

②创业板市场的建立是资本市场国际竞争的需要。除美国等发达国家之外，亚洲许多发展中国家和地区，也纷纷发展创业板市场，这符合资本市场国际竞争的需要。

③创业板市场的建立有助于主板市场的改革和完善。建立创业板市场，有助于推动中国主板市场的改革和完善。中国主板市场由于缺乏经验，存在不少不规范、不合理的东西，正需要逐步完善。

④在全球金融危机动荡未息、中国经济发展面临前所未有的巨大困难的背景下，创业板的开设有利于引导和促进中国经济发展。微观企业、中小企业的生存发展是中国经济发展的有效推动力，但是“融资难”使得中小企业无法应对全球经济衰退，特别是一些以外贸出口为主业的中小企业已经达到了濒临破产的境地，如果没有坚强有力的资本市场作为资金支持的后盾，中国中小企业的发展将面临前所未有的困境。通过设立创业板这个资本市场平台，将实力强大的国内外金融投资资本与快速成长的中小企业联系起来，实现金融资本与成长企业的有机结合，推动中国经济复苏与发展。

（2）中国建设创业板的挑战

虽然建立创业板市场一直是热门话题，但在我国一直举步维艰，这是因为：

①创业板市场的监管过于严格，上市条件太高。

②缺乏足够的成长型公司，以至于创业板市场没有足够的上市资源。

③创业板市场缺乏竞争。美国纳斯达克市场迅速成长的部分原因是它有自己独立的管理体系，并且与纽约证券交易所进行激烈的竞争。

④法律及其他障碍使得大的机构投资者难以对小公司的股票进行投资，结果是创业板市场成了以个人投资者为主的市场。

4. 为什么债券发行如此看重信用评级？

答： 债券发行看重信用评级的原因主要包括：

（1）信用评级本身具有十分重要的作用

信用评级机构是一类独立的金融服务中介机构，对债券发行人和所发行债券如期足额还本付息的能力和意愿进行专业的、综合的评估，再通过简单的评级符号对其违约风险和投资损失的严重程度进行划分，以大体揭示企业的资信和债券的信用风险。评级的存在有效地降低了投资者信息搜寻、基础分析工作的成本。

①主体评级是对发债企业本身做整体信用评估，通常包括考察企业的经营管理素质、财务结构、偿债能力、经营能力、经营效益、发展前景等各个方面。债项评级是对某一主体发行的具体某支债券进行信用风险评估。

②同一企业发行不同债券的条款(权利义务)可能存在不同，如不同类型债券的优先偿付顺序、不同笔次融资的抵质押物情况或增信情况等。因此，主体评级可以看成是企业对其各类债务综合偿付能力的判断，而债项评级是针对具体某一笔债务安全性的判断。主体评级和债项评级都会随着债务人经营情况和偿债能力的变化而可能调整。

(2)信用评级对于债券发行具有重大意义

债券本质是一种债务凭证。市场上的流通债券全称一般会详细说明债券发行的时间、债券类型和期数。按照发行主体的不同，债券市场可分为政府债、央票、金融机构债、非金融企业机构债、国际机构债五大类。实务操作中，通常将债券分为信用债和利率债两大类别。

债券发行人的资信状况千差万别，债券的风险也远远高于政府债。因此，债券的发行与交易一般需要先通过权威的、绝对中立的信用评级机构进行评级，然后再进入市场交易。信用评级的作用在于告诉投资人各种债券发行人的盈利能力和偿债能力。信用级别越高，债券发行人的偿债能力越好，发债人的融资成本就可以越低，即较高的发行价格和较低的息票利率。因此债券发行人希望有较高的信用评级来降低自己的融资成本。

此外，信用评级反映了发债主体的偿债能力，信用评级高也可以向投资者发送一个正面的信号，提升本公司的声誉。对于信用评级非常低的公司，有可能债券发行失败，公司就无法从债券市场上融到资金。

5. 我国为什么要进行股权分置改革？谈谈你对股权分置改革效果的看法。

答：(1)股权分置改革的必要性

①我国股票市场和制度的不完善亟待解决。

②股权分置已经成为影响中国股市健康发展的大问题。

③资本市场对于金融体系和经济运行有着至关重要的意义。股权分置改革本质上是增加股票供给，为我国资本市场发展提供更好的流动性和定价机制，为企业提供优胜劣汰的平台。

(2)对股权分置改革效果的看法

股权分置改革的全面推行对我国资本市场影响深远，在定价体系、投资理念等方面均发生了积极变化。

①资本市场定价功能得以恢复，净资产不再是衡量资产买卖的重要依据，并购重组的投机性也有所降低，有利于发挥对存量资源的配置作用。

②股东之间的利益趋于一致，大股东行为得到约束，如对增发新股的渴求度降低，大股东通过高溢价发行侵占中小股东利益的问题也得到解决。股权分置改革为解决股东和经

理人之间的“代理问题”奠定制度基础，上市公司激励机制和目标考核体系形成。

③投资理念向价值投资倾斜，股价与企业盈利的相关度提升。盈利成为驱动股价上涨的重要因素。

综上所述，股权分置是国有企业股份制改革过程中的过渡产物，股权分置在客观上使得流通股股东与非流通股股东处于不平等状态，导致中国资本市场缺乏一个坚实、平等的制度基础。股权分置改革解决了上市公司的二元股权结构问题，对于中国资本市场发展有着里程碑意义。股权分置改革为资本市场的运行奠定了制度基础，给予了资本市场新的发展动力和空间。

6. 谈谈你对中国股票市场发展状况的看法。

答：(1)中国股市存在的问题

①企业。目前上市公司中不论是国有企业还是民营企业，一股独大现象特别严重，而且目前国有股、法人股的不流通，使上市公司的民主决策管理形同虚设。大股东将上市公司当成其“提款机”，挪用上市公司资金、强令上市为其担保，严重干扰了上市公司的正常经营；作为内部监管机构的监事会的虚设，无法实现其监管目的，导致公司的违规违纪不能得到遏制。

②投资主体。在目前股票市场的制度和法律下，中国投资者的投机性很强，股市有效性低，没有很好地发挥金融市场的功能。

③中介机构。目前，中介机构的独立性、公正性较低，造成中介机构的公信力普遍低下。对于会计师事务所出具的虚假审计报告，处罚乏力。

(2)对股市未来发展的建议

①加强股市监管，健全相关法律。对股市中的违规行为、上市公司的弄虚作假行为，一定要加强监管，一旦发现务必根据相关法律进行严惩。坚决打击内幕交易、权钱交易、操纵股价以及上市公司与中介机构勾结弄虚作假等违法行为。真正做到法制当家，信用建立，标准质量，规范管理。

②尽快与市场经济的一般规则接轨。政府的作用应该是制定完善的法律法规，明确公司发行股票和上市交易的条件和程序，并负责对发行和上市的全过程实施监督，而将上市的选择权利交还市场。企业根据自身条件自愿地和自由地向证券交易所提出发行和上市申请；券商向证券交易所推荐；证券交易所审核批准。只有将上市公司选择的权利交还给市场，才能充分发挥股票市场的资源配置功能，才能从根本上缓解中小企业融资难的困境。

③健全股票市场的金融品种和工具体系。如增加金融衍生工具的发行、发行股票期货期权等等。股指期货与期权具有价格发现、规避风险和投机套利等功能，能够有效弥补证券市场的不足。在某些情况下，股指期货之所以会对股指的波动有作用，是因为股指期货具有价格发现功能，能起到规避系统性风险的作用，这有利于提高股市的有效性。

④提高上市公司的违规成本，规范信息披露制度。完善当前我国企业的内部治理结构，加强对企业家的有效监督与制约。同时，完善我国的信用体制，建立完善的企业信用系统、个人征信系统以及信用评级机构，加大企业违规的成本。

7. 尤金·法马的有效市场假说的基本思路是什么？在运用这一假说时，你认为应该注意什么问题？如何评判我国资本市场的有效性？

答：(1)有效市场假说的基本思路

有效市场理论是法马提出的。资本市场的有效性是指市场根据新的信息迅速调整证券价格的能力。如果市场是有效的，证券的价格可以对最新出现的信息做出最为快速的调整，表现为价格迅速调整到位。

有效市场假说将资本市场的有效性分为弱有效、中度有效、强有效三种。弱有效市场中，证券的价格反映了过去的价格和交易信息；中度有效市场上，证券价格反映了包括历史的价格和交易信息在内的所有公开发表的信息；在强有效市场上，证券的价格反映了所有公开的和不公开的信息。

市场的有效性直接关系到证券的价格与证券内在价值的偏离程度。在高度有效的市场中，想取得超常收益几乎是不可能的。所以信奉有效市场的人的做法是按照市场综合指数组织投资，因为试图通过掌握和分析信息来发现价值被低估或高估的证券，基本上做不到。

如果市场是弱有效的，即存在信息高度不对称，提前掌握大量消息或内部消息的投资人就可以比别人更准确地识别证券的价值，并在价格与价值有较大偏离的程度下，通过买进或卖出，获取超常收益。在这种市场环境下，设法得到第一手的正确信息，确定价格被高估或者低估的证券，就显得十分重要。

对于投资者来说，强有效市场的获利空间小，而弱有效市场的获利空间很大。在弱有效市场条件下，即使一个技术不娴熟的投资人也有可能轻而易举地获取较高的投资回报。

(2)运用时应注意的问题

运用这一假说时，应该注意有效市场假说的论证前提，即把经济行为人设定为一个完全意义上的理性人。这样的理性人，无论在何种情况下，都是理性地根据成本和收益进行比较，做出对自己效用最大化的决策。但是由于人们限于先天的心智结构、后天的知识储备，以及有关信息的获得等原因，理性是不完备的、是有限的。而且人们并非是生活在纯粹的经济联系之中；除经济联系之外，还有政治的、文化的等诸多方面的联系，使人们具有多样化的行为动机。多样化的行为动机必然会对只按经济的理性判断所应采取的行为造成冲击。一旦该假说的论证前提不满足，那么其结论与现实金融活动会产生背离。

另外，运用该假说时应当正确理解其含义。有效市场假说并不是指投资者可以随意选择投资组合。即使市场符合有效市场假说，股票的价格等于其内在价值，投资者也必须按照其对风险的承受能力选择合适的投资组合。

(3)我国资本市场有效性

我国的资本市场由于以下几点原因而有效性不足：

①产权结构不合理；

②市场层次结构单一；

③信息披露制度不完善；

④市场准入与退出机制障碍；

⑤市场化程度低。

8. 行为金融学是如何挑战有效市场假说的?

答:(1)有效市场理论的三个假说

有效市场假说认为市场的有效性是指市场根据新信息迅速调整证券价格的能力。如果市场是有效的,证券的价格可以对最新出现的信息做出最快速的反应,表现为价格迅速调整到位。

有效市场假说有三个假说作为论证的前提:①经济行为人设定为完全意义上的理性人。他们的行为完全由理性控制,他们单一地从经济联系中作利己的判断。②即使有些投资者是非理性的,但由于他们的交易是随机的,所以能抵消彼此对价格的影响。③若部分投资者有相同的非理性行为,市场仍可利用"套利"机制使价格恢复理性价格。

(2)行为金融学对有效市场假说的挑战

随着金融市场上各种异常现象的涌现(如股票溢价、过度自信、日历效应、损失厌恶以及"羊群"行为等),现代主流金融理论的基本模型严重背离市场的实际表现。在此背景下,金融学悄然兴起,并开始动摇现代主流金融学的权威地位。行为金融学试图揭示金融市场的非理性行为及其决策规律,主张证券的市场价格并非仅由证券的内在价值决定,还在很大程度上受到投资者心理与行为的影响。

行为金融学对有效市场假说的挑战主要在以下三个方面:①投资人的非理性行为。生活中实际的行为人并不是假设中完全意义上的理性人,行为金融学提出了人类行为的三点预设,即有限理性、有限控制力和有限自利,从而对有效市场假说的前提提出挑战。②投资人的非理性行为并非随机发生的。③套利会受一些条件限制,使其不能发挥预期效果。

第 10 章　金融体系结构

10.1　复习笔记

【知识框架(庖丁解牛)】

金融体系结构
- 金融体系与金融功能
- 金融体系的两种结构
  - 以德国为代表的银行主导型金融体系
  - 以美国为代表的市场主导型金融体系
- 对存款货币银行的再论证
- 中介与市场相互渗透发展的趋势
- 互联网金融

【考点难点归纳(厚积薄发)】

考点一：金融体系与金融功能(见表 10-1)　★★

表 10-1　金融体系与金融功能

要点	具体内容	
金融体系的构成要素	①货币流通：货币流通要遵循货币制度的规范，是金融体系存在的基础。 ②金融机构与金融市场：是融资运作的两大领域。金融中介是间接融资领域，金融市场是直接融资领域。 ③金融工具：金融工具是形成一方的金融资产并形成其他方的金融负债或权益工具的合同，是金融机构和金融市场的交易对象。 ④金融制度和调控机制：金融产品在一定程度上是准公共产品，需要国家管制框架对其进行管理和调节	
金融功能框架	含义	指应从金融功能而不是金融机构的角度分析金融机构在不同国家、不同时期有所不同的原因
	原因	①金融功能相对更加稳定。 ②金融功能的变化影响金融机构的形式。金融机构的竞争和创新能促进金融功能效率的提升
金融系统的基本功能	①在时间和空间上配置资源； ②分散风险、转移风险和管理风险； ③提供清算和结算系统； ④集中资金和股份、债券分割； ⑤提供利率、汇率等价格信息； ⑥提供解决委托代理矛盾的方法	

考点二：金融体系的两种结构 ★

1. 金融中介与金融市场对比的不同结构

金融功能通过金融中介和金融市场的运作来实现。但在现实生活中，在不同的国家或者同一国家的不同历史时期，这两者在金融体系中的对比却不尽相同。

如果从银行与资本市场在资金融通中的对比关系出发，可以认为美、德分别代表两种金融体系结构。但是如果从各国企业融资的角度来看，在外部资金来源中，银行贷款占据主导地位，股权融资比重通常较小，表明各国的金融体制并无实质性区别。如果从家庭金融资产结构的差异来看，各国存在不同的金融体系格局。

一般认为，金融体系存在不同的结构，即以德国为代表的银行主导型金融体系和以美国为代表的市场主导型金融体系。

2. 两种金融体系结构

表 10-2 对以德国为代表的银行主导型金融体系和以美国为代表的市场主导型金融体系进行了简要的比较。

表 10-2 美国与德国的金融体系比较

组成部分			美国	德国
银行体系	商业银行		提供短期工商企业贷款、住宅贷款、农业贷款，以及对同业贷款。《格拉斯-斯第格尔法》禁止商业银行从事投资银行业务；但是自 1999 年 11 月后放松	主要包括三大全能银行：德意志银行、德累斯顿银行、德国商业银行，从事存贷款、生命保险、有价证券承销和投资多种业务
	储贷机构		传统上提供抵押和其他消费信贷，很多是互助性质的，即存户同时是股东	兼顾公共利益，不以盈利最大为目标。共有三级：地方、州和中央储蓄银行
保险	定义		生命保险公司提供税收比较优惠的储蓄手段；财产保险公司的主要目的是提供保险，投资工具只是副产品；很多公司是互助性质的	全能银行与保险公司均能提供保险。但是与银行不同，保险公司受到严格监管
	养老保险	公共	涵盖所有员工；保费与平均收入相联系；替代率较低	涵盖所有员工；保费与工作期间平均收入相联系；替代率较高
		私营	主要包括根据最终收入决定的固定受益人；通常不采用指数化；固定认缴计划日趋重要	—
金融市场	股票市场		三大主要交易所为：NYSE、AMEX、NASDAQ；它们是经由初次发行(IPO)筹集资金的主要渠道	以法兰克福为中心的 7 个区域性交易所；上市公司数量较少
	债券市场		各级政府以及企业重要的资金来源	各级政府与银行重要的资金来源。对非金融企业不重要
	衍生市场		商品期货市场始于 19 世纪晚期。金融期权与期货市场始于 20 世纪 70 年代早期；互换和其他衍生工具柜台交易量很大	金融期权与期货市场始于 1990 年，交易量很小

【例 10.1】哪个国家目前的金融体系格局属于“银行主导型”？(　　)［中国人民大学

2015 金融硕士]

A. 德国　　B. 美国　　C. 英国　　D. 澳大利亚

【解析】银行主导型金融体系是以银行间接融资方式配置金融资源为基础的金融体系。目前，金融体系格局属于“银行主导型”的国家主要有德国、日本、法国、比利时、葡萄牙等。

【答案】A

3. 不同金融体系结构的成因以及演进趋势

(1) 成因

金融体系格局的形成受多种因素的影响，其中人为的政策管制是重要因素之一。管制政策大多取决于各国政府对某次危机的反应，而金融体制一旦形成，就会呈现出路径依赖的特点，即体制变革的成本大于维持体制的成本，因此慢慢形成了稳定的金融体系结构。

(2) 演进趋势

近年来，金融市场发展迅速；而金融中介(主要是银行)却发展缓慢。造成这一趋势的主要原因为：

①信息技术革命显著提高了金融体系的效率，降低了交易成本和信息成本。以银行为主的金融中介虽然原来处于体系中的绝对优势，但是现在受到更大的直接市场融资的竞争压力。

②战后通货膨胀时常发生，通胀率的不稳定加大了利率风险；布雷顿森林体系瓦解后，世界上许多国家实行浮动汇率制，因此汇率风险加剧。利率风险和汇率风险刺激金融衍生工具市场的发展，从而扩大了资本市场的规模。

③银行体系在金融市场迅速发展的压力下，积极创新；同时，政府对银行业的业务管制也趋于放松，为银行体系多元化发展提供空间。但是，相比于资本市场的发展速度，银行业的扩充依然显得缓慢。

4. 信息技术与金融体系格局的变化

(1) 信息技术对金融领域的影响

①资本市场的功能由于信息技术的进步而得到极大的强化；

②以银行为代表的传统金融中介机构的市场准入门槛降低；

③由于信息技术的发展带来了金融机构运营成本的降低，金融服务业的规模经济效应增大。

(2) 信息技术对资本市场的影响

①债务市场占资本市场的比重增加，并且随着可交易债务工具数量的增加，金融机构在债务市场的地位有所下降；

②金融衍生工具市场迅速发展；

③支付体系电子化，因而家庭对银行存款的需求减少。

考点三：对存款货币银行的再论证 ★

1. 把金融中介机构作为总体的研究

从金融功能的角度，将存款货币银行、证券经纪公司、投资银行、交易商、做市商等金融中介作为整体来研究，它们所具有的共同点包括：

①金融中介活动都围绕着金融产品的交易，扮演着中介、销售或购买的角色；

②金融中介都是信息的收集者和传递者，提供有关金融交易所必要的信息咨询；

③金融中介都遵循集合、分散和转移金融风险的保险原则。

2. 银行存在理由的再论证

(1)市场的不完整性和市场摩擦的存在

由于市场上存在交易成本和信息的不对称(即市场的不完全性或市场的摩擦)，而银行具有规模经济的优势，能够节约交易成本、提供高质量的信息、缓解信息不对称的问题。

(2)风险交易和风险管理角度

风险是普遍存在的，经济行为主体希望把风险控制在可承受的范围内。银行在风险控制方面可以提供有效服务。随着风险管理的需求日益增大，风险交易和风险管理已成为银行的中心职能。

(3)参与成本视角

投资者参与市场需要支付多种参与成本，并且参与成本有明显上升的趋势。金融中介可以通过提供信息、代理投资、创造收益相对稳定的产品、提供固定收入来降低参与成本，因此银行仍有存在的价值。

(4)从货币角度看银行的存在

货币有两个相互依存的基本功能：价值的度量尺度和结算手段。

现在任何金融工具，如股票、债券等，可以作为结算的手段，但必须与排他的货币单位结合使用，才能被社会普遍、无条件地认可和接受。脱离了支付功能的抽象“单位”也不存在，货币单位的值的基本决定因素是经济过程中的支付手段的需求与供给。

拥有价值度量功能与支付功能的货币，以债权债务的形态存在。这类债权债务必须是面额与市值不发生背离的债权债务，因为只有在这种形态下，货币金额才与确定的债权债务金额完全相等。

只有间接融资的债权债务凭证能满足这样要求的货币载体。而银行正是具有了间接融资的功能。如果货币是以债权债务为载体，那么货币的支付不过是债权债务的转移与对冲。因此，从货币支付系统的角度来看，银行的间接融资功能有其继续存在的价值。

考点四：中介与市场相互渗透发展的趋势(见表 10-3) ★

表 10-3 中介与市场相互渗透发展的趋势

趋势	含义
银行业务的证券化发展	银行的资产业务的证券化迅速发展，如抵押贷款中抵押品的证券化、消费信贷的证券化、应收账款的证券化以及不良资产的证券化等。 银行的运作与资本市场的运作通过证券化交叉在一起。资本市场可以帮助银行解决贷款资金长期占用与保持流动性的矛盾；在此过程中资本市场也相应地扩充了自己的领域
银行在资本市场中扩充经营范围	即使在典型的分业经营的国家，银行的经营在资本市场业务总量中所占份额也较大。比如在美国，银行在利率和外汇衍生工具的市场上已成为主要交易商。 银行从事衍生品的交易，是因为传统业务收入明显下降，想为自己开拓新的盈利途径

续表

趋势	含义
服务于资本市场的中介机构向传统银行业务领域的扩张	在银行向金融市场渗透的同时，金融市场的中介机构也不断涉足银行的传统业务范围
直接融资与间接融资的界限变模糊	直接融资是指资金供给者和需求者直接借助于金融工具实现资金融通的融资活动；间接融资是指资金供给者和需求者分别与金融中介机构建立债权债务关系以实现资金融通的融资方式。随着金融创新的发展，机构与市场日益相互渗透成长，直接融资与间接融资已难以严谨地进行划分

考点五：互联网金融(见表 10-4)　★★

表 10-4　互联网金融

要点	具体内容
含义	互联网金融指金融机构依托互联网技术和信息通信技术实现资金融通、支付、投资和信息中介服务的新型金融业务模式
形式	①众筹平台：指资金需求者通过互联网平台向广泛的大众投资者募集资金的新型融资模式； ②P2P 网贷：点对点信贷或个体网络借贷，是通过第三方互联网平台达成的个体和个体之间的直接借贷； ③互联网支付：指通过计算机、手机等设备，依托互联网发出的支付指令来转移货币资金的行为，包括通过银行业金融机构的支付(如银行卡支付)和第三方支付； ④其他形式：包括互联网银行、数字货币、互联网证券、互联网保险以及大数据金融和信息化金融机构等
优点	①成本较低：不仅金融机构可以避免开设营业网点的资金投入和运营成本；消费者也可以在开放透明的平台上快速找到适合自己的金融产品，大大降低了信息不对称程度。 ②效率较高：使用计算机处理互联网金融业务，操作流程完全标准化、业务处理速度提升。 ③服务面广：由于客户能够突破时间和地域约束寻找可用的金融资源，因而与传统金融业务相比，客户基础更广泛、金融服务更直接
缺点	①风险较大：信用风险和网络安全风险均较大 ②管理较难：风险控制和监管过程均有一定难度

10.2　课后习题详解

1. 有关现代金融体系两种格局的分析甚多，对主要观点加以归纳。

答：金融功能由金融中介和金融市场的运作来实现。在现实世界中，一个国家的金融体系必然同时包括这两个部分。但是在不同的国家，或在一个国家的不同历史时期，这两者的重要性却不尽相同。也就是说，这两者在金融体系中所占地位的对比有着不同的格局。

有关现代金融体系两种格局的分析很多，其主要观点有：

(1)从金融资产结构的角度分析

这是有关现代金融体系两种格局最具有影响力的分析。根据主要工业化国家的银行与资本市场在资金融通中所占的比重，通常把美、英的金融体系称为“市场主导型”，而德、法、日则被称做“银行主导型”。

(2)从企业融资的角度分析

在 20 世纪 80 年代末，有学者得出结论：在主要发达国家的企业资金来源结构中，企业内部资金是最重要的；在外部资金来源中，银行贷款是最重要的，而股权融资的比重通常较小。这一结论使得金融体系的划分变得比较困难——从企业融资的角度来看，各国的金融体制差别并不大。数据也表明：从企业实际融资的角度可以否定金融体系存在实质性的区别。

(3)从家庭部门金融资产结构的角度分析

根据各国资金流量核算的资料，对其家庭金融资产的构成进行整理、分析和比较，可以说明不同金融体系的存在。

2. 两种金融体系格局是不是对立的？是不是一个好，符合金融发展的规律；一个不那么好，不怎么符合金融发展规律？是不是一个效率高，可以有力地推动经济发展；一个效率不那么高，推动经济发展的力量较弱？……归纳种种优劣比较的论点，你认为对这个问题应该怎样分析为好？

答：两种金融体系格局是指以德国为代表的银行主导型金融体系和以美国为代表的市场主导型金融体系。两种金融体系格局并不是对立的，二者都符合其所在国家的金融发展规律，对推动本国经济发展都起到了重要的作用。因此二者不存在严格的优劣比较。

(1)现代金融理论与现实的背离

现代金融理论常常假设金融市场是最好的金融运作的形式，金融市场发达的体系要比主要依靠银行的体系处于更高的发展阶段，即该理论认为，像美国这样的金融体系是最好的。但是，不仅历史上的绝大多数国家主要是依靠银行体系推进经济增长，而且直至今日，主要依靠银行体系的国家，它们的经济增长也还在取得不俗的表现，这似乎又为反驳该理论提供了一个论证。

现代金融理论中有这样的推导：当市场处于“完善”状态，即对资源配置充分有效时，金融中介就没有任何存在的价值。但是要使这样的判断成立，必须假定市场上的所有交易者都有能力自己构造投资组合。显然，在实际生活中是不可能出现这样的假设条件的。同时，伴随着金融市场交易的扩大，实际生活显现的趋向并非个人直接参与市场交易的行为日益增多，而是个人直接参与市场交易的行为日益向借助于金融中介参与市场交易的行为转变。

(2)对于金融体系格局优劣的主要论点

①从风险分担与管理方面的优劣比较：

金融市场提供了风险分担的机会，允许个人根据自己的风险承受能力调整资产组合的风险大小，通过对冲各种特定风险进行风险互换。美国金融体系一个显著的特点，就是可以为一般投资者提供大量不同的金融产品，因而提供了大量分散风险的机会。而在德国，股票交易的种类和数量很少，没有多少可供分散风险的机会；在这里存在的是大量无法对冲风险的银行存款。

但是，金融中介可以提供金融市场所无法提供的风险分担功能。流动性弱的长期投资收益高，流动性强的短期投资收益低。投资者可能担心短期流动性不足，而不愿意接受较高的长期投资收益。金融中介的优势在于可以将大量具有不确定的短期流动性需求的投资者集中起来提供流动性，同时在这样的前提下进行长期投资，并使分散的存款人分享长期投资带来的高收益。

②从信息处理方面的优劣比较：

美国有大量的上市公司，要求广泛公开信息，同时还有众多的分析师密切关注企业与市场的动态，分析、处理这些信息。企业可以根据这些信息决定是否进入某个产业，这有助于企业进行投资决策。这显示资本市场提供了重要的资源配置功能。相反，在德国，上市公司数量并不多，信息披露的要求也不严，因此有关企业的公共信息较少。如果单纯从市场的角度看，这种体制显然不利于资源配置。但是，在德国这种少数大银行占支配地位的金融体制中，金融中介机构有对金融市场的替代功能。银行在与企业的长期合作关系中拥有大量相关企业的信息，它们可以直接对相关企业提出建议，也可以间接用于决定是否发放贷款给予支持。如果从利率、股市行情等金融信息的角度看，金融市场在形成信息这方面的优势则是金融机构不能完全代替的。

③从监管方面的优劣比较：

银行代理监管理论认为企业的股东需要监督管理者，但是股东数量很多，单个股东承担监管的成本就极不合算。如果股东雇人来监管管理者，雇来的这个人本身又需要被监管。这类难题，金融中介可以解决。假设一家银行对很多企业提供资金，由于企业数量大而且分散，银行可以减少风险，为存款者提供固定的收益——存款者无须监管银行。至于银行监管企业，由于银行拥有较强的信息搜集和分析能力，可以做到集中对多个企业进行监管，监管成本也可实现最小化。

对这样论点的质疑是：像德国这样的银行主导的金融体系，人们对企业经营规范有较大的共识，这对于监管传统产业也许够用。但当新的产业不断出现时，则一时难以形成一种关于企业经营管理的共同意见。美国式的市场主导的金融体系之下，人们缺少共识。股票市场刺激很多人来研究、关注企业的管理行为；投资者研究得出的信息大多是私人性的，他们各自据此买卖股票，获取利益。对处于动态变化中的产业来说，这却是更合适的形式。

④从公司治理方面的优劣比较：

一个活跃的能够实施企业控制的市场，对于确保资本主义经济的有效运行至关重要。市场机制一方面能够使得资源集中在有能力的管理团队中并得到有效利用，另一方面也能够惩戒经营不善的管理者，防止资源浪费。但是，在这种机制下，投资者投票的简单随意性和随时可能出现的敌意收购，不利于管理者进行长期决策。银行主导型体系保证资金提供者对融资企业具有一定的控制权。这种权力来自资金提供者或者是企业的大股东，或者是企业的主要贷款者。监督功能可以由单个银行来执行；公司治理不依赖资本市场和外部投资者。以银行为主的金融机构不但提供融资，而且控制公司的监事会，并凭借内部信息优势，发挥实际的控制作用。这有利于企业和银行之间建立长期稳定的联系，减少监督成本。

(3)金融体系的基本任务

就金融体系在整个经济体系中的地位，或者说就金融与实体经济的关系来看，金融体系的基本功能始终是实现储蓄向投资的转化。处于金融体系中的金融市场和金融中介机构这两大部分的运作，也是为了实现这样的基本任务。

储蓄向投资的转化是伴随着社会经济生活的存在而存在的客观经济过程。这样的过程，与整个社会经济生活中劳动交换等基本过程一样，共同推动了货币范畴、金融范畴的发展。社会经济生活越发展越复杂，储蓄向投资的转化也相应地越发展越复杂。储蓄向投资转化过程越复杂，越要求为之服务的金融体系提高效率，以满足社会经济发展越来越高的客观要求。

因此，不应该过分强调哪种金融体系的优劣，而应该根据各国的现实情况进行具体分析，同时，提高金融效率比争论孰优孰劣更有意义。

3. 试收集一些数据，用来分析我国金融体系中金融市场与金融中介机构的对比格局及其发展变化；也可翻翻 20 世纪 90 年代中期的文献，看一看当时我国流行的有关金融体系格局的观点。到了今天，这些观点有了怎样的变化？

答：(1)20 世纪 90 年代我国关于金融体系格局的观点

在 20 世纪 90 年代前，我国还不存在真正意义上的金融市场。当时是银行一统天下的局面，融资主要是通过银行体系进行的。一直到了 20 世纪 90 年代初期，上海、深圳两个证券交易所成立，资本市场正式进入中国金融体系。但是，由于企业债券市场和股票市场存在严格管制和种种弊端，一直发展缓慢。因此，我国的商业银行在资本金、营业网点上拥有绝对优势，是各经济主体融资的主要渠道。当时我国的金融体系格局是“银行主导型”，虽然国家在探索资本市场的发展之路，但是市场上的投资者都默认了银行在金融体系难以撼动的地位。

20 世纪 90 年代，有学者提出我国金融体系改革和发展的方向是：①金融机构上，中央银行在国务院领导下独立执行货币政策；②建立完善的商业银行体系；③扩大非银行金融机构；④推进金融市场体系的发展；⑤金融管理制度要科学化。

(2)今天我国的金融体系格局观点

目前，我国形成了以中国人民银行为中心，以国有商业银行为主体，多种金融机构并存，分工协作的金融机构体系。并且，近年我国加强对资本市场的建设，强调打造多层次的资本市场，充分发挥金融市场直接融资的功能。可见，在今天许多学者已经开始逐渐认识到资本市场的优势，监管层逐渐放松对分业监管，希望我国金融体系更加市场化，以提高融资效率，更好地为实体经济服务。

4. 影响金融体系格局发展变化的主要因素有哪些？制约和影响我国金融体系格局发展变化的原因有哪些？

答：(1)影响金融体系格局发展变化的主要因素

①信息技术的革命极大地提高了金融体系的效率，降低了融资的交易成本和信息成本。原来在金融体系中处于绝对优势的以银行为主的金融中介越来越多地受到直接市场融资的竞争压力。

②战后发达国家通货膨胀经常发生，利率风险加大；布雷顿森林体系在 20 世纪 70 年代初瓦解，国际货币制度进入浮动汇率制，汇率风险加剧。于是贸易和金融领域极其需要发展新的金融工具规避风险。这种客观需求刺激了衍生金融工具市场的发展，而衍生金融

工具交易急剧地扩大了资本市场的规模。

③银行体系在金融市场的压迫下，不断突破政府的各种管制，创造和使用新的金融产品，积极参与市场交易。同时，受自由主义经济思潮的影响，各国政府的管制思想本身也在发生变化，基本趋势是放松管制，为金融创新提供了较为宽松的环境。但由此增强的银行业的竞争力量，在更为迅猛的资本市场扩充面前依然显得柔弱。

(2)制约和影响我国金融体系格局发展变化的原因

①人为政策管制的影响。在 20 世纪 90 年代以前，我国不存在真正意义上的金融市场，是银行一统天下的局面，融资主要是通过银行体系进行的。在 20 世纪 90 年代初期，以上海、深圳两个证券交易所的成立为标志，资本市场正式进入中国金融体系。从此以后，企业筹集资本金的问题，可以通过金融市场来进行。但是，企业债券市场和股票市场的严格管制和种种弊端，使其一直发展缓慢。

②银行体系实力强大，金融市场发展缓慢。我国的商业银行在资本金、营业网点上拥有绝对优势，依然是各经济主体融资的主要渠道。我国的金融市场发展不仅起步晚，而且功能不完善，存在种种问题，这使得通过金融市场融资的难度依然比较大，难以成为融资的主要途径。

5. 金融中介机构与金融市场之间必然是此消彼长的关系吗？它们各自在哪些方面具有不可替代性或绝对优势？

答：(1)金融中介机构和金融市场之间不是此消彼长的关系

金融中介和金融市场之间出现了相互渗透发展的趋势，主要体现在：银行业务的证券化发展；银行在资本市场中扩充经营范围；服务于资本市场的中介机构向传统银行业务领域的扩张。市场与机构、机构与机构相互渗透和界限日益模糊的趋势是明显的。这一趋势，较之银行衰落的趋势，更能代表金融发展趋势的主流。

(2)金融机构与金融市场各自在很多方面都具有不可替代性

①在是否可以对冲风险进行风险分担方面，金融市场具有绝对的优势。金融市场的主要功能之一就是提供风险分担的机会。市场允许个人根据自己的风险承受能力调整资产组合的风险大小，可以对冲各种特定风险，进行风险互换。但是，银行所拥有的却是大量无法对冲风险的银行存款。

②在是否可以在分担风险的同时获得收益方面，金融中介拥有绝对的优势。流动性弱的长期投资收益高，流动性强的短期投资收益低。有的投资者可能担心短期流动性不足，而不愿意接受较高的长期投资收益。金融中介的优势在于可以将大量具有不确定的短期流动性需求的投资者集中起来提供流动性，同时在这样的前提下进行长期投资，并使分散的存款人分享长期投资带来的高收益。

③在利率、股市行情等金融信息方面，金融市场在形成信息这方面的优势是金融机构完全不能代替的。美国有大量的上市公司，要求广泛公开信息，同时还有众多的分析师密切关注企业与市场的动态，分析、处理这些信息。企业可以根据这些信息决定是否进入某个产业，这有助于企业进行投资决策。这显示资本市场提供了重要的资源配置功能。相反，在德国，上市公司数量并不多，信息披露的要求也不严，因此有关企业的公共信息较少。如果单纯从市场的角度看，这种体制显然不利于资源配置。

④在监管传统产业方面，金融中介有很大的优势，可以解决企业的代理监管问题。假设一家银行对很多企业提供资金，由于企业数量大而且分散，银行可以减少风险，为存款者提供固定的收益——存款者无须监管银行。至于银行监管企业，由于银行搜集信息和分析信息的能力较强，可以做到集中监管多个企业，监管成本也可实现最小化。

⑤在监管动态变化中的产业时，金融市场却发挥着不可替代的作用。因为当新的产业不断出现时，一时难以形成一种关于企业经营管理的共同意见。美国式的市场主导金融体系之下，人们缺少共识。股票市场刺激很多人来研究、关注企业的管理行为；投资者研究得出的信息大多是私人性的，他们各自据此买卖股票，获取利益。

⑥从管理资源是否可以被有效利用方面，金融市场存在优势。一个活跃的能够实施企业控制的市场，对于确保资本主义经济的有效运行至关重要。市场机制一方面能够使得资源集中在有能力的管理团队中得到有效利用，另一方面也能够惩戒经营不善的管理者，防止资源浪费。

⑦在是否可以有效保证资金提供者对融资企业具有一定的控制权上，银行主导型体系具有一定的不可替代性。这种权力来自资金提供者，或者是企业的大股东，或者是企业的主要贷款者。监督功能可以由单个银行来执行；公司治理不依赖资本市场和外部投资者。以银行为主的金融机构不但提供融资，而且控制公司的监事会，并凭借内部信息优势，发挥实际的控制作用。这有利于企业和银行之间建立长期稳定的联系，减少监督成本。

6. 试从投资者与筹资者两个不同的角度，分析通过金融中介机构与通过金融市场投资、融资的优劣。

答：(1)投资者的角度

①通过金融机构投资的优点是能够方便迅速低廉地获取必要的信息，节省交易费用，减少投资风险，取得比较稳定的投资收益和较高的流动性。通过金融机构投资的缺点是，收益比较低，需要支付一部分服务费用，而且金融机构有时也会给投资者带来较大的风险。

②通过金融市场投资的优点是能够直接参与交易，避免了向中介支付服务费用，而且可能获得相对较高的投资收益。通过金融市场投资的缺点是风险比较大，需要投资者获取信息和承担所有的风险。

(2)融资者的角度

①通过金融机构融资的优点是能够比较快的获得所需资金，节省时间，通常的融资成本也比较低。通过金融机构融资的缺点是可能需要提供担保，资金用途可能不能随意更改。

②通过金融市场融资的优点是能获得长期资金来源，能发挥市场机制有效配置资金的作用，加速资本积累。缺点是融资时间较长，一般需要中介机构提供服务，而且融资条件较严格，融资成本也比较高。

7. 结合前面章节学过的关于金融分业经营与混业经营的内容，试剖析现代银行与资本市场中介机构是如何相互渗透的。我国各类金融机构的业务，在哪些方面存在着交叉和融合的情况？

答：(1)现代银行与资本市场中介机构相互渗透发展的主要表现

①银行业务的证券化发展：

在资本市场迅猛发展的背景下，人们的经济联系均可在证券化的形式中得到表现。证券化对经济生活所覆盖的范围日益扩大。就金融领域来说，银行业务，特别是资产业务的证券化有了迅速地发展。如抵押贷款中抵押品的证券化、消费信贷的证券化、应收账款的证券化，甚至不良资产也可进行证券化的操作。这样，银行的运作与资本市场的运作就交叉在一起。通过资本市场，银行解决了贷款资金长期占用与保持流动性的矛盾；资本市场也相应地扩充了自己的领域。

②银行在资本市场中扩充经营范围：

就西欧大陆全能性银行来说，本来一直从事有关资本市场的经营活动。但在典型的分业经营的美国，银行的经营实际上也占资本市场业务总量的相当份额。在美国，利率和外汇衍生工具市场上，银行，特别是大银行，已成为主要交易商，它们所持有的这类合约占总额的绝大比重。在传统利息性收入明显下降的压力之下，银行不断为自己开拓新的盈利途径，在资本市场中扩充经营范围。

③服务于资本市场的中介机构向传统银行业务领域的扩张：

银行向金融市场渗透，金融市场的中介机构也不断侵入银行的传统势力范围。市场与机构、机构与机构相互渗透和界限日益模糊的趋势是明显的。这一趋势代表金融发展趋势的主流。

(2)我国各类金融机构的业务存在着交叉和融合

我国逐渐放松对分业经营的监管，出台多项法律法规，随后，许多金融机构开始扩充自己的业务范围。

中国人民银行在 1999 年 8 月 19 日颁布了《证券公司进入银行间同业市场管理规定》和《基金管理公司进入银行间同业市场管理规定》，允许符合条件的券商和基金管理公司进入银行间同业市场，进行同业拆借和债券回购业务。

中国证监会和原保监会在 1999 年 10 月 26 日允许批准的保险公司以不超过上半年总资产的 5% 投资证券投资基金，在二级市场买卖已上市的证券投资基金和在一级市场配售新发行的证券投资基金。

中国人民银行与证监会 2000 年 2 月联合发布了《证券公司股票质押贷款管理办法》，允许符合条件的证券公司以自营的股票和证券投资基金券作为抵押，向商业银行借款。

2001 年 7 月 4 日，人民银行发布了《商业银行中间业务暂行规定》，首次明确了商业银行可以进行代理证券业务，《开放式证券投资基金试点办法》从 2000 年 10 月起开始执行，商业银行可以买卖开放式基金，开放式基金管理公司也可以向商业银行申请短期贷款。

2003 年 12 月 29 日，平安集团旗下平安信托投资公司和香港上海汇丰银行各出资不超过 2000 万美元，完成对福建亚洲银行 100% 的收购，并把银行的名字改成平安银行。

2004 年 6 月 1 日《保险资产管理公司管理暂行规定》开始实施，中国人寿、中国人保、中国再保险、华泰保险、平安保险、太平保险、太平洋保险、泰康人寿及新华保险旗下纷纷成立资产管理公司。2004 年 10 月 24 日，原保监会和中国证监会联合发布《保险机构投资者股票投资管理暂行办法》，保险资金获准直接入市。其中 2005 年第一季度，中国人寿、中国再保集团、泰康人寿、华泰财险、太平人寿、太平洋保险、新华人寿等七家公司均已下单 A 股市场。

中行通过其设在香港的全资子公司中银集团保险公司作为主要出资人来筹建汽车金融公司。2007 年，中国银行成功获得了企业年金账户管理人资质，具备了账户管理人和托管人双资质，为企业年金业务发展创造了有利的条件。此外，中国银行紧紧抓住资本市场快速发展的有利时机，大力拓展基金代销、托管和年金、社保、保险、QDII、QFII、信托、专户理财、直接投资基金等各类资产托管业务，同时加强风险管理和内部控制，不断提升代销和托管业务的信息科技水平和服务质量，实现了基金代销与托管业务的持续、快速增长。同时，中国银行资产管理业务的规模和种类也得到了快速增长，目前共推出了 331 款本外币结构性理财产品，资产管理规模居世界前列。

2018 年 12 月 26 日，银保监会正式批准中国建设银行、中国银行设立理财子公司的申请。其他多家商业银行也正在抓紧开展申报理财子公司工作。2018 年 12 月 2 日，银保监会正式发布实施《商业银行理财子公司管理办法》，推动银行理财回归资管业务本源，培育和壮大机构投资者队伍，引导理财资金以合法、规范形式支持实体经济，投资金融市场。

8. 在第三章就已经提出直接融资与间接融资这组分析框架。在金融中介机构与金融市场相互渗透日益加强的背景下，运用这组框架是否遇到了困扰？

答：(1)直接融资和间接融资的定义

根据资金从资金盈余方流动到资金短缺方的方式的不同，可以将融资划分为直接融资与间接融资。资金供给者(融资人)和需求者(筹资人)直接借助于金融工具实现的融资活动称为直接融资；间接融资是指资金供给者与资金的需求者分别与类似银行的金融中介机构建立债权债务关系实现的融资活动。

(2)对两者的界定逐渐模糊

对于这两者的界定，最常见的表述是：两者的区分是以资金从融资人转移到筹资人手中的过程中是否需要通过一个金融中介机构作为界限。按照最初使用这对概念时的背景来说，界定中的“中介机构”指的基本是银行类的机构。直到今天，“中介”指银行的用法仍然相当普遍。所以用直接融资和间接融资这对概念来讨论 20 世纪中叶开始的资本市场融资方式迅速扩大和传统银行融资方式受到严重挑战的消长变化是很方便的。然而，当中介的形式越来越繁多并对中介机构越来越作广义的理解之后，如何界定这对概念就出现了不少纷乱之处。

当中介并不仅指银行而且也指投资银行、证券公司、投资基金之类的金融中介机构时，假如仅以是否通过中介来区分，由于类似股票、债券这类交易，很少有不通过金融中介的服务来进行的，那么间接融资的概念将覆盖绝大部分融资活动。显然，这样的判断没有什么意义。于是就有种种对如何界定加以修正的说法：比如，强调直接融资与间接融资的区分应该以融资过程中是否改变金融工具作为决定性标志。再如，强调最终的融出资金者和最终的资金筹集者这两者是“直接”还是“间接”交易。

面对越来越多、越来越复杂的金融创新，面对机构与市场日益相互渗透成长，这样的概念划分越来越变得难以做到严谨、明朗。如果非要界限分明地讨论问题，往往会把过多的精力牵扯到概念的修修补补方面。

9. 金融功能框架对于金融的功能是怎样归纳的？

答：对于金融系统基本的、核心的功能，金融功能观归纳为以下几点：

(1)在时间和空间上转移资源

资金融通过程如图 10-1 所示。

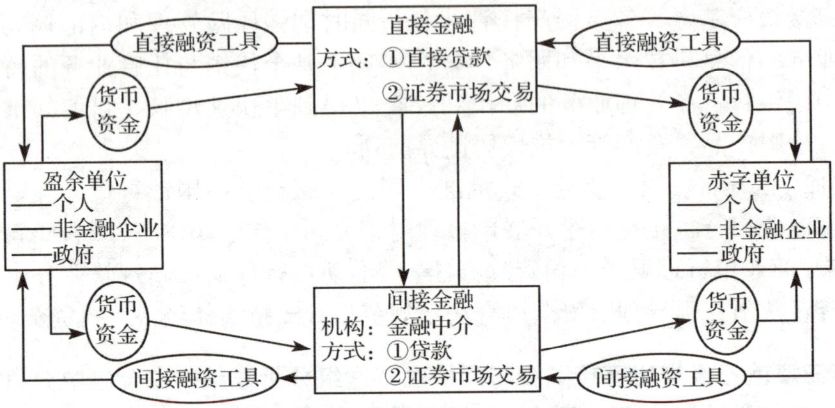

图 10-1　资金融通过程示意图

(2)提供分散、转移和管理风险的途径

金融体系能够将风险合理地配置到有承担能力且愿意承担的部门和经济行为主体。

(3)提供清算和结算的途径

各类金融中介提供清算和结算的途径以完结商品、服务和各种资产的交易，提供的服务使形形色色的货币支付日益便捷、安全、快速、节省，这就保证了经济的平稳进行，节省了经济发展的社会成本。

(4)提供了集中资本和股份分割的机制

股份公司、银行、投资基金等等，都是集中小额资金、短期资金以解决巨额资本需求的形式。而巨大的营运资本可以通过股票形式把所有权细分；巨大的债权则可以通过基金形式把债权分割，等等。

(5)提供价格信息

金融领域的价格信息，如利率、汇率、股市行情等，对于投资决策、经营决策的重要性人所共知。而金融体系则提供了这些金融信息形成的机制。

(6)提供解决"激励"问题的方法

这是金融体系在涉及金融工具设计、公司治理等多个方面的功能。在公司治理的问题中，存在着由信息不对称而产生的道德风险和逆向选择，以及委托-代理问题。如果银行对贷款要求抵押担保，就会使借款人谨慎使用贷款。由于技术进步，降低了对抵押担保品价值的评估成本，这类金融业务的应用范围不断扩大，从而有助于减少轻率取得贷款的道德风险。对于代理问题，如果代理人的利益与公司的股票价格挂钩，比如代理人股票期权，则可以使代理人与委托人的利益一致，有利于缓和委托-代理的矛盾。

10. 你如何看待互联网金融的发展？

答：互联网金融是指传统金融机构与互联网企业利用互联网技术和信息通信技术实现

资金融通、支付、投资和信息中介服务的新型金融业务模式。互联网金融是一把双刃剑，既有优势，又有劣势。互联网金融的发展为世界带来新发展点的同时也为世界金融发展的各方面带来挑战。

(1)互联网金融有广阔的发展空间

从基本特征来看，互联网金融在推动金融服务的普遍化以及改善金融体系效率的方面，都有着相当积极的意义，具体表现为：

①成本较低。一方面，金融机构可以避免开设营业网点的资金投入和运营成本；另一方面，消费者可以在开放透明的平台上快速找到适合自己的金融产品，信息不对称程度大大降低。

②效率较高。互联网金融业务主要由计算机处理，其操作流程完全标准化、业务处理速度更快。

③服务面广。在互联网金融模式下，客户能够突破时间和地域约束寻找可用的金融资源，因而客户基础更广泛、金融服务更直接。特别地，它可以覆盖部分传统金融业的服务盲区，有利于提升资源配置效率。

(2)互联网金融仍面临很大的问题

①互联网金融的风险较大，具体表现为：信用风险大，互联网金融进入门槛和违约成本较低、监管难度较大，容易诱发恶意骗贷等风险；网络安全风险大，互联网容易遭遇黑客攻击，因此如何确保消费者的资金安全和个人信息安全，是互联网金融未来发展面临的严峻挑战。

②互联网金融的管理较难，具体表现为：风险控制难，互联网金融总体上不具备类似商业银行的风险控制、合规管理和清收机制，如果得不到征信系统和信用信息共享机制的支持，极易出现各种风险漏洞；监管过程难，从全球范围看，各国针对互联网金融的监管制度大多落后于互联网金融的发展。

③随着金融市场的发展，互联网金融是否还能保持其低成本、高效率的比较优势，目前都无法确定。

第 11 章　金融基础设施

11.1　复习笔记

【知识框架（庖丁解牛）】

- 金融基础设施
  - 金融体系的要素
    - 金融中介
    - 金融市场
    - 金融基础设施
  - 中央银行体制下的支付清算体系
  - 金融市场基础设施
  - 金融业标准

【考点难点归纳（厚积薄发）】

考点一：金融体系的要素（见表 11-1）★★

表 11-1　金融体系的要素

要素	具体内容
金融中介	包括商业银行、保险公司等
金融市场	包括股票、固定收益证券市场以及外汇交易市场等
金融基础设施	①狭义：以中央银行为主体的支付清算体系； ②广义：狭义金融基础设施以及确保金融市场有效运行的法律程序、会计与审计体系、信用评级、监管框架以及相应的金融标准与交易规则等； ③在我国，征信系统也是一大重要的金融基础设施

考点二：中央银行体制下的支付清算体系（见表 11-2）★

表 11-2　中央银行体制下的支付清算体系

要点	具体内容
定义	是对一个国家或地区由于经济活动而产生的各个交易者以及金融机构之间的债权债务关系进行清偿的系统。目前，大多数国家的中央银行负有组织支付清算的职责
职责	支付服务、管理货币转移、实现支付指令传送、资金清算，以实现债权债务清偿及资金转移
作用	是现代经济活动运行的“基础设施”，有利于降低清算成本、提高资金运用效率、规避金融风险、提高货币政策的有效性
支付清算的全过程	①结算：即算账过程，是把债权和债务进行抵消进而计算出应收应付的差额，属于清算的准备阶段； ②清算：以货币收付行为结清应收应付的差额。清算全过程的完成代表着相关债权债务关系的终结

续表

要点	具体内容	
常用的清算方式	按结账要求划分	①全额实时结算：是指每一笔支付业务发生时立即直接单独全部对其进行交割的结算方式。这种结算方式的支付效率高，有利于支付风险的控制。但是在这个过程中客户所占用的用于结算的资金较多。 ②净额批量清算：是指累计多笔支付业务的发生额之后，在一个清算周期结束前，通过对各个参与者的应收应付款项进行轧差，形成据以结算的净借记余额或净贷记余额的结算方式。净额批量清算所占用的清算资金少，但是结算时付款方容易发生透支现象，这在一定程度上增加了收款方的结算风险
	按银行技术处理角度划分	①大额资金转账系统：是指对单笔交易金额巨大、对安全性要求高而且付款时间要求紧迫的款项进行清算的系统。采用这种方式结算时，资金在途时间短、入账速度快，但是处理资金的成本和费用均较高。 ②小额定时结算系统：又称为零售支付系统，主要用于处理大量的每笔金额相对较小的支付指令。采用这种方式结算的成本低廉，收取的费用也较低
票据交换依据的原理	①任一银行的应收款项，一定是其他银行的应付款项； ②各银行应收差额的总和，一定等于各银行应付差额的总和； ③银行分别汇总轧出本行是应收还是应付的差额，就可据以结清全部债权债务	

拓展：现实中，上述四种清算方式经常组合使用。通常情况下，全额实时结算采用大额资金转账系统，而净额批量清算采用小额定时结算系统。

考点三：金融市场基础设施 ★

1. 定义

金融市场基础设施（FMIs）是指在各种金融工具之间发挥转换功能并为其提供相关信息支持服务的流程及框架，包括支付系统、中央证券托管、证券清算系统、中央交易对手（CCPs）以及场外衍生品交易信息库等。

2. 作用

金融基础设施发挥金融工具之间的转换功能，在运用得当的情况下，可以通过它们减轻金融市场参与者之间的关联性，从而降低金融风险传染的几率。

为更好地发挥金融基础设施的功能，国际金融稳定理事会在金融危机后针对金融市场基础设施进行了改革：主要包括建立场外衍生品交易信息库和建立中央交易对手两个方面。

考点四：金融业标准 ★

1. 金融业标准的含义

金融业标准是金融行业所需共同遵守的统一规范和通用语言。它对金融业务活动做出了明确界定，并可以作为衡量相关金融行为的参照系。

金融业标准主要涵盖了巴塞尔银行监管委员会（BCBS）发布的《有效银行监管核心原则》、国际证监会组织发布的《证券监管目标与原则》、国际保险监督官协会（IAIS）发布的《保险核心原则与方法》、十国集团中央银行支付体系委员会发布的《重要支付系统核心原则》以及 IOSCO 和 CPSS 联合发布的《证券结算系统建议》五个方面的准则。

2. 金融业标准的具体内容(见表 11-3)

表 11-3　金融业标准的具体内容

内容		含义
资本质量标准		资本的吸收损失能力是资本质量标准的核心。其中，普通股是最能吸收损失的资本，其次依次为优先股、附属资本债以及其他各种各样的变相债务性资本。 因此，需要对资本进行分级：吸收损失能力强的资本属于核心层；吸收损失能力差的资本属于其他层级
会计准则		会计准则是用于评价企业资产、负债和损益的一种含有经验性，甚至具有判断性的尺度
风险管理标准	流动性标准	G20 所强调的宏观审慎政策框架对流动性做出了简单的规定； 《巴塞尔协议Ⅲ》引入了最低流动性标准； 巴塞尔银行监管委员会(BCBS)考虑了资金的可获得性以及需求，设计了流动性覆盖比率(LCR)和净稳定融资比率(NSFR)作为流动性的国际标准
	杠杆率标准	BCBS 引入了全球一致的杠杆率要求，并以此作为资本充足率要求的补充。杠杆率是指银行一级资本与其表内资产、表外风险敞口和衍生品总风险暴露的比值
	拨备标准	①逆周期动态拨备，即景气的时候多计提拨备，不景气的时候可多消耗拨备； ②前瞻性拨备，按照预估损失来计提拨备
	减少对外部评级的依赖	加强内部评级，减少对外部评级的依赖
统计标准		现行国际上的金融统计、国际收支统计标准主要由IMF 制定，主要包括对经常项目、资本项目、外汇储备以及国际储备的界定等，但关于统计标准还存在着许多争议

3. 金融业标准在中国的实践(见表 11-4)

表 11-4　金融业标准在中国的实践

要点	具体内容
在人民币加入 SDR 和资本项目可兑换的标准方面	2011 年 3 月，在南京召开的 G20 国际货币体系研讨会上，对人民币进入 SDR 及资本项目可兑换进行了讨论
在商业银行上市的标准方面	2000 年以来，进一步明确了计提标准，形成较为明确的减记规则，并对几家国有商业银行先后进行财务重组和股份制改造来帮助其上市
在资本质量的标准方面	引入资本质量的概念，用吸收损失能力来考察并衡量农村信用社的资本质量，并以此来计算其真实的资本充足率
在会计准则方面	2010 年，人民银行提出对地方政府融资平台贷款进行风险权重计量以解决贷款无法市场估价的问题，不同的风险权重要求商业银行持有更多的资本以应对减记和拨备

11.2　课后习题详解

1. 如何理解金融基础设施?

答: 目前，人们对金融基础设施的界定存在不同的理解。

狭义的金融基础设施主要是指以中央银行为主体的支付清算体系。在广义上，金融基础设施还包括确保金融市场有效运行的法律程序、会计与审计体系、信用评级、监管框架以及相应的金融标准与交易规则等。

目前，国际清算银行支付与结算委员会(CPSS)和国际证监会组织(IOSCO)制定与发布金融市场基础设施(FMIs)原则框架，其中包括系统重要性支付系统、中央证券托管系统、中央证券清算系统、中央交易对手和交易信息库等。

2. 如何评价中国金融基础设施的现状?

答: (1)我国金融基础设施的结构

目前我国金融基础设施机构主要包含四大类，十二小类。第一类是支付清算基础设施，主要包含银行间支付系统和银行卡组织，如中国银联、人民银行支付清算体系。第二类是证券、期货、黄金市场基础设施，主要包含证券交易所、证券登记结算机构、期货交易所和黄金交易所，如上海证券交易所、上海黄金交易所、上海期货交易所。第三类是货币及债券市场基础设施，主要包含银行间本外币市场、国债登记结算机构和银行间市场清算机构，如中央国债登记结算有限责任公司、银行间市场清算所股份有限公司、中国外汇交易中心暨全国银行间同业拆借中心。最后一类是场外市场基础设施，包含场外市场、私募产品交易系统和区域性股权/产权交易所，如全国中小企业股份转让系统有限责任公司、中证机构间报价系统股份有限公司、各省市股权/产权交易所。

(2)我国金融基础设施的特点

①金融机构与监管部门存在严格归属关系。目前，金融基础设施体系中的大部分机构都与监管部门存在明确的归属关系。例如上海证券交易所、深圳证券交易所、郑州商品交易所、大连商品交易所和上海期货交易所明确属于证监会管理；中国外汇交易中心暨全国银行间同业拆借中心、上海黄金交易所属于人民银行管理；中央国债登记结算有限责任公司归人民银行和财政部共同管理。

②非公司制机构仍然存在。目前，在我国金融基础设施体系中仍然存在非公司制机构，如人民银行支付清算体系、上海证券交易所、深圳证券交易所、中国外汇交易中心暨全国银行间同业拆借中心等。反观西方主要国家的金融基础设施体系，纽约证券交易所、伦敦证券交易所等机构大多以公司制形式运营，公司制代表了市场发展的主流方向。

③金融基础设施各机构相对独立，机构之间未能形成有机整体，甚至在同一市场内部出现被人为割裂的现象。由于所属政府部门不同，人民银行体系与证监会体系的相关机构往往各自为政，机构之间的相关协同效应并未能有效发挥。就我国国内而言，目前存在两大债券市场分立的局面，一个是沪深交易所债券市场，另一个是银行间债券交易市场。一分为二的债券市场形成了我国金融市场特有的现象，严重阻碍了市场效率的提升。

3. 为什么中央银行的支付清算系统职责日益受到重视？一个方便、快捷并保持顺畅运行的支付清算系统对经济生活有何重要意义?

答: (1)中央银行的支付清算系统职责日益受到重视的原因

商业银行办理结算业务除需采用相应的支付工具、结算方式以外，还需借助银行同业的协作，才能最终实现客户委办的结算业务。另外，出于自身需要，银行也会与其他金融机构发生大量的业务往来。因此，银行同业之间也会产生债权债务的清偿和资金的划转。为此，需要通过一定的清算组织和支付系统，进行支付指令的发送与接受、对账与确认、收付数额的统计轧差、全额或净额清偿等一系列程序，即所谓的“清算”。尽管银行之间可以通过建立双边清算机制实现相互间的资金清算，但在一个复杂的、拥有许多参与者的金融体系中，单纯依靠银行间的双边清算实现巨额资金转移，不仅效率低下，而且造成资源的巨大浪费。为了顺利实现金融机构之间的资金转移，除需要借助清算机构、支付系统及支付工具以外，还需要银行的银行——中央银行提供支付清算服务。尽管各国的支付清算体系构成不同，但银行同业间的资金转移一般都是通过中央银行的最终清算实现的。

随着经济的发展，银行林立、银行业务不断扩大，债权债务关系错综复杂，票据交换及清算若不能得到及时、合理处置，会阻碍经济顺畅运行。中央银行作为一国支付清算体系的核心参与者和管理者，通过一定的方式、途径，使金融机构之间的债权债务清偿及资金转移顺利完成并维护支付系统的平稳运行，从而保证经济活动和社会生活的正常进行。所以其组织支付清算系统的职责日益受到重视。

(2)支付清算系统对经济生活的意义

①由一国中央银行主持下的支付系统是现代经济活动运行的“基础设施”。它可以形容为资金的高速公路，当道路宽阔、畅通、覆盖面大时，资金在债权债务人之间的流动就顺畅，经济体运行就健康。如果不通畅，例如用于支付的资金在支付系统中被金融机构无偿占用的时间过长，就会付出过高的清算成本，资金运用的效率就会降低；一旦发生局部的堵塞和服务中断，债权债务不能及时清偿，就会给经济运行带来巨大的影响。因此市场经济较发达的国家都十分重视建立一个高效、稳定的支付系统。

②安全、高效的支付系统有利于规避金融风险。任何一个国家或经济体的支付系统都是通过缜密设计、合理建设和规范运行来规避和控制各种金融风险的。支付系统在运转过程中可以发现金融机构经营过程中的一部分潜在的信用风险和流动性风险，并能主动预警。比如支付系统可以监测各家商业银行清算账户的日间透支额和日终透支额，一旦这些指标出现异常，支付系统就会要求商业银行采取必要的措施，以保证支付效率。

③高效的支付系统还可以为一国中央银行的货币政策服务。任何国家的中央银行在制定货币政策时都需要以完整、可靠、及时的金融信息为基础。支付系统提供的信息来源于真实发生的每一笔支付业务，因此可以为中央银行分析金融形势、制定货币政策提供服务。从另一个角度讲，支付系统又是中央银行货币政策实施的工具和渠道。比如通过支付系统可以改变货币供给量，扩大或缩小现钞和硬币的发行量；通过提供便利或设置障碍，支付系统还可加快或放缓货币流通的速度。近年来流行于欧美支付系统的DVP(delivery versus payment)服务，是将支付系统与一国中央银行的公开市场业务交易系统相连接，使中央银行的债券买卖与金融机构的账户处理同步完成，这就有效地缩短了中央银行公开市场交易这一货币政策工具的时滞。

④如果是通用货币的支付系统如美元、欧元、日元的支付系统，它们还会对全球经济或区域经济发挥作用，促进全球经济一体化或区域经济一体化进程的发展。

4. 自金融危机以来，各国和国际社会针对金融市场基础设施进行了哪些重要改革?

答：2008年以来的金融危机暴露了金融市场基础设施在应对金融工具特别是金融衍生

工具交易方面的缺陷，比如许多金融交易的信息披露不充分、针对交易对手方之间敞口的风险抵押严重不足等等。根据二十国集团(G20)的要求，金融稳定理事会(FSB)于 2010 年 4 月开始着手推进金融市场基础设施的改革。迄今为止的改革主要包括两个方面：

(1)建立场外衍生品交易信息库

场外衍生品交易信息库是一个保存场外衍生品交易在其存续期间所有相关细节的电子登记库。该项改革要求所有的场外衍生品合同均需向交易信息库报告，交易信息库则为监管者、市场参与者和公众提供信息，据此提高场外衍生品市场的透明度。如果所有的金融交易均向交易信息库报告了交易信息，则相关监管机构就能及时全面地掌握场外金融衍生品市场的总体情况。假如在金融危机前交易信息库已经存在，则像美国国际集团(AIG)那样巨大的衍生品头寸就有可能被及早发现。除此之外，交易信息库需协助监管机构评估系统性风险和金融稳定性、监督市场参与者以及开展机构处置活动等。

(2)建立中央交易对手

中央交易对手相当于为场外金融衍生品建立一个集中清算机制。目前，衍生品的清算和结算存在两套平行体系，即双边清算体系和中央交易对手体系。通常而言，大部分的场外衍生品交易采用双边清算体系，而大部分在交易所买卖的衍生品和部分场外衍生品的清算则通过中央交易对手体系。中央交易对手是介于买卖双方中间的独立法律主体，一旦买卖双方达成交易，交易信息将由中央交易对手登记注册，买卖双方的原始合约将由交易方与中央交易对手分别签订的两份新合约替代。

相较于双边清算，通过中央交易对手进行清算具有明显的好处。中央交易对手介入两个原始交易对手之间，使原始交易对手相互隔离，一方面可以降低金融机构之间的关联性，另一方面还有助于防止金融违约，从而促进金融稳定。当然，集中清算也会将金融风险集中于中央交易对手，因此，中央交易对手自身的稳健性至关重要。中央交易对手清算机制是否具有分散风险的功能取决于两大关键因素：一是采用该清算机制的成员所投入的资本量；二是与未偿付的风险敞口相匹配的原始抵押值。针对此，中央交易对手会要求其成员至少每天根据头寸价格变动情况对抵押品进行调整。

5. 如何认识金融业标准？中国在实施这些标准时应持何种态度？

答：(1)对金融业标准的认识

金融业标准是金融行业需共同遵守的统一规范和通用语言，是能对金融业务活动做出明确界定并作为衡量相关金融行为的参照系。

“标准”首先需要能做明确的界定，并作为衡量其他相关事物的参照系。比如会计准则规定哪些项目在表外、哪些在表内，涉及具体金融产品怎么计量、怎么减记，巴塞尔协议Ⅲ对资本质量的计算、对资本充足率的确定，以及资本市场上关于上市公司信息披露的规定等。

金融业标准目前主要集中在“金融部门评估规划”(FSAP)中。尽管 FSAP 并不包括所有的业务准则，但涵盖了金融业五个主要方面的准则，即巴塞尔银行监管委员会(BCBS)发布的《有效银行监管核心原则》；国际证监会组织发布的《证券监管目标与原则》；国际保险监督官协会(IAIS)发布的《保险核心原则与方法》；十国集团中央银行支付体系委员会发布的《重要支付系统核心原则》以及 IOSCO 和 CPSS 联合发布的《证券结算系统建议》。

标准提高有利于改进我国经济金融的健康性。正是经过这些标准转化、提高的过程，大型商业银行成功改革并上市。反之，如果还是停留在原来的标准上，遮遮掩掩，不甚透明，那改革就无法取得真正成功。

(2)中国实施金融业标准时应持有的态度

2012 年 4 月 6 日，国际货币基金组织和世界银行公布报告认为，中国金融体系较好地遵守了《有效银行监管核心原则》《证券监管目标与原则》《保险核心原则与方法》《重要支付系统核心原则》和《证券结算系统建议》等金融领域的国际标准，中国的金融监管体系在监管能力、法规体系、信息透明度和消费者保护方面进展明显，监管有效性显著提升。

从总体上看，过去国际上通行的金融业标准，大多是西方发达国家制定的，新兴市场经济国家和发展中国家是后来者，因此基本上是发达国家说了算。西方国家制定金融业标准，难免倾向于考虑自身利益。中国经济金融已经进入一定发展阶段，需要积极参与金融业国际标准的制定过程。“十二五”规划明确提出，要“参与国际金融准则新一轮修订，提升我国金融业稳健标准”。简言之，中国在制定金融业标准中需要有自己的声音。但无论如何，提高金融业标准对中国金融业的健康发展是有利的。

第3篇

货币均衡与宏观政策

第 12 章　利率的决定及作用

12.1　复习笔记

【知识框架(庖丁解牛)】

- 利率的决定及作用
  - 利率及其种类
  - 利率的决定
    - 马克思的利率决定论
    - 古典学派的利率决定
    - 凯恩斯理论的利率决定
    - 可贷资金理论的利率决定
    - 影响利率的风险因素
    - 利率管制
  - 利率的作用
    - 对利率作用的一般估价
    - 储蓄的利率弹性和投资的利率弹性
    - 利率发挥作用的环境和条件

【考点难点归纳(厚积薄发)】

考点一：利率及其种类　★★★★

1. 利率及其系统

利率是指在借贷期满所形成的利息额与借贷资本金的比率。不同的利率及相互之间的关系构成利率系统。

2. 利率的种类(见表 12-1)

表 12-1　利率的种类

分类标准	种类	含义
利率的地位	基准利率	是在整个金融市场上和整个利率体系中处于关键地位、起决定性作用的利率。在市场经济中，基准利率是指通过市场机制形成的无风险利率。基准利率在实际中有不同表现：美国主要是联邦基金利率；欧洲中央银行发布三个指导利率；在我国则是指人民银行对商业银行等金融机构的存贷利率
	无风险利率	由于利率 = 机会成本补偿水平 + 风险溢价水平，无风险利率往往用来表示对机会成本的补偿。由于绝对无风险的投资并不存在，因此绝对无风险的利率也并不存在；市场经济中，只有国债利率可以用来代表无风险利率

续表

分类标准	种类	含义
是否包含通货膨胀因素	实际利率	是指物价水平保持不变，即货币购买力不变条件下的利率，其计算公式为：$i=(1+r)/(1+p)-1$，其中，r 为名义利率，i 为实际利率，p 为借贷期内物价水平的变动率，下同
	名义利率	是指包括通货膨胀（通货紧缩）风险的利率，其计算公式可以写成：$r=(1+i)(1+p)-1$，概略计算公式可写成：$r=i+p$。此外，名义利率与通货膨胀（包括通货紧缩）的变化并非同步，而是具有一定的滞后性
借贷期内是否调整	固定利率	是指在借贷期内不做调整的利率。其优点为方便借贷双方准确计算成本与收益；缺点为在存在通货膨胀的情况下，固定利率计息会给债权人，尤其长期债权人带来较大的损失
	浮动利率	是指在借贷期内可定期调整的利率。其优点为可以为债权人减少损失；缺点是手续繁杂，计算依据多样，导致费用开支增加，适用于3年以上的及国际金融市场上的借贷
是否按市场规律自由变动	市场利率	随市场规律而自由变动的利率
	官方利率	由政府金融管理部门或者央行确定的利率
	行业利率	由非政府部门的民间金融组织为了维护公平竞争所确定的利率，如银行公会所确定的利率
利率是否带有优惠性质	优惠利率	是指提供给信誉好、经营状况良好且有发展前景的借款人的略低于一般贷款利率的利率，在我国主要表现之一为贴息贷款，是指接受贷款的单位支付低于一般利率水平的利息，由此而导致的利息差额由批准贴息的部门、地方支付
	一般利率	与优惠利率相对应的概念，即不做相应优惠的原始利率
计算利息的期限单位	年率	以年为单位计息
	月率	以月为单位计息
	日率	以日为单位计息
信用行为的期限长短	短期利率	一般指一年以内的信用行为
	长期利率	指一年以上的信用行为所对应的利率。一般长期利率水平高于短期利率水平，但是由于信用条件存在差异，所以在各种不同的信用行为之间不能直接对利率进行简单的对比

【例12.1】基准利率［山东大学2016金融硕士；西南大学2016金融硕士；中央财经大学2010研］

答： 基准利率是指在整个金融市场上和整个利率体系中处于关键地位、起决定性作用的利率，也叫中心利率。在市场经济中，基准利率是指通过市场机制形成的无风险利率。它的变化传递出央行银根紧缩与松动的信息，是货币政策的主要手段之一，是各国利率体系的核心，在多种利率并存的条件下起决定性作用。中央银行改变基准利率，直接影响到商业银行的借款成本的高低、限制或鼓励信贷规模，从而影响其他金融市场的利率水平。因此，把握各种利率的变化趋势就要首先了解这种关键性利率的变动趋势。在西方国家，基准利率通常是指央行再贴现率或短期资金市场利率，如美国的联邦基金利率；在我国，主要是指中央银行对各金融机构的再贷款利率。

【例 12.2】实际利率为 3%，预期通货膨胀率为 6%，则名义利率水平应该近似地等于（　　）。[暨南大学 2011 金融硕士]

A. 2%　　B. 3%　　C. 9%　　D. 6%

【解析】根据公式：$r=(1+i)(1+p)-1=(1+3\%)\times(1+6\%)-1\approx9\%$。

【答案】C

【例 12.3】实际利率和名义利率都可能为负值。（　　）[中央财经大学 2012 金融硕士]

【解析】实际利率是指物价水平不变，从而货币购买力不变条件下的利息率。名义利率是指包括补偿通货膨胀（或通货紧缩）风险的利率。理论上名义利率不可能为负，不会出现倒付利息的情况，但实际上日本在 20 世纪 90 年代与美国在 2008 年次贷危机期间出现过名义利率为负的情况。当通货膨胀率高于名义利率时，实际利率为负值。

【答案】√

考点二：利率的决定 ★★★★★

1. 马克思的利率决定论

马克思的利率决定论又称为平均利润决定论。马克思对于利率决定的研究是以剩余价值在不同资本家之间的分割为起点的。马克思认为，利息是借贷资本家从职能资本家那里分割出来的一部分剩余价值，而利润则是剩余价值的转化形式。利息的这种质的规定性决定了它的量的规定性，即利息量的多少取决于利润总额，利息率取决于平均利润率。马克思认为利息只是利润的一部分，所以利润成为利息的最高界限，否则归职能资本家的部分就会等于零，这样平均利润率构成了利率的最高界限。而利息率的最低界限，取决于职能资本家与借贷资本家之间的竞争，但不管怎样一般不会等于零，否则借贷资本家就不会把资本贷出。因此，利率一般在零与平均利润率之间变化。

马克思进一步指出，利率的高低取决于两个因素：利润率和总利润在贷款人和借款人之间进行分配的比例。这一比例的高低主要取决于借贷双方的供求关系及其竞争，一般来说，供大于求时利率下降；供不应求时利率上升。此外，法律、习惯等对利率的决定也有较大影响。马克思的理论对于说明社会化大生产条件下的利率决定问题具有指导意义。

2. 古典学派的利率决定

在凯恩斯主义出现以前，实际利率理论是西方经济学中占主导地位的利率决定理论。该理论强调非货币的实际因素——生产率和节约在利率决定中的作用。其中，生产率用边际投资倾向来表示，节约用边际储蓄倾向来表示。利率提高会导致投资减少，储蓄增加。因此储蓄是利率的递增函数，投资是利率的递减函数，而投资与储蓄的均衡点决定了利率。图 12-1 说明了这种关系。

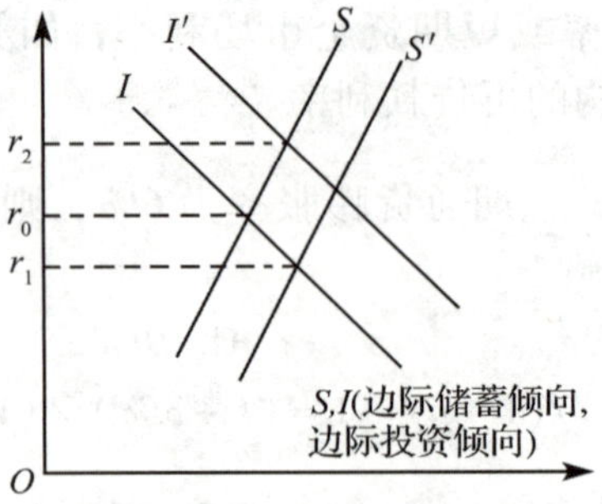

图 12-1　实际利率论

图中，向下倾斜的投资曲线 I 表示投资与利率反向变动；向上倾斜的储蓄曲线 S 表示储蓄与利率同向变动。I、S 两条曲线的交点所决定的利率 r_0 为均衡利率。若当投资不变而边际储蓄倾向提高使 S 线右移至 S' 时，均衡点决定的利率就会从 r_0 下降至 r_1；当储蓄不变而边际投资倾向提高使 I 线右移至 I' 时，均衡点决定的利率就会从 r_0 上升至 r_2。

3. 凯恩斯理论的利率决定

凯恩斯把利率定义为对人们放弃流动性偏好的报酬，因此决定利率的是货币因素而非实际因素。他认为利率取决于货币的供求，货币供应是由中央银行决定的外生变量，货币需求则取决于人们的流动性偏好。当人们的流动性偏好增强时，愿意持有的货币数量就会增加，当货币供应不变时利率就会上升；反之，当货币需求减少而货币供应不变时，利率就会下降。因此，利率是由流动性偏好所决定的货币需求与货币供应共同决定的。该理论如图 12-2 所示。

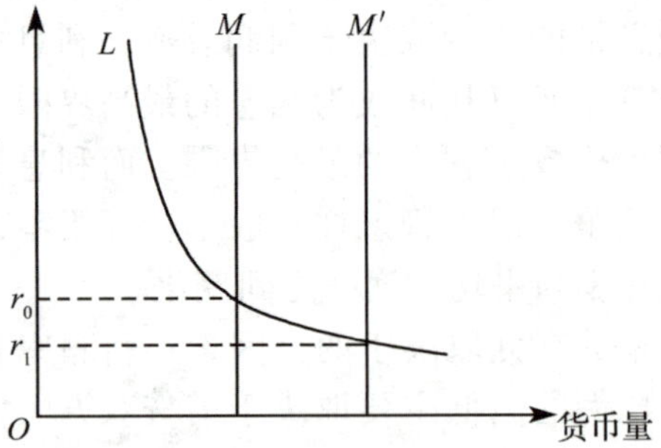

图 12-2　凯恩斯利率论

图中的货币供应曲线 M 因由货币当局决定，故为一条直线；L 是由流动性偏好决定的货币需求曲线。两线的相交点决定利率。凯恩斯利率理论中著名的“流动性陷阱”假说是指，货币需求曲线 L 越向右越与横轴平行，表明当 M 线与 L 线相交于平行部分时，利率将不再变动，即无论增加多少货币供应，货币都会被储存起来，不会对利率水平产生任何影响。

【例 12.4】如果经济处于流动性陷阱中，（　　）。［清华大学 2017 金融硕士］

A. 公开市场活动对货币供给没有影响

B. 投资的变动对计划总支出没有影响

C. 实际货币供给量的变动对利率没有影响

D. 利率下降对投资没有影响

【解析】"流动性陷阱"假说是指：当一定时期的利率水平降低到不能再低时，人们就会产生利率上升、债券价格下跌的预期，从而货币需求弹性就会变得无限大，即无论增加多少货币，都会被人们储存起来。此时，货币供给量的变动对利率没有影响。

【答案】C

4. 可贷资金理论的利率决定

可贷资金理论由英国的罗伯逊和瑞典的俄林所倡导。他们一方面认为传统经济学忽视了货币因素的忽视，而将利率的决定仅限于实际因素——储蓄与投资对利率进行分析过于片面；另一方面又批评凯恩斯只强调货币供求而否定实际因素在利率决定中的作用。

根据可贷资金论，借贷资金需求来自某期间人们希望保有的货币余额和该期间内的投资流量；借贷资金供给则来自同一期间货币供给量的变动和该期间的储蓄流量，用公式可以表示为：

$$D_L = I + \Delta M^D,\ S_L = S + \Delta M^S$$

其中，D_L为借贷资金的需求；S_L为借贷资金的供给；ΔM^D为该时期内货币需求的改变量；ΔM^S为该时期内货币供应的改变量。显然，货币供给与利率呈正相关关系；而货币需求与利率则呈负相关关系。总体来看，均衡条件为：

$$I + \Delta M^D = S + \Delta M^S$$

因此，利率的决定便建立在可贷资金供求均衡的基础之上。如果投资与储蓄的力量对比不变，按照可贷资金供求理论，货币供需力量对比的变化就会使利率发生变动，因此，利率从一定程度上来看是货币现象，如图 12-3 所示。图中，M0 表示尚未增加 ΔM^S 的货币供给量，M1 则是增加了 ΔM^S 之后的货币供给量。

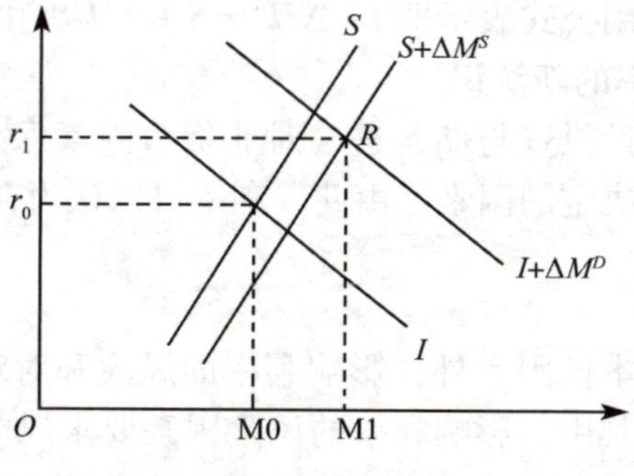

图 12-3 可贷资金论

可贷资金理论从流量的角度出发，对借贷资金的供求和利率的决定进行了研究，可以直接对金融市场的利率进行分析。

【例 12.5】在关于利率决定理论的以下表述中，正确的是(   )。[中央财经大学 2019 金融硕士]

A. 投资是利率的减函数

B. 凯恩斯的流动性偏好理论在分析长期利率趋势时更具有说服力

C. *IS-LM* 模型认为利率水平是由货币市场供求均衡决定的

D. 可贷资金理论是一种存量分析法

【解析】A项，投资是利率的减函数，利率水平越高，人们越愿意存钱，从而投资减少。B项，凯恩斯的流动性偏好理论更加重视货币因素对利率决定的影响，而货币供求受短期因素的扰动较大，故该理论在分析短期利率走势的变化时更具说服力。C项，*IS-LM*模型将市场划分为商品市场和货币市场，认为国民经济均衡是商品市场和货币市场同时出现均衡。D项，可贷资金理论是一种流量分析法，可贷资金的供给来自某一时期的储蓄流量和货币供给的增量，与利率水平正相关；借贷资金的需求则取决于同一时期的投资流量和人们希望保有的货币余额的变化，与利率水平负相关。

【答案】A

【例12.6】简要评述可贷资金理论。［中南财经政法大学2020金融硕士］

答：(1)可贷资金理论的内容

①对古典学派利率理论的批判：忽视货币因素，片面分析储蓄投资对利率的影响。

②对凯恩斯利率理论的批判：完全否定非货币因素对利率界定的影响。

③可贷资金理论的基本内容：在储蓄和投资流量的基础上，将货币供求变动因素纳入借贷资金供求平衡的考量，同时考虑非货币因素和货币因素对利率决定的共同影响。

(2)可贷资金理论的数学表达

可贷资金理论是以流量的视角通过研究借贷资金供求平衡来计算利率。

①借贷资金的供给(S_L)是一定期间储蓄流量(S)与该期间货币供给量变动(ΔM^S)之和，用公式表示即$S_L=S+\Delta M^S$；

②借贷资金的需求(D_L)是与资金供给相同期间的投资流量(I)与该期间货币需求量变动(ΔM^D)之和，用公式表示即$D_L=I+\Delta M^D$；

③借贷资金的供求平衡用公式表示即$I+\Delta M^D=S+\Delta M^S$，由该式可得出利率。

(3)可贷资金理论对利率的新认识

可贷资金理论认为，假设投资与储蓄这一对非货币因素保持一定的力量对比，则货币供需的力量是直接影响利率决定的因素，由此，利率可以认为在一定程度上是货币现象。

5. 影响利率的风险因素

除了决定利率水平的根本性因素外，影响利率的风险和对利率的管制也是影响利率水平的两个特别重要的因素。其中，影响利率的风险因素要求风险补偿(风险溢价)。这些风险主要有：通货膨胀风险、违约风险、流动性风险、偿还期限风险和政策性风险。

【例12.7】我国国债收益率高于同期限银行存款收益率，因为前者(　　)风险高。［中国人民大学2017金融硕士］

A. 违约　　B. 流动性　　C. 政策　　D. 通货膨胀

【解析】我国的同期国债和银行存款，由于目前两者的资信度基本一致，故两者利率应该一致，都应该视为无风险利率。但是，因为我国国债市场的流动性较低，持有国债不像银行存款那样容易变现，于是国债利率只能高于同期银行存款的利率，高出部分在一定程度上意味着对国债流动性不足的风险补偿。

【答案】B

6. 利率管制

利率管制是指由政府有关部门直接制定利率或利率变动的界限。

(1)多数发展中国家实行利率管制的原因

①经济贫困和资本严重不足，导致政府实行利率管制，希望以此促进经济发展并防止过高的利率给经济带来的不良影响。

②实行管制利率以抑制较高的通货膨胀。

③为配合全面的经济控制而对利率实行管制。

④在金融市场不发达以及金融机构数量不多的情况下，容易形成垄断利率以及对贷款的垄断分配，进而发展成利率管制。

⑤在实行计划经济的国家中，利率管制是配合实现生产、流通等其他计划的一个重要组成部分。

(2)我国的利率管理体制

我国利率属于管制利率类型。1995 年以前，我国利率由国务院统一制定，由中国人民银行统一管理。目前，利率由中国人民银行做出决定，报国务院批准执行。

①我国利率管理体制形成的历史背景：建国初期，通胀严重、高利贷和投机倒把盛行。

②利率管理的特点：档次少、水平低、利差小、管理权限高度集中。

(3)我国长期以来实行低利率政策的原因

①稳定物价、稳定市场、促进和扶持工农业生产的发展。

②高度集中计划管理体制下，利率杠杆起不了多大作用。

③受“左”倾思想影响，认为高利率会成为少数人占有剩余产品的手段，助长不劳而获。

(4)我国的利率市场化进程(见表 12-2)

表 12-2　我国的利率市场化进程

时间	进程
1996 年	开始了利率市场化改革的进程
2007 年 1 月 4 日	随着 SHIBOR(上海银行间同业拆放利率)的正式运行，我国货币市场基准利率培育工作全面启动
2013 年 7 月 20 日	全面放开了金融机构贷款利率管制
2013 年 10 月 25 日	发布贷款基础利率，标志着利率市场化改革跨出了重要一步
2015 年 10 月 24 日	取消了存款利率浮动上限，利率市场化改革告一段落
2019 年 8 月 19 日	利率并轨改革，即将货币市场利率与目前尚存在管制的存贷款基准利率统一

考点三：利率的作用 ★★★

1. 对利率作用的一般估价

(1)利率在宏观经济中的作用

主要表现为对货币的供需、市场的供需、物价水平的升降、国民收入的分配、汇率、国际资本的流动、经济增长和就业等方面的作用。

(2)利率在微观经济中的作用

主要表现为对个人在消费与储蓄之间的分配上的作用和对企业的经营管理和投资方面

的作用。

2. 储蓄的利率弹性和投资的利率弹性

(1)储蓄的利率弹性

①替代效应、收入效应：利率的替代效应是指储蓄随利率提高而增加的现象；利率的收入效应是指储蓄随利率提高而降低的现象。

②替代效应与收入效应的对比关系决定利率对储蓄的影响方向与程度。

(2)投资的利率弹性

①利率与资本边际效率的对比关系决定投资。

②投资的利率弹性决定利率对投资的影响。

3. 利率发挥作用的环境和条件

利益约束机制直接关系到利率作用的发挥。在市场经济中，利率能够发挥更大作用的原因在于：经济人有足够的独立决策权，且遵循利润最大化、效益最大化的基本准则，而利率的高低对经济人的收益具有直接影响。

12.2　课后习题详解

1. 为什么利息成为收益的最一般形式？举一个例子，说明收益的资本化。

答：(1)利息成为收益最一般形式的原因

利息是资金所有者借出资金而取得的报酬，它来自生产者使用该笔资金发挥生产职能而形成的利润的一部分。显然，没有借贷，就没有利息。但在现实生活中，利息被人们看作是收益的一般形态：无论贷出资金与否，利息都被看作是资金所有者理所当然的收入——可能取得的或将会取得的收入。与此相对应，无论借入资金与否，生产经营者也总是把自己的利润分成利息与企业收入两部分，似乎只有扣除利息所余下的利润才是经营所得。于是，利息就成为一个尺度：如果所获利润与投资额之比低于利息率，则根本不应该投资；如果扣除利息，所余利润与投资的比例甚低，则说明经营的效益不高。

利息之所以能够转化为收益的一般形态，马克思认为主要有以下几个原因：

①借贷关系中利息是资本所有权的果实这种观念被广泛传播，取得了普遍存在的意义。在货币资本的借贷中，贷者之所以可以取得利息，在于他拥有对货币资本的所有权；而借者之所以能够支付利息，在于他将这部分资本运用于产业营运的过程之中，形成价值的增值。一旦人们忽略整个过程中创造价值这个实质内容，而仅仅注意货币资本的所有权可以带来利息这一联系，货币资本自身天然具有收益性的概念，便根植于人们的观念之中。

②利息虽然就其实质来说是利润的一部分，但同利润率有一个极明显的区别：利润率是一个与企业经营状况密切联系因而事先捉摸不定的量；而利息率则是一个事先极其确定的量，无论企业家的生产经营情形如何，都不会改变这个量。因此，对于企业主来说，“一旦利息作为独特的范畴存在，企业主收入事实上就只是总利润超过利息的余额所采取的对立形式。”利息率的大小，在其他因素不变的条件下，直接制约企业主收入的多少。在这个意义上，用利息率衡量收益，并以利息表现收益的观念及做法，就不奇怪了。

③利息有着悠久的历史。信用与利息，早在“资本主义生产方式以及与之相适应的资本观念和利润观念存在以前很久”就存在了，货币可以提供利息，早已成为传统的看法。因此，无论货币是否作为资本使用，人们毫不怀疑，它都可以带来收益。

(2)收益的资本化

收益的资本化，是指各种有收益的事物，不论它是否是一笔贷放出去的货币金额，甚至不论它是否是一笔资本，都可以通过收益与利率的对比而倒过来算出它相当于多大的资本金额。

正是按照这样的带有规律性的关系，有些本身并不存在一种内在规律可以决定其相当于多大资本的事物，也可以取得一定的资本价格，例如土地本身不是劳动产品，无价格，从而不具备决定其价格的内在根据，但土地可以有收益，于是就可以取得地价。比如，一块土地每亩的年平均收益为 100 元，假定年利率为 5%，则这块土地就会以每亩 2000 元(= 100 元 ÷ 0.05)的价格成交。在利率不变的情况下，当土地的预期收益(B)越大时，其价格(P)会越高；在预期不变的情况下，市场利率(r)越高，土地的价格(P)将越低，这就是市场竞争过程中土地价格形成的规律。

同理，有些本来不是资本的东西也因收益的资本化而被视为资本，以工资为例，若一个人的年工资为 6000 元，当市场年利率为 5% 时，他的资本额可达 12 万元，这便是在西方经济学里被称为“人力资本”的范畴。

资本化是商品经济中的规律，只要利息成为收益的一般形态，这个规律就起作用。随着商品经济的进一步发展，资本化规律起作用的范围进一步扩大也将是一个不可避免的过程。

2. 从理论上说，利率的水平是怎样决定的？主要有哪些论点？

答：(1)利率水平的影响因素

①平均利润率。利润是借贷资本家和职能资本家可分割的总额，当资本量一定时，平均利润率的高低决定着利润总量，平均利润率越高，则利润总量越大。而利息实质上是利润的一部分，所以利息率要受到平均利润率的约束。因此平均利润率越高，则利率越高。

②借贷成本。借贷主要包括两类成本：一是借入资金的成本，二是业务费用。银行在贷款时必然会通过收益来补偿其耗费的成本，并获得利差，所以它在确定贷款利率水平时，就必然要求贷款利率高于存款利率和业务费用之和，否则银行就无利可图甚至出现亏损。当然，银行还可以靠中间业务的手续费等其他收入去弥补成本。

③通货膨胀预期。物价变动主要表现为货币本身的升值或贬值。物价下跌，货币升值；物价上涨，货币贬值。在金融市场上，由于本息均由名义量表示，借贷双方在决定接受某一水平的名义利率时，都考虑到对未来物价预期变动的补偿，以防止自己因货币实际价值变动而发生亏损。所以，在预期通货膨胀率上升时，利率水平有很强的上升趋势；在预期通货膨胀率下降时，利率水平也趋于下降。

④中央银行货币政策。中央银行通过运用货币政策工具改变货币供给量，从而影响可贷资金的数量。当中央银行想要刺激经济时，会增加货币投入量，使可贷资金的供给增加，这时可贷资金供给曲线向右移动，利率下降，同时会刺激对利率的敏感项目，如房地产、企业厂房和设备的支出。当中央银行想要限制经济过度膨胀时，会减少货币供给，使可贷

资金的供给减少，利率上升，使家庭和企业的支出受抑制。

⑤经济周期。利率的波动表现出很强的周期性，在经济周期的扩张期上升，而在衰退期下降。

⑥借款期限和风险。由于期限不同，流动性风险、通胀风险和信用风险也不同，所以利息率随借贷期限的长短不同而不同，通常利息率随借贷期限增长而提高。为了弥补这些风险实际发生后无法收回贷款本息所造成的损失，贷款人在确定贷款利率时必须考虑风险因素，风险越大，利息越高。资金从投放到收回过程中，可能存在的风险主要有购买力的风险、利率风险、违约风险和机会成本损失风险等等。

⑦借贷资金供求状况。在资本主义制度下，从总体上说，平均利润率等因素对利息率起决定和约束作用，但市场利率的变化在很大程度上是由资金供求状况决定的。市场上借贷资金供不应求时，利率就会上升，供过于求时，利率则要下降。

⑧政府预算赤字。如果其他因素不变，政府预算赤字与利率水平将会同方向变动，即政府预算赤字增加，利率将会上升；政府预算赤字减少，利率则会下降。

⑨国际贸易和国际资本流动状况。国际贸易状况的变化通过产品市场与货币市场两方面影响利率的变化。在产品市场上，当净出口增加时，会促进利率上升；当净出口减少时，会促进利率下降。国际资本流动状况对利率的影响与国际贸易状况的变动在货币市场上对利率变动的影响类似。当外国资本(无论是直接投资还是短期的证券投资)流入本国时，将引起中央银行增加货币供应量，导致利率下降；当外国资本流出本国时，将引起货币供应量的减少，导致利率上升。

⑩国际利率水平。由于国际间资本流动日益快捷普遍，国际市场趋向一体化，国际利率水平及其趋势对一国国内的利率水平的确定有很大的影响，二者体现出一致的趋势，具体表现在两方面：一是其他国家的利率对一国国内利率的影响；二是国际金融市场上的利率对一国国内利率的影响。而欧洲货币规模的增大和范围的扩大，国际金融市场上竞争的加强，也会降低国内利率水平或抑制国内利率上升的程度。

(2)利率的决定理论

利率的决定理论主要有马克思主义的利率决定论、实际利率论、凯恩斯利率论、可贷资金论。

①马克思的利率决定论。马克思对利率的决定的分析是以剩余价值在不同资本家之间的分割为起点的。马克思认为，利息是贷出资本的资本家从借入资本的资本家那里分割出来的一部分剩余价值，而利润是剩余价值的转化形式。马克思进一步指出，在平均利润率与零之间，利率的高低取决于两个因素：一是利润率；二是总利润在贷款人和借款人之间进行分配的比例。这一比例的确定主要取决于借贷双方的供求关系及其竞争。

②实际利率论。在凯恩斯主义出现以前，西方经济学中占主导地位的利率决定理论被称作实际利率论，该理论强调非货币的实际因素——生产率和节约在利率决定中的作用。其中，生产率用边际投资倾向表示，节约用边际储蓄倾向表示。投资流量会因利率的提高而减少，储蓄流量会因利率的提高而增加。故投资是利率的递减函数，储蓄是利率的递增函数，而利率的变化则取决于投资流量与储蓄流量的均衡点。

③凯恩斯利率论。凯恩斯把利息定义为对人们放弃流动性偏好的报酬，因此决定利率

的是货币因素而非实际因素。他认为利率取决于货币的供求，货币供应是由中央银行决定的外生变量，货币需求则取决于人们的流动性偏好。当人们的流动性偏好增强时，愿意持有的货币数量就会增加，当货币供应不变时利率就会上升；反之，当货币需求减少而货币供应不变时，利率就会下降。因此，利率是由流动性偏好所决定的货币需求与货币供应共同决定的。

④可贷资金论。按照可贷资金论，借贷资金的需求与供给均包括两个方面：借贷资金需求来自某期间投资流量和该期间人们希望保有的货币余额；借贷资金供给则来自同一期间的储蓄流量和该期间货币供给量的变动。用公式表示，有：$D_L = I + \Delta M^D$，$S_L = S + \Delta M^S$，式中，D_L为借贷资金的需求；S_L为借贷资金的供给；ΔM^D为该时期内货币需求的改变量；ΔM^S为该时期内货币供应的改变量。显然，作为借贷资金供给一项内容的货币供给与利率呈正相关关系；而作为借贷资金需求一项内容的货币需求与利率则呈负相关关系。就总体来说，均衡条件为：$I + \Delta M^D = S + \Delta M^S$。

3. 目前在我国的利率体系中，哪些属于市场利率？哪些属于官定利率和行业利率？

答：市场利率是指在某一时点，金融市场上由货币资金的供求关系直接决定并由借贷双方自由议定的利率。官定利率是指中央银行或金融管理当局确定的利率。行业利率是指由非政府部门的金融行业自律性组织，如银行公会等确定的利率。

中国人民银行制定、调整以下利率：中国人民银行对金融机构存、贷款利率和再贴现利率，金融机构存贷款利率、优惠贷款利率、罚息利率、同业存款利率、利率浮动幅度等等。

金融机构根据中国人民银行的有关规定确定以下利率：浮动利率、内部资金往来利率、同业拆借利率、贴现利率和转贴现利率、中国人民银行允许确定的其他等量利率。

可见，我国目前以官定利率为主，尤其是存贷款利率；市场利率范围有限，主要是在同业拆借等领域。目前我国没有行业利率。

4. 倘若你在银行有一笔储蓄存款，当储蓄存款利率下调时，你会根据怎样的判断做出反应？

答：(1)选择利率相对较高的银行

我国各个银行的存款利率都是根据央行的基准利率来进行调整的，不同银行的调整比例不同，因此各个银行的存款利率会有所差异。目前我国国有四大银行的存款利率仅仅略高于央行基准利率，而其他商业银行的存款利率比国有银行的存款利率又会略高一些，存款利率最有优势的为我国规模较小的地方性存款银行。因此，当储蓄存款利率下调时，我可能会选择将存款存在利率相对较高的地方性存款银行。

(2)将储蓄存款转化为投资

储蓄存款的利率与央行基准利率具有直接联系，且变化幅度基本一致。储蓄存款利率下降，也就是说央行基准利率下降，债券价格相应上升。因此，在这种情况下，可以将储蓄存款转化为债券进行投资操作。

5. 什么是市场形成的基准利率？它起什么作用？

答：(1)基准利率的含义

基准利率是指在多种利率并存的条件下起决定作用的利率，即这种利率发生变动，其他利率也会相应变动。在市场经济中，基准利率是指通过市场机制形成的无风险利率。基准利率必须是市场化的利率：一方面，只有市场机制才能形成整个社会的无风险利率；另一方面，也只有市场机制中的市场化的无风险利率的变化才可以使全社会其他利率按照同样的方向和幅度发生变化。

(2)基准利率的作用

通过基准利率水平的变化趋势，可以了解全部利率体系的变化趋势。基准利率的变化可以传递市场信息，为经济政策的实施提供参考依据。另外，基准利率处于利率体系的核心主导地位，它不仅是稳定利率体系的“锚”，更是调控利率体系的“纲”。“纲举目张”，整个利率体系将随之调整。根据各国的实践经验，能够充当基准利率的只能是位于整个利率体系的底部、风险最小、最能满足公众流动性偏好、最能引导公众的预期、最便于央行操作、传导效果最好的利率。目前世界各国的基准利率大致分为短期国债回购利率、同业拆借利率和再贴现率等，央行通过对这些利率的调控就能实现对整个利率水平，乃至对经济的调控。显然，只有建立起有效的基准利率，利率市场化改革才能有实质性突破，并能获得持续的进展。反之，如果没有规范基准利率的主导作用，利率市场化改革就缺乏稳定性和可持续性。

6. 什么是利率的投资弹性与储蓄弹性？影响利率的投资弹性与储蓄弹性的因素主要有哪些？如果这两种弹性都比较强，利率将有可能对宏观经济发挥怎样的调节作用？

答：(1)储蓄的利率弹性及其影响因素

储蓄的利率弹性是指储蓄的变化对利率变化的反应程度。就个人储蓄而言，利率的变化对储蓄有正反两个方面的作用：储蓄总额相对于利率的提高，可以是增加，也可以是减少；储蓄总额相对于利率的下降，可以是减少，也可以是增加。一般将储蓄随利率提高而增加的现象称为利率对储蓄的替代效应；将储蓄随利率提高而降低的现象称为利率对储蓄的收入效应。替代效应表示人们在利率水平提高的情况下愿意增加未来的消费——储蓄，来替代当前的消费。这一效应反映了人们有较强的增加利息收入从而增加财富积累的偏好。收入效应表示人们在收入水平随着利率提高而提高时，希望进一步改善生活水平的偏好。

一般来说，一个社会中总体上的储蓄利率弹性究竟是大是小，最终取决于上述两种作用相互抵消的结果。由于相互抵消，尽管利率的收入效应与替代效应分别来看都很强，但利率的弹性却可以很低。至于储蓄的利率弹性方向——是正还是负，显然也取决于收入效应与替代效应的对比结果。

(2)投资的利率弹性及其影响因素

投资的利率弹性是指投资的变化对利率变化的反应程度。利率变化对投资所起的作用，是通过厂商对资本的边际效益与市场利率的比较形成的。如果资本边际效益大于市场利率，可以促使厂商增加投资；反之，则减少投资。但是，同样幅度的利率变化以及利率与资本的边际收益的对比对于不同厂商投资的影响程度可以是不同的。如在劳动力成本——工资不随利率下降而降低的情况下，对劳动密集型的投资，利率弹性就小些；对资本密集型的投资，利率弹性就大些。另外，期限较长的固定资产投资的利率弹性会大些。存货投资的利率弹性较复杂，由于存货的增减更主要的取决于产品销售及其他成本，利息成本只是影响因素之一。因此需要有较大幅度的利率变化，才能引起存货投资量的明显变化。

(3)在两种弹性较强的情况下利率对宏观经济发挥的作用

宏观经济的调控主要是通过财政政策和货币政策，而利率是货币政策的重要手段。但是利率在宏观调控中发挥作用的大小取决于利率的投资弹性和储蓄弹性。如果这两种弹性都比较强，利率在调节宏观经济过程中将发挥较大的作用：如果利率提高，会使社会的储蓄提高、投资减少，有利于控制经济过热和通货膨胀；如果利率降低，将使社会的储蓄减少、投资增加，有利于刺激消费和投资，扩大社会总需求。

在发达的市场经济中，利率的作用极大，基本原因在于：对于各个可以独立决策的经济人——企业、个人以及其他来说，利润最大化、效益最大化是基本的准则。而利率的高低直接关系到他们的收益。在利益约束的机制下，利率也就有了广泛而突出的作用。

以我国为例，在过去的中央集中计划体制下，由于市场机制受到极强的压制，利率没有显著的作用。改革开放之后，利率也开始被重视。在这样的过程中，个人、个体经营者及非国有经济的其他各种成分，因为具有独立的决策权，所以可明显看出利率的作用在逐步提高。而国有经济，特别是国有大中型企业，在独立经营、自负盈亏、自我发展、自我约束的机制还没有形成的条件下，利率的调整很难起到引导作用：利率调高不能促使其节约人力、物力消耗和加速资金周转，利率调低则更会导致浪费。

当企业无力通过自己的盈利来满足一个相当部分的再投资需要(如扩大规模、更新改造和增补流动资金等)时，只要还得继续经营，再高的贷款利率也难以使贷款需求降下来，即企业投资对利率不敏感，此时利率难以对宏观经济产生调节作用。

7. 我国实施管制利率的原因是什么？管制利率的弊端主要有哪些？目前，我国正在对利率实行市场化改革，你是否了解这一改革的主要内容及步骤？你对推进这一改革的必要性是如何理解的？

答：(1)我国实施管制利率的原因

利率市场化是一个复杂的过程，而存款利率的上限和贷款利率的下限的放开，将引起非常大的震动，对此，金融管理当局必须高度重视。在目前，我国市场化特别是存款上限和贷款下限依然实行管制主要有以下几点原因：

①国有银行不良资产的比重仍然较大，金融监督机制虽然有一定改进，但仍有待进一步完善。此时利率市场化推进速度过快，可能会导致银行间的恶性竞争，产生金融风险。

②我国银行资金主要流向了国有企业，因此国有企业运营效率的提高与否将成为利率市场化的一个非常关键的因素。在国有企业效率不高的前提下推行利率市场化会导致资金改变流向，更多的资金将流向效率高的民营企业。

③利率市场化是汇率市场化的前提。利率市场的开放应与汇率市场化、资本项目的开放联系起来考虑，并有整体安排。

④金融市场需要进一步规范和完善。应扩大票据承兑贴现业务，培育和发展包括商业票据在内的票据市场；完善同业拆借市场和债券市场运作机制。

⑤金融衍生产品市场不发达，如金融期货市场等套期保值市场。因为利率市场化之后，

需要金融期货市场来规避和分散利率风险，这是利率市场化顺利推进的一个重要条件。

(2)利率管制的弊端

①导致利息负担与收益的扭曲。政府对利率管制的显著特征是将管制利率控制在市场利率以下。由于存款者所获得的利息收入与借款者所支付的利息成本相对偏低，造成利息负担与收益的不均。利益的最大损失者是存款者。

②导致信贷配给制。所谓信贷配给，是指在固定利率条件下，面对超额的资金需求，银行因无法或不愿提高利率，而采取一些非利率的贷款条件，使部分资金需求者退出银行借款市场，以消除超额需求而达到平衡。非利率的贷款条件可分为三类：一是借款者的特性，如经营规模、财务结构、过去的信用记录等；另一类是银行对借款者就借款活动所做的特别要求，如：回存要求、担保或抵押条件、贷款期限长短等；第三类属于其他因素，如企业与银行和银行个别职员的关系、借款者的身份、借贷员的个人好恶、回扣的有无和多少等。这些非利率贷款条件是利率管制环境下银行解决超额资金需求的常用手段。在信用分配的标准中，一些标准有助于银行减少信贷风险，如企业的资产负债结构、规模、贷款期限等；但也有许多因素不但有悖于资源配置的原则，而且还会助长银行这一垄断行业的不正之风，例如补偿余额、索要回扣、以借款者身份为标准、裙带之风等等。这些标准的存在，一方面变相提高了银行的有效贷款利率，另一方面则为银行及其他部门的相关人员寻租、腐败创造了条件。换言之，利率管制所导致的信贷配给的存在，除了会降低整个社会的资源配置效率外，还会产生败坏银行甚至整个社会风气的不良影响。

③扭曲资源配置，降低资本产出比率。根据经济学原理，市场均衡时市场利率应与边际生产率相等，低于均衡边际生产率的企业会因其支付不起利息负担而退出借贷市场。换言之，由资本使用人之间自由竞争所决定的利率自动地将资本限制于那些报酬高的用途上，而将报酬低的投资予以淘汰。利率的这种功能对于资金供给是经济发展瓶颈的国家尤为重要。为了将资本分配于每一单位投资净报酬率最高的用途上，应让利率执行其自然的功能，使资本分配到最具生产力的各种相互竞争的用途上。

但如果政府武断地规定一个低的利率并任意对资本加以分配，完全限制竞争性利率的选择机能，将不可避免地造成资源配置的低效率，使一些资本分配到生产率较低的投资项目上，使每一单位投资的净生产率降低，进一步加重资本供给缺乏的严重性。

④降低金融部门对经济发展的推动作用。若金融当局对金融部门的存贷款利率进行管制，必然影响资金供给来源。因为存款利率太低，效率低下而又有资金盈余的单位将会进行自我融资而不存入金融机构，结果会导致金融部门萎缩而阻碍金融发展，进而影响资本积累和经济发展速度。

⑤降低商业银行的经营效率。如果政府人为地将存款利率压得很低，表面上看降低了银行的成本，但实际上银行吸收同样的存款量可能付出的成本更高，或在付出同样成本的情况下吸收的存款量减少。为了多吸收存款，银行就可能采取各种隐蔽的方式提高存款利率，如赠送各种礼物、奖品、提前支付利息等。这种行为一旦被监管者发现，银行就要为此付出代价。若要通过合法行为增加存款的吸收，银行只能采取非价格竞争手段，如改善服务的方式，如增加服务时间，增设分支机构、网点，改进技术设备等等。这些措施可能在原利率水平下增加存款流入量，银行的利息成本曲线有可能降低；但由于服务时间的延

长和服务质量的改善，必然增加营业费用。

政府对银行贷款利率的管制，通常会导致两种情况发生：一是如果规定的贷款利率低于证券投资的收益率，则银行就会减少贷款数量，增加对证券的投资，或通过非价格竞争手段，使隐含贷款利率提高。二是如果由于种种原因，使银行既不能投资于证券，也不能违反规定变相提高贷款利率，则唯一的结果是银行的收益减少，甚至发生亏损。

如果政府对存贷款利率同时进行管制，银行既可能采取前述几种行为方式来应对管制，也可能因为利差基本固定而安于现状，不思进取，不花费精力去改善经营管理、增加收益。

⑥黑市盛行。由于利率管制的存在，银行的存贷款利率低于均衡利率水平，资金需求量超过资金的供给量，促使银行根据各种非利率因素进行主观的信贷分配，这种主观的信贷配给方法不但会降低资源使用的效率，而且必然使一些企业得不到低利率银行贷款，只能求助于黑色借贷市场，以满足其资金需求。这也是在几乎所有的发展中国家都存在黑色借贷市场的主要原因。官定利率水平离均衡利率水平越远，资金黑市就越猖狂。

⑦导致整体经济的不稳定。上述的利率管制的弊端必然影响一国整体经济的发展和稳定。

(3)利率实行市场化改革的主要内容及步骤

利率市场化改革的总体思路确定为：先放开货币市场利率和债券市场利率，再逐步推进存、贷款利率的市场化。存、贷款利率市场化按照“先外币、后本币；先贷款、后存款；先长期、大额，后短期、小额”的顺序进行。

1993 年《关于建立社会主义市场经济体制改革若干问题的决定》和《国务院关于金融体制改革的决定》最先明确利率市场化改革的基本设想。1995 年《中国人民银行关于“九五”时期深化利率改革的方案》初步提出利率市场化改革的基本思路。

1996 年 6 月 1 日，放开银行间同业拆借市场利率，实现由拆借双方根据市场资金供求自主确定拆借利率。

1997 年 6 月，银行间债券市场正式启动，同时放开了债券市场债券回购和现券交易利率。

1998 年，将金融机构对小企业的贷款利率浮动幅度由 10% 扩大到 20%，农村信用社的贷款利率最高上浮幅度由 40% 扩大到 50%。

1998 年 3 月，改革再贴现利率及贴现利率的生成机制，放开了贴现和转贴现利率。从 1998 年 3 月 21 日起，对存款准备金制度进行改革：①将原各金融机构在人民银行的“准备金存款”和“备付金存款”两个账户合并，称为“准备金存款”账户。②法定存款准备金率从 13% 下调到 8%。准备金存款账户超额部分的总量及分布由各金融机构自行确定。

1998 年 9 月，放开了政策性银行金融债券的发行利率。

1999 年 9 月，成功实现国债在银行间债券市场利率招标发行。

1999 年 10 月，对保险公司大额定期存款实行协议利率，对保险公司 3000 万元以上、5 年以上大额定期存款，实行保险公司与商业银行双方协商利率的办法。

1999 年，允许县以下金融机构贷款利率最高可上浮 30%，将对小企业贷款利率的最高可上浮 30% 的规定扩大到所有中型企业。

2000 年 7 月，中国人民银行宣布要用三年时间，按照“先外币后本币，先贷款后存款，先农村后城市”的步骤渐进地实现利率市场化。尔后，在中国人民银行的《2002年中国货币政策执行报告》中正式公布了我国利率市场化改革的总体思路：先外币、后本币；先贷款、后存款；先长期、大额，后短期、小额。

2000年9月21日，实行外汇利率管理体制改革，放开了外币贷款利率；300万美元以上的大额外币存款利率由金融机构与客户协商确定。

2001年，放开了全国社保基金协议存款利率。

2002年，扩大农村信用社利率改革试点范围，进一步扩大农村信用社利率浮动幅度；统一中外资金融机构外币利率管理政策。

2002年3月，将境内外资金融机构对中国居民的小额外币存款，纳入中国人民银行现行小额外币存款利率管理范围，实现中外资金融机构在外币利率政策上的公平待遇。

2003年5月，央行再一次提出利率市场化改革“路线图”：从货币市场起步，二级市场先于一级市场，先外币、后本币，先贷款、后存款，先长期、后短期，其中贷款利率先扩大浮动幅度，后全面放开，存款利率先放开大额长期存款利率，后放开小额和活期存款利率。

2003年8月，人民银行在推进农村信用社改革试点时，允许试点地区农村信用社的贷款利率上浮不超过贷款基准利率2倍。

2003年9月21日，人民银行将存款准备金率提高1个百分点，即由6%调高至7%。

2003年12月，央行宣布扩大金融机构贷款利率浮动区间、下调超额准备金利率。

2004年1月1日起，将商业银行、城市信用社的贷款利率浮动区间上限扩大到贷款基准利率的1.7倍，农村信用社贷款利率的浮动区间上限扩大到贷款基准利率的2倍，金融机构贷款利率的浮动区间下限保持为贷款基准利率的0.9倍不变。同时明确了贷款利率浮动区间不再根据企业所有制性质、规模大小分别制定。

2004年3月25日，实行再贷款浮息制度。

2004年10月28日，中央银行在调整法定存贷款利率时，就放开了贷款利率的上限和存款利率的下限，但仍对城乡信用社人民币贷款利率实行上限管理，其贷款利率浮动上限扩大为基准利率的2.3倍。

2005年1月31日，央行发布中国利率市场化报告。央行下一步利率市场化改革的初步设想是：统一金融机构贷款利率浮动政策；修改相关法规；完善金融机构存贷款定价机制、提高定价水平；丰富金融产品，推动金融市场向纵深化发展；逐步建立健全中央银行利率调控体系，在更大程度上发挥市场在资源配置中的作用。

2005年3月17日，将现行的住房贷款优惠利率回归到同期贷款利率水平，实行下限管理，下限利率水平为相应期限档次贷款基准利率的0.9倍，商业银行法人可根据具体情况自主确定利率水平和内部定价规则。同时，金融机构在人民银行的超额准备金存款利率由现行年利率1.62%下调到0.99%，法定准备金存款利率维持1.89%不变。

2007年1月4日，随着SHIBOR（上海银行间同业拆放利率）的正式运行，标志着中国货币市场基准利率培育工作全面启动。在中央银行和市场成员的共同努力下，SHIBOR已初步确立了货币市场基准利率的地位。它的建立有利于进一步促进金融机构提高自主定价能力，指导货币市场产品定价，完善货币政策传导机制，推进利率市场化。

2013 年 7 月 20 日，我国全面放开了金融机构贷款利率管制，10 月 25 日发布贷款基础利率，标志着利率市场化改革跨出了重要一步。

2015 年 10 月 24 日，我国取消了存款利率浮动上限，长达 20 年的中国利率市场化改革告一段落。

2019 年 8 月 19 日，我国开始了利率并轨改革，即将货币市场利率与目前尚存在管制的存贷款基准利率统一。

由此看出，中国的利率市场化改革是从货币市场起步的。目前，货币市场利率品种包括银行同业拆借利率、债券回购利率、票据市场转贴现利率、国债与政策性金融债的发行利率和二级市场利率，且都已实现了市场化。在今后较长时期内，存、贷款业务仍会是我国商业银行负债和资产的主要构成部分，因此，实现存、贷款利率市场化是实现我国利率市场化改革目标的关键。

（4）推进利率市场化改革的必要性

①从国际实践的角度来看。80 年代以来，国际金融市场上利率市场化已成趋势，美国于 1986 年 3 月成功地实现了利率市场化，日本于 1994 年 10 月最终成功地实现了利率市场化。通过国际视角利率市场化的实践、经验与教训的比较，已经证明利率市场化在实现内外均衡、保证金融资源优化配置、促进经济增长等方面起着重要的调节作用，已被世界各国所采用。我国的国民经济运行体制要转变到真正意义上的社会主义市场经济上来，就必须扬长避短，借鉴和吸收世界各国的先进生产方式和管理经验。

②从加入 WTO 的角度看。一方面，中国加入 WTO 后，在 2006 年底取消外资银行开展人民币业务的地域和客户服务限制，并可以经营银行零售业务，银行业的所有业务将彻底放开。因此，中国的银行面临外资银行的空前挑战。入世后，在华外资企业和外资银行可以到国际资本市场进行低成本融资，部分中资企业也可以向外资银行融资，这就促使了本币和外币的融通以及国际资本的流入和流出，也加大了利率管制的难度。而另一方面，我国银行业面对的现实情况是沉重的历史包袱、高比例的不良资产、盈利能力差等，再加上中国人民银行实行的利率管制政策和欠发达的金融市场，这些都不利于商业银行吸收大额存款和到资本市场融资，从而提高了资金成本，降低了资本边际效应，丧失了资本来源的稳定性和可靠性。商业银行执行由中央银行按期限长短确定的法定存贷款基准利率，贷款利率水平与贷款风险不相匹配，形成利率倒逼机制，银行贷款利率偏低，创利空间狭小，加上以前高利率和保值储蓄吸收的存款兑付，使应付利息形成大量赤字，造成不少银行实际亏损，从根本上制约了“金融发展→金融创新→资本扩张→资本积累→资本再扩张”的发展思想。面对内忧外患，中国银行业在加入 WTO 后与外资银行在国际资本市场上展开新一轮较量又谈何容易。不在改革中“创新”就在竞争中“淘汰”，为适应这一开放形势，我国现行的利率体系走向市场化是大势所趋。

③从外汇管理的角度看。从理论上说，在资本自由流动的条件下，不仅境内和境外的外币利率不应当存在稳定的利率差，而且人民币利率和境内外币利率和国际金融市场利率之间也难以形成稳定的利率差。首先，如果境内外币利率低于境外利率，必然推动境内外币资金的外流。其次，人民币利率和境内外外币利率的差额，也会诱导人民币与外币之间的资金转换和境内外的资金流动，特别是境内外币利率与人民币利率的差异，必然诱使居

民在毋需承担资本外逃的成本和风险的条件下设法将本币转换成外币。这样，本币利率与境内外币利率之间的稳定的利率差就难以存在。因此，有效的外汇管理是近年来，特别是东南亚金融危机爆发以来，保持人民币利率、境内外币利率和国际市场利率之间较大的、比较稳定的利率差的重要原因之一。但是，外汇管制需要付出相当大的成本。国际经验表明，目前还不存在一种在长期内持续有效的外汇管制政策措施。因此，通过外汇管制维持本外币之间的稳定的利率差只能视为在特定经济发展阶段的特定政策的产物。随着中国加入 WTO，境内外资金流动的规模更大，流动方式更为复杂，继续依靠简单的外汇管制措施可能难以继续取得令人满意的效果。在这个阶段，不失时机地推动利率市场化改革，在缩小本外币利率差额的同时，也会减轻实施外汇管制的政策压力，使得积极稳妥地放开更多的本外币沟通的渠道成为可能。

④从中小企业发展的角度看。我国的中小企业(包括国有中小企业、乡镇企业、私营企业等)在 GDP 中所占的比重越来越大，中小企业在推动国民经济的发展、增加就业、促进产业结构调整和加快产业升级等方面扮演着重要的角色。中央提出给予中小企业“国民待遇原则”，为中小企业融资提供了便利条件。但是，目前的利率管制政策，却不利于中小企业融资的要求。近几年中国人民银行虽然对中小企业贷款利率的浮动幅度做过调整，但由于上浮幅度扩大，下浮幅度未变，结果是中小企业的借款成本仍大大高于大型企业，严重阻碍和制约了中小企业的正常发展。为了克服这一瓶颈，利率市场化改革将成为中小企业特别是中小高科技企业发展与创新的助推器，利率市场化改革已是众望所归。

8. 为什么在利率市场化改革告一段落后还要进行利率并轨？利率并轨有哪些具体内容？利率并轨的难点在哪里？

答：(1)进行利率并轨的原因

①金融市场利率与存贷款利率“双轨并存”。我国货币市场利率和债券市场利率基本实现市场化定价。自 2013 年开始，我国逐步建立并完善利率走廊机制，目前我国利率走廊上限为常备借贷便利(SLF)，下限为超额存款准备金率，实际央行逆回购操作利率扮演“隐性下限”。在利率走廊机制下，央行可通过调整基础货币投放规模和利率，实现对货币市场和债券市场的利率传导，通过期限结构由短端向长端传导。

但存贷款定价主要受央行存贷款基准利率影响。虽然目前存贷款利率浮动的上下限已经放开，但由于客户长期形成的定价习惯，金融机构存贷款定价主要参考央行基准利率的上下浮动。存贷款基准利率自 2015 年以后未进行过调整，而金融市场利率参考央行政策利率，受市场流动性影响较大，两者变化相关性不明显。

②“利率双轨”制约货币政策传导效率。央行货政司司长孙国峰表示，由于银行体系在中国金融体系中的重要性，货币政策传导的关键在银行，传导机制不畅与现行利率双轨制有关。理论上，在利率走廊框架下，央行通过政策利率调整影响货币市场利率，银行内部权衡同业负债利率和存款利率后，通过内部资金转移定价机制向贷款利率传导。但受我国利率体系“二元分割”影响，金融市场与存贷款市场定价机制不同，再加上存贷款定价的高度黏性，以及流动性要求等原因，导致在银行内部不同融资渠道和融资产品之间难以形成有效传导和替代关系，进而约束了价格信号的传导。

自 2018 年下半年以来，我国货币市场流动性总体保持合理充裕，货币市场利率迅速下降至较低水平，维持在利率走廊下限附近。信贷市场贴现利率下降幅度较大，一般贷款利率也有所下降，但与货币市场利率关联性较弱，央行政策利率向信贷市场传导有待进一步疏通。

（2）利率并轨的内容

两轨是指目前利率体系中存在执行基准利率定价的政策轨和执行市场利率定价的市场轨。这是利率市场化分阶段改革的留存结果。按照当初设计，在“放开存款利率上限后，人民银行仍将在一段时期内继续公布存贷款基准利率，作为金融机构利率定价的重要参考，并为进一步完善利率调控框架提供一个过渡期。待市场化的利率形成、传导和调控机制建立健全后，将不再公布存贷款基准利率，这将是一个水到渠成的过程”。所以“并轨的方向是基准利率轨往市场利率轨并”。并轨的结果是弱化直至取消存贷款基准利率。

尽管存贷款利率浮动上下限已全面取消，但目前央行仍然继续公布基准利率，实践中无论贷款还是存款定价依然锚定基准利率。如果最终利率实现市场化定价，结果可能就是逐步弱化甚至取消存贷款基准利率。

（3）利率并轨的难点

①金融市场政策锚定利率仍不清晰。我国金融市场利率传导基本有效，但尚未形成较为明确统一的政策利率基准。目前货币市场利率短期以 7 天逆回购利率为基础，而 SHIBOR 对于 NCD 具有较强的锚定作用，债券市场利率以 10 年期国债收益率为基础进行定价。利率市场化改革首先需要解决金融市场本身的问题，明确一个基准利率来影响其他利率水平和各市场参与主体的行为，否则利率并轨工作可能难以实现预期效果。

②以央行存贷基准利率为定价基准的资产规模巨大。2019 年 6 月，社会融资存量中人民币贷款占比为 67.8%，贷款是我国企业和居民融资的主要渠道；中国居民金融资产中存款占比近 50%，存款仍是居民最重要的金融资产。存贷款利率仍是目前中国利率体系中对实体经济直接影响最广泛、最深远的利率，让存贷款利率向市场利率并轨难度较大，很可能出现市场利率向存贷款基准利率靠拢的现象，实际中 LPR 报价更多参考贷款基准利率，这也是我国存贷款利率市场化改革一直较为慎重的原因。

③存款定价机制决定存款利率难以市场化。美国、日本等利率市场化国家的存款定价根据市场利率变动，而我国存款定价主要参考央行基准利率，央行存款基准利率自 2015 年后未进行过调整，存款利率中枢也未发生变化。此外，我国存款属于无风险产品，具有刚兑属性，定价机制与货币市场的风险定价机制难以实现完全对接。

④“利率双轨”降低市场利率在银行内部传导效率。目前我国间接融资比重较大，货币政策传导的关键在银行，但利率双轨导致市场利率在银行内部传导不畅。一方面由于我国存在利率双轨的现象，银行金融市场板块和存贷款板块定价机制不同，内部资金转移定价根据各自基准确定，导致两个“资金池”之间传导效率较低；另一方面，受流动性要求影响，银行往往优先选择吸收客户黏性较大的存款，同业负债对普通存款的替代性不足。

第 13 章　货币需求

13.1　复习笔记

【知识框架（庖丁解牛）】

- 货币需求
  - 货币需求理论的发展
    - 马克思关于流通中货币量的理论
    - 费雪方程式与剑桥方程式
    - 凯恩斯的货币需求分析
    - 后凯恩斯学派对货币需求理论的发展
    - 弗里德曼的货币需求函数
    - 货币需求理论的发展脉络
    - 从全球角度考虑货币需求
    - 信息技术的发展与货币的需求
  - 中国对货币需求理论的研究
    - 对马克思主义货币必要量的理解
    - “1:8”公式的产生及其意义
    - 一个有争议但广为流传的公式
  - 货币需求面面观
    - 主观需求与客观需求
    - 名义需求与实际需求
    - 为满足待实现的商品服务交易的货币需求与可使资源结合的货币需求
    - 金融资产交易的需求应如何纳入货币需求模型
    - 货币需求是否是一个确定的量
  - 货币需求分析的微观角度与宏观角度
    - 货币需求分析的微观角度
    - 货币需求分析的宏观角度
    - 微观角度与宏观角度的结合

【考点难点归纳（厚积薄发）】

考点一：货币需求理论的发展　★★★

1. 马克思关于流通中货币量的理论

（1）金币流通下的货币必要量

马克思的货币必要量理论，集中表现在其货币流通规律公式中：$M = PT/V$，其中，M 表示执行流通手段的货币量；P 表示商品价格水平；T 表示流通中的商品数量；$P \cdot T$ 表示商品价格总额；V 表示货币的流通速度。

这一公式表明：货币量取决于价格水平、进入流通的商品数量和货币流通速度这三个因素。这三个因素变动与货币必要量变动的关系是：货币必要量与商品价格总额成正比，与货币流通速度成反比。

论证的理论前提：①完全的金币流通；②商品是带着价格进入流通的；③在该经济中存在着一个数量足够大的黄金贮藏。

论证过程：商品的价格取决于商品和黄金的价值，而价值取决于生产过程，所以商品是带着价格进入流通领域的；商品价格需要用同等价值的黄金来实现；商品与货币发生交换后，商品退出流通，而黄金却可以继续流通进而使得另外的商品得以出售，因此一定数量的黄金，流通几次，就可使相应倍数价格的商品出售。

(2)纸币流通条件下货币量与价格之间的关系

在纸币为唯一流通手段的条件下，商品价格水平会随纸币数量的变化而变化。

(3)评价

马克思的货币必要量公式，揭示了决定货币必要量的本质，指出了货币流通规律的实质就是货币与商品流通必须相适应，货币流通必须符合经济发展的需要。马克思对货币需求的分析，在理论上和表述上都达到了当时最完美的境界。

2. 费雪方程式与剑桥方程式

(1)费雪方程式的含义及特点

20 世纪初，欧文·费雪提出了交易方程式，也被称为费雪方程式。这一方程式为：$MV=PT$ 或 $P=MV/T$，其中，M 为一定时期内流通货币的平均数量；V 为货币流通速度；P 为各类商品价格的加权平均数；T 为各类商品的交易数量。

根据这一等式，P 的值由 M、V、T 这三个变量决定。费雪分析，M 是外生变量；由于制度性因素在短期内不变，因而 V 可视为常数；交易量与产出水平的比值一般保持固定，因而 T 也是大体稳定的。因此，P 的值取决于 M 的变化。当把 P 视为既定的价格水平时，则交易方程式可以改写为：

$$M=\frac{PT}{V}=\frac{1}{V}PT$$

这说明，在既定的价格水平下，总交易量与所需要的名义货币量具有一定的比例关系，这个比例是货币流通速度的倒数。换言之，只有当货币量与总交易量保持一定比例关系时，价格才能保持既定水平。

费雪方程式的缺陷：没有考虑微观主体动机对货币需求的影响。

(2)剑桥方程式的含义及特点

剑桥学派在研究货币需求时重视微观主体的动机。该学派认为，微观主体对货币的需求，实质是选择以怎样的方式保持自己资产的问题。

每个人决定持有货币多少，有种种原因；但在名义货币需求与名义收入水平之间的比例总是较为稳定。整个经济体系亦是如此。因此有剑桥方程式：$M_d=kPY$，其中，Y 为总收入；P 为价格水平；k 为以货币形态保有的财富占名义总收入的比例；M_d为名义货币需求。

(3)费雪方程式与剑桥方程式的区别

①费雪方程式强调货币的交易手段功能；而剑桥方程式则重视货币作为一种资产的功能。

②费雪方程式将货币需求与支出流量相联系，重视货币支出的数量和速度；而剑桥方程式则是从用货币形式保有资产存量的角度出发对货币的需求进行分析，重视存量占收入的比例。

③费雪方程式是从宏观角度出发，用货币数量的变动对价格进行解释；而剑桥方程式则是从微观角度进行分析，认为人们对于保有货币有一个满足程度的问题，且剑桥方程式中决定货币需求的因素比费雪方程式中多，利率的作用也更加凸显。

【例13.1】$M=kPY$ 是属于（　　）的理论。［对外经济贸易大学2015金融硕士］

A. 现金交易说　　B. 现金余额说　　C. 可贷资金说　　D. 流动性偏好说

【解析】传统的货币数量论包括现金交易数量说（费雪方程式）及现金余额数量说（剑桥方程式）。其中，现金余额数量说的公式为：$M=kPY$（剑桥方程式）。式中，M 为货币数量，k 为以货币形态保有的财富占名义总收入的比例，P 为一般物价水平，Y 为一定时期内按不变价格计算的实际产出。

【答案】B

3. 凯恩斯的货币需求分析

关于货币需求动机的分析是凯恩斯对货币需求理论的突出贡献。凯恩斯认为人们持有货币是出于交易动机、预防动机和投机动机这三大动机。

(1) 交易动机引起的货币需求

交易动机是指由于个人和企业收入的取得与支出之间往往存在着时间差，为了保证日常正常的交易和再生产，他们就必须克服这种收入、支出在时间上的不一致所造成的困难，因而就需要经常在手边保留一定的货币余额。一般来说满足交易动机的货币需求的数量取决于收入水平，并与收入多少成正比，所以又可将交易动机的货币需求看作是收入的递增函数。

(2) 预防动机引起的货币需求

凯恩斯认为预防动机引起的货币需求是指，现实经济生活中经常有各种意外需要货币，为提防意外支出，或抓住未能预见的有利进货时机，人们必须在持有交易所需货币之外，再保留一定的货币余额。由于这部分货币主要也是作为流通手段和支付手段，也受到收入水平的影响，所以预防动机的货币需求也是收入的递增函数。

(3) 投机动机引起的货币需求

投机动机分析是凯恩斯货币需求理论中最有特色的部分。他论证除去为了交易需要和应付意外支出外，人们还为了储存价值或财富而持有一部分货币。

货币和债券是可用于储存财富的两种资产。货币不能产生收入；而债券则可以产生收入。但持有债券面临着一定的利率风险。如果持有债券的收益为负，则持有货币就优于持有债券；反之，持有债券优于持有货币，对债券的需求量则会增加。选择持有何种资产关键在于微观主体对现存利率水平的估计：预期利率水平下降，会导致债券价格上升，人们倾向于多持有债券；反之，则倾向于多持有货币。因此，投机性货币需求同利率负相关。

【例13.2】在凯恩斯看来，投机性货币需求增减的关键在于微观主体对现存利率水平的

估价。(　　)[中央财经大学 2015 金融硕士]

【解析】凯恩斯认为，人们持有货币除了满足交易需求和应付意外支出外，还有一个重要动机，即是为了保存价值或财富。凯恩斯把用于保存财富的资产分为货币和债券两大类，而人们对现存利率水平的估价就成为人们在货币和债券两种资产间进行选择的关键。

【答案】√

(4)货币需求的函数

由于持有货币的交易动机和预防动机的货币需求由收入水平决定；基于投机动机的货币需求由利率水平决定。因此凯恩斯的货币需求函数表达如下：

$$M = M_1 + M_2 = L_1(Y) + L_2(r)$$

其中，M_1为由交易动机和预防动机决定的货币需求，是收入 Y 的函数；M_2为投机性货币需求，是利率 r 的函数。

(5)流动性陷阱

“流动性陷阱”假说：当一定时期的利率水平足够低时，人们就会产生利率上升从而债券价格下跌的预期，货币需求弹性就会变得无限大，也就是说，无论增加多少货币，都会被人们储存起来。此时，如果中央银行增加货币供应，将全部被货币需求所吸收，从而对市场利率不起作用。

【例 13.3】流动性陷阱(liquidity trap)[安徽大学 2018 金融硕士；中国人民大学 2017 金融硕士；对外经济贸易大学 2016 金融硕士；中国科学技术大学 2016 金融硕士；首都经贸大学 2014 金融硕士]

答：流动性陷阱又称凯恩斯陷阱或灵活陷阱，是指当利率水平极低时，人们对货币需求趋于无限大，货币当局即使增加货币供给也不能降低利率，从而不能增加投资引诱的经济状态。当利率极低时，有价证券的价格会达到很高，人们为了避免因有价证券价格跌落而遭受损失，几乎每个人都宁愿持有现金而不愿持有有价证券，这意味着货币需求会变得完全有弹性，人们对货币的需求量趋于无限大，表现为流动性偏好曲线或货币需求曲线的右端会变成水平线。在此情况下，货币供给的增加不会使利率下降，从而也就不会增加投资引诱和有效需求，当经济出现上述状态时，就称之为流动性陷阱。但在实际上，以经验为根据的论据从未证实过流动性陷阱的存在，而且流动性陷阱也未能被精确地说明是如何形成的。

4. 后凯恩斯学派对货币需求理论的发展

(1)交易性货币需求的发展

在凯恩斯的货币需求函数中，交易性货币需求取决于收入水平。凯恩斯学派的一些经济学家通过对微观主体的持币行为进行分析，得到利率也会对交易性货币需求产生影响的结论，由此提出了“平方根法则”：

$$M = kY^{\frac{1}{2}} r^{-\frac{1}{2}}$$

其中，M 为交易性货币需求，Y 为收入，r 为利率。

根据公式，交易性货币需求是收入 Y 的函数，货币需求量会随着用于交易的收入数量的增加而增加，但增加的幅度较小，即交易性货币需求有规模节约的特点。此外，货币需求是利率 r 的函数，交易性货币需求与利率的变动呈反方向变化，且变动幅度较小。

(2)预防性货币需求的发展

沿着类似的思路，一些经济学家论证了利率对预防性货币需求影响，并提出了如下模型：

$$M=\left(\frac{2S^2z}{r}\right)^{\frac{1}{3}}$$

式中，M 为消费者持有的预防性货币余额；z 为出现流动性不足的损失；S^2 为未来某一时间内的净支出 Y 的随机分布的方差。

模型表示，收入通过净支出的方差 S^2 间接影响预防性货币需求 M，它与 S^2 以及流动性不足的损失 z 成正比。而利率 r 的指数为 $-1/3$，说明预防性货币需求与利率呈反方向变化，且变动幅度较小。

(3)多样化的资产组合选择对投机性货币需求的影响

凯恩斯在论证投机性货币需求时假设投资者在货币和债券之间做出选择。然而，即使社会财富只有货币和债券两种形式，现实生活中，微观主体往往是既持有货币，又持有债券，并从风险和收益两个角度出发，找出持有货币和债券的最佳比例关系，从而引出了多样化资产组合选择理论。

(4)利率的替代效应与收入效应

利率的替代效应是指如果预期利率水平将下降，债券价格将提高，这时会少持有货币，货币需求减少，多持有债券。反之则反。

利率的收入效应是指如果当前的利率水平提高，意味着收入增加，收入效应会使他们持有较多货币，少持有债券。反之则反。

一般情况下，替代效应大于收入效应，因此，货币需求与市场利率呈反向变动关系。

5. 弗里德曼的货币需求函数

(1)弗里德曼的货币需求函数公式

$$\frac{M_d}{P}=f(y,\ w;\ r_m,\ r_b,\ r_e,\ \frac{1}{P}\cdot\frac{\mathrm{d}P}{\mathrm{d}t};\ u)$$

式中，M_d/P 为实际货币需求；y 为实际持久性收入；w 为非人力财富占个人总财富的比率或源自财产的收入在总收入中所占的比率；r_m 为货币预期收益率；r_b 为固定收益的债券利率；r_e 为非固定收益的证券利率；$\frac{1}{P}\cdot\frac{\mathrm{d}P}{\mathrm{d}t}$ 为预期物价变动率；u 为反映主观偏好、风尚及客观技术与制度等因素的综合变数。

(2)影响货币需求的因素

①持久性收入 y。它可以理解为预期未来收入的折现值，或预期的长期平均收入。货币需求与持久性收入呈正相关关系。

②非人力财富占个人总财富的比率 w。弗里德曼把财富分为两类：人力财富和非人力财富。人力财富较难转化为货币。因此，人力财富所占比例越高，出于谨慎动机的货币需求也就越大。而非人力财富占个人总财富的比率 w 与货币需求反向变动。

③机会成本变量，包括 r_m、r_b、r_e 和 $\frac{1}{P}\cdot\frac{\mathrm{d}P}{\mathrm{d}t}$。由于货币需求是人们资产选择的结果，人们在决定持有货币的数量时，会对持有货币与持有其他资产所能取得的收益进行比较。因此，持有货币会有机会成本，这种机会成本是人们为持有货币而放弃的持有其他资产所能取得的收益。据此，货币需求函数中的机会成本变量即指固定收益的债券利率，非固定收益的证券利率和实物资产的预期收益率。实物资产的预期收益率可用预期物价变动率来反映。

④代表多种因素的综合变数 u。

(3)评价

弗里德曼货币需求理论的一个特点是强调持久性收入对货币需求的重要作用，其实证方法证明了持久性收入对货币需求具有重要作用。

弗里德曼认为：由于货币流通速度也相对稳定，且持久性收入的波动幅度比现期收入小得多，因此货币需求也是比较稳定的。

弗里德曼的货币需求理论与凯恩斯的货币需求理论的主要差异是弗里德曼认为货币流动速度稳定并且货币需求对利率不敏感。

【例 13.4】弗里德曼认为货币需求函数的特点是(　　)。[中央财经大学 2015 金融硕士]

A. 不稳定　　B. 不确定　　C. 相对稳定　　D. 稳定

【解析】对于货币需求，弗雷德曼最具概括性的论断是：由于持久性收入的波动幅度比现期收入小得多，因而货币需求函数相对稳定，这就意味着货币流通速度(持久性收入除以货币存量)也是相对稳定的。认为货币流动速度的稳定和货币需求对利率的不敏感，是弗里德曼的货币需求理论与凯恩斯的货币需求理论之间的主要差异。

【答案】C

6. 货币需求理论的发展脉络(见表 13-1)

表 13-1　货币需求理论的发展脉络

发展过程	含义
观察的货币口径逐步由窄到宽	货币需求理论中所考察的货币，是从黄金到纸币；从纸币到一切可称之为货币的金融资产；从不能带来收益的货币到可以带来收益的货币
视角出发点从宏观总量到微观行为主体的动机	费雪及前人以宏观总量作为考察的出发点；从剑桥学派开始把微观行为主体的持币动机作为考察的出发点
货币职能不断拓宽	从宏观角度考察的是作为购买手段和支付手段的货币；而从微观角度出发所研究的是还具有保存价值职能的货币
货币需求的决定因素向着广泛而深入的方向发展	不断纳入更多的自变量

7. 从全球角度考虑货币需求

在开放经济条件下，由于通货膨胀或通货紧缩可以从一国传递到其他国家，甚至出现世界性的通货膨胀或通货紧缩。因此，应该从全球角度考虑货币需求以及控制货币供应量。

8. 信息技术的发展与货币的需求（见表 13-2）

表 13-2　信息技术的发展与货币的需求

要点	具体内容
货币需求的结构发生变化	电子货币支付逐渐替代现金支付，现金需求的增长相对减缓
货币需求的不稳定性增强	一方面具有交易和投资功能的新型账户出现，另一方面投资性货币需求受利率、汇率等市场因素影响，这两个因素致使整个货币需求量不稳定
货币的流通速度发生变化	电子货币便捷的支付功能使货币媒介商品和服务交易的速度加快，从而导致货币流通速度将显著改变

考点二：中国对货币需求理论的研究　★★

1. 对马克思主义货币必要量的理解（见表 13-3）

表 13-3　对马克思主义货币必要量的理解

对货币必要量的争论	主流观点
货币必要量所说的“货币”的外延	货币必要量就是现金需要量
货币必要量公式右端的分子	待实现的商品价格总额
企业普遍资金短缺是否因为货币供给没有满足客观需求	存在不同的见解
货币必要量是否包括贮藏纸币的需求	纸币不应纳入货币必要量的内容

2. “1:8”公式的产生及其意义

“1:8”的具体含义是，每 8 元零售商品供应需要 1 元人民币实现其流通。其公式为：

社会商品零售总额/流通中货币量（现金）

如果比值为 8，则表示货币发行量适度，商品流通正常。

“1:8”能够作为衡量标准的前提条件是：经济体制、运行机制以及相关规章法令都保持相当稳定。改革开放后这些条件发生了实质性的变化，因此该标准已不能适用。

3. 一个有争议但广为流传的公式

改革开放不久，我国提出了这样的公式：$\dot{M}=\dot{Y}+\dot{P}$

即货币供给增长率 $\dot{M}$ 等于经济增长率 $\dot{Y}$ 加预期（或计划）物价上涨率 $\dot{P}$。

该式在 20 世纪 80 年代前期提出后，曾引起很多争议。但在如何确定年度计划货币供给增长率的实际操作中，在如何估计货币供求对比形势中，往往引以为据。

改革开放后，货币流通速度稳定的假设前提改变了，因此必须引入与货币需求负相关的货币流通速度。

目前实际使用的是对 $MV=PY$ 两边同时取对数微分后移项形成的公式：

$$\dot{M}=\dot{Y}+\dot{P}-\dot{V}$$

考点三：货币需求面面观 ★

1. 主观需求与客观需求

就宏观角度而言，货币需求函数中各个变量的客观性决定了货币需求客观的范畴。

就微观主体而言，主观持有货币的意愿和判断起决定性作用，货币需求好像成为“主观”的。

宏观货币需求是微观货币需求的集合，那么在微观货币需求形成中起作用的主观意愿也应该在宏观货币需求分析的视野之内。

不过，从整个社会来看，人们对有关变量变动的反应以及心理变化，是受客观社会条件所制约并有共同的规律。因而应该承认，从微观视角论证的货币需求同样是客观的范畴。

决策当局的主观选择也是宏观货币分析中的一个不能忽视的因素。

2. 名义需求与实际需求

以通货膨胀(紧缩)存在为背景的社会经济生活中，区分货币的名义需求和实际需求既必要也必须。

实际需求与名义需求之间的区别则在于是否剔除物价变动的影响，前者通常记作 M_d/P，后者记作 M_d。

正确区分名义货币需求和实际货币需求，有利于宏观形势判断和政策选择。此外，在价格水平变动较为明显的条件下，必须消除物价因素之后才可以比较年度之间货币需求的变动。

3. 为满足待实现的商品服务交易的货币需求与可使资源结合的货币需求

最基本的货币需求，也称首先应该满足的货币需求，是已有和将有的商品、服务交易产生的对货币的需求。

产出潜力是指部分闲置的、有结合可能的资源所蕴蓄的有效产出增长的可能性。能够促成上述资源结合而投出的货币是经济过程之所必需，是客观的货币需求。

4. 金融资产交易的需求应如何纳入货币需求模型

以往的货币需求理论都认为持有可带来收益的金融资产，都是持有无收益货币的负相关因素，都没有考虑金融资产交易的货币需求。现代经济生活中客观存在着服务于金融资产交易的货币。金融资产交易的需求应如何纳入货币需求模型是需要研究的问题。

5. 货币需求是否是一个确定的量

事后分析中的货币需求可以认定是一个确定量。事前，从微观角度来考察，在收入一定的条件下要受消费倾向和多种机会成本变量的影响；从宏观角度来考察，经济生活中的不确定、不稳定和难以预期的因素也会使那些相关关系极强的因素之间无法形成一个精确的数量比例。因此，本期或下期分析中的货币需求只能是一个具有一定宽度的值域。

将货币需求视作一个具有一定宽度的值域则更加贴近实际。

考点四：货币需求分析的微观角度与宏观角度 ★

1. 货币需求分析的微观角度

(1)货币需求分析的微观角度的含义及特点(见表 13-4)

表 13-4　货币需求分析的微观角度的含义及特点

要点	具体内容
定义	从微观主体的持币动机和持币行为对货币需求变动的规律性进行考察
决定因素	规模变量(如收入和财富)、机会成本变量(如利息、物价变动率)和其他变量
典型表现	将机会成本变量引入货币需求模型或函数
优势	①解释货币流通速度在规模变量固定时的变动； ②使人们注意到货币不仅有交易媒介功能，而且还有资产和价值储存的功能； ③强调利率、价格等市场信号对货币需求能够产生较大的影响； ④有可能使短期货币需求分析更加精确
经济体制的影响	经济体制的根本性差异会导致微观主体货币需求行为的不同

(2)资产选择(见表 13-5)

表 13-5　资产选择

要点	具体内容
目的	保值、生利
方向	购买生利的金融资产、持有现金或购买实物资产
前提条件	①基本消费支出后有相当的剩余货币收入； ②具备可供选择的较为多样化的资产，以便使持有货币的居民有对象可选择

2. 货币需求分析的宏观角度

货币需求的宏观分析，是从总体上考察货币需求的方法，是货币当局决策者为实现一定时期的经济发展目标，而对货币需求进行分析，进而确定合理的货币供给增长率的分析方法。决定货币供给的关键是准确地判断总体货币需求的变动。

3. 微观角度与宏观角度的结合

微观角度的分析在于建立可以更充分反映客观实际的模型并据以分析引起货币需求变化的原因。

宏观分析则根据可以解释货币需求的变量来估算总体货币需求，以此作为货币供给决策的依据。

两者不能偏废，要配合进行。

13.2　课后习题详解

1. 回顾货币需求理论发展的脉络，扼要说明各阶段所做出的理论贡献。

答：(1)货币需求理论的发展脉络

①货币需求所面对的具体货币形态，是从金到摆脱金；从纸币到一切可称之为货币的金融资产。

货币需求理论中所考察的货币，马克思及前人重视的是贵金属。不过，到了马克思从事研究这一问题的时候，他也用了相当的篇幅分析纸币的规律。费雪方程式建立的时候，金币本身在视野中已不再占有重要的地位，而存款通货则已经受到重视。至于凯恩斯所指的收益为零的货币，就是指现钞和支票存款；而货币主义所说的货币，其边界已是 M2 或较之更大的口径。

②引入了对货币需求的微观角度的考察。

宏观总量作为这一问题考察的出发点是费雪及前人一贯的思路。在这样的思路下，个人对货币需求的动机虽然也有所分析，但却并未由此建立微观行为主体的货币需求模型。开始于剑桥学派的思路则是一个大转折，那就是把微观行为主体的持币动机作为考察货币需求这个宏观经济范畴的出发点。

③扩大对货币需求观察的范围。

仅从宏观角度考察这一问题，那么纳入视野的就只是商品实现的需求和各种支付的需求，从而需求的只是作为购买手段和支付手段的货币。而考察角度转向微观经济行为主体，则显然不只有交易的需求、支付的需求，还有保存财富的需求。这样，所需求的就不只是起流通职能的货币，还有起保存价值职能的货币。

④货币需求函数，从 $f(Y)$ 发展为 $f(Y,\ r)$，并不断纳入更多的自变量。

这样的演变过程说明，任何精辟的货币需求理论均受其时代条件的局限，只能构成这一理论发展中的一个环节。客观经济生活不断发展，这一理论也在不断发展，永无止境。

(2)货币需求理论发展各阶段的贡献

欧文·费雪发展了一种以交易为基础的货币需求理论。在这种理论中，对实际余额的需求同实际收入成正比，对利率波动不具有敏感性。费雪的这个理论蕴含着这样的观点：货币速度即货币周转率是个常数。这就产生了货币数量论，其内容是总支出仅仅取决于货币数量的变动。

古典剑桥学派的理论观点试图回答个人要持有多少货币的问题。这种理论观点也认为对实际余额的需求是与实际收入成正比的，但与费雪的分析不同的是，没有排除利率对货币需求的影响。

古典学派的货币速度实际上可视为常数的观点与实际不相符。在大危机期间货币速度急剧降低后，对经济学界来讲，货币速度不是常数这一事实就更清楚了。

凯恩斯提出持有货币的三种动机，从而扩展了剑桥学派的理论观点。这三种动机是：交易动机、谨慎(预防)动机和投机动机。他将其归结成流动性偏好理论，并认为，货币需求的交易成分和谨慎成分同收入成正比，而货币需求的投机成分则对利率及关于利率未来动向的预期极为敏感。所以，这种结论蕴含着这样的观点：货币速度很不稳定，不能视为常数。

后凯恩斯学派对凯恩斯的持有货币的三种动机进行了发展，使其更合理。他们认为利率对货币需求的交易成分、谨慎成分以及投机成分都很重要。

米尔顿·弗里德曼的货币需求理论使用了与凯恩斯和古典剑桥经济学家一样的分析方法。弗里德曼将货币视作任何一种资产，运用资产需求理论得出了对货币的需求是持有货币的机会成本和持久性收入的函数。与凯恩斯不同，弗里德曼认为货币需求是稳定的，对利率的变动是不敏感的。他的货币速度可预测(尽管不是常数)的观点，转而导致了货币是总支出的主要决定因素的数量论结论。

2. 在发达的市场经济中，利率对于货币需求的大小起着极为重要的作用。试举出西方国家对这一规律的实际运用。

答：(1)市场利率对货币需求的影响

市场利率对货币需求的影响主要表现在以下两个方面：一是市场利率决定人们持有货币的机会成本；二是市场利率影响人们对未来利率变动的预期，从而影响人们对资产持有形式的选择。

市场利率决定了人们持有货币的机会成本。在现代经济中，可供人们选择的资产持有形式有多种，货币只是其中一种。与其他各种资产的持有形式相比，货币虽然有高度的流动性和安全性，但不会给持有者带来收益，而其他金融资产的收益率按期限长短有高低之分。市场利率决定和影响非货币金融资产的收益率，从而决定或影响着人们持有货币的机会成本。一般而言，市场利率上升，意味着人们持有货币而放弃其他非货币金融资产的收益即机会成本增加；市场利率下降，意味着人们持有货币而放弃其他货币金融资产的收益即机会成本减少。因此，市场利率上升，货币需求减少；市场利率下降，货币需求增加。

市场利率决定和影响人们对资产持有形式的选择。市场利率与有价证券价格呈反方向变动，如前所述，市场利率下降时，人们将相应增加货币持有量，并准备在证券价格下跌后，以较低的价格买进。反之，人们将相应减少货币持有量，并准备在证券价格上升后，以较高的价格卖出。

(2)西方国家的实际运用

西方国家对这一规律的实际应用是选择利率作为货币政策中介指标，通过调整利率来影响货币需求量和货币供给量，实现货币政策最终目标。

3. 金融资产交易是如何影响货币需求的？在货币需求理论模型中是否应该把金融资产交易的需求包括在内？如果认为应该，函数式应如何建立？

答：(1)金融资产交易影响货币需求的方式

在凯恩斯的货币需求模型中，货币需求是一个与金融资产(债券)交易需求相对立的范畴：在他那里只有“对货币的需求”而没有“对金融资产交易的货币需求”。在其后继者那里，货币需求又变成了一个与金融资产交易需求互补的范畴：收入给定，对金融资产的需求多了，对货币的需求就少；对金融资产的需求少了，对货币的需求就多。在弗里德曼的货币需求模型里，各金融资产的收益率则是作为特有货币的机会成本变量而被纳入考察的范围。他们虽然都考察了金融资产价格和收益率对微观主体持有货币的影响，但考虑的都是：在一定的收入之下，持有实物资产、货币资产和货币之外的其他各种金融资产的分配比例。在凯恩斯的货币需求模型中，在后凯恩斯的货币需求模型中，在弗里德曼的货币需求模型中，持有可带来收益的金融资产都是持有无收益货币的负相关因素。

(2)应该把金融资产交易的需求包括在货币需求理论模型中

服务于金融资产交易的货币，是现代经济生活中的客观存在。这块货币常年处于商品和服务交易的旁边，游离于实际经济过程，是货币家族中的特殊成员，而且扮演着越来越重要的角色。

就经济整体运行来看，服务于金融资产交易的货币，它的性质、使命，不外乎是服务于储蓄向投资的转化。与服务于储蓄向投资转化的居民长期手持现金和银行储蓄、企业预定用于投资的存款等等，没有区别。而且，服务于金融资产交易的货币与居民长期手持现金、与居民银行储蓄以及与企业预定用于投资的存款之间，频繁转化，相互消长，联系也极为明显、紧密。因此，应该把金融资产交易的需求包括在内。

(3) 函数式建立的方式

从这样的视角切入，对货币需求起决定作用的商品服务供给 PQ 或者是收入 Y，无疑也制约着金融资产交易所需的货币。至于利率，在金融资产领域中的作用极大；对于金融资产定价，是决定性的因素。但是在决定服务于金融资产交易的货币数量方面能起什么作用，则不清楚。如果建立了包括金融资产交易的需求的函数模型，应当同其他的货币需求一样，将收入 Y、利率列入自变量的考虑范围，但是货币需求与这些变量的关系还需要理论上的进一步探讨和实证检验。

4. 你觉得应如何建立我国的货币需求函数模型？应如何考虑利率因素？

答：(1) 建立我国的货币需求函数模型应该考虑的因素

①我国既要重视宏观货币需求，又要重视微观货币需求。中国过去研究货币量侧重于客观需要量，即如何根据经济增长、流通扩大对货币的需求而供应货币。而西方经济学则侧重于研究经济现象和经济主体对货币的需求。在市场经济条件下，特别是在现代市场经济条件下，以上两种需求都是客观存在的。

②重视我国货币需求结构。从我国社会经济生活的实际情况来看，人们对货币的需求主要包括两个部分：一是交易性货币需求，即由企事业单位和家庭个人为维持生产、生活的正常进行产生的需求；二是投资(机)性货币需求，它主要受利率及居民个人收入水平的影响。

③重视影响我国货币需求的因素。根据西方的货币需求理论并结合我国具体情况，影响我国现阶段货币需求的主要因素有收入水平、收入的分配结构、物价水平、利率因素、货币流通速度、金融资产的收益率、企业与个人对利润与价格的预期及制度因素等等。

④我国还应重视经济体制改革与货币需求的关系。我国经济体制改革旨在解放和发展生产力、发展社会主义市场经济，以增强国力、增加有效供给、满足社会需求、提高人民对货币的需求量。社会主义市场经济的发展必然带来我国货币经济和信用经济的发展，从而相应导致货币需求量的变化：一方面是货币需求总量的变化，另一方面是不同类型主体的货币需求变化。

(2) 总体货币需求函数

根据上述分析，总体货币需求函数可以表示为：

$$M_d = f(Y,\ P,\ I_b,\ I_m,\ u)$$

式中，M_d 为总体货币需求量；Y 为按不变价格计算的实际国民收入；P 为价格水平；I_b 为银行存款利率；I_m 为金融资产收益率；u 为随机变量，它包括了经济生活中许多可能出现的、偶然造成货币需求变动的因素，以及市场供求状况、制度性因素等。

根据理论推断，货币需求量与实际国民收入、价格水平和银行存款利率呈同方向变化；而与实际金融资产收益率呈反方向变动；货币需求量与随机变量的关系不确定，即部分随机因素可能导致货币需求量增加，部分随机因素变动则可能导致货币需求量减少。

(3) 利率对我国货币需求函数的影响

对个人货币需求来说，目前在我国利率对个人交易货币需求的影响不大。这是因为：①我国目前个人的消费水平还没有达到相当高的程度，即使有高利率的吸引，人们也不会压缩正常消费和减少交易货币需求。②我国的金融市场欠发达，货币证券之间的转化即使不考虑交易成本，也不能达到随心所欲的程度，因而利率再高，人们也不会压缩货币的交易需求而扩大投资需求。但是利率对个人的储备货币需求和投资货币需求却是重要的决定因素，随着利率和金融资产收益率的提高，个人这两方面的需求会变小。

对企业而言，利率是决定企业交易货币需求和储备需求的重要因素。我国的企业自有资金率较低，借入资金占很大比重，如果借入资金利率很高，会直接增加企业生产成本，那么，企业就会压缩用于增加存货的投资，从而持有相对多的货币余额。同时，也会增加满足储备动机的货币需求。利率对企业投资性货币需求的影响是：在存款利率较高时，特别是高于金融资产收益率和预期投资收益率的情况下，企业投资欲望会受到抑制，使存款货币余额上升，投资性货币需求增加。

5. 为什么应该将微观角度与宏观角度结合起来考察经济生活对货币的需求？

答：(1)货币需求的微观角度

货币需求分析的微观角度，就是从微观主体的持币动机、持币行为考察货币需求变动的规律性。将机会成本变量引入货币需求模型或函数，是从微观角度考察货币需求问题的典型表现。其目的在于说明利率和价格变动这类因素对货币持有主体可能造成的潜在收益或损失，以及这种潜在收益或损失对微观主体货币需求行为的影响。

(2)货币需求的宏观角度

货币需求的宏观角度，是货币当局决策者为实现一定时期的经济发展目标，确定合理的货币供给增长率，从总体上考察货币需求的方法。而判断总体货币需求的变动是决定货币供给的关键。从宏观角度估算货币需求，需要利用货币需求的宏观模型。宏观模型的共同特点是都没有反映微观主体的心理、预期等因素，不考察各种机会成本变量对货币需求的影响，而主要是关心市场供给、收入这类指标的变化。

(3)微观和宏观角度并重分析货币需求的必要性

①二者分析的着力点有所侧重。对货币需求的微观分析，其着力点在于建立可以更充分反映客观实际的模型并据以剖析货币需求变化的原因；对货币需求的宏观分析则在于根据可以解释货币需求的变量(其中包括国民经济总量指标和一些重要的机会成本变量)来估算总体货币需求作为货币供给决策的依据。这两者是不能偏废的。

②两种分析视角各有优劣。在看到微观货币需求模型的优点时，也必须注意不能轻视宏观分析。抽象推论，微观主体的货币需求，其总和就是总体的货币需求，似乎通过估算微观主体货币需求来估算总体货币需求即可。事实上这是行不通的。假如要这样估算，那就必须：a. 区分微观主体的各种类型，如企业、事业、个人，个人还要分工人、农民等；b. 每一种类型又要区分为多少组，然后是抽样调查、分析计量、逐层汇总。姑且不说所需要的人力、物力能否承担得起，也不说所需的时间可能使得计算出来的结果已大大失去时效，就是难以避免的误差累积也无法令人相信计量出来的结果有实用价值。这就是说，无论微观角度的货币需求分析有多大进展，有如何重要的意义，也不能排斥宏观角度分析的作用及其独立地位。

6. 微观主体对货币的"需求"，有哪些是应该考虑在决定货币需求的因素之内的，有哪些是不应该考虑在内的？用以判别的界限在什么地方？

答：（1）影响微观主体货币需求的因素

现代货币理论侧重于从微观主体的行为考察货币需求，探讨微观主体持有货币的动机和货币需求量的决定。以凯恩斯作为先导的凯恩斯主义货币理论认为，对货币的需求取决于人们的三种动机：交易动机、预防动机、投机动机；而以弗里德曼为代表的货币主义者则认为，经济中的许多变量，如价格、股息、债券利息、持久性收入等都对货币需求产生影响，货币学派继承并强调了凯恩斯关于货币是一种资产的观点，如弗里德曼认为货币是"购买力的暂时栖息"。货币需求在货币供给与经济活动中的关系起着至关重要的作用：货币需求的数量决定着中央银行货币供给量的过多或过少，而无论过多或过少，又会引致经济活动的过度扩张（过热）或是经济水平的降低（衰退）。

（2）判断界限

考虑微观经济行为主体对货币的"需求"，哪些是应该考虑在决定货币需求的因素之内的，哪些是不应该考虑在内的，这是一个很复杂的问题。其判别的界限可以考虑两个方面：一是因素的持续稳定性，即在相当长的时间内都会存在并影响人们的货币需求并保持稳定，一个易变和不稳定的变量是很难纳入模型的；二是相关因素的普遍性，因素对人们资产选择行为和货币需求要具有普遍的影响，对单个个体的影响不能随意扩大而纳入模型，变成影响整体的变量。

基于此，利率、财富、流动性、收入等影响微观需求的因素应该考虑在货币需求模型以内，而暂时性收入、风险偏好程度等因素不应该进入模型。

7. 是否需要构建一个全球货币需求函数？

答：构建全球需求函数既缺乏操作性，也没有显著的现实意义。

在开放经济条件下，一国发生通货膨胀或通货紧缩，往往会通过各种途径传递给其他国家，甚至出现世界性的通货膨胀或通货紧缩。因此，从这个角度来讲，应该从全球角度考虑货币需求，从而也要从全球角度控制货币供应量，即控制"世界货币供应量"，寻求世界货币需求与世界货币供给的平衡。

但是，构建全球货币需求函数是一个相当复杂的过程。由于影响货币需求的因素对不同国家发挥作用的途径、产生的效果等差别很大，不能简单地将各国的货币需求函数进行加权平均。而且对这一问题考虑的进展取决于世界经济一体化的程度，各国对风险控制的能力，以及国际协调努力的程度等诸方面。当考虑到世界问题时，显然，就不仅是一个单纯的经济问题了。

测算货币需求和货币供给，根本目的是实施货币政策提供依据。全球各个国家的发展程度、文化习俗、自然禀赋差异巨大，很难抽象出一个统一的货币政策框架。以欧元区为例，由于财政政策受到货币政策一致性的掣肘，曾引发欧债危机。全球范围内，即使构建出一个全球货币需求函数，对于发展方差巨大的全球范围，指导意义并不显著。

通过以上分析，构建全球货币函数既缺乏数据和技术支持，且对于全球范围内的货币政策实施指导意义不显著，因此没有必要构建一个全球货币需求函数。

8. 关于信息技术的发展会使货币需求发生变化的文字颇多，有的是严肃的学术探讨，有的则属于一般的联想。你看到过这方面的议论吗？从中形成了怎样的认识？

答：(1)信息技术对货币需求的影响

信息技术和电子货币的发展及其已经和即将对金融体系产生的影响，受到越来越多的关注。信息技术对货币需求的影响至少体现在以下几方面：

①货币需求的结构将发生变化。由于电子货币的出现和广泛使用，以前经常使用现金进行支付的交易将越来越多地采用电子货币支付，现金需求的增长应相对减缓。

②货币需求的不稳定性增强。随着电子货币的出现和广泛使用，将出现越来越多的既具有交易功能又具有投资功能的新型账户。而投资性货币需求受利率、汇率等市场因素的影响较多，因此造成整个货币需求量的不稳定。

③货币流通速度将发生变化。由于电子货币便捷的支付功能，货币媒介商品和服务交易的速度将大大加快，从而某些口径的货币的流通速度将显著改变。

(2)应对措施

电子货币对货币需求的影响使对货币需求的管理和预测复杂化，因此，各国中央银行应该积极应对这种变化，提高货币供给的可控性和货币政策的有效性。

第14章　现代货币的创造机制

14.1　复习笔记

【知识框架（庖丁解牛）】

- 现代货币的创造机制
  - 信用货币范畴
  - 存款货币的创造
    - 现代银行功能——创造存款货币
    - 原始存款与派生存款
    - 现代金融体制下的存款货币创造
    - 存款货币创造的两个必要的前提条件
    - 存款货币创造乘数
    - 派生存款的紧缩过程
  - 中央银行体制下的货币创造过程
    - 现金与准备存款
    - 中央银行体制下信用货币的创造规模
    - 发行收入与铸币税
    - 美元化和铸币税
  - 对现代货币供给形成机制的总体评价
    - 现代信用货币制度是最节约的货币制度
    - 双层次的货币创造结构
    - 联结微观金融与宏观金融的关节点

【考点难点归纳（厚积薄发）】

考点一：信用货币范畴（见表14-1）★

表14-1　信用货币范畴

要点	具体内容
特征	①是价值符号；②是债务货币；③具有强制性，国家对信用货币进行控制和管理
范畴（形态）	银行券、金属辅币、纸币、商业票据、银行存款、电子货币

考点二：存款货币的创造　★★★

1. 现代银行功能——创造存款货币

银行不仅具有调剂资金余缺和提供结算业务的基础功能，还在此基础上衍生了银行券发行和存款货币创造的功能。

由于银行券的发行权已集中于中央银行，所以，现代商业银行创造货币的功能集中体现为创造存款货币。

2. 原始存款与派生存款

通常把最初的存款或铸币(现金)存款称为原始存款，把在原始存款的基础上扩大的存款称为派生存款。

原始存款经过一定的程序可以转化为派生存款，这一过程即为存款货币创造。原始存款、贷款总额、经过派生后的存款总额(包括原始存款)、必要的铸币库存对存款的比率之间关系可以表示如下：

$$D=R\cdot\frac{1}{r}$$

$$D=L+R$$

式中，D 为经过派生的存款总额(包括原始存款)；R 为原始存款；L 为贷款总额；r 为铸币库存对存款的必要比率。

【例14.1】派生存款[深圳大学2012金融硕士；深圳大学2009研；中央财经大学2001研]

答：派生存款指由商业银行发放贷款、办理贴现或投资等业务活动引申出来的存款，又称为衍生存款。派生存款在原始存款基础上产生。原始存款是指商业银行接受的客户现金和中央银行对商业银行的再贷款，是商业银行从事资产业务的基础。派生存款的产生过程，就是商业银行吸收存款、发放贷款、形成新的存款额……这一过程循环不断地在各家商业银行存款客户之间转移，最终使银行体系的存款总量增加。因此，商业银行创造派生存款的实质，是以非现金形式为社会提供货币供应量。

3. 现代金融体制下的存款货币创造

现代信用经济中，中央银行为了保证存款客户提取现金以及清算业务的顺利进行，需要各银行在中央银行保有一定的准备存款。准备存款与该银行所吸收的存款总额的比率，也叫法定准备金率，通常由国家规定。

原始存款是指商业银行接受客户的现金和中央银行的支票所形成的存款。如果以 ΔD 表示包括原始存款在内的经过派生的存款增加总额，以 ΔR 表示原始存款或准备存款的初始增加额，r_d表示法定存款准备金率，则三者关系式如下：

$$\Delta D=\Delta R\cdot\frac{1}{r_d}\text{或}\ \Delta D\cdot r_d=\Delta R$$

以 ΔL 表示根据原始存款而发放的贷款累计总额，则 $\Delta L=\Delta D-\Delta R$。

4. 存款货币创造的两个必要的前提条件

银行保留一定比例的存款准备金和银行清算体系的形成是存款货币创造的两个必要前提条件。

5. 存款货币创造乘数

派生倍数，也称为派生乘数，是指银行存款总额按照存款货币创造机制所能实现的最大扩张倍数。

(1)简单存款创造乘数

简单存款创造乘数是法定准备金率的倒数。若以 K 代表最大扩张倍数，则有：

$$K=\frac{\Delta D}{\Delta R}=\frac{1}{r_d}$$

(2)考虑定期存款的创造乘数

将存款进一步区分为活期存款和定期存款。如果以 ΔD 表示活期存款增量，r_d表示活期存款的法定准备金率，t 表示定期存款与活期存款之比，r_t表示活期存款的法定准备金率，ΔT 表示定期存款增量，ΔR 表示准备存款总额的增量，则有：

$$\Delta R=\Delta D\cdot r_d+\Delta D\cdot t\cdot r_t=\Delta D(r_d+t\cdot r_t)$$

$$K=\frac{\Delta D}{\Delta R}=\frac{1}{r_d+t\cdot r_t}$$

$$\Delta L=(\Delta D+\Delta T)-\Delta R=\Delta D(1+t)-\Delta R$$

(3)现金与存款货币的创造乘数

客户会从银行提取现金，使得一部分现金流出银行系统，出现“现金漏损”。现金漏损率，也称提现率，是指现金漏损额与活期存款总额之比。即现金漏损率 $c=\Delta C/\Delta D$，其中 ΔC 代表现金漏损额。

在包括现金漏损的情况下，存款货币的创造乘数为：

$$\Delta R=\Delta D\cdot r_d+\Delta D\cdot t\cdot r_t+c\cdot\Delta D=\Delta D(r_d+t\cdot r_t+c)$$

$$K=\frac{\Delta D}{\Delta R}=\frac{1}{r_d+t\cdot r_t+c}$$

$$\Delta L=(\Delta D+\Delta T)-\Delta R+\Delta C=\Delta D(1+t+c)-\Delta R$$

(4)超额准备金与存款货币的创造乘数

为了安全或应付意外的需要，银行实际持有的存款准备金比法定准备金高。超过法定要求的准备金的部分称为超额准备金，以 E 表示。超额准备金率 e 是指超额准备金与活期存款总额的比率。这时，银行的初始准备为：

$$\Delta R=\Delta D\times r_d+t\times r_t\times\Delta D+c\times\Delta D+e\times\Delta D=\Delta D(r_d+t\times r_t+c+e)$$

这时的存款货币创造乘数(考虑活期存款与定期存款之分、现金漏损和超额准备)则是：

$$K=\frac{\Delta D}{\Delta R}=\frac{1}{r_d+t\cdot r_t+c+e}$$

以上模型只是所推导出的银行扩大贷款的最大限度。但是，贷款还取决于企业要求，在经济停滞和预期利润率下降的情况下，可能的派生规模并不一定能够实现。

【例 14.2】下列关于法定准备金的说法错误的是(　　)。[清华大学 2015 金融硕士]

A. 法定准备金是银行根据其存款应该持有的最低准备金

B. 法定准备金影响银行体系可以用一美元准备金创造出多少货币

C. 当美联储提高法定准备金率时，意味着银行必须持有更多准备金

D. 当美联储提高法定准备金率时，增加了货币乘数，并增加了货币供给

【解析】法定存款准备金是商业银行等金融机构根据央行规定的准备金比率提取部分存款存入央行的金额，这是银行应该持有的最低准备金。法定存款准备金率的大小可以影响货币扩张倍数，当法定存款准备金率增加时，货币乘数减小，货币供给减少。

【答案】D

【例 14.3】下列能够直接制约商业银行派生存款大小的因素是(　　)。[中国人民大学 2017 金融硕士]

A. 市场利率　　B. 通货膨胀　　C. 资产负债表　　D. 提现率

【解析】存款货币创造乘数(派生乘数)可表示为:

$$K=\frac{\Delta D}{\Delta R}=\frac{1}{r_d+t\cdot r_t+c+e}$$

式中，r_d为法定准备金率，e为超额准备金率、c为现金漏损率、t为定期存款与活期存款之比、r_t为定期存款准备金率。其中，现金漏损率即提现率，提现率越大，派生乘数越小。

【答案】D

6. 派生存款的紧缩过程

当客户从银行系统提取现金或其他使商业银行在中央银行的准备金减少的情况发生时，银行须通过收回贷款补充准备金，从而导致银行系统存款发生多倍收缩。存款货币的多倍收缩过程与其多倍创造、扩张过程的原理相同。

考点三：中央银行体制下的货币创造过程 ★★★★

1. 现金与准备存款

(1)现金是怎样进入流通的

存款货币银行的客户从自己的存款账户提取现金使得现金进入经济生活。

如果存款货币银行现金的存入能够满足现金的提取，则不必补充现金。反之必须补充现金。存款货币银行补充现金的基本途径就是从自己在中央银行的准备存款账户提取；当银行库存的现金过多，即库存现金数量超过现金提取要求时，也会将所收入的过多现金及时存入自己在中央银行的准备存款账户。

也就是说，流通过程中已经存在的现金，就是存款货币银行过去从中央银行的准备存款账户上提取的现金所形成的。

(2)现金增发与准备存款的补充

现金发行是指存款货币银行总体向中央银行提取的现金多于存入的现金所导致的现金发行量的增长；现金回笼是指存款货币银行总体向中央银行存入的现金多于提取的现金所导致的现金发行量的减少。

现金的发行从总体来看都是增长的，其根本原因是经济的增长。

现金增发成为必然趋势就意味着存款货币银行不断地从准备存款账户中提取现金，准备存款相应下降；但经济增长作为要求现金增加发行的基本原因，必须要求不断补充准备存款以支持存款货币有足够的增长，以此保证现金提取需求并为经济生活提供必需的存款货币增加。

(3)准备存款的不断补充必须有中央银行的支持

经济的增长要求准备存款总额的增加，此时必须有中央银行资产业务的增加。

存款货币银行从中央银行补充准备存款的途径主要有：①向中央银行再贴现及获取贷款；②向中央银行出售所持债券；③向中央银行出售所持外汇。

在这个过程中，中央银行一方面增加了自己的资产；另一方面则形成准备存款余额和流通中的现金两大负债项目。

在中央银行资产负债表上的表现如表 14-2 所示。

表 14-2 中央银行的资产负债表

资 产	负 债
Δ贴现和贷款 Δ政府债券 Δ外汇储备	Δ商业银行等金融机构存款 Δ流通中货币

(4)中央银行是否可以无限制地为存款货币银行补充准备存款

一方面不以负债的增加为前提来扩大资产业务的规模是中央银行特有的权力，另一方面中央银行运作的规律是其任何资产业务均会有商业银行准备存款和通货发行之和与之对应。因此，就“技术层面”和可能性来说，中央银行补充存款准备、支持存款货币银行创造信用货币的能力是无限的。但从客观经济过程来说，中央银行的行为是受到强有力的约束的。

2. 中央银行体制下信用货币的创造规模

(1)基础货币

基础货币(B)，也称“高能货币”“强力货币”，是指具有使货币总量倍数扩张或收缩能力的货币。它可以引出数倍于自身的可为流通服务的信用货币。

基础货币属于中央银行的负债。在市场经济中，基础货币在中央银行负债总额中的占比极大。

基础货币由存款货币银行保有的存款准备金(R)和流通于银行体系之外的现金(C)所组成。即：$B=R+C$，其中存款准备金(R)由准备存款和现金库存构成。

【例 14.4】基础货币[西安交通大学 2020 金融硕士；西北大学 2019 金融硕士；中国人民大学 2017 金融硕士；中国科学技术大学 2016 金融硕士；华南理工大学 2016、2011 金融硕士；南开大学 2012 金融硕士；青岛大学 2009 研；武汉理工大学 2006 研；东北财经大学 2006 研；南开大学 2005 研]

答：基础货币又称强力货币，是指起创造存款货币作用的商业银行在中央银行的存款准备金与流通于银行体系之外的通货两者总和，前者还包括商业银行持有的库存现金、在中央银行的法定存款准备金以及超额存款准备金。基础货币通常表达为：$B=R+C$。式中，B 为基础货币；R 为存款货币银行(即商业银行)保有的存款准备金(准备存款与现金库存)；C 为流通于银行体系之外的现金。基础货币直接表现为中央银行的负债。

(2)货币乘数

货币乘数(m)是指货币供给量(M_S)与基础货币(B)的比值。

货币供给基本模型为：

$$M_S = m \cdot B$$

基础货币中的通货，即处于流通中的现金 C，不会有倍数的增加，只有存款准备 R 会引起倍数增加。用 D 表示活期存款，则基础货币与货币供给量的关系如图 14-1 所示。

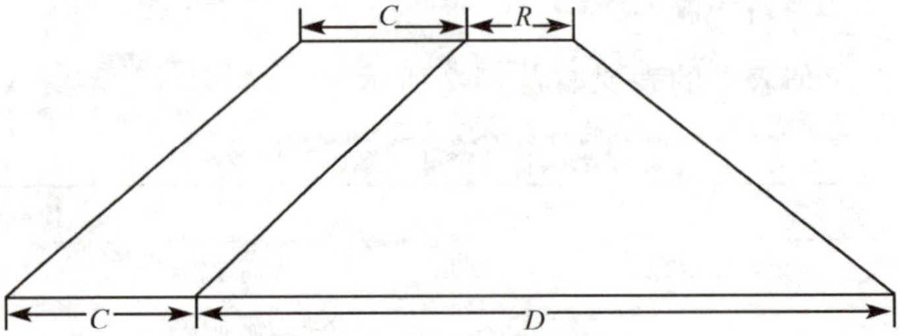

图 14-1　基础货币与货币供给量关系示意图

$C+R$ 是基础货币量，$C+D$ 是货币供给，所以有：

$$m = \frac{C+D}{C+R}$$

又可整理为：

$$m = \frac{\frac{C}{D}+1}{\frac{C}{D}+\frac{R}{D}}$$

即：

$$m = \frac{\frac{D}{R}+\frac{D^2}{CR}}{\frac{D}{R}+\frac{D}{C}} = \frac{\frac{D}{R}(1+\frac{D}{C})}{\frac{D}{R}+\frac{D}{C}}$$

上式中，C/D 为通货-存款比，取决于个人和公司的行为；R/D 为准备-存款比，取决于存款货币银行的行为。这两个比率决定乘数的大小，中央银行的行为决定基础货币的多少。通货-存款比、准备-存款比和基础货币决定货币供给量。

【例 14.5】货币乘数［南开大学 2016 金融硕士；厦门大学 2013 金融硕士；中山大学 2013 金融硕士］

答： 货币乘数也称货币扩张倍数，是用于说明货币供给总量与基础货币之间倍数关系的一种系数，是货币供应 M 与基础货币 B 之比。对于决定货币乘数的具体因素，中央银行不能直接控制，但可以通过对其施加影响来控制货币供应量。决定货币乘数的因素一般有以下 5 项：现金比率、超额准备金率、定期存款准备金率、活期存款准备金率及定期存款与活期存款的比率。

①现金比率。即流通中现金与商业银行活期存款的比率。现金比率对乘数的确定有重大影响，现金比率越高，货币乘数则越小；反之，越大。

②超额准备金率。商业银行的超额准备金率越高，货币乘数就越小；反之，越大。

③定期和活期存款法定准备金率。法定准备金率越高，货币乘数越小；反之，越大。

④定期存款与活期存款的比率上升，货币乘数变小；反之，变大。

【例 14.6】如果原始存款为 20 万元，派生存款为 60 万元，则货币乘数为(　　)。[北京航空航天大学 2014 金融硕士]

A. 2　　B. 3　　C. 4　　D. 5

【解析】货币乘数 = 货币供给/基础货币。货币供给等于通货(即流通中的现金)和活期存款的总和；而基础货币等于通货和准备金的总和。由题意，货币乘数 k = (原始存款 + 派生存款)/原始存款 = (20 + 60)/20 = 4。

【答案】C

(3)基础货币与存款货币银行的货币创造：源与流

存款货币银行的存款创造能力受到法定存款准备金率、超额存款准备金率、现金漏损率等因素的影响，但主要的影响因素还是其所能获得的原始存款的数量。而这些原始存款来源于中央银行基础货币。基础货币对存款货币银行准备金产生直接影响，进而对存款货币银行创造存款货币的能力产生影响。

也就是说，基础货币与存款货币银行创造存款货币实际上是一种源与流的关系。中央银行掌握着存款货币银行创造存款货币的“源头”——基础货币的创造与提供；而存款货币银行以货币供给者的身份开展存贷活动来创造存款货币，进而能提供的货币数量，是以基础货币为基础的。

【例 14.7】简述货币乘数与存款货币扩张倍数的联系与区别。[中央财经大学 2017 金融硕士]

答：(1)货币乘数是指货币供给量对基础货币的倍数关系，亦即基础货币每增加或减少一个单位所引起的货币供给量增加或减少的倍数；存款扩张倍数又称存款乘数，是指总存款(或银行资产总额)与原始存款之间的比率。

(2)货币乘数和存款货币扩张倍数的相同点为：二者都可以阐明现代信用货币具有扩张性的特点。

(3)二者的差别主要在于两点：①货币乘数和存款货币扩张倍数的分子分母构成不同，货币乘数是以货币供应量为分子、以基础货币为分母的比值；存款货币扩张倍数是以总存款为分子、以原始存款为分母的比值。②分析的角度和着力说明的问题不同，货币乘数是从中央银行的角度进行的宏观分析，关注的是中央银行提供的基础货币与全社会货币供应量之间的倍数关系；而存款货币扩张倍数是从商业银行的角度进行的微观分析，主要揭示了银行体系是如何通过吸收原始存款、发放贷款和办理转账结算等信用活动创造出数倍于原始存款的存款货币的。

3. 发行收入与铸币税

在铸币流通的条件下，铸币税，也称铸币收入，是指铸币面值与铸币成本的差额。在纸币流通的条件下，铸币税是指发行者凭借其发行地位所获得的纸币按面值换取物资的价值超过其发行成本的差额。

国家财政的债务收入和经济行为主体的借款收入由中央银行发行钞票构成。无论是政府还是经济主体，使用这种借入的收入，都负有按约定归还本金并按期支付利息的义务。

这些利息收入就是中央银行的发行收入。

4. 美元化和铸币税

美元化是指美元在美国以外的国家中全面替代该国的本币，并获得该国法偿货币基本功能的过程。

在本国出现较严重的通货膨胀或一定的汇率贬值预期时，公众为了降低机会成本或获取较高收益，会出现减少持有本国货币，增加持有价值相对较高且比较稳定的外国货币的现象，这就是货币替代。

当美元取代非美元国家的货币时，该国的铸币税将被美国占有。

考点四：对现代货币供给形成机制的总体评价 ★

1. 现代信用货币制度是最节约的货币制度(见表 14-3)

表 14-3　现代信用货币制度是最节约的货币制度

要点	具体内容
节约了货币材料	现代信用货币中的钞票和硬币是用纸或贱金属制造的；存款货币和电子货币更是节约了大量的资源
节约了有关货币流通方面的费用	现代信用货币中纸币的印制和流通成本比金属货币要低得多
货币流通速度的加快减少了货币需要量	易于运输和携带的货币以及结算技术的提高使得货币流通速度大大加快，单位货币所能实现的商品和服务交易增加，从而减少了流通中所需要的货币

2. 双层次的货币创造结构

一个层次是存款货币的创造层次，是由存款货币银行的分散决策及其自我约束机制实现的；另一个层次是基础货币的创造层次，是由中央银行的集中决策和宏观调控实现的。

3. 联结微观金融与宏观金融的关节点

信用货币的创造机制是金融的微观方面向金融的宏观方面过渡和金融的宏观方面向金融的微观方面过渡的关节点。

信用货币创造是经济行为主体环绕货币的存、取、借、贷进行诸多微观经济行为的过程。这些微观金融行为为经济生活提供了流通中的货币，流通中的货币又构成货币供给，从而构成了宏观金融问题的核心，导出了宏观经济的结果。

当货币供给与货币需求失衡时，需要透过利益机制影响参与金融行为的诸多微观经济主体，并在这样的基础上改变宏观均衡状态。

14.2　课后习题详解

1. 为什么说现今经济生活中的货币都是信用货币？找一找是否有不是信用货币的货币。

答：(1)现代经济生活中的货币都是信用货币

现代信用货币，其最早的典型形态是银行券。当前世界各国，包括我国在内，流通着的钞票都是银行券。关于银行券，由于银行券的发行权集中在中央银行，所以银行券的持有者就意味着握有对中央银行的债权。不论在法律形式上如何规定，人们总是把中央银行与国家联系在一起，在中国特别是这样。所以，人们认定持有钞票就是持有对国家的债权，在人们心目中要求国家对钞票负责。

与银行券同时流通的有作为辅币的金属硬币。硬币已不是过去意义的金属货币，并不是以自己所含金属的价值流通。现在世界各国，硬币的发行通常统一于中央银行，也属于信用货币。

伴随着银行券的流通，不以现钞形态存在的货币也出现了。在 19 世纪和更早的年代，人们曾广泛讨论商业票据和支票由于背书流通所发挥的货币功能。到 19 世纪末和 20 世纪初，人们则已明确认识到：银行活期存款，其本身就应视为货币。至于商业票据和支票，由于背书流通的现象逐渐减少，已不再讨论它们是否是货币的问题。

银行活期存款，其根本特征是随时可以签发支票从活期存款账户支取一定金额用以购买和支付，同时也有权从活期存款账户提取钞票。活期存款的名称多种多样。我国在出现新式银行以后多年，习惯称之为支票存款。

定期存款和居民在银行的储蓄存款，大多不能据以签发支票。直至进入 20 世纪，人们并没有统一的见解把它们明确地视为货币。但是，如果不把它们视为货币的存在形态，微观主体的货币持有量就是不完整的。而且宏观调控的实践也会使人认识到，如果不把它们视为货币供给而只考察钞票和活期存款，那就很难解释这两部分货币之间的相互转化。

所有上述以银行信用为基础的货币，除钞票和硬币外，国际货币基金组织概称之为“存款货币”。

(2) 如今的货币都是信用货币

今天的货币形态，与历史上几千年只是简单的几种形态统治流通的情况不同，不仅极其多样，很难一一列举，而且变化迅速。但无论其形态如何多样、变化如何迅速，任何形态的货币无一例外都是信用货币。

2. 在中央银行体制形成之前，存款货币银行可以发行自己的银行券，停止银行券发行后则保有创造存款货币的能力。不论是发钞票还是创造存款货币，银行是否自己就可以任意支用？对于这个方面，你曾存在过什么疑问？现在还有什么疑问？

答：不论是发钞票还是创造存款货币，银行都不可以任意支用。

银行券是随着资本主义银行的发展而首先在欧洲出现于流通中的一种用纸印制的货币。在中央银行体制形成之前，一般存款货币银行都可发行银行券。发行银行券的银行，需要保证随时可按面额兑付金币、银币。

关于存款货币银行发行银行券的收入支配问题，其关键是存款货币银行是否直接占有了发行收入。很显然这类行为是不存在的，钞票发行是存款货币银行的负债，存款货币银行以自己负债的增加换取资产业务和收益的增加，而且最终存款货币银行是要为自己的负债行为进行偿还的。所以虽然理论上这部分收入归存款货币银行所有，但实际上银行并不能任意支用这部分的收入。

关于银行在货币创造过程中的自主性边界的思考，有以下的疑问：一是银行创造货币时保留准备金的比例为多少时最优；二是商业银行和中央银行在创造货币时的自主性和裁量权应如何界定。关于准备金比例的问题，经过多年的实践和理论研究，已形成较为完备的指导框架。但商业银行应如何配合中央银行，以及如何在盈利追求和公共社会责任间寻求平衡点，仍需更进一步地思考探索。

3. 能否不去翻检教材、笔记，拟出一份说明整个金融体系创造货币的纲要？

答：市场经济的货币供给机制，是由两个层次构成的货币创造系统。一是存款货币的创造层次，由存款货币银行的分散决策和它们的自我约束机制来实现；二是基础货币的创造层次，由中央银行的集中决策与宏观调控来实现。

（1）存款货币的创造层次

①存款货币的创造必须具备两个紧密联系的必要前提条件：其一，各个银行对于自己所吸收的存款只需保留一定比例的准备金；其二，银行清算体系的形成。第一个条件使存款货币银行可以从存款中拿出一部分提供贷款或持有证券，由“原始存款”创造出大量“派生存款”；第二个条件使应收应付差额都可以在各种银行间的同业往来账户或在清算中心开立的账户结清，银行不必准备百分之百的资金以应对所创造的存款提取的需要。

②在以上两个前提下，存款货币银行收到原始存款后，只需对其所吸收的存款保留一定比例的准备金，其余存款可以作为贷款发放出去，收到这一贷款的客户又可以把这一款项存入另一存款货币银行，另一存款货币银行留出一定比例的准备金之后又可以把其余款项作为贷款发放出去，以此类推，在原始存款一定的情况下，整个银行体系的存款总额增加，增加的这一部分即存款货币银行创造出的派生存款。

（2）基础货币的创造层次

①存款货币银行的存款准备（准备存款与现金库存）与流通于银行体系之外的现金，对于创造信用货币来说，这两者缺一不可，因而统称为基础货币。

②流通于银行体系之外的现金是客户通过提兑其在存款货币银行的存款而形成的，而这又以存款货币银行先要从自己在中央银行的准备存款账户提取现金为前提。已经存在于流通过程中的现金就是存款货币银行过去从中央银行的准备存款账户上陆续提取现金而形成的。因此，在经济增长的条件下，准备存款必须不断得到补充，以便使之既能保证现金的不断提取，又能保证创造出经济生活所必需的越来越多的存款货币。要使准备存款总额增加，必须有中央银行资产业务的增加，主要包括三个方面：一是存款货币银行向中央银行再贴现和直接取得贷款，二是存款货币银行向中央银行出售自己持有的债券，三是存款货币银行向中央银行出售自己持有的外汇。

（3）派生存款的创造

由此看来，基础货币与存款货币银行的货币创造之间是源与流的关系，基础货币及其量的增减变化直接决定着存款货币银行准备金的增减，从而决定着存款币银行创造存款货币的能量。中央银行创造的基础货币是存款货币银行原始存款的来源，存款货币银行由于部分准备金制和银行清算系统的存在可以在原始存款的基础上创造出大量派生存款，从而在基础货币数量不变的前提下使整个金融体系的货币供给数量增加，不断满足经济发展的需要。

4. 设计一个货币创造的游戏，找几位同学，分别扮成参与货币创造的各个角色，看看是否使你更深刻地领会货币创造机制。

答：以中央银行无存款准备金要求为例，说明货币创造的过程。假设一国中央银行发放了 100 元的基础货币，全部存入了 A 银行，A 银行拥有的存款总额就是 100 元，由于中央银行没有准备金的要求，因此，该银行可以将所有的存款用于发放贷款，也就是说，A 银行可以将 100 元全部贷给客户甲，客户甲将这 100 元存入 B 银行(注意：A 银行和 B 银行可以是同一家银行，这里为区别视为不同的银行；并且，只有当金融资产进入了银行账户，该金融资产才是合法资产，也才能进入货币创造的过程)，这时，该国共有银行存款 200 元，按照 M2 的定义，这个国家的广义货币供给即达到了 200 元。而 B 银行又可以将这 100 元贷给客户乙，客户乙将 100 元又存入 C 银行，这时，该国共有银行存款 300 元，广义货币供给即达到了 300 元……以此类推，经过无数存款-贷款环节，该国的银行存款总额会达到无限，也就是说广义货币供给量无限，商业银行创造了无限的货币。

当然，现实生活中这是不现实的。在现实生活中，中央银行会要求商业银行交存一定比率的存款准备金，同时基础货币的一部分是以现金形式在银行体系之外流通，这使得商业银行的货币创造能力无法达到最高水平。

5. 如果中央银行不规定法定准备金率，存款货币银行是否就可以无限制地创造货币了？

答：存款货币的创造规模，受制于若干因素。存款货币的创造乘数为：

$$K=\frac{\Delta D}{\Delta R}=\frac{1}{c+r_d+t\times r_t+e}$$

其中，K 为存款创造乘数；c 为通货比率；r_d是法定活期存款准备金率；r_t 是法定定期存款准备金率；t 是定期存款比率；e 是超额准备金率。

在法定存款准备金率为零的情况下，即 r_t 和 r_d均为零，此时存款乘数还要受到通货存款比率 c 和超额准备金率 e 的影响。因为贷款、存款、货币支付并不一定都通过银行完成，所以会有一部分现金流出存款货币银行系统之外。同时，银行为了应付客户可能的提现要求，也要保留一部分准备金。

假设通货存款比率为零，银行也不保留任何准备金，同时金融体系高度有效，此时从理论上讲，货币的创造是无限的。但存款货币银行创造货币的能力受到货币需求的影响，即实体经济中对这部分货币是有需求的。否则，存款货币银行即使有创造货币的能力，也并不一定能创造出货币；强行支持无限制的货币制造，促成通货膨胀，则会受到客观经济过程的惩罚。

综上所述，基于存款货币银行所受到的主观和客观条件的影响，即使在法定准备金率为零的情况下，存款货币银行对货币的创造也不是无穷的。

6. 有以下两种可能的行为：①商业银行从中央银行借入一笔款项；②该商业银行的客户用支票存入同等金额的款项。试比较这两种行为对基础货币数量的影响，它们是相同还是不同？

类似的例子还可举出一些。比如某商业银行从中央银行借入一笔款项的同时，在该银行存款的一位客户从其账户上提走了同等金额的现金，那么基础货币量与该银行在中央银行的存款准备金额分别会发生怎样的变化？

再如，中央银行从商业银行与其从公众购入同等金额的债券，这两种行为对基础货币

的影响是否相同？为什么？

答：(1)基础货币的含义

基础货币也称为“高能货币”“强力货币”，用公式表达为：$B=R+C$，式中，B 为基础货币；R 为存款货币银行保有的存款准备金(准备存款与现金库存)；C 为流通于银行体系之外的现金。基础货币直接表现为中央银行的负债。基础货币可以引出数倍于自身的可为流通服务的信用货币。

(2)商业银行和中央银行行为对基础货币的影响

商业银行从中央银行借入一笔款项必然同时伴随着基础货币同等数量的增加，而商业银行的客户用现金存入同等金额的款项不会改变基础货币的数量，只是改变了基础货币的构成结构，增加了银行的存款准备而减少了流通中的现金。所以，这两者对基础货币的影响不同。

某商业银行从中央银行借入一笔款项的同时，在该银行存款的一位客户从其账户上提走了同等金额的现金，此时基础货币会增加，等于该商业银行从中央银行借入的款项数额；但该银行在中央银行的准备存款金额并不会发生变化。

中央银行从商业银行与其从公众购入同等金额的债券，这两者对于基础货币数量的影响是相同的，都相应地增加了基础货币的供应量，但是二者对于基础货币结构的影响是不同的。中央银行从商业银行手中购入债券增加了商业银行的存款准备，而从公众手中购入债券则增加了流通中的现金。

7．现在，在我国的周边国家，有相当数量的人民币作为交易货币。这是不是说，我国有相应数量的铸币税收入？与此同时，中国的外汇储备有以万亿计的美元；中国人分散持有的美元也相当可观。这是不是说，我国也事实上向美国缴纳铸币税？

答：我国周边国家持有人民币作为交易货币并不意味着我国有相应的铸币税收入。以外汇储备形式持有的美元，一定程度上向美国缴纳了铸币税。

贵金属货币时代，铸币税是一种靠“短斤缺两”得来的收益，货币在铸造时成色和重量均不足，使得发行货币收入大于铸造成本，这个差额就称之为铸币税。信用货币体系下，铸币税就是发行者凭借其发行地位所获得的纸币按面值换取物资的价值超过其发行成本的差额。铸币税可以看作货币发行市场上由单一货币当局者获得的垄断利润。

周边国家持有人民币是出于交易清算的需求，并非作为一项资产以期获取收益。而美元是国际货币，中国以外汇储备的形式持有大量美元，一旦美元超发产生贬值，国内的资产负债表上即表现出对应的亏损。从这个意义上，中国持有的美元外汇储备，事实上向美国缴纳了一定铸币税。

8．银行体系为什么能够为经济生活提供它所需要的任意数量的货币？这种可能性的经济依据是什么？要求什么样的政治前提条件？

答：(1)银行体系能为经济生活提供所需的任意数量货币的原因

市场经济的货币供给机制是由两个层次构成的货币创造系统。第一个层次在创造存款货币的存款货币银行。在这个层次上，众多的存款货币银行及其分支机构面对着众多顾客随时随地提出的形形色色的货币需求。它们如何有区别地满足和在多大程度上满足这些需求，取决于它们自己根据安全、流动、盈利的准则，衡量利弊得失所做的判断。这就是说，在这一层次上创造多少存款货币是由许许多多存款货币银行，在经济生活中无数的时点和地点上，通过自我约束机制分散地决策的。正是存款货币银行的分散决策，才有可能针对千差万别的需求，随时随地、机动灵活地供给货币；而存款货币银行的自我约束机制则使它们不能不认真地对客户所提出的需求进行评价和筛选，从而事实上把住了货币供给是否真正符合客观需求的第一道关口。

然而，存款货币银行的自我约束机制并不是保证货币均衡的充分条件，或者更强调地说，单纯依靠这一机制来保证货币均衡是绝对不充分的。于是，要求中央银行的宏观调控层次。中央银行的宏观调控为银行体系补充了准备存款，使银行体系能够不断地进行货币创造，满足经济发展的需要。

(2)银行体系能为经济生活提供所需的任意数量货币的经济依据

这种可能性的经济根据是在正常的经济运行过程中，要求现金增加发行的基本原因是经济增长；那么，经济增长必然也同时要求存款货币有足够的增长为不断扩大的流转服务。所以，在经济增长的条件下，准备存款必须不断地得到补充，以便使之既能保证现金的不断提取，又能保证创造出经济生活所必需的越来越多的存款货币。

(3)银行体系能为经济生活提供所需的任意数量货币的政治前提

其政治前提是中央银行能够源源不断地为存款货币银行补充准备存款。扩大资产业务并不以负债的增加为前提是中央银行特有的权力。在中央银行体制下，所有的存款货币银行，其资产业务的开展以负债业务的开展为前提是一般的原则。但对中央银行来说，则完全排除了这一原则的约束。中央银行在国内信用交易的范围内，没有类似存款货币银行的准备存款，也没有任何一个在它之上的机构可以保存它的存款；中央银行也不需要通货库存，通货就是它印制和铸造的。中央银行扩大了资产业务，立即或经过一些迂回途径，必然相应形成存款货币银行的准备存款；存款货币银行从准备存款提取正当营运所需要的通货，中央银行则随时给予保证。简言之，中央银行的任何资产业务均会有商业银行准备存款和通货发行之和与之对应。这就是中央银行运作的规律。

当然，中央银行的行为也并不是完全不受任何约束。就“技术层面”、就可能性来说，中央银行为存款货币银行补充存款准备，支持存款货币银行创造信用货币的能力可以是无限的。但从客观经济过程来说，约束则是强有力的。没有货币需求，存款货币银行不需要补充准备存款，有能力也无从发挥；强行支持无限制的货币创造，促成通货膨胀，则会受到客观经济过程的惩罚。

9. 现代信用货币创造机制彻底突破了贵金属供给数量的限制并极大地节约了社会流通费用。这对于社会经济发展的重大意义应如何分析？

答：(1)现代信用货币制度对于社会经济发展的重大意义

现代信用货币制度对于社会经济发展的重大意义主要体现在金本位制的局限性和其为信用货币制度所取代的必然性。

①货币供给的制约与经济增长对货币需求的增长之间的矛盾是导致金本位制崩溃的内在原因。金本位制的稳定性必须以黄金的充分供应为前提，而黄金有限的供应量制约了金本位制发挥促进经济发展的作用。尽管部分准备制在一定程度上缓解了黄金不足的困难，

但黄金准备数量仍然制约货币的供给，二者成正比关系，当黄金准备不足时，货币发行也难以满足需求。

②从国际经济关系看，金本位制对国际收支的自动调节机制是以没有贸易管制及外汇管制，没有关税壁垒，物价有充分弹性，货币供给量受黄金数量的制约为前提的，而这些条件往往无法满足，货币的数量与黄金的增减失去了必然的联系，金本位货币制度对国际收支的自动调节作用在政府的干预下是名存实亡了。

③在金本位制下，黄金可以在国际间自由流通，使各国经济紧密相联，不利于各国实行独立的经济政策。

(2)现代信用货币制度突破了金本位制的局限性

首先，节约了货币材料和货币流通费用。与以往金属货币相比，现代信用货币的币材都是对自然资源的极大节约；纸币的印刷和流通费用比金属货币的铸造、运输、保管费用要低得多；况且，现代信用货币制度下，越来越多的交易采用非现金方式进行，转账结算和电子货币的成本更是大大降低了货币的流通费用。

其次，加快了货币流通速度，减少货币需要量。由于货币的介质更易于运输和携带，结算技术的提高，货币流通的速度大大加快，从而单位货币能够媒介的商品和服务的交易比以往要多得多。也就是说，同样数量的货币能够实现更多的商品和服务的交易，使经济摆脱了贵金属货币供给数量的限制，这对于促进经济的发展和世界的贸易联系都具有巨大的意义。

10. 由中央银行和存款货币银行构成的双层次货币创造机制，至少到目前为止，是既能从微观角度又能从宏观角度满足货币需求的机制。试论证之。

答：(1)双层次货币创造机制的含义

市场经济的货币供给机制是由两个层次构成的货币创造系统：第一个层次是创造存款货币的存款货币银行；第二个层次是进行宏观调控的中央银行。

(2)论证

信用货币的创造机制，显示了正是纯属微观的金融行为具体地导出了宏观经济的结果，体现着金融的微观方面向金融的宏观方面过渡。

信用货币创造机制是公司、公众、政府机构为一方，存款货币银行、中央银行为另一方，环绕一笔一笔具体的货币存、取、借、贷，所进行的诸多微观经济行为的过程。但微观经济行为主体的微观金融行为为经济生活连绵不断地提供了流通中的货币。流通中的货币构成货币供给范畴。货币供给，面对的是经济生活整体，是宏观经济总量指标。与之相对应的是货币需求。货币供给与货币需求的对比，构成宏观金融的核心。这涉及市场需求是旺盛还是不足，利息率是趋高还是趋低，对外币的汇率是趋强还是趋弱，特别是价格水平是坚挺还是疲软，是上涨还是下跌，从而，币值是可以保持稳定还是陷入难以控制的波动，等等。这属于金融的也是经济的宏观方面。

金融的宏观方面向金融的微观方面过渡也必须通过信用货币创造机制来实现。当货币供给与货币需求失去均衡，从而客观经济生活从金融的宏观方面提出调整要求时，其实现也不能绕过信用货币的创造机制：即只能通过利益机制影响参与金融行为的公司、公众、存款货币银行这诸多微观经济主体，分别决策是否调整以及如何调整自己的行为；也只有在这样的基础上才能有货币供给与货币需求宏观均衡状态的改变。

第 15 章　货币供给

15.1　复习笔记

【知识框架(庖丁解牛)】

- 货币供给
  - 货币供给及其口径
    - 货币供给口径
    - 名义货币供给与实际货币供给
    - 国际货币基金组织的货币模型
    - 区分货币与非货币的困难
  - 经济主体行为与货币供给
    - 货币当局对货币供给的调控
    - 微观经济主体对货币供给的影响
    - 乘数公式的再说明
  - 外生变量还是内生变量
    - 内生变量还是外生变量之争的含义
    - 货币供给是内生变量还是外生变量的意义
    - 货币主义的“外生变量”论及反对意见
  - “超额”货币及其反映的规律
    - 引起关注的超额货币现象
    - 破解货币超额的种种思路
    - 我国金融资产积累的特点与超额货币

【考点难点归纳(厚积薄发)】

考点一：货币供给及其口径　★★

1. 货币供给口径

(1)货币供给的多重口径

按照金融资产流动性的大小，将货币供给划分为 M1、M2、M3 等层次。各国的货币口径大多不同，但“通货”和 M1 这两项大体一致。

(2)划分货币供给层次的依据及意义

世界各国中央银行，对货币统计口径划分的基本依据是一致的，即都以流动性的大小作为划分标准，也就是说，以作为流通手段和支付手段的方便程度作为划分标准。货币的流动性与其所形成的购买力具有正相关关系。货币流动性较高，形成购买力的能力也较强；反之，流动性较低，形成购买力的能力也较弱。以流动性作为划分货币供给层次的依据对于考察市场均衡、实施宏观调控有重要意义。

中央银行划分货币层次的另一重要要求是便于进行对宏观经济运行的监测和货币政策的操作。

【例15.1】货币层次划分的主要依据是(　　)。[中国人民大学2017金融硕士]

A. 金融资产的盈利性　　B. 金融资产的流动性

C. 金融资产的安全性　　D. 金融资产的种类

【解析】各国中央银行在确定货币供给的统计口径时，都以流动性的大小，也即以流通手段和支付手段的方便程度作为标准。

【答案】B

(3)外国的和IMF的M系列

美国现行货币供给的各层次：M1和M2。

日本现行货币供给的各层次：M1和M2+CDs。

英格兰银行公布的货币供给口径：1992年12月之前采用的货币供给口径：M0、M2和M4；1992年12月不再公布M2；2006年4月后不再公布M0数据，只公布两组相对独立的数据：流通中的纸币与铸币数量、各个银行在英格兰银行的储备存款余额。

国际货币基金组织的三个口径：通货、货币和准货币。

(4)中国的M系列

现阶段我国货币供应量划分的三个层次：

M0=流通中现金

M1=M0+活期存款

M2=M1+定期存款+储蓄存款+其他存款+证券公司客户保证金

其中，M1称为狭义货币量；M2称为广义货币量；M2-M1为准货币。

(5)M1/M2——货币供给的"流动性"

M1/M2表明狭义货币供给在广义货币供给中所占的比重，是衡量货币供给流动性的具体指标。

M1/M2值是趋于增大还是趋于减小，可间接表明货币流通速度的增减，可作为判断经济发展态势的指标之一。

2. 名义货币供给与实际货币供给

名义货币供给是指不考虑通货膨胀因素的一定时点上的货币存量；实际货币供给是指剔除通货膨胀之后的一定时点上的货币存量。前者一般记作M_S，后者记为M_S/P。日常使用的货币供给一般都是指名义货币供给。

如果一国的物价水平长期剧烈波动，只对名义货币供给的变动进行分析，就可能会导致错误的经济形势判断和政策选择。

3. 国际货币基金组织的货币模型

国际货币基金组织对于一国货币供给变化的模型是：

$$\Delta M=\Delta R+\Delta D$$

也就是说，一国货币供给量的变化由外汇储备的变化ΔR和金融系统国内信贷的变化ΔD决定。ΔR形成的模型是：$\Delta R=X-M+K$，其中，X为出口，M为进口，K为非银行部门的资本净流入量。

在国际货币基金组织的模型中，信贷的变化ΔD和出口X视为外生变量；进口M则视为内生变量，即收入的函数。

4. 区分货币与非货币的困难

金融创新加强了许多金融工具的流动性，突破了原有货币层次的界限。加大了区分货币与非货币的困难。随着金融事业的发展，我国也逐渐面临着这样的问题。

考点二：经济主体行为与货币供给 ★★★★

1. 货币当局对货币供给的调控（见表 15-1）

表 15-1　货币当局对货币供给的调控

要点	具体内容
方式	货币当局对货币供给量只能进行间接调控
环节	①对基础货币的调控； ②对货币乘数的调控
政策工具	公开市场业务、贴现政策和存款准备金制度
意义	①实现基础货币的投放与货币供给的补充； ②满足商业银行流动性需求

2. 微观经济主体对货币供给的影响

货币当局对货币供给量的调控需要通过微观经济主体——居民、企业和银行起作用，如表 15-2 所示。

表 15-2　微观经济主体行为对货币供给的影响

经济主体	影响
居民	①居民持有现金的数量越多，则通货-存款比越大，进而货币供给量越小；居民持有现金的数量越少，则通货-存款比越小，进而货币供给量越大。 ②影响居民持有现金数量的因素有财富效应、预期报酬率变动效应、金融危机以及非法经济活动的规模
企业	企业对货币供给的影响表现为其对贷款的需求，这种需求的影响因素有： ①经营的扩大或收缩。经营扩大会增加贷款需求，从而增加货币供给的压力。 ②经营效益的高低。企业经营不善时，如果保持原来经营水平，则增加贷款需求，从而增加货币供给；如果缩减经营，就会勾销部分贷款，从而收缩货币供给
银行	银行对货币供给的影响主要靠两种行为： ①调节超额准备金率。在准备金总额不变时，超额准备金越多，货币乘数就越小，货币供给量也越小；反之，货币供给增加。 ②调节向中央银行借款的规模。其他条件不变时，商业银行增加向央行借款，会扩大货币供给量；反之，则会减少货币供给量

【例 15.2】下列哪种情况会导致货币供给增加？（　　）［浙江工商大学 2011 金融硕士］

A. 政府购买增加　　B. 央行从公众手中购买国债

C. 一个平民购买通用汽车的债券　　D. 联想公司向公众发售股票

【解析】央行从公众手中购买国债属于公开市场操作，会造成基础货币的增加，从而使得货币供给增加。

【答案】B

3. 乘数公式的再说明

已知：

$$M_S = m \cdot B$$

$$m = \frac{\frac{C}{D}+1}{\frac{C}{D}+\frac{R}{D}}$$

基础货币 B 取决于中央银行对公开市场业务、贴现率和法定准备金率及其他货币政策工具的运用。

C/D 也即通货与存款比率(c)，由居民、企业的持币行为所决定。

R/D 是由法定准备金率 r_d 和超额准备金率 e 两者构成，其中超额准备金率 e，取决于存款货币银行的行为；R/D 取决于企业行为。

对准备金进行分类，取 RR 表示法定准备金，ER 表示超额准备金，由于准备金 = 法定准备金 + 超额准备金，上式还可以表示为：

$$m = \frac{\frac{C}{D}+1}{\frac{C}{D}+\frac{RR}{D}+\frac{ER}{D}} = \frac{c+1}{c+r+e}$$

可见，中央银行、居民、企业和存款货币银行的行为共同影响货币供给。

考点三：外生变量还是内生变量　★★

1. 内生变量还是外生变量之争的含义

“货币供给是外生变量”是指货币供给是由货币当局的货币政策决定，而不是由经济因素，如收入、储蓄、投资、消费等因素决定。

“货币供给是内生变量”是指对货币供给起决定作用的是经济体系中的实际变量以及微观主体的经济行为等因素，货币当局的操作对其起不了决定性的作用。

2. 货币供给是内生变量还是外生变量的意义

货币供给的内生性或外生性问题是货币理论研究中的一个重要问题。

如果认定货币供给是内生变量，即认为货币供给被动地取决于客观经济过程，货币当局并不能对其变动产生有效影响，那么货币政策的调节作用就具有局限性。

如果肯定是外生变量，那么也就是说货币当局能够有效地调节货币供给，并进而影响经济进程。

3. 货币主义的“外生变量”论及反对意见

弗里德曼认为中央银行能够直接决定高能货币 H，而 H 对于 D/R 和 D/C 有决定性影响——货币供给是外生变量。

反对的观点：对于货币供给与高能货币 H、D/C 和 D/R 之间的关系不应简单视之。特

别是 D/C 和 D/R，常常随经济环境的变化而变动，因而不应当成固定参数。而且在经济波动时期，D/R 同 H 之间往往呈反向变动。

【例 15.3】货币供应的内生性[中国人民大学 2016 金融硕士]

答：货币供应的内生性是随货币供给新论的发展而逐步发展和完善起来的概念。其主要内容是认为货币供给"旧论"所隐含的货币供给是外生变量的观点是错误的，货币供给受利率与货币需求的影响，强力货币(H)与货币供给(M)之间并不存在简单明确的倍数关系。银行的资产负债规模及公众的货币需求量具有很大的利率弹性，利率的变动会导致银行调整其资产负债规模，也会引导社会公众改变其资产偏好行为，从而影响中央银行货币供应量的倍数扩张机制。另外，银行的贷款要求等因素也影响内生性行为。最后，二战后非银行金融机构的兴起，打破了其与商业银行间的区别，从而使非银行金融机构也加入了商业银行货币信用创造的行列，这些都使中央银行的货币供应量成为一个内生性的变量。凯恩斯的货币供给理论、新剑桥学派的货币供给理论、货币供给新论等承认货币供应具有内生性。

考点四："超额"货币及其反映的规律 ★

1. 引起关注的超额货币现象

改革开放以来，我国 M2 的增长速度经常超过经济增长速度与通货膨胀率之和，即 $M > Y + P$，这意味着货币供给超过货币需求，也就是超额货币现象。

如果货币供给多于根据自己论证的货币需求函数所计算出来的量，意味着存在超额货币；反之，则意味着相应的货币"失踪"。

2. 破解货币超额的种种思路(见表 15-3)

表 15-3　破解货币超额的种种思路

思路	见解
认为价格 P 和收入 Y 被低估	用统计数字考察短期偏离或许有意义，在长期中则难以成立
计划体制导致经济商品化的程度偏低	改革开放后货币化率的提高可用于解释超额货币的现象
超额货币现象在各国普遍存在	金融资产的多样性导致超额货币现象正逐渐消失
货币流通速度的减缓导致超额货币的存在	货币流通速度难以量化，难以用其去解释超额货币

3. 我国金融资产积累的特点与超额货币(见表 15-4)

表 15-4　我国金融资产积累的特点与超额货币

要点	具体内容
我国金融资产积累的特点	通过银行的间接融资渠道，以货币、贷款为主要金融工具，将住户部门的储蓄配置给企业部门使用，以支持企业部门的高投资
超额货币	超额货币仍会存在一段时间，但已出现消失的趋势

15.2 课后习题详解

1. 研究货币供给，首先必须弄清楚货币所包含的范围，这是题中之意。然而，现在区分货币与非货币成为一个难题。为什么？

答：区分货币与非货币越来越困难的原因在于：

(1)金融创新的影响

货币当局对不同口径货币的监测和控制，会促使各类金融机构相应地做出反应。银行的金融创新就是典型的例子。比如，定期存款到期前不便于流动，于是创造易于变现的可转让大额定期存单；定期存款不能开支票，于是创造了自动转账制度；储蓄存款不能开支票，于是创造了货币市场互助基金账户，等等。这些都使得流动性加强了，并大大突破了原有货币层次的界限。界限变得模糊起来，区分货币与非货币也就越来越困难，以致各国货币统计口径过一段时期就不得不进行调整。

(2)信息技术的发展和经济生活的复杂性

信息技术的发展，互联网的繁荣，使得许多具有支付手段职能的工具层出不穷，这些支付工具是否应该列入货币的范围；如果列入，应该如何监管、如何监测，目前还存在较大争议。经济生活的参与者涉及整个社会，执行支付手段和流通手段职能的工具错综复杂，如何区分其是否属于货币是一个庞大的工程。

在中国，由于金融管理比较严格，金融工具不仅种类少而且也较少变动，从而各层次货币供给间的界限也比较明显。从某种意义上说，这似乎更便于中央银行的监测和调控。但随着金融事业的发展，这样的状况是不会一直维持下去的。

2. 为什么要把货币供给划分为几个统计层次？划分货币供给层次的基本依据是什么？

答：(1)货币供给划分层次的原因

所谓货币的层次划分，是指对现实流通中各种信用货币形式按不同的统计口径划分为不同的层次。因为现实经济生活中存在着形形色色的信用货币，随着货币信用经济的不断发展，尤其是自五六十年代以来，由于新的金融工具层出不穷，金融创新浪潮风起云涌，许多新的金融工具都不同程度地具有“货币性”，有的能够直接作为货币发挥作用，有的略加转化就能发挥货币的流通手段和支付手段职能，从而使流通中货币形式多种多样，货币流通的范围不断扩大。但不同形式的货币或具有某种货币职能的金融工具，其“货币性”是有差别的。各国中央银行或货币当局为了有效地管理和调控货币供给，需要对流通中的各种货币形式进行分类，将它们划分为不同的层次，使货币供给的计量和调控有较为科学的口径。

(2)货币供给划分层次的依据

长期以来，人们对货币供给口径的具体层次划分上有许多不同观点，但在将金融资产的“流动性”作为划分货币层次的主要依据这点上，看法却是一致的。所谓“流动性”，是指金融资产能够及时转变为现实购买力并使持有人不蒙受损失的能力。流动性越强的金融资产，现实购买力也越强。例如现金就是流动性最强的金融资产，具有直接的现实购买力；定期存款则需要经过提现或者说转成活期支票存款才有现实购买力，故流动性较弱。因此，

“流动性”不同的金融资产在流通中周转的便利程度不同，现实购买力强弱不同，从而对商品流通和其他各种经济活动的影响程度也就不同。因此，按流动性的强弱对不同形式、不同特性的货币划分不同的层次，是科学地分析货币流通状况、正确制定实施货币政策、及时有效地进行宏观调控的必要措施。

3. 翻阅几个国家中央银行的公报，对我国与主要发达国家所采用的货币供给口径有何异同点做些分析，并印证层次划分的依据。

答：(1)我国的货币层次划分

M0 = 流通中现金

M1 = M0 + 活期存款

M2 = M1 + 定期存款 + 储蓄存款 + 其他存款 + 证券公司客户保证金

其中，M1 称为狭义货币量；M2 称为广义货币量；M2 - M1 是准货币。

(2)美国现行货币供给各层次的定义

M1 包括：①处于美国国库、联邦储备银行和存款机构库存以外的通货；②非银行发行的旅行支票；③商业银行的活期存款(存款机构、美国政府、外国银行和官方机构的存款除外)减去应收现金项目和联邦储备存款；④其他支票存款(OCDs)，包括可转让支付命令(NOW)和存款机构的自动转账服务(ATS)账户、信用合作社股金提款账户和储蓄机构的活期存款。

M2 在 M1 的基础上增加了以下各项：①储蓄存款(包括货币市场存款账户)；②小额定期存款(10 万美元以下的定期存款)减去个人退休金账户(IRA)及自由职业者为退休而进行的存款；③货币市场共同基金份额减去 IRA 及自由职业者为退休而进行的存款。

(3)日本货币供给统计口径

M1：现金(不包括日本银行持有的现金)和活期存款；企业、个人和地方政府等持有的流通中的现金和活期存款。

M2 + CDs：M1 加准货币(定期存款、外币存款等)和 CDs(可转让定期存单)。

(4)英格兰采用的口径

1992 年 12 月之前英格兰货币供给所采用的口径为：

①M0，即狭义货币：包括流通在英格兰银行之外的纸币和硬币；各银行在英格兰银行的储备存款余额。

②M2：公众手中的纸币和硬币；私人部门在英国银行和建房互助协会的小额英镑存款。

③M4：公众持有的流通中的纸币和硬币；私人部门在英国银行和建房互助协会的所有英镑存款(包括存单)。

1992 年 12 月，英格兰银行不再公布 M2，只公布 M0 和 M4(以及便于同欧盟通用的货币指数相比较的 M3H，与 M4 类似)；1999 年，M3H 被欧洲中央银行使用的 M3 所替代；随着货币市场改革的执行，英格兰银行在 2006 年 4 月后停止发布 M0 数据，取而代之的是流通中的纸币和铸币及各银行在英格兰银行的储备存款余额两组相对独立的数据。

以上几个国家具体的货币供给层次都验证了本章课后习题 2 中关于货币流动性是对货币层次进行划分的基本依据，这也是我国与主要发达国家所采用的货币供给口径的相同点。

4. 在市场经济国家的货币供给调控机制中，中央银行可以运用哪些工具来调控货币供给数量？哪些工具可以作用于微观行为主体对货币的需求？哪些工具可以作用于基础货币？哪些工具可以作用于货币乘数？

答：(1)中央银行调控货币供给数量的工具

货币当局通常运用众所周知的三大工具——公开市场业务、贴现政策和法定准备金率——调控基础货币和乘数，进而间接调控货币供应量。

①公开市场操作是指货币当局在金融市场上出售或购入财政部和政府机构的证券，特别是短期国库券，用以影响基础货币。

中央银行通过购买或出售债券可以增加或减少流通中现金或银行的准备金，使基础货币或增或减。基础货币增加，货币供给量可随之增加；基础货币减少，货币供给量亦随之减少。不过，是增减通货，还是增减准备金，还是两者在增减过程中的比例不同，会导致不同的乘数效应，从而货币供给量增减的规模也有所不同。

②贴现政策是指货币当局通过变动自己对商业银行所持票据再贴现的再贴现率来影响贷款的数量和基础货币量的政策。

再贴现率变动影响商业银行贷款数量的机制是：贴现率提高，商业银行从中央银行借款的成本随之提高，它们会相应减少贷款数量；贴现率下降，意味着商业银行从中央银行的借款成本降低，则会产生鼓励商业银行扩大贷款的作用。

③法定准备金率也是控制货币供给的一个重要工具，并且被认为是一个作用强烈的工具。当货币当局提高法定准备金率时，商业银行一定比率的超额准备金就会转化为法定准备金，商业银行的放款能力降低，货币乘数变小，货币供应就会相应收缩；当降低法定准备金率时，则出现相反的调节效果，最终会扩大货币供应量。

(2)各工具的作用点

公开市场操作可以作用于微观行为主体对货币的需求；公开市场操作和贴现政策可以作用于基础货币；法定准备金率可以作用于货币乘数。

5. 能否根据本章所学原理分析一下我国商业银行行为对货币供给的影响？

答：(1)商业银行对货币供给的影响

一般情况下，银行对货币供给的影响主要靠两种行为：一是调节超额准备金的比率；二是调节向中央银行借款的规模。

银行的准备金是基础货币，其中超过中央银行法定准备金率规定的金额，是银行还没有依据它发放贷款的部分，因而没有存款货币的创造。在准备金总额不变时，银行保有超额准备金越多，货币乘数就越小，相应地，货币供应量也越小；如果银行减少了超额准备金的保有数量，货币乘数会变大，货币供给也相应增加。任何体制下的存款货币银行，在中央银行的准备金存款均有超法定比率部分，问题只是为什么有时要增加超额准备金，有时却要减少超额准备金。在市场经济中，主要动机有两个：一个是成本和收益动机；另一个是风险规避动机。

保存超额准备的行为，不论起于何种动机，均意味着对准备存款比例的制约。在一个典型的市场经济体系中，商业银行向中央银行借款，会增加准备存款，也即基础货币的数量，从而能支持更多地创造存款货币。所以，在其他条件不变时，商业银行增加中央银行借款会扩大货币供应量，减少中央银行借款会减少货币供应量。

决定商业银行向中央银行借款的行为动机也是成本收益动机，而决定成本和收益的因素则主要是市场利息率和中央银行贷款的贴现率。显然，市场利率的高低，正相关地影响从银行借款的多少；而中央银行贴现率的高低，与商业银行借款数量的多少，则是负相关的。

(2)从收益角度分析我国商业银行对货币供给的影响

我国的大多数商业银行都实现了股份制改造，成为自负盈亏、自我约束、自我发展的经济主体。目前，我国央行向各商业银行持有的超额存款准备金支付一定的利率，但这一利率低于市场的贷款利率，这使各个商业银行持有超额存款准备金是有一定的收益的。如果考虑到呆坏账对银行贷款收益的侵蚀，存放在中央银行的超额存款准备金甚至优于银行贷款。因此目前大多商业银行持有一定比例的超额存款准备金。增加超额存款准备金意味着货币创造乘数的减小，其他条件不变时，减少货币供应量。商业银行可以通过购买央行票据来调整自己的超额准备金。

商业银行也可以通过再贷款从中央银行获取准备金。当商业银行通过再贷款增加存款准备金时，能支持更多地创造存款货币，在其他条件不变时，会扩大货币供给量；反之，则减少货币供应量。

6. 我国国有企业的改革过程对货币供给的影响是否有所变化?

答: (1)企业行为对货币供给的影响

一般来讲，决定企业行为对货币供给影响的，是它们对资本的需求，从而对贷款的需求。这主要来自两方面：

①经营的扩大或收缩。经营扩大要求补充资本，补充资本的投入一般要求从补充货币资本开始。如果企业对货币资本的投入靠的是自身的积累，这不需要补充贷款；反之，则需要追加贷款。追加贷款，就不能不影响货币供给。至于企业是否要扩大经营，在成熟的市场经济中是取决于对经济形势发展和对未来收益的预期，等等。假设缺乏经营积极性成为某一时期企业行为的普遍特点，那么，再低的利息率也往往不能刺激对贷款的需求，货币供给也就缺乏扩大的基础。

②经营效益的高低。一般说来，不管是由于经营管理不善，还是整个经济比例、结构有问题，都会造成资金周转率降低。信贷资金占用时间延长，在相同的产出水平下会相对增加对贷款的需求并从而增加货币供应量；反之，则会减小对于增加货币供应量的压力。经营效益不好，以致出现亏损，企业不得不采取减缩经营乃至破产清理行为，那就会勾销一部分贷款，从而相应收缩一部分货币供给。如果企业仍然亏损经营，并继续要求得到贷款支持，其结果则是货币供给被迫增加。

(2)国有企业改革对货币供给带来的影响

传统上国有企业的贷款需求总是迫使商业银行被动地增加贷款供应，中央银行在企业和商业银行贷款需求的压力下又不得不实行松动的迁就性的货币政策，结果就会出现货币供给被动地适应货币需求的现象，这样中央银行对于货币的数量控制目标总是难以实现。

我国国有企业的改革过程必然会给货币供给带来深远的影响。首先，伴随着国有企业改革的进行，企业成为自负盈亏的主体，盈利意识增强，使成本约束机制开始逐步发挥作用；其次，随着利率市场化的不断进行，企业对于利率越来越敏感，利率的变动会对企业的资金需求产生影响；最后直接融资市场的发展也扩大了企业在面临资金瓶颈时的选择范围，企业可以通过直接融资渠道获得资金，减轻了传统上对于商业银行的压力。

综上所述，我国国有企业在改革进程中所发生的变化改变了传统的货币供应机制，对于解决长期依赖困扰中央银行的“倒逼机制”有重要影响。而国有企业的最终改革完成将改变这些，最终提高货币当局对于货币供应量的控制能力。

7. 你能否举一些例子来说明居民行为对我国货币供给的现实影响？

答：(1)理论上微观主体与货币供给的关系

微观主体与宏观经济运行存在双向互动关系，良性互动是经济社会平稳健康运行的前提。宏观政策对个体有结构性差异性影响，微观个体的行为加总对宏观政策运行的环境也产生影响。当居民普遍增加现金，即通货持有量的时候，通货对活期存款的比会提高；反之，则会下降。

根据经验，对居民持币行为产生影响，进而对通货存款比产生影响的因素主要有以下四个方面：①财富效应。当居民收入或财富大量增加时，其持有现金的增长速度会相对降低；反之亦然。这说明，通货-存款比与财富和收入的变动一般呈反方向变化。②预期报酬率变动效应。由于现金的货币报酬率为零，储蓄存款的货币报酬率大于零，在假设只存在现金和储蓄存款两种金融资产的情况下，储蓄存款的利率变动与通货-存款比呈负相关关系。③金融危机。当银行出现信用不稳定苗头的时候，居民会大量提取存款，这时通货-存款比增大。④非法经济活动为逃避法律监督而采取现金交易的形式。所以，非法经济活动的规模与通货-存款比呈正相关关系。

(2)现实中居民行为对货币供给的影响

①当经济生活的不确定性增加时，比如在社会保障制度改革时期，居民对未来收入的预期具有不确定性，持币动机增强，致使货币乘数有缩小的趋势，进而导致货币供给增加。

②近年来，我国数字金融和金融科技发展迅速，一个最明显的日常体现是居民更广泛频繁地使用数字支付，很少使用现金支付。且一些货币市场基金如余额宝等产品的兴起，也使得“存款转移”的现象加剧。居民使用现金支付会影响商业银行库存现金的规模，“存款转移”会减少高能货币的存量。

8. 应该怎样看待货币供给的外生性和内生性问题？有关这一问题的理论判断会对政府的决策和公众的政策建议产生怎样的影响？

答：(1)货币供给的外生性和内生性问题

“货币供给是外生变量”是指货币供给这个变量并不是由经济因素，如收入、储蓄、投资、消费等因素所决定的，而是由货币当局的货币政策决定的。

“货币供给是内生变量”是指货币供给的变动，货币当局的操作起不了决定性的作用，起决定作用的是经济体系中实际变量以及微观主体的经济行为等因素。

(2)对政府的决策和公众的政策建议的影响

货币供给的内生性或外生性问题是货币理论研究中具有较强政策含义的一个问题。如果认定货币供给是内生变量，那就是说，货币供给被动的取决于客观经济过程，而货币当局并不能有效地控制其变动，货币政策的调节作用有局限性。如果肯定是外生变量，则等于说，货币当局能够采取相关措施有效地调节货币供给，影响经济进程。

9. 货币需求有用于交易及储存财富的区分，决定了向经济供给的货币有充分流动的和不流动的两级以及中间过渡的种种状态。明确这样的认识，对于分析货币供给的动态特征有何意义？可结合“超额”货币问题进行思考。

答：(1)货币需求的流动性与经济增长率的关系

货币需求与货币供给之间的数量关系，不仅是货币作为交易媒介的供求关系，而且还是货币作为价值储存和金融资产积累的关系。

①作为交易的媒介，不断收付，是现实流通的货币。随着经济的发展，其需求规模会逐步扩大。但今年在流通中积极起作用的货币，也是去年在流通中积极起作用的货币，而且明年还会在流通中积极起作用。因而其增加幅度直接受制于经济增长率。

②作为金融资产积累的货币，却是暂不流通的货币。于是新的货币积累不断加到原有的货币积累上面，越积越多，可以大大快于经济增长率。当金融资产处于货币单一形式时，这样的现象就是不可避免的。

(2)明确货币需求流动性与经济增长率的关系对于分析货币供给动态特征的意义

货币需求流动性与经济增长关系模型有经济生活的根据，反映经济生活的规律，那就可以加以扩展：由个人的收入扩展为国内生产总值 GDP，由个人的货币储蓄率扩展为社会的货币储蓄率，由个人持有货币余额扩展为某一时点的货币总量，由个人持有货币的增长率扩展为货币总量的增长率。简言之，上述模型的论断可用于解释货币总量与经济总量的关系：当金融资产处于货币单一形式时，货币增长率总是高于经济增长率与通货膨胀率之和。但高出的幅度，将趋于下降，其极限位置就是经济增长率加通货膨胀率。在这一过程中开始的阶段，超额货币现象出现；而随着货币增长率越来越逼近极限位置，超额货币将趋于消失。

(3)结合“超额”货币问题分析货币增长率与经济增长率的关系

当货币增长速度超过经济增长速度与通货膨胀率之和时，有一部分的货币供给是超过货币需求的，此时“超额”货币现象出现。关于我国改革开放以来的“超额”货币现象的解释主要有以下四个思路：

①我国对价格指数的统计偏低，并且没有将地下经济估计到 GDP 之内，导致经济增长率和通货膨胀率被低估，小于货币增长率，因而出现“超额”货币现象。

②改革开放后的自然经济部分迅速商品化，使原来不需要货币的领域开始需要货币，导致货币化率提高，再加上经济增长率和通货膨胀率，“超额”货币现象出现。

③世界各国在发展过程中多有“超额”货币现象。随着金融资产的多样化，对货币这种单一的金融资产的需求将会下降，“超额”货币现象也会逐步消失。

④“超额”货币的存在，是由于货币流通速度的减缓。

第16章　货币均衡与总供求

16.1　复习笔记

【知识框架(庖丁解牛)】

- 货币均衡与总供求
  - 货币均衡与非均衡
    - 货币均衡与非均衡的含义
    - 造成货币供给过多的微观主体行为
    - 不同经济体制下货币均衡问题表现的差异
  - 货币供求与市场总供求
    - 货币供求与市场总供求之间的关系
    - 货币供求与市场供求的相互影响
    - 货币供给的产出效应及其扩张界限
    - 紧缩效应
  - 总需求曲线和总供给曲线
  - 总需求与总供给的短期均衡
  - 自然失业率、自然产出率与长期均衡

【考点难点归纳(厚积薄发)】

考点一：货币均衡与非均衡　★★

1. 货币均衡与非均衡的含义

(1)货币均衡

货币均衡是指货币供给与货币需求保持平衡，即 $M_s=M_d$。

(2)货币非均衡

货币非均衡是指货币需求超过货币供给，或货币供给超过货币需求，即 $M_s \neq M_d$。

(3)货币均衡与利率水平的关系

由于货币需求同利率水平呈反方向变动，当货币供给与货币需求达到平衡时，即产生了均衡利率。货币均衡与利率水平的关系见表16-1。

表16-1　货币均衡与利率水平的关系

要点	货币供给为内生变量	货币供给为外生变量
货币供需与均衡利率	①货币供、求曲线的交点决定均衡利率水平 r_0。 ②当货币供给＞货币需求时，利率＜r_0，会引起货币供给减少和货币需求增加，推动利率上升。 ③当货币供给＜货币需求时，利率＞r_0，会引起货币供给增加并抑制货币需求，促使利率下降	货币供给为货币当局确定的固定值，则货币供给曲线垂直于横轴。因此，货币需求曲线的移动只能引起利率的改变

续表

货币供给形式	货币供给为内生变量	货币供给为外生变量
图形表示	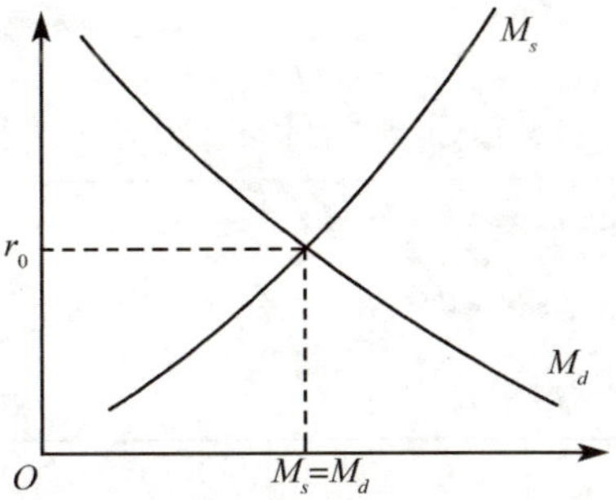	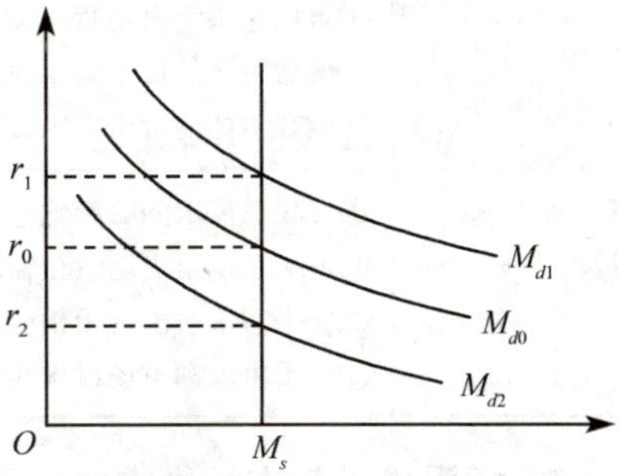

2. 造成货币供给过多的微观主体行为

计划经济体制下，货币供给的决策依赖于经济扩张计划，且货币供给长期大于货币需求。由此，形成了国有投资企业的投资饥渴和软预算约束两种微观主体的行为特征。

(1)国有投资企业的投资饥渴

计划经济体制下企业和非营利机构力求不断增加投资以壮大自己，不存在饱和状态，也不会因亏损或破产而受到限制。

(2)软预算约束

当一个经济组织陷入财务困境时，能够借助外部组织的救助得以继续生存，而不会被市场淘汰。

3. 不同经济体制下货币均衡问题表现的差异(见表 16-2)

表 16-2　不同经济体制下货币均衡问题表现的差异

要点	集中计划经济体制	市场经济体制
货币失衡的特征	失衡长期保持在货币供给过多的状态	货币供给过多与供给不足的经常交替
货币失衡的表现	并不直接反映在价格和利率的变动上	若货币供给迅速增长，则会导致通货膨胀和利率下跌
货币失衡的调节	依靠直接的计划管制和行政性措施	价格和利率发挥自动调节失衡的功能

考点二：货币供求与市场总供求 ★★★★

1. 货币供求与市场总供求之间的关系(见表 16-3)

表 16-3　货币供求与市场总供求之间的关系

要点	具体内容
货币供求与市场供求的内涵	在商品市场和服务市场中：①市场总供给 AS = 消费品供应 + 生产品供应；②市场总需求 AD = 消费支出 + 投资支出；③市场总供求均衡：消费支出 + 投资支出 = 消费品供应 + 生产品供应
货币供给与市场总需求	①市场总需求 AD = 消费需求 C + 投资需求 I + 政府支出 G + 出口需求 X，即 $AD=C+I+G+X$。②总需求的载体是货币。当货币承载的总需求可以保证产出出清，则货币供给是适当的

续表

要点	具体内容
市场总供给与货币需求	①市场总供给决定货币需求； ②微观主体的货币需求决定了宏观货币需求； ③微观主体的货币需求具有独立性，微观主体的货币需求加总并不完全等于宏观货币需求
货币均衡与市场均衡	①市场总需求能够影响市场总供给； ②市场总供给决定货币需求； ③货币需求引出货币供给； ④货币供求和市场供求相互影响

2. 货币供求与市场供求的相互影响

货币的供与求(M_s、M_d)和市场的供与求(AS、AD)之间的关系如图 16-1 所示：

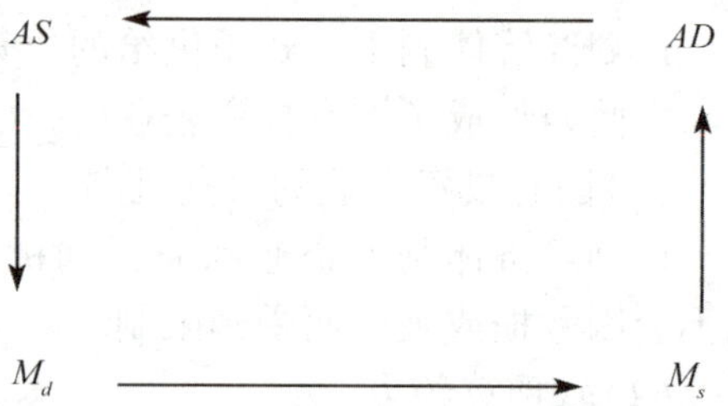

图 16-1 市场供求与货币供求的关系

如图 16-1 所示，货币均衡与市场均衡之间存在紧密联系，但货币均衡并不意味着市场均衡，原因如下：

(1)并非所有的货币供给都构成市场需求

货币供给 = 现实流通的货币 + 现实不流通的货币；市场需求 = 现实流通的货币 × 货币流通速度。因此，并非所有货币供给都构成市场需求。

(2)市场供给对货币的要求并非对货币需求的全部

市场供给 ÷ 货币流通速度 = 对现实流通货币的需求；货币需求 = 对现实流通货币的需求 + 对现实不流通货币的需求。因此，满足市场供给的货币需求不构成全部的货币需求。

3. 货币供给的产出效应及其扩张界限

(1)面纱论

货币本身并没有价值，只不过是用于交换的手段，就像是罩在实物经济上的一层面纱，其变动不会引起经济的实质变动。长期来看，货币供给的增加并不能提高实际的产出水平。

(2)马克思的“第一推动力”

马克思认为是企业对实际生产资料和劳动力的购买引起了再生产的扩张。只有企业掌握了足够的货币，在订货的刺激或需求的牵引下，才能实现再生产规模的扩张。

(3)不同社会资源下货币供给与实际产出的关系

可将社会资源状况分为三个阶段，各个阶段货币供给与实际产出的关系如图 16-2 所示。

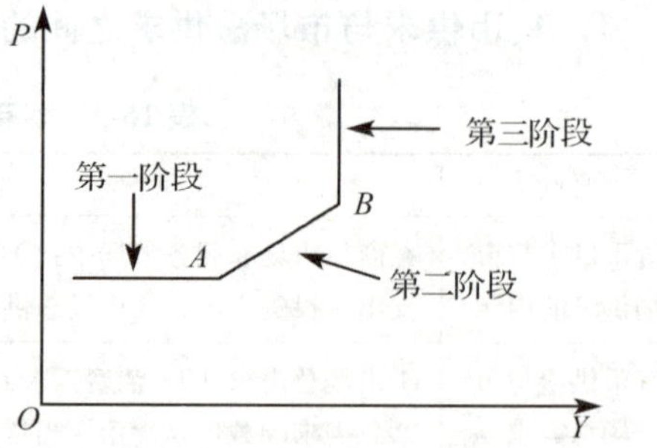

图 16-2 货币扩张对潜在资源利用的三阶段

①第一阶段，经济体系中存在剩余且充足的资源。此时，增加货币供给能够在保持物价水平的同时提高实际产出水平。

②第二阶段，潜在资源持续被利用而且货币供给仍在增加。此时，增加货币供给会导致实际

产出水平与价格水平同时提高。

③第三阶段，潜在资源已被充分利用。此时，持续扩张的货币供给不仅无法提供实际产出水平，还会导致物价水平的攀升。

4. 紧缩效应

当市场总需求大于总供给时，政策主张通过减少货币供给以收缩总需求，由此会产生紧缩效应。然而，需求的扩张往往不是突发的，因此，单纯的紧缩会导致总需求缩减，进而导致实际再生产缩减，从而总供给也会缩减，供需的差额依然存在，价格水平的上涨也难以缓解。

考点三：总需求曲线和总供给曲线（见表 16-4） ★★★★

表 16-4　总需求曲线和总供给曲线

要点	总需求曲线（*AD* 曲线）	总供给曲线（*AS* 曲线）
含义	不同价格水平下人们需要购买的商品和劳务总量	不同价格水平下人们希望出售的商品和服务的总量
形态	*AD* 曲线向下倾斜表明价格水平与总产出水平负相关，如图 16-3 所示	*AS* 曲线向上倾斜表明价格水平与总产出水平正相关，如图 16-3 所示
传导过程	价格上升，实际货币供应量（M/P）下降，利率升高以吸收多余的货币需求，总需求下降	价格提高导致单位产品的利润增大，从而刺激产出提高；反之，价格下降使单位产品的利润降低，从而导致产出的缩减
位移	*AD* 曲线与 *IS*、*LM* 曲线同方向移动	价格水平固定时，生产成本提高导致利润下降，产出缩减，*AS* 曲线向左平移；生产成本下降则利润提高，产出增加，*AS* 曲线向右平移

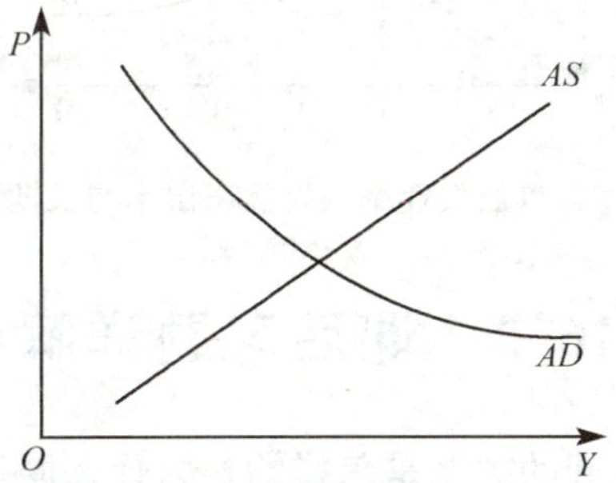

图 16-3　总需求曲线和总供给曲线

考点四：总需求与总供给的短期均衡 ★★★

当总需求和总供给曲线相交于 E 点，则 E 点下的价格 P_e 为均衡的价格水平，产量 Y_e 为均衡的产出水平，如图 16-4 所示。

若当前价格水平 P' 高于 P_e，价格水平与 *AS* 曲线的交点 D 代表产出水平大于 Y_e，而与 *AD* 曲线的交点 A 代表需求水平小于 Y_e。总供给大于总需求，价格水平就会下降。

反之，若当前价格水平 P'' 低于 P_e，同样的机制使价格水平不断提高并趋近于 P_e。

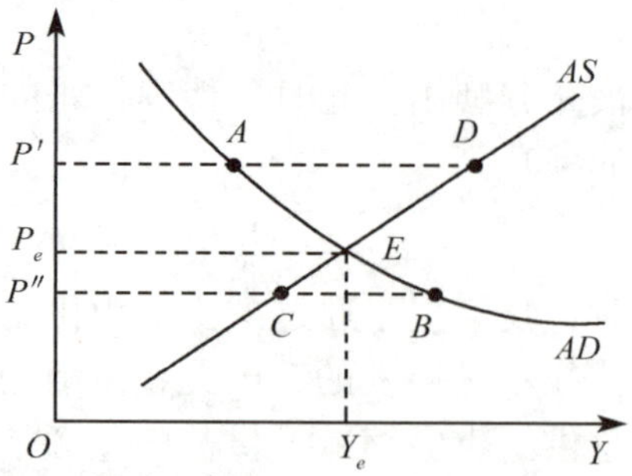

图 16-4　总需求与总供给的短期均衡

考点五：自然失业率、自然产出率与长期均衡 ★★★

从长期看，资本和劳动的投入是决定产出的根本因素。工资成本决定生产成本，生产成本决定总供给曲线。当劳动力市场的失业率处于自然失业率，劳动力市场达到供求均衡，对应的产出称为产出的自然率水平 Y_n，也被视为长期供给曲线，如图 16-5 所示。

当 AD 与 AS 曲线相交于 A 点，代表均衡下的失业率高于自然失业率，工资成本、生产成本偏低，于是刺激产出增大，AS 曲线向右移动，从而使得产出 Y_a 趋近于自然产出率水平 Y_n。反之，均衡点处于 Y_n 垂线右边的 B 点，同样的机制会使 AS 曲线左移并在自然产出率 Y_n 上取得均衡。

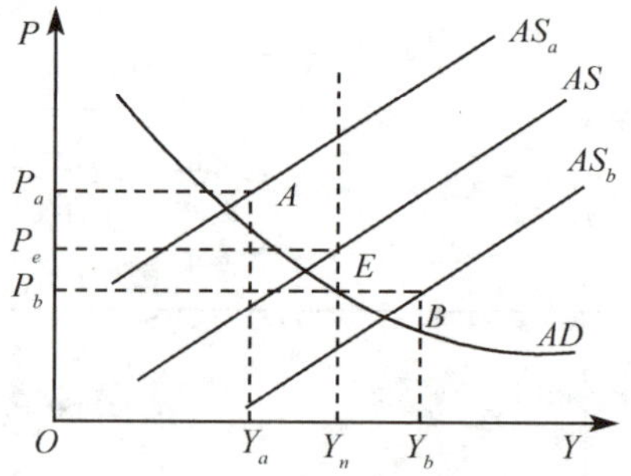

图 16-5　自然失业率、自然产出率与长期均衡

16.2　课后习题详解

1. 货币供求与市场供求之间的关系是怎样的？为什么同等的货币供给可能有偏大或偏小的市场总需求，同等的市场总供给又可能有偏大或偏小的货币需求？你能否就近年我国这方面的情况谈谈自己的认识？

答：(1)货币供求与市场供求之间的关系

①总供给决定货币需求，但同等的总供给可有偏大或偏小的货币需求。②货币需求引出货币供给，但也绝非是等量的。③货币供给成为总需求的载体，同样，同等的货币供给可有偏大或偏小的总需求。④总需求的偏大、偏小，对总供给产生巨大的影响：不足，则总供给不能充分实现；过多，在一定条件下有可能推动总供给增加，但不可能由此消除差额。⑤总需求的偏大、偏小也可以通过紧缩或扩张的政策予以调节，但单纯控制需求也难

以保证实现均衡的目标。

如果以 M_s、M_d、AS、AD 分别代表货币的供与求、市场的供与求，它们的关系如图16-6所示。

图 16-6　市场供求与货币供求的关系

从图 16-6 可以看出，货币均衡与市场均衡有紧密联系，货币均衡有助于市场均衡的实现。但货币均衡并不必然意味着市场均衡，原因在于：

①市场需求是以货币为载体，但并非所有货币供给都构成市场需求。货币供给 = 现实流通的货币 + 现实不流通的货币；市场需求 = 现实流通的货币 × 货币流通速度。

②市场供给要求货币使之实现，因此提出对货币的需求；但这些货币需求也并非对货币需求的全部。市场供给 ÷ 货币流通速度 = 对现实流通货币的需求；货币需求 = 对现实流通货币的需求 + 对现实不流通货币的需求。

(2)同等的货币供给可能有偏大或偏小的市场总需求

总需求的实现手段和载体是货币。而货币供给都是通过银行体系的资产业务，其中主要是贷款活动创造出来的。因此，有这样的逻辑关系：银行贷款活动调节货币供给规模，货币供给规模又直接关系到社会总需求的扩张水平。显然，如果货币供给是适当的，由它作为载体的总需求也是适当的。因为这样的货币供给和总需求可以保证产出得以出清。

然而可能出现另外两种情况。一种情况是企业与个人有过多的货币积累，不形成当期的需求，而又没有提供相应的补充货币供给，这就会形成总需求的不足；另一种情况是，扩大投资与提高消费的压力过强，或产生财政赤字，要求提供补充的货币供给予以弥补，或银行不得不扩大信贷，直接投放过多的货币。结果货币供给过多导致总需求过旺。

(3)同等的市场总供给可能有偏大或偏小的货币需求

从宏观角度来看，一个经济体系可以最简括地划分为两个方面：商品、服务运动的方面和货币运动的方面。货币方面的任务就是保证商品、服务的实体方面正常运转。显然，经济体系中到底需要多少货币，从根本上说，取决于有多少实际资源需要货币实现其流转并完成生产、交换、分配和消费相互联系的再生产流程。这是市场总供给决定货币需求的基本理论出发点。

然而，宏观的货币需求是通过微观主体对货币的需求体现出来的。只有微观主体的货币需求才能直接引出货币供给；能否使货币供给为流通所吸纳，也取决于微观主体对货币的需求。企业有紧迫的投资需求，需要更多的货币，则往往超出收入提供的可能去争取追加的货币；反之，投资的需求较小，不那么需要货币，则收入的货币就会变为静静面对流通而不流通的货币储存。个人的消费需求，是旺盛还是疲软，对货币的需求也会引出类似的现象。当然，无论是企业的货币需求还是个人的货币需求，从总体上受制于总供给。总供给决定收入，而收入是货币需求函数最具有决定作用的自变量。对宏观、微观均是如此。但微观主体的货币需求有其独立性。对任何一个微观主体来说，相对于自己的收入，对货币的需求可能偏大，也可能偏小。因而，微观的货币需求——指可以实现的货币需求，其总和在实际上并不总是等于由市场总供给决定的货币需求量。

2. 在现代西方经济学中，对于货币供求是否均衡是如何判断的？对于市场供求是否均衡是如何判断的？货币供求均衡是否就意味着市场供求均衡？

答：(1)货币均衡的判断

货币均衡的两个判断标志：商品市场上的物价是否稳定和金融市场上的利率是否稳定。利率稳定是货币供求平衡的直接反映，而物价稳定表明商品市场上商品与劳务能迅速转换为货币，因而也是货币均衡的标志。

(2)市场供求均衡的判断

如果暂时避开利率，判断总供给与总需求是否均衡的标志是物价水平的变动：如果总供给给定，则过大的总需求必将引起价格的上涨；不足的总需求则导致价格水平的下降。

就价格这个角度来说，它的升降是使失衡的供求重新取得平衡的市场机制：价格下跌，会刺激市场需求；价格上扬，则会抑制市场需求。

(3)货币均衡并不必然意味着市场均衡

货币均衡与市场均衡有着紧密的联系，货币均衡有助于市场均衡的实现。但是，二者之间又有明显的区别，即货币均衡并不必然意味着市场均衡，原因在于：

①市场需求是以货币为载体，但并非所有的货币供给都构成市场需求。满足交易需求而作为流通手段(包括流通手段的准备)的货币，即现实流通的货币形成市场需求；而作为保存价值的现实不流通的货币则不构成市场需求，或者说它是潜在的需求而不是当期的需求。这种差别可表示如下：

货币供给 = 现实流通的货币 + 现实不流通的货币

市场需求 = 现实流通的货币 × 货币流通速度

②市场供给要求货币使之实现，或使之出清，因此提出对货币的需求。但这方面的货币需求也并非对货币需求的全部。对积蓄财富所需的价值保存手段并不单纯取决于市场供给，或至少不单纯取决于当期的货币供给——用于保存财富的货币有很大部分是多年的积累。这种差别可表示如下：

市场供给 ÷ 货币流通速度 = 对现实流通货币的需求

货币需求 = 对现实流通货币的需求 + 对现实不流通货币的需求

如果简单理解，可以说市场总供求的均衡关系是与处在现实流通状态的货币的供求关系一一地对应着。但也应该注意，现实流通的货币与现实不流通的货币之间是可以而且事实上也是在不断转化的。这就意味着，现实不流通的货币量对这个均衡也有作用。所以，在思考市场均衡与货币均衡有紧密联系的命题时，必须明确它们两者之间的区别，并不断深入认识在这对有所区别的两者之间所存在的种种复杂关联。

3. 在现实生活中，货币供求是否均衡如何判断？市场供求是否均衡如何判断？是否根据物价与利率就可以判断均衡存在与否？试举几个我国经济中的实例来说明这个问题。

答：（1）货币供求均衡的判断

在现实生活中，往往依据价格和利率来判断货币供求是否均衡：当市场利率水平低于均衡利率或商品价格水平偏高时，表明货币供给多于货币需求；当市场利率水平高于均衡利率或商品价格水平偏低时，表明货币供给少于货币需求。

（2）市场供求均衡的判断

在现实生活中，依据物价的变动来判断市场供求是否均衡：当价格上涨时，表明总需求大于总供给；当价格下降时，表明总需求小于总供给。

（3）利率和物价并不对均衡起决定作用

利率与物价只是判断均衡存在与否的一个极其重要的方面，而不具有决定意义。这是因为：

就利率来说，均衡利率究竟应是百分之几，并不能通过逻辑的推导得以解答。尽管可以根据利率的历史水平，根据利率本身的动态——是在不断地波动还是相对稳定，根据当时经济环境的状况——各方面的关系是相对协调还是相对紧张等等，凭经验进行判断。但如此做出的判断显然不具有客观权威性。仁者见仁，智者见智，难做定论。而且在利率理论中，货币供需决定说只是其中之一。同时，不论持何说法，几乎都承认，历史的、现实的诸多因素对于利率的形成均有作用。

就价格来说，价格反映货币供需对比的时滞有时很长，往往要经过几个月，而且在这一过程中，其他因素的变化往往会把它们之间的相互作用冲淡甚至抵消。另外，实际生活中也还有不少其他因素影响价格水平。所以，除了价格水平的波动极其剧烈从而可以据之做出货币均衡遭到破坏的结论外，幅度不大的波动，至多可以说明货币供需的对比发生了变化，但要做出较为准确的判断则不大可能。

总之，货币是多还是少会有不同的显示，需综合考察。仅凭借单一的信号判断均衡是否存在，很容易陷入片面性。

4. 无论中外，均衡——不论是货币均衡，还是市场均衡——总是人们追求的理想境界。但在实际的经济发展过程中，有没有可能时时保持均衡的态势？如果不能，那么人们实际追求的目标是什么？

答：（1）货币和市场都不可能时时保持均衡的态势

市场均衡是供给与需求平衡的市场状态。在影响需求和供给的其他因素都给定不变的条件下，市场均衡由需求曲线与供给曲线的交点所决定；货币均衡是货币供应量与国民经济正常发展所必需的货币量间保持基本平衡，公式表示为 $M_s = M_d$，其中，M_s表示货币供应量，M_d表示货币必需量。

不论是货币还是市场，在实际的经济发展过程中，不可能时时保持均衡的态势。因为无论是货币均衡还是市场均衡的实现都需要符合严格的假设条件，而这些假设条件在现实生活中不可能时时都得到满足。另外，影响货币供给、货币需求、市场供给、市场需求的因素很多，而且各个因素都是动态发展的。

（2）人们实际追求的目标

人们实际追求的目标是当货币失衡和市场失衡时，存在由失衡向均衡过渡的调节机制，而不会使失衡的状态长期存在，而价格和利率就具有这种调节功能。高利率会促使货币供给增加而抑制货币需求；而低利率则会促使货币供给减少和货币需求增加。商品价格水平的变化会导致收益预期的变化，从而引起经营规模对货币资金需求的变化，结果会导致货币供求的变化。商品价格水平的变化，也会调整市场供给和需求的变化。当价格上涨时，促使市场供给增加而需求减少；当价格下降时，促使市场供给减少而需求增加。

5. 如何看待货币的能动作用？增加货币供给有扩张效应，效应的界限何在(可结合货币需求一章有关可使资源结合的货币需求思考)？缩减货币供给有紧缩效应，但紧缩货币供给并不一定能够使市场实现平衡，为什么？

答：(1)货币的能动作用

在货币量能否推动实际产出的论证中，现在已被广泛认可的是联系潜在资源、可利用资源的状况进行分析的方法：①只要经济体系中存在着现实可用作扩大再生产的资源，且其数量又比较充分，那么，在一定时期内增加货币供给就能够提高实际产出水平而不会推动价格总水平的上涨；②待潜在资源的利用持续一段时期而且货币供给仍在继续增加后，经济中可能出现实际产出水平同价格水平都在提高的现象；③当潜在资源已被充分利用但货币供给仍在继续扩张时，经济体系中就会产生价格总水平上涨但实际产出水平不变的情况。这三个阶段可用图 16-7 表示。

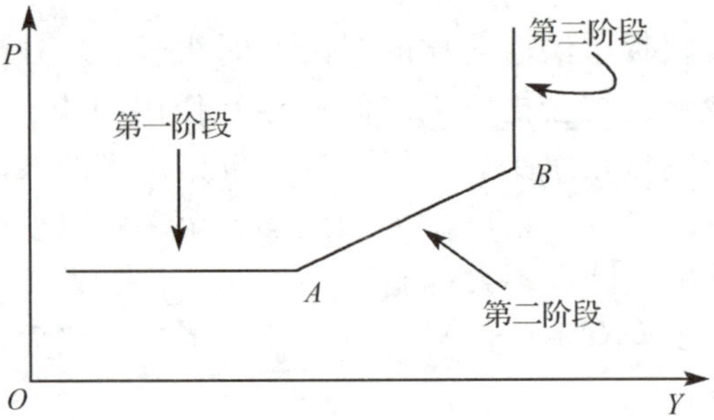

图 16-7　货币扩张对潜在资源利用的三阶段

图 16-7 中，横轴代表产出增长率，纵轴代表物价上涨率，*A* 和 *B* 两个拐点分别代表由货币供给增加形成的产出率和物价上涨率不同组合阶段的界限。*A* 是货币供给只具有实际产出效应而无物价上涨效应阶段的临界点；*B* 是货币供给增加既有实际产出效应又有物价上涨效应阶段的终点，也是货币供给增加只具有物价效应而无实际产出效应阶段的起点。

(2)货币供给扩张效应的界限

B 点实际上是一定时期产出增长的极限点。达到这一点，意味着经济体系中的现实可利用资源都得到了充分利用；如果没有达到，可以认为，在实际 *GNP* 水平与潜在 *GNP* 水平之间还存在缺口。一般说来，存在实际 *GNP* 和潜在 *GNP* 之间的缺口是对多数国家经济成长状态的描述。换言之，在现实生活中，实际经济增长率很难达到使潜在资源被全部利用的程度，因此，总会存在一定的潜在 *GNP* 损失。之所以如此，一个重要原因是：当货币供给的扩张作用超越 *A* 点之后，由于产出增加的同时还伴随着物价的上涨，公众对物价上涨的心理承受力等因素就会对政策选择产生重要的影响。

(3)紧缩货币供给不一定能够使市场平衡的原因

市场总需求大于总供给的矛盾，通过压缩货币供给，从而减少总需求的规模以求得解决，似乎是更简捷的途径，事实上也是国内外常见的政策主张。然而，复杂的现实生活并不像抽象推理那样简单。

而当需求扩张不是突发的并成为整个再生产过程的内在因素，即正常生产已经事实上是在需求扩张的支持下运作时，单纯的紧缩，即使是极其严峻的紧缩，也不会产生使供求均衡的效应。通常的机制是：总需求缩减，实际再生产缩减，从而总供给缩减，供需的差额仍然不能由于紧缩需求而取得均衡。比如中国在 20 世纪 80 年代初和 80 年代末的两次力度较强的紧缩就是这种情况的写照，紧缩后的一两年里经济都曾出现不同程度的下滑。

至于紧缩货币供应、紧缩总需求的物价效应，一般情况下是直接的。物价上涨无论其具体原因如何，纵然不是由过多的货币供给引发的，却都是由货币供给的迅速增加支撑着。因而，紧缩至少在短期内能对物价上涨起到明显的抑制作用。但从较长时间考察，如果紧缩也抑制了实际的经济增长，那么，供求矛盾解决不了，价格水平上涨的压力依然难以缓解。

6. 如果肯定货币扩张的产出效应，对相关政策的制定及实施有何意义？在一些西方国家，通常具体估算产出潜力，并作为增加货币供给的根据。它们根据的是否就是这个道理？

答：(1)肯定货币扩张的产出效应对政策制定和实施的意义

如果肯定货币扩张的产出效应，只要经济体系中存在着现实可用作扩大再生产的资源，且其数量又比较充分，那么，在一定时期内增加货币供给就能够提高实际产出水平而不会推动价格水平的上涨。相关的政策制定者就可以通过增加货币供给，在不推动价格水平上涨的情况下，提高实际产出水平，即货币政策是有效的。

(2)西方国家通过估算产出潜力作为增加货币供给依据的原理

在一些西方国家，通常具体估算产出潜力，并作为增加货币供给的根据，他们所依据的原理就是货币扩张的产出效应。

①面纱论。货币对于实际经济过程来说，就像罩在人脸上的面纱，它的变动除了对价格产生影响外，并不会引起诸如储蓄、投资、经济增长等实体经济部门的变动。如果说，在一定条件下，货币供给在短期内还具有增加实际产出的效应，从长时期考察，也只能增加名义产出量，而不能提高实际产出水平。

②马克思的“第一推动力”。马克思认为再生产扩张的起点是企业对实际生产资料和劳动力的购买。如果企业没有掌握足够的货币，或者不存在订货刺激亦即需求的牵引，即使客观上存在可以利用的资源，再生产规模的扩张也无从实现。与“面纱论”不同，马克思对货币的估价是积极的。

③在货币量能否推动实际产出的论证中，联系潜在资源的状况进行分析的方法得到广泛的认可。社会资源的状况不同，货币供给的产出效应也不同：

a. 只要经济体系中存在着现实可用作扩大再生产的资源，且其数量又比较充分，那么，在一定时期内增加货币供给就能够提高实际产出水平而不会推动价格总水平的上涨。

b. 待潜在资源的利用持续一段时期而且货币供给仍在继续增加后，经济中可能出现实际产出水平同价格水平都在提高的现象。

c. 当潜在资源已被充分利用但货币供给仍在继续扩张，经济体系中就会产生价格总水平上涨但实际产出水平不变的情况。

这三个阶段可用图16-8表示。

A和B两个拐点分别代表由货币供给增加形成的产出率和物价上涨率不同组合阶段的界限。

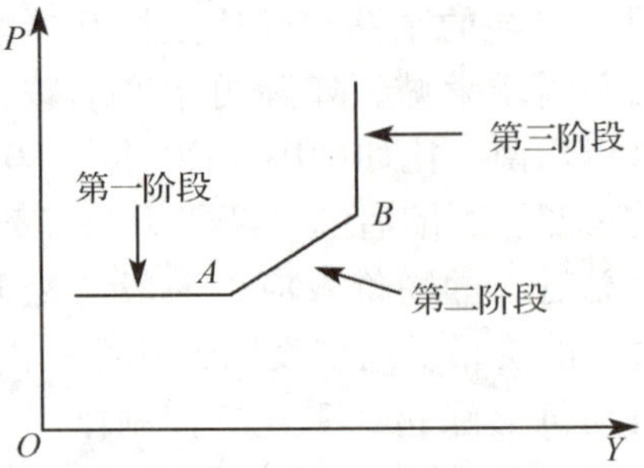

图16-8 货币扩张对潜在资源利用的三阶段

7. 从20世纪50年代中期之后，我国提出了一个“三平”理论。试以现在习用的理论概念，对“三平”理论追求的目标和三种平衡的具体要求及意义加以诠释。

答：(1)“三平”理论追求的目标

市场总供需均衡是“三平”理论追求的目标。“三平”，是指在安排经济发展计划时，必须保证财政收支平衡、信贷收支平衡和物资供求平衡。

(2)“三平”的具体含义

①财政收支平衡的含义是：

a. 财政收支平衡，则不会引出过多的货币供给。

b. 财政的结余，作为信贷资金来源，有利于减轻由扩大信贷而带来的扩大货币供给的压力。至于如何保障坚持财政收支平衡要求的实现，关键是要正确处理积累和消费的关系；或者说积累和消费的比例关系处理好了，财政收支就容易做到平衡。

②信贷收支平衡的实质应被理解为理论意义上的货币供求平衡。在“三平”理论中信贷收支平衡被认定为起“综合反映”的作用，货币供求的对比状况正是对经济生活的一种综合反映。

③物资供求平衡在“三平”中被论断为“基础”。所谓物资供求平衡，是指当时被称为市场的平衡——消费品和部分农业生产资料的供需平衡。今天看来，理论上既应包括作为商品的消费资料的供求平衡，也应包括当时不被看作商品的生产资料的供求平衡。物资的供应主要是由农业、轻工业和重工业等部门的生产状况决定的；物资的需求则是由一定时期的现实购买力所体现。所以，物资供求平衡也就是我们如今所说的市场总供给与总需求的平衡。

(3)“三平”的意义

“三平”理论所要论证的是“平衡”，亦即总供给与总需求的平衡，是被看作为实现国民经济正常运转的理想条件。这无疑是正确的。应该说在20世纪60年代中期以前，以这种理论为指导的宏观决策确实起过积极的作用。但是，由于目前中国经济形势的变化，该理论也表现出不足之处，需进一步完善。

第17章　开放经济的均衡

17.1　复习笔记

【知识框架(庖丁解牛)】

- 开放经济的均衡
  - 国际收支
    - 国际收支与国际收支平衡表
    - 国际收支项目
    - 我国的国际收支状况
  - 国际收支的调节
    - 国际收支失衡
    - 国际收支平衡的必要性
    - 国际收支调节的方式
  - 国际储备
    - 国际储备的范畴
    - 国际储备货币多元化趋势
    - 我国的国际储备
    - 外汇储备规模与管理
  - 国际资本流动
    - 国际资本流动的种类与原因
    - 国际资本流动的发展历程
    - 国际资本流动中的私人资本和机构投资者
    - 国际资本流动的经济影响
    - 我国的利用外资
    - 外债和外债规模
    - 资本外逃
  - 对外收支与货币均衡
    - 贸易收支中人民币资金与外汇资金的转化
    - 资本项目收支与人民币资金
    - 开放经济下的货币供给
    - 开放经济条件下我国的货币供给模型
    - 中央银行的外汇操作
    - 冲销性操作和非冲销性操作
  - 对外收支与市场总供求

【考点难点归纳(厚积薄发)】

考点一：国际收支　★★★

1. 国际收支与国际收支平衡表

(1)国际收支的概念

国际收支是在一定时期内一个国家或地区的居民与非居民之间进行的全部经济交易的系统记录。

①国际收支是一个流量概念，表现为一定时期内的交易总和；

②国际收支反映的是国际经济交易的全部内容；

③国际收支反映的是一定时期内居民与非居民之间的交易。

【例17.1】目前，世界各国普遍使用的国际收支概念是建立在(　　)基础上。[清华大学2016金融硕士]

A. 收支　　B. 交易　　C. 现金　　D. 贸易

【解析】国际收支反映的内容以交易为基础，而不是像其字面所表现的那样以货币收支为基础。这些交易既包括涉及货币收支的对外往来，也包括未涉及货币收支的对外往来。其中，未涉及货币收支的往来需折算成货币加以记录。

【答案】B

【例17.2】如何正确理解国际收支的含义。[中央财经大学2016研；东北财经大学2014金融硕士]

答：国际收支，是指一国在一定时期内全部对外经济往来的系统的货币记录。可以从以下几个角度来理解国际收支的定义：

(1)国际收支记录的是一国居民与非居民之间的交易

在国际收支统计中，居民是指一个国家的经济领土内具有经济利益的经济单位。在一国经济领土内具有一定经济利益，是指该单位在某国的经济领土内已经有一年或一年以上的时间从事经济活动或交易，或计划如此行事。

(2)国际收支是系统的货币记录

国际收支反映的内容以交易为基础，而不是像其字面所表现的那样以货币收支为基础。这些交易既包括涉及货币收支的对外往来，也包括未涉及货币收支的对外往来。其中，未涉及货币收支的往来需折算成货币加以记录。交易包括四类：交换、转移、移居和其他根据推论而存在的交易。

(3)国际收支是一个流量的概念

流量是一定时期内发生的变量变动的数值。国际收支一般是对一年的交易进行总结，所以它是一个流量的概念。

(4)国际收支是个事后的概念

定义中的“一定时期”一般是指过去的一个会计年度，所以它是对已发生的事实进行的记录。

(2)国际收支平衡表的概念与原理

国际收支平衡表是全面系统地记录一国或地区的国际收支状况的统计报表，也是反映一个国家或地区对外经济发展、偿债能力等状况的重要文件。

国际收支平衡表的记录原则：

①复式记账原则。每一笔国际经济交易都在借方和贷方同时反映。

②权责发生制原则。每笔国际经济交易只有在所有权实际转移时，才予以记录。

③按照市场价格进行记录。

④记账单位一般要折合为同一种货币。其所使用的记账货币既可以是本国货币，也可以是外国货币。

【例 17.3】关于国际收支平衡表描述不正确的是(　　)。[清华大学 2016 金融硕士]

A. 是按复式簿记原理编制的

B. 每笔交易都有借方

C. 借方总额与贷方总额一定相等

D. 借方总额与贷方总额并不相等

【解析】对国际收支平衡表中单个账户进行汇总，可能会产生贷方和借方数字不等的情况。若贷方大于借方，则差额称为这个项目的收支顺差(或盈余)，用正号表示；若贷方小于借方，则差额称为这个项目的收支逆差(或赤字)，用负号表示。但是，国际收支平衡表的最终差额恒等于零，这是由国际收支平衡表的复式记账法原则所决定的，有借必有贷，借贷必相等。

【答案】D

【例 17.4】国际收支平衡表[华南理工大学 2011 金融硕士]

答：国际收支平衡表是指一国根据国际经济交易的内容和范围设置项目，按照复式记账原理，系统地记录该国在一定时期内各种对外往来所引起的全部国际经济交易的统计报表。第二次世界大战以后，国际货币基金组织收集并公布各成员国国际收支平衡表，为此，基金组织制定了编制国际收支平衡表的记账方法和基本内容。

编制国际收支平衡表的记账方法是复式记账法，即每一笔交易都是以价值相等、方向相反的账目表示。因此，国际收支平衡表在反映和记录一个国家对外经济交易时，一切收入项目或负债增加、资产减少项目都列为贷方，或称正号项目；一切支出项目或负债减少、资产增加项目都列为借方，或称负号项目。

国际收支平衡表的内容非常复杂、广泛，各国编制的国际收支平衡表也不尽相同，但均包括三个主要项目：

①经常项目。反映实际资源在国际间流动的经济行为的项目，它是国际收支平衡表中最基本最重要的项目，主要包括货物、服务、收入和经常转移。

②资本和金融项目。其中资本项目的主要组成部分包括资本转移和非生产、非金融资产收买或放弃。金融账户记录的是一国对外资产和负债的所有权变动的所有交易，包括非储备性质的金融账户和储备资产，前者可按投资方式划分为直接投资、证券投资、金融衍生工具和其他投资四项。后者指的是由中央银行或财政部门持有的可随时直接使用的金融资产，包括货币黄金、特别提款权、在基金组织的储备头寸、外汇储备以及其他储备资产。

③平衡项目。它反映经常项目和资本与金融项目收支差额的项目，主要有净误差与遗漏项目。

2. 国际收支项目(见表 17-1)

表 17-1 国际收支项目

账户		具体内容
经常账户		经常账户是记录本国与外国交往中经常发生的项目的账户，也是国际收支中最重要的项目。经常账户包括货物和服务、初次收入和二次收入三个子项
资本和金融账户	资本账户	资本账户记录的是资本性质的转移和非生产性、非金融性资产的获得或者出让
	金融账户	金融账户记录的是一国对外资产和负债的所有权变动的所有交易，包括非储备性质的金融账户和储备资产，前者可按投资方式划分为直接投资、证券投资、金融衍生工具和其他投资四项。后者指的是由中央银行或财政部门持有的可随时直接使用的金融资产，包括货币黄金、特别提款权、在基金组织的储备头寸、外汇储备以及其他储备资产
净误差与遗漏		净误差与遗漏是国际收支平衡表中的平衡项目

【例 17.5】投资收益属于(　　)。[清华大学 2016 金融硕士]

A. 经常账户　　B. 资本账户　　C. 错误与遗漏　　D. 官方储备

【解析】经常账户是对实际资源在国际间的流动行为进行记录的账户，它包括以下项目：①货物和服务。货物，包括一般商品、用于加工的货物、货物修理、各种运输工具在港口购买的货物和非货币黄金。服务，包括运输、旅游以及在国际贸易中地位越来越重要的其他项目。②初次收入。初次收入项目包括雇员报酬和投资收益两项。雇员报酬是指其他国家居住不满一年的个人从居住国所取得的合法收入。投资收益与资本和金融项目具有直接关系，是指与投资、资本流动相关的利息、股息、利润以及红利等收入。③二次收入。二次收入又称经常转移或单方转移，是指不以获取收入或者支出为目的所进行的单方面交易行为，包括侨汇、无偿援助和捐赠、国际组织收支及居民收支等。这种转移收支是一种单方面的价值转让，与贸易收支在性质上具有明显差别。

【答案】A

3. 我国的国际收支状况

改革开放以来，我国国际收支状况的特点见表 17-2。

表 17-2 我国国际收支状况的特点

特点	具体表现
国际收支规模扩张很快	货物贸易和服务贸易收支同步增长，且市场结构和内容发生了明显的变化
资本账户地位提升	经常项目绝对额不断增长，但在整个国际收支中的比重趋于下降；资本项目的比重上升，日益成为影响国际收支状况的重要因素
外汇储备规模不断上升	在国际收支规模不断扩大的同时，我国的外汇储备规模也急剧上升

考点二：国际收支的调节 ★★★★★

1. 国际收支失衡

(1)国际收支失衡的含义

按复式簿记原理编制的国际收支平衡表，从理论上来说它本身总是平衡的。

国际收支平衡表上的各个项目，可以区分为自主性交易和调节性交易两种性质不同的交易。前者是由生产经营、单方面支付和投资的需要所引起的交易；而后者则是因为国际收支其他项目出现差额需要弥补，才相应发生的交易。

判断一国国际收支是否平衡的标准是看其自主性交易是否平衡。如果必须依靠调节性交易平衡自主性交易的差额，则为国际收支失衡。

【例 17.6】国际收支失衡是指(　　)。[中央财经大学 2015 金融硕士]

A. 贸易项目失衡

B. 经常项目失衡

C. 经常项目、资本与金融项目总体失衡

D. 自主性交易项目失衡

【解析】自主性交易是指企业和居民等机构单位由于自身的利益需要而独立进行的交易；调节性交易是指在自主性交易产生不平衡时所进行的用以平衡收支的弥补性交易。判断一国的国际收支是否失衡，主要是看其自主性交易是否平衡。

【答案】D

(2)国际收支的几种收支差额(见表 17-3)

表 17-3　国际收支的几种收支差额

差额	含义	意义
贸易差额	商品进出口的差额	①贸易收支是国际收支中最主要的项目，其平衡与否对国际收支总的状况至关重要； ②贸易差额的状况对国内生产、投资和消费可以产生影响； ③由贸易差额而引起的国际收支其他项目的变动，对以后的国际收支状况也具有较大的影响
经常项目差额	经常账户下货物和服务、初次收入和二次收入这三个项目的差额相抵后的净差额	更精确地反映一国对外债权债务关系变化的状况
国际收支总差额	经常账户与资本和金融账户收支合计所得的总差额	与一国国际储备的变化相对应

(3)国际收支失衡的原因

原因多种多样，主要有：①进出口的影响；②经济结构的制约；③物价和币值的影响；④汇率变化的影响；⑤利率变化的影响；⑥经济周期变化的影响。

种种因素相互作用，可能是不同影响因素效应的叠加，也可能相互冲抵。当不利因素大于有利因素时，就会出现国际收支失衡。

2. 国际收支平衡的必要性

(1)国际收支失衡的影响

一国国际收支失衡会对该国对外交往的能力和信誉以及国内经济的发展产生直接影响。

①国际收支逆差的影响

如果有大量逆差，则会导致外汇短缺，本国币值下跌，短期资本外流，严重时会导致货币危机。

②国际收支顺差的影响

国际收支顺差也是失衡。由于外汇供过于求，本币汇率上升，则会抑制出口，并会给国内货币供应和通货膨胀造成压力。如果持续有大额顺差，不仅会影响本国经济的均衡健康发展，而且会招致其他国家的抗议和报复。

(2)国际收支平衡的短期与长期安排

国际收支平衡，需从短期和长期两个角度去把握。从短期来看，保持年度收支平衡，对于保证当前的对外收支能力，是必要的。但从长期来看，则可突破必须保持当年度平衡的约束，作战略性安排。

对于一个发展中国家，最大限度地推进本国经济的发展和促进形成一个适合现代化要求的经济结构是安排国际收支的出发点。为此，一定时期内经常项目有赤字是允许的。

3. 国际收支调节的方式

(1)国际收支失衡的类型(见表 17-4)

表 17-4　国际收支失衡的类型

类型	含义
周期性失衡	由于经济增长的周期性造成的国际收支不平衡
货币性失衡	由于一国的物价、利率、汇率的变化导致的国际收支失衡
结构性失衡	由于经济结构性原因导致的国际收支失衡，具体表现为产品结构性失衡与要素结构性失衡两个方面
收入性失衡	一国进出口商品的需求收入弹性所引起的国际收支失衡

【例 17.7】国际收支中的周期性不平衡是由(　　)造成的。[清华大学 2016 金融硕士；南京大学 2014、2015 金融硕士]

A. 汇率的变动　　B. 国民收入的增减

C. 经济结构不合理　　D. 经济周期的更替

【解析】国际收支周期性失衡是指因经济周期性波动，使经济条件变动而发生的盈余和赤字交互出现的现象。

【答案】D

【例 17.8】收入性不平衡是由(　　)造成的。[清华大学 2016 金融硕士]

A. 货币对内价值的变化　　B. 国民收入的增减

C. 经济结构不合理　　D. 经济周期的更替

【解析】收入性不平衡是一个比较笼统的概念，是指一国国民收入相对快速增长而导致进口需求的增长超过出口增长所引起的国际收支失衡。国民收入相对快速增长的原因有多种多样，可以是周期性的、货币性的，或经济处在高速增长阶段所引起的。

【答案】B

(2)国际收支失衡调节的手段(见表 17-5)

表 17-5 国际收支失衡调节的手段

手段	含义
财政政策	包括出口退税、免税、进口征税、对进出口企业发放财政补贴等方式，以限制进口并鼓励出口，进而减少贸易逆差或者提高贸易顺差；对资本的输出或输入采取征收平衡税的方式来限制资本的流动
汇率政策	当出现国际收支逆差时，本币币值下跌有利于刺激出口并抑制进口；本币币值上浮有助于减少出口并增加进口
利率政策	中央银行提高再贴现率，使得市场利率上升，可以吸引外资流入；反之，则降低利率，可抑制资本的流入并促进资本的流出
利用政府信贷和国际金融机构的贷款	政府间信贷可以由两国或数国中央银行之间签订短期信贷协议，以获得或提供短期贷款支持；也可以事先进行安排，即各国中央银行之间签订货币互换协议，在需要时提供资金支持
实行外汇管理	直接对外汇收支和汇率进行行政干预，如规定外汇收入全部或大部分卖给国家，对外汇的支出进行某种限制等
加强国际经济合作	由于各国的国际收支是具有一定联系的，一国的逆差常常是另一国的顺差。当某一或某些国家的国际收支出现严重失衡时，国际货币基金组织以及其他国家就会采取措施帮助缓解短期内的国际收支失衡

考点三：国际储备 ★★★★

1. 国际储备的范畴(见表 17-6)

表 17-6 国际储备的范畴

要点	具体内容
含义	是一国或地区货币当局拥有的可随时使用的并为世界各国所普遍接受的资产
作用	①应对国际收支失衡； ②维持汇率稳定； ③作为外债还本付息的最后信用保证，有助于提高国际资信
构成	①货币当局持有的黄金(黄金储备)； ②在 IMF 的储备头寸； ③特别提款权； ④外汇储备； ⑤其他债权

【例 17.9】国际储备[上海对外经贸大学 2018 金融硕士；云南大学 2018 金融硕士；厦门大学 2014 金融硕士；浙江财经学院 2011 金融硕士；北京第二外国语大学 2009 研；首都经济贸易大学 2004、2009 研；中国人民大学 2003 研；南开大学 2000 研]

答：国际储备又称自有储备，指一国政府持有的，可以随时用于平衡国际收支差额、对外进行支付和干预外汇市场的国际间可以接受的资产总和，需具备三个特性：可得性、流动性、普遍接受性。国际储备是由一国货币当局持有，而不是其他机构或经济实体持有的储备资产。国际储备的形式有货币性黄金、外汇、在基金组织的储备头寸(普通提款权)、特别提款权和其他债权五种形式。

国际储备的作用为：①从世界范围来考察。它起着国际商品流动和世界经济发展媒介的作用。②具体到每一国家来考察。国际储备具有如下作用：充作干预资产、平衡国际收支差额、一国向外举债和偿债能力的保证。

国际储备的来源，从一个国家讲，主要通过其国际收支顺差、货币金融当局的国外借款、外汇市场干预(出售本币、购入外币)、基金组织分配的特别提款权、货币当局收购的黄金等渠道获得。从世界的角度讲，国际储备主要来源于：①黄金的产量减去非货币用金量；②基金组织创设的特别提款权；③储备货币发行国的货币输出。

2. 国际储备货币多元化趋势

到 20 世纪 70 年代，美元一直是国际货币体系的中心。20 世纪 70 年代初开始，以美元为中心的国际货币体系崩溃，逐渐形成了以美元为主，日元和马克并行的国际储备货币格局。1999 年欧元启动、日本经济持续疲弱不振，导致日元地位下降，欧元地位上升，现阶段主要表现为美元和欧元的竞争，未来可能形成美元和欧元两强的国际储备货币结构。但是美元在今后一段时期内依然会占主导地位。

3. 我国的国际储备

我国的国际储备资产主要包括以下四个部分：货币性黄金、特别提款权、在国际货币基金组织的储备头寸以及外汇储备。

4. 外汇储备规模与管理

(1)外汇储备并非越多越好

①外汇储备增加，会增加对市场均衡的压力。

②外汇储备过多，使得相应的资金“溢出”。

③外汇储备还可能由于外币贬值而蒙受巨大损失。

(2)保持适度外汇储备水平应考虑的因素

适度的外汇储备水平受到经济发展的规模和速度、对外开放的程度、外债的还本付息以及国家影响国际收支的有效程度等因素的影响。

(3)外汇储备管理的原则

在国际金融动荡的情况下，外汇储备管理的原则：

①保证资金的安全性。

②保持资金的流动性，即保证储备资产能够灵活兑现，以备随时运用。

③在保证资金的安全性和流动性的前提下，对外汇储备进行灵活安排以获取收益。

考点四：国际资本流动 ★★★★

1. 国际资本流动的种类与原因(见表 17-7)

表 17-7　国际资本流动的种类与原因

要点	具体内容
含义	也称国际资本移动，是指资本跨越国界进行流动的过程
种类	根据时期的长短可以分为长期资本流动和短期资本流动。前者是指一年以上的资本流动，主要包括国际直接投资、一年期以上的国际证券投资和中长期国际贷款；后者是指一年及一年以下的资本流动，主要包括国际证券投资和国际贷款
	根据资本流动的具体方式可以分为外国直接投资、国际证券投资和国际贷款三种类型
原因	根本原因是不同国家的资本收益率不同，而资本收益率又与相关国家的宏观经济和金融状况、市场成熟程度以及法律制度环境等因素有关

2. 国际资本流动的发展历程

现代资本跨国流动作为一种稳定的经济现象，主要经历了四个阶段，具体内容如表17-8所示。

表 17-8　国际资本流动的发展历程

发展阶段	时间	发展历程
第一阶段	1870—1914 年	工业化的发展使得资本的主要输出国是发达的资本主义国家
第二阶段	两次世界大战期间	美国成为全球资本输出的主要来源
第三阶段	二战结束到 20 世纪 80 年代初期	对于世界各国的经济复兴，产生了重要的推动作用
第四阶段	20 世纪 90 年代以来	规模扩张加快，流动性显著提高，但仍高度集中于发达国家之间

3. 国际资本流动中的私人资本和机构投资者

资本流动全球化的突出特征是私人资本取代官方资本成为资本流动的主体。官方资本是指国家之间的援助以及国际经济组织（如世界银行、IMF、亚洲开发银行等）的开放贷款等；私人资本是指商业银行贷款和通过发行股票和各种债务工具筹集的资金。

在全球资本流动的过程中，机构投资者地位的急剧上升。机构投资者，又被称为“资产管理者”，是指从事大规模证券交易的机构，国际清算银行把其分为集体投资机构、保险公司和养老基金三类。资产管理产业是由机构投资者组成的产业。

4. 国际资本流动的经济影响（见表 17-9）

表 17-9　国际资本流动的经济影响

影响	具体内容
有利影响	①国际资本流动打破了国家之间的界限，使得资本在全球范围内进行有效配置，对于世界总产量的提高和经济福利的增加具有正向推动作用； ②国际间的投资和贷款使得国际支付能力有效地在各国间进行转移，有力地促进了国际贸易的顺利开展和全球性国际收支的平衡； ③国际直接投资促进了生产技术在全球范围的传播； ④国际证券投资使得投资者可以通过对其有价证券资产进行更为广泛的多元化组合来进一步分散投资风险
不利影响	①传递国际金融风险； ②冲击所在国的经济

5. 我国的利用外资(见表 17-10)

表 17-10 我国的利用外资

要点	具体内容
概念	外资是指在本国境内使用的、但所有权属于外国法人或自然人的资本。我国香港、澳门、台湾地区在大陆的投资，也视同外资
意义	①有利于补充国内建设资金的不足； ②有利于引进先进技术，促进产业升级； ③有利于汲取先进的企业经营管理经验； ④有利于创造更多的就业机会，增加国家财税收入
形式	①国际直接投资。国际直接投资是指非居民以获得对企业的管理控制权为目的而对我国的公司型或非公司型企业进行的投资。其具体方式包括：在我国开办独资企业、收购或合并我国企业、与我国企业合资开办企业、对我国企业进行一定比例以上的股权投资(通常为 10% 以上)、利润再投资。 ②对外借款。主要包括外国政府贷款、国际金融组织贷款、国际商业贷款三种形式。 ③发行债券。在国际金融市场上发行的以外币表示的债券。 ④股票融资。境内企业以现有资产或以新设立的公司的名义在境外发行并在境外证券交易所上市交易的股票的融资活动。 ⑤项目融资。以境内项目的名义在境外筹措资金，凭借项目自身的预期收入和资产对外承担债务偿还责任的融资活动。 ⑥国际金融租赁。在国际市场上租赁，以获得租赁物所有权为目的，并且租金包含租赁物成本的一种租赁方式

6. 外债和外债规模

(1)外债的概念

外债是指一切本国居民对非居民承担的、契约性的具有偿还义务的负债。对外借款和发行外币债券是典型的外债形式。

外债的债务形式主要有价证券、贸易信贷、贷款、货币和存款以及金融租赁六种形式。从期限看，又可以分中长期外债和短期外债。

(2)确定外债规模应考虑的因素(见表 17-11)

表 17-11 确定外债规模应考虑的因素

<table>
<tr><th>因素</th><th>衡量指标</th><th colspan="2">具体内容</th></tr>
<tr><td rowspan="2">国内资金的需要</td><td>资金缺口</td><td colspan="2">是指为保持一定经济增长速度所需投入的资金与国内本身所能积累的资金之间的差额</td></tr>
<tr><td>外汇缺口</td><td colspan="2">是指可动用的外汇收入与为尽快提高本国生产能力和技术水平而进口先进技术和设备所导致的外汇需求之间的差额</td></tr>
<tr><td rowspan="3">偿还外债的能力</td><td rowspan="3">偿债率</td><td>作用</td><td>是反映一国当年还本付息能力的指标</td></tr>
<tr><td>公式</td><td>偿债率 = (当年中长期外债还本付息额 + 短期外债付息额)/当年货物和服务项下外汇收入</td></tr>
<tr><td>警戒线</td><td>一般为 20%，发展中国家为 25%</td></tr>
</table>

续表

因素	衡量指标	具体内容	
偿还外债的能力	债务率	作用	是反映一国国际收支口径的对外债总余额的承受能力的指标
		公式	债务率 = 年末外债余额/当年货物和服务贸易外汇收入
		警戒线	警戒线为 100%
	负债率	作用	是反映国民经济状况与外债余额适应程度的指标
		公式	负债率 = 外债余额/国民生产总值
		警戒线	警戒线为 20%

在具体的实践中，上述指标只做参考。判断某一国家外债规模和增长速度是否合理，要对该国经济发展的水平、经济发展战略、贸易产品结构、外债的投向、外汇储备水平以及国际资本流动形势等因素进行综合、动态地考虑。

(3)外债管理的其他方面

外债的风险(主要是外汇风险和利率风险)管理和期限管理也是外债管理的重要内容。外债期限管理常用的指标是长期债务和短期债务的比例，即一国的短期外债占整个外债的比例。

7. 资本外逃

资本外逃是以规避资本流动管理为目的的资本流出，在我国比较严重，体现在我国国际收支平衡表中“净误差与遗漏”项目数额处于较高水平。

非法资本流出通常采取的操作手法有出口商低报合同金额或者进口商高报合同金额两种。

考点五：对外收支与货币均衡 ★★

1. 贸易收支中人民币资金与外汇资金的转化

贸易和服务项目收支的实质是国内外商品和服务的交换。这个交换过程也是外汇资金与人民币资金的不断转换过程，如图 17-1 所示。

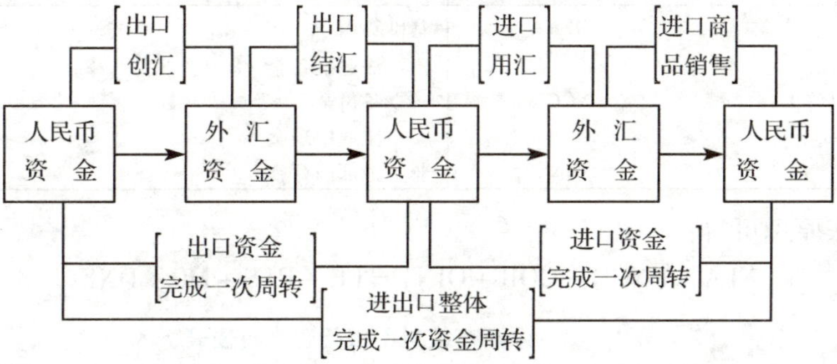

图 17-1　贸易外汇与人民币资金转化过程

在这个过程中，外汇资金与人民币资金不断转换，人民币资金有两次垫资、两次回流，有可能发生出口盈亏或进口盈亏。

2. 资本项目收支与人民币资金

资本项目收支反映为外汇资金的流入和流出。同时，这必然也涉及本币资金。

(1)利用外资需要有配套人民币资金

有两个层次的配套：

①建设项目的配套；

②与项目有关的生产、能源、交通、商业、生活设施等新建或扩建配套。

(2)利用外资的还本付息

大体可分为两部分：

①在项目投产前的还本付息，通常要求银行或财政给予支持；

②在项目建成投产后还本付息，如果项目在还款期内其利润收入不足以满足还本付息的需要，还需要另找资金来源。

3. 开放经济下的货币供给

外汇收支对国内货币供给和货币流通的影响，取决于各国所实行的汇率制度。

(1)固定汇率制度下

商业银行买卖外汇形成本币的扩张或收缩；中央银行为维系固定汇率而干预外汇市场时则直接影响基础货币投放。

(2)浮动汇率制度下

外汇收支逆差或顺差可能只是一种短暂现象，不会引起货币供给量的长期扩张或收缩。当政府为了实现某种政策目标而在公开市场上买卖外汇时会引起货币供给量的扩张或收缩。

4. 开放经济条件下我国的货币供给模型

通过对中央银行和存款货币银行资产负债表的分析可以概括出开放经济下我国的货币供给模型，如表 17-12 和表 17-13 所示。

表 17-12　中国人民银行资产负债表

资产		负债	
国外资产	NFA	基础货币	B
国内资产		法定准备金	LR
对政府的债权(净)	NCG	备付金	RFS
对银行的债权	COB	流通中现金	M0
其他项目净额	OIN	非金融部门存款	DNF

由复式记账原理可得：

$$NFA + (NCG + COB + OIN) = LR + RFS + M0 + DNF$$

表 17-13　中国存款货币银行资产负债表

资产		负债	
贷款	C	存款	D
法定准备金	LR	对中央银行负债	COB
备付金	RFS		
其他项目净额	BOIN		

由复式记账原理可得：

$$C + \mathrm{LR} + \mathrm{RFS} + \mathrm{BOIN} = D + \mathrm{COB}$$

将以上两个资产负债表合并，得：

$$\mathrm{NFA} + (\mathrm{NCG} + \mathrm{OIN} + C + \mathrm{BOIN}) = \mathrm{M0} + D + \mathrm{DNF}$$

$\mathrm{NCG} + \mathrm{OIN} + C + \mathrm{BOIN}$ 为国内净资产，用 NDC 表示；$\mathrm{M0} + D + \mathrm{DNF}$ 为货币供应量，用 M_s 表示，由此可得到开放经济下的货币供应模型：

$$\mathrm{NFA} + \mathrm{NDC} = M_s$$

由此可见，在开放经济下，我国货币供应量由两部分构成：银行体系产生的国内净资产和中央银行持有的国外净资产(主要是外汇储备)。

5. 中央银行的外汇操作

中央银行的外汇操作是以外汇储备为支撑的，但并不单单依靠外汇储备。在经济生活中，中央银行影响汇率的能力，很大程度上是通过公布政策来改变私人市场行为，即“宣示效应”来获得的。

6. 冲销性操作和非冲销性操作

中央银行的外汇操作方式分为冲销性和非冲销性两种。

冲销性操作是指当汇率出现不恰当波动时，中央银行进入外汇市场买卖外汇使汇率达到适当水平的同时，也通过买卖政府债券等国内资产的方式来抵消因干预汇率而对本国货币造成的影响，以维持国内货币供应量不变。

非冲销性操作是指央行在买卖外汇、干预市场的同时，并未采取任何措施抵消因干预汇率而造成的对本国货币供给的影响，外汇买卖会使国内货币供应量发生变化。

在一般情况下，较好的选择是兼顾内外的冲销性操作。

【例 17.10】冲销式干预与非冲销式干预[中央财经大学 2010、2016 研；东北财经大学 2006 研]

答：政府对外汇市场的干预按是否会引起货币供应量的变化可分为冲销式干预与非冲销式干预。冲销式干预是指政府在外汇市场上进行交易的同时，通过其他货币政策工具(主要是在国债市场上进行的公开市场业务)来抵消前者对货币供应量的影响，从而使货币供应量维持不变的外汇市场干预行为。为抵消外汇市场交易对货币供应量的影响而采取的政策措施被称为冲销措施。非冲销式干预则是指不存在相应冲销措施的外汇市场干预，这种干预会引起一国货币供应量的变动。

考点六：对外收支与市场总供求(见表 17-14) ★★

表 17-14 对外收支与市场总供求

要点	具体内容	含义
外汇收支对市场总供求的影响	商品进出口对市场总供求的影响	商品出口表示对国内商品的需求，是构成总需求的因素；商品进口则表示增加国内商品可供量，是构成总供给的因素
	资本流入流出对市场总供求的影响	资本流入会扩大总需求，资本流出会扩大总供给

续表

要点	具体内容	含义
外汇收支对市场总供求的影响	非贸易收支对市场总供求的影响	①侨汇收支。它对总供求的影响类似于资本收支。 ②服务收支。它对总供求的影响视服务收支在国内外支配的情况。 ③其他收支。包括各种出入境者的收支，它对总供求的影响类似于侨汇收支
外汇收支的调节作用	调节社会总产品和国民收入总额及其在分配、使用方面的矛盾	在开放经济条件下通过对外汇收支进行调节，有可能使一定时期的分配额和使用额不简单受产出所制约
	促进技术开发和产品结构的调整	通过调节外汇收支或利用外资来引进国外先进的技术、设备及原材料，进而促进技术开发和产品结构的调整
	转化资源	可以通过调节外汇收支的方式转化资源，以缓和社会总供给与总需求之间的结构矛盾
	提高国民收入，增加财源	出口和利用外资都可以促进生产的增长和国民收入的增加
汇率对市场总供求的影响	以汇率折算的本币价值＝出口商品原来的本币价值	外汇按汇率折成本币与出口商品的原来的本币价值（出口成本加一定的利润）相等，表示本币投放形成的社会需求与用外汇购进的进口商品供应基本适应
	以汇率折算的本币价值＜出口商品原来的本币价值	外汇按汇率折成本币小于出口商品的原本币成本，则本币投放形成的社会需求大于用外汇购进进口商品的价值，这时就要采取弥补亏损的措施
	以汇率折算的本币价值＞出口商品原来的本币价值	外汇按汇率折成本币大于出口商品的原本币价值，则用外汇购进的进口商品增加，对原来的社会总供求紧张现象具有一定的缓解作用
国内经济是外汇收支平衡的基础	发展进出口或是利用外资，其基础在于出口能力的不断增长	对于对外贸易而言，进口的大增长以出口的大增长为前提；利用外资也是以扩大出口，增强偿债能力为前提条件
	外汇收支受到国内经济循环状况的制约	外汇收支与国内的资金循环交织在一起，因此会受到国内资金循环状况，特别是财政收支和银行信贷收支平衡状况的制约

17.2　课后习题详解

1. 什么是国际收支？国际收支的“经常账户”“资本和金融账户”以及“净误差与遗漏”，它们相互之间在数量上怎样构成一个平衡表的关系？

答：（1）国际收支的概念

国际收支是在一定时期内一个国家或地区与其他国家或地区之间进行的全部经济交易的系统记录。它包括对外贸易和对外投资状况，是贸易和投资以及其他国际经济交往的总和。其中既包括用外汇收付的经济交易，也包括以实物、技术形式进行的经济交易。国际收支反映的是某一段时期的经济交易流量情况，与国家资产负债表有着本质上的不同。

(2)国际收支平衡表

国际收支平衡表是一种统计报表，全面系统地记录一国的国际收支状况。它是反映一个国家对外经济发展、偿债能力等状况的重要文件，也是一个国家在制定外汇政策等宏观经济政策时的重要依据。通常，把国际收支平衡表的账户划分为三类：经常账户、资本和金融账户以及净误差与遗漏。

①经常账户。经常账户是记录本国与外国交往中经常发生的项目的账户，也是国际收支中最重要的项目。经常账户包括货物和服务、初次收入和二次收入三个子项。

②资本和金融账户。资本和金融账户中的资本账户记录的是资本性质的转移和非生产性、非金融性资产的获得或者出让；金融账户记录的是一国对外资产和负债的所有权变动的所有交易，包括非储备性质的金融账户和储备资产，前者可按投资方式划分为直接投资、证券投资、金融衍生工具和其他投资四项。后者指的是由中央银行或财政部门持有的可随时直接使用的金融资产，包括货币黄金、特别提款权、在基金组织的储备头寸、外汇储备以及其他储备资产。

③净误差与遗漏。国际收支平衡表是按复式簿记原理编制的，每一笔经济交易要同时记入有关项目的借方和贷方，数额相等。但是在实践中，国际收支平衡表的编制是通过对各个子项目的统计进行的。由于统计数据来源不一、时间不同等原因，借方合计与贷方合计之间总是存在一定的差额。为此，就需要有一个平衡项目——净误差与遗漏。当贷方大于借方时，就将差额列入该项目的借方；当借方大于贷方时，就将差额列入该项目的贷方。换言之，正是由于净误差与遗漏项目的存在，使得国际收支平衡表总可以实现平衡。

2. 在复式簿记原则下，以下的国际交易应如何计入中国的国际收支平衡表?

(1)一位中国居民从美国居民那里进口了价值 50000 美元的商品，并约定 3 个月后付款。

(2)3 个月后，中国居民用他在纽约的银行存款付款。

(3)美国居民用这笔资金购买了中国的 B 股股票。

(4)美国居民购买的中国 B 股股票获得了 600 美元的红利。如果这些交易发生在同一年，它们对中国的国际收支平衡表的净额影响是什么?

答：(1)借：商品进口　　50000 美元

　　贷：短期资本流入　　50000 美元

(2)借：短期资本流入　　50000 美元

　　贷：本国在外国银行存款　　50000 美元

(3)借：外国在本国银行存款　　50000 美元

　　贷：证券投资　　50000 美元

(4)借：外国在本国银行存款　　600 美元

　　贷：证券投资收入　　600 美元

对国际收支平衡表的影响如表 17-15 所示：

表 17-15

项目	借方(－)	贷方(＋)	差额
商品	50000		－50000
间接投资		50000 600	＋50600
其它投资	50000 600	50000	－600
合计	100600	100600	0

3．什么是国际收支的失衡？失衡是否一定是坏事？国际收支中有许多项目，每个项目都有是顺差还是逆差的问题，是否顺差就是好，逆差就是不好？

答：(1)国际收支失衡的判断

在判断国际收支是否平衡时，国际上通行的方法是将国际收支平衡表上各个项目区分为两类不同性质的交易：自主性交易和调节性交易。前者是指企业、单位和个人由于自身的需要而进行的交易，如商品和服务的输出与输入、赠予、侨民汇款和长期资本的流出和流入。后者是指在自主性交易产生不平衡时所进行的用以平衡收支的弥补性交易，如向国外银行和国际金融机构借用短期资本、进口商取得分期付款的权利以及动用国际储备等。通常判断一国国际收支是否平衡，主要是看其自主性交易是否平衡。如果一国国际收支不必依靠调节性交易而通过自主性交易就能实现基本平衡，那么就是国际收支平衡；反之，则为失衡。

(2)国际收支失衡不一定都是坏事

国际收支失衡不一定都是坏事，应该分析引起失衡的原因。比如一国处于经济发展阶段，常需要进口大量技术、设备和重要原材料，而受生产和技术能力的限制，出口一时难以相应增长，因而出现贸易和国际收支差额。不过，只要能确定合理的经济发展战略，适度引入外资，广泛引进先进技术，积极发展生产和出口，是有可能逐步调整贸易和国际收支差额的。因此，在经济安排得当的条件下，这种国际收支失衡具有过渡的性质，不是坏事。

(3)国际收支失衡对国内经济具有重要影响

一国国际收支失衡，若不及时调整，会直接影响对外交往的能力和信誉，不利于国内经济的发展。

如果有大量逆差，则会外汇短缺，本国币值下跌，短期资本外流。严重时会导致货币危机。

国际收支顺差也是失衡。由于外汇供过于求，本币币值上升，则会抑制出口，并增加国内货币供应和通货膨胀的压力。如果持续有大额顺差，不仅会影响本国经济的均衡健康发展，而且会招致其他国家的抗议和报复。

国际收支顺差和逆差都是失衡的表现。认为只有逆差出现才是失衡，是片面的理解。

国际收支平衡，需从短期和长期两个角度去把握：①保持年度收支平衡。对于保证当前的对外收支能力，是必要的。但对国际收支平衡作较长期的考虑，则可突破必须保持当年度平衡的约束，作战略性安排。②对于一个发展中国家，安排国际收支的出发点是最大限度地推进本国经济的发展和促进形成一个适合现代化要求的经济结构。为此，一定时期内经常项目上有赤字是允许的。

4. 美国经常存在大量贸易逆差并且是世界上最大的负债国。如果其他国家处于类似的状况，人们通常做消极、悲观的估价；而对于美国，人们的判断却是它从中得到了极大的好处。为什么有这么大的出入？

答： 这种情况是由以下几个因素产生的：

(1)美元在全球货币体系中拥有特殊地位

在世界货币体系中，美元是享有特权的货币，是各国主要的储备资产，美国政府可以通过直接印刷美钞来弥补国际收支逆差而不用像其他国家那样通过扩大生产和出口获得美元。可见，美国政府可以从美元发行中获得巨额的铸币税。

(2)美国是最大的负债国

美国成为世界上最大的债务国，是其经常账户长期逆差的必然后果，外国中央银行用美元储备购买美国的国库券，是外资流入美国的主要途径之一，使得美国在经常项目逆差的同时存在着资本和金融账户的巨额顺差。

(3)美国巨额经常账户逆差没有引起人们悲观情绪

美国的巨额经常项目逆差之所以没有引起人们的悲观情绪，在于人们对美国的经济增长一直持有良好的预期。这种预期认为，由于美国掌握着世界上最先进的生产技术，在美国投资的预期收益率要高于在世界其他地区的投资收益，因此会有资本源源不断地输入美国，以弥补巨额的经常项目赤字，从而使美国可以长期保持巨额的经常项目逆差。

5. 外汇储备少了，缺乏调节国际收支的力量；外汇储备多了，则意味着自己的财富被别人占用。你认为能否找到一个理想的均衡点并有可能持续地保持？

答： (1)国际储备的含义及构成

国际储备是一国或地区官方拥有可以随时使用的国际储备性资产。传统上认为，国际储备的作用主要是应付国际收支失衡、维护汇率稳定。当国际收支出现逆差时，可以动用本国的储备，平衡外汇收支；当汇率出现不正常波动时，可以动用储备，影响外汇市场供求，使汇率变动保持在经济发展目标范围之内。在新兴市场国家，国际储备越来越被看作是信心的标志。储备越多，表明偿付能力越强，同时高的外汇储备对国际金融市场投机者也可以起到震慑作用。在一些转轨经济体中，国际储备还常被用作改革基金，以应付可能出现的支付困难。

通常国际储备资产包括货币性黄金、特别提款权、在国际货币基金组织的储备头寸以及外汇储备四个部分。其中以外汇储备为主要组成部分。

外汇储备是一国(或地区)货币当局持有的可以随时使用的可兑换货币资产。外汇储备的第一个作用在于使一个国家能够应付对外贸易中对外汇需求的波动。在这一点上，国际货币基金组织(IMF)使用特里芬(Triffin)法则。该法则认为，一个国家为了保证进出口中的外汇需要，应该保持相当于3～4个月进口总额的外汇储备，以使该国在进出口上不至于出现大的外汇短缺。中国现在的外汇储备显然已经远远超过了特里芬法则的水平。

外汇储备的第二个作用在于保证外债还款方面的外汇需求，具体来说就是该国的外汇储备应该能够满足短期外债到期而债权人不予展期所产生的外汇需求。

传统思维里关于外汇储备的第三个作用，是外汇储备应该足以抵挡短期资本流动(包括炒作性资本流动)所带来的外汇需求。因为中国的资本账户是不开放的，从理论上讲，国际短线投机者无法利用资本的跨境流动来对人民币进行攻击。从短期来看，我国外汇储备应付这种需要是足够的。

(2)外汇储备并非越多越好

保持一定的外汇储备，是调节国际收支和市场总供求的重要手段，但外汇储备并非越多越好。这主要是因为：

①外汇储备增加，要相应扩大货币供给量，可能增加对货币均衡的压力。

②外汇储备表现为持有一种以外币表示的金融债权，相应的资金存在国外，并未投入国内生产使用。所以外汇储备过大，等于相应的资金"溢出"，对于资金短缺的国家来说是不合算的。

③外汇储备还可能由于外币汇率贬值而在短期内蒙受巨大损失。

(3)适度的外汇储备水平

要确定适度的外汇储备水平，需要综合考虑经济发展的规模和速度、对外开放的程度、对外信誉和在国际市场上筹措资金能力、外债的还本付息以及国家通过调整国内外经济和外汇管理来影响国际收支的有效程度等因素。

一个常用指标是认为应该维持相当于一国3～4个月进口额的外汇储备；另一个是最后清偿率指标，是指外债余额与国际储备的比值，国际公认的警戒线为130%。不过这类指标只有有限的参考价值。全面考察外汇储备是否适度，必须结合各自的国情特点。如我国，正处于经济体制转轨过程中，存在较多的不确定因素，面对的国际政治、经济、金融形势又极为复杂，保有较大数量的外汇储备，是审慎决策所必要的。对外汇储备的管理：①要考虑资金安全；②要考虑保持流动性，即保证储备资产能够灵活兑现，以备随时运用；③在保证安全性和流动性的前提下，根据资产多样化的原则，应把一部分资产投资于稳定成长的证券上，以获取收益。

6. 国际资本流动，无论对任何国家的经济，影响都是多渠道、多方面的。试就所学知识，重新论证我国利用外资的方针以及对利用外资的管理。

答：(1)利用外资的形式和作用

外资，是与本国资本相对而言的，即在本国境内使用，但所有权属于外国人(包括外国法人和自然人)的资本。利用外资的形式多种多样，其中最主要的有外国直接投资、对外借款、发行债券和股票上市融资四种。

多年来的鼓励利用外资政策，对我国国民经济发展和人民生活水平的提高起到了重要的促进作用。它有利于弥补国内建设资金的不足，有利于引进先进技术促进产业升级，有利于吸收先进的企业经营管理经验，有利于创造更多的就业机会和增加国家财税收入。实践也已充分证明，利用外资对我国国民经济的快速、健康、稳定发展发挥了不可替代的作用。

但是，随着开放型经济的深入发展，对外资的特殊照顾逐渐成为一种政策的扭曲，这种扭曲产生的负面效应也逐步显现。面对这些负面效应，必须进行纠正和调整。

（2）我国对于利用外资的特殊照顾

目前，我国在利用外资上，给予外资种种优惠，有国家政策明文规定的，也有各级政府私下承诺和直接表现出来的。虽然程度和方法有所不同，但其类型主要有税收优惠、土地优惠、财政扶持、特殊规定、特殊服务等。这就使得外资企业在国内享受着超国民待遇。超国民待遇的核心是各种税收减免，同时也包括在操作层面所给予的各种特殊照顾。

（3）利用外资对经济的负面影响

由于各级地方政府部门在主观和客观上都对外资有强烈的偏好，其扭曲的心态和政策，对整个社会经济产生了负面影响：

①外资对内资产生了很大的挤出效应。外商投资企业享受的超国民待遇使其投资与运营成本大大低于国内同类企业，利润明显高于国内企业。这使得外商投资企业有实力在我国实行低成本扩张，并通过低价收购、低价销售等手段打压排挤国内企业。外资凭借其超国民待遇，在竞争中占有先机。外资挟政策优势对内资企业形成了“挤出效应”，使得内资企业尚未参与市场竞争，就输在了起跑线上。

②内资企业外资化。外资在国内经营活动中享有“税负从轻、优惠从宽、手续从简”等超国民待遇，对内资的流向产生了不合理的引导，促使一部分内资外逃，以“外资”的身份重新流回国内，享受税收优惠。当前民营企业在境外设立特殊目的公司，通过境外融资和返程投资，这些企业都可以进行外资登记，享受外资企业税收待遇。事实上，目前一些内资企业获取“利润”的最好办法，就是进行“合资”或者想方设法变成“外资”，因为内外资企业的税率差异比有些行业的平均利润率还要高。

③诱发资本投机，导致假外资、返程投资大量出现。在大量优惠政策的催生下，“假外资”“假合资”和“返程投资”的现象不断增加。这样一是造成财政收入减少和公共利益损失。虚假外资导致中央和地方税收减少，土地批租收入大量流失，并人为加大了企业经济运作成本，其实质是以牺牲国家和公众利益为代价，换取少数人的政治利益和经济利益。二是虚假外资会引发一系列外汇不法活动，如过渡性资本外逃、非法外汇交易等，不利于金融稳定。三是在境内资本通过造假实现外资化的同时，也预设了在外汇形势逆转时大量外逃的合法渠道，从而给国际收支平衡增加了不确定因素。四是虚假外资使利用外资统计数据大量失真，误导宏观经济决策。

④资本项目外汇大量顺差，导致国际收支不平衡。利用外资政策的扭曲和外资的快速增长，使得我国资本项目下出现大量顺差。资本项目的顺差也直接加剧了外汇储备的快速增长。截至 2020 年 7 月末，我国外汇储备规模为 31544 亿美元，居世界第一。巨额的外汇储备迫使中央银行增加基础货币投放，严重削弱了中央银行宏观调控政策的有效实施。外资的大量涌入，也给人民币带来了较大的升值压力。这些都给我国国民经济的稳健运行带来较大隐患。

（4）对引进外资的管理

引进外资是一把双刃剑。外资流入能补充国内资金不足，引进先进管理理念和技术，推动中国市场经济的形成和发展。然而，当前对外资的超国民待遇造成的负面影响已凸显出来，必须调整相关政策，加强对外资的管理：

①统一中外企业的税收。国家应尽快建立中外商投资企业统一的所得税制度，统一计税的法律依据和税率，营造公平的税收环境。但考虑到政策的连续性和法律法规的严肃性，涉外企业的超国民待遇，在税制并轨后仍将在一定时期内保留和存在。因此，建议新税法采用新老企业区别对待的办法。对于新税制实行之前设立的涉外企业可以仍然沿用过去的老政策，过去承诺和签订的协议要继续执行到期满；对于一些在新税法颁布执行后设立的属于高新技术领域或其他能够填补国内行业空白的企业，或者在国家鼓励投资地区设立的企业，国家仍将通过制定特惠目录的方式来对这部分企业实施税收减免优惠；对于国家限制类产业、项目在新税法中应予以明确，并运用税收杠杆进行限制。

②改变政府干预市场的行为。政府在招商引资中必须完成“硬指标”，是产生中外商投资企业不公平市场环境的主要原因。因此，政府应把握好市场经济下自身的定位，成为市场规则的维护者而不是破坏者。应尽快取消外商投资企业的超国民待遇，改变地方政府将引资作为政绩考核依据的做法，创造公平竞争的市场环境。同时，政府要把工作重点放在加强管理，规范外资引进上。在招商引资过程中，从注重“量多”向注重“质优”转变，从以优惠政策引资的模式向以完善的投资环境引资方向发展。

③加大监管力度，通过政策手段加强对外资流入的正确引导和科学管理。一是完善金融市场和投资融资体制，疏通融资渠道，促进储蓄向投资渠道转化，避免因融资难而盲目引资的不合理资金配置状况。二是推进利率、汇率体制改革，加强本外币利率政策、利率政策与汇率政策间的协调，充分发挥价格杠杆调控跨境资本流动的作用。三是进一步完善外商投资外汇管理。把好投资资金流入登记和结汇管理关口，重点监控出资人与汇款人不一致的资金流入；加强对资本金结汇后人民币流向的跟踪检查，严厉打击外商投资企业套汇充作资本金等违法行为。四是建立实时跨境资本流入流出监测体系，密切关注外汇资金流入变化，提高外汇收支管理的有效性。

④从国际经验看，市场经济国家对外资的区域性优惠大都集中在各种问题区域，如落后地区、萧条地区等。自改革开放以来，中国对外资实行的区域性优惠政策恰好相反，过去主要集中在相对发达、增长迅速的东部地区。自20世纪90年代以来，这种向东部倾斜的区域性优惠政策虽有较大改变，但目前东部地区在对外开放和利用外资方面实际获得的优惠仍要远高于中西部地区。其结果是国家的外资政策在较大程度上加剧了地区差距的扩大趋势。

为促进地区经济协调发展，当前必须对东西部采取不同的利用外资政策，一方面提高东部地区利用外资的门槛，另一方面对东部资金向西部转移给予信贷、税收、财政贴息、土地供应等方面的优惠，积极引导外资投向中西部和东北地区。

总之，应该统筹国内发展和对外开放，妥善处理好利用外资与国际收支平衡、利用外资与用好国内资金之间的关系，促进国内产业结构、区域经济结构的调整优化，切实提高利用外资的质量。

7. 无论是进出口贸易还是引进外国资本，都有一个人民币资金与外汇资金配套的问题。而就微观主体来说，无论是人民币资金还是外汇资金，都需要从金融领域筹资。这必然涉及汇率与利率。能不能设计一个例子来说明这样的复杂过程？

答：就贸易外汇收支而言，出口商品来自国内生产的产品，所需燃料、原材料等来自国内各生产部门；进口的原材料、设备、技术则用于国内各生产部门。因此，贸易外汇收支与国内经济有着千丝万缕的实物补偿和价值补偿的联系。就资本项目外汇收支而言，会相应引起资本的净出口或净进口，随之会增加或减少国内可使用的资金总量。因此无论是贸易收支或资本收支，一般都存在与本国货币兑换的问题。

举一个微观主体的服饰辅料企业 A 为例来说：

①进出口贸易：企业 A 直接出口相应的辅料，假设出口到日本，那么通常来说其会收到日元作为货款；由于企业 A 在生产之前是没有资金的，其会向金融市场融资，而融资的场所在国内(这里假设是中国)，那么其借贷的是人民币。收到货款(日元)后，同样地，它需要转换为人民币以偿还之前生产所融的款项。

②引进外国资本：企业 A 为一家中外合资企业，由日本出资在中国建立，首先出资的本位币是日元，企业需要将其兑换成人民币才能够在中国开展生产经营活动，因此更加直接地可以理解外汇资金筹资的时候会涉及汇率。

前述两种方式因为都涉及借贷(即融资)，那么必然会涉及利率问题，融资的成本实际上就是以利率计算的利息。

8. 分析比较不同汇率制度下一国的国际收支状况对该国货币供给可能带来的影响。结合我国国际收支和汇率制度的实际，试分析自 1994 年以来，对外因素对于维护人民币的稳定所造成的强大压力以及我们的对策。

答：(1)不同汇率制度下国际收支状况对货币供给的影响

由对外经济交易引起的国际收支，必然影响国内货币供给和货币流通状况。这种影响又因汇率制度的不同而有所差异。

在固定汇率制度下，外汇收支对货币供给的影响表现在两个层次上：商业银行活动与中央银行活动。商业银行购入外汇时，外汇资产增加，由购买外汇而支付的本国货币相应地导致银行存款负债增加，扩大了货币供应量；反之，当商业银行卖出外汇时，外汇资产减少，由于客户要动用本币存款购买外汇，银行存款负债减少，货币供给量相应缩减。所以，在一国外汇收支顺差时，商业银行购入的外汇大于售出，外汇库存净增长，货币供给量也表现为净增加，反之，则货币供给量净减少。

与此同时，在固定汇率制度下，中央银行有义务防止汇率变动超出允许的幅度。如外汇供给过大，外汇汇率贬值，中央银行必将出面干预，在公开市场上购入外汇。其结果是商业银行把部分外汇卖给中央银行，并相应增加在中央银行的存款准备金，从而加强派生能力，有可能扩大货币供给量。可见，在固定汇率制度下，一国外汇收支有顺差，则构成增加货币供给的压力。当然，如果国际收支是逆差，则会相应缩减货币供给。

在浮动汇率制度下，汇率主要由市场供求关系的变动来调节，从而国际收支逆差国的货币会贬值，顺差国的货币会升值。市场汇率的变动，又会引起外汇收支顺差或逆差反方向变化，并有可能使原来出现的国际收支逆差和顺差短暂存在。因而从理论上说，在浮动汇率下，不至于因国际收支逆差或顺差的长期存在而导致货币供给量的长期收缩或扩张。不过，政府没有维持汇率的义务并不等于政府不能干预外汇市场。当政府为了实现某种政策目标而在公开市场上买入或卖出外汇时，自然会引起货币供应量的增加或减少。

(2)1994 年以来对外因素对于维护人民币的稳定所造成的强大压力及对策

我国自 1994 年以来，实行有管理的浮动汇率制。在管理浮动汇率制下，中央银行也可对外汇市场进行干预，以使市场汇率朝有利于自己的方向变动。现阶段，我国在外汇管理方面实行结售汇制，规定企业、单位和个人收入的外汇，全部或相当部分要卖给外汇指定银行，由银行付给本币；其所需外汇，在经常项目以内，则以本币向银行购买。因而，外汇收支与货币供给量有着直接联系。如果出现外汇收支顺差，就会相应扩大货币供应量；如果出现外汇收支逆差，则要相应减少货币供应量。随着国际收支规模急速的扩大，我国基础货币的投放已不完全取决于国内银行信贷规模，根据开放经济下我国的货币供给模型：$NFA + NDC = M_s$，可知：决定 M_s 的因素既有国内因素 NDC，也有国外因素 NFA。

1994 年以来，我国国际收支持续顺差，使人民币升值压力不断增加。央行在保持汇率稳定的同时，货币供给大量增加，为了防止通货膨胀的风险，央行又通过发行央行票据来收回部分货币供给，减少市场上的流动性过剩。就完全的开放经济来说，中央银行尽管有大量外汇储备，但相对于上万亿美元的全球外汇市场日交易额来说，单靠它调节汇率，无疑是杯水车薪。在实际经济中，中央银行有能力影响汇率，很大程度上是通过公布政策从而改变私人市场行为来获得的。即外汇操作不能仅仅依靠外汇的买进卖出，而是要与“宣示效应”进行配合。自 2005 年 7 月 21 日起，我国开始实行以市场供求为基础、参考一篮子货币进行调节、有管理的浮动汇率制度。参考一篮子表明外币之间的汇率变化会影响人民币汇率，但参考一篮子货币不等于盯住一篮子货币，它还需要将市场供求关系作为另一重要依据，据此形成有管理的浮动汇率。这将有利于增加汇率弹性，抑制过度投机。

9. 试归纳影响社会总供求的对外经济联系因素。

答：总供求状况是经济均衡中的基本问题，也是判断其存在与否的主要标志。在对外开放条件下，影响总供求的变量扩大了。影响总供求的对外联系因素主要有商品进出口、资本流出入、非贸易收支和汇率。

（1）商品进出口

商品出口表示国外对国内商品的需求，构成扩大总需求的因素；商品进口则表示增加国内商品可供量，构成扩大总供给的因素。将进出口因素引入，总供给和总需求均衡的公式可扩展为：

消费支出 + 投资支出 +（出口 − 进口）= 消费品供应 + 生产品供应

（2）资本流出入

资本流入，如同国内投资支出一样，会扩大总需求；资本流出，表示部分投资流向国外，国内投资需求减少，总供给相对扩大。如果计入资本流出入因素，总供求均衡公式扩展为：

消费支出 + 投资支出 +（出口 − 进口）= 消费品供应 + 生产品供应 +（资本流出 − 资本流入）

（3）非贸易收支

①侨汇收支。它对总供给和总需求的影响类似于资本收支。

②服务收支。服务进口时，国外的工人、工程技术人员在国内工作，其所得报酬一部分流往国外，一部分在国内用于购买商品和支付服务。前一部分与侨汇支出类似。后一部分则相当于国内居民消费支出。至于服务出口，我国工人、工程技术人员去国外工作，其所得报酬部分汇回国内，相当于侨汇收入；另一部分在国外用于购买商品和劳务，不影响

国内总供给和总需求。

③其他收支，包括各种出入国境者的收支。它对总供给、总需求的影响类同侨汇收支。

(4)汇率

汇率反映本币与外币的折算关系，不同的折算比率对总供给和总需求有不同的影响。

如外汇按汇率折成本币恰与出口商品的原来的本币价值(出口成本加一定的利润)相等，这意味着本币投放形成的社会需求，与用外汇购进的进口商品供应可以基本适应。

如外汇按汇率折成本币小于出口商品的原本币成本，就要发生本币投放形成的社会需求大于用外汇购进进口商品的价值，成为影响社会总供给和总需求平衡的因素。为消除这种影响，就要采取弥补亏损的措施。

如外汇按汇率折成本币大于出口商品的原本币价值，则用外汇购进的进口商品增加，有助于缓和原来的社会总供求紧张现象。

第 18 章　通货膨胀与通货紧缩

18.1　复习笔记

【知识框架(庖丁解牛)】

- 通货膨胀与通货紧缩
  - 通货膨胀及其度量
    - 通货膨胀的概念
    - 通货膨胀的分类
    - 通货膨胀的度量
  - 通货膨胀的原因
    - 需求拉上说
    - 成本推动说
    - 供求混合推动说
    - 中国改革开放以来对通货膨胀成因的若干观点
  - 通货膨胀的社会经济效应
    - 强制储蓄效应
    - 收入分配效应
    - 资产结构调整效应
    - 比价的变动与不同经济集团利益的调整
    - 恶性通货膨胀与经济社会危机
  - 通货膨胀与经济成长
    - 关于产出效应的争论
    - 失业与通货膨胀的替代理论与滞胀
    - 是否存在零通胀下的经济增长
  - 通货膨胀对策
    - 宏观紧缩政策
    - 治理通货膨胀的其他政策
    - 指数化和围绕指数化问题的讨论
  - 通货紧缩
    - 通货紧缩的界定
    - 通货紧缩的社会经济效应

【考点难点归纳(厚积薄发)】

考点一：通货膨胀及其度量　★★★★

1. 通货膨胀的概念(见表 18-1)

表 18-1　通货膨胀的概念

要点	具体内容
概念	通货膨胀是指商品和劳务的货币价格总水平持续明显上涨的现象

续表

要点	具体内容
理解	①考察的对象是商品和劳务的价格，区别于股票等金融资产的名义货币价格。 ②指的是货币价格，即商品、劳务与货币之间的相对比价，而非不同商品、劳务之间的相对比价。 ③不是一次性或短期的价格总水平的上升，而是一个持续的过程，例如经济周期中的萧条以后出现的复苏阶段的价格上升不是通货膨胀。 ④不是个别商品价格的上涨，而是价格总水平的上涨。 ⑤是价格总水平的明显上升，而非轻微的价格波动，何为价格明显上升并没有统一定量的标准，判断存在主观性

2. 通货膨胀的分类（见表 18-2）

表 18-2 通货膨胀的分类

分类标准	通胀类别	解释
市场机制作用	公开型通货膨胀	物价总水平明显的、直接的上涨
	隐蔽型通货膨胀	工资水平和物价总水平没有明显变动，但居民实际消费水平有所下降
价格上涨速度	爬行通货膨胀	价格上涨缓慢，物价上涨年率为 2% ~3%
	温和通货膨胀	价格上涨速度温和
	恶性通货膨胀	价格飞速上涨，每月物价上涨速度超过 50%
通胀预期	预期通货膨胀	居民依据经验能够预期到的通胀
	非预期通货膨胀	预期之外产生的通胀
通胀成因	需求拉上型通货膨胀	需求拉上型通货膨胀是指当市场处于供不应求状态时，过多的需求会拉动价格水平的上涨，即“过多的货币追求过少的商品”
	成本推动型通货膨胀	成本推动型通货膨胀认为供给或成本的增加是形成通货膨胀的主要原因
	供求混合型通货膨胀	实际上在通货膨胀的形成中，往往是既有来自需求方面的因素，又有来自供给方面的因素，如过度需求——物价上涨——提高工资——成本（工资）推进通胀的过程，这就是供求混合型通货膨胀
	结构型和体制型通货膨胀	①结构型通货膨胀指总需求正常时，对某些部门的产品需求过多而造成部分产品的价格上涨现象，如钢铁、猪肉、楼市、食用油等。 ②体制型通货膨胀是由于体制不完善造成的通货膨胀

3. 通货膨胀的度量（见表 18-3）

表 18-3 通货膨胀的度量

指数名称	含义	优点	缺点
居民消费物价指数（CPI）	根据主要日用消费品的零售价格以及服务费用编制，用以测定一定时期居民生活费用水平变化趋势和程度	能及时反映消费品供给与需求的对比关系，资料易得	包含范围较窄，不能反映品质改善带来的部分消费品价格提高，可能夸大物价上涨

续表

指数名称	含义	优点	缺点
批发物价指数（WPI）	是指根据若干种商品批发价格编制而成的，用以反映商品批发价格的变化程度和趋势	对商业周期反应敏感，能在最终产品价格变动之前获得原材料、非零售制成品的价格信息	不包括劳务产品和商品最终销售时的价格变动，波动幅度常常小于零售商品的价格波动幅度，因而可能会出现信号失真
国民生产总值平减指数或国内生产总值平减指数	等于按当年价格计算的国民生产总值（或国内生产总值）与按不变价格计算的国民生产总值（或国内生产总值）的比率	范围广泛，能较准确地反映一般物价水平的变动趋向	资料较难搜集，需要对不在市场上发生交易的商品和劳务进行换算，并且可能受到价格结构因素的影响
核心价格指数	剔除了能源价格和食品价格之后的物价指数	能源和食品价格相对其他商品波动大，且不能反映社会总供求对比，剔除后指数更加客观	编制过程复杂，剔除内容存在主观性偏差

考点二：通货膨胀的原因 ★★★★

1. 需求拉上说

需求拉上说是指当市场处于供不应求状态时，过多的需求会拉动价格水平的上涨，可以表述为：“过多的货币追求过少的商品”。

假设总供给给定，需求的拉动将部分或者完全作用到物价上。需求拉上作用于物价水平主要与两个因素有关：①实际因素，如投资需求增加；②货币因素（货币需求减少或货币供给增加过快）。

需求拉上型的通货膨胀原理如图 18-1 所示。

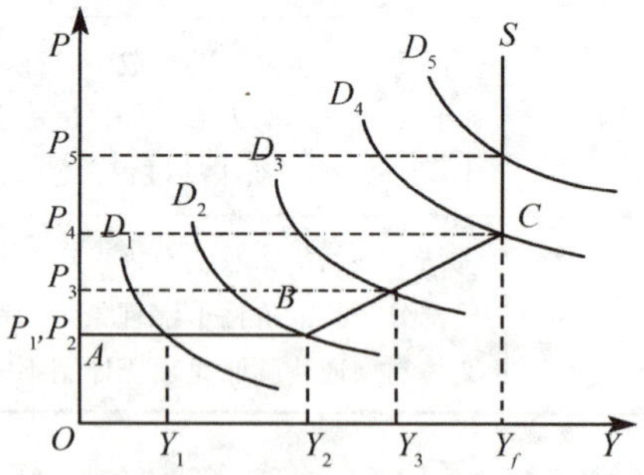

图 18-1　需求拉上型通货膨胀

图 18-1 中，横轴 Y 表示总产出，纵轴 P 表示物价水平。社会总供给曲线 AS 可分为 AB、BC 与 CS 三个线段，具体如表 18-4 所示。

表 18-4　社会总供给曲线 AS 的三种形态

阶段	表现
AB 线段	AB 线段的总供给曲线呈水平状态，由于社会上存在着大量的闲置资源或失业人群，供给弹性无限大。此时总需求从 D_1 增至 D_2，总产出从 Y_1 增至 Y_2，而物价并不上涨

续表

阶段	表现
BC 线段	BC 线段的总供给曲线向上倾斜，表示社会逐渐接近充分就业，总供给的增加能力也相应减小，在需求拉动之下的产出增加将提高生产要素资源价格。此时总需求从 D_2 逐步增至 D_4，产出缓慢增加，导致物价开始上涨
CS 线段	CS 线段的总供给曲线呈垂直状态，表示社会的生产资源已经被充分利用，总供给曲线为无弹性的曲线，Y_f 即充分就业条件下的产出。此时总需求从 D_4 增加至 D_5 时，只会导致物价的上涨

2. 成本推动说

成本推动说是从供给或成本方面分析通货膨胀形成机理的理论。

成本推动的通货膨胀分为两类：

(1) 工资成本推动型通货膨胀

工会迫使厂商以快于劳动生产率增长的速率提高工资时，生产成本就会提高，导致物价上涨。此后，由于物价上涨，工会又进一步要求提高工资，对物价上升再次产生压力，形成工资-物价螺旋上升。

(2) 利润推动型通货膨胀

垄断企业为了获取垄断利润而人为提高产品价格，导致通货膨胀。

在总需求给定的前提下，成本推进理论模型论证了不存在需求拉动，物价也会上涨。成本推动型的通货膨胀可用图 18-2 表示。

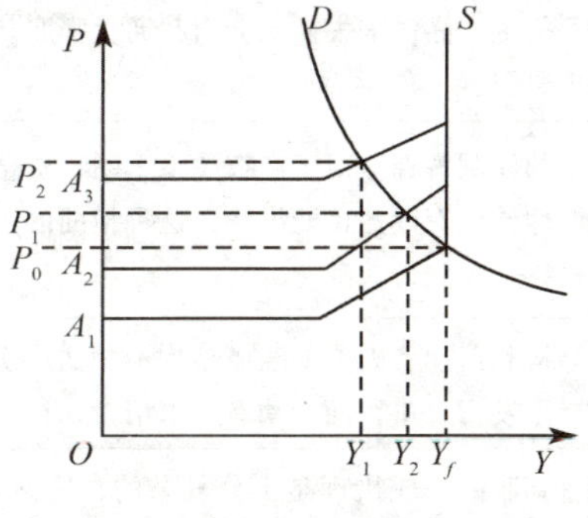

图 18-2 成本推动型通货膨胀

在图 18-2 中，A_1S 为原社会总供给曲线，在总需求不变的条件下，由于生产要素价格提高，导致生产成本上升，总供给曲线从 A_1S 经 A_2S 上移至 A_3S。最终失业增加、实际产出缩减，物价水平上升。此理论不仅给出了物价上涨的原因，还可用于分析“滞胀”。

3. 供求混和推动说

实际上，在通货膨胀的形成中，往往既有来自需求方面的因素，又有来自供给方面的因素，如过度需求——物价上涨——提高工资——成本(工资)推进通胀的过程。供求混和推动说认为“成本推进”只有加上“需求拉上”才有可能产生通货膨胀。

当存在非充分就业的均衡时，政府会采取需求扩张政策来缓解就业问题。这样，成本推进与需求拉上并存的混合型通货膨胀就会产生。

供求混合推进型的通货膨胀如图 18-3 所示。

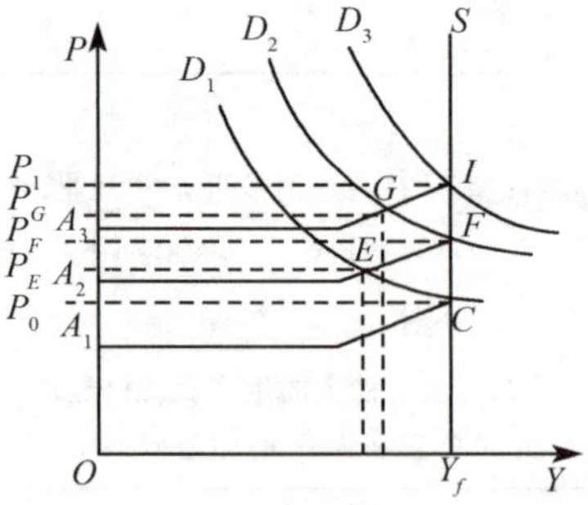

图 18-3　供求混合推进型通货膨胀

图 18-3 实际上是将图 18-1 和 18-2 综合在一起所得的结果。需求拉上（即需求曲线从 D_1 上升至 D_2、D_3）和成本推进（即供给曲线从 A_1S 上升至 A_2S、A_3S）的共同作用，导致物价沿着 *CEFGI* 的路径螺旋式上升。

4. 中国改革开放以来对通货膨胀成因的若干观点（见表 18-5）

表 18-5　中国改革开放以来对通货膨胀成因的若干观点

观点	具体内容
需求拉上	一种观点是把货币供给增长过快归因于财政赤字过大，而财政赤字又由投资，尤其是基础建设投资过大引起；另一种是直接归因于信用膨胀，实际上是由二者交错影响的
成本推进	一种观点强调工资因素，另一种强调原材料成本价格调整，二者均直接导致企业产品价格的上升
结构说	在供求总量平衡时，某些关键产品供求失衡也会引起通货膨胀。中国的初级产品短缺造成价格不断上涨，成为结构性通胀的主要因素
体制说	这一观点实际是需求拉上的体制解释。由于产权关系不明，资金运用不承担风险，投资效益很低，而国有企业缺乏约束机制，即使没有效益也能维持，这种扭曲的关系下总供给、总需求的增加必然不成比例，需求的过度积累最终带来物价上涨
摩擦说	国家计划者需要的经济结构和劳动者需要的经济结构不相适应引起的经济摩擦带来通货膨胀。即国家追求高增长，往往引起货币发行过量；而劳动者追求消费，往往带来消费需求膨胀和价格上涨
混合类型说	这种说法认为，中国通货膨胀的形成机理是十分复杂的，应该将复杂的导致通货膨胀的因素分成三类，即体制性因素、政策性因素和一般因素

考点三：通货膨胀的社会经济效应 ★★★

1. 强制储蓄效应

储蓄指用于投资的货币积累。政府的储蓄是用税收的办法筹集得到并被用于投资，本质上来自家庭和企业部门的储蓄，所以全社会的储蓄总量不变。

通胀产生强制储蓄效应的传导路径：假设在充分就业水平下，政府向中央银行借债造成直接或间接增发货币，会强制增加全社会的储蓄总量，导致物价上涨。在公众名义收入不变条件下，按原来的模式和数量进行的消费和储蓄，实际的消费和储蓄数额均随物价上涨而相应减少，减少部分大体相当于政府运用通货膨胀实现强制储蓄的部分。但是，如果尚未达到充分就业水平，生产要素闲置，政府扩张有效需求实行的强制储蓄不会引发物价上涨。

2. 收入分配效应

在通货膨胀下，由于货币贬值，虽然名义货币收入增加，但是实际收入往往不会等量增加，甚至是不变乃至下降。由于社会各阶层收入来源不同，在物价总水平上涨时，有人收入水平会下降，有人收入水平会提高。这种由物价上涨造成的收入再分配，就是通货膨胀的收入再分配效应。具体来看，通胀对固定收入阶层具有明显危害。

3. 资产结构调整效应

家庭财富或资产包括实物资产和金融资产两部分，家庭的财产净值是其资产价值与债务价值之差。

通胀产生财富分配效应的传导路径：发生通胀时，实物资产价格基本与通货膨胀率同步变化。但金融资产中，股票行市可变，通胀时的保值性能差；债权债务涉及的实际的货币额也随货币币值变化，一般说来，通货膨胀有利于债务人而不利于债权人。综上，家庭的财产净值会受通货膨胀影响。

4. 比价的变动与不同经济集团利益的调整

各种商品和服务的价格不会随价格水平同等幅度升降，由于不同种类的商品服务的销售价格和成本并非按同一比例变动，比价的变动会带来不同经济集团利益的调整。收入分配效应实际也是一种比价变动而带来的利益调整。一般工资等劳动力价格的提高率低于商品服务价格的提高率，从而有利于厂商而不利于工资收入者。

5. 恶性通货膨胀与经济社会危机

恶性通货膨胀指物价总水平的持续上涨超过一定界限时，可能引发经济社会危机。恶性通货膨胀可能引发商品抢购和银行挤兑，加剧阶级冲突，危及货币流通制度，最终引发政治动荡。因此各国政府一般都把通货膨胀作为治理的目标之一。

考点四：通货膨胀与经济成长 ★★

1. 关于产出效应的争论

通货膨胀与经济成长的关系大体有三种观点：促进论、促退论和中性论，具体内容如表 18-6 所示。

表 18-6 关于通货膨胀产出效应的三个观点

观点	内容	理由
促进论	通货膨胀具有正的产出效应，通过强制储蓄扩大投资，实现增加就业和促进经济成长	①政府财政困难，向央行借款，增加货币供给，同时政府投资增加，促进经济增长。 ②通货膨胀初期的货币幻觉，即将名义收入的上涨被视为实际量的上涨，故劳动者扩大劳动供给，企业家扩大雇佣和投资，导致就业和产出增加。 ③通货膨胀的收入再分配效应有利于高收入阶层，又由于高收入阶层的边际储蓄倾向比低收入阶层高，故全社会的储蓄率提高，经济增长加速

续表

观点	内容	理由
促退论	持续的通货膨胀降低效率从而阻碍经济成长	①通货膨胀会降低借款成本，诱发过度的资金需求，迫使金融机构加强信贷配额管理，削弱金融体系的运营效率。 ②较长期的通货膨胀会增加生产性投资的风险和经营成本，使得资金流向生产性部门的比重下降，流向非生产性部门的比重增加。 ③通货膨胀持续一段时间后，政府可能在公众舆论压力下，进行全面价格管制，进而削弱经济的活力
中性论	通货膨胀对产出和经济成长既无正效应也无负效应	由于公众的理性预期，他们会对物价上涨做出合理的行为调整，从而抵消通货膨胀带来的各种效应产生的影响

2. 失业与通货膨胀的替代理论与滞胀

(1)菲利普斯曲线的内涵

菲利普斯发现货币工资的变动率与失业率之间存在着一种比较稳定的此消彼长的替代关系，并用图形将这一关系表示出来，从而得到原始的菲利普斯曲线图。菲利普斯曲线如图 18-4 所示，其中横坐标 U 表示失业率，纵坐标 w 表示货币工资变化率。

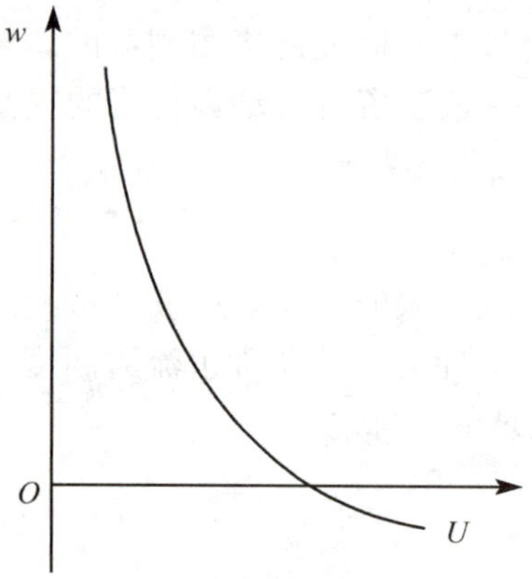

图 18-4　原始的菲利普斯曲线

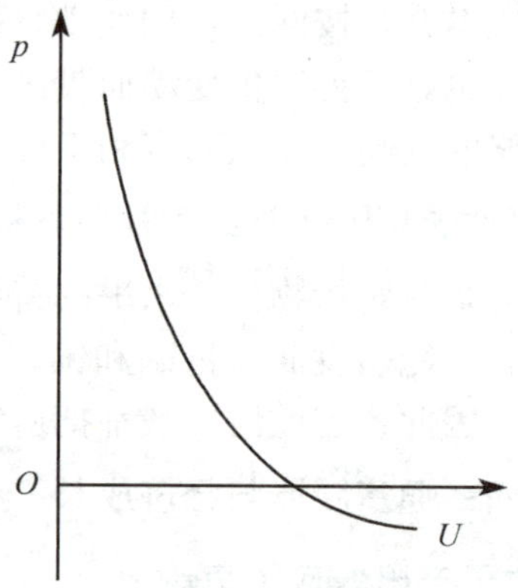

图 18-5　修正后的菲利普斯曲线

(2)修正后的菲利普斯曲线及政策含义

①修正后的菲利普斯曲线的含义(替代理论)。用通货膨胀率替换货币工资变化率，原始菲利普斯曲线就演化为修正后的菲利普斯曲线，其内容为：通货膨胀和失业之间存在着一种替代关系，即失业率越低，通货膨胀率越高；反之，失业率越高，通货膨胀率越低。修正后的菲利普斯曲线如图 18-5 所示，其中横坐标 U 表示失业率，纵坐标 p 表示通货膨胀率。

②修正后的菲利普斯曲线的政策含义：要想使失业率保持在较低的水平，就必须忍受较高的通货膨胀率；要想价格保持稳定，就必须忍受较高的失业率，二者不可兼得。同时也启发决策者，可以通过牺牲一个目标来换取另一个目标的实现。

(3)滞胀对替代理论提出的挑战

20 世纪 60 年代，许多西方国家应用菲利普斯曲线制定政策，取得了可观的成绩。然而，进入 20 世纪 70 年代，大多数西方国家先后出现了“滞胀”的局面，即社会同时出现高通货膨胀率、高失业率、低经济增长率的情况，这推翻了替代理论的通货膨胀率与失业率之间相互替代的观点，说明，菲利普斯曲线并不总是成立。

3. 是否存在零通胀下的经济增长

物价没有波动，即零通胀下的经济增长，是一种公认的理想状态，但在各国实践中都几乎不可能达到零通胀的状态。即使欧美等发达国家，也长久以来只能保持在 2% ~3% 的低通胀水平，但从未实现零通胀。特别是美国自 2011 年以来，保持着经济增长、失业率和物价水平同步下降，这与传统的菲利普斯曲线理论不一致，可能原因一方面是高科技进一步解放生产力，提供了新的经济增长点；另一方面是经济全球化带来的机遇给美国创造了很好的经济增长条件。

考点五：通货膨胀对策 ★★★

1. 宏观紧缩政策（见表 18-7）

表 18-7　宏观紧缩政策

政策	含义	手段
紧缩性货币政策	紧缩性货币政策是指中央银行通过减少货币发行，降低流通中的货币量来抑制通货膨胀	①通过公开市场业务出售政府债券，以减少经济体系中的货币存量。 ②通过提高再贴现率来提高商业银行的借款成本，进而拉高市场利率，紧缩信贷供给。存在利率直接管制的国家，可以直接提高利率以紧缩信贷。 ③提高商业银行的法定准备率，缩小货币乘数，最终减少货币总供给
紧缩性财政政策	紧缩性财政政策主要是通过削减政府支出和增加财政收入来抑制通货膨胀	①增加税收，减少企业和个人可支配收入，从而抑制社会投资和消费。 ②削减政府的财政支出，平衡预算和赤字，从而消除通货膨胀的隐患。 ③减少政府转移支付，减少社会福利开支，从而抑制个人收入增加
紧缩性收入政策	紧缩性收入政策指通过限制工资增长和获取垄断利润，控制一般物价的上涨幅度	①确定工资-物价指导线：政府当局要求各个部门将其工资-物价的增长幅度控制在这一限度之内。 ②管制或冻结工资：即由政府颁布法令，强行规定工资、物价的上涨幅度。 ③运用税收手段：即政府以税收作为奖励或惩罚的手段来限制工资、物价的增长

2. 治理通货膨胀的其他政策

（1）价格政策

如通过制定反托拉斯法限制垄断高价；冻结物价；同企业签订反涨价合同等等。

（2）增加有效供给政策

如降低边际税率以刺激投资和产出等等。

3. 指数化和围绕指数化问题的讨论(见表 18-8)

表 18-8　指数化和围绕指数化问题的讨论

要点	具体内容	
指数化方案	含义	指数化方案指收入指数化，即按物价变动情况自动调整收入的一种分配方案
	运用范围	指数化的调整范围包括工资、政府债券和其他货币性收入
	实施方法	使各种收入按物价指数进行调整
	功效	①削减政府从通货膨胀中所获得的收益，减小其制造通货膨胀的动机。 ②抵消或缓解物价波动对个人收入水平的影响，克服由通货膨胀造成的分配不公。 ③稳定通货膨胀环境下的微观主体行为，避免出现抢购商品、储物保值等加剧通货膨胀的行为
否定指数化方案的观点	技术上难以实现	全面实行收入指数化会提出很高的技术性要求，因此任何政府都难以实施包罗万象的指数化政策
	加剧通货膨胀	收入指数化会造成工资-物价的螺旋上升，进一步加剧通货膨胀

考点六：通货紧缩　★★

1. 通货紧缩的界定(见表 18-9)

表 18-9　通货紧缩的界定

界定标准	含义
单一标准	通货紧缩是物价总水平的普遍、持续下降
多重标准	通货紧缩不仅包括物价总水平的持续下降，也包含货币供应的持续下降、经济衰退或经济增长率的持续下降

2. 通货紧缩的社会经济效应(见表 18-10)

表 18-10　通货紧缩的社会经济效应

方面	具体影响	
对投资的影响	直接影响	①在投资成本方面，通货紧缩提高实际利率，抬高投资实际成本，从而抑制投资；价格下降会降低投资项目预期未来重置成本，从而延迟当期投资。 ②在投资收益方面，通货紧缩降低投资预期收益，理性的投资者预期价格会进一步下降，公司的预期利润也进而下降，最终降低投资倾向
	间接影响	资产价格变化对投资产生间接影响。公司利润下降导致股价下降，进而加大公司筹资的困难
对消费的影响	价格效应	物价的下跌使消费者以更低的价格得到同样数量和质量的商品和服务，消费者预期将来价格还会下跌，他们将缩减当期消费而将消费推迟
	收入效应	在通货紧缩情况下，就业预期和工资收入因经济增幅下降而下降，收入的减少将使消费者缩减消费

续表

方面	具体影响
对收入再分配的影响	物价下跌，金融资产价值缩水。此时即使名义利率很低，但由于物价负增长，故实际利率会远高于通货膨胀时期，这将有利于债权人，不利于债务人。但是，若通货紧缩很严重且持续时间很长，债务人可能失去偿还能力，则债权人也会受到损失
对工资的影响	通缩时，如果名义工资下调滞后于物价下跌，那么实际工资并不会下降；但若出现严重的经济衰退，企业的偿付能力下降，会有下调工资的可能性。但若考虑工资具有刚性，则在经济增长呈剧烈下降时，工资的刚性可能会阻止价格的进一步下降
对经济成长的影响	一般情况下，通缩会伴随经济增长乏力或负增长。但也存在通货紧缩条件下的经济成长的情况，即由于生产力的提高和技术的进步所产生的价格下降，不会带来经济衰退。因为生产力的提高可以冲销价格下降对经济发展所产生的负面影响

18.2 课后习题详解

1. 通货膨胀和通货紧缩是在世界政治、经济、社会生活中广泛使用的概念。如何界定这两个概念，分歧甚多，但也没有妨碍它们的广泛使用。你在这方面有什么见解？

答：(1)通货膨胀

通货膨胀是指商品和服务的货币价格总水平持续普遍上涨的现象。

这个定义包含以下几个要点：

①强调把商品和服务的价格作为考察对象，目的在于与股票、债券以及其他金融资产的价格相区别。

②强调“货币价格”，即每单位商品、服务用货币数量标出的价格。需要说明，通货膨胀分析中关注的是商品、服务与货币的关系，而不是商品、服务与商品、服务相互之间的对比关系。

③强调“总水平”，说明这里关注的是普遍的物价水平波动，而不仅仅是地区性的或某类商品及服务的价格波动。

④关于“持续上涨”，是强调通货膨胀并非偶然的价格跳动，而是一个“过程”，并且这个过程具有上涨的趋向，即一次性的物价上涨不是通货膨胀。

(2)通货紧缩

通货紧缩是指商品和服务的货币价格总水平持续下降的现象。循着定义通货膨胀的同一思路，通货紧缩也应该是对物价疲软乃至下跌的经济过程的概述——不是偶然的、一时的，而是成为经济走向、趋势的物价疲软乃至下跌。

2. 西方和我国对通货膨胀的成因有种种理论概括。从理论规范的要求出发，你认为归纳为几条较为适当？

答：从理论规范的要求出发，对于通货膨胀的成因归纳为三条比较合适，即需求拉上说、成本推动说和供求混合推动说。

(1)需求拉上说

需求拉上说是指当市场处于供不应求状态时，过多的需求会拉动价格水平的上涨，可以表述为："过多的货币追求过少的商品"。

假设总供给给定，需求的拉动将部分或者完全作用到物价上。需求拉上作用于物价水平主要与两个因素有关：①实际因素，如投资需求增加；②货币因素(货币需求减少或货币供给增加过快)。

需求拉上型的通货膨胀可用图 18-6 加以说明。

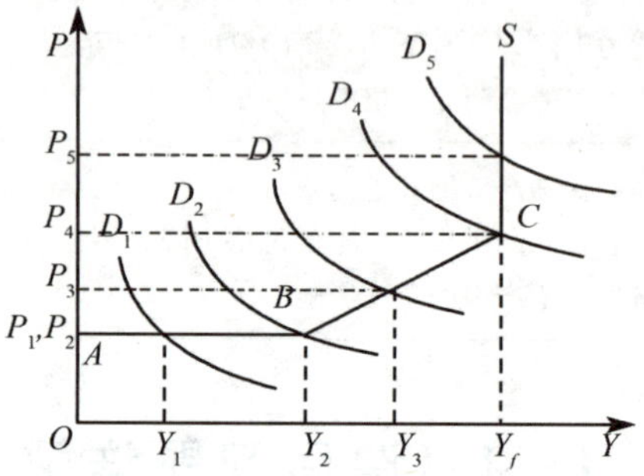

图 18-6　需求拉上型通货膨胀

在图 18-6 中，横轴 Y 表示总产出，纵轴 P 表示物价水平。社会总供给曲线 AS 按照社会的就业状况分成 AB、BC 与 CS 三个线段。

AB 线段呈水平状态，由于社会上存在大量闲置资源或失业人群，供给弹性无限大。此时总需求从 D_1 增至 D_2，总产出从 Y_1 增至 Y_2，而物价并不上涨。

BC 线段表示社会逐渐接近充分就业，总供给的增加能力也相应减小，在需求拉动之下的产出增加将提高生产要素资源价格。此时总需求从 D_2 逐步增至 D_4，产出缓慢增加，导致物价开始上涨。

CS 线段表示社会的生产资源已被充分利用，总供给曲线为无弹性的曲线，Y_f 即充分就业条件下的产出。此时总需求从 D_4 增加至 D_5 时，只会导致物价的上涨。

(2)成本推动说

这是一种侧重从供给或成本方面分析通货膨胀形成机理的假说。

成本推动的原因：一是工会力量对于提高工资的要求(工资推进通货膨胀论)；二是垄断行业中企业为追求利润制定垄断价格(利润推进通货膨胀论)。

①工资成本推动型通货膨胀：工会迫使厂商以快于劳动生产率增长的速率提高工资时，生产成本就会提高，导致物价上涨。此后，由于物价上涨，工会又进一步要求提高工资，对物价上升再次产生压力，形成工资-物价螺旋上升。

②利润推动型通货膨胀：垄断企业为了获取垄断利润而人为提高产品价格，导致通货膨胀。

在总需求给定的前提下，成本推进理论模型论证了不存在需求拉动，物价也会上涨。

成本推动型的通货膨胀可用图 18-7 表示。

在图 18-7 中，A_1S 为原社会总供给曲线，在总需求不变的条件下，生产要素价格提高导致生产成本上升，总供给曲线从 A_1S 经 A_2S 上移至 A_3S。最终失业增加、实际产出缩减，物价水平上升。此理论不仅给出了未充分就业条件下物价上涨的原因，还可用于分析"滞胀"。

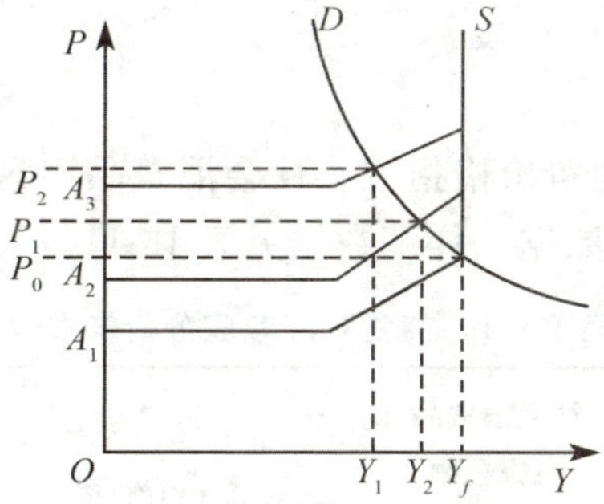

图 18-7　成本推动型通货膨胀

(3)供求混和推动说

实际上，在通货膨胀的形成中，往往既有来自需求方面的因素，又有来自供给方面的因素，如过度需求——物价上涨——提高工资——成本(工资)推进通胀的过程。供求混和推动说认为“成本推进”只有加上“需求拉上”才有可能产生通货膨胀。

当存在非充分就业的均衡时，就业的难题往往会迫使政府采取需求扩张政策，以缓解矛盾。这样，成本推进与需求拉上并存的混合型通货膨胀就会产生。

供求混合推进型的通货膨胀如图 18-8 所示。

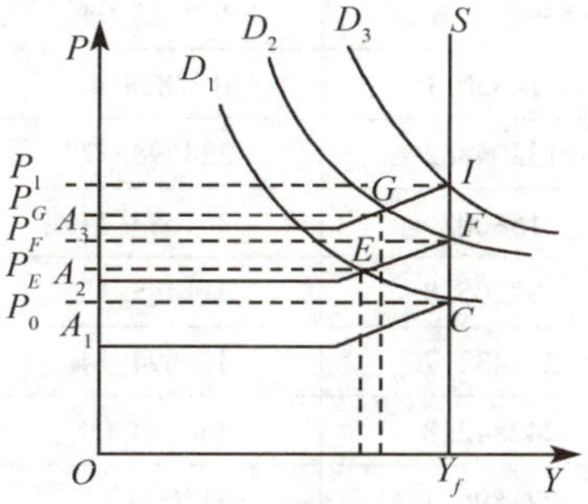

图 18-8　供求混合推进型通货膨胀

图 18-8 实际上是将图 18-6 和 18-7 综合在一起所得的结果。由于需求拉上(即需求曲线从 D_1 上升至 D_2、D_3)和成本推进(即供给曲线从 A_1S 上升至 A_2S、A_3S)的共同作用，物价则沿 *CEFGI* 呈螺旋式上升。

3. 试设定一些基本前提条件，分别对通货膨胀的种种效应进行数量分析。无论这样的尝试是否成功，都有助于加深认识。

答：(1)前提条件

当前，通货膨胀的成因有需求拉上、成本推动和供求混合推动三大主流观点，为了更加符合经济发展的实际，全面考察通货膨胀的效应，我们采纳供求混合推动说进行通货膨胀效应的定量分析。可以选取的宏观经济指标有：社会消费品零售总额 TRS，新增固定资产投资 FEI，广义货币供给量 M2，外汇储备量 ER 等等。

由于通货膨胀通常是无法直接观测的，需要通过其他变量，如价格指数的增长率等来间接表示。同时，消费价格能够反映商品经过各流通环节形成的最终价格，可以全面反映出商品流通对货币的需要量。因此我们采用居民消费价格指数(CPI)作为因变量，表示通货膨胀。

(2)数据选取

选取 2000—2019 年居民消费价格指数、社会消费品零售总额、社会固定资产投资、广义货币供应量和外汇储备年度数据，详细数据见表 18-11。

表 18-11 通货膨胀效应分析样本数据

年份	居民消费价格指数 CPI（上年 = 100）	社会消费品零售总额 TRS(亿元)	社会固定资产投资 FEI(亿元)	广义货币供应量 M2(亿元)	外汇储备 ER（亿美元）
2000 年	100.4	39105.7	32917.73	134610.3	1655.74
2001 年	100.7	43055.4	37213.49	158301.9	2121.65
2002 年	99.2	48135.9	43499.91	185006.97	2864.07
2003 年	101.2	52516.3	55566.61	221222.8	4032.51
2004 年	103.9	59501	70477.4	254107	6099.32
2005 年	101.8	68352.6	88773.62	298755.7	8188.72
2006 年	101.5	79145.2	109998.2	345577.9	10663.44
2007 年	104.8	93571.6	137323.94	403442.21	15282.49
2008 年	105.9	114830.1	172828.4	475166.6	19460.3
2009 年	99.3	133048.2	224598.77	610224.5	23991.52
2010 年	103.3	158008	251683.77	725851.8	28473.38
2011 年	105.4	187205.8	311485.13	851590.9	31811.48
2012 年	102.6	214432.7	374694.74	974148.8	33115.89
2013 年	102.6	242842.8	446294.09	1106524.98	38213.15
2014 年	102	271896.1	512020.65	1228374.81	38430.18
2015 年	101.4	300930.8	561999.83	1392278.11	33303.62
2016 年	102	332316.3	606465.66	1550066.67	30105.17
2017 年	101.6	366261.6	641238.39	1690235.31	31399.49
2018 年	102.1	380986.9	645675	1826744.2	30727.12
2019 年	102.9	411649	560874.3	1986488.82	31079.24

数据来源：国家统计局 http：//www.stats.gov.cn/

(3)模型建立

$$CPI_t = \alpha + \beta_1 TRS_t + \beta_2 FEI_t + \beta_3 \mathrm{M2}_t + \beta_4 ER_t + \mu_t$$

其中，CPI 表示居民消费价格指数，TRS 表示社会消费品零售总额，FEI 表示新增社会固定资产投资，M2 表示广义货币供应量，ER 表示外汇储备量。

(4)实证分析

运用 Eviews(也可以使用 Matlab、Python、R、Stata、Excel 等实现)软件进行回归，结果见表 18-12。

表 18-12　通货膨胀效应分析回归结果

	Coefficients	标准误差	t Stat	P-value
C	99. 53972589	1. 622498	61. 34966	1. 99E-19
TRS	0. 000146918	0. 000141	1. 04338	0. 313297
FEI	-2. 4224E-05	1. 4E-05	-1. 73455	0. 103316
M2	-2. 35571E-05	2. 57E-05	-0. 91643	0. 37394
ER	0. 000129625	6. 48E-05	2. 00175	0. 063738

回归统计			
Multiple R	0. 534872801	Adjusted R Square	0. 095712623
R Square	0. 286088913	标准误差	1. 706986908

根据回归结果，我们可以得到通货膨胀的影响因素模型，即

$$CPI_t = 99.54 + 0.00015TRS_t - 0.00002FEI_t - 0.00002M_t + 0.00013E_t$$

从模型参数的估计结果来看，通货膨胀与 TRS 和 ER 均为正相关，与 FEI 和 M2 均为负相关。其中，M2 对通胀的效应与经济意义是相背离的，即扩大广义货币供给量理论上应当对通货膨胀有正面影响，而 TRS、FEI 和 ER 对通胀的效应符合实际经济意义。

从模型参数的检验结果来看，四个变量的系数在 5% 的显著性水平下均不显著；在 10% 的显著性水平下仅有 ER 的系数是显著的。模型整体的拟合优度只有 0. 29，拟合效果比较差。

(5)总结建议

本次对通货膨胀的定量分析可以基本证明 CPI 与供需因素的宏观经济指标之间的变动关系，但模型的显著性和整体效果还有待调整完善。在上述分析中，为了避免模型过于繁琐产生重要的多重共线性等问题，未将影响通货膨胀的其他因素，如成本因素、预期因素、汇率因素等考虑在内，读者可以根据自己的分析思路和有关计量方法将其他变量，如工业生产者采购价格指数、居住类居民消费价格指数、城镇单位平均工资等加入模型进行相应调整，从而提升模型的整体效果。

4. 在第二次世界大战后，反通货膨胀一直是世界各国的重要施政目标，有时甚至是首要施政目标。造成这样局面的经济背景是什么？

答： 二战后，反通货膨胀成为各国重要的施政目标，其经济背景是二战后通货膨胀的经常发生，并且严重影响经济的发展。

(1)通货膨胀的发生频率增加

20 世纪 40 年代到 50 年代，由于战争的影响，凯恩斯主义的廉价货币政策和赤字财政政策使货币供应量急剧增加，从而导致了战后日益严重的通货膨胀。在这样的情况下，许多国家为了稳定物价，克服通货膨胀，都采取了一定程度的紧缩政策。20 世纪 60 年代，通货膨胀率一直在 1% ~2% 之间徘徊，然而在此之后，经济开始受到高通货膨胀率的困扰。到 20 世纪 60 年代末期，通货膨胀率已经高达 5%，而到了 1974 年，通货膨胀率达到了两位数。

在 1975—1978 年期间，通货膨胀情况曾一度有所缓解，可是在 1979 年和 1980 年，通

货膨胀率又达到了 10%，随后在 1982—1990 年，通货膨胀率再次降至 5%，到了 20 世纪 90 年代末期，通货膨胀率则降至 2%。1989—1999 年这 10 年中，在拉丁美洲国家中，阿根廷、巴西和秘鲁爆发了恶性通货膨胀。通货膨胀表现为价格水平的持续升高，也导致了工人罢工，并造成了严重的经济危机和政治危机。

(2)通货膨胀对经济发展的影响巨大

在过去几十年中，以美国为代表的政策制定者已经逐渐意识到通货膨胀的社会和经济成本，并越来越关注将物价作为经济政策的目标。实际上，物价稳定越来越被当作货币政策最重要的目标。人们希望物价稳定，是因为不断上涨的物价水平(通货膨胀)引起了经济生活的不确定，有可能会阻碍经济增长。

例如，当整体价格水平变动时，商品和服务价格所传递的信息就更加难以解释，从而消费者、工商企业和政府的决策更加复杂。不仅民意调查显示了公众非常厌恶通货膨胀，而且越来越多的证据表明，通货膨胀导致较低的经济增长。价格不稳定最极端的例子是恶性通货膨胀，如前些年阿根廷、巴西和俄罗斯的例子。许多经济学家把这些国家的较低增长归因于它们的恶性通货膨胀问题。

5. 在世界各国反通货膨胀的实践中，是否可能实现或实际提出零通货膨胀率的目标?

答：在世界各国的反通货膨胀实践中，不可能实现或实际提出零通货膨胀率的目标。

货币供应的数量应以达到零通货膨胀为最佳原则，这样不胀也不缩，可保持物价稳定。但实际上，零通货膨胀率会产生一定程度的通缩效果。这是因为，不同商品之间相对的交换价值，即它们的比价总是会发生变化。零通胀率必然会有某些商品价格上升，某些商品价格下降。商品价格的上升如果是由成本上升引起，受市场需求的限制，成本上升必定快于价格；而商品价格下降如果是由市场需求的下降引起，则价格下降先于成本，也快于成本。这两种情况都可能使企业出现亏损，而一旦亏损，则可能产生债务拖欠。如亏损引起企业破产，则可能产生一连串无法解开的债务链条，在商品和货币的流通中形成堵塞，从而引起商品和货币流通速度下降。流通速度的下降会产生通货紧缩效果。所以零通货膨胀对宏观经济并非有利。

适度的通货膨胀反而有利于不同商品之间比价的调整，因为它使对商品社会需求的增长在总体上略快于商品供给的增长，使绝大多数商品的价格都可保持不降，即使是成本明显上升的商品，也会因需求拉动价格增长而不致亏损。因此可避免宏观经济出现债务链条和流通速度下降等堵塞效果。如能将年通货膨胀率控制在 3% ~5% 的范围内，不仅有利于商品价格和产业结构的调整，而且能使经济发展和就业的规模得到充分的扩大。而每年 3% ~5% 的物价涨幅对于一个经济快速增长的社会是完全能够承受的。

6. 在发达的市场经济国家，能否出现无通货膨胀的经济成长? 20 世纪 90 年代，美国在新经济的标榜之下，的确有高经济成长与近乎无通货膨胀的结合，并有无论做任何有利于经济成长的事都不会引起通货膨胀的论断。你对这一论题有何思考?

答：(1)不可能出现无通货膨胀的经济成长

无通货膨胀的经济成长，或称零通货膨胀经济成长，这只是人们的理想。在现代经济中，绝对的“零”通货膨胀率，换言之，物价水平丝毫没有波动，是极难出现的。所以这里所指的不存在通货膨胀或零通货膨胀率，实际上是用来表述极小的，如不超过 1%、2% 的通货膨胀局面。

进入 20 世纪 90 年代，美国经济的确出现了增长势头持续不败与失业率、通货膨胀率持续走低的局面。似乎进入了这样的境界：做什么有利于成长的事情也不致刺激起通货膨胀，于是不少人宣称美国零通货膨胀时代的来临。进入本世纪后，美国持续十年经济增长的中断说明零通货膨胀成长依然是一个有限的过程。

(2)美国出现高经济成长与无通胀的原因

美国出现这种理想中的局面，最主要的原因是高科技使经济增长跃上一个新的台阶。以信息化为先导的技术创新提高了劳动生产率，促成了经济结构的大调整，培育出许多新的经济增长点。这就为调节过去种种难以解决的诸如增长、就业和通货膨胀相互之间的矛盾提供了广阔的空间。

另一个解释角度是经济全球化。经济全球化为缓解各国国内的矛盾创造了前所未有的国际环境，而美国因其经济实力首先受益。

此外，宏观经济调控政策的成熟也是一种说法。但这些说法，有的不过属于政论层次，有关的实证分析则在于对经济联系深入观察所获取的新的认识；至于揭示本质联系的规范分析，终归会从新经济的实际引发而向前推进，但要假以时日。

(3)通货膨胀与经济成长的相互关系

就通货膨胀问题来说，半个世纪的发展一波三折：先是通货膨胀与就业交互替代的过程；而后高通货膨胀率、高失业率与低成长并存的滞胀；随之又有低通货膨胀率、低失业率和高成长的结合。经济生活本身提示我们，通货膨胀与经济成长的相互关系还有许多问题需要深入探讨。

7. 20 世纪末，长期处于通货膨胀压力下的中国突然陷入通货紧缩。虽然不断有大量的分析，但其成因依然是有待研究的课题。学习本课程后，你有什么见解？

答：我认为 20 世纪末中国突然陷入通货紧缩的成因大致有以下五个方面：

(1)有效需求不足

有效需求不足的原因有下列几种观点：

①生活不安说。在计划经济时代，职工受到终身雇佣及医疗、住宅、年金等多方面的保障。但随着市场经济的发展，人们经常面对失业的风险，再加上对晚年生活的担忧，为应付不测而不得不限制消费，增加储蓄。

②收入分配不平等说。近年来经济增长的成果并没有被平等分配，特别是沿海与内陆地区、城市与农村间的贫富差距拉大，两极分化现象也愈演愈烈。

③借贷说。尽管中国经济的主角正由以往的国有企业向民营企业过渡，但四大国有银行主导银行业的格局依然没有改变。其融资服务对象仍然以国有企业为中心，民营企业依旧面临许多资金困难问题，结果导致潜在的投资机会无法变成现实。政府再三指示增加为民间企业的融资服务，但由于银行拥有巨额不良贷款，借贷问题至今尚未得到解决。

(2)供给过剩

供给过剩原因有下列几种观点：

①竞争加剧说。在计划经济时代，物品匮乏，卖方市场占据主导地位。但是，随着市

场经济日益渗透，企业对消费者的需求反应敏感，物品充足的买方市场诞生了。

②劳动生产率提高说。在改革开放的推动下，中国的工业化迅速发展。特别是通过直接投资和委托加工等方式，中国获得了海外的生产和经营技术。尤其在劳动密集型产品方面，中国在国际上已拥有很强的价格竞争力。

③劳动力过剩说。由于农村地区大量剩余劳动力的存在，使得即使工业领域的劳动生产率提高，也不会引发工资上涨。同时，作为国有企业改革的一环，在大量的剩余工人被解雇的情况下，城市的失业率也居高不下。

(3)经济的结构性矛盾

经济的结构性矛盾包括供给和需求两个方面，这也决定了通货紧缩有供给结构和需求结构两方面的原因。就供给结构而言，其矛盾一方面集中在大量的低效和无效生产能力难以淘汰；另一方面是因为产业结构升级缓慢。低效和无效的生产能力不能通过市场竞争机制而淘汰，便会加剧社会总供给与总需求的矛盾，导致价格持续低迷和价格机制失灵；同时造成资源的无效占用，从而挤占优势产业和优势企业的资源，限制其规模扩张和竞争力的提高。

从需求结构看，我国经济的需求结构变化较慢，消费结构升级仍然存在很多的体制性和政策性约束。从实际消费看，新的主导型消费热点还没有正式形成，如汽车消费、住房消费等增长开始加快，但对经济增长的作用还比较有限。这些新消费热点的发展还面临相当多的体制性和政策性的限制因素，有相当大的潜力还有待不断挖掘。实际消费结构升级缓慢，必然对供大于求的市场环境形成压力，从而加剧通货紧缩。

(4)体制性因素

结构性矛盾之所以不断积累和难以解决，根本原因在于体制改革的滞后和不到位，尤其是金融体制改革滞后对通货紧缩的作用。相对宽松的货币政策之所以总是达不到预期的效果，一个重要原因就是货币传导机制出现体制性梗阻，如国有商业银行出现体制性的贷款乏力，贷款多集中于国有大企业和偏好于持有大量国债，不注意金融产品的创新，以适应贷款需求的变化，而是过于“求稳”。与此相关的，利率市场化改革缺乏实质的推动力。金融市场结构不合理，体系不完善，间接融资比例过大，风险过度集中，直接融资比重提高缓慢等。

这些不过是金融体制性问题的表象，而实质是没有建立真正市场化的商业银行体制，银行股份制改革滞后于一般的国有企业。这样的金融体制已严重不适应社会对货币和各种金融产品的需求，结果只能是货币投放了或贷款增加了，但资金却在表面循环，无法进入到实体经济中运转。实体经济资金供血不足，必然导致社会投资的萎缩，这一点再与结构性问题造成的资本回报率下降结合，构成了通货紧缩的金融体制性原因。

此外，以下体制性因素也造成或加剧了通货紧缩：

①现有税制下企业的税赋仍然相对较重，如对汽车实行10%的消费税、燃油税改革迟迟不能实施、生产环节征收增值税等；

②社会信用发育不完善使得社会的交易成本过高；

③投资体制改革滞后，限制了民间资本的成长，造成了投资的低效率和民间投资需求不足。

(5)外部性因素

东南亚金融危机，使得东南亚各国货币竞相贬值，刺激出口。而我国坚持人民币不贬值，降低了出口产品的国际竞争力，使得出口增长缓慢，减少了外国需求。日本经济衰退，欧洲经济增长缓慢，又致使我国外部需求减少并出现萎缩。

8. 已有的理论大多认定通货紧缩对经济成长极为不利。但 1998—2002 年的中国实际却是通货紧缩与高经济成长相结合。是怎样的经济条件造成了这种结合?

答: 通货紧缩并不意味着经济衰退或萧条，我国的通货紧缩实际上反映为经济增长率的适度下降或持续调整，这就是所谓的“缩长”现象，即经济适度快速增长与通货紧缩并存。

近几年来，我国经济的实际增长率持续地低于潜在增长率。尽管我们难以对潜在增长率给出准确的量化指标，但多数学者都承认每年“七上八下”的经济增长肯定大大低于潜在增长率水平，当前我国的潜在增长率水平为 9% ~10% 。经济增长持续低于潜在增长水平必然导致物价水平的持续下降。在这种情况下，经济适度快速的增长靠的是积极财政政策的有力支撑。面对中长期结构大调整的形势，凯恩斯主义的扩张型财政政策和货币政策(在我国主要体现为积极的财政政策)很大程度上就是要避免通货紧缩转化为长期萧条(包括抑制周期性衰退)。因此，经济增长的“缩长”组合是积极的宏观政策与经济结构中长期调整的必然结果。

2002 年以来，经济回升与物价持续下降的矛盾现象也说明了两点：一是当前经济增长回升不是内生性的，主要是靠强有力的宏观政策和世界经济开始复苏这些外部因素所推动；二是说明经济回升的力度不够大，不足以阻止价格的内在下降趋势。可见造成通货紧缩与高经济成长相结合的经济条件是：

(1)有效需求不足

这既反映为消费需求不足，又反映为民间投资增长缺乏内在动力。民间投资信心和内在动力不足的主要原因是：①长期性的消费需求不足和物价的持续下降，使民间投资收益的不确定性明显增加，导致民间投资的现实收益率及预期收益率下降，民间投资的积极性不高；②民间资本市场准入仍然受到体制性和政策性的壁垒限制；③民间企业的社会融资成本相对较高，融资渠道也很窄。

(2)有效资源未得到充分利用

1998—2002 年，有效资源未得到充分利用的问题相当突出，且随着经济结构调整力度的加大，使劳动力和资金资源闲置问题日益严重。

2001 年以来，社会就业压力明显增大，大量的劳动力资源得不到有效利用，这是我国经济发展所面临的最大现实矛盾。就业不足必然带来需求不足(特别是消费需求不足)和社会收入差距拉大，从而加剧通货紧缩；反过来，通货紧缩也会加剧就业不足和需求不足。近几年来，社会资金闲置明显增多，资金收益率却不断下降。主要反映为银行存贷差不断扩大，大量的储蓄无法转化为投资，这意味着资本的利用率低下，抑制有效需求增长和经济结构的调整。外汇储备的不断增加也意味着资金的大量闲置。此外，国家为外汇储备的不断增加所投放的基础货币，也更多地转化为储蓄，而不是投资，这方面造成的货币闲置估计占货币供应量的 15% 。

(3)积极的财政政策和宽松的货币政策

自 1998 年起实施的积极的财政政策效果显著，6 年累计投放了 8000 亿元的建设国债，完成的工程量约为 4 万亿元。这些特别的建设国债在投资过程中形成了需求，有力拉动了经济增长。在税收方面，政府也采取了相应的调整策略，如调整固定资产投资方向调节税，对企业设备实行投资抵免税，提高出口退税等。在货币政策方面，中央银行降低利率并辅以降低存款准备金率和鼓励贷款等政策。

9．据你分析，国际上议论颇多的世界性通货紧缩局面有没有可能出现？

答：(1)通货膨胀的内在规律

通货紧缩具有自我强化特性，首先是世界一个重要国家或地区发生危机，表现为股票市场崩溃，银行倒闭，随之商品价格迅速下跌，消费支出和投资支出减少，工资降低，失业增多，货币供应的紧缩与消费支出和投资支出的减少相互作用等，使得该国经济衰退和通货紧缩加剧。然后这一现象通过国际经济往来引起另一个国家的货币贬值，由此将通货紧缩向前推进一步。于是，另一个国家的通货贬值引起更大范围的通货紧缩，在需求缺乏弹性的条件下，大量国家的货币接连贬值，于是就可能形成了世界性通货紧缩。

(2)世界性通货紧缩的局面是可能出现的

世界性通货紧缩的开端可能是东南亚货币危机，导致 1998 年秋全球主要国家均陷入通货紧缩。东南亚货币危机及其为防止货币危机而采取的国际货币基金组织的错误政策，使得东南亚已经陷入通货紧缩。

①东南亚货币金融危机扩散到俄罗斯，结合俄罗斯脆弱的社会政治经济和国际投机商的“市场操作”，造成了俄罗斯实质性的货币金融危机。

②本已于 90 年代初陷入经济衰退的日本处于通货紧缩的关键位置，东南亚金融危机使其陷入了更深的通货紧缩和萧条中，日元大幅度贬值冲击全世界。

③澳大利亚、加拿大、拉美国家随后都进入通货紧缩状态，本来与东南亚经济走势相反的美国经济，在 1998 年也呈现出通货紧缩的迹象。

这样的态势再结合世界经济增长率 1998 年将下降到 2% 左右，和国际商品市场价格仍处于普遍持续下跌，以及全球性生产过剩态势的增强，这都表明世界性通货紧缩到 1998 年 8 月份已成为现实。

注：关于世界性通货紧缩的详细情况，读者可以参阅杜厚文、黄泰岩的主编的《通货紧缩下的经济增长》(经济科学出版社，2002 年 12 月)和陈岩的《正视世界性的通货紧缩》(中国证券报，1998 年 10 月 6 日)。

第19章　货币政策

19.1　复习笔记

【知识框架(庖丁解牛)】

- 货币政策
  - 货币政策及其目标
    - 货币政策的概念与内容
    - 货币政策的目标：单目标与多目标
    - 我国关于货币政策目标选择的观点
    - “双支柱”调控框架
    - 与货币政策相关的几个问题
  - 货币政策工具
    - 一般性货币政策工具
    - 选择性货币政策工具
    - 直接信用控制
    - 间接信用控制
  - 货币政策的传导机制和中介指标
    - 货币政策传导机制
    - 货币政策中介指标
  - 货币政策效应
    - 影响货币政策效应的因素
    - 货币政策效应的衡量
    - 对治理通货膨胀与治理通货紧缩所起的作用迥然有别
    - 必须有其他金融政策的配合

【考点难点归纳(厚积薄发)】

考点一：货币政策及其目标　★★★

1. 货币政策的概念与内容(见表19-1)

表19-1　货币政策的概念与内容

要点	具体内容
概念	①狭义的货币政策是指中央银行为实现给定的经济目标，运用各种货币政策工具调节货币供应量和利率所采取的方针和措施的总和。 ②广义的货币政策包括政府、中央银行和其他有关部门所有关于货币方面的规定和所采取的影响货币供应量的一切措施和方针
内容	货币政策包括政策目标、实现目标所运用的政策工具以及预期达到的政策效果三个方面的内容。此外，在这个过程中，还存在着中介指标和政策传导机制等作用环节

续表

要点	具体内容
货币政策与金融政策的关系	货币政策是金融政策的核心。除货币政策外，金融政策还包括外汇政策、信贷政策、支付清算政策以及与证券市场、保险市场和金融子市场相关的政策及法规等

【例 19.1】货币政策[厦门大学 2013 金融硕士；武汉理工大学 2007 研]

答： 货币政策指货币当局为实现一定的宏观经济目标而采取的各种有关控制和调节货币供应量或信用的方针、政策和措施，包括宏观经济最终目标、政策工具、操作目标、中介目标(中间目标)及货币政策操作技巧的总和。

货币政策按其执行主体的不同范围，有广义与狭义之分。广义的货币政策，是指政府、中央银行以及宏观经济部门制定的所有与货币相关的各种规定，以及采取的一系列影响货币数量和货币收支的措施的总和。而狭义的货币政策，即现代通常意义的货币政策所涵盖的范围则限定在中央银行行为方面，指中央银行为实现既定的目标，运用各种工具调节货币供应量，进而影响宏观经济运行的各种方针、措施。

在现代经济社会，市场经济运行始终与货币流通和资金运动紧密结合在一起，货币关系和信用关系覆盖整个社会，其中包括货币流通状况、货币供应与信用总量增长速度，以及结构比例等，对各项经济活动和整体经济运行具有决定性影响。以调控货币流通、货币供应和信用规模为中心内容的货币政策对经济的作用是总体性的和全方位的，突出表现为：①通过调控货币供应总量，保持社会总供给与社会总需求的平衡；②通过调控利率和货币总量控制通货膨胀，保持物价总水平的稳定；③调节国民收入中消费与储蓄的比重，引导储蓄向投资转化，并实现资源的合理配置，促进经济增长。

2. 货币政策的目标：单目标与多目标

货币政策的目标因时因地而异。有些国家的货币政策是追求多项目标的，最多的包括经济增长、充分就业、稳定物价和国际收支平衡；有的则是明确突出稳定币值(包括稳定汇率)这一个目标。前者称为多目标，后者则称为单目标。

IMF 和其他国际金融组织都是强调货币政策稳定币值这一单目标。

3. 我国关于货币政策目标选择的观点

《中国人民银行法》规定，我国的货币政策目标为："保持货币币值的稳定，并以此促进经济增长"。在"稳定"与"增长"之间，既有先后之序，又有主次之分。

我国专家学者关于货币政策目标的讨论有多种观点，如单一目标论、双重目标论、多重目标论等。

(1)单一目标观点

一种观点认为货币政策的唯一目标是物价稳定，这是实现经济增长的前提；另一种观点认为货币政策的唯一目标是经济稳定增长，在此基础上实现物价稳定。

(2)双重目标观点

这种观点认为，货币政策的最终目标不应该是单一的，而应该兼顾稳定物价和经济增长两个目标。

(3)多重目标观点

这种观点认为，我国的货币政策目标应当是多元的，必须包括充分就业、国际收支均衡、经济增长、稳定物价等诸方面。

2007 年 11 月 5 日，中国人民银行指出我国的货币政策要坚持多目标，中央银行制定货币政策要兼顾多个重要经济参数变量。

4. “双支柱”调控框架

(1)“双支柱”调控框架的含义

2017 年，党的十九大报告提出了“健全货币政策和宏观审慎政策双支柱调控框架”，即“双支柱”调控框架，旨在通过货币政策与宏观审慎政策的相互配合，同时兼顾币值稳定和金融稳定的双重目标。2019 年 2 月，相关机构规定在中国人民银行设立宏观审慎管理局，这标志着我国开始构建由中国人民银行统筹协调货币政策和宏观审慎政策的金融宏观调控体系。

(2)宏观审慎政策与货币政策的不同点(见表 19-2)

表 19-2　宏观审慎政策与货币政策的不同点

不同点	宏观审慎政策	货币政策
目标不同	以维护金融稳定和防范系统性风险为目标	以币值稳定和促进经济增长为目标
用途不同	主要针对加杠杆行为	主要用于调节总需求
工具不同	主要调整资本要求、杠杆水平等	以利率作为工具
传导途径不同	主要通过资产价格渠道进行传导	通过利率、信贷、汇率等进行传导

5. 与货币政策相关的几个问题

(1)对“稳定”的诠释

如果只把稳定币值作为绝对唯一的、排他性的目标，那么必须与实际相联系，运用实证分析来确定允许的波动幅度，即与较好的成长或就业状态相匹配，通货膨胀率不超过某一波动幅度等等。

也就是说，即使强调单目标，在阐述货币政策时，都不应该忽视稳定目标与经济全局的联系。

(2)对目标不应做过分机械的论证

现代货币政策的实践说明，稳定币值是各个国家在各个时期的货币政策中不可或缺的一个目标，但方针有所不同：①力求保持币值的稳定；②维持低通货膨胀率；③将经济增长和就业摆在首位，等等。

(3)稳定国内物价与稳定汇率的关系

“稳定币值”包括两个方面：稳定物价和稳定汇率，二者不能同时兼顾，需要结合经济形势确定实施的重点。

(4)通货膨胀目标制

通货膨胀目标制是指，一国将控制通货膨胀作为货币政策的首要或唯一目标，要求货币当局预测未来通货膨胀的趋势，并提前实施相应的政策将通货膨胀率控制在预定范围内，从而实现长期的价格稳定。

通货膨胀目标制增加了货币政策的透明度，提高了货币政策的可信度。

由于准确预测通货膨胀率的难度较大，货币政策的时滞性和经济冲击均会对价格产生一定的影响，因此，通货膨胀目标制国家允许在短期内偏离长期通货膨胀目标，但是中央银行必须做出相应的解释。

(5)货币政策与资本市场

一些学者要求货币当局应对资本市场的运行负有干预的责任，即应采取利率、信贷等措施对资产价格或资本市场进行干预。而货币当局对这种主张明确持反对立场。货币当局认为其职责是控制通货膨胀率和失业率，为了执行货币政策，而不能对资本市场的走势进行干预。

资本市场的态势作用于货币政策所要调控的目标的过程：

资产价格→财富效应→支出效应→货币需求→货币供给→通货膨胀压力、失业压力→货币政策做出反应

同时，货币政策决策的依据和追求的目标必须是可以把握和度量的经济过程，但是由于资本市场的变动幅度过大且缺乏可操作性，因此不适合作为货币政策的目标。但是在非常情况之下，中央银行也会采取紧急措施，以保证资本市场不至陷入崩盘境地。

(6)相机抉择与规则

①相机抉择，也就是"逆风向"调节的"反周期货币政策"，是指经济趋热时，相应紧缩；经济趋冷时，相应扩张的政策模式。

②货币主义主张货币政策应该遵循固定的货币增长率的规则，也就是"单一规则"，或简称为"规则"，以区别于"相机抉择"。

此后，理性预期学派认为，公众是依据自己的预期来采取相应行动，这会使政策不能实现预定的目标。这就是有名的政策无效命题。

目前，货币当局认为有必要针对不同的经济形势相机调节自己的政策措施，但要求这样的"相机抉择"应有"规则"；今天所称"规则"也非单一的固定货币增长率规则，而是认为在各个方面的决策中均应遵循规则——包括"相机抉择"的"规则"。

"泰勒规则"更能说明"规则"的含义。泰勒规则的一般表达式是：

$$r = p + r^* + \alpha(p - p^*) + \beta y$$

式中，p 为通货膨胀率；r^* 为均衡的实际联邦基金利率；$(p - p^*)$ 为通货膨胀缺口；y 为产出缺口；α 和 β 分别为通货膨胀缺口和产出缺口的权重(一般采用1/2)。

【例19.2】相机抉择[武汉大学2016金融硕士；南开大学2012金融硕士]

答：相机抉择是政府进行需求管理时根据市场情况和各项调节措施的特点，机动灵活地采取一种或几种措施，使财政政策和货币政策相互搭配。根据宏观财政政策和宏观货币政策在决策速度、作用速度、预测的可靠程度和中立程度这四方面的差异，相机抉择一般具有三种搭配方式：①松的财政政策与松的货币政策相搭配；②紧的财政政策与紧的货币政策搭配；③松的财政政策与紧的货币政策搭配或紧的财政政策与松的货币政策搭配。实行相机抉择的目的在于既保持总需求，又不引起较高的通货膨胀率。一般要求逆风向行事，经济衰退时实行扩张政策，经济过热时实行紧缩政策。这是凯恩斯学派的政策主张。

【例 19.3】20 世纪 90 年代的“泰勒规则”刻画了现代货币政策的反应机制，其主要内容是什么？[中国人民大学 2017 金融硕士]

答：泰勒(Taylor)规则是常用的简单货币政策规则之一，由泰勒于 1993 年针对美国的实际数据提出。泰勒规则描述了短期利率如何针对通胀率和产出变化进行调整的准则，其从形式上看来非常简单，但对后来的货币政策规则研究具有深远的影响。泰勒规则启发了货币政策的前瞻性。如果中央银行采用泰勒规则，货币政策的抉择实际上就具有了一种预承诺机制，从而可以解决货币政策决策的时间不一致问题。只有在利率完全市场化的国家才有条件采用泰勒规则。

“泰勒规则”论证了美联储联邦基金利率的确定应取决于四个因素：一是当前的通货膨胀率；二是均衡实际利率；三是现实的通货膨胀率与目标通货膨胀率之差；四是现实的 GDP 产出与潜在 GDP 产出之差。一般方程是：$r=p+r^{*}+\alpha(p-p^{*})+\beta y$，式中 r 为联邦基金利率；p 为通货膨胀率；r^{*} 为均衡的实际联邦基金利率；$(p-p^{*})$ 为通货膨胀缺口；y 为产出缺口；α 和 β 分别为通货膨胀缺口和产出缺口的权重(一般采用 1/2)。

泰勒规则的大致思路是：①存在通货膨胀，则联邦基金利率的基准利率应是均衡利率加上通货膨胀率。②如果现实的通货膨胀率高于目标通货膨胀率，那么联邦基金利率应从基准利率相应调高，以抑制通货膨胀；反之，则应从基准利率相应调减。③现实产出高于潜在产出，说明经济偏热，联邦基金利率应从基准利率相应调高，以抑制过热；反之，则应从基准利率相应调整，以促成可能的潜在产出得以实现。

(7)货币政策与中央银行的独立性

中央银行的独立性是指赋予中央银行在货币政策领域以独立决策的权限，这有利于货币政策的制定和实行。这种独立性是相对独立，而不是绝对独立。

中央银行的独立性具体表现为：①政府应当充分尊重中央银行在货币政策方面如何贯彻国家的大政方针的建议；②在货币政策的原则性要求已经确定之下，政府应避免干预具体实施的决策和具体的操作过程。

【例 19.4】中央银行的独立性集中反映在中央银行与(　　)的关系上。[清华大学 2016 金融硕士]

A. 财政　　B. 政府　　C. 商业银行　　D. 其他监管部门

【解析】在市场经济体制下，中央银行的独立性问题就是指在货币政策的决策和运作方面，中央银行由法律赋予或实际拥有的自主程度。独立性问题集中地反映在中央银行与政府的关系上。如何处理这种关系，可概括为两点：①中央银行应对政府保持独立性；②中央银行对政府的独立性总是相对的。

【答案】B

考点二：货币政策工具 ★★★★★

1. 一般性货币政策工具

(1)公开市场业务(见表 19-3)

表19-3 公开市场业务

要点	具体内容
含义	公开市场业务是指货币当局在金融市场上公开买卖财政部或政府机构的证券，特别是短期国库券，以影响基础货币的行为
作用机制	中央银行通过买卖债券可以改变流通中现金或银行的准备金，使基础货币发生变化。不过，是通货还是准备金发生变化以及两者变化的不同比例都将导致不同的乘数效应，从而货币供给量变化的规模也有所不同
优点	①中央银行能够运用公开市场业务，影响商业银行准备金，从而对货币供应量产生直接影响。 ②中央银行能够随时根据金融市场的变化，进行经常性、连续性的操作。 ③中央银行可以主动出击。 ④可以对货币供应量进行微调
作用条件	①需要一个具有较大深度、广度的发达的金融市场，并且短期国库券数量必须达到一定的规模。 ②必须与其他政策工具相配合

（2）贴现政策（见表19-4）

表19-4 贴现政策

要点	具体内容
含义	贴现政策是指货币当局或中央银行通过改变再贴现率来影响贷款规模和基础货币量的政策，一般包括对再贴现率进行调整和规定向中央银行申请再贴现的资格两个方面的内容。前者着眼于短期，也就是中央银行根据市场上资金的供求状况，随时对有关利率进行调整，从而影响商业银行借入资金的成本，改变资金需求，进而改变货币供应量。后者着眼于长期，是对再贴现的票据及有关贷款融资的种类和申请机构加以规定，从而改变资金的流向
作用机制	贴现率提高会增加商业银行从中央银行借款的成本，从而使得贷款规模缩减；贴现率下降，则降低了商业银行从中央银行的借款成本，使得商业银行贷款规模扩大
政策效果	①再贴现率的变动在一定程度上反映了中央银行的政策意向，具有告示效应，而且对短期市场利率起着导向作用。 ②通过影响商业银行借入资金的成本和超额准备金来对商业银行的融资决策产生影响
局限性	①中央银行没有足够的主动权，甚至市场变化的走向有可能违背其政策意愿。如果商业银行不依赖于从中央银行融资而通过其他途径筹措资金，那么中央银行就不能有效地控制货币供应量。 ②利率高低有限度。经济高速增长时，利率多高都难以遏制商业银行向中央银行进行再贴现或借款；而经济下滑时，利率多低都难以调动商业银行向中央银行再贴现或借款的积极性。 ③贴现率和有关利率的频繁调整会引起市场利率的经常波动

（3）法定准备金率（见表19-5）

表19-5 法定准备金率

要点	具体内容
含义	法定准备金率政策是指中央银行强制性地要求商业银行等存款金融机构按照规定的法定存款准备金率对其存款计提并上缴存款准备金

续表

要点	具体内容
作用机制	当货币当局提高法定准备金率时，商业银行的超额准备金就会转化为法定准备金，使得商业银行的放款能力降低、货币乘数变小，货币供应相应收缩；反之则会扩大货币供应量
政策效果	①法定准备金率通过货币乘数影响货币供给，因此即使准备金率调整的幅度很小，也会引起货币供应量的巨大波动。 ②法定存款准备金率在很大程度上限制了商业银行体系创造派生存款的能力。 ③即使商业银行等存款机构持有一定量的超额准备金，法定存款准备金的调整也会产生效果
局限性	①效果较强烈，不适合作为日常的货币政策操作工具。 ②对整个经济和社会心理预期都会产生显著的影响，使得它有了固定化的倾向。 ③对各类银行和不同种类的存款的影响具有差异，导致货币政策实现的效果不易把握

【例 19.5】公开市场操作［中国人民大学 2018 金融硕士］

答：公开市场操作是指中央银行在金融市场上买进或卖出有价证券以改变商业银行等存款性金融机构的准备金数量，进而影响货币供应量和利率，实现货币政策目标的一种政策措施。公开市场操作在金融市场发达的国家极为重要，也是最常用的货币政策工具。公开市场操作主要是通过影响商业银行体系的自有准备金来进一步影响商业银行信贷量的扩大和收缩，进而影响货币供应量的变动。同时，通过货币供应量的变动，来影响市场利率水平和其他经济变量。

【例 19.6】在一般性货币政策工具中，再贴现政策对中央银行而言具有较强的主动性。（　　）［中央财经大学 2015 金融硕士］

【解析】再贴现政策存在一定的局限性：主动权并非只在中央银行，甚至市场的变化可能违背中央银行的政策意愿。因为商业银行是否申请再贴现或再贴现多少，取决于商业银行的行为，由商业银行自主判断和选择。

【答案】×

【例 19.7】以下哪一选项不属于货币政策的三大传统工具？（　　）［清华大学 2015 金融硕士；厦门大学 2012 金融硕士］

A. 法定存款准备金率调整　　B. 再贴现率调整

C. 窗口劝导　　D. 公开市场操作

【解析】货币政策的三大传统工具包括：法定存款准备金率、再贴现以及公开市场业务。C 项，窗口指导属于选择性货币政策工具。

【答案】C

【例 19.8】公开市场业务是通过增减商业银行借款成本来调控基础货币的。（　　）［中央财经大学 2015 金融硕士］

【解析】公开市场业务是指中央银行在金融市场上公开买卖有价证券，以此来调节金融机构的准备金和基础货币，进而影响市场利率和货币量的政策行为。再贴现业务是通过增减商业银行借款成本来调控基础货币的。

【答案】×

2. 选择性货币政策工具(见表19-6)

表19-6 选择性货币政策工具

工具	含义
消费者信用控制	消费者信用控制是指中央银行对不动产以外的各种耐用消费品的销售融资予以控制，从而对消费需求和物价产生影响。其主要内容包括：①对分期付款购买耐用消费品时第一次付款的最低金额进行规定。②对用消费信贷购买商品的最长期限进行规定。③对可用消费信贷购买的耐用消费品种类以及相应的信贷条件进行规定，等等
证券市场的信用控制	证券市场信用控制是中央银行对与证券交易有关的各种贷款进行限制，其目的在于抑制过度的投机。如规定一定比例的证券保证金率，并可随时进行调整
不动产信用控制	不动产信用控制是指中央银行对金融机构在房地产放款方面进行限制，其目的在于抑制房地产的过度投机。如对金融机构的房地产贷款规定最高限额、最长期限，并对首次付款和分摊还款的最低金额加以规定等
优惠利率	优惠利率是指中央银行对国家重点发展的经济部门或产业，规定较低的贷款利率以支持其发展的政策措施
预缴进口保证金	预缴进口保证金是指中央银行要求进口商预先缴纳相当于进口商品总值一定比例的存款，其目的在于抑制进口的过快增长，多为国际收支经常出现赤字的国家所采用

3. 直接信用控制

直接信用控制是指以行政命令或其他方式从质和量两个方面直接对金融机构，尤其是商业银行的信用活动所进行的控制，包括存贷款最高利率限制、信用配额、流动性比率和直接干预等，具体内容见表19-7。

表19-7 直接信用控制

工具	含义
存贷款最高利率限制	规定存贷款最高利率限制是中央银行最常用的直接信用管制工具。采取此种方式的目的是防止银行用抬高利率的办法竞相吸收存款和为谋取高利而进行高风险存贷
信用配额	信用配额指中央银行根据金融市场的供求状况和经济发展的客观需要，通过对各个商业银行的信用规模加以分配和控制的方式来实现其对整个信用规模的控制
流动性比率	流动性比率是指流动资产对存款的比重，一般与收益率成反比。为了达到中央银行所规定的流动性标准，商业银行必须采取缩减长期放款、扩大短期放款并且增加持有易于变现的资产等措施
直接干预	直接干预是指中央银行直接对商业银行的信贷业务、放款范围等进行直接干预。如对业务经营不当的商业银行拒绝再贴现或采取高于一般利率的惩罚性利率、直接干预商业银行吸收存款等

4. 间接信用控制

间接信用控制，是指中央银行通过道义劝告、窗口指导等办法对商业银行的信用创造进行间接的影响，具体手段及含义见表19-8。

表 19-8 间接信用控制

要点	具体内容
道义劝告	道义劝告，指的是中央银行利用其声望和地位，发出通告、指示或与各金融机构的负责人进行面谈的方式，劝告商业银行和其他金融机构遵守政府政策并自动采取贯彻政策的相应措施
窗口指导	窗口指导是指中央银行根据产业行情、物价趋势以及金融市场动向，规定商业银行每季度贷款的增减额，并要求商业银行执行。若商业银行不按规定执行，中央银行可削减向该银行贷款的额度，甚至采取停止提供信用等制裁措施。因此，虽然窗口指导没有法律约束力，但其作用有时也很大
作用局限	间接信用指导较为灵活。但是只有中央银行在金融体系中有较强的地位、较高的威望并且拥有控制信用的足够的法律权力和手段时，间接信用指导才会起作用

【例 19.9】窗口指导［中央财经大学 2014 金融硕士］

答：窗口指导是中央银行选择性的货币政策工具，中央银行根据产业行情、物价趋势和金融市场动向，规定商业银行每季度贷款的增减额，并要求其执行。如果商业银行不按规定的增减额对产业部门贷款，中央银行可削减向该银行贷款的额度，甚至采取停止提供信用等制裁措施。虽然窗口指导没有法律约束力，但其作用有时也很大。

考点三：货币政策的传导机制和中介指标 ★★★

1. 货币政策传导机制

货币政策的传导机制是指从实施货币政策工具到实现预期的货币政策目标的过程中，所触发的一系列变化的机制。

（1）凯恩斯学派的货币政策传导机制理论

思路：通过货币供给 M 的变化影响利率 r，利率的变化则通过资本边际效益的影响使投资 I 以乘数方式变化，而投资的变化进而使得总支出 E 和总收入 Y 发生变化。用符号可表示为：$M \to r \to I \to E \to Y$。

这个过程中的主要环节是利率：货币供给的变化首先使得利率发生变化，然后才使投资乃至总支出发生变化。

上述分析，凯恩斯学派称之为局部均衡分析，因为它只显示了货币市场对商品市场的初始影响，而没有反映它们之间循环往复的作用。由于货币市场与商品市场具有一定的相互作用，因此有进一步的一般均衡分析：

①货币供给增加，产出水平不变，会导致利率相应下降；利率下降刺激投资增加，并引起总支出增加，总需求的增加推动产出上升。与原来的分析一致。

②产出上升，导致货币需求增加；如果中央银行没有增加货币供给，货币供求的对比就会使得下降的利率回升。这是商品市场对货币市场所产生的作用。

③利率回升，使总需求减少，产量下降；产量下降进一步导致货币需求下降，利率又会回落。这是一个往复不断的过程。

④产出和利率最终会逼近一个同时满足货币市场供求和商品市场供求两方面要求的均衡点。在这个点上，利率可能比原来的均衡水平低，而产出量比原来的均衡水平高。

凯恩斯学派还不断对货币供给到利率之间和利率到投资之间的更具体的传导机制以及

一些约束条件进行补充。但不论有何进展，凯恩斯学派传导机制理论的特点是对利率这一环节的特别重视。

(2)托宾的 q 理论

以托宾为首的经济学家沿着一般均衡分析的思路，把资产价格纳入传导机制，认为沟通货币、金融机构一方与实体经济一方之间的联系的并不是货币数量或利率，而是资产价格以及利率结构等因素。

传导的过程是：货币作为起点，对资产价格 P_E 产生直接或间接的影响；资产价格，主要是股票价格，它与资本重置成本的比值 q，将影响投资行为，进而影响实体经济和产出。过程可以表示为：$M \to r \to P_E \to q \to I \to Y$。

P_E 为股票价格；其他符号同上。

【例 19.10】根据托宾的 q 理论，企业在下列哪一情况下会增加投资？（　　）［南京大学 2012 金融硕士］

A. 企业资产的市场价值超过企业资产的重置价值

B. 企业资产的重置价值超过企业资产的市场价值

C. 企业资产的市场价值超过企业金融资产的面值

D. 企业金融资产的市场价值超过企业资产的面值

【解析】托宾 q 理论中的 q 表示企业的市场价值与其资产的重置成本之比。托宾认为，当 $q>1$ 时，即当资本的市场价值大于其重置成本时，购买新生产的资本产品更有利，这会增加投资的需求；反之，会减少投资的需求。

【答案】A

(3)货币学派的货币政策传导机制理论

货币学派认为，在传导机制中起重要作用的不是利率；具有直接效果的是货币供应量。货币学派论证的传导机制表示为：$M \to E \to I \to Y$。

$M \to E$ 表示货币供给量的变化直接影响支出。

当作为外生变量的货币供给改变，比如增大，由于货币需求并不会因外生变量的增大而增大，超过愿意持有的货币必然使支出增加：或投资于金融资产，或投资于非金融资产，直至对人力资本进行投资。支出导致资产结构调整，并最终引起 Y 的变动。

(4)信贷传导机制理论

信贷传导机制理论强调信贷传导有其独立性，不能由利率传导、货币数量传导的分析所代替。该理论分析主要侧重于紧缩效应。

①银行信贷传导机制理论。该理论认为，银行贷款不能全然由其他融资形式，如有价证券发行所替代。小企业和普通消费者的融资需求只能通过银行贷款来满足。因此，通过影响银行贷款的增减变化就能对总支出产生影响。

假设中央银行决定实施紧缩性的货币政策，在公开市场卖出债券，商业银行可用的准备金 R 就会相应减少，从而通过乘数作用使得存款货币 D 的创造成倍减少，在其他条件不变时，银行贷款 L 的供给也不得不同时削减。结果，使得那些依赖银行贷款进行融资的特定借款人必须减少投资和消费，最终导致总支出下降。过程可以表述为：公开市场的紧缩操作→R→D→L→I→Y。

全过程的特点是不必通过利率机制。

②资产负债表渠道的研究。该理论认为，货币供给量的减少和利率的上升，将影响借款人的资产状况，导致其净现金流的减少；利率的上升使得股价下降，从而恶化其资产状况，降低了可用作借款担保品的价值。这种种情况，会使银行减少贷款投放。同时，这增加了一部分资产状况恶化和资信状况不佳的借款人从银行获得贷款的难度，也使得其难以从金融市场直接进行融资。最终导致投资与产出的下降。过程可以表述为：$M \to r \to P_E \to NCF \to H \to L \to I \to Y$，式中，$NCF$ 为净现金流；H 为逆向选择和道德风险；其他符号同上。

(5)财富传导机制

资本市场的财富效应及其对产出的影响可以表述为：$P_E \to W \to C \to Y$，式中，W 为财富；C 为消费。

要把它确定为货币政策的传导机制，必须使 $M \to P_E$ 以及 $M \to r \to P_E$ 的确定性得到论证。

货币供给和利率会作用于资本市场是毫无疑问的。但是，货币当局通过对货币供给和利率的操作，会有多大程度的确定性取得调节资本市场行情特别是股票价格的效果，尚未得到论证。

(6)开放经济下的货币传导机制

净出口是在开放经济条件下的总需求的一个重要组成部分。货币政策可以通过影响国际资本流动，使汇率发生变化，并在一定的贸易条件下对净出口产生影响。这样的机制可以描述为：$M \to r \to r_e \to NX \to Y$，式中，$r_e$ 为汇率；NX 为净出口；其他符号同上。

2. 货币政策中介指标

从货币政策工具运用到货币政策最终目标实现之间有较长时间的作用过程。为了及时了解政策工具是否得力，估计最终目标能否实现，需要设置中介指标。

(1)货币政策中介指标的选择(见表 19-9)

表 19-9　货币政策中介指标的选择

要点	具体内容
选择标准	①可控性。即是否易于为货币当局所控制。 ②可测性。可测性的含义包括：a. 中央银行能够迅速获取有关中介指标的准确数据；b. 中介指标有较明确的定义并便于观察、分析和监测。 ③相关性。相关性要求中介指标与货币政策最终目标之间要有密切的、稳定的和统计数量上的联系。 ④抗干扰性。货币政策在实施过程中常会受到许多因素的干扰。因此，为了达到货币政策的最终目标，需要选取那些受干扰程度较低的中介指标。 ⑤与经济体制、金融体制有较好的适应性。经济及金融环境不同，会导致中央银行采用的政策工具不同，选择的中介指标也必然有区别
中介指标	利率、货币供应量、超额准备金和基础货币等
分类	①近期指标，即中央银行对它的控制力较强，但离政策目标较远； ②远期指标，即中央银行对它的控制力较弱，但离政策目标较近

(2)利率指标

利率作为中介目标，其可控性、可测性和相关性均比较理想，但抗干扰性不理想，这是因为作为内生经济变量，利率变动是顺循环的；然而作为政策变量，利率与总需求也是同向变动的。这样，货币政策和市场因素对利率的作用效果是叠加的，当利率发生变动时，中央银行往往很难判断这一变化多少是货币政策的作用效果，多少是市场因素作用的结果，对货币政策的松紧也就无从掌握。

【例 19.11】利率作为货币政策中介指标有何优缺点? ［东北财经大学 2014 金融硕士］

答: 以利率作为中介指标，就是要通过政策工具来调节、监控市场利率水平，使其达到中央银行的期望值。具体操作是根据经济金融环境和金融市场状况提出预期理想的市场基准利率水平，若偏离这一水平，中央银行就要进行调节。如果现实利率水平低于预期理想水平，那这意味着货币供给大于货币需求，货币供给过多，中央银行可用缩减货币供给的方法使利率升至预期理想水平；反之，中央银行可用增大货币供给的方法使利率降至预期理想水平。

利率作为货币政策中介指标的优缺点如下：

(1)利率作为货币政策中介指标的优点

①可控性强。中央银行可直接控制对金融机构融资的利率，而通过公开市场业务或再贴现政策，也能调节市场利率的走向。

②可测性强。中央银行在任何时候都能观察到市场利率的水平及结构。

③货币当局能够通过利率影响投资和消费支出，从而调节总供求。

(2)利率作为货币政策中介指标的缺点

作为内生经济变量，利率的变动是顺循环的：经济繁荣时，利率因信贷需求增加而上升；经济停滞时，利率随信贷需求减少而下降。然而，作为政策变量，利率与总需求也应沿同一方向变动：经济过热，应提高利率；经济疲软，应降低利率。也就是，利率作为内生变量和作为政策变量往往很难区分。在这种情况下，中央银行很难判明自己的政策操作是否已经达到了预期目的。

(3)利率走廊

利率走廊是中央银行为了控制短期利率波动而设置的操作框架，具体表现为：围绕中央银行的目标利率，在贷款便利工具利率与存款便利工具利率之间形成一条“走廊”，走廊的上限是中央银行对商业银行提供贷款的利率，下限是商业银行在中央银行存款的利率，处于中间是商业银行同业拆借利率。中央银行可以借助这种机制将市场利率控制在期望的水平之内。

目前，我国利率走廊操作的基本框架为：目标利率是 DR007(以存款类金融机构利率债为抵押的 7 天回购利率)，利率上限是中央银行的常备借贷便利利率，利率下限是中央银行的超额准备金利率。

(4)货币供给量

货币供给量作为中介目标，不管是 M0、M1、M2，均满足可测性和可控性。作为内生变量，货币供给量的变动是顺循环的，而作为政策变量则是逆循环的，因此，政策性影响与非政策性影响不会相互混淆，抗干扰性也符合要求。但是对哪一层次的货币供给量更能代表一定时期的社会总需求和购买力，从而表现出与最终目标有着更强的相关性则有不同的见解。

(5)超额准备金与基础货币

超额准备金直接决定了商业银行的资产业务规模。但是由于超额准备金取决于商业银行的意愿和财务状况，不易为货币当局测度、控制，所以不适合作为中介指标。

基础货币等于流通中的现金和商业银行的存款准备金的总和，是货币供应量倍数伸缩的基础。它可满足可测性和可控性的要求，不少国家把它视为较理想的近期指标。

西方货币政策通过中介指标的操作，如图 19-1 所示。

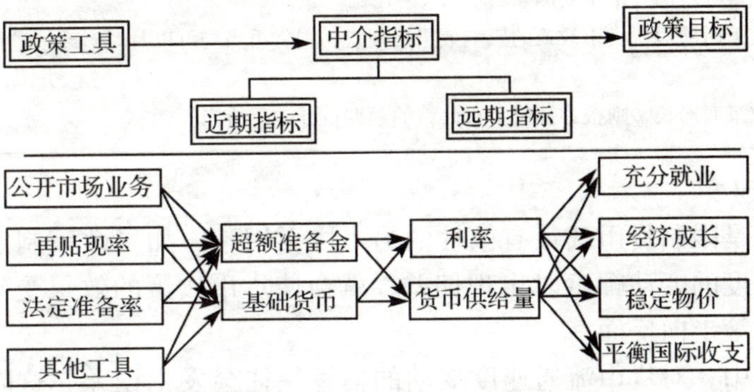

图 19-1　西方货币政策通过中介指标的操作图示

【例 19.12】属于货币政策远期中介目标的是(　　)。[暨南大学 2011 金融硕士]

A. 汇率　　B. 利率　　C. 基础货币　　D. 超额准备金

【解析】利率和货币供应量两种指标一般视为远期指标。这类中介指标离货币政策最终目标较近。但中央银行对这些指标的控制力弱于像超额准备和基础货币这样的短期指标。

【答案】B

考点四：货币政策效应 ★★★★★

1. 影响货币政策效应的因素

(1)货币政策的时滞(见表 19-10)

表 19-10　货币政策的时滞

<table>
<tr><th>要点</th><th colspan="3">具体内容</th></tr>
<tr><td>含义</td><td colspan="3">货币政策时滞是指货币政策从研究、制定到实施后发挥实际效果的全部时间过程</td></tr>
<tr><td rowspan="3">构成</td><td rowspan="3">内部时滞</td><td>含义</td><td>内部时滞是指从政策制定到货币当局采取行动所需的时间</td></tr>
<tr><td>阶段</td><td>内部时滞可分为认识时滞和行动时滞两个阶段：
①认识时滞是指从形势变化需要货币当局认识到需要采取行动的时间距离；
②行动时滞是指从货币当局认识到需要采取行动到实际采取行动这段时间</td></tr>
<tr><td>影响因素</td><td>货币当局对经济形势的预见能力、制定对策的效率和行动的决心等</td></tr>
</table>

续表

要点	具体内容		
构成	外部时滞	含义	外部时滞又称影响时滞，指从货币当局实际采取行动到对政策目标产生影响所需的时间
		阶段	外部时滞可分为操作时滞和市场时滞两个阶段： ①操作时滞是指从调整政策工具到对中介目标发生作用的时间； ②市场时滞是指从中介目标发生反应到其对最终目标产生作用所需要的时间
		影响因素	客观的经济和金融条件
影响	时滞是影响政策效应的一个重要因素： ①如果货币政策时滞短，货币政策的影响效果出现快，则货币当局可以及时对政策进行调整，从而更好地实现预期目标； ②如果货币政策时滞长，则很难证明货币政策的预期目标是否恰当		

(2)货币流通速度

货币流通速度是限制货币政策有效性的另一主要因素。如果政策制定者未能预料到或在估算货币流通速度的变动幅度时出现偏差，就会使货币政策的效果受到严重影响，甚至会使本来正确的政策走向反面。

但在实际生活中，对货币流通速度变动的估算往往会发生误差，这限制了货币政策的有效性。

(3)微观主体预期的抵消作用

当一项货币政策提出时，微观经济主体会立即根据其所能获得的各种信息进行预测，并很快地做出对策。面对微观主体的对策，货币政策可能无效。

因此，只有在政策的取向和力度没有为公众知晓的情况下才能取得更好的效果。即使当局采取非常规的货币政策，终究也会落在人们的预期之内。但公众的预测即使非常准确，实施对策很快，其效应的发挥也需要一个过程，所以政策仍可奏效，只是效应会减弱。

(4)透明度和公信力

货币政策决策的透明度也是政策发挥的至关重要的因素。如果决策过程不透明，就难以树立公众对货币当局的信任，也就加大了公众领会决策者的行为准则和意向的难度。

(5)其他经济政治因素

①客观经济条件变化。货币政策出台后，如果生产和流通领域出现某些预想不到的情况，而货币政策又难以及时对其做出相应的调整时，就可能导致货币政策效果下降甚至失效。

②政治因素。由于任何一项货币政策方案的贯彻，都可能给经济社会各种参与者的利益带来一定的影响。这些主体如果在自己利益受损时做出较强烈的反应，就会形成政治压力，当压力足够大时，就会迫使货币政策进行调整。

2. 货币政策效应的衡量

衡量货币政策效应主要包括两个方面：①发挥效力的快慢；②发挥效力的大小。后者一般着眼于货币政策所取得的效果与预期所要达到的目标之间的差距。

由于实际生活中宏观经济目标的实现往往是多种政策的配套进行的结果，因此必须结合其他政策之间的相互作用及作用大小对货币政策效果进行检验。

3. 对治理通货膨胀与治理通货紧缩所起的作用迥然有别

利用货币政策治理通货膨胀具有显著成效。虽然通货膨胀形成的原因不尽相同，但最终都表现为货币供给过多。只要中央银行采取适当的紧缩政策，通货膨胀会得到不同程度的抑制。而中央银行的货币政策在抑制货币供给增长方面的作用是强而有力的。

在治理通货紧缩方面，货币政策的效果并不明显。一方面是因为导致需求不足、物价下跌的原因比较复杂，而货币政策直接作用于这些基础层面的可能性不大。另一方面是因为商业银行、厂商和消费者的行为并不完全受控于货币当局。

4. 必须有其他金融政策的配合

货币政策也要与其他金融政策，包括信贷政策、汇率政策、资本管制政策、金融监管意向等相配合才能取得较好效果。

19.2 课后习题详解

1. 世界各国货币政策或采用“单目标”，或采用“多目标”，考虑的依据是什么？根据近几年的实践，你认为我国的货币政策目标应做怎样的表述？

答：(1)各国货币政策目标的选择依据

在货币政策目标选择上，各国多有不同，有的是明确突出一个目标，有的则明确追求几个目标。对于前者，称之为单目标；对于后者，称之为多目标。美国联邦储备系统把经济增长、充分就业、稳定物价和国际收支平衡等作为货币政策目标，核心是就业和物价稳定；日本银行在 1998 年新银行法实施前，是把稳定物价、国际收支平衡和维持对资本设备的适当需求作为货币政策目标；英格兰银行的货币政策目标是充分就业、实际收入的合理增长率、低通货膨胀率和国际收支平衡；德国的货币当局更注重对币值和物价稳定的保护。

货币政策目标选择的依据是多元的，需要结合历史发展时期、经济周期以及宏观经济指标等确定。20 世纪 30 年代以前，各国中央银行货币政策的主要目标是稳定币值和汇率。40 年代中期，凯恩斯主义的国家干预经济主张盛行以后，英、美等国相继以法律形式宣称谋求充分就业是其货币政策的目标之一。这样，货币政策目标就由原来的单一目标转化为稳定币值和实现充分就业。

自 50 年代起，由于普遍的、持续的通货膨胀，在各国中央银行的货币政策目标中，稳定币值的分量又加重了。到 50 年代后期，西方国家中经济增长理论广泛流行，许多国家为了保护自身的经济实力和国际地位，把发展经济、促进经济增长作为货币政策目标的重点。从 60 年代开始，一些国家出现国际收支逆差，使维持固定汇率发生困难。随后的 70 年代，伴随着两次美元危机，一些国家又将平衡国际收支作为一项货币政策目标。70 年代中期以后，“滞胀”促使一些西方国家的货币政策目标先后转为以稳定货币为主。有的国家还提出了“低通货膨胀增长”或“无通货膨胀增长”的方向。另有少数国家一直以稳定为目标，如德国、日本在实践中也一直重视稳定货币。

由此可见，货币政策目标的选择需要结合特定历史时期，但稳定币值都是其中的一个目标。

(2)我国货币政策目标的表述

根据《中华人民共和国中国人民银行法》，我国货币政策目标的规范表述为："保持货币币值的稳定，并以此促进经济增长"。显然，在"稳定"与"增长"之间，有先后之序，主次之分。

但是，我国理论界对于中国货币政策应有什么样的目标问题，一直存在着争论。主要有以下观点：

①单一目标观点。一种观点是强调物价稳定是货币政策的唯一目标；另一种观点是主张以最大限度的经济稳定增长作为货币政策的目标，并在经济发展的基础上稳定物价。

②双重目标观点。这种观点认为，货币政策的最终目标不应该是单一的，而应该兼顾稳定物价和经济增长两个目标。

③多重目标观点。这种观点认为，我国的货币政策目标应当是多重的，必须包括充分就业、国际收支均衡和经济增长、稳定物价等诸方面。

2007年11月5日，中国人民银行指出我国的货币政策要坚持多目标，中央银行制定货币政策要兼顾多个重要经济参数变量。

2. 什么是"通货膨胀目标制"？近年来有些国家采用"通货膨胀目标制"的理由是什么？

答：(1)通货膨胀目标制的概念与特点

通货膨胀目标制是指一国当局将通货膨胀作为货币政策的首要目标或唯一目标(该目标具有无可争议的优先权)，迫使中央银行或货币当局通过对未来价格变动进行预测来把握通货膨胀的变动趋势，提前采取相应的政策使通货膨胀率维持在事先宣布的水平上或范围内，以此来实现长期的价格稳定。

与采用货币供给量、利率作为中介目标的货币政策相比，通货膨胀目标制增加了货币政策的透明度，提高了货币政策的可信度。

由于准确预测通货膨胀率的难度较大，货币政策的时滞性和经济冲击均会对价格产生一定的影响，因此，通货膨胀目标制国家允许在短期内偏离长期通货膨胀目标，但是中央银行必须做出相应的解释。

(2)采用"通货膨胀目标制"的原因

①通货膨胀目标制使货币政策能关注国内因素，并能处理对本国经济的冲击。

②通货膨胀目标制的成功并不严格要求货币和通货膨胀之间关系的稳定，因为它不依靠这样的关系。通货膨胀指标允许货币当局使用所有的可用信息，即货币政策的最佳设置结果并不是唯一变量决定的。

③通货膨胀目标制易于为公众所理解，因而是高度透明的，使公众能够准确地理解货币政策发出的信号。

④通货膨胀目标制增强了中央银行的责任感。以通货膨胀为指标也具有潜在降低中央银行推行过分扩张的货币政策、试图扩张产出和就业、从而陷入时间非一致性陷阱的可能性的能力。

⑤从实际运行效果来看，通货膨胀目标制能改善通货膨胀冲击的影响。这些国家似乎

降低了通货膨胀率和通货膨胀预期，大大优于缺乏通货膨胀指标的情况。而且，这些国家的通货膨胀一旦降了下来，就保持低水平；并且在随后的经济周期扩张期间，这些国家的通货膨胀率也没有反弹。

3. 关于是否必须把资本市场的稳定发展纳入货币政策目标考虑的范围之内，是近些年的热点问题，存在着肯定与否定的两极见解。货币当局一般持否定意见，但货币政策操作的实际，又好像并未全然无视资本市场的状况。你对这一问题是怎么分析的？

答：(1)货币当局应干预资本市场运行的观点

资本市场在现代经济中具有资源配置、价格发现等重要作用，因此，资本市场的稳定发展对宏观经济具有重要意义。由于货币政策操作对资金供给、市场利率产生影响，那就必然影响资本市场的价格，并通过资本市场影响到其他微观主体的经济行为，诸如民间投资、消费等等，最后则会在产出和通货膨胀等方面表现其宏观经济效应。因而货币当局应对资本市场的运行负有干预的责任。其实质性的要求是当资本市场上资产价格下滑，应采取降低利率、扩张信用等措施，以阻止下滑；当资本市场上资产价格过高，应采取相反的措施以防止经济过热。

(2)货币当局不应干预资本市场运行的观点

一般情况下，货币当局认为自己的职责就是控制通货膨胀率和失业率；至于资本市场的走势，不在他们调控的职责之内。这并不意味着他们不关注资本市场的态势，但其出发点不是为了去干预资本市场的走势，而是因为资本市场的态势作用于货币政策所要调控的目标可以通过如下的途径实现：

资产价格→财富效应→支出效应→货币需求→货币供给→通货膨胀压力、失业压力→货币政策做出反应

具体作用过程是：当股市连续攀升时，金融资产价格的迅速提高，人们的财富显著增加；这意味着预期收入的提高，从而刺激当前消费支出；旺盛的支出会增加货币需求，随后要求扩张货币供给；如果依据货币需求供给货币，就会使通货膨胀的压力超过实际经济的承受能力。为此，必须运用货币政策调节货币供给。可见，货币政策的反应是直接对通货膨胀的压力做出的，而不是以调整资本市场为出发点。

从另一个角度来说，货币政策决策的依据和追求的目标必须是可以把握和度量的经济过程。通货膨胀、就业、经济成长等当前过程多少是可以把握的，变动前景虽有不确定性，但波动范围大体可以预期。至于资本市场，波动、震荡，变化于朝夕之间。以之作为政策目标，缺乏可操作性。

(3)货币政策确实对资本市场具有影响

货币政策对资本市场确实有影响。比如，长期利率与股市存在相关关系；资本市场的资产价格也可能隐含着公众对未来通货膨胀的预期。理论上，资产价格至少可以作为中央银行在货币政策决策和操作过程中的监测指标之一。实际上，货币当局对之也十分关注。但种种不确定性，难以在决策过程中建立确定性的数量制约关系。

至于在非常情况之下，中央银行通常会毫不迟疑地采取紧急措施，提供充足的流动性，以保证资本市场不至陷入崩盘境地。但是，这并不意味中央银行在一般情况下也应积极干预资本市场。

4. 试列表说明可能用来实现货币政策目标的货币政策工具以及它们各自作用的特点。当前我国货币当局是怎样运用货币政策工具的？

答：(1)实现货币政策目标的货币政策工具及其特点

详见本章的复习笔记。

(2)我国货币政策工具的运用

我国货币政策工具主要有：存款准备金制度、再贴现、公开市场操作、信用贷款和利率政策等。

①存款准备金制度是我国中央银行调控金融的重要工具，1984年中国人民银行专门行使中央银行职能后正式启用这一工具。为适应建立社会主义市场经济体制的需要及实现间接调控宏观金融的目标，1998年3月21日，央行对原有的存款准备金制度进行改革。2004年4月，我国开始实行差别存款准备金制度，这是我国存款准备金制度的又一次重大改革。在综合考虑资本充足率和资产风险程度等因素的基础上，中央银行对不同金融机构规定了不同的法定存款准备金率。

②为规范再贴现业务，央行专门制定《中国人民银行对国有独资商业银行总行开办再贴现业务暂行办法》，对再贴现对象、再贴现总量安排及结构投向、贴现利率及其业务操作程序等作了具体规定。

③公开市场操作又称公开市场业务，一般指中央银行公开买卖政府债券和外汇以实现货币政策目标的活动，它由本币公开市场操作与外汇公开市场操作两部分组成。本币公开市场操作。中国人民银行以国债回购形式于1996年4月9日正式开展本币公开市场操作。中国人民银行国债公开市场操作是以国有商业银行等一级交易商为国债交易对象，国债交易利用招标方式进行，以买卖国债的形式调控货币供应量。为进一步规范公开市场操作，央行又于1997年4月12日颁布了《公开市场操作暨一级交易商管理暂行规定》，该规定对公开市场操作、公开市场操作一级交易商、公开市场操作日常工作负责者作了明确界定，并对债券交易、一级交易商的条件与审定及其权利与义务、资格变更与终止作了详细说明。

外汇公开市场操作。外汇公开市场操作始于1994年4月1日，规定持有或需要外汇的企业，须按外汇指定银行的外汇挂牌价将外汇卖给银行或从银行买汇，外汇指定银行再根据自己的头寸情况，在银行间外汇市场上调剂外汇头寸。为调控外汇市场运行，维护市场稳定，央行在上海设立了中国人民银行公开操作室，依据中国外汇交易中心制定的交易规则买卖外汇，调剂外汇指定银行外汇头寸。

④信用贷款是指央行对商业银行等金融机构发放的贷款，而不是像再贴现那样把已有的贷款再贷一次。根据2003年12月27日修正后的《中华人民共和国中国人民银行法》第二十八条规定“中国人民银行根据执行货币政策的需要，可以决定对商业银行贷款的数额、期限、利率和方式，但贷款的期限不得超过一年。”

⑤利率政策。中国人民银行规定“基准利率”：一是中国人民银行对商业银行的存贷款利率；二是商业银行对企业和个人的存贷款利率。一般来说，当中国人民银行提高对商业银行的贷款利率和再贴现率时，会增加其筹资成本，商业银行就会减少对中央银行的资金需求或提高其对企业单位和个人的贷款利率，资金市场的利率相应上升，从而达到调节货币供应量的作用。但是，要使这一机制发挥作用，所要求的条件是利率的变动能真实反映

资金供求，以及融资成本的变动能够在很大程度上影响资金供求。但现阶段而言，这两个条件仍在发展培育的过程中。

⑥“窗口指导”是中国人民银行比较常用的一种调控手段。通过“窗口指导”引导商业银行以调整授信额度、调整信贷风险评级和风险溢价等方式，限制信贷资金向某些产业、行业及地区过度投放，体现扶优限劣原则。其主要目的是配合国家产业政策，加强对贷款投向的引导，优化贷款结构。近几年，央行曾多次通过“窗口指导”提示商业银行关注贷款过快增长可能产生的风险以及银行的资产负债期限错配问题，引导金融机构合理控制信贷投放总量和节奏，严格限制对高耗能、高排放和产能过剩行业中劣质企业的贷款投放；加大对“三农”、就业、助学、中小企业、自主创新、节能环保等领域的信贷支持，积极拓展中间业务，加强金融产品创新，改进金融服务，转换盈利模式。在我国现行体制下，“窗口指导”的作用还是比较明显的。

除上述工具外，中国人民银行还采取优惠利率政策、专项贷款、利息补贴和特种存款等办法。通过这些措施，可以扶持国家急需发展的部门，如能源、交通、民族贸易等。这类选择性的货币政策工具能够针对特殊情况灵活运用，但其直接行政决策的色彩过浓，对充分发挥信贷资金的运用效率也有不利的一面。

5. 货币政策的传导机制有哪些？我国的货币政策主要是通过哪些途径传导的？效果如何？

答：(1)货币政策的传导机制

货币政策的传导机制有早期凯恩斯学派的货币政策传导机制、托宾 q 传导机制、早期货币学派的货币政策传导机制、信贷传导机制、财富传导机制和开放经济下的货币传导机制。

①凯恩斯学派的货币政策传导机制理论。

思路是：通过货币供给 M 的变化影响利率 r，利率的变化则通过资本边际效益的影响使投资 I 以乘数方式变化，而投资的变化进而使得总支出 E 和总收入 Y 发生变化。用符号可表示为：$M \to r \to I \to E \to Y$。

这个过程中的主要环节是利率：货币供给的变化首先使得利率发生变化，然后才使投资乃至总支出发生变化。

上述分析，凯恩斯学派称之为局部均衡分析，因为它只显示了货币市场对商品市场的初始影响，而没有反映它们之间循环往复的作用。由于货币市场与商品市场具有一定的相互作用，因此有进一步的一般均衡分析：

a. 货币供给增加，产出水平不变，会导致利率相应下降；利率下降刺激投资增加，并引起总支出增加，总需求的增加推动产出上升。与原来的分析一致。

b. 产出上升，导致货币需求增加；如果中央银行没有增加货币供给，货币供求的对比就会使得下降的利率回升。这是商品市场对货币市场所产生的作用。

c. 利率回升，使得总需求减少，产量下降；产量下降进一步导致货币需求下降，利率又会回落。这是一个往复不断的过程。

d. 产出和利率最终会逼近一个同时满足货币市场供求和商品市场供求两方面要求的均衡点。在这个点上，利率可能比原来的均衡水平低，而产出量比原来的均衡水平高。

凯恩斯学派还不断对货币供给到利率之间和利率到投资之间的更具体的传导机制以及一些约束条件进行补充。但不论有何进展，凯恩斯学派传导机制理论的特点是对利率这一环节的特别重视。

②托宾的 q 理论。

以托宾为首的经济学家沿着一般均衡分析的思路，把资产价格纳入传导机制，认为沟通货币、金融机构一方与实体经济一方之间的联系的并不是货币数量或利率，而是资产价格以及利率结构等因素。

传导的过程是：货币作为起点，对资产价格 P_E 产生直接或间接的影响；资产价格，主要是股票价格，它与资本重置成本的比值 q，将影响投资行为，进而影响实体经济和产出。过程可以表示为：$M \to r \to P_E \to q \to I \to Y$。

P_E 为股票价格；其他符号同上。

③货币学派的货币政策传导机制理论。

货币学派认为，在传导机制中起重要作用的不是利率；具有直接效果的是货币供应量。货币学派论证的传导机制表示为：$M \to E \to I \to Y$。

$M \to E$ 表示货币供给量的变化直接影响支出。

当作为外生变量的货币供给改变，比如增大，由于货币需求并不会因外生变量的增大而增大，超过愿意持有的货币必然使支出增加：或投资于金融资产，或投资于非金融资产，直至对人力资本进行投资。支出导致资产结构调整，并最终引起 Y 的变动。

④信贷传导机制理论。

信贷传导机制理论强调信贷传导有其独立性，不能由利率传导、货币数量传导的分析所代替。该理论分析主要侧重于紧缩效应。

a. 银行信贷传导机制理论。该理论认为，银行贷款不能全然由其他融资形式，如有价证券发行所替代。小企业和普通消费者的融资需求只能通过银行贷款来满足。因此，通过影响银行贷款的增减变化就能对总支出产生影响。

假设中央银行决定实施紧缩性的货币政策，在公开市场卖出债券，商业银行可用的准备金 R 就会相应减少，从而通过乘数作用使得存款货币 D 的创造成倍减少，在其他条件不变时，银行贷款 L 的供给也不得不同时削减。结果，使得那些依赖银行贷款进行融资的特定借款人必须减少投资和消费，最终导致总支出下降。过程可以表述为：公开市场的紧缩操作$\to R \to D \to L \to I \to Y$。

这一过程的特点是不必通过利率机制。

b. 资产负债表渠道的研究。该理论认为，货币供给量的减少和利率的上升，将影响借款人的资产状况，导致其净现金流的减少；利率的上升使得股价下降，从而恶化其资产状况，降低了可用作借款担保品的价值。这种种情况，会使银行减少贷款投放。同时，这增加了一部分资产状况恶化和资信状况不佳的借款人从银行获得贷款的难度，也使得其难以从金融市场直接进行融资。最终导致投资与产出的下降。过程可以表述为：$M \to r \to P_E \to NCF \to H \to L \to I \to Y$，式中，$NCF$ 为净现金流；H 为逆向选择和道德风险；其他符号同上。

⑤财富传导机制。

资本市场的财富效应及其对产出的影响可以表述为：$P_E \to W \to C \to Y$，式中，W 为财富；

C 为消费。

要把它确定为货币政策的传导机制，必须使 $M \to P_E$ 以及 $M \to r \to P_E$ 的确定性得到论证。

货币供给和利率会作用于资本市场是毫无疑问的。但是，货币当局通过对货币供给和利率的操作，会有多大程度的确定性取得调节资本市场行情特别是股票价格的效果，尚未得到论证。

⑥开放经济下的货币传导机制。

净出口是在开放经济条件下的总需求的一个重要组成部分。货币政策可以通过影响国际资本流动，使汇率发生变化，并在一定的贸易条件下对净出口产生影响。这样的机制可以描述为：$M \to r \to r_e \to NX \to Y$，式中，$r_e$ 为汇率；NX 为净出口；其他符号同上。

(2)我国货币政策传导途径及效果

从我国目前的经济、金融环境来看，货币政策通过利率传导还缺少必要条件，通过股票价格传导的作用不够理想，汇率渠道不够畅通，因此，当前和未来较长的时期内，我国货币政策将主要通过银行贷款渠道来传导。

①我国货币政策通过利率渠道传导还缺乏必要的条件。利率渠道发挥作用至少必须具备以下几个条件：a. 存在比较发达和完善的金融市场为经济主体提供多样化的金融工具；b. 利率必须由市场决定，即由货币或资金的供求关系所决定的；c. 信息必须是完全且对称的；d. 投资和消费都必须具有较大的利率弹性；e. 金融市场必须是完全竞争的，货币与各种非货币金融资产之间、银行贷款与其他各种资金来源之间必须具有完全的替代性。

显然，即使市场经济发达的国家也未必完全具备这些条件，我国也为完全具备。首先，我国的利率市场化改革尚未完成，占比最大的人民币存贷款利率依然受到中央银行比较严格的管制，利率的变动并不能真实地反映资金的供求关系。其次，现阶段我国商业银行，尤其是四大国有商业银行贷款的主要对象是国有大中型企业，而这些企业的投资对利率基本上无弹性。最后，我国金融市场还不够完善，资本市场的规模不大，金融产品比较单一。因此，对资金盈余者而言，资产选择的余地有限；对于资金短缺者而言，银行贷款依然是主要的、不可替代的资金来源。

②我国货币政策通过股票价格传导的作用不够理想。首先，根据托宾的 q 理论，扩张性的货币政策将提高股票价格，从而使 q 值上升。当 q 值大于 1 时，企业将发行股票，并用于购买新投资品，从而使一国的投资和产出增加。但是，在我国目前资本市场规模较小的条件下，即使股票价格上升，从而 q 值大于 1，企业也未必能通过发行股票来扩大投资。其次，根据莫迪利安尼的财富效应理论和流动性效应理论，货币政策可通过影响股票的价格而影响人们的毕生资产或流动性，从而影响他们的消费支出。但是，从我国现实来看，真正从事股票投资，股票的价格影响其毕生资产或流动性，从而影响其消费支出的，可能只是少数人。因此，货币政策即使能有效地影响股票价格，也未必能有效地影响社会大众的整体消费水平。这说明无论是托宾的 q 理论、莫迪利安尼的财富效应理论，还是流动性效应理论，都不能充分地解释我国现阶段货币政策的传导机制。

③我国货币政策传导的汇率渠道不够畅通。一般来说，货币政策之所以能通过汇率渠道来传导，是因为货币政策将通过影响利率而引起资本的国际流动，从而影响汇率，而汇率的变动又将影响一国商品的进出口，从而影响一国的净出口和国内产出。显然，汇率渠

道发挥作用的条件有三个：a. 利率与汇率都完全由市场决定，因此，利率与汇率有着必然的联动性；b. 资本可以在国际间自由流动；c. 货币可以自由兑换。然而，我国人民币尚未实现资本项目的自由兑换，而人民币汇率事实上是一种钉住美元的固定汇率制度。因此，在我国货币政策的传导中，汇率渠道显然还不够畅通。

④我国货币政策传导的信用渠道

货币政策的传导机制与货币政策中介目标的选择密切相关。如果货币政策主要通过利率来传导，则利率就可作为货币政策的中介目标；如果货币政策主要通过信用渠道来传导，则信贷规模、股票价格等可以作为货币政策的中介目标。从我国货币政策的实践来看，信贷规模管理曾经是我国长期运用的一个货币政策指标，这与当时我国货币政策的环境是相适应的。1998 年起，延续了数十年之久的信贷规模管理被取消，取而代之的是货币供应量，即将货币供应量作为我国货币政策的中介目标。目前，这一中介目标已受到越来越多的质疑，而利率作为我国货币政策的中介目标又似乎缺乏应有的条件。

从货币政策的信用传导来看，目前我国金融市场的规模还不大，货币政策要通过资产负债表渠道来传导，恐怕还难以取得预期的效果。相比之下，银行贷款渠道可能是我国现阶段货币政策传导的主渠道。

首先，我国现阶段资金融通的主要方式仍然是间接融资。在间接融资中，充当金融中介机构的主要是商业银行，尤其是四大国有商业银行。目前，企业资金来源的 80% 以上来自银行贷款。但银行贷款还远不能满足各类企业，尤其是中小企业的贷款需求。同时，近年来个人消费信贷也取得了迅速的发展，住房贷款、汽车贷款、助学贷款纷纷成为各大银行竞争的对象。这说明银行贷款是我国各类经济主体投资和消费的主要资金来源。从目前和未来较长的时期来看，这种资金来源可能具有不可替代性。

其次，在金融市场不够完善、金融产品比较单一的情况下，尤其是近几年股市持续低迷的情况下，我国居民的储蓄仍以银行存款为主。对银行来说，包括储蓄存款在内的各类存款在银行负债中占有 80% 以上的比重。在以间接融资为主的情况下，银行贷款的能力与意愿无疑将对经济主体的行为产生重要的影响。所以，中央银行通过影响商业银行的准备金就有可能影响商业银行的贷款能力，从而达到其宏观调控的目的。

再次，从信贷市场的结构来看，我国目前的信贷市场具有明显的国家所有制的垄断性。如果将国家直接控股的股份制商业银行计算在内，则 80% 以上的股权归国家所有，90% 以上的银行市场被四大国有商业银行和其他由国家直接控股的商业银行所占据。信贷市场的这种高度垄断性进一步加大了银行贷款渠道作为我国货币政策传导之主渠道的有效性。

综上所述，目前及未来一段时间内，我国货币政策通过银行贷款渠道传导将是比较现实的。当然，这并不意味着利率渠道、汇率渠道等传统的渠道不再发挥应有的作用。相反，货币政策通过信用渠道传导还在一定程度上有赖于这些传统渠道的配合和协调，尤其是信用传导必须以利率渠道的畅通为条件。所以，利率市场化改革仍然是提高我国货币政策效果的重要途径。

6. 资本市场的价格能否成为货币政策传导机制的构成部分？该问题的另一种提法是：资本市场的价格在怎样的意义上可以视为货币政策传导机制的构成部分？

答：资产市场的价格可以作为货币政策的传导机制的构成部分，理由可参照如下两种理论思路：

(1)托宾 q 理论

以托宾为首的经济学家把资本市场、资本市场上的资产价格，特别是股票价格纳入传导机制，认为货币理论应看作是微观经济行为主体进行资产结构管理的理论。也就是说，并不是货币数量或利率建立起货币和金融机构一方与实体经济一方这两方之间的联系，而是资产价格以及关系资产价格的利率结构等因素。传导的过程是：货币作为起点，直接或间接影响资产价格，进而导致实际投资的变化，最后影响实体经济和产出。

资产价格主要是股票价格，影响实际投资的机制在于：股票价格是对现存资本存量价值的评估，是企业市场价值依以评价的依据，而企业的市场价值与资本的重置成本——按现行物价购买机器、设备进行新投资的成本——相比较，将影响投资行为。托宾把 q 定义为企业市场价值与资本重置成本之比。如果 q 值高，意味着企业市场价值高于资本的重置成本，厂商将愿意增加投资支出，追加资本存量；相反，如果 q 值低，厂商对新的投资就不会有积极性。因此，q 值是决定新投资的主要因素。这一过程可以表示为：

$$M \to r \to P_E \to q \to I \to Y$$

式中，M 为货币供给；r 为利率；P_E 为股票价格；q 为企业市场价值与资本重置成本之比；I 为投资；Y 为总收入。

(2)财富传导机制

资本市场的态势也可以通过如下的途径作用于货币政策所要调控的目标。以资产价格上升为例，基本思路可简单概括为：

资产价格→财富效应→支出效应→货币需求→货币供给→通货膨胀压力、失业压力→货币政策做出反应

金融资产价格的迅速提高，使得人们的财富显著增加；这意味着预期收入的提高，从而刺激当前消费支出；旺盛的支出会增加货币需求，随后要求扩张货币供给；如果依据货币需求供给货币，就会使通货膨胀的压力超过实际经济的承受能力。为此，必须运用货币政策调节货币供给。可见，货币政策的反应是直接对通货膨胀的压力做出的，而不是以调整资本市场为出发点。

7. 货币政策可能起的作用究竟有多大？为什么它在治理通货膨胀方面所显示的作用强，而在治理通货紧缩方面所显示的作用极为有限？试联系我国近年来货币政策的实践谈谈你对这个问题的看法。

答：(1)货币政策的作用

①自由资本主义时期的货币政策是要求创造稳定的金融环境，以保证市场机制发挥作用；

②凯恩斯主义的货币政策是要求主动通过金融工具逆风向地调节有效需求，并认为在与其他政策配合下可以克服经济波动；

③货币学派认为，相机调节货币供给的金融政策要在长期时滞之后才能生效，所以很难肯定是否有效；

④理性预期学派认为，由于微观主体预期对货币政策的抵消作用，货币政策无效。

现代批判凯恩斯主义的各流派是在凯恩斯主义政策虽曾一度取得某种成功但也同样陷

入困境的背景下，反对相机抉择的政策，主张货币政策稳定，并相信只有依靠市场机制才能走出困境。

(2)货币政策对通货膨胀和通货紧缩的作用差异的原因

①在治理通货紧缩方面，货币政策的效果显著。虽然原因不尽相同，但通货膨胀最终都表现为货币供给过多。所以只要中央银行采取适当的紧缩政策，控制货币供给增长，通货膨胀会程度不同地得到抑制，通过货币政策工具，对于创造存款货币的商业银行能够起强而有力的制约作用，并进而制约投资支出和消费支出。严峻的紧缩货币政策也能实现压缩现有货币供给量的要求。在 20 世纪，各国利用货币政策治理通货膨胀取得比较丰富的经验。

②在治理通货紧缩方面，货币政策的效果不很明显。主要原因可从两方面分析：一是从经济基本面分析，导致需求不足、物价下跌的原因本身比较复杂，货币政策不大可能直接作用于这些基础层面。比如，收入差距的拉大，消费者未来收支预期的改变等可能导致消费增长缓慢；技术进步、产品创新等加快了老产品的淘汰和新产品价格的降低；某些改革措施，如降低关税等，也必然降低进口品的价格，等等。二是从中央银行扩张货币供给的能力来看。货币政策目标的实现，除了货币当局的决心和行动还要取决于两个环节：一是商业银行；二是厂商和消费者。为了扭转经济的过冷，货币当局力求扩张；而此时商业银行、厂商和消费者都缺乏扩大信贷业务、投资支出和消费支出的积极性。他们的行为意向与货币当局不必一致，而且也不听命于货币当局。所以，即使中央银行执行扩张性的货币政策，也不易收到扩张的实际效果。

(3)我国改革开放四十年的情况基本支持上述判断

1994 年，中央银行根据年初确定的方针和政策进行宏观调控运作，金融形势总体上是平衡和健康的。但物价过高、通胀严重的状况仍然存在。1994 年底中央经济工作会议正式提出“适度从紧”的货币政策。根据这一政策方针，中国人民银行采取收缩专业银行信贷能力、调高对金融机构贷款利率等措施，同时着力减轻外汇储备增长对货币供给的影响，加强金融监管，整顿金融秩序，从而抑制了通货膨胀的上升势头。在此基础上，1995 年和 1996 年，央行继续实行适度从紧的货币政策，使国民经济实现了“软着陆”，经济增长率逐步恢复到适度区间，有效地避免了在国民经济发展过程中曾出现过的大起大落。

从 1997 年、1998 年开始，经济发展的态势出现了明显的转变，过去一直令人忧心的通货膨胀被通货紧缩所代替。为了摆脱通货紧缩趋势的困扰，自 1996 年 5 月至 1999 年 6 月，中国人民银行先后宣布 7 次降息。但货币政策实施的效果却没有人们想象的那样突出。2002 年 2 月 21 日，中国人民银行再一次宣布降息。经过连续 8 次降息，以一年期存款利率为例，它已经从 1996 年开始下调前的 10.98% 下降到 1.98%，下调幅度达 80% 以上。不仅是利率，在直接用资金支持商业银行扩大信贷方面，中央银行的政策取向同样是很积极的。但连续数年实施的扩张性货币政策，在扭转经济疲软的状态中所起的作用并非强而有力。这表明货币政策本身的局限性：对于治理通货紧缩，不能期望它能发挥在治理通货膨胀时所能发挥的同等作用。

2003 年以后，我国经济逐渐走出低谷，出现了贷款、投资、外汇储备快速增长等新情况，稳健的货币政策内涵开始发生变化，中国人民银行数次采取上调存款准备金率和利率的措施以收紧银根。然而，经济生活中积累多年的结构性矛盾还是暴露了出来。2007年，我国出现了物价上涨过快、货币信贷投放过多、资产价格上升幅度过大等一系列现象。人们将此归因于“流动性过剩”，这也是该年最为“时髦”的经济词汇。而“防止经济增长由偏快转为过热”被确定为2007年宏观调控的首要任务。为此，中国人民银行在2007年一年中，十次上调法定存款准备金率，六次上调金融机构人民币存贷款基准利率，但情况并没有根本性的好转。

2007年12月的中央经济工作会议提出，2008年要实施从紧的货币政策。这意味着，中国将结束实施了十年之久的稳健货币政策，而改行从紧的货币政策。

中央把2008年宏观调控的首要任务定为：防止经济增长由偏快转为过热，防止价格由结构性上涨演变为明显通货膨胀。继续加强和改善宏观调控，综合运用多种货币政策工具，采取有力措施，加强流动性管理，促进国民经济又好又快地发展。

转入2014年，央行开始了定向调控，货币政策又从之前的总需求管理转向了结构性管理，其政策工具包括定向降准、支农支小再贷款、抵押补充贷款等，这意味着，货币政策放下了需求总量管理的身段，而肩负着信贷结构调整的重担。

2015年“稳中求进”成了宏观调控的方法论，相应地，“稳健中性”也成了货币政策的基本原则，货币政策也从总需求管理，逐渐转向了为供给侧结构性改革服务。所谓“稳健中性”，实为央行不再像以前那样采取激进的刺激政策，货币供应与信贷双双应声回落，这大抵是吸收了过去刺激性货币政策的教训。

8. 如何认识2012年以来一些国家央行实施的负利率政策？

答：自2012年起，先后有丹麦央行、欧洲中央银行、瑞士央行、瑞典央行和日本央行实施负利率政策，相应的央行存款利率维持在-0.65%至0.1%的区间。从国内看，实施负利率政策的国家和地区呈现出消费增长较慢、投资增速较低、失业率较高、宏观经济增速较低等共同特征。从国际看，实施负利率政策主要是为了减少国际投机资本流入，平衡国际收支。

宏观经济调控的目标是：经济增长、物价稳定、充分就业以及国际收支均衡。利率作为资金的价格，是宏观调控的重要工具之一。理论上，实行负利率政策有利有弊。

(1)负利率的积极作用

①负利率可以刺激消费需求，扩大消费规模。通常情况，居民是一国资金的最大供给方，负利率意味着储蓄收益为负，理性的居民会持有资金或者进行日常消费，而不是进行储蓄，这刺激了消费需求的增加，消费规模扩大。

②负利率政策有助于刺激投资需求，扩大投资规模。负利率意味着投资者可以较低的成本获取资金，扩大了投资需求。商业银行即使维持固定的利差水平，由于资金成本较低，从而可以较低的贷款利率放贷，进一步扩大贷款规模和投资需求。

③对存款准备金实行负利率可以刺激商业银行扩大信贷。央行对超额准备金实行负利率政策，使商业银行在央行储备超额准备金变得不划算，因此会选择更多持有资金，为了减少持有资金的机会成本，银行将会扩大信贷投放。

④负利率政策一定程度上可以刺激本币贬值，减少国际投机资本流入，改善本国进出口情况，稳定国际收支。

(2)负利率的消极作用

①负利率政策会降低资金配置效率。商业银行在保持既定利差收入的情况下，可以较低的价格发放贷款，从而降低贷款利率水平，资金利用效率低的投资主体此时就有机可乘，从而积极融资，其占用大量资金将降低社会资金利用效率。

②负利率政策会扭曲宏观经济结构。负利率意味着储蓄变得不划算，会导致居民大量囤积现金，扭曲库存现金和流通现金的比例，从而导致宏观经济结构出现异常。

③负利率会加剧经济波动。储蓄和投资存在负相关关系，利率较低时，刺激资金盈余方扩大对股票、债券等投资品需求，刺激资产价格上涨，积累更多的投机风险，导致宏观经济发展中不稳定因素增多。

从这些国家实施负利率的实际情况看，总体是不理想的。原因在于负利率并不能从根本上解决一国经济发展所依赖的要素禀赋、经济结构和制度设计等方面的问题。从理论分析角度看，造成负利率难以实现促进宏观经济增长的目标，主要原因在于，负利率政策是一种非常极端的货币政策，负利率可以看作是对流动性征税，总体而言弊大于利。

9. 如何理解稳健的货币政策?

答: (1)稳健的货币政策的含义

稳健的货币政策是指根据经济变化的征兆来调整政策取向。当经济出现衰退迹象时，货币政策偏向扩张；当经济出现过热时，货币政策偏向紧缩。最终反映到物价上，就是保持物价的基本稳定。使本国币值稳定的根本是货币发行量与国家有效经济总量等比增长。利率稳定、汇率稳定、进出口持平、以直接投融资为主导的金融体制，也是使本国币值稳定的必要手段。

(2)稳健的货币政策的特点

①稳健的货币政策不是稳步通胀政策，不承认任何合理的通胀率。因此所谓环比同比物价上涨、物价上涨不太快等，都不符合稳健的货币政策。

②稳健的货币政策禁止用货币手段调节经济，如超发基础货币、利率手段等，禁止以物价适度上涨促进经济增长。

③稳健的货币政策不但避免因货币政策造成物价上涨，而且对非货币政策造成的物价上涨，如投机垄断、经济结构失衡、消费预期误导等，也用宏观调控手段加以控制。

④稳健的货币政策是经济稳定发展、人民生活水平稳步提高的必要前提，是社会主义市场经济的重要特征。

(3)稳健的货币政策的内容

①灵活运用货币政策工具，保持货币供应量适度增长；

②及时调整信贷政策，引导贷款投向，促进经济结构调整；

③执行金融稳定计划，发挥货币政策保持金融稳定的作用；

④在发展货币市场的基础上，积极推进货币政策工具改革，实现货币政策由直接调控向间接调控的转变。

第 20 章　货币政策与财政政策的配合

20.1　复习笔记

【知识框架（庖丁解牛）】

- 货币政策与财政政策的配合
  - 与金融紧密联系的一些财政概念
    - 赤字的口径
    - 账面赤字和隐蔽赤字
    - 预算外及制度外
  - 政府弥补财政赤字的方法
  - 财政收支与货币供给联系的理论模型
  - 国债与货币供给
    - 国债——平衡财政收支离不开的项目
    - 国际通常采用的国债发行警戒线
    - 发债是财政收支作用于货币供给的主要途径
    - 发债与货币供给的相关关系
    - 国债是市场经济中财政与金融的主要联结点
  - 货币政策与财政政策的组合
  - *IS-LM* 模型中的货币政策和财政政策
  - *IS-LM* 模型及其基础理论框架
    - *IS-LM* 模型
    - 模型的设定前提
    - 模型的基础理论框架
    - 消费、投资与总需求函数
    - 支出乘数
    - 收入决定模型的简单概括
    - *IS* 曲线
    - *LM* 曲线
    - 导致 *IS* 曲线与 *LM* 曲线位移的因素
    - *IS* 曲线与 *LM* 曲线的共同均衡点

【考点难点归纳（厚积薄发）】

考点一：与金融紧密联系的一些财政概念　★

1. 赤字的口径

财政赤字就是财政支出超出财政收入的部分，其统计口径如表 20-1 所示。

表 20-1　赤字的口径

口径	计算	说明
广为使用的口径	财政赤字 = 经常性财政支出 − 经常性财政收入	经常性收入主要指税、费的征收收入；经常性支出主要指对政府、军队、经济建设、文教卫生的拨款。除此之外，还包含不以“归还”和“付息”为条件的其他项目
中国等少数国家采用的口径	财政赤字 =（经常性财政支出 + 债务还本付息支出）−（经常性财政收入 + 债务收入）	—
IMF 的口径	财政赤字 =（财政支出 + 净增贷款）−（财政收入 + 补助总额）	①财政收入既包括税和非税的各种传统财政收入项目，也包括出售固定资产和股票等资本性收入；补助则指来自国内外的无偿补助收入。 ②财政支出既包括对行政、国防、文教卫生、社会福利、经济服务以及对国内外的补助等传统支出项目，也包括获取固定资产和股票等资本性支出；净增贷款指的是本期对国内外提供的贷款数额减去贷款回收数额所得的差额

2. 账面赤字和隐蔽赤字

隐蔽赤字包括两个部分：“虚收”和本应由财政安排却由银行以扩大信贷途径解决的支出。

“虚收”是财政收入，但是从经济过程的实质来说它是“虚假”的。

虚收实支的隐蔽赤字与公开赤字在性质上并没有差别，都意味着财政支出大于收入而不得不采取扩大货币供给的方式来弥补赤字，从而造成货币流相对于市场供给流偏大。也就是说，不论是公开还是隐蔽，赤字对扩大货币供给造成的压力实质上没有区别。

3. 预算外及制度外

预算外资金是指不纳入国家预算、由地方财政部门和预算拨款的行政事业单位自行进行收支的资金。

我国的预算外资金是指我国的国家机关、事业单位和社会团体为履行或代替行使政府职能，而依据国家法律、法规和具有法律效力的规章收取、提取和安排使用的未纳入国家财政预算管理的各种财政性资金。

制度外收入是指我国存在的由“乱收费、乱罚款、乱摊派”形成的收入。

考点二：政府弥补财政赤字的方法　★★★

在比较发达的市场经济中，政府弥补财政赤字的办法有三种：增加税收、增发政府债券和变动基础货币，其具体含义见表 20-2。

表 20-2　政府弥补财政赤字的方法

方法	含义
增加税收	增税，通常属于紧缩措施。虽然从短期效应来说，它并不会直接缩减货币供给，货币供给总量不变，但是它会降低新投资的积极性，降低对贷款的需求，从而可能成为抑制货币供给增长的因素。在增加税收所得的财政收入不再投出的情况下，增加税收就会直接压缩货币供给量

续表

方法	含义
发行债券	①如果是公众或商业银行购买了这些债券，那么货币供给并不会增加。因为政府发行债券取得货币后，虽然流通中的货币减少了同等数额，但当政府将发行债券获得的货币再用于购买支出时，这些暂时退出流通的货币又会回到流通之中。其具体的过程是商业银行开出由自己支付的支票或公众开出商业银行的支票，使得各银行在中央银行中的准备金减少。但在发生财政支出之后，这些准备金又会恢复。由于银行的准备金没有发生变化，因此创造货币的规模也不会变。 ②对于公众的购买有两种情况：第一种是用现钞和活期存款购买，意味着 M1 相应缩减，而财政用于再支出形成 M1 的供应，即 M1 供给规模不变；第二种是用储蓄或定期存款购买，这意味着 M2 中的准货币减少，当财政支出形成 M1 时，虽然 M2 不变，但 M1 的规模增大
增加基础货币	①如果财政部拥有发行通货的权力，可以通过发行通货来支付开支，这将导致基础货币增加。但此种情况很少见。 ②财政部发行债券，中央银行直接收购，这是通常的做法。财政部用发行债券所得资金支付其财政支出，公众收入货币存入银行，银行相应增加在中央银行的准备存款金。或者，财政部将债券出售给公司、个人或商业银行，从而造成银行准备金的减少，但将这些债券抵押或出售给中央银行，商业银行的准备金相应增加。而财政把出售债券所得资金再支出，仍然使得准备金增加。 ③如果国库直接向中央银行借款，也会导致相同的结果。用增加基础货币的方式来弥补赤字，会增加货币供给
总结	综上，现代货币供给的形成机制，一方面已完全排除了国家财政直接操作货币供给的可能性；另一方面，国家财政对货币供给依然有巨大的作用，有时甚至是决定性的

考点三：财政收支与货币供给联系的理论模型(见表 20-3) ★

表 20-3　财政收支与货币供给联系的理论模型

模型	具体内容
财政赤字决定现金发行量的简单模型	①当流通中的货币只有现钞这一种形态时，财政赤字必然需要通过发行现钞来弥补。但当现代经济生活中已经出现存款货币时，则不一定。 ②如果用“货币供给”替换“现金”，经济生活中也不存在其他任何可以引起货币供给变动的因素，那么赤字的大小对整个经济中货币供给总量的增减变化存在着一对一的决定关系
加进银行信用因素的模型	①在现代经济生活中，决定货币供给增减的因素并不限于财政收支，信贷的扩张与紧缩更直接影响着货币供给的变化。信贷的扩张与紧缩，首先是源于经济生活对贷款的需求；此外，也源于由国际收支顺差和逆差所引起的外汇储备增减变化。赤字与货币供给总量之间只有在其他条件不变的情况下才有可能存在一对一的关系。如果其他条件使得供给增加，那么由赤字所增加的货币供给只是货币供给增加总量中的一部分；只有当这一部分在总增量中是绝大部分时，其他因素才可忽略。但这并不是普遍的、必然的规律。 ②假设其他条件造成货币供给减少，在这样的条件下可能出现三种情况： a. 赤字引出的货币供给与其他条件所引起的供给减少恰恰相等，此时货币供给总量不变。 b. 赤字引出的货币供给还不足以补足其他条件所引起的货币供给减少，在赤字存在的情况下货币供给总量会有所收缩。 c. 赤字引出的货币供给大于其他条件所导致的货币供给的减少，此时货币供给总量增多，但增多的部分小于赤字的金额。 不论是什么因素使货币供给发生什么变化，上述的其他条件都会使货币供给的变化不会与赤字存在一对一的关系

考点四：国债与货币供给 ★★★

1. 国债——平衡财政收支离不开的项目

国际货币基金组织的国家财政统计项目中的一个恒等式：发债净额 = 赤字。

发债净额等于当年发行额减去当年还本额的数额。如果赤字不断增大，必然会加大对净收入的压力。为此，就必须扩大国债发行额。

2. 国际通常采用的国债发行警戒线（见表20-4）

表20-4 国际通常采用的国债发行警戒线

指标	含义	计算	警戒线
国债依存度	当年国债发行额占当年财政收入总额的比重	国债依存度 =（当年净发债额 ÷ 当年财政收入总额）× 100%	20%
国债负担率	一定时期的国债累积额相对于同期GDP（或GNP）的比重	国债负担率 =（当年国债累积额 ÷ 当年GDP）× 100%	60%
国债偿债率	当年到期的国债还本付息额占当年财政收入总额的比重	国债偿债率 =（当年国债还本付息支出额 ÷ 当年财政收入总额）× 100%	10%

3. 发债是财政收支作用于货币供给的主要途径

发行国债虽然并不是全部直接卖给中央银行（可以通过商业银行间接转到中央银行），但却是现代社会财政收支作用于货币供给的主要途径：各国中央银行往往在二级市场进行公开市场操作，通过买卖国债吞吐货币，从而达到调控经济的目的。

4. 发债与货币供给的相关关系

如果国债的一部分直接由中央银行承购，这会使基础货币立即增加；如果不允许中央银行直接购买国债，由于其可以实施公开市场操作或者通过国债抵押贷款和回购协议等途径进行操作，仍然会有相当一部分的国债成为中央银行的资产，并引起基础货币的变动。

发债的途径不同，国债作用于货币供给的速度、结构会有所不同。

从理论上来讲，发债既可以弥补赤字又不会使货币供给增加，但实际上这种情况很少。

5. 国债是市场经济中财政与金融的主要联结点

国债是市场经济中财政与金融的主要联结点，主要表现在：首先，财政收支主要是通过发债的途径作用于货币供给；其次，国债是财政政策和货币政策共同发挥作用必不可少的条件和操作手段；最后，必要的国债规模是金融机构调剂头寸所必须具备的。

考点五：货币政策与财政政策的组合（见表20-5） ★★★★★

表20-5 货币政策与财政政策的组合

要点	具体内容
组合的基础	财政政策与货币政策是政府进行宏观调控的两大需求管理政策。国家干预经济的宏观调控，在于推动总供给与总需求从失衡恢复均衡。从短期来说，关键在于调节短期内易于调节的总需求。 由于市场需求的载体是货币，所以需求管理政策的运作离不开对货币供给的调节——货币政策和财政政策均是如此。这就是两者配合的基础

续表

要点	具体内容
财政政策与货币政策的区别	从调节货币供给的角度来说，财政政策和货币政策的区别在于： ①系统不同：货币政策是通过银行系统；财政政策是通过财政系统。 ②工具不同：货币政策是运用金融工具；财政政策是运用财税工具。 ③传导机制不同：货币政策是由金融传导机制使之生效；财政政策是由财政传导机制使之生效
组合的模式	①“双紧”模式：紧的财政政策和紧的货币政策。 ②“双松”模式：松的财政政策和松的货币政策。 ③“松紧搭配”模式：松的财政政策和紧的货币政策或紧的财政政策和松的货币政策

考点六：*IS-LM* 模型中的货币政策和财政政策（见表 20-6） ★★★

表 20-6 *IS-LM* 模型中的货币政策和财政政策

要点	具体内容	
IS-LM 模型与货币政策	原理	在其他条件不变的情况下，货币供给作为外生变量而增大时，导致利率下降，*LM* 曲线向右下方平移；反之，利率上升，*LM* 曲线向左上方平移
	过程	①货币供给增大→*LM* 曲线右移，利率下降→自主性投资支出增加→总需求提高→总产出增加→总产出的增加和利率的降低导致货币需求增加→直至货币均衡为止。 ②货币供给减少→*LM* 曲线左移，利率上升→自主性投资支出缩减→总需求缩减→总产出缩减→总产出的缩减和利率的上升导致货币需求缩减→直至货币均衡为止。 模型显示，货币当局可用扩张的或紧缩的货币政策来调节产出
IS-LM 模型与财政政策	原理	总支出包括财政支出 *G*。*G* 的增减必将影响总支出，从而会使 *IS* 曲线发生平移
	过程	①*G* 增大→*IS* 曲线右移，总需求增大→总产出增大→增加货币需求→超额货币需求使利率上升→利率上升使超额货币需求消除→在增大的产出和提高的利率水平的交点上达到均衡。 ②*G* 减少→*IS* 曲线左移，总需求减少→总产出减少→减少了货币需求→超额的货币供给使利率下降→利率下降使超额货币供给消除→在缩减的产出和降低的利率水平的交点上达到均衡。 模型显示，财政支出与产出正相关；财政政策也可以通过调节支出来调节产出
IS-LM 模型与财政政策、货币政策的协调配合	①货币政策主要通过影响 *LM* 曲线、财政政策主要通过影响 *IS* 曲线实现政策意图，这两个政策分别有各自的作用领域和作用机制。 ②*IS-LM* 模型表明，只运用一种政策很难达到一定的经济政策目的。因此在政策运用的过程中，必须协调运用这两大政策，并避免单独使用一种经济政策可能产生的不良影响。给定任何一个目标产出水平，从理论上来看都可以运用财政政策或者货币政策去实现这个目标，但问题的核心在于如何权衡两个政策的优劣利弊，从而使得在最小的成本代价下达到最好的调控效果	
从长期角度看 *IS-LM* 模型	①在短期考察中，通常把价格不变作为设定的前提。而在相对长期的经济活动中，必须把价格看作是可变变量。 ②由于与 *IS* 曲线有关的各个变量，包括消费支出、投资支出、净出口、政府支出等，表示的是对实际商品和劳务的需求，因此价格的变化不会影响 *IS* 曲线。	

续表

要点	具体内容
从长期角度看 *IS-LM* 模型	③价格变化会对 *LM* 曲线产生一定的影响。价格的上涨导致货币购买力下降，当实际货币需求不变时，名义的货币需求量必然相应增大，从而利率提高，*LM* 曲线左移；反之，*LM* 曲线右移。 ④由于价格变化对实际货币供求产生影响，从长期角度考察两大政策与从短期角度考察两大政策，它们的作用有明显的差别：从长期角度考察 *IS-LM* 模型，货币政策和财政政策对产出均没有影响

考点七：*IS-LM* 模型及其基础理论框架 ★★★★★

1. *IS-LM* 模型

IS-LM 模型是以凯恩斯理论框架为主要根据，由英国经济学家约翰·希克斯创建，其后美国经济学家汉森对其加以完善和发展。模型的基本形式如图 20-1 所示。

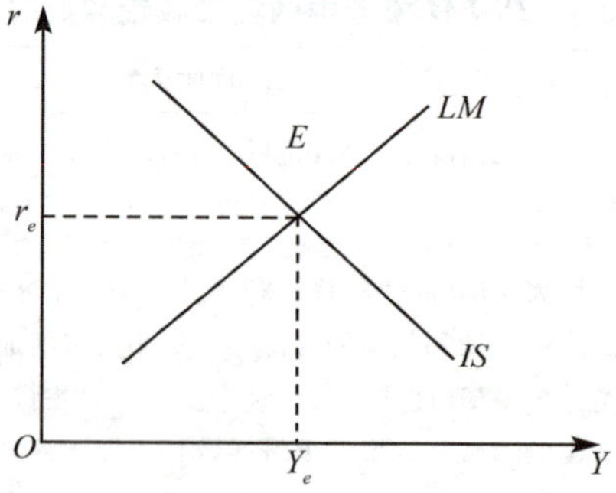

图 20-1　*IS-LM* 模型

图 20-1 中，*IS* 曲线表示产品市场达到均衡，*LM* 曲线表示货币市场达到均衡，两者的交点 *E* 表示产品市场和货币市场同时处于均衡状态下的均衡产出水平和均衡利率水平。

IS-LM 模型是在“价格水平不变”的前提下，考察产品市场与货币市场同时处于均衡状态时利率与产出的组合，以及在这一模型的约束下，货币政策与财政政策期望达到的政策效应。

2. 模型的设定前提

当市场的供给量与市场的需求量相等时，经济运行处于均衡状态，满足如下条件：$Y=Y^{ad}$，式中，Y^{ad} 为总支出，也就是市场总需求；Y 为总收入，也就是产出或市场总供给。模型表明：一定时期内人们的支出决定了该时期的收入，或者说市场的需求决定了市场的供给。

3. 模型的基础理论框架

IS-LM 模型是在凯恩斯产出决定理论的基础上发展起来的。

凯恩斯的“简单的收入决定模型”主要说明了总需求的构成、总需求如何决定总收入或总产出以及需求影响收入或产出的机制。

总支出或总需求 Y^{ad} 可以表示为：

$$Y^{ad}=C+I+G+NX$$

式中，C 为消费；I 为投资；G 为政府支出；NX 为净出口（NX 是以 $X-M$，即出口减进口来表示的)。

如果暂时不考虑政府支出 G 和净出口 NX 两个因素，总支出或总需求往往可以简单表示为消费 C 与投资 I 之和，即 $Y^{ad}=C+I$。

4. 消费、投资与总需求函数(见表 20-7)

表 20-7 消费、投资与总需求函数

要点	具体内容
消费	消费 C 取决于消费函数： $C=a+mpc\times Y$ 式中，a 为自主性的消费，$mpc=\Delta C/\Delta Y$，代表边际消费倾向。自主性消费与边际消费倾向都是比较稳定的，也就是说，收入水平是影响消费的主要因素
投资	①投资 I 专指投入于实际经济领域的投资活动，其结果可以使社会生产能力提高。投资取决于投资函数： $I=I_0-bi$ 式中 I_0 表示与利率无关的投资额，b 为投资的利率弹性，i 为利率。 ②投资支出属于自主性支出，在项目的预期收益率一定时，资金成本的大小即利率水平对投资活动具有重要的影响。而收入对投资的影响并不明显
总需求函数	①消费需求 C 与投资需求 I 确定，总需求也就确定。此时，$Y^{ad}=C+I$ 就是总需求函数。 ②经济处于均衡状态，也就是收入水平或总供给与总需求相等，这时的产出称之为均衡产出或均衡收入。均衡产出(或均衡收入)的轨迹是一条 45°线，如图 20-2 所示。 ③给定一个总需求函数 Y^{ad}，就可以找到由 Y^{ad} 所确定的曲线与 45°均衡线的交点 E。如果产出水平不在点 E 上，表示经济运行处于非均衡状态，并且有向均衡状态方向运动的趋势

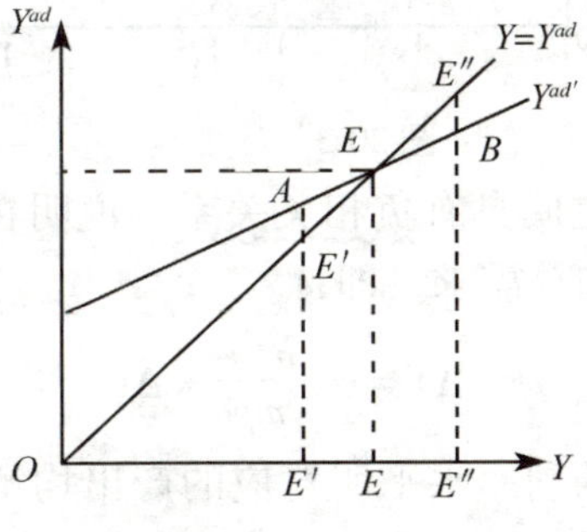

图 20-2 均衡产出或均衡收入的轨迹

5. 支出乘数

需求水平决定收入水平，因此可以用需求函数来表示收入水平，即：$Y=C+I$。

由于 $C=a+mpc\times Y$，$I=I_0-bi$，因此 Y 又可表示为：$Y=a+mpc\times Y+I_0-bi$，移项可得：

$$Y=(a+I_0-bi)\times\frac{1}{1-mpc}$$

其中，mpc 即边际消费倾向，是处于 0 与 1 之间的常数值，所以，$\frac{1}{1-mpc}$必然是大于 1

的倍数，即 Y 的变化幅度大于自主性支出的变化幅度。另外，$\frac{1}{1-mpc}$ 即通常所说的支出乘数。

6. 收入决定模型的简单概括

收入决定模型可以简单概括为：①总需求包括自主性支出以及受收入影响的非自主性支出；②在一定条件下，需求决定产出，总需求函数的变化将导致均衡产出或均衡收入水平的变化；③需求导致产出或收入的变化主要是通过支出乘数实现的，自主性支出的变化将导致产出或收入发生更大的变化，而乘数取决于边际消费倾向。

7. *IS* 曲线

IS 曲线刻画的是在任意给定的利率水平下对应的总产出均衡水平，或者说产品市场处于均衡状态时的利率与产出的组合。它的代数表达式为：

$$i=\frac{a+I_0}{b}-\frac{1-mpc}{b}\times Y$$

由于边际消费倾向 $mpc<1$，因此 *IS* 曲线的斜率小于零，并向右下方倾斜，如图 20-3 所示。

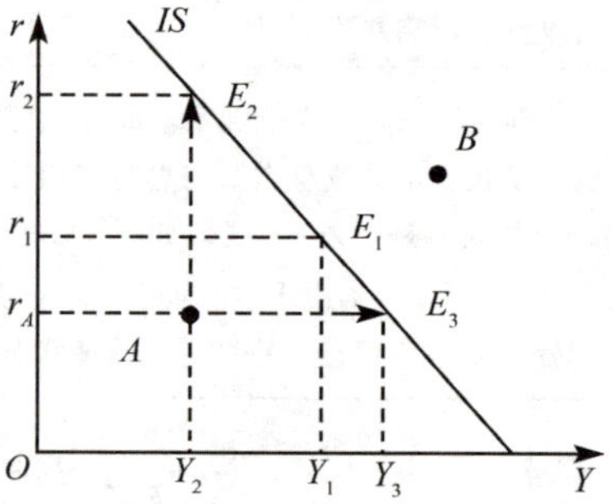

图 20-3　*IS* 曲线

利率与总需求(或总产出)之间具有负相关关系，说明在封闭的市场经济中，当其他条件不变时，利率反作用于投资和总需求，即：

$$\Delta Y=\frac{b}{1-mpc}\times\Delta i$$

IS 曲线刻画的是任意给定的利率水平所对应的产出均衡水平，也就是说，*IS* 曲线上所有的点都表示在一定的利率水平上使产品市场实现均衡的产出水平或收入水平。

IS 曲线下方的点都意味着产品市场的供不应求；*IS* 曲线上方的点都意味着产品市场的供过于求。非均衡的产出对应的则是非均衡的利率。非均衡的产出与非均衡的利率必将驱使该点向 *IS* 曲线移动。

8. *LM* 曲线

这一曲线刻画的是任意给定的利率水平所对应的货币供需均衡，或货币市场处于均衡状态时的利率与产出的组合。*LM* 曲线的基本出发点是凯恩斯的货币需求函数：

$$\frac{M_d}{p}=kY-hr(k>0，h>0)$$

设定货币供给是严格的外生变量，依据货币市场均衡的条件，可以得到 *LM* 曲线的代数式：

$$r = \frac{1}{h}(kY - \frac{M_s}{P})$$

LM 曲线是一条向上倾斜的曲线。这条曲线上的任意一点都表示货币市场的供求均衡状态，与这一点相对应的产出水平和利率水平则是货币市场处于均衡状态时的利率与产出的组合。

任何不在 *LM* 曲线上的点，都意味着货币供求处于非均衡状态：*LM* 曲线上方的点表示货币供给大于需求；*LM* 曲线下方的点表示货币需求大于供给。*LM* 曲线如图 20-4 所示。

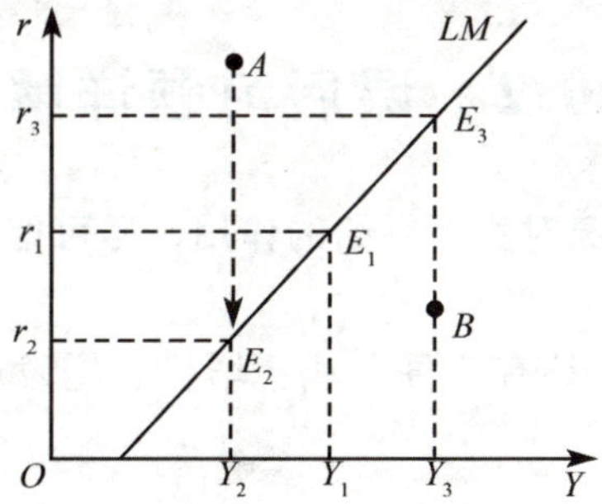

图 20-4　*LM* 曲线

9. 导致 *IS* 曲线与 *LM* 曲线位移的因素

IS 曲线是在假定影响需求的其他因素不变而只考察与利率水平有关的相应因素变动的条件下确定的。所以，当那些影响总需求而又与利率没有关系的因素发生变化时，就会导致 *IS* 曲线的位置发生变化。这些因素包括：自主性消费、与利率没有直接关系的投资支出和进出口活动以及政府支出等。

LM 曲线是在假定货币供给不变而只考察收入和利率对货币需求发生作用的情况下确定的。所以，当货币供给以及收入和利率以外的影响货币需求的因素（如自主性货币需求）发生变化时，就会导致 *LM* 曲线的位置发生变化。

10. *IS* 曲线与 *LM* 曲线的共同均衡点

IS 曲线给出了任一利率水平确定的均衡产出，但是它并不能确定这一利率水平本身是否是均衡利率；

而 *LM* 曲线给出了任一产出水平确定的均衡利率，但是它并不能确定这一产出水平本身是否是均衡产出。

IS 曲线与 *LM* 曲线的交点 *E* 表明：在产品市场上，总产出与总需求相等；在货币市场上，货币供给与货币需求相等。也就是说，这一点上，产品市场和货币市场同时处于均衡状态，如图 20-5 所示。

如果利率与产出的交点处于 *IS* 曲线之上而在 *LM* 曲线之外，表示产品市场达到均衡而货币市场没有达到均衡；如果利率与产出的交点处于 *LM* 曲线之上而在 *IS* 曲线之外，表示货币市场达到均衡而产品市场没有达到均衡。市场机制的作用将使得非均衡点趋近于 *E*。

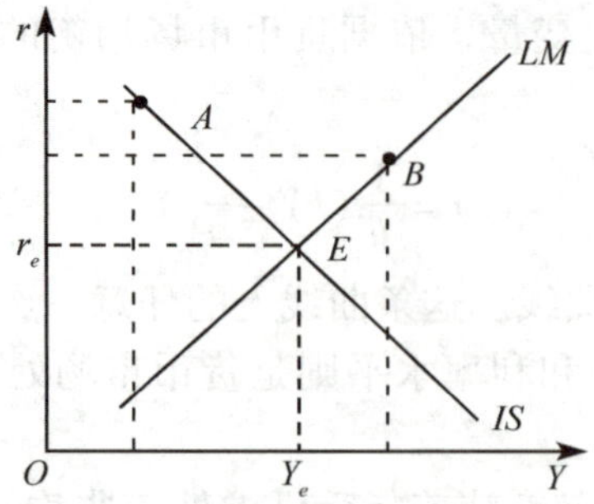

图 20-5　*IS* 曲线与 *LM* 曲线的共同均衡点

20.2　课后习题详解

1. 试剖析国家财政收支状况对货币供给的作用，尽可能全面地列出赤字作用于货币供给量的多种可能途径。

答：一般政府财政赤字的弥补有三种办法：增税、增发政府债券和变动基础货币。它们对货币供给的影响如下：

(1)增税

增税，属于紧缩政策。但从短期效应来说，它并不会直接缩减货币供给。因为从个人、公司征收到财政手中的货币，在弥补赤字的情况下是必然要支出的。当这部分货币用于购买时，货币又流到公司、企业；用于转移性支出时，如用于福利开支，则流回到个人。货币供给总量不变。增税之所以被视为紧缩性政策，是因为它会降低新投资的积极性，降低对贷款的需求，从而可能成为控制货币供给增长的因素。当然如果增加课税所得收入的货币不再支出，那就会直接压缩货币供给量。

(2)发行债券

用发行债券的方式来弥补预算赤字。这些债券的购买者如果是公众或商业银行，并不产生增加货币供给的效应。因为政府用债券取得货币后，流通中的货币虽以同等数额减少，但当政府将出售债券获得的货币再用于购买支出时，这些暂时退出流通的货币又会回到流通之中。

不过，对于公众(包括个人和企业)的购买还是要区别两种情况：一种情况是用现钞和活期存款购买，意味着 M1 的相应缩减。政府用以再支出，不论用于机关、企业还是个人，通常会形成 M1 的供应。这就是说，具体到 M1，其供给规模是不变的。另一种情况是用储蓄或定期存款购买，这意味着 M2 中准货币的减少。所以，当财政支出形成 M1 时，虽然按 M2 计的货币供给总规模不变，但 M1 的规模却增大了。这对经济生活中的市场均衡无疑是有重要意义的。

(3)增加基础货币

通过增加基础货币的方式弥补赤字。通常的情况是：财政部发行债券，中央银行直接收购。财政部用出售债券的收入支付商品、服务或其他支出。公司、企业、个人收入货币存入银行，银行则相应增加了在中央银行的准备存款。同样的结果，也可能走的是较迂回的过程。债券出售给公司、个人或商业银行，从而造成银行准备金的减少，但这些债券或抵押或出售给中央银行，中央银行购买债券的支出又会补足了商业银行的准备金。而财政把出售债券的收入再支出，则仍然成为准备金增加的因素。

如果国库直接向中央银行借款，结果相同。

准备金的增加是基础货币的增加，它会产生倍数效应。因此，能产生明显的增加货币供给的效果。

概括地说，现代货币供给的形成机制，一方面已完全排除了国家财政对货币供给直接操作的情况；另一方面，国家财政对货币供给依然有巨大的作用，有时甚至能起到决定性的作用。

2. 是否货币供给的一部分用于弥补赤字，就必然造成货币供给超过货币需求？试做理论推导，也可结合 1998 年以来我国的经济状况进行剖析。

答：赤字与货币供给的增减变化是否存在一对一的关系，必须准确地理解赤字的大小对整个经济中货币供给总量的增减变化是否存在着一对一的关系。假如经济生活中不存在任何其他可以引起货币供给变动的因素，这样的判断自然可以成立。但问题是，在现代经济生活中，决定货币供给增减的原因并不限于财政收支状况这一个因素。

通过信贷运作形成货币供给的机制——信贷的扩张与紧缩直接左右着货币供给的数量变化。所以，从整个经济系统观察，至少必须假设信贷的活动不改变已有的货币供给规模，才可以讨论：财政赤字是否必然引起货币供给等量的增加。

实际生活中，制约货币供给增减变化的还有其他因素。如国际收支的顺差和逆差，不论是由对外贸易收支，还是由非贸易收支，或者是由资本的流出流入所引起的，对货币供给的增减变化都是一个极其重要的因素。比如，从 1994 年年中到 1997 年年中，不少学者担心，外汇储备的急速增大会使基础货币增多从而使货币供给超常增长，反映的就是这样的问题。

所以，赤字与货币供给总量之间只有在极其特定的条件下才有可能存在一对一的关系，这个特定条件即“其他条件不变”。如果其他条件使得货币供给增加了，那么由赤字所增加的货币供给，只不过是货币供给所增加的总量中的一部分；只有当这一部分在总量中占绝大部分时，其他因素才可忽略。但这绝非普遍的、必然的规律。

假设其他条件造成货币供给减少，在这样的条件下可能出现三种情况：①赤字引出的货币供给恰恰与其他条件所引起的供给减少相等，货币供给总量不变。②赤字引出的货币供给还不足以补足其他条件所引起的供给的减少，货币供给总量在赤字存在的情况下就会有所收缩。③赤字引出的货币供给大于其他条件所导致的货币供给的减少，货币供给总量增多，但增加部分小于赤字的金额。

上述的其他条件不论是使货币供给增大，还是使货币供给减少，都使货币供给的增减变化不会与赤字存在一对一的关系。以我国为例，1998 年第一季度，随着东南亚金融危机对我国的影响逐步明朗，外贸出口下滑，经济增长趋缓，价格水平明显下降。经济本身提出了“扩大内需”的迫切要求。与此同时，货币政策方面的措施虽然连续、密集地使用，但产生不了扩张的效应，进一步的操作余地也已相对狭小。针对当时的经济形势，政府部门在当年 8 月提出了“积极财政政策”，以推动经济增长。

综上所述，货币供给的一部分用于弥补赤字，并不必然造成货币供给超过货币需求。

3. 在市场经济中，国债是如何联结财政和金融的？对这个联结环节可能发挥的作用应做怎样的估价？

答：在典型的市场经济国家，国债是财政与金融的主要联结点。

首先，财政收支作用于货币供给，主要是通过发债的途径。不涉及赤字弥补的各项财政收支活动，它们本身并不会引起货币供给总量的变动。不涉及中央银行资产业务的财政赤字弥补方式，也不会引起货币供给总量的变动。国债发行虽然并不是全部直接卖给中央银行(或通过商业银行间接转到中央银行)，但却是现代社会财政收支作用于货币供给的主要途径。这是因为：各国中央银行往往通过在二级市场买卖国债来吞吐货币，从而达到调控经济的目的。

其次，国债是发挥财政政策和货币政策合力作用必不可少的条件和操作手段。国债作为财政性信用工具，既能实现财政调控，又能实现金融调控：政府在国债市场上发行国债弥补财政赤字，筹集建设资金，实施财政调控；中央银行则利用国债开展公开市场业务，调节基础货币和信贷规模，进行金融调控。可见，无论是财政政策还是货币政策，其实施过程都同国债有着不可分割的联系。国债是政府将相对独立的财政政策和货币政策有机结合、协调运用、实现宏观调控、促进经济增长的重要工具。

最后，必要的国债规模还是金融机构调节头寸的必要手段。国债由于其安全性好、流动性高，成为商业银行最适宜的二级储备。适度规模的国债发行量，对于提高商业银行资产质量和资产负债管理水平起到了至关重要的作用。因为商业银行调整其资产负债结构时必须有期限等特征符合要求的国债以供操作。

4. 财政赤字若不以向中央银行借款的方式而以发行债券的方式来弥补，就绝不会造成货币供给过多吗？

答：题干观点不正确。

不涉及赤字弥补的各项财政收支活动，它们本身并不会引起货币供给总量的变动。例如财政征收各项税收，实际上是把货币资金从企业和个人转移到财政部门，然后又通过财政支出转移到企业和个人，货币供给总量并不会发生变化。

不涉及中央银行资产业务的财政赤字弥补方式，也不会引起货币供给总量的变动。如果弥补财政赤字是靠向社会公众借款，也只是通过财政的“手”从社会公众那里拿来一部分收入，再通过财政支出放回到社会，货币供给总量不变。

现代经济社会生活中，弥补财政赤字的主要方式就是发行国债。发行国债虽然并不是全部直接卖给中央银行(或通过商业银行间接转到中央银行)，但却是现代社会财政收支作用于货币供给的主要途径。这是因为：各国中央银行往往通过在二级市场买卖国债来吞吐货币，从而达到调控经济的目的。如果国债的一部分直接由中央银行承购，那就等于财政直接向中央银行借款。这会立即增加基础货币，其他条件不变时，货币供给也会增加。

所以，在剖析国债发行对货币供给的影响时，考察它对基础货币增减变化的影响是一个极其重要的方面。与此同时还要注意分析国债发行对货币供给结构的影响，主要是活动力强的那部分货币在整个货币供给中所占比重的增减变化。

5. 回顾改革开放以来我国国债的发行历程，并分析其对货币供给的影响。

答：(1)改革开放以来我国国债的发行历程

为了弥补财政赤字、筹集经济建设资金，我国于 1981 年恢复了国债的发行。但国债发行额较小，截至 1993 年这一阶段年平均发行量为 198 亿元，累计发行量为 2106 亿元，国债增幅比较平稳。1994 年到 1997 年间，由于国家预算体制改革，不再允许财政向中央银行透支来解决赤字而改为发行国债，加之过于集中的还本付息，国债发行量呈现较大增幅。1994 年国债发行量突破 1000 亿元，1995 年以后，每年发行量均比上年增长 30% 以上，远高于同期财政收入的年均增长速度和 GDP 的年均增长速度。1998 年至今，为拉动内需和应对亚洲金融危机对中国经济的冲击，同时保持一定的经济增长，我国实行了积极的财政政策，扩大政府投资，国债发行量陡升，导致 1998 年国债发行额高达 3310.93 亿元，比上年增长了 33.7%，此后国债年发行量节节攀升。2003 年国债发行总量达到 6355 亿元，创下国债发行总量的新高。改革开放 40 多年来，我国积极完善国债制度，国债发行额逐年增长。此外，我国分别于 1998 年 8 月和 2007 年 6 月发行了特别国债，所筹资金分别用于补充四大行资本金和购买外汇注资中投公司；2020 年我国还发布了抗疫特别国债，这是历史上的第三次发行特别国债(不含续发)，可以说是比较罕见的情况。

(2)国债发行对货币供给的影响

发行的国债由公众或企业购买。国债的购买者如果是公众或商业银行，并不会导致货币供给的增加。因为政府用国债取得货币后，流通中的货币虽以同等数额减少，但当政府将出售国债获得的货币再用于购买支出时，这些暂时退出流通的货币又会回到流通之中。其具体的过程是公众开出商业银行的支票或商业银行开出由自己支付的支票，都会使各银行在中央银行的准备金减少。但财政支出之后，这些准备金又会恢复。准备金不变，创造货币的规模也不会变。

发行的国债由中央银行购买。国债作为一种金融工具，也是货币当局进行公开市场操作的重要手段，这样国债发行就会直接或者间接影响国家的货币供给，而且影响的程度取决于货币当局对金融市场的干预程度和对政府赤字的态度。通常的情况是：财政部发行国债，中央银行直接收购。财政部用出售国债的收入支付商品、服务或其他支出。企业、个人收入的货币存入银行，银行则相应地增加了在中央银行的准备存款。同样，如果国债出售给公司、个人或商业银行，造成银行准备金的减少，但这些国债或抵押或出售给中央银行，中央银行购买国债的支出又会补足了商业银行的准备金，从而达到同样的效果。而财政把出售国债的收入再支出，仍然成为准备金增加的因素。准备金的增加是基础货币的增加，它会产生倍数效应。因此，能产生明显的增加货币供给的效果。

6. 对于货币供给形成机制，有做财政主导型和信贷主导型区分的。如果采用这样的区分，试比较分析它们的异同，并剖析各自的优劣。

答：(1)财政主导型货币供给形成机制

财政主导型货币供给形成机制是指在形成现代货币制度之前，由财政主导的货币供给形成机制，财政状况决定了货币供应量。在这段历史中，市场中通货铸币的铸造或纸币的发行都是由国家垄断的。这时没有独立的货币当局，而是由国家财政铸造和发行货币。在这种财政与货币发行不分离的情况下，国家可以将货币发行作为一个重要的财源。而货币的发行常常被用作满足财政支出的手段。如果国家发生了财政赤字，则可以通过多发行货币来筹资。在铸币材料有限的情况下，国家只能铸造成色不足或小于制度规定的铸币。这类劣币在流通中必然不能按面值流通；但财政在支出时却是按面值使用或高估使用。由此会产生劣币驱逐良币的现象。此外也必然会导致币值下降，官方规定的币值难以维持。这一问题在国家发行纸币的时代也同样存在。也就是说，只要财政主导发行，该问题就必然产生，这正是财政主导型货币供给形成机制的根本缺陷。

(2)信贷主导型的货币供给形成机制

信贷主导型的货币供给形成机制，是指在现代银行制度建立以后，银行券作为通货流通，不再由财政控制货币供给而是由银行信贷体系实现货币供给的现代货币供给形成机制。这种货币供给形成机制的指导思想是结束过去财政对货币供给形成机制的支配，并使财政只能在有限的范围内从货币供给中来弥补自己的亏空。实践中，现代货币供给制度基本上实现与财政脱钩。很多国家货币当局与财政部门是相互独立的。而财政赤字主要由增税或发行债券的方式来弥补。当然，虽然已完全排除了国家财政对货币供给直接操作的可能性，但是财政仍然会对货币供给产生重要影响。事实上，财政与信贷处于不可分割的联系之中。

(3)两者区别

财政主导型和信贷主导型货币供给形成机制的主要区别在于货币的发行和创造与财政的关系。财政主导型货币供给形成机制是由财政负责发行货币，因此国家可以用铸币收益来弥补财政赤字，由此常常造成货币贬值的恶果。而信贷主导型货币供给形成机制实现财政与货币创造发行之间的相对独立，财政赤字主要由政府增税或发行债券的方式来弥补。这样虽然也会对基础货币产生影响，但是这种独立性保证货币创造不再受财政的控制。这也正是信贷主导型货币供给形成机制的优势。由此不难理解世界各国都强调中央银行独立性趋势的原因。

7. 近年来，国内外时常谈论中国的“或有债务”。你认为，中国的或有债务应该如何实事求是地统计？

答：目前，国内外关于中国债务问题的讨论，大多集中于债务规模、债务规模的变化以及债务规模与 GDP 的比率(杠杆率)等方面。这种分析只考虑了债务资金的使用，而忽视了债务资金的用途。负债的原因通常都是为了增加产出或积累资产，如果不将债务的这种经济结果考虑进来，一定是不全面不科学的。我们必须秉持结合资产来分析负债的观点。要从资产负债表的视角出发，既要考察负债面，也要兼顾资产面，看债务的使用能否创造资产，能否为偿债提供经济基础。

分析中国债务问题更应当如此。从各国政府资产负债情况可以看到，西方发达经济体的政府从事债务融资主要是用于消费，弥补公共消费亏空、养老体系缺口和进行收入再分配；而中国政府的债务融资则主要是用于投资，为各类公共投资筹集资金。债务资金用途不同，经济后果自然有天壤之别。用于消费，则偿债资金仍须另行筹措，无疑会加重政府未来负担，进一步则可能引发债务危机；而用于投资，通过投资形成资产，产生现金流，便为偿债奠定了雄厚基础，反而可能降低负债的风险。

经过测算，2008 年国际金融危机以来，尽管中国主权负债增加较多，但主权资产同样呈扩张态势，中国主权资产净值具有相当规模。按宽口径匡算，2015 年底，中国主权资产总计 229.1 万亿元，主权负债 126.2 万亿元，资产净值为 102.9 万亿元。考虑到行政事业单位国有资产变现能力有限以及国土资源性资产使用权无法全部转让的情况，我们再进行一系列抵扣，这时得到的窄口径主权资产净值仍然达到了 20.7 万亿元。这意味着，中国政府拥有足够的主权资产来覆盖其主权负债，即使政府债务未来出现一定程度的还本付息困难，我们依然可以通过出售部分国有经营性资产和变现部分资源性资产来清偿债务。

（1）资产方被低估的情况

①对国有企业权益的估算，主要使用的是历史成本法，如果使用市场估价或公允价值法，将更有助于提升政府掌控的资产净值和政府偿债能力。

②国土资源性资产评估以土地净产出进行折算，也可能存在低估现象，因为随着我国城镇化快速推进，部分土地用途会发生改变，其市场价值也会增加。

③部分特殊资产的价值计入不足，尤其是对公共基础设施资产的计量，目前主要以购置价或建造成本计入，因为缺乏有效的市场交易价格，无法使用市场估值法公允地反映其市场价值。公共基础设施资产的应计未计，还体现在其公共属性的变化上，即一些基础设施正在由纯公共产品向准公共产品转变。随着中国经济的发展和市场化改革的深入，一度不具有市场经营条件的部分基础设施资产将变得有利可图，中国政府长期以来掌控的大量“卖不出价钱”的基础设施，将逐渐产生现金流，可变现能力明显增强。

（2）负债方被高估的情况

①从技术上说，如何对风险程度进行判定，如何对或有负债进行风险概率赋值，直接与债务数额高低有关。目前我们的估算没有选取概率，而是直接将确定性负债与或有负债进行简单加总，因此肯定存在负债规模被高估的问题。

②从经验上说，在作为或有负债的不良贷款中，除了损失类贷款，次级类和可疑类贷款中有一定比例是可以收回的（国际经验是收回 30% 左右），考虑到这点，实际的不良资产规模还要更小一些。因此，综合考虑资产方和负债方两方面情况，中国实际的主权资产净值可能更高。

而且，从净资产结构构成的角度来看，在目前西方主要发达国家，居民部门净资产占比通常达到 70% ~80%，政府部门净资产占比则微乎其微甚至为负。而在中国国家整体净资产（包括非金融资产和净对外投资头寸）中，居民部门、非国有企业部门和政府部门（含国有企业）差不多各占 1/3。中国政府的资产净值很高，这与西方其他国家净资产的结构具有显著不同。正是因为中国政府拥有或控制的存量资产（包括其他可动用的资源）比例很高，相应的债务危机爆发的风险就显著降低了，这是我们相对于其他国家的独特优势。

8. 如何估价或有债务对货币供给的影响？

答：从根本上讲，或有债务对货币供给的影响取决于其对国家财政状况的影响。或有债务是一个边界相当模糊的概念，对货币供给的影响需具体剖析。

概括来说，必须要求国家财政资金予以补偿的或有债务，会对货币供给产生向上的压力；可以自行化解的或有债务一般而言不会对货币供给产生影响。需要补偿的或有债务对货币供给产生的压力，根据其补偿比例、补偿时间的不同而有所不同：补偿比例越大，补偿时间越早，产生的压力越大。

具体分析如下：

目前，列举的属于国家财政的或有债务大体涉及：

(1)应由财政弥补的国有经济的亏损累积

应由财政弥补的国有经济的亏损累积相当部分表现为国有商业银行的不良债权。对于这部分或有债务，由于其要求财政给予相当比例的补偿，对货币供给产生的压力较大。但是，财政可以在一个相当长的期间逐步安排补偿，并鼓励银行通过发展自行化解一部分，因此，其对货币供给的现实压力较大。

(2)未列入财政收支的公共部门的债务

如政策性银行的金融债券。公共部门由于其非营利性决定了依靠其自行化解的难度较大，这部分或有债务是财政资金必须予以补偿的。因此，其对货币供给的压力很大。

(3)社会保障基金的欠账

社会保障是政府必须履行的职能，社保基金的欠账对财政资金形成了巨大的压力。虽然通过规范社保基金的运作，可以解决一部分问题，但对于巨大的缺口而言仍是杯水车薪。另一方面，社保基金的支付是一个长期的过程，因此其对货币供给的影响也将长期存在。

(4)粮棉收购和流通中的亏损累积

表现为在银行的“挂账”，从改革开放起的地方财政发债、集资尚未清理部分等。这些或有债务就性质来说本不应属于财政的或有债务。可是基于政府的道义责任、公众的期望、政治的压力，如“安定团结”的需要等，也不得不由政府当作财政的债务来“兜底”，需要在长期逐步安排补偿。因此，从长期来讲，这些或有债务对货币供给产生向上的压力。

综上所述，或有债务是通过影响政府的财政状况来影响货币供给的。如果政府资金充裕，那么或有债务对货币供给不产生影响；如果或有债务造成了政府财政赤字，并且政府通过国债等方式来弥补财政赤字，那么货币供应量就会增加。不同或有债务对财政资金的依赖程度不同，要求补偿的时间不同，因此，对货币供应量的影响程度也不同，具体的剖析对于论证或有债务对货币供给的影响非常必要。

9．从保证货币稳定和经济稳定出发，无论是对赤字还是对国家的未清偿债务，在国际上都有一些警戒线。应如何评价这些警戒线的权威性和适用性？运用这些数量界限应该注意什么问题？

答：(1)国债发行警戒线

国债作为一种有偿性的财政收入形式，它的发行要受到诸多客观经济因素的制约，如社会的应债能力、政府的偿债能力、国民经济的承受能力等等。国际上通常采用的国债发行警戒线有国债依存度、国债负担率和国债偿债率：

①国债依存度。它衡量的是当年国债发行额占当年财政收入总额的比重，可用公式表示为：

$$国债依存度=(当年净发债额\div 当年财政收入总额)\times 100\%$$

这一指标的国际警戒线一般不超过20%。

②国债负担率。它衡量的是一定时期的国债累积额相当于同期GDP(或GNP)的比重，可用公式表示为：

$$国债负担率=(当年国债累积额\div 当年\ GDP)\times 100\%$$

这一指标的国际警戒线一般不超过60%。

③国债偿债率。它衡量的是当年到期的国债还本付息额占当年财政收入总额的比重，可用公式表示为：

国债偿债率 =（当年国债的还本付息支出额 ÷ 当年财政收入总额）× 100%

这一指标的国际警戒线一般不超过 10%。

（2）对警戒线的理解以及运用时应注意的问题

对国际通常采用的警戒值不应该绝对的理解。它们只是起警诫作用的一般性经验指标，并不一定与各国的具体情况吻合，特别是难以适应对各国某个特定时期国债适度规模的判断。此外，单从某一指标并不足以得出国债规模是否适度的结论，决定或影响一个国家国债规模的因素有很多，而且每个国家的经济体制、经济发展程度以及各种经济条件和状况都存在很大差异，所以不能简单地用某一国债规模指标来衡量国债规模是否适度。而且有时出于种种原因，各种指标之间还会出现相互矛盾的情况。因此，运用这些数量界限时，要注意综合几个指标分析，并结合国家的具体经济状况合理判断国债规模。

10. 如果应用 *IS-LM* 模型分析我国的宏观经济形势和论证宏观经济政策，你认为应该注意什么问题？

答：（1）对我国经济形势的分析

IS-LM 模型的建立，是以典型的市场经济为背景的。*IS-LM* 模型的建立随着西方经济学的引入已经有较长的时间，但如何把这一模型运用于中国的经济生活，进行深入的分析，却并非易事。其中所碰到的基本问题就是经济条件、经济背景的差异。首先是长期的计划经济条件下的经济运行难以通过这个模型进行研究，另外，在如今中国的市场经济机制已经得到极大发展的情况下，对这个模型的运用仍然有一定的困难。特别是利率，在中国的经济中起不了这个模型据以建立的杠杆作用。

①利率虽已逐步影响货币需求，但货币需求的利率弹性较小。到目前为止，实际使用的预测货币需求的模型仍然只是对利率进行简单的考察甚至不做考察。

②货币供给已逐步影响利率水平，但它们中间仍无直接的决定作用。到目前为止，货币供应的变动和利率的变动还难以直接地联系起来。

③尽管投融资体制改革已经取得很大进展，但利率对于支出，特别是对于投资支出，仍难以产生有效的调节作用。到目前为止，利率还不能说是决定投资支出的主要变量。

在这样的情况下，目前要想直接套用 *IS-LM* 模型来分析中国的经济形势，难以做出有价值的判断；要想直接套用 *IS-LM* 模型进行决策，可能是纸上谈兵。当然，在建立市场经济体制的改革不断推进的情况下，特别是一旦利率的作用提升到具有对主要经济变量产生决定性影响之际，*IS-LM* 模型的运用自然会有日益广阔的场所。

（2）对我国的指导意义

设计 *IS-LM* 模型的诸多理论概括是具有一般意义的。只要存在商品货币关系的经济，这些概括都是客观必然的反映。中国已向市场机制转轨，这些理论概括应当说有其指导意义。例如：

①市场需求对市场供给的拉动作用。模型证明，在一定条件下，如果从短期进行考察，需求的增长将带动产出和收入的增长，而供给将随着需求的变化作相应的调整。

②货币供给是市场需求的载体。在模型中，没有货币供应的增加，或者说没有 *LM* 曲线

的移动，单纯依靠财政扩大支出增加总需求，必然导致利率的上升，使需求的增长受到限制。所以，货币供给是需求的载体，需求的持续增长必然以货币供应的增长为必要条件。

③货币供给作为外生变量在短期内能够影响产出，因而必然成为政府干预经济的重要手段。

④在短期中，财政政策和货币政策都可以作为扩大产出的手段。但在长期中，单纯通过财政政策和货币政策扩大需求，难以促进产出的持续扩大。

(3)应注意的问题

掌握 *IS-LM* 模型的分析思路对于考察宏观问题很有帮助。但必须注意的是，*IS-LM* 模型的论证，如上面所介绍，有许多设定，这在论证模型中是极其必要的。然而，现实经济生活中，无论是转轨经济，还是发达的市场经济，经济环境相较于模型的设定要复杂得多。所以，对模型概括的很多结论不能不顾条件地加以运用。只要设定的条件发生变化，结论也会发生变化。例如，前面有关章节曾论述过：

①市场需求并不总是简单决定市场供给，至少往往并非等量地拉动供给；

②货币供给并不总是简单决定市场需求，至少往往并非等量地影响市场需求；

③货币供给也不简单是一个外生变量，比如紧缩货币供给量易，扩张货币供给量难，两方颇不对称；

④财政政策不影响货币供给的设定只是在特定的条件下成立，通常会多多少少给货币供给的数量带来变化。

第21章　开放条件下的政策搭配与协调

21.1　复习笔记

【知识框架(庖丁解牛)】

开放条件下的政策搭配与协调

- 汇率的作用与风险
- 政策冲突与搭配
  - 米德冲突
  - 蒙代尔政策搭配
  - 克鲁格曼三角
  - 我国的内外均衡冲突与政策选择问题
- 开放条件下货币政策的国际传导和政策协调
  - 开放条件下货币政策的国际传导
  - 国际政策协调
- 开放经济的模型
  - *IS-LM* 模型的扩展
  - 不包括资本流动的 *IS-LM-BP* 模型
  - 引进资本流动的 *IS-LM-BP* 模型

【考点难点归纳(厚积薄发)】

考点一：汇率的作用与风险(见表21-1)　★★★

表21-1　汇率的作用与风险

要点	具体内容
汇率与进出口	①一般来说，本币汇率下降，能促进出口、抑制进口；若本币汇率上升，则有利于进口，不利于出口。然而，上述的影响机制具有一定的前提条件，即进出口需求有价格弹性——进出口商品价格的变动会对进出口商品的需求产生影响。 ②概括地说，如果进出口需求对汇率和商品价格变动的反应比较灵敏，即需求弹性大，那么一国汇率下降和出口商品价格的降低可以有效刺激对出口产品的需求；而由于进口商品的国内价格相应上涨，则可以有效抑制对进口商品的需求。根据马歇尔-勒纳条件，当进出口商品需求弹性之和大于1时，汇率的下降可以改善一国的贸易收支状况。 ③但是就出口商品来说，还存在一个出口供给弹性的问题，即汇率下降后出口商品的产量还受到商品供给扩大的可能程度的制约。 ④一国出口商是否可以从汇率的下降中得到额外利润，是以一国货币对内购买力不变为前提条件，国内物价上涨，会抵消额外利润，从而也就没有调低出口品在外国市场上的价格的空间。当竞争对手通过贬低各自本币汇率等措施加以反击时，竞争的优势就不复存在。汇率作用于进出口，是一般性规律，但如果不具备必要的条件，作用并不会实现

续表

要点	具体内容
汇率与物价	①从进口消费品和原材料的角度来看，汇率下降会引起进口商品在国内的价格上涨。而它对物价总指数影响的程度则取决于进口商品和原材料在国民生产总值中的比重。反之，本币升值，在其他条件不变时，进口品的价格有可能降低，从而可以抑制物价总水平的上涨。 ②从出口商品看，汇率下降有利于扩大出口。但如果出口商品的供给弹性小，那么出口的扩大会引发国内市场抢购出口商品从而抬高其国内收购价格，甚至有可能对国内物价总水平产生影响。在这种情况下，汇率降低刺激出口增加的作用将会部分甚至全部被抵消，进而影响整个经济进程
汇率与资本流出入	①由于长期资本流动的影响因素主要是利润和风险，在利润有保证和风险较小的情况下，汇率变动不会直接引起长期资本的巨大波动。 ②短期资本流动往往受到汇率的较大影响。当存在本币对外贬值的趋势下，国内外投资者就不愿持有以本币计值的各种金融资产，就会将其转兑成外汇，从而发生资本外流。同时，由于纷纷转兑外汇，外汇供求紧张加剧，进而促使本币汇率进一步下跌。反之，当存在本币对外升值的趋势下，国内外投资者就力求持有以本币计值的各种金融资产，从而引发资本内流。同时，由于外汇纷纷转兑本币，外汇供过于求，从而使得本币汇率进一步上升
汇率与产出和就业	如前所述，汇率的变动能够对进出口、物价和资本流出入产生影响，不难看出，它对一国的产出和就业也会产生重要影响。由于改变了资源的流向与配置，汇率变动会间接影响国内生产结构和就业水平
汇率发挥作用的条件	①汇率能否充分发挥这些影响以及影响程度的大小，除了受进出口商品的需求弹性、出口商品的供给弹性的制约外，还会受到各国的经济体制、市场条件、市场运行机制、对外开放程度的影响。另外，汇率制度的选择以及政策的相互配合也会对汇率作用的发挥产生影响。 ②通常，一国的市场调节机制越充分，外汇市场与其他金融市场和商品市场的相关度越高，国内市场与国际市场的联系越密切，微观经济主体与经济变量对汇率的反应越灵敏，汇率发挥作用的效果越好
汇率风险	①汇率风险，又称外汇风险，是指在国际交往中汇率的变化给交易人带来损失的可能性。 ②风险的主要表现为： a. 进出口贸易的汇率风险：在进出口贸易中收付外汇时因汇率变动引起损失的风险。 b. 外汇储备风险：一国为应付日常外汇支付以及平衡国际收支，常常需要保持一定数量的外汇储备，外汇储备风险就是由于所持有的外币资产因汇率贬低而蒙受损失的风险。 c. 外债风险：因汇率变动而引起的对外举债损失的风险。为避免或减轻汇率风险损失，在对外交易中需要采取一些风险防范措施

考点二：政策冲突与搭配 ★★★★

1. 米德冲突

在开放的经济环境中，为实现内外均衡目标，选择以财政政策、货币政策实现内部均衡，以汇率政策实现外部均衡。

然而，如果采取固定汇率制度，那么汇率工具就无法使用。此时如果仅用财政政策和货币政策来达到内外部均衡，常常存在着冲突。例如，外部均衡要求实行紧缩性政策时，从国内的角度可能需要实行扩张性政策。对于这样的矛盾，经济学上称为米德冲突。

2. 蒙代尔政策搭配

60 年代，蒙代尔提出了他的“政策搭配理论”，该理论指出只要适当地搭配使用财政政策和货币政策，可以同时实现内外部均衡。政策搭配原理如图 21-1 所示，图中横轴表示利率水平，代表货币政策；纵轴表示政府支出水平，代表财政政策。

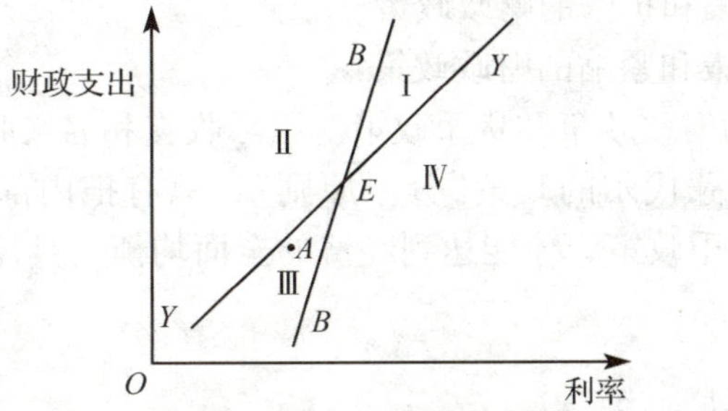

图 21-1　财政政策与货币政策的政策搭配

在图 21-1 中，BB 线为外部均衡线，线上任意一点均表示由一定的利率水平与财政支出水平的组合而达成的国际收支均衡状态。BB 线向右上方倾斜，其斜率为正。BB 线左上方的点表示财政支出超过了均衡的财政支出水平，导致进口增加的程度高于利率提高所带来的进口减少程度，从而导致了国际收支赤字。同理，BB 线右下方的点均表示国际收支盈余。

YY 线为内部均衡线，线上任意一点都代表国内处于均衡状态时的利率水平与财政支出水平的组合。YY 线斜率为正。YY 线左上方的点均表示财政支出超过了均衡的财政支出水平，导致国内总需求扩张的程度高于利率提高所带来的总需求减少程度，从而发生供不应求，出现通货膨胀。同理，YY 线右下方的点均表示国内需求不足，存在失业。

由于国际资本的流动导致 BB 线较为陡峭，而利率和财政支出变动由于不涉及国际资本流动，故而 YY 线较为平坦。因此两条曲线必然会存在一个交点，也就是内外部同时实现均衡的点。

当一国经济处于 A 点，即失业与国际收支赤字并存的内外失衡状态时，可以用货币政策来解决国际收支赤字问题，用财政政策来解决失业问题，以此来实现内外均衡。从 A 点开始，实行紧缩性货币政策以提高利率，使之逼近 BB 线，国际收支达到平衡；接着，实行扩张性财政政策，增加财政支出，使之逼近 YY 线，从而缓解国内失业。如此交替使用两种政策，就可以逐步达到全面均衡点 E。由此，蒙代尔得出了他的政策“分派原则”：在固定汇率制度下，只有把外部均衡目标分派给货币政策，把内部均衡目标分派给财政政策，才能达到经济的全面均衡，这就是蒙代尔的“政策搭配理论”（见表 21-2）。

表 21-2　不同失衡状态下的最佳政策配合

经济失衡状态	通货膨胀 国际收支盈余	失业 国际收支盈余	通货膨胀 国际收支赤字	失业 国际收支赤字
最佳政策配合	紧缩性财政政策 扩张性货币政策	扩张性财政政策 扩张性货币政策	紧缩性财政政策 紧缩性货币政策	扩张性财政政策 紧缩性货币政策

【例 21.1】根据蒙代尔的最优指派原则，当一国同时出现国际收支顺差和通货紧缩时应采取什么财政政策和货币政策？(　　)［复旦大学 2016 金融硕士］

A. 扩张的货币政策和紧缩的财政政策

B. 扩张的货币政策和扩张的财政政策

C. 紧缩的货币政策和扩张的财政政策

D. 紧缩的货币政策和紧缩的财政政策

【解析】蒙代尔认为财政政策和货币政策对国际收支和名义收入有着不同的影响，因此，在固定汇率制下，根据蒙代尔的政策“分派原则”，只有把内部均衡目标分派给财政政策，外部均衡目标分派给货币政策，才能达到经济的全面均衡。具体政策配合如表 21-2 所示。

【答案】B

3. 克鲁格曼三角(见表 21-3)

表 21-3　克鲁格曼三角

<table>
<tr><th>要点</th><th>具体内容</th></tr>
<tr><td>观点</td><td>保罗·克鲁格曼认为，一个国家实施金融政策有本国货币政策的独立性、汇率的稳定性和资本自由流动三个基本目标，但是这三个目标不可能同时实现</td></tr>
<tr><td>含义</td><td>三个目标之间的关系如图 21-2 所示。
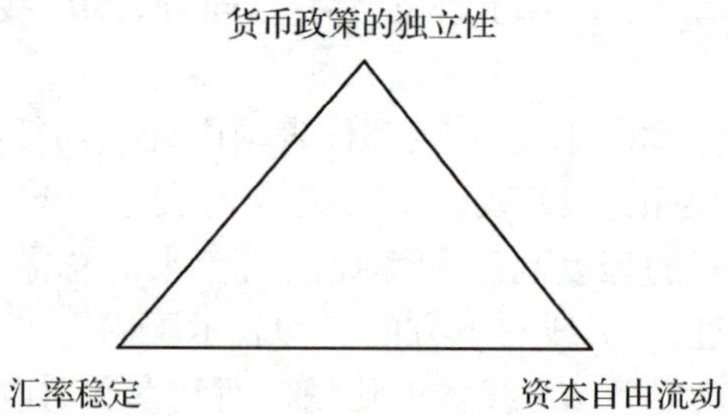

图 21-2　克鲁格曼三角
三角形的三个角分别代表金融政策的三个基本目标。克鲁格曼三角也称“三元冲突”，是指如果某一金融政策选定了某条边，那么它也选定了该边两端的政策目标；与该边相对的角所表示的政策目标则无法实现</td></tr>
<tr><td>选择</td><td>三元冲突下的选择：
①保持本国货币政策的独立性和资本的自由流动，必须牺牲汇率的稳定性，实行浮动汇率。
②保持本国货币政策的独立性和汇率的稳定性，必须牺牲资本的自由流动，实行资本管制。
③维持资本的自由流动和汇率的稳定性，必须放弃本国货币政策的独立性</td></tr>
</table>

4. 我国的内外均衡冲突与政策选择问题

我国推进资本项目的可兑换的压力主要包括以下四个方面：①WTO 以及相关国际组织的推动；②开放型经济大发展的内在需要；③管制的有效性越来越受到挑战；④难以承受的管制成本。

【例 21.2】在资本完全自由流动和固定汇率制度的前提下，以下结论正确的是(　　)。［中山大学 2014 金融硕士］

A. 货币政策和财政政策均有效　　B. 货币政策和财政政策均无效
C. 货币政策有效、财政政策无效　　D. 货币政策无效、财政政策有效

【解析】根据克鲁格曼提出的三元悖论原则，在固定汇率制度下，如果资本具有完全流动性，则一国不可能执行独立的货币政策，任何扩张或紧缩货币供给的企图都将被资本的迅速巨额流动及央行保持固定汇率的承诺相抵消，因此货币政策完全无效。资本完全自由流动的情况下，本国利率与世界利率相等。假设采取扩张的财政政策，则 *IS* 曲线向右移动，与 *LM* 曲线相交所决定的新的国内利率大于世界利率，导致资金迅速大量流入，本币有升值的倾向，央行为维持固定汇率在市场上收购外汇投放本币，本币供给增加，*LM* 曲线向右移动，直至国内利率回到世界利率水平，在此过程中国民收入大幅度增加。因此，财政政策有效。

【答案】D

考点三：开放条件下货币政策的国际传导和政策协调 ★★★★

1. 开放条件下货币政策的国际传导

在开放经济条件下，一国的国内经济政策会影响其他国家，其他国家也会做出相应的反应，这种反应又反过来影响本国经济。这种相互影响在一定程度上对一国经济政策目标的实现产生了制约，具体内容见表 21-4。

表 21-4　开放条件下货币政策的国际传导

要点	具体内容
两国情况下的蒙代尔-弗莱明模型	两国情况下的蒙代尔-弗莱明模型，是用来分析国际传导的基本框架： ①在开放条件下，外国经常账户是本国国民收入的增函数。也就是说，考察各国经常账户时均不能忽略外国国民收入这一变量。 ②在资金完全流动、不存在汇率变动预期的条件下，两国的利率水平分别取决于本国货币的均衡状态；如果利率水平存在差异，就会引起套利行为使得利率水平趋于统一。即两国模型中的"世界"利率水平是由两国共同确定的
货币政策效应的国际传导分析	①在固定汇率机制下，货币政策的扩张效应可归结为：扩张的货币政策通过利率的下降造成本国产出的增加，同时会促进外国产出的增加。也就是通过收入机制与利率机制，对外国经济产生正的溢出效应。 ②在浮动汇率机制下，货币政策的扩张效应可归结为：扩张的货币政策在造成本国产出上升的同时，却使得外国的产出水平下降。即本国产出的扩张，部分是靠外国产出的相对下降实现的。 在开放条件下，货币政策的溢出效应必然引出货币政策国际协调的理论和实践

2. 国际政策协调

(1)国际政策协调的概念

国际政策协调指的是各国在考虑了国际间的经济联系后，调整各自的经济政策以达到多边互惠，并实现全球利益最大化的协调过程。

(2)国际经济政策协调的理论(见表 21-5)

表 21-5　国际经济政策协调的理论

要点	具体内容
理论观点	国际经济政策协调理论总体来看有两大分支：一支是建立在对策论方法基础上，对国际货币政策协调的福利状况进行考察的理论模型；另一支是通过建立各种多国模型，利用实际数据来对国际经济政策协调收益的大小进行检验。此外，还有一些经济学家在肯定国际货币政策协调的积极作用的同时，研究政策协调的具体可行方案
矛盾	依据溢出效应的客观存在，库珀论述了在现代国际经济环境下，各国分别独立地制定、推行宏观政策必然导致的一些矛盾： ①各国政府都不愿意单方面采取扩张的货币政策，因为其会导致利率下降，造成资本流出，加大国际收支逆差；取而代之的是各国采取单方面紧缩的政策，结果造成世界经济的紧缩。 ②在倾向于通过紧缩的货币政策实现外部均衡的同时，各国政府都采取扩张的财政政策实现内部均衡。结果导致世界范围内的实际利率过高，以及货币政策和财政政策的不合理搭配。 ③各国政府一般认为商品价格由世界市场决定，而忽视各自的扩张政策对其产生的影响。但是这些政策将通过影响贸易条件使得总需求扩张，进而引发世界范围的通货膨胀。 ④各国政府为实现本国既定的经常项目目标而采取非协调的经济政策，这会破坏世界经济。由此得出的结论是：在存在政策溢出效应的情况下，政策协调能极大提高各国的福利

(3)反协调的理论观点

一些经济学家对国际政策协调持强烈的怀疑态度。有各式各样的论点：

①国际货币体系赋予各经济主体充分的自主权，是完美的；各经济主体(包括政府)应该对财政、货币政策以及汇率安排进行自由的选择，自由决定是否进入国际资本市场，而不必过多地顾及别人。

②政府间的竞争可以改善投资环境，促进经济的发展，而协调意味着削弱竞争，可能加大错误政策的实施范围等等。

当大国越来越多，各国经济逐步走向开放，每一个国家的政策都会影响到其他国家时，完全否定国际政策协调的必要性，显然与生活实际脱节。但是，当几个大国和众多中小国家并存之际，由于国家和经济实体的利益、实力、当前追求的目标等都具有极大差异，国际政策协调对参与者所可能带来的效益也必然存在差异。因而不能简单认为，国际经济政策协调范围越大、越彻底越好。

(4)政策协调的层次(见表 21-6)

表 21-6　政策协调的层次

层次	含义
信息交换	信息交换是各国政府相互交流本国为实现内外均衡而采取的宏观调控的政策目标范围及侧重点、政策工具种类、政策搭配原则等信息，但仍在独立、分散的基础上进行本国的决策。这是一种最低层次的国际间政策协调形式
危机管理	危机管理是指针对世界经济中出现的突发的、后果特别严重的事件，各国进行共同的政策调整以缓解、渡过危机。危机管理这一协调形式是比较偶然的、临时性的措施，主要是为了防止各国独善其身的政策使危机蔓延

续表

层次	含义
避免共享目标变量的冲突	共享目标变量是指两国所要面对的同一目标。如果两国对这一共同的目标设立了不同的目标值，就会产生直接的冲突，相应的经济政策就会成为“以邻为壑”的政策
合作确定中介目标	一国国内经济变量的变动会通过国家之间的经济联系而产生对其他国家的溢出效应，因此各国有必要进行合作协调，以避免对外产生负的溢出效应
部分协调	部分协调是指不同国家就国内经济的某一部分目标或工具所进行的协调。例如，仅对各国的国际收支状况进行协调，而不对其他国内经济变量进行协调
全面协调	全面协调是指将不同国家的所有主要的政策目标、政策工具均纳入协调范围，以达到最大限度地获取政策协调收益的目标

(5)以规则为基础的协调和相机抉择的协调(见表 21-7)

表 21-7　以规则为基础的协调和相机抉择的协调

方式	含义	特点
以规则为基础的协调	以规则为基础的协调是指通过制定明确的规则来指导各国协调政策措施的方式	决策过程清晰、可信性高、可以在较长时间内稳定运作
相机抉择的协调	相机抉择的协调是指在不存在规定各国行为的规则时，要根据具体的经济形势，针对某一特定的情况，通过协商来确定各国应采取的政策组合的协调方式，具体表现为一系列的峰会和协定	①可以针对不同经济条件，就更为广泛的问题进行协调； ②由于其具有较大的不确定性，因而难以通过影响公众来发挥政策效力

(6)国际货币政策协调的障碍

在政策协调实践中存在种种障碍，主要表现为：

①各国政府对本国经济内在机制的看法与对其他国家经济内在机制的看法存在差异，导致进行政策协调并非易事。

②当各个国家的政策目标存在冲突时，它们就可能隐藏各自的真实目标；或者各国在公开自己的真实目标后拒绝进行政策协调。

③理论研究得出的成本低效益大的最优政策安排往往过于复杂，难以在现实中运用。而简单政策的实施会产生较高的成本，使得从政策协调中可能实现的收益小于理论的预期，降低了协调的吸引力。

④如果参与政策协调的政府进行私自的政策安排，其他国家就会考虑相应的对策，导致政策协调失去实际意义。

(7)浮动汇率制下的国际间政策协调实践(见表 21-8)

表 21-8　浮动汇率制下的国际间政策协调实践

阶段	时间	实践
第一阶段	1974—1979 年	这一时期，各国面临布雷顿森林体系后形成的高通胀率和经济衰退，各主要工业国的政策制定者每年举行经济首脑会议进行政策商讨并形成制度，以维持实际经济变量和通胀率的稳定

续表

阶段	时间	实践
第二阶段	1980—1985 年	这一时期，持续的高通胀成为各国经济的头号敌人，各国政策制定者的首要目标是抑制通货膨胀，并采取了严格的紧缩性货币政策，导致了国内利率急剧上升和经济的严重衰退，这进一步导致了世界经济的衰退。在这一时期，国家之间基本上不存在政策上的合作行为
第三阶段	1985 年以后	主要工业国发生了巨大的外部不平衡，表现为美国的巨额贸易赤字和原联邦德国、日本的巨额贸易盈余；同时，美元仍不断攀升，但是这实际上是一种投机泡沫，因此各国政策制定者同意进行政策合作以逐步降低美元市值，避免金融危机和经济衰退，政策合作仍然主要采取相机决策形式，主要表现为各国对外汇市场共同的干预措施

(8) 国际间政策协调方案

①麦金农恢复固定汇率制方案。麦金农认为浮动汇率制不利于实现内外均衡的国内政策搭配与国际间政策的协调，并提出应在恢复固定汇率制的基础上进行国际间的政策协调，其具体内容如表 21-9 所示。

表 21-9 麦金农恢复固定汇率制方案

<table>
<tr><th>要点</th><th colspan="2">具体内容</th></tr>
<tr><td>设计</td><td colspan="2">麦金农方案对国际政策协调的设计包括：①各国应实行固定汇率制，并依据购买力平价确定汇率水平；②各国应通过协调货币供给维持固定汇率制</td></tr>
<tr><td>批评观点</td><td colspan="2">①该方案牺牲了汇率的灵活性；②该方案以购买力平价作为均衡汇率的确定标准，存在问题；③该方案主张通过协调各国货币供给的方法维持固定汇率制度，难以在实际中运用</td></tr>
<tr><td rowspan="3">“美德两难”与东亚美元本位</td><td>含义</td><td>美德两难，也称“高储蓄两难”，是麦金农针对东亚国家金融自由化过程中所面临的特殊困境而提出的一个命题</td></tr>
<tr><td>基本思路</td><td>经常项目顺差导致东亚国家积存了大量外汇(特别是美元)，意味着产生了巨额国民储蓄的积累。在这种情况下，一方面，这些国家由于担心美元贬值，倾向于抛售美元，这将会给本币带来内部升值压力。另一方面，经常项目逆差国家(如美国)认为东亚国家人为低估本币币值，因此迫使其本币升值，导致东亚国家同时面临外部升值压力。上述两种情况相互作用，同时外国迫使其本币升值的压力越大，国内就越担心美元贬值。结果，东亚国家面临两难困局：若让本币升值，可能引发通货紧缩，并陷入流动性陷阱，同时也会导致本国贸易下降、经济增长减速；若本币不升值，则可能面临外部贸易制裁以及对外经济环境的恶化。简言之，高储蓄(进而持有外汇)原本是一种美德，但却得到了“恶报”</td></tr>
<tr><td>解决方法</td><td>麦金农建议确立“名义锚”，即东亚国家将其本币集体钉住美元，维持一种所谓的“东亚美元本位”。但是该建议缺乏实际操作性</td></tr>
</table>

②汇率目标区方案。这一方案是在 1987 年由威廉姆森和米勒将汇率目标区制从政策协调角度进行扩展而形成的，它又被称为“扩展的汇率目标区方案”或“蓝图方案”。

汇率目标区方案主张实行更有弹性的汇率制度，汇率变动范围为中心汇率上下 10%，除此之外，还包括：

a. 中心汇率的确定不应当依据购买力平价，而应依据“基本均衡汇率”来确定。基本均衡汇率是一种实际汇率，是在中期内（一般指 5 年）实现经济内外均衡时的汇率，因此汇率目标区要求名义汇率根据各国通胀率及时进行调整。

b. 汇率目标区方案提出了各国都以货币政策实现外部均衡，以财政政策实现内部均衡这一搭配思路。

但是总的来说，汇率目标区自身存在的一些问题使它很难真正得到实施。作为一种国际间政策协调方案，汇率目标区方案在理论上的贡献远远超过其在现实中的实践。

考点四：开放经济的模型 ★★★★

1. *IS-LM* 模型的扩展

把封闭经济的 *IS-LM* 模型扩展到开放经济，就产生了 *IS-LM-BP* 模型，即设定价格水平不变时，在 *IS-LM* 模型的基础上加一条 *BP* 曲线——国际收支平衡线。

从一个封闭经济转入一个开放经济，增添了进出口贸易和对外资本流动两个因素。此外，还有一个重要因素，即汇率。汇率对国际资本流动和对外贸易都起到了重要作用。

2. 不包括资本流动的 *IS-LM-BP* 模型

当设定不考虑资本流动时，利率对国际收支无直接影响，国际收支平衡的曲线只限于表示国际贸易的均衡。这样设定的 *BP* 线，是一条与 *Y* 轴垂直的线，如图 21-3 所示。

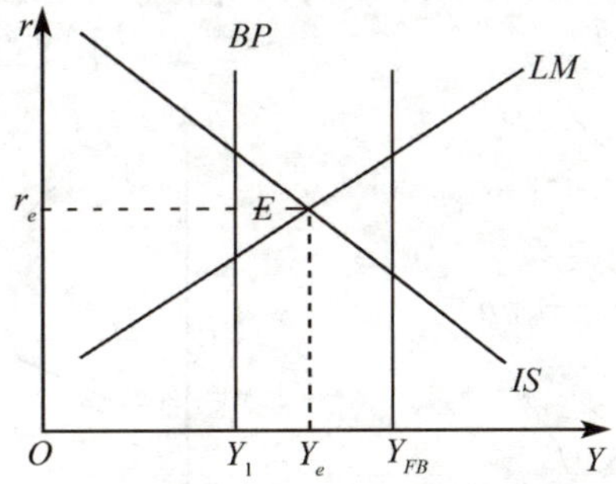

图 21-3　不包括资本流动的 *IS-LM-BP* 模型

在图 21-3 中，国内的均衡处于 *E*，对应的产出为 Y_e；Y_{FB} 指处于充分就业的产出水平；当 Y_e 与 Y_{FB} 重合，表示处于充分就业状态的国内均衡。*BP* 线对应的是产出 Y_1。当国际贸易的逆差减小时，*BP* 线向右平移；当国际贸易的顺差减小时，*BP* 线向左平移。如果 Y_1 与 Y_e 重合，意味着内外同时均衡；如果 Y_1、Y_e 与 Y_{FB} 完全重合，则表示在充分就业条件下同时达到内外均衡。

这说明，在经济开放的条件下，宏观均衡包含内外同时达到均衡以及内外同时达到的均衡是趋于充分就业的均衡两个层次。

当存在对外贸易逆差时，曲线 *BP* 与曲线 *IS*、*LM* 不能交于一点。要同时取得内外均衡，有两种可能的考虑：

（1）实行紧缩性宏观政策（货币政策或财政政策，或两者同时采用）

紧缩支出从而缩减产出或收入，使 *IS*、*LM* 曲线的交点 *E* 向左平移，移到 *BP* 线上，同时，由 *E* 决定的 Y_e 左移，与 Y_1 重合；支出缩减，或进口需求减少，或国内需求减少而出口增加，当 Y_e 与 Y_1 重合时，对外贸易也实现均衡。但是，紧缩性政策使得均衡产出大幅度下降，均衡点更加偏离充分就业状态。

（2）贬低本币汇率

考虑使 *BP* 右移到 Y_e 之上。可能的措施是贬低本币汇率。在进口需求刚性的前提下，通过贬值扩大出口使得进出口趋于平衡，*BP* 右移；如果 Y_e 不动，*BP* 与 *IS*、*LM* 将交于一点。然而，在其他条件不变时，出口增加导致收入增加，Y_e 受到右移的压力；如果出口增加带来的收入与本币贬值而增加的支出完全相等，则总收入保持不变，Y_e 不动。此时，内外同时达到均衡。然而这种情况在现实中很难发生。

3. 引进资本流动的 *IS-LM-BP* 模型

增添对外的资本流动，有三种情况：①对资本流动实施完全管制，从而实际没有资本流动；②有限的资本流动；③完全的资本流动。第三种情况则是著名的蒙代尔-弗莱明模型。

引进资本流动之后，*BP* 曲线就意味着包含了国际收支的全部内容。由于资本流动与利率具有直接联系，因此 *BP* 曲线的调整，直接涉及利率——本国利率和外国利率。

（1）资本完全自由流动模型

资本完全自由流动，本国利率与国际利率接轨；任何经常项目的非均衡均可由资本项目来平衡，从而 *BP* 曲线永远保持水平，并与 *IS* 曲线和 *LM* 曲线的交点相交。如图 21-4 所示。

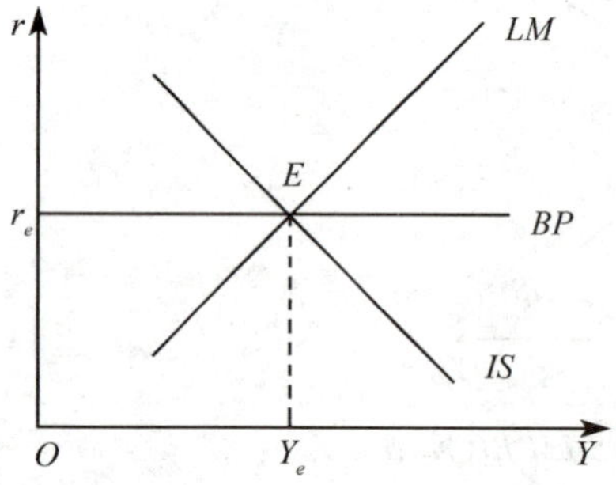

图 21-4　资本完全自由流动模型

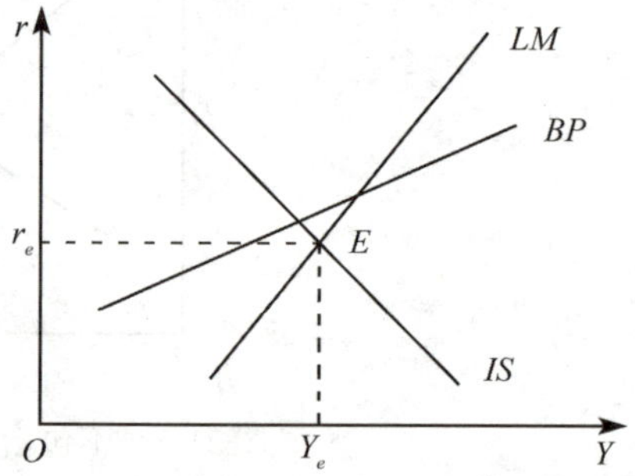

图 21-5　资本不完全自由流动模型

（2）资本不完全自由流动模型

资本不完全自由流动，国际均衡线 *BP* 是一条正斜率曲线，越趋于完全流动越趋近水平；越趋于完全不能流动越趋于垂直。资本不完全流动并不一定使经常项目的差额得到弥补，从而 *BP* 线并不意味着国际收支平衡，它与 *IS*、*LM* 曲线也不必然交于一点。如图 21-5 所示。

21.2　课后习题详解

1. 自己设计一些例子，说明一国物价和利率的变动是怎样影响汇率的。

答：（1）物价的变动对汇率的影响

货币的对内价值与对外价值是币值的两种表示方法。其中，货币的对内价值是指货币的购买力，相当于物价的倒数；对外价值则是指与他国货币的兑换比率，也就是汇率。从理论上说，两种货币所以能相互兑换，在于具有共同的基础，即分别在各自领域行使货币职能。换言之，不同种类的货币，由于均具有其对内价值这个同一的、可比的基础，才能相互兑换，才有决定兑换比率的依据。因此，一般而言，货币的对内价值决定其对外价值。当本国物价上涨，由于本国货币的购买力下降，相应的汇率也应下降。然而，外汇作为外汇市场上的一种商品，外汇供求对比的波动必然引起货币价格也即汇率的相应波动。不同种货币有可比的基础，而不可避免的供求变动又使汇率不仅仅决定于货币对内价值这唯一的因素。这就导致一国货币对内价值与对外价值有可能在较长时间存在较大幅度的偏离。

(2)利率的变动对汇率的影响

在开放经济条件下，不论实行何种汇率制度，汇率与利率都存在紧密的联系。当两个对外开放的市场经济国家，如果利率水平有差别，货币资本就会从利率水平偏低的国家流向利率水平偏高的国家。而当利率引起大量资本在国际之间转移时，汇率即会受到影响。外国资本流入的国家，外汇供过于求，本币升值；本国资本流出的国家，外汇供不应求，本币贬值。如实施的是钉住汇率，那就要货币当局调节外汇供求。对此并非任何国家都有足够的力量可以给予保证。即使外汇储备充足保证汇率稳定，这些实施钉住汇率的国家和地区，在利率上也只能跟着钉住货币的那个国家的利率水平走，或是在货币供应量上发生直接变化，结果都可能导致物价水平变化，从而再影响到这些国家宏观经济的内外均衡。

2. 汇率的波动对一国经济和金融会产生什么样的影响?

答: 汇率是一项重要的经济杠杆，其变动能反作用于经济，对进出口、物价、资本流动和产出都有一定的影响。

(1)汇率对进出口的影响

一般来说，本币汇率下降，即本币对外的币值下降，能起到促进出口、抑制进口的作用；若本币汇率上升，即本币对外的币值上升，则有利于进口，不利于出口。此外，汇率变化影响进出口，还要求进出口需求要有价格弹性——进出口需求对汇率和商品价格变动的反应灵敏，即需求弹性大，进而才会因为价格变化而引起交易数量的改变。当然，就出口商品来说，还有一个出口供给弹性的问题，即汇率下降后出口商品量能否增加，还要受商品供给扩大的可能程度的制约。

(2)汇率对物价的影响

从进口消费品和原材料来看，汇率下降会引起进口商品在国内的价格上涨。至于它对物价总指数的影响程度，则取决于进口商品和原材料在国民生产总值中所占的比重。反之，本币升值，其他条件不变，进口品的价格有可能降低，从而可以起到抑制物价总水平的作用。从出口商品看，汇率下降有利于扩大出口。但在出口商品供给弹性小的情况下，出口扩大会引发国内市场抢购出口商品从而抬高出口商品的国内收购价格，甚至有可能波及国内物价总水平。

(3)汇率对资本流动的影响

由于长期资本的流动主要以利润和风险为转移，因而受汇率变动的影响较小；但短期资本流动则常常受到汇率的较大影响。在存在本币对外币贬值的趋势下，本国投资者和外国投资者就不愿持有以本币计值的各种金融资产，就会将其转兑成外汇，发生资本外流现象。同时，由于纷纷转兑外汇，加剧外汇供求紧张，会促使本币汇率进一步下跌。反之，则可能引发资本的内流，促使本币汇率进一步上升。如果金融体制不健全，短期内汇率剧烈变动有可能会引起金融危机。

(4)汇率对产出和就业的影响

汇率的变动既然能够影响进出口、物价和资本流出入，不难看出，它对一国的产出和就业也会产生重要作用。

当汇率有利于刺激出口和抑制进口时，出口品生产的增长和进口替代品生产的增长会带动总的生产规模的扩大和就业水平的提高。同时，生产出口品和进口替代品行业的利润增长，甚至会引起一国生产结构的改变。相应地，不利的汇率会使出口急速缩减，而该国的出口又关系整体经济的发展，给生产和就业带来极大的困难；不利的汇率会使进口增长，严重时则会冲击本国的生产并从而增大失业队伍。

有利于资本流入的汇率，对于缺少资本的国家是好事；有利于资本流出的汇率，则是资本过剩的国家所期望的。缺资本，有资本流入；资本过剩，可以找到有利的投资机会，这无疑有利于经济的发展，有利于促进生产和就业。

但是，汇率与生产、就业的相关关系是间接的，不能简单做判断。

3. 从1997年以来，关于我国人民币是应该升值还是贬值的争论持续不断。你持何种看法？

答：(1)我国对现行汇率制度的标准

我国实行以市场供求为基础、参考一篮子货币进行调节、有管理的浮动汇率制度。

人民币汇率不再钉住单一美元，而是按照我国对外经济发展的实际情况，选择若干种主要货币，赋予相应的权重，组成一个货币篮子。同时，根据国内外经济金融形势，以市场供求为基础，参考一篮子货币计算人民币多边汇率指数的变化，对人民币汇率进行管理和调节，维护人民币汇率在合理均衡水平上的基本稳定。

(2)当前国内外围绕中国汇率制度的不同见解

人民币汇率升值已成为焦点，讨论激烈。例如，美财长斯诺、欧央行行长特里谢和日本金融学家黑田东彦都认为中国经济每年中高速发展，人民币明显被低估了。而诺贝尔经济学奖获得者蒙代尔认为中国应该保持人民币汇率的稳定，而且，在未来20年内，人民币钉住美元的政策都应该保持不变。汇丰银行企业、投资银行与市场研究部、亚太区首席经济学家ArupRaha也认为人民币在最近一段时间不要进行任何改变。

对各种上述观点的评价：

①国际收支，非严格地说，是指一国对外经济活动中所发生的收入和支出。当一国的国际收入大于支出时，即为国际收支顺差。在外汇市场上，国际收支顺差就表现为外汇(币)的供应大于需求，使本国货币汇率上升，外国货币汇率下降。相反，当一国的国际收入小于支出时，即为国际收支逆差，在外汇市场上就表现为外汇(币)的供应小于需求，因而本国货币汇率下降，外国货币汇率上升。

我国长期以来国际收支顺差，并积累了巨额外汇储备，而美国则长期国际收支逆差。从这一点上来讲，人民币应该升值，美元贬值，我国的汇率应该调整。

②汇率的变动，最终是经济增长率的较量。从长期看，当一国经济增长率快于另一个国家时，该国汇率趋于上升。反之，则趋于下跌。

1997—2015 年，我国经济增长保持在 7% 以上；近年来经济增长放缓，但也维持在 6% 以上。因此，从经济增长率的角度来看，人民币汇率也需要调整。

③中央银行直接在外汇市场上买进或卖出外汇，发表直接左右公众心理预期的声明对汇率的短期干预具有更直接的效果。

我国的人民银行长期通过结汇制和外汇市场干预来维持人民币的汇率稳定，使外汇市场难以形成均衡的市场化的汇率。这使得人民币的汇率调整幅度难以确定。

④预期有时候能对汇率产生重大的影响。预期多种多样，包括经济、政治和社会的各个方面。就经济方面而言，预期包括对国际收支状况、相对物价水平(通货膨胀率)、相对利率或相对的资产收益率以及对汇率本身的预期等等。预期通常是以捕捉刚刚出现的某些信号来进行的。因此，有意地或无意地发出一些与之相对冲的信号，有时可以改变预期的方向。

⑤财政赤字的增加或减少，也会影响汇率的变动方向。财政赤字往往导致货币供应增加和需求增加，因此，赤字的增加将导致本国货币汇率的下降。但和国际收支等其他因素一样，赤字增加对货币汇率的影响也并非是绝对的。如果赤字增加的同时伴有利率上升，则其对货币汇率的影响就很难说了。

由此可见，上述关于人民币的种种观点，都有正确之处，但都太过于强调某一方面，人民币汇率改革是一个极其复杂的过程，需要权衡各种观点，明确利弊，才能找出比较合适的方案。

4. 在货币领域，对内的政策目标与对外的政策目标是否存在冲突？是否能够使之统一？

答：(1)内外目标在一定的条件下存在冲突

在开放的经济环境中，宏观经济政策不仅要实现内部均衡，即稳定通货，还要实现外部均衡，即保持国际收支平衡；并且伴随着稳定通货和平衡国际收支实现经济的适度增长和充分就业。为实现内外均衡目标，在市场经济条件下，可供选择的政策工具，除了财政政策和货币政策，还有汇率政策。粗略地说，以财政政策、货币政策实现内部均衡，以汇率政策实现外部均衡。

然而，若一国采取固定汇率制度，汇率工具就无法使用。这时，仅剩下财政政策与货币政策。要运用财政政策和货币政策来达到内外部同时均衡，在政策取向上，常常存在冲突。例如，国际收支发生赤字，外部均衡要求实行紧缩性政策；如果这时的国内经济处于疲软、萧条状态，从国内角度则需要实行扩张性政策。在这样的形势下，财政政策和货币政策要紧缩，则难以同时扩张；要扩张也难以同时实现紧缩。两方面的要求确实无法同时实现。同样，当一国国际收支盈余与通货膨胀同时存在时，财政货币政策也会左右为难。

(2)通过政策搭配实现内外均衡

蒙代尔指出只要适当地搭配使用财政政策和货币政策，就可以同时实现内外部均衡。蒙代尔认为，财政政策与货币政策对国际收支与名义收入有着相对不同的影响。因此，在固定汇率制度下，一国也存在两种独立的政策工具来实现内外两方面的经济目标。比如，紧缩性财政政策趋于降低利率，而紧缩性货币政策则会提高利率。在其他条件不变的情况下，本国利率提高会改善资本账户收支，而本国利率下降则会恶化资本账户收支。由此可见，财政政策与货币政策的取向如果都是紧缩，对国际收支也会分别有不同的作用。所以，只要对财政政策与货币政策合理搭配使用，就有可能同时实现内外均衡。

5. 在货币政策存在国际传导的背景下发展了国际经济政策协调理论。试对不同的论点进行剖析，并对推进国际经济政策协调的前景做些估计。

答：(1)库珀的政策溢出效应理论

库珀曾经在20世纪80年代中期，依据溢出效应的客观存在，论述了在现代国际经济环境下，各国分别独立地制定、推行宏观政策必然导致的一些矛盾，主要有以下几点：

①各国政府都不愿意单方面采取扩张的货币政策，使利率下降，造成资本流出，加大国际收支逆差，而是采取单方面紧缩的政策，结果造成世界经济的紧缩态势。

②在倾向于通过紧缩的货币政策实现经济的对外均衡之际，各国政府都采取扩张的财政政策实现经济的内部均衡。结果造成世界范围内实际利率过高，以及货币政策和财政政策的搭配不合理。

③各国政府一般认为商品价格由世界市场决定，而忽视各自的扩张政策对商品价格的影响。但是这些政策将通过影响商品的贸易条件而使总需求扩张，引发世界范围的通货膨胀。

④各国政府为实现本国既定的经常项目目标，采取非协调的经济政策会对世界经济起破坏作用。

库珀认为，在存在政策溢出效应的情况下，政策协调能极大提高各国的福利。他主要是从如下两个角度进行论述：

①从“价格”角度论证。在实际经济运行当中，大国行为对世界市场上的各种价格都有不同程度的影响，这其中也包括了对实际汇率的影响。利用自己对各种价格的影响，大国将使价格向有利于自己的方向发展，而不考虑其他国家的利益。有两个例子。一个是有关通货膨胀的。在浮动汇率制度下，根据蒙代尔的政策组合理论，一国应该实行紧货币松财政的政策组合以实现经济的内外均衡。这就要求该国货币的升值幅度与国内通货膨胀的压力相配合。然而，其他国家的政府和私人部门却无法把握货币贬值的结果，不能对货币贬值幅度进行合理预期，也就难以选择适当的经济决策。另一个是关于实际产出与就业的。当资本具有高度流动性而名义工资变动表现出黏性的时候，一国扩张性的货币政策能够增加国内产出与就业，同时实际汇率降低，本国货币贬值。其他国家的实际汇率则相应上升，货币升值，造成紧缩的压力，对产出与就业产生不良影响。国际间经济政策协调的目的就在于防止或是尽量地减少这种“以邻为壑”情形的发生。

②从公共产品的角度论证。当世界上存在N个国家N种货币的时候，最多只能有$N-1$个国家能够自主地实现国际收支的目标。形象地说，不可能所有国家都实现国际收支的顺差；至少有一个国家必须接受收支逆差的事实。在自由竞争的世界经济中，每一个国家都会自主地制定政策目标，但是至少有一个国家不能实现预期目标。在这种情况下，该国将不断地调整经济政策以实现预期目标，其结果将是政策失去连贯性，并导致实际利率与汇率的不断变动。

针对自由竞争在世界范围内并不是最为完美的这种情况，库珀认为可以把实际汇率以及国际金融市场的稳定作为一种公共产品——可以对全球福利的提高有巨大贡献的公共产品。为了提供这种公共产品，各国必须进行国际经济政策的协调。

经济学家承认，库珀所阐述的政策溢出效应是实际存在的。但是对于国际政策协调究竟能在多大程度上提高福利水平，政策协调在实践中是否可行以及协调的效果却存在不同的看法。就在库珀进行政策溢出效应分析的同时，哈马达利用博弈对策论的分析方法进行了国与国之间合作均衡以及非合作均衡的福利比较。

(2)反对国际经济政策协调的理论

马克思·高登就认为：国际货币体系，赋予各经济主体充分的自主权，是完美的。他主张，在该体系下各经济主体(包括政府)应该自由地选择财政、货币政策以及汇率安排，自由决定是否进入国际资本市场，而不必过多地顾及别人。

罗兰德·渥贝则更直接地提出，各国政府应在提供有利的经济环境方面相互竞争。彼此间的竞争可以改善投资环境，促进经济的发展；而协调意味着削弱政府间的竞争，可能加大错误政策的实施范围。

当每一个经济体规模都非常小的时候，每个国家的政策调整以及在国际资本市场上的操作，对其他国家来说影响十分有限。在这种条件下的“分权化”政策也许是最优的选择。然而当大国越来越多，各国经济逐步走向开放时，每一个国家的政策都会影响到其他国家及国家之间经济结构。这时，完全否定国际政策协调的必要性则显然与生活实际脱节。

但是，不同的观点也不应完全置于视野之外。假如世界只有几个大国，进行政策协调，互利、互惠，似乎无可置疑。而当几个大国和众多中小国家并存之际，由于国家或经济实体的利益、实力、当前追求的目标等等差异极大，国际政策协调对参与者所可能带来的效益绝不是相同的。因而不能简单认为，国际经济政策协调范围越大、越彻底越好。换言之，在肯定国际经济政策协调必要的同时，还应该对当前效应和长远效应作全面的分析。

(3)国际货币制度协调的前景

金融全球化的发展，使各国为了实现本国经济内外均衡的目标，而有必要针对一系列问题进行政策的国际协调。但有些最为基本的问题，如货币本位、汇率制度的安排、国际收支的调节方式、国际清偿力等进行制度的安排，即形成国际货币制度。国际货币制度对这些问题进行安排时，可以采取正式的协议或条约，也可以采取承认实践中已经形成的规则和惯例的形式。

随着金融全球化的发展，国际货币制度协调的前景取决于以下内容：①国际基础货币的选择。建立新的国际货币制度，首先要解决的问题是各国就选择基础货币达成广泛的国际协议，这是决定金融全球化条件下国际货币制度的根本问题。②汇率制度的国际协调，这是国际货币制度协调最为紧迫和关键的问题。在现行的国际货币制度下，浮动汇率制度已经合法化，“稳定但可调整”的汇率制度就成为国际货币制度改革的主要目标之一。要实现这一目标，必须在以下方面进行国际协调：首先，各国对外汇市场的共同干预。金融全球化使国际资本巨额的频繁流动成为一种日常现象，面对巨额资本的国际流动，单个国家往往无能为力，必须实行若干国家特别是主要西方发达国家的联合干预，必须就联合干预的时机、规模、方式进行国际协调。其次，经济政策的国际协调。各国要协调经济政策，以缩小在资本收益方面的差异。实现第一个要求就是要能保障汇率在一定幅度内波动；实现第二个要求，则为汇率的稳定提供坚实的基础。实现这两个要求的暂时的国际协调是容易解决的，长期的协调行动如何坚持下去，已经成为国际货币制度协调的难点，因为国际协调行动往往会与本国的利益相抵触。③SDR 作为主要储备资产的国际协调。这包括两个方面：一是如何扩大 SDR 的“发行”，以便不断提高其在储备资产中的比重；另一方面是解决 SDR 分配同“份额”挂钩的不合理做法。

6. 谈谈 *IS-LM-BP* 模型对于开放条件下中国货币政策的制定与实施有何借鉴价值。

答：把封闭经济的 *IS-LM* 模型扩展到开放经济，就产生了 *IS-LM-BP* 模型，即设定价格水平不变时，在 *IS-LM* 模型的基础上加一条 *BP* 曲线——国际收支平衡线。从一个封闭经济转入一个开放经济，增添了进出口贸易和对外资本流动两个因素。此外，还有一个重要因素，即汇率。汇率对国际资本流动和对外贸易都起到了重要作用。

(1)不考虑资本流动的 *IS-LM-BP* 模型

当设定不考虑资本流动时，利率对国际收支无直接影响，国际收支平衡的曲线只限于表示国际贸易的均衡。这样设定的 *BP* 线，是一条与 *Y* 轴垂直的线。在经济开放的条件下，宏观均衡包含内外同时达到均衡以及内外同时达到的均衡是趋于充分就业的均衡两个层次。当存在对外贸易逆差时，曲线 *BP* 与曲线 *IS*、*LM* 不能交于一点。要同时取得内外均衡，有两种可能的考虑：①实行紧缩性宏观政策(货币政策或财政政策，或两者同时采用)；②贬低本币汇率。

(2)考虑资本流动的 *IS-LM-BP* 模型

增添对外的资本流动，有三种情况：①对资本流动实施完全管制，从而实际没有资本流动；②有限的资本流动；③完全的资本流动。第三种情况则是著名的蒙代尔-弗莱明模型。引进资本流动之后，*BP* 曲线就意味着包含了国际收支的全部内容。由于资本流动与利率具有直接联系，因此 *BP* 曲线的调整，直接涉及利率——本国利率和外国利率。

当资本完全自由流动时，本国利率与国际利率接轨；任何经常项目的非均衡均可由资本项目来平衡，从而 *BP* 曲线永远保持水平，并与 *IS* 曲线和 *LM* 曲线的交点相交；当资本不完全自由流动时，国际均衡线 *BP* 是一条正斜率曲线，越趋于完全流动越趋近水平；越趋于完全不能流动越趋于垂直。资本不完全流动并不一定使经常项目的差额得到弥补，从而 *BP* 线并不意味着国际收支平衡，它与 *IS*、*LM* 曲线也不必然交于一点。

1996 年，我国完成了人民币经常项目的完全自由兑换，但对资本账户仍实行较强的管制。分析我国经济社会发展的现状可以发现，我国目前还是存在一定程度的资本外流现象，总供给曲线趋于平缓，适用资本不完全自由流动模型。由于我国国际资本流动对利率的敏感性逐渐升高，表明利率的变动会引起国际资本的大幅流动，为此，在当前我国实行的紧缩的货币政策条件下，扩大汇率浮动范围，不会导致由于利率的提高所引发的资本账户盈余的增加。

第4篇

金融运行的微观机制

第 22 章　利率的风险结构与期限结构

22.1　复习笔记

【知识框架(庖丁解牛)】

- 利率的风险结构与期限结构
  - 利率的度量
    - 货币的时间价值
    - 单利和复利
    - 零存整取与整存零取的计算
    - 现值与终值
  - 利率的风险结构
    - 违约因素
    - 流动性因素
    - 税收因素
  - 利率的期限结构
    - 即期利率与远期利率
    - 到期收益率
    - 收益率曲线与期限结构理论

【考点难点归纳(厚积薄发)】

考点一：利率的度量　★★★★

1. 货币的时间价值(见表 22-1)

表 22-1　货币的时间价值

要点	具体内容
含义	指目前持有的货币比将来持有的等额货币具有更高的价值
原因	①现有货币用于投资会产生投资收益；②货币的购买力受物价水平变化的影响；③现有货币的预期收益具有不确定性
表示	通常用利率表示

2. 单利和复利(见表 22-2)

表 22-2　单利和复利

要点	单利	复利
概念	只按本金计算利息，而不将利息额并入本金进行滚动计算	将按本金计算的利息额再计入本金，滚动计算利息的方法，即“利滚利”

续表

要点	单利	复利
计算公式	$C=P\cdot r\cdot n$，$S=P(1+r\cdot n)$	$C=P[(1+r)^n-1]$，$S=P\cdot(1+r)^n$
	C 表示利息额；P 表示本金；r 表示利率；n 表示借贷期限；S 表示本金与利息之和，简称本利和	
特点	①手续简单，计算方便； ②借入者的利息负担比较轻	①考虑资金的时间价值； ②有利于保护资金借出人的利益； ③有利于提高资金的使用效益； ④有利于强化利率杠杆的作用
适用情况	短期借贷	长期借贷
对比	①单利和复利计算出的利息都是劳动者创造的价值，而复利更能反映出这种本质； ②单利和复利均不会改变利息的社会经济性质； ③复利更符合大众计算利息的习惯	

【例 22.1】100 元贷款，期限 3 年，半年计复利一次，到期一次还本付息 118 元，该贷款的简单利率和复合利率为多少？［南京大学 2013 金融硕士］

解：(1)简单利率

设简单利率为 x，$100\times(1+3x)=118$，解得 $x=6\%$。

(2)复合利率

设复合利率为 y，$100\times(1+y/2)^6=118$，解得 $y=5.6\%$。

3. 零存整取与整存零取的计算(见表 22-3)

表 22-3　零存整取与整存零取的计算

要点	零存整取	整存零取
概念	每月(或每周、每年)按相同的金额存入，到期本利和一次性取出	一次性存入一定金额的货币，在以后的预定期限内，每月(或每周、每年)提取相等金额的货币，当达到最后期限的一次提取时，本利全部取清
计算公式	$S=P\times\left[\frac{(1+r)^{n+1}-1}{r}-1\right]$	$S=P\times\frac{(1+r)^n-1}{r(1+r)^n}=P\times\frac{1-(1+r)^{-n}}{r}$
	P 为每月(或每周、每年)存入的金额；n 为依次存入的次数	P 为每月(或每周、每年)提取的金额；n 为依次提取的次数

4. 现值与终值(见表 22-4)

表 22-4　现值与终值

要点	现值	终值
含义	现值是现在一定金额的货币或资金的实际价值或者指未来某一时间价值在现在的价值，即终值的实际价值	当前一定金额的货币或资金的到期价值，即本利和

续表

要点	现值	终值
计算公式	$P=S/(1+r)^n$	$S=P(1+r)^n$
	P 表示现值；S 表示终值	
运用	用于计算各种金融资产的到期收益率，也可以比较两种期限不同的金融资产的价值，为金融投资决策提供依据	—

考点二：利率的风险结构 ★★★

利率的风险结构是指具有相同的到期期限但是具有不同违约风险、流动性和税收条件的金融工具收益率之间的相互关系，具体内容见表 22-5。

表 22-5　利率的风险结构

要素		主要内容
违约因素	违约风险	①含义：债务人无法按期偿还约定本息的风险，也叫信用风险。 ②国债通常被认为不存在违约风险，因为政府有税收作保障，具有较强的偿债能力。因此，国债又被称为无风险债券。相比之下，企业债券的违约风险要大得多。违约风险的差异在很大程度上决定了债券利率的差异。对于到期期限相同的债券，企业债券通常要比国债支付更高的利率
	风险溢价	①含义：在到期期限相同的情况下，有违约风险的企业债券与无风险的国债之间的利差被称为风险溢价，它是债务人为了补偿债权人承担风险而需要支付的额外利率。 ②通常而言，有违约风险的债券总会存在正的风险溢价，而且风险溢价会随着违约风险的上升而增加
流动性因素	流动性	①流动性被用来衡量金融资产的变现能力。债券的流动性越强，意味着它转换成现金时所付出的成本会越低，体现在更加方便、快捷而不需要付出额外成本地变现。 ②投资者通常喜欢持有流动性强的债券，但此时必须以部分收益为代价；反之亦然。 ③国债通常具有很强的流动性，相比之下，企业债券的流动性较差，这与债券的信用风险也有一定关系
	流动性溢价	在到期日和利率相同的情况下，投资者通常会选择持有流动性强的债券。想要增强投资者持有流动性较差的债券的意愿和需求，债券发行者必须提供相应的流动性补偿。这种为了补偿投资者变现成本而包含在流动性较差的债券中的利率差称为流动性溢价
税收因素	债券利息的税收政策影响债券利率。对于投资者来说，即使市政债券的利率较低、流动性较差，有时还存在违约风险，但结合税收减免因素，市政债券的回报率仍然很高，税收因素会导致市政债券的市场需求增加	

【例 22.2】风险溢价［中南财经政法大学 2020 金融硕士］

答： 风险溢价是指在到期期限相同的情况下，有违约风险的债券与无违约风险债券之间的利差，是人们因为持有某种风险债券必须获得的超出机会成本补偿的额外利息。具有违约风险的债券的风险溢价总为正，且风险溢价随着违约风险的上升而增加。在有效市场假设下，投资者要求的收益率与其所承担的风险是正相关的。由于承担了比较高的风险，市场必然给予较高的回报。无风险的资产在市场机制下存在一个基准收益率，市场接受的收益率高于无风险收益率的差就是市场要求相应风险水平所应有的风险溢价。风险溢价根据影响投资风险的因素可以分为多个层面，包括通货膨胀风险、流动性风险和偿还期限风险。

考点三：利率的期限结构 ★★★

1. 利率期限结构及相关概念（见表 22-6）

表 22-6 利率期限结构及相关概念

<table>
<tr><th>要点</th><th colspan="3">主要内容</th></tr>
<tr><td>含义</td><td colspan="3">利率期限结构指在其他条件相同情况下期限不同的债券之间的利率差异</td></tr>
<tr><td rowspan="6">相关概念</td><td rowspan="2">即期利率与远期利率</td><td>含义</td><td>①即期利率是指当前时点对不同期限的债券所标示的利率；
②远期利率是指隐含在给定的即期利率中，从未来的某一时点到另一时点的利率</td></tr>
<tr><td>公式</td><td>二者的关系用公式表示为：
$$f_n=\frac{(1+r_n)^n}{(1+r_{n-1})^{n-1}}-1$$
f_n代表第 n 年的远期利率，r_n代表即期利率</td></tr>
<tr><td rowspan="4">到期收益率</td><td>含义</td><td>相当于投资人按照当前市场价格购买债券并且一直持有至到期时可以获得的年平均收益率</td></tr>
<tr><td>计算方法</td><td>债券当前的市场价格与“债券现金流的当前价值”相等时所包含的实际起作用的利率。“债券现金流的当前价值”是指从当前时点到还本时为止，每期支付的利息和最后归还的本金折合成现值的累计额</td></tr>
<tr><td>公式</td><td>到期收益率可根据下式计算：
$$P_m=\frac{C}{(1+y)}+\frac{C}{(1+y)^2}+\cdots+\frac{C}{(1+y)^{n-1}}+\frac{C+P}{(1+y)^n}$$
每年年末付息，期末还本的债券，n 表示债券到期年数，P 表示面值，C 表示按票面利率每期支付的利息，P_m表示当前的市场价格，y 表示到期收益率</td></tr>
<tr><td>影响因素</td><td>主要因素是债券当前的市场价格 P_m，因为债券面值 P、票面利率 r 和债券期限 n 在债券存续期内不会变化</td></tr>
</table>

【例 22.3】利率期限结构［中国人民大学 2016 金融硕士；云南大学 2018 金融硕士］

答：利率期限结构是指在某一时点上，同一品类的不同期限的债券收益率与到期期限之间的关系，揭示了市场利率的总体水平和变化方向，为投资者从事债券投资和政府有关部门加强债券管理提供可参考的依据。

收益率曲线可以描述债券利率期限结构，刻画债券的期限与利率之间的关系，收益率曲线的横轴为债券期限，纵轴为债券利率。一般来说，收益率曲线有三种可能的形态：①水平的曲线代表各种期限的债券利率相同；②向上倾斜的曲线代表期限越长的债券利率越高；③向下倾斜的曲线代表期限越长的债券利率反而越低。其中向上倾斜的收益率曲线最常见，因为一般情况下，长期债券的利率高于短期债券的利率。

利率期限结构表现出两个现象：①各种期限证券的利率往往是同向波动的；②长期证券的利率往往高于短期证券。对这两个现象的研究理论主要有：预期理论、市场分割理论和流动性偏好理论。

【例 22.4】使债券现金流折现值等于当前市场价格的利率是(　　)。[中国人民大学 2017 金融硕士]

A. 票面利率　　B. 当期收益率　　C. 到期收益率　　D. 年收益率

【解析】到期收益率是指在如下两者的金额相等时所决定的现实起作用的利率：①到债券还本时为止每期支付的利息和最后归还的本金折合成现值的累计额，通常也表述为“债券现金流的当前价值”；②债券当前的市场价格。

【答案】C

2. 收益率曲线(见表 22-7)

表 22-7　收益率曲线

<table>
<tr><th>要点</th><th colspan="3">具体内容</th></tr>
<tr><td>含义</td><td colspan="3">收益率曲线是对利率期限结构的图形描述</td></tr>
<tr><td rowspan="2">主要形态</td><td>向上倾斜状(a)与向下倾斜状(b)</td><td>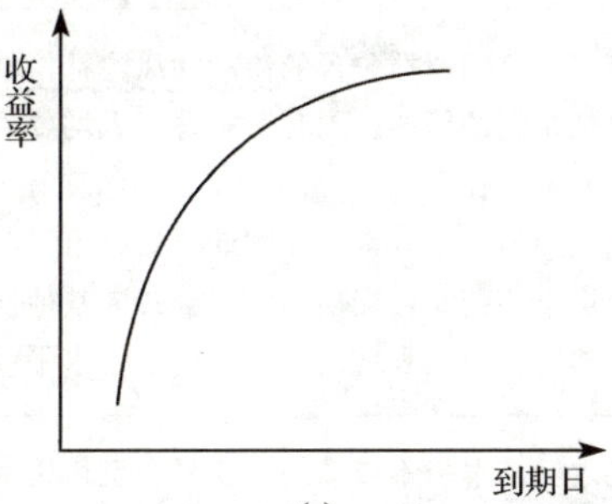

(a)</td><td>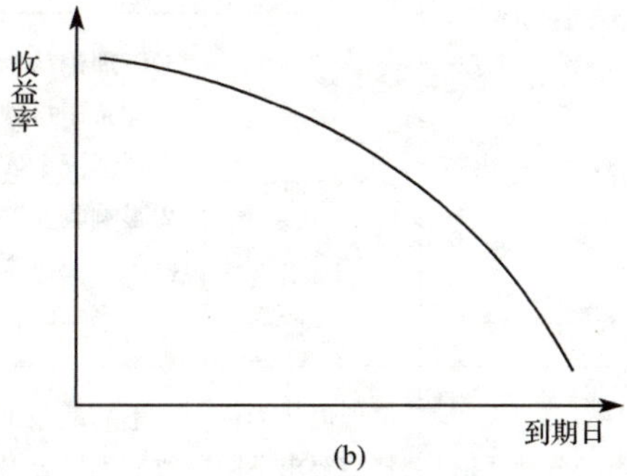

(b)</td></tr>
<tr><td>水平状(c)与驼峰状(d)</td><td>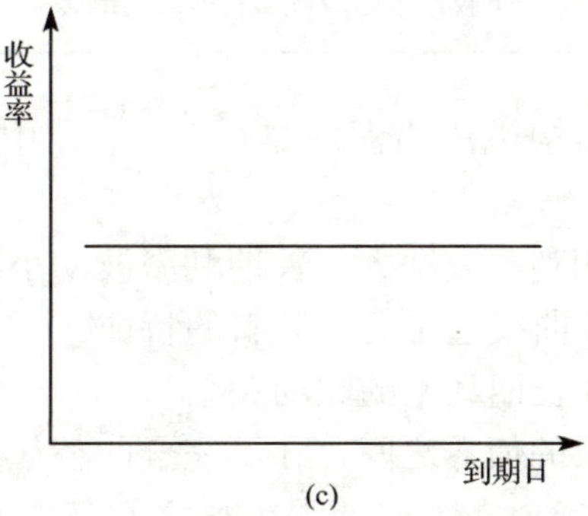

(c)</td><td>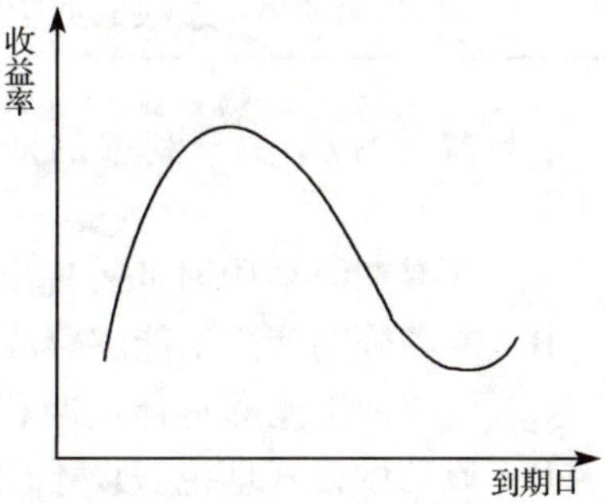

(d)</td></tr>
<tr><td>解释</td><td colspan="3">如果收益率曲线向上倾斜，则表明随着期限的增长，利率越来越高，即长期利率高于短期利率；如果收益率曲线呈水平状，则长期利率等于短期利率；如果收益率曲线向下倾斜，则长期利率小于短期利率</td></tr>
</table>

3. 利率期限结构理论(见表22-8)

表 22-8　利率期限结构理论

<table>
<tr><th>理论</th><th colspan="2">具体内容</th></tr>
<tr><td rowspan="4">预期理论</td><td colspan="2">共同假设：
①收益率曲线的形状取决于预期未来短期利率，或远期利率的变化方向；
②当前长期债券中的远期利率与市场对未来短期利率的预期有紧密的联系。
不同假设：
纯预期理论不考虑其他因素的影响，但流动性理论和偏好理论认为，还有其他因素会影响预期的未来利率</td></tr>
<tr><td>纯预期理论</td><td>该理论认为远期利率或预期未来短期利率的变化决定了利率的期限结构和收益率曲线形状。上升的收益率曲线代表人们预期未来利率上升，下降的收益率曲线代表人们预期未来利率下降</td></tr>
<tr><td>流动性理论</td><td>该理论认为，只有在长期投资的收益率高于短期投资平均预期收益率时，投资者才会选择长期投资工具，所以期限越长的债券，到期收益率应该越高。
因此，收益率曲线一般应该向上倾斜；只有在预期未来短期利率下降幅度足够大，以致流动性补偿无法抵消预期利率的下降时，收益率曲线才会出现下降形态。该理论调整了纯预期理论中关于投资人不考虑风险的假设</td></tr>
<tr><td>偏好理论</td><td>①该理论认为期限越长的债券包含的流动性风险补偿越多的情况，只有当所有投资人均希望尽快出售持有的债券，同时所有筹资人均要筹借长期资金时才会发生，但这种情况事实上并不存在。
②影响收益率曲线的另一个因素是不同期限资金市场的供求。当一个特定期限的资金市场上供求严重不均衡时，交易双方才会转向其他期限资金市场。这种资金的流动会影响收益率曲线，使其表现出向上、向下、水平或者驼峰状的形态</td></tr>
<tr><td>市场分割理论</td><td colspan="2">该理论认为资金在不同期限市场之间基本是不流动的，这是金融机构的特定业务运作对资金期限的特定要求不同所致。不同金融机构有不同的负债性质，因而对资金的期限有特定需求。这种不同期限市场上资金流动的封闭性，决定了收益率曲线可以有不同的形态</td></tr>
</table>

【例 22.5】以下关于利率的期限结构说法错误的是(　　)。[中央财经大学 2012 金融硕士]

A. 利率期限结构通常表现出短期利率波动大，长期利率波动小的特征

B. 市场分割理论不能解释收益率曲线通常向上倾斜的特征

C. 预期理论能够解释短期利率和长期利率的联动关系

D. 流动性偏好理论假设不同期限的债券之间存在不完全的替代性

【解析】B 项，市场分割理论认为资金在不同期限市场之间基本是不流动的。当长期市场上资金供不应求，导致利率上升的同时，短期市场资金供过于求，导致利率下降，就会形成向上倾斜的收益率曲线。A 项，利率期限结构是指在某一时点上，不同期限资金的收益率与到期期限之间的关系，长期利率比较稳定，短期利率经常波动。C 项，预期理论认为，长期债券的现期利率是短期债券的预期利率的函数，长期利率与短期利率之间的关系

取决于现期短期利率与未来预期短期利率之间的关系。D 项，希克斯首先提出了不同期限债券的风险程度与利率结构存在一定的关系，较为完整地建立了流动性偏好理论。根据流动性偏好理论，不同期限的债券之间存在不完全的替代性。

【答案】B

22.2 课后习题详解

1. 了解我国金融机构计息的方式。在什么场合用单利，在什么场合用复利？

答：(1)我国金融机构计息的方式

计息是指利息的计算。目前我国金融机构主要采用两种计息方法：①对年、对月、对日计息法，即对一笔存款或贷款，先按整年、整月和整日分别计算利息，然后相加计算出整个存款期或贷款期的全部利息；②日积数法，即以本金乘以天数算出日积数，再根据日积数乘以日利率得出全部利息。

(2)我国的计息与结息规则

①存款的计息与结息规则：

中国人民银行规定，从 2005 年 9 月 1 日起，各商业银行的活期存款统一调整为每季度末月的 20 日为结息日，次日付息，利息并入本金，因而活期储蓄存款计息带有一定的复利性质。活期储蓄存款未到结息日销户时，按销户日挂牌公告利率计息到销户前日止。

定期储蓄存款按存入日挂牌公告利率计息，利随本清，遇利率调整不分段计息。逾期支取的定期储蓄存款，其超过原期限部分，除约定自动转存的外，按支取日挂牌公告活期储蓄存款利率计付利息。未到期的定期储蓄存款全部提前支取的，按支取日挂牌公告活期储蓄存款利率计付利息；部分提前支取的，提前支取的部分按支取日挂牌公告活期储蓄存款利率计付利息，其余部分到期时按存单开户日挂牌公告定期储蓄存款利率计付利息。

②贷款的计息与结息规则：

期限在 1 年以下(含 1 年)的短期贷款，按贷款合同签订日相应档次的法定贷款利率计息。短期贷款在贷款合同期内，遇利率调整不分段计息。短期贷款按季结息的，每季度末 20 日为结息日；按月结息的，每月 20 日为结息日。短期贷款的具体结息方式由借贷双方协商确定。对贷款期内不能按期支付的利息按贷款合同利率按季或按月计收复利，贷款逾期后改按罚息利率计收复利。最后一笔贷款清偿时，利随本清。

期限在 1 年以上的中长期贷款利率实行一年一定。贷款(包括贷款合同生效日起一年内应分笔拨付的所有资金)根据贷款合同确定的期限，按贷款合同生效日相应档次的法定贷款利率计息，每满一年后(分笔拨付的以第一笔贷款的发放日为准)，再按当时相应档次的法定贷款利率确定下一年度利率。中长期贷款按季结息，每季度末月 20 日为结息日。对贷款期内不能按期支付的利息按合同利率按季计收复利，贷款逾期后改按罚息利率计收复利。

(3)用单利计息的场合

单利，是指一笔资金无论存期有多长，只有本金计取利息，而以前各期利息在下一个利息周期内不计算利息的计息方法，简而言之，就是利不生利。其计算公式为：利息 = 本金 × 利率 × 时期。

一般而言，有固定期限的，比如定期存款，在存款周期内是以单利计息的。

(4)用复利计息的场合

复利，是指在经过每一个计息周期后，都要将所生利息加入本金，以计算下期利息。这样，在每一个计息周期内，上一周期的利息都要成为生息的本金，即以利生利，也就是俗称的“利滚利”。

没有固定期限的，比如活期存款，利息和本金一起作为下个计息周期的本金，也就是按复利计息。

除此之外，逾期贷款和还款期内不能按期支付的利息也按贷款合同利率计收复利。

2. 倘若你在银行有一笔储蓄存款，当储蓄存款利率下调时，你会根据怎样的判断做出反应？

答：若是定期储蓄存款，可以不做变动。因为定期存款在没有到期的情况下，利率不会随银行利率的下调而改变。

若是可以随用随取的活期储蓄存款，当储蓄存款利率下调时，债券、股票等金融资产的价格相对上升，持有储蓄存款的机会成本上升。因此我可能会将存款用于购买债券、股票等金融资产以获得资金的保值增值。

3. 利率与收益率之间是什么关系？如何度量收益率？

答：(1)利率与收益率的定义及二者之间的关系

收益率是收益与投入资金的比率。利率是指在借贷期内所获得的利息额与借贷本金的比率。

收益率本质上是一种利率。作为理论研究两者无实质性区别，但在实际生活中，由于交易习惯等原因会使两者出现差别。收益率的适用范围比利率更广泛。

(2)度量收益率的方法

收益率包括年利率、月利率和日利率。实践中有些金融交易行为是根据利率设计的，但未标明。把这个隐含的利率算出来，也称之为收益率。

收益率的度量取决于名义利率、购买价格、面值和发行价格等因素。

名义利率是指包括补偿通货膨胀风险的利率。名义利率与实际利率的关系可以近似写成：$r=i+p$，式中，r 为名义利率；i 为实际利率；p 为借贷期内物价水平的变动率，可能为正，也可能为负。只要物价水平是变动的，市场各种利率都是名义利率。如果出现通货紧缩，即物价整体下降，则意味着货币购买力上升，如果此时收益率保持不变，其实际收益上升。反之则下降。

购买价格与收益率成负相关关系，购买价格越高，收益率越低；反之则相反。面值和发行价格主要是通过影响购买价格和出售价格来影响收益率的。

从本质上讲，收益率取决于收益与本金，凡是能够影响这两者的因素都能影响收益率。

4. 票面利率、收益率、到期收益率的异同何在？

答：(1)相同点

票面利率、收益率、到期收益率都是评价债券的指数。

(2)不同点

①定义不同：

a. 票面利率，是指金融工具的利息与债券票面价值的比率，主要受基准利率、发行者信用情况、偿还期限、计息方式和资本市场资金供求状况等影响。

b. 收益率，是指当期收益率，即债券票面收益与债券当时的市场价格的比值。

c. 到期收益率，是指将债券持有到偿还期所获得的收益，包括到期的全部利息。到期收益率又称最终收益率，是投资购买国债的内部收益率，即可以使投资购买国债获得的未来现金流量的现值等于债券当前市价的贴现率。

②计算时间不同：

a. 票面利率和到期收益率是到期计算的，有固定的期限，而收益率是即时计算。

b. 票面利率固定的债券通常每年或每半年付息一次。收益率根据当时市场价格、面值、息票利率以及距离到期日时间计算。它相当于投资者按照当前市场价格购买并且一直持有到满期时可以获得的年平均收益率，其中隐含了每期的投资收入现金流均可以按照到期收益率进行再投资。

③计算方法不同：

a. 票面利率计算比率时，分母是债券面值。

b. 收益率计算比率时，分母是债券现行市场价格。

c. 到期收益率相当于投资人按照当前市场价格购买债券并一直持有到期满时可以获得的年平均收益率。

(3)关系

①当投资者以票面价格买入金融工具并持有到期时，票面利率 = 收益率 = 到期收益率。

②当投资者以低于面值的价格购买金融工具并持有到期时，票面利率 < 到期收益率 < 收益率。

③当投资者以高于面值的价格购买金融工具并持有到期时，票面利率 > 到期收益率 > 收益率。

④当投资者购买价格与票面价格不一致，同时没有持有到期时，其票面利率、收益率和到期收益率往往不相等。

5. 什么是利率的风险结构？为什么企业债券的利率通常要高于相同期限国债的利率？

答：(1)利率的风险结构

到期期限相同的债券会有不同的利率，这些不同利率之间的联系被称为利率的风险结构。通常而言，利率的风险结构由债券发行人的违约风险、债券流动性以及税收政策等因素共同决定。

①违约因素：

违约因素会直接影响债券的利率水平，由违约因素导致的债券发行人到期无法或不愿履行事先承诺(或约定)的利息支付或面值偿付义务的风险通常被称为违约风险，也叫信用风险。在到期期限相同的情况下，有违约风险的企业债券与无风险的国债之间的利差便是风险溢价。

通常而言，有违约风险的债券总会存在正的风险溢价，而且风险溢价会随着违约风险的上升而增加，风险溢价是对投资人承担风险的补偿。目前，投资者可通过信用评级机构的评级了解所要投资债券的品质和违约的可能性。

②流动性因素：

流动性是影响债券利率的另一重要因素。流动性被用来衡量金融资产转换为现金的能力。债券的流动性越强，意味着它变现时所支付的成本越低。正因如此，投资者通常喜欢持有流动性强的债券。但是如果投资者选择持有流动性强的债券，就必须以放弃部分收益为代价，这部分收益可视为流动性溢价；反之亦然。

流动性会影响投资者持有债券的愿望，在到期日和利率相同的情况下，投资者通常会选择持有流动性强的债券。要想增强投资者对流动性较差的债券的持有意愿，债券发行者就得提供相应的流动性补偿。换言之，流动性较差的债券利率应当包含一个利差，即流动性溢价。

③税收因素：

债券利息的税收政策也会影响债券利率。比如美国的州和地方政府发行的市政债券存在违约的可能性，其流动性也比国债更弱。但长期以来，市政债券的利率要低于国债。原因是美国市政债券的利息可以免缴联邦所得税（与此相对应，国债可以免缴州与地方所得税），这就相当于提高了市政债券的预期回报率。对于投资者来说，即使市政债券的利率较低、流动性较差，有时还存在违约风险，但由于市政债券具有税收减免效应，持有市政债券的回报仍然较高。

（2）企业债券利率高于国债利率的原因

在分析国债和企业利率时，也要从违约因素、流动性因素和税收因素三个方面进行分析。

①通常情况下，国债被认为不存在违约风险，因为政府有税收作后盾，具有较强的清偿债务的能力。正因如此，国债又被称为无风险债券。相比之下，企业债券的违约风险要大得多。企业因遭受经营困境可能丧失偿债能力，从而发生债务违约。对于相同到期期限的债券，企业债券通常要比国债支付更高的利率。

②相比企业债券的流动性，国债的流动性更强，可以随时随地以很低的交易成本出售；而企业债券在行情不好时可能很难找到买主，即便找到了买主，需要付出的交易成本也比较高。尤其是不存在二级市场的情况下，投资者只能一直将企业长期债券持有到到期日；如遇意外情况，很容易陷入流动性困局。

③国债免缴所得税，这就等同于提高了国债的预期回报率。因此，相同期限国债利率要低于企业债券的利率。

6. 什么是利率的期限结构？运用期限结构理论解释，为什么收益率曲线会有不同的形状？

答：（1）利率的期限结构

同一品类的不同期限的利率构成该品类的利率期限结构，所以期限结构反映了利率与期限的相关关系。利率期限结构只能就信用状况相同的债券利率，或同一发行人发行的债券利率进行讨论，信用品质不同的债券期限没有可比性。对于影响利率期限结构的因素解释主要有：人们对利率的预期、流动性偏好、资金在不同期限市场之间的流动程度等。

（2）对收益率曲线不同形状的解释

经典期限结构理论有预期理论和市场分割理论。其中预期理论分为纯预期理论、流动性理论和偏好理论。预期理论的共同特点是对远期利率的行为有共同假设：都同意远期利率或预期未来短期利率的变化方向决定收益率曲线的形态；同时假定当前长期债券中的远期利率与市场对未来短期利率的预期有密切联系。

①纯预期理论。该理论认为远期利率或预期未来短期利率决定了利率的期限结构和收益率曲线形状。一定时间的利率期限结构反映了当前市场对未来短期利率的预期：预期未来短期利率上升时，收益率曲线呈上升形态；反之，收益率曲线呈下降形态。换言之，上升的收益率曲线表示人们对未来利率持上升预期，下降的收益率曲线表示人们对未来利率持下降预期。

②流动性理论。该理论认为，既然期限长的债券价格波动风险更大，投资者自然会对这部分风险要求补偿，即流动性风险补偿。因此，只有长期投资的收益率高于短期投资的平均预期收益率时，人们才会选择长期投资工具。于是期限越长的债券，到期收益率应该越高。按照流动性理论的观点，收益率曲线一般应该是向上倾斜的；只有在预期未来短期利率下降幅度足够大，导致流动性补偿无法完全抵消预期利率下降的幅度，才会出现下降形态的收益率曲线。显然，流动性理论调整了纯预期理论中关于投资人不介意风险的假设。

③偏好理论。该理论支持流动性理论中关于投资者对未来短期利率的预期会影响收益率曲线的观点，但不赞同流动性理论的其他观点。该理论不否定收益率中包含对各种风险的补偿，但认为期限越长的债券包含越多流动性风险补偿的情况，只有在市场上所有的投资人都希望能尽快出售手中持有的债券，同时所有筹资人均要筹措长期资金时才会发生。但这种情况实践中并不存在。偏好理论认为，影响收益率曲线的另一个因素是不同期限资金市场的供求。当一个特定期限的资金市场上供求严重不均衡时，交易双方才会转向其他期限的资金市场。这种资金的流动则会影响收益率曲线，使其表现出向上、向下、水平或者驼峰状的形态。

④市场分割理论。该理论认为资金在不同期限市场之间基本不流动。这并不是行政力量限制所致，而是金融机构的特定业务运作对资金期限的特定要求不同所致。不同金融机构有不同的负债性质，所以对资金的期限有特定需求。这种不同期限市场上资金流动的封闭性，决定了收益率曲线有不同的形态。

第 23 章　资产组合与资产定价

23.1　复习笔记

【知识框架（庖丁解牛）】

- 资产组合与资产定价
  - 风险与资产组合
    - 金融市场上的风险
    - 风险的度量
    - 资产组合的收益率与风险
    - 投资分散化与风险
    - 风险资产的有效组合与最佳组合
  - 证券价值评估
    - 证券价值评估及其思路
    - 债券价值评估
    - 股票价值评估
    - 市盈率
  - 资产定价模型
    - 研究资产定价模型的意义
    - 资本市场理论
    - 资本资产定价模型
    - 多要素模型与套利定价理论简介
  - 期权定价模型
    - 期权价格
    - 期权定价的二叉树模型
    - 布莱克-斯科尔斯定价模型
  - 无套利均衡与风险中性定价

【考点难点归纳（厚积薄发）】

考点一：风险与资产组合　★★

1. 金融市场上的风险

风险是未来结果的不确定性或未来结果出现损失的可能性。在金融市场上进行投资决策需要衡量风险的大小。金融市场的风险主要包括市场风险、信用风险、流动性风险、操作风险、法律风险、政策风险和道德风险等，其具体含义见表 23-1。

表 23-1　金融市场上的风险

风险种类	含义
市场风险	投资者由于基础金融变量变动带来的金融资产或负债的市值变化而遭受损失的可能性。基础金融变量包括汇率、利率、通胀率、股价等
信用风险	交易中契约的责任对方不愿或不能履行契约使得另一方资产损失，或其中一方无法维持信用等级导致金融资产持有方的资产贬值的风险，也包括主权风险
流动性风险	一种是市场或产品流动性风险，即证券持有人由于市场流动性低无法及时变现导致损失的风险；另一种是现金流风险，即金融交易者自身持有的现金流周转困难，被迫低价变现导致损失的风险
操作风险	由于技术操作系统缺陷、管理控制问题、欺诈或其他人为错误而遭受损失的可能
法律风险	签署的合同在法律规定上的不完善而导致损失的可能性
政策风险	货币当局(央行)的货币政策、政府的财政政策、国家的内外经济政策，乃至政治、外交、军事等政策出现改变可能给投资者造成的风险
道德风险	基于投资者和融资者掌握的信息不对称导致的逆向选择和道德风险。其中逆向选择源于事前信息不对称，即融资之前融资者发布或论证的信息有所隐瞒所导致的投资风险；道德风险源于事后信息不对称，即融资者违背事先约定的资金用途，从事高风险的经济活动所带来的投资者风险的增加

2. 风险的度量(见表 23-2)

表 23-2　风险的度量

概念	公式	含义
投资收益率	$r=\frac{C+(P_1-P_0)}{P_0}$	C 为利息、股息等投资收入；P_1 为期末价；P_0 为期初价；P_1-P_0 为资本收入
期望收益率	$\bar{r}=\sum_{i=1}^{n}p_i\cdot r_i$	期望收益率可以看作未来收益率的均值，即可能出现的各种收益率结果乘以其出现的概率，然后求和。式中，r_i 为投资的第 i 种可能的未来收益率；p_i 为第 i 种收益率出现的概率
风险的量化表示	$\sigma=[\sum_{i=1}^{n}(r_i-\bar{r})^2\cdot p_i]^{\frac{1}{2}}$	风险可以表示为收益率与期望收益率的偏离程度，即未来收益率的标准差 σ

3. 资产组合的收益率与风险

(1)资产组合的收益率

资产组合的收益率等于组合中各类资产期望收益率的加权平均值。权数为各资产价值与资产组合总价值的比值。资产组合收益率的计算公式为：

$$r_p=\sum_{i=1}^{n}w_i\cdot\bar{r}_i$$

其中，r_p 指资产组合的期望收益率；w_i 是第 i 种资产所占的比重；$\bar{r}_i$ 是第 i 种资产的期望收益率。

(2)资产组合风险

资产组合风险取决于组合中各种资产的收益率之间的关系。各种资产的收益率之间正相关，并且正相关关系越强，通过组合投资降低风险的程度越低；反之，各种资产的收益率之间负相关，并且负相关关系越强，通过组合投资降低风险的程度越高。

资产组合风险公式：

$$\sigma_p = \left(\sum_{i=1}^{n} w_i^2\sigma_i^2 + 2\times\sum_{0\le i<j\le n} w_i w_j \sigma_i \sigma_j \rho_{ij}\right)^{\frac{1}{2}}$$

其中，σ_p表示组合的风险度；下标j表示第j种资产；ρ_{ij}表示第i种资产收益率和第j种资产收益率之间的相关系数。

当仅有两种资产时，资产组合的风险为：

$$\sigma_p = (w_1^2\sigma_1^2 + w_2^2\sigma_2^2 + 2w_1w_2\sigma_1\sigma_2\rho_{12})^{\frac{1}{2}}$$

当两种资产收益率之间为完全正相关，即相关系数为 +1 时，资产组合的风险为：

$$\sigma_p = w_1\sigma_1 + w_2\sigma_2$$

当两种资产收益率之间为完全负相关，即相关系数为 -1 时，资产组合的风险为：

$$\sigma_p = w_1\sigma_1 - w_2\sigma_2$$

当两种资产的收益率完全不相关时，该资产组合的风险可表示为：

$$\sigma_p = (w_1^2\sigma_1^2 + w_2^2\sigma_2^2)^{\frac{1}{2}}$$

当两种资产的比重满足以下要求时，资产组合的风险为零：

$$w_1 = \frac{\sigma_2}{\sigma_1+\sigma_2},\quad w_2 = 1 - w_1$$

4. 投资分散化与风险

资产组合的风险分为系统性风险和非系统性风险。非系统性风险是指来自公司自身的，可以通过分散化投资而抵消的风险。系统性风险是指由宏观因素引起的，不能通过分散化投资来抵消的风险。

资产组合中的系统风险与非系统风险如图 23-1 所示。

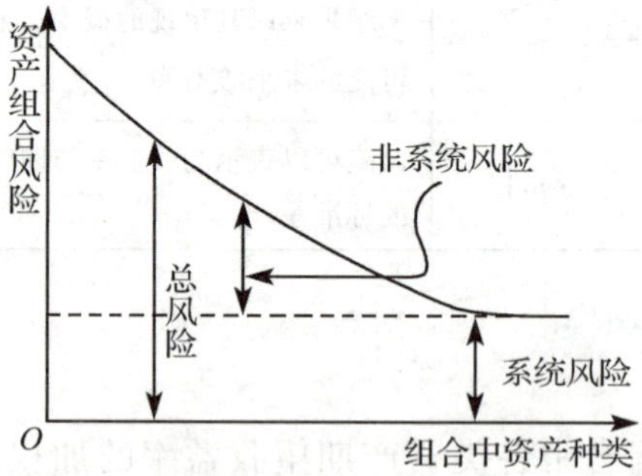

图 23-1　系统风险和非系统风险与组合中资产种类数量的关系

从图 23-1 中可以看出，随着资产种类在组合中数量的增加，非系统风险被全部抵消掉，剩下的只有系统风险。因此投资分散化可以降低资产组合的风险。

【例 23.1】以下哪一个是系统风险？（　　）［清华大学 2015 金融硕士］

A. 木材价格剧烈下降　　　　B. 航空公司飞行员罢工

C. 中国人民银行提高基准利率　　　　D. 人们抵制快餐店

【解析】系统风险，也称不可分散风险，是影响所有资产、不能通过资产组合而消除的风险。这部分风险由那些影响整个市场的风险因素引起，包括宏观经济形势的变动、国家经济政策的变动和税制改革等。

【答案】C

5. 风险资产的有效组合与最佳组合

(1)有效资产组合

风险与收益是匹配的，即期望高收益率必然要冒高风险，追求低的风险则只能期望低的收益率。有效资产组合理论认为，任何一个投资组合均存在有效与无效之分，在一个相同的风险度上，可能存在很多组合，其中只有一个收益率是最高的，因而是有效的。

马科维茨资产组合理论提出了有效边界理念，将投资组合划分为有效与无效，在相同风险下取得最高预期收益的资产组合即为有效资产组合，这样的资产组合在资产组合曲线上表示为有效边界的线段，如图 23-2 所示的 *A*-*C* 线段。

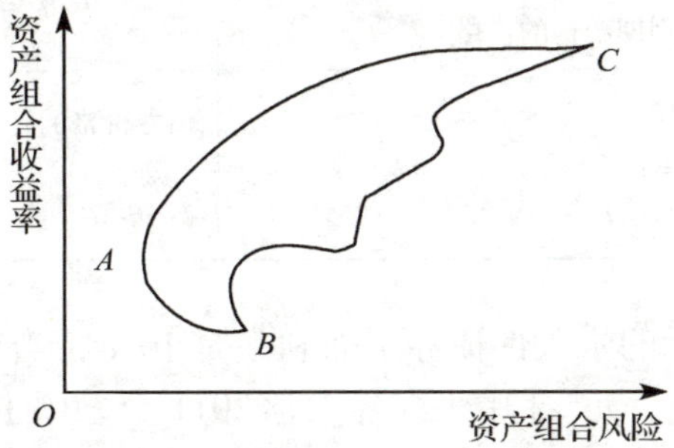

图 23-2　资产组合的曲线与有效边界

在图 23-2 中，*BAC* 区间的任一点都表示某种特定的资产组合(对 n 种资产进行投资的任一种组合选择)的风险与收益关系，考虑同等风险水平下取最高收益率，只有落在曲线 *AC* 上的资产组合为有效资产组合，其余点代表的均为无效组合。

(2)最佳资产组合

在实际投资中曲线 *AC* 上任一点都可作为投资选择，具体的选择取决于投资者的风险偏好程度，若为风险厌恶则其选择有效边界靠近 *A* 的一端，若为风险偏好则其选择有效边界靠近 *C* 的一端。

考点二：证券价值评估　★★★★★

1. 证券价值评估及其思路(见表 23-3)

表 23-3　证券价值评估及其思路

要点	具体内容
含义	对证券进行价值评估就是论证证券的内在价值
方法	现金流贴现法，即对未来收益进行折现的计算
步骤	估计投资对象的未来现金流量→选择可以准确反映投资风险的贴现率→根据投资期限对现金流进行贴现

2. 债券价值评估

影响债券价格波动的主要因素是贴现率。根据未来现金流的不同，债券的价值计算公式有三种，如表 23-4 所示。

表 23-4 债券价值评估

债券类型	参数表示	计算公式
到期一次性支付本息、复利计息	债券价格 $=P_B$； 债券到期时本息和 $=A$； 贴现率 $=r$； 至债券到期的所剩期限 $=n$	债券价格的计算公式为： $P_B=\frac{A}{(1+r)^n}$
定期付息、到期还本	债券价格 $=P_B$； 贴现率 $=r$； 至债券到期的所剩期限 $=n$； 定期付息 $=C$； 债券面值 $=M$； 若尚未到期出售的价格 $=P$	债券价格的计算公式为： $P_B=\sum_{t=1}^{n}\frac{C}{(1+r)^t}+\frac{M}{(1+r)^n}$ 未持有到期时，债券价格的计算公式为： $P_B=\sum_{t=1}^{n}\frac{C}{(1+r)^t}+\frac{P}{(1+r)^n}$
定期付息、无到期日	债券价格 $=P_B$； 贴现率 $=r$； 定期付息 $=C$	债券价格的计算公式为： $P_B=\frac{C}{r}$

【例 23.2】面值为 100 元的永久性债券票面利率是 10%，当市场利率为 8% 时，该债券的理论市场价格应该是(　　)元。[中央财经大学 2011 金融硕士]

A. 100　　B. 125　　C. 110　　D. 1375

【解析】该债券的理论市场价格应该是：

$$P=\frac{C}{r_m}=\frac{100\times 10\%}{8\%}=125(\text{元})$$

【答案】B

3. 股票价值评估(见表 23-5)

表 23-5 股票价值评估

情形	计算公式
一般公式	普通股股票价值的一般计算公式为： $P_S=\frac{D_1}{1+r}+\frac{D_2}{(1+r)^2}+\cdots=\sum_{t=1}^{\infty}\frac{D_t}{(1+r)^t}$ D_t是第 t 期的现金红利
现金红利不变时	普通股股票价值的计算公式为： $P_S=\sum_{t=1}^{\infty}\frac{D_t}{(1+r)^t}=D_1\sum_{t=1}^{\infty}\frac{1}{(1+r)^t}$ 当 $r>0$ 时，上式可简化为： $P_s=\frac{D}{r}$ 其中，D 表示每期固定的现金红利，这也是优先股的定价公式

续表

情形	计算公式
红利分派等比递增时	以 g 代表增速，依次的 D_t 是等比递增级数：$D_1 = D_0(1+g)$，$D_2 = D_1(1+g)$，$D_3 = D_2(1+g)$，…，则计算公式应是：$P_S = \sum_{t=1}^{\infty}\frac{D_0(1+g)^t}{(1+r)^t} = \frac{D_0(1+g)}{r-g}$
红利分阶段增长时	将按照不同的红利增长速度分别计算出的各阶段的股票价值进行汇总，就可得到股票的价值。如果以 P_{S1} 表示按较快增速所计算出来的前期的股票价值，以 P_{S2} 表示按增速趋缓并趋于平稳所计算出来的后期的股票价值，则股票的价值 $P_S = P_{S1} + P_{S2}$

【例 23.3】A 公司普通股刚刚支付了每股 2 元的红利，股票价格当前为 100 元每股，可持续增长率为 6%，则该公司普通股的资本成本为（　　）。[中央财经大学 2015 金融硕士]

A. 6.4%　　B. 7.3%　　C. 8.1%　　D. 8.8%

【解析】根据固定增长股票的价值模型：

$$P_S = \sum_{t=1}^{\infty}\frac{D_0(1+g)^t}{(1+r)^t} = \frac{D_0(1+g)}{r-g}$$

则该公司普通股的资本成本为：

$$r = \frac{D_0(1+g)}{P_S} + g = \frac{2\times(1+6\%)}{100} + 6\% = 8.12\%$$

【答案】C

4. 市盈率

市盈率是反映股票价格与其盈利能力的偏离程度的指标，是投资的重要参考指标，其计算公式为：

$$市盈率 = \frac{股票价值}{预期每股盈利}$$

可以用市盈率计算股票价值，其公式为：股票价值 = 市盈率 × 预期每股盈利。

【例 23.4】市盈率[华中科技大学 2016 金融硕士；中国科学技术大学 2016 金融硕士；青岛大学 2016 金融硕士；河北大学 2016 金融硕士；厦门大学 2015 金融硕士；南京理工大学 2015 金融硕士；华南理工大学 2014 金融硕士]

答：市盈率又称市价与每股盈利比率、本益率，是股票市场价格与每股盈利的比值。其中，每股收益 =（净利润 − 优先股股利）/发行在外的普通股股数。以 P 表示普通股的市价，E 表示每股收益，D 表示普通股每股股利，则

$$市盈率 = P/E = \frac{D/E}{D/P}$$

其中 D/E 即为股利支付率，D/P 即为股利价格比。

市盈率是衡量公司普通股市价高低的重要指标，也是投资者进行投资决策、发行人确定发行价格的重要参照指标，同时该指标衡量了股份制企业的盈利能力。股价与每股收益

进行比较反映投资者对每 1 元净利润所愿支付的价格。这一比率越高，意味着公司未来成长的潜力越大。一般说来，市盈率越高，表明市场对公司的未来越看好。在市价确定的情况下，每股收益越高，市盈率越低，投资风险越小；反之，每股收益越低，市盈率越高，投资风险也就越大。在每股收益确定的情况下，市价越高，市盈率越高，风险越大；反之，市价越低，市盈率越低，风险也就越小。

【例 23.5】某公司每股盈利为 0.58 元，同行业可比公司平均市盈率倍数为 30，则该公司的股票价值为(　　)元。[厦门大学 2012 金融硕士]

A. 15.25　　B. 15.5　　C. 12.8　　D. 17.40

【解析】市盈率又称本益比，是指股票市场价格与盈利的比率，其计算公式为：市盈率 = 每股价格/每股收益。因此该公司的股票价值 = 0.58 × 30 = 17.40(元)。

【答案】D

考点三：资产定价模型 ★★★★★

1. 研究资产定价模型的意义

资产定价模型旨在寻找适当的贴现率，并用以确定资产的价值。

2. 资本市场理论

引入无风险资产进入资产组合，则新构成的组合包含一种无风险资产和一组风险资产组合。假定一种无风险资产为国债；一组风险资产为股票的组合，该股票组合汇集众多行业众多企业的股票，可以在一定意义上代表整个社会的风险资产的集合，于是被称为市场组合。

将无风险资产和市场组合分别用 F 和 M 表示，则新的资产组合等于 $F+M$。

新的资产组合的收益：

$$\bar{r}_p = w_f r_f + w_m \bar{r}_m$$

式中，r_f 与 $\bar{r}_m$ 分别代表无风险资产与市场组合的期望收益率；w_f 与 w_m 分别代表两类资产的比重。

资产组合的风险：

$$\sigma_p = (w_f^2\sigma_f^2 + w_m^2\sigma_m^2 + 2w_f w_m \sigma_f \sigma_m \rho_{fm})^{\frac{1}{2}} = w_m \sigma_m$$

式中，σ_f 与 σ_m 分别代表无风险资产与市场组合的标准差，且 $\sigma_f = 0$。

根据新资产组合的期望收益率和风险，可以在坐标图上画出一条纵轴截距为 r_f、向上倾斜的、与马科维茨资产组合曲线相切的直线，这就是资本市场线(CML)，如图 23-3 所示。

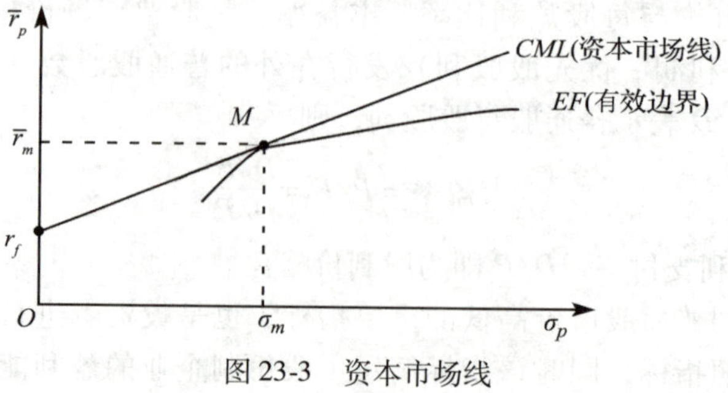

图 23-3　资本市场线

【例 23.6】资本市场线［中山大学 2015 金融硕士］

答：资本市场线是指在以预期收益和标准差为坐标轴的图上，表示风险资产的有效组合与一种无风险资产再组合的有效的组合线。如果用 σ 表示证券或组合的方差，F、M 和 P 分别表示无风险证券、市场组合和任意有效组合，资本市场线所代表的方程是：

$$\bar{r}_p = r_f + \frac{\bar{r}_m - r_f}{\sigma_m}\sigma_p$$

资本市场线反映有效组合的期望收益率和标准差之间的一种简单的线性关系。

3. 资本资产定价模型

资本市场线的代数式为：

$$\bar{r}_p = r_f + \frac{\bar{r}_m - r_f}{\sigma_m}\sigma_p$$

公式右边分为两部分：用无风险利率 r_f 表示的投资的机会成本补偿和投资的风险溢价（其中 $\bar{r}_m - r_f$ 表示市场组合 M 的风险溢价）。资产组合的期望收益率即可依据这个公式计算。

由资本市场线公式可以得出资产组合的期望收益率，在此基础上，为了求得单个资产的期望收益率，需要确定持有该资产后，对整个资产组合风险的影响程度。

可以用 β 系数来表示单个资产对整个市场组合风险的影响。这一系数相当于资产 i 与市场组合的协方差同市场组合方差之比：

$$\beta_i = \frac{\sigma_{i,m}}{\sigma_m^2}$$

其中，β_i 代表第 i 种资产的市场风险溢价系数。

于是，单个资产的期望收益率就可以用这样的公式表示：

$$\bar{r}_i = r_f + \beta_i(\bar{r}_m - r_f)$$

这就是资本资产定价模型。只要给定特定资产的 β 系数，以及无风险利率和市场风险溢价，就可以得出该资产的期望收益率。

根据资本资产定价模型，引入证券市场线 *SML*（见图 23-4）的概念，它反映了单个资产的风险与期望收益率的关系，是一条截距为 r_f，斜率为 $\bar{r}_m - r_f$ 的直线。

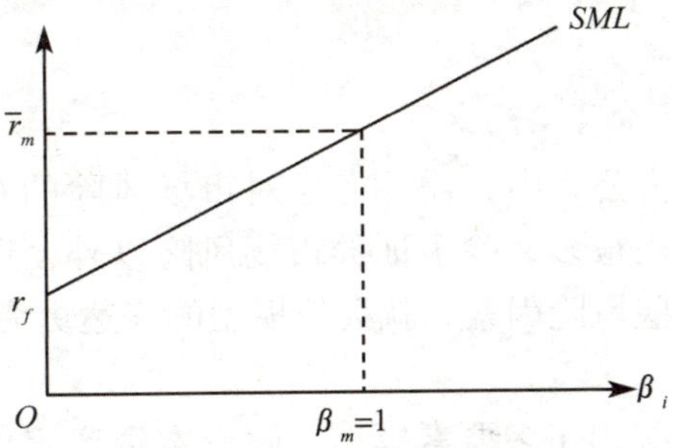

图 23-4　证券市场线

资本资产定价模型以及资本市场线表示的是在市场均衡状态下单个资产的期望收益率与风险的关系。由于市场常处于不平衡状态，资产的价值可能被高估或低估，在上图中表示为根据市场价格计算的收益率落在 SML 线的上方（被低估）或下方（被高估）。

【例23.7】某股票市场收益率高于CAPM计算结果，则它落在SML线______，投资者应该______。(　　)［中国人民大学2017金融硕士］

A. 上方；卖出　B. 上方；买入　C. 下方；卖出　D. 下方；买入

【解析】为了确定资产价值被高估或被低估，可将其按照市场价格计算出来的投资收益率与资产定价模型计算出来的值进行比较，在图形上则表示为相关的点与*SML*直线的相对位置。如果股票收益率大于资产定价模型(落在*SML*线上方)，此时股票价值计算公式中的折现率偏高，计算出的股票价值偏低，因此价值被低估，应该买进；反之，如果股票收益率小于资产定价模型(落在*SML*线下方)，则价值被高估，应该卖出。

【答案】B

【例23.8】零贝塔证券的期望收益率为(　　)。［清华大学2016金融硕士］

A. 市场收益率　B. 零收益率

C. 负收益率　D. 无风险收益率

【解析】根据CAPM模型

$$\bar{r}_i = r_f + \beta_i(\bar{r}_m - r_f)$$

式中，$\bar{r}_i$表示当市场处于均衡状态时，某资产的期望收益率；r_f表示市场无风险利率；$\bar{r}_m$表示当市场处于均衡状态时，市场证券组合的期望收益率。当β为零时，$\bar{r}_i = r_f$。

【答案】D

【例23.9】根据CAPM模型，假定市场组合收益率为15%，无风险利率为6%，某证券的Beta系数为1.2，期望收益率为18%，则该证券(　　)。［复旦大学2015金融硕士］

A. 被高估　B. 被低估　C. 合理估值　D. 以上都不对

【解析】根据CAPM模型，该证券的预期收益率为：

$$\begin{aligned}\bar{r}_i &= r_f + \beta_i(\bar{r}_m - r_f)\\ &= 6\% + 1.2 \times (15\% - 6\%)\\ &= 16.8\% < 18\%\end{aligned}$$

即该证券的期望收益率高于由CAPM推导的收益率，因此该证券被低估。

【答案】B

4. 多要素模型与套利定价理论简介

资本资产定价模型的定价公式中只需要考虑对市场风险的补偿。事实上，影响经济生活中总体市场风险变化的因素很多，除了证券市场风险以外，还存在非市场风险，如果能在CAPM的基础上再增加一些风险因素，就会使模型的表达更为准确。

(1)多要素模型

1973年，罗伯特·默顿提出了多要素模型。除资本资产定价模型中考虑的证券市场风险之外，还可能存在国民收入增长率、收入水平、利率水平等n个非市场风险因素，则资本资产定价模型可以改写为多要素模型：

$$\bar{r}_i = r_f + \beta_{i,M}(\bar{r}_M - r_f) + \beta_{i,f1}(\bar{r}_{f1} - r_f) + \beta_{i,f2}(\bar{r}_{f2} - r_f) + \cdots + \beta_{i,fn}(\bar{r}_{fn} - r_f)$$

式中，f_1，f_2，…，f_n是从1到n的n个要素——除市场风险以外的风险要素；$\beta_{i,M}$是第

i 种资产的市场风险溢价系数；$\beta_{i,f1}$ 是除市场风险以外的第一种风险的溢价系数；$\bar{r}_{f1}$ 是要素 1 的期望收益率。

(2)套利定价理论

套利定价理论(APT)是 1976 年斯蒂芬·罗斯建立的。套利定价理论(APT)同多要素模型一样假定资产的期望收益率受到多种因素的影响，但与之不同的是强调建立市场均衡中套利行为的重要作用，即市场中价格失衡时，投资者会自动调整他们的资产组合寻求套利机会，直至市场均衡。

考点四：期权定价模型　★★★★

1. 期权价格(见表 23-6)

表 23-6　期权价格

要点	具体内容
含义	期权的价格即为期权费，期权的价格就是期权费的多少
内容	①内在价值。内在价值是期权标的资产的市场价格与执行价格(履约价格)之差，期权的内在价值不会小于零。用 P 表示相关资产在合约执行时的市场价格，S 表示执行价格，则美式期权的价值区间分别为： 看涨期权 Call≥Max(0，$P-S$)； 看跌期权 Put≥Max($S-P$，0)。 将上式中的"≥"符号改为"="符号，即为欧式期权的价值区间。 上式只给出了一个价值变化区间，要得到具体的数量值，还需要借助于期权定价模型。 ②期权的时间价值用公式表示为：时间价值 = 期权费 - 内在价值

2. 期权定价的二叉树模型(见表 23-7)

表 23-7　期权定价的二叉树模型

过程	内容
构造对冲性资产组合	在研究期权定价时，首先要构造一个对冲性资产组合，包括：①买入一定量现货资产；②卖出一份看涨欧式期权，标的资产为前面①中买入的现货资产；③买入现货的量足够保证该对冲性资产组合成为零风险投资，对应的收益率为无风险利率
确定对冲比率	①构造上述组合的关键是购买现货的比例，该比例称为对冲比率。因此，模型的核心是如何确定对冲比率，并进而确定期权的价值。假设期权合约中标的资产现价 = P_0，合约执行时标的资产价格上升比率 = u，合约执行时标的资产价格下降比率 = d，1 期的无风险利率 = r，看涨期权现价 = C，资产价格下降时期权内在价值 = C_u，资产价格下降时期权内在价值 = C_d，该份看涨期权的执行价格 = S，对冲比率 = H。按照以上参数表示，构造对冲性交易组合时，投资现货的资金量为 HP_0，整个组合的投资成本为 $HP_0 - C$。 ②期末，若资产价格上升，该资产组合价值为 $uHP_0 - C_u$；若资产价格下降，该资产组合价值为 $dHP_0 - C_d$。要求零风险投资，即无论资产价格上升或下降其期末组合价值相同，则有 $uHP_0 - C_u = dHP_0 - C_d$，求解 H，得到对冲比率的表达式： $H = \frac{C_u - C_d}{(u-d)P_0}$

续表

过程	内容
推导期权价格表达式	①由于构建的对冲性资产组合要求取得的收益为无风险利率，则可构造等式： $(1+r)(HP_0-C)=uHP_0-C_u$ ②根据上述等式及上文推导的对冲比率 H 的表达式，可求解看涨期权的价格 C 如下： $C=\frac{1+r-d}{u-d}\times\frac{C_u}{1+r}+\frac{u-1-r}{u-d}\times\frac{C_d}{1+r}$

3. 布莱克-斯科尔斯定价模型

布莱克-斯科尔斯定价模型假定：期权是欧式看涨期权；价格可以在期间内连续变动；无风险利率在期间内不发生变化；相关资产为股票，股票没有现金和利息等分红收入。该定价模型表示为：

$$c(t)=S(t)N(d_1)-Xe^{-y_f(T-t)}N(d_2)$$

$$d_1=\frac{\ln(P_0/S)+\Delta tk}{\sigma\Delta t^{\frac{1}{2}}}+\frac{\sigma\Delta t^{\frac{1}{2}}}{2},\ d_2=d_1-\sigma\Delta t^{\frac{1}{2}}$$

其中，$c(t)$是欧式看涨期权在到期日前 t 时刻的市场价格；$S(t)$是相关资产（股票）在 t 时刻的市场价值；$N(d_1)$是股票的数量；$Xe^{-y_f(T-t)}$是到期日 T 市场价格为 X 的无风险证券在 t 时刻的折现值；y_f是无风险利率；$e^{-y_f(T-t)}$是无风险利率的折现因子；$N(d_2)$则是无风险证券的数量；$N(d_1)$和 $N(d_2)$是累积正态分布函数值，随着时间的变化而变化。

布莱克-斯科尔斯定价模型的期权函数式是：$c(t)=f(S(t),\ X,\ (T-t),\ y_f,\ \sigma)$

其中 $S(t)$、y_f是可观察的市场因素，X、$(T-t)$是合约本身定义的，σ 需要对价格波动进行统计分析获得。

考点五：无套利均衡与风险中性定价（见表 23-8）★★

表 23-8　无套利均衡与风险中性定价

要点	具体内容
金融产品的可替代性	金融产品的价值集中于其取得未来现金流的能力，主要由流动性、风险程度、收益能力等因素决定。由于金融产品具有共同的“使用价值”，故可以取得相同未来收入现金流的金融产品被认为是等同的，是可以相互替代的。而被视为可替代的金融产品，相应的就具有相同的价值
复制	若两个未来现金流在任何可能的场所所发生的现金流量相等，则这两个现金流对应的金融产品完全等价。寻找一对一的两个完全等价的金融产品几乎不可能实现，但可通过选取一种金融产品，同时找到另外一些金融产品构造资产组合，同时要求该资产组合的未来现金流与所选取的金融产品相同来实现；这个构造出来的同等现金流的金融产品组合即为该金融产品的复制品
无套利均衡	①等价的复制品与被复制品应当具有相等的价格，当价格不相等时就存在无风险套利空间。对价低一方进行多头买进，对价高一方进行空头卖出，二者之间的差价即为无风险套利润。由于空头的未来偿付责任可通过多头的未来收入进行抵补，多头的未来偿付责任可通过空头的未来收入进行抵补，多头与空头的未来现金流在任意情况下均相同，所以可以认为这样的套利操作是无风险的。 ②套利可以驱使出现偏差的价格复位，复位之后套利空间也将消失，故不存在套利机会时金融产品即处于均衡的市场价格，这样的均衡是无套利均衡

续表

要点	具体内容
金融市场均衡的特点	金融市场具有“空头”的特性，这使得套利行为是在借贷的平台之上所进行的买空与卖空的结合运作。因此，无套利实现的市场均衡往往与一般商品服务市场的供需均衡不同，具有其特殊性： ①由于空头机制，可对金融产品或复制组合产生巨大的需求或供给；由于套利是无风险的，所以倾向于无限放大套利头寸，产生巨大的供需压力，并使失衡的价格迅速复位。 ②在一般市场中，一旦价格失衡，众多的供给者和需求者都只能少量地调整自己的供需；只有市场将他们的调整行为集结起来，才能推动价格复位。在金融市场上，一旦发现套利机会，只需要少数套利者，就可以利用空头机制建立巨大的套利头寸来推动失衡的价格复位
风险中性定价	①股票折现值的公式是资本资产定价模型的代表。其一般化的代数式是： $$PV=\sum_{t=1}^{T}\frac{C_t}{(1+r)^t}$$ 式中，PV 为未来现金流的贴现值；C_t 为各时段 $t=1, 2, \cdots, T$（T 可以包括∞）的现金流；r 为贴现率。在这一模型中，需要选取与风险相匹配的贴现率 r 和未来现金流的风险概率分布。 ②无套利均衡分析定价模型，即风险中性模型，与资本资产定价模型比较的两点变化：资本资产定价模型中与风险相匹配的贴现率 r，转变为无风险利率；资本资产定价模型中未来现金流的风险概率分布，转变为风险中性概率分布。风险中性定价模型： $$PV=\sum_{t=1}^{T}\frac{E^*(C_t)}{(1+r_{ft})^t}$$ 式中，$E^*(C_t)$ 表示依风险中性概率计算的预期 t 时段的现金流平均值；r_{ft}（$t=1, \cdots, T$）是各个时间段的无风险利率。 ③风险中性定价在实践中的原理可简明归纳为： a. 所有证券的预期收益率都是无风险利率； b. 无风险利率是任何预期的未来现金流最为适当的贴现率

23.2　课后习题详解

1. 各种金融工具的交易几乎都不按票面值进行，为什么？你是否知道钞票也有不按票面计价的情况？

答：（1）面值的定义

绝大部分的有价证券都有票面价值，简称“面值”，即注明该有价证券代表多少货币单位。但它们在交易中均有不同于面值的市场价值，也常称“市场价格”“市价”。

（2）金融工具不按面值进行交易的原因

各种有价证券之所以几乎不按票面价格进行，是因为这些有价证券的票面价格包含将其持有到期时的最终收益，而市场价格是在有价证券交易时买卖双方协商一致的价格。根据无套利原则，市场价格等于未来收益按适当贴现率折算的现在价值。一般情况下，在交易时，如果这些有价证券没有到期，证券买方应该补偿卖方持有期间产生的但尚未发放的利息，交易双方通过在票面价格中扣除部分利息来确定其交易价格。因此，票面价格一般不等于市场价格。

(3)钞票不按面值计价的情况

钞票本身就是衡量价值的，一般情况下，它没有到期日。因此，通常钞票是按面值计价的。当钞票退出当前的流通领域，发挥价值贮藏职能时，可能不以面值进行计价。

2. 下面哪种证券具有较高的实际年利率？

(1)票面金额为 100000 元，售价为 97645 元的 3 个月期限的国库券。

(2)售价为票面金额，每半年付息一次，息票率为 10%的债券。

解：(1)票面金额为 100000 元，售价为 97645 元的 3 个月期限的国库券的实际年利率为：

$$r=\frac{100000-97645}{97645}\times\frac{12}{3}=9.65\%$$

(2)售价为票面金额，每半年付息一次，息票率为 10% 的债券的实际年利率为：

$$r=(1+\frac{10\%}{2})^{2}-1=10.25\%$$

可见，售价为票面金额，每半年付息一次，息票率为 10% 的债券的实际年利率较高。

3. 某公司发行 5 年到期的债券，票面金额为 1000 元，售价为 960 元，年息票率为 7%，半年付息一次。试计算：

(1)当期收益率。

(2)到期收益率。

(3)持有 3 年后，将该债券以 992 元的价格出售，则该投资者的实际收益率为多少？

解：(1)当期收益率

$$r=\frac{1000\times7\%}{960}=7.29\%$$

(2)到期收益率

$$960=\sum_{t=1}^{10}\frac{1000\times3.5\%}{(1+\frac{r}{2})^{t}}+\frac{1000}{(1+\frac{r}{2})^{10}}$$

解得：$r=8\%$。

(3)实际收益率

$$960=\sum_{t=1}^{6}\frac{1000\times3.5\%}{(1+\frac{r}{2})^{t}}+\frac{992}{(1+\frac{r}{2})^{6}}$$

解得：$r=8.22\%$。

4. 对于金融资产——无论是原生工具还是衍生工具——的评估，都提到“内在价值”这个概念。这个概念的本质内涵是什么？

答：(1)金融资产内在价值的本质内涵

有价证券的内在价值，即理论价值，指证券未来收益的现值，它并不等于实物资产的账面值。债券，其本身并无对应的实物资产。股票，有其对应的实物资产，但具有同样估值金额的实物资产绝不等于对应的股票有同等的内在价值。

(2)内在价值的计算方法

一个被普遍使用的估计内在价值的方法是对该项投资形成的未来收益进行折现值的计算，即现金流贴现法。这种方法的基本理念是，既然投资的目的是在未来取得投资收益，那么，未来可能形成收益的多少就在本质上决定了投资对象内在价值的高低。用现金流贴现法计算证券价值包括如下三步：①估计投资对象的未来现金流量；②选择可以准确反映投资风险的贴现率；③根据投资期限贴现。

市场中，金融资产的价格受多方面因素的影响，并不一定等于其内在价值。

5. 如何理解金融资产的收益与风险的对称原则？试通过对一些金融工具特征的简要分析来表达你对这一问题的理解。

答：金融市场上的风险就是未来结果的不确定性。不确定程度越高，风险就越大。金融市场上的风险可以大致分为市场风险、信用风险、流动性风险、操作风险、法律风险和政策风险，此外还有道德风险。

一个最基本的常识是，只要投资，就必然冒风险。进行风险无所不在的金融投资尤其是如此。当然，人们不会因为投资有风险就不去投资，而是选择自己可以承受的风险投资项目。因为投资需要承担风险，所以就需要相应的风险补偿。对于风险补偿，因人而异。理性的投资者被认为是风险规避即风险厌恶者，但各人厌恶风险的程度也不一样。相比较而言，风险厌恶越甚即越保守的人，对于同样的风险所要求的风险补偿就越高；反之亦然。因为人们的风险偏好(厌恶)程度不同，从而不同的人所要求的风险补偿也不同。对同一个投资者而言，承担的风险越大，要求的风险补偿也就相应越高。

例如政府债券的总体风险就小，因为国家的信誉高，违约风险小，政府债券的规模大，其二级市场大，流动性好，所以政府债券比同期限的公司债券的利率低，也即收益率低，比股票的收益率就更低，因为股票的风险比债券要大得多。

6. 对于金融资产的风险大小和收益高低，人们早就凭借经验进行估计，并懂得对资产进行“选择”和“组合”。为什么说只有当对风险的科学度量成为可能，才有资产组合理论和资产定价模型理论的发展？

答：认识风险，衡量风险的大小，是投资决策程序中的第一件事。在 20 世纪 60 年代以前，对风险的估计还是十分粗糙的，只能大概地用高、中、低等词汇衡量。这种不能量化的衡量结果给机构投资人，尤其是投资基金的资产组合管理带来一定难度。1952 年，美国经济学家、诺贝尔经济学奖获得者哈瑞·马科维兹提出资产组合理论，使投资风险的衡量可以数量化。这是对现代金融理论的重大贡献。

(1)风险的科学度量

风险是未来结果的不确定性，用数理统计的语言可以表述为各种未来投资收益率与期望收益率的偏离程度。其中，期望收益率等于未来收益率的各种可能结果按照相应的发生概率进行加权后得到的值。

(2)风险的科学度量促进资产组合理论和资产定价模型理论发展的原因

①风险的科学度量使资产组合理论中标准差的测算成为可能。资产组合理论认为，在一定统计期内已经实现的投资收益率变化及其发生的概率，基本符合正态分布。于是，测

算标准差的意义就是：已经知道投资的期望收益率和标准差，即可计算收益率发生在一定区间的概率。

同样，在了解资产组合的风险之前，需要了解资产组合的期望收益率。资产组合的收益率相当于组合中各类资产期望收益率的加权平均值。权数是各资产价值在资产组合总价值中所占的比重。知道了资产组合的期望收益率以后，就可以评价该组合的风险。

②风险的科学度量使资产定价模型得以发展。在讨论有价证券价值确定的内容中，应选取与风险相匹配的贴现率，以计算有价证券的价值。在风险可以科学度量的基础上，结合资产组合理论，资产定价模型才得以发展。

7. 也许你过去听到过期权定价模型获得了诺贝尔经济学奖。对于这个定价模型的贡献，人们是怎样估价的？

答：1973 年，世界上第一家现代期权交易市场在芝加哥刚刚开业不久，“布莱克-斯科尔斯模型”的期权定价理论就诞生了。期权定价理论的出现，为金融衍生工具的发展提供了技术支持。在以后的年份中，这个定价模型被应用到认股权证、可兑现债券、可赎回债券和许多其他金融工具上，成为不仅在金融领域，而且在整个经济学中最为成功、最具实用价值的理论。

在期权定价理论出现之前，金融理论研究无论是侧重宏观问题还是侧重微观问题，其最终用意总是围绕政府如何选择政策这个核心问题。而期权定价理论的诞生，揭开了金融理论走向市场为千百万投资者服务的历史，使筹资和投资人对风险的估值成为可能。在金融业务日新月异的今天，期权定价理论仍在不断发展和完善，在 21 世纪微观主体的金融决策和经济活动中发挥更大的作用。

8. 有人说，金融市场的均衡就是由无套利均衡体现的。你对这样的论断是怎样领会的？

答：金融基本的内涵是借贷，这蕴涵着金融市场具有“空头”的机制。与借入现款来购买金融产品比较，“买空”是以负债的义务持有金融产品；与借入金融产品出售比较，“卖空”是以负债义务持有应收权利。所以“空头”头寸意味着在平仓之前的负债金额。在此，借贷和“做空——建立空头头寸”在本质上是一回事。而套利就是在借贷这个基础平台之上对买空与卖空的结合运作。由于套利均衡机制的存在，当不存在套利机会时，金融市场就实现了均衡。

首先是空头机制的作用。对于价格被低估的金融产品或复制组合，套利者将建立现金空头大量购入，从而产生巨大的需求；对于价格被高估的复制组合或金融产品，套利者将建立证券空头大量出售，从而产生巨大的供给。由于套利是无风险的，所以套利者将倾向于无限放大套利头寸。这就会产生巨大的供需压力，并使失衡的价格迅速复位，套利机会消失。

其次，在一般商品和服务市场中，一旦价格失衡，众多的供给者和需求者都会采取行动，但每位供给者和需求者都只能少量地调整自己的供给量和需求量；市场将他们的调整行为集结起来，供需量才会有大的调整，并从而推动价格复位，套利则不然，一旦发现套利机会，只需要少数套利者，就可以利用空头机制建立巨大的套利头寸来推动失衡的价格复位。因此，套利重建均衡的速度远高于一般商品与服务市场供需缺口的调整速度。

9. 风险客观存在，但可以推导出风险中性定价。对于推导的基本思路，你能理解到怎样的程度?

答：股票折现值公式为：

$$PV = \sum_{t=1}^{T} \frac{C_t}{(1+r)^t}$$

式中，PV 是未来现金流的折现值；C_t 是各时段 $t=1, 2, \cdots, T$（T 可以包括∞）的现金流；r 是折现率。

r 可以用资本资产定价模型来确定。但是套利均衡分析认为，涉及风险补偿的折现率是难以找到的。因为人们的风险厌恶程度不同，从而不同的人所要求的风险补偿也不同，这就无法找到一个可以代入折现公式的统一的、共同的折现率。

而在由风险中性的人所构成的假想的风险中性的世界里，人们的风险偏好不同而无法确定一个统一的折现率的难题不复存在；对于任何现金流，都可以统一地采用无风险利率作为折现率。

对于未来预期的收入现金流的计算，无套利均衡分析认为，对未来可能发生的各种情况下的现金流的概率分布，在风险中性世界里也会不同于真实世界的概率分布，而应是一个风险中性概率。对于一个金融市场来说，如果不存在无风险套利机会，且有足够的金融商品充当构筑动态复制组合的零部件，那就意味着风险中性具有存在的充分必要条件。

在假想的风险中性世界里的折现公式为：

$$PV = \sum_{t=1}^{T} \frac{E^*(C_t)}{(1+r_{ft})^t}$$

以此方式计算的假想世界里的现金流的价值就是该现金流所代表的金融产品的价值。其逻辑推理是：当套利机会出现时，因为它给予人们无风险套取利润的机会，所以不管发现套利机会的人的风险偏好如何，都会采取套利行动。就是说，套利活动与人的风险偏好无关；消除套利机会后的均衡价位也应是与人的风险偏好无关。既然可以认为无套利均衡价格就应该是现金流的折现值，在假想的风险中性的世界里得到的折现值，在真实世界里也就应该依然有效。

根据上述思路计算均衡价格，称为“风险中性定价”。实践中更简明的归纳为：

①所有证券的预期收益率均为无风险利率；

②无风险利率是任何预期的未来现金流最为适当的折现率。

第24章 资本结构与公司治理

24.1 复习笔记

【知识框架(庖丁解牛)】

- 资本结构与公司治理
  - 企业融资方式的选择
    - 融资方式的分类
    - 影响企业融资方式的因素
      - 资本成本
      - 破产成本
      - 代理成本
  - 资本结构
    - 企业的资本结构与市场价值
    - 最优资本结构理论
      - 传统理论
        - 净收益理论
        - 净经营收益理论
        - 传统折中理论
      - MM定理
        - 无税MM模型
        - 有税MM模型
        - 破产成本理论
      - 权衡理论
      - 新理论
        - 代理成本理论
        - 信号理论
        - 啄序理论
  - 公司治理
    - 公司治理定义
    - 公司治理结构的演进
    - 公司治理模式
      - 外部控制模式
      - 内部控制模式
      - 家族控制模式
      - 转型治理模式
    - 商业银行的公司治理

【考点难点归纳(厚积薄发)】

考点一：企业融资方式的选择 ★★

1. 融资方式的分类(见表24-1)

表 24-1　融资方式的分类

分类标准	融资方式	定义
是否有金融中介参与	间接融资	指通过金融中介(主要是银行等)筹措资金
	直接融资	借助资本市场工具(如债券、股票等金融工具)进行的筹资活动
融资期限	短期融资	为满足企业流动性需求，期限在 1 年以下，主要形式有银行短期贷款和商业票据等
	中长期融资	期限在 1 年以上的融资活动
资金来源	内源融资	通过企业内部资金满足融资需求，最常见的是留存收益投资
	外源融资	向企业外部筹措资金，即通过金融中介或借助资本市场工具
融资工具	权益融资	没有固定期限且涉及企业所有权的转移，包括留存收益投资(内源融资)和股权融资(外源融资)
	债务融资	有固定期限且不涉及企业所有权的转移，包括借款融资(间接融资)和债券融资(直接融资)

2. 影响企业融资方式的因素

影响企业融资方式的主要因素包括资本成本、破产成本和代理成本。

(1)资本成本

资本成本指企业筹措、运用长期资金所付出的代价，可用绝对数或相对数表示，在企业财务管理中，一般采用相对数。对于投资者而言，企业的资本成本就是其投资回报或投资收益。资本成本最小化是最优资本结构的目标之一，因此资本成本也是影响企业融资方式选择的一个重要因素。

①债务融资的资本成本计算方法：

a. 长期借款融资成本：企业向商业银行等金融机构申请贷款所支付的成本，主要包括利息和手续费等。

长期借款融资成本 C_L 的计算公式为：

$$C_L = \frac{L \times r \times (1-t)}{L \times (1-f)}$$

其中，L 为长期借款；r 为利率；f 为手续费率；t 为税率。

b. 长期债券融资成本：企业在资本市场上发行债券筹资所支付的成本。

长期债券融资成本 C_B 的计算公式为：

$$C_B = \frac{B \times r \times (1-t)}{P \times (1-f)}$$

其中，B 为长期债券面额；r 为票面利率；P 为债券筹资额(根据发行价格)；f 为发行费率；t 为税率。

c. 长期借款融资成本和长期债券融资成本的主要区别：

第一，长期借款融资获得的资金通常是借款合同中标明的面值，即未来要归还的本金。而由于债券可以采取溢价(发行价 > 面值)、平价(发行价 = 面值)和折价(发行价 < 面值)三种方式发行，故发行长期债券获得的资金不一定等于债券面值。

第二，债券融资面对的投资者比借款融资相对分散，而且还包括信用评级等因素，因此债券融资发行利率通常较高。

②股权融资的资本成本计算方法：

a. 股利折现模型。股利折现模型又叫股利法，是利用普通股现值计算公式来估算股权融资成本的一种方法。其基本原理为：融资成本是未来各期股利现值之和与净筹资额相等时的折现率。

以 P 表示普通股筹资额；D_t 表示第 t 期支付的股利；C_S 表示普通股筹资成本；f 表示筹资费率。普通股筹资成本可通过下式计算：

$$P(1-f)=\sum_{t=1}^{\infty}\frac{D_t}{(1+C_S)^t}$$

如果企业每年分派固定现金股利 D 元，则普通股筹资成本的计算公式为：

$$C_S=\frac{D}{P(1-f)}$$

如果企业每年的股利增长率为固定的 G，则普通股筹资成本的计算公式为：

$$C_S=\frac{D_1}{P(1-f)}+G$$

如果是优先股，由于其是一种固定收益证券，其融资成本的计算公式为：

$$C_P=\frac{D}{P(1-f)}$$

留存收益是企业在缴纳所得税和发放股利后剩余的、为股东所有、不需要考虑发行费用的收益，留存收益投资产生的资本成本与普通股相同。留存收益融资成本的计算公式为：

$$C_E=\frac{D}{P}$$

b. 资本资产定价模型。资本资产定价模型以及套利定价模型的基本原理都是按照风险与收益对等的原则，通过股东承担风险的大小估算应得回报，并进一步推算企业的资本成本。

根据资本资产定价模型，普通股的成本为：$C_S=r_f+\beta(r_m-r_f)$

式中，r_f 为无风险收益率；β 为股票的 β 系数；r_m 表示市场收益率。

c. 套利定价模型。套利定价模型考虑了如 GDP、通货膨胀、利率等宏观经济指标的非预期变动等多个系统性风险因子。与资本资产定价模型相比，套利定价模型包含了更多的风险因素，因此能够更多地解释股票收益，估算出的融资成本也更为可靠，因此在理论上具有明显的优势。

依据套利定价模型，股票融资的成本为：$C_S=r_f+\beta_g f_g+\beta_p f_p+\beta_i f_i$

其中，r_f 为无风险收益率；β_g 为 GDP 的 β 系数；f_g 为 GDP 异动的市场风险收益率；β_p 为通货膨胀的 β 系数；f_p 为通货膨胀异动的市场风险收益率；β_i 为利率的 β 系数；f_i 为利率异动的市场风险收益率。

③加权平均资本成本（WACC）：

当企业同时持有多种融资工具时，其整体资本成本由各融资工具的成本及其对应比例决定，即通过对各种资本的成本进行加权平均计算得到加权平均资本成本，并以此来衡量整体资本成本。

其计算公式为：

$$WACC = \sum_{i=1}^{n} W_i C_i$$

式中，W_i为第 i 种资本占全部资本的比重；C_i为第 i 种资本的融资成本。

(2)破产成本

破产成本又称财务危机成本或财务拮据成本。债务融资会给企业带来偿付债务本息的压力，一旦出现支付危机，企业将面临破产倒闭的风险，进而产生大量破产成本。

企业的破产成本包括：

①直接成本：企业破产清算所发生的各种直接费用，包括企业清算或重组的法律成本、管理费用以及会计费用等。

②间接成本：企业面临财务危机时因经营受到影响所造成的损失，包括因财务危机企业形象受损而损失的客户资源带来的成本，财务困境中企业管理层的诸如不进行必要的技术改造和企业设备维修、投资于高风险项目、隐瞒企业的真实财务状况、将未分配利润用于股利分配等短期行为倾向而导致的成本。

(3)代理成本(见表 24-2)

表 24-2　代理成本

要点	具体内容
定义	代理成本指由于企业的委托人和代理人之间的代理问题而产生的成本
产生原因	现代企业制度下所有权与经营权分离而产生了两种委托代理关系，一种是股东与管理者之间的代理关系，另一种是股东与债权人之间的代理关系。由于委托人和代理人之间的信息不对称，代理人有动机利用信息优势来谋取自身利益或损害委托人利益，故产生了委托代理问题进而产生代理成本
分类	①监督成本：指企业的委托人或外部股东为了监督管理者的过度消费或者消极怠工而支付的费用。 ②约束成本：指代理人或管理者为了取得委托人或外部股东的信任而发生的自我约束费用(聘请外部独立审计的支出等)。 ③剩余成本：指由于委托人和代理人发生利益冲突而导致的直接损失

考点二：资本结构 ★★★★★

1. 企业的资本结构与市场价值

(1)资本结构定义

①广义的资本结构：指包括长期资本和短期资本在内的，企业全部资本的构成。

②狭义的资本结构：指长期资本中债务资本与股权资本的比例关系，其实质是企业股东权益与债权权益的分配问题。

(2)企业市场价值

企业的市场价值通常由企业股权资本的市场价值和债务资本的市场价值组成。股权资本市场价值等于企业市值，即股数与股价两者之积。债权人对企业价值享有优先受偿权，股东对企业价值具有剩余索取权。

2. 最优资本结构理论

(1)传统理论(见表 24-3)

表 24-3 传统理论

理论	观点
净收益理论	债务成本具有“税盾效应”，即债务成本在税前支付而股权成本在税后支付，故企业的债务资本成本小于股权资本成本，增加债务融资能减小企业总体资本成本，从而提升企业市场价值
净经营收益理论	企业不存在最优资本结构，即企业的资本成本不受财务杠杆的影响，企业的市场价值与企业的资本结构无关。由于假设企业总资本成本和债务资本成本均不变，并且前者大于后者，那么股权资本成本会随财务杠杆的增大而增加，普通股投资者也会相应提高对收益率的要求，最终导致股权资本成本的提升抵消了财务杠杆产生的收益，企业的市场价值保持不变
传统折中理论	企业的债务资本成本、股权资本成本和总资本成本并不是固定不变的，存在一个使其市场价值最大化的最优资本结构。当企业在一定限度内利用财务杠杆时，总资本成本随着债务资本的增加而减小，企业市场价值上升。当债务资本增加造成的财务杠杆效应超过一定限度时，企业经营风险上升，债务资本成本和股权资本成本都会增加，企业市场价值下降

（2）MM 定理（见表 24-4）

表 24-4 MM 定理

模型	具体内容
无税 MM 模型	①假设前提：完美市场；无税；均等收益分类；确定性；个人财务杠杆。 ②核心内容：在一个完美资本市场经济中，不考虑企业所得税因素，企业价值与企业的资本结构无关。 ③意义：a. 明确指出企业经营者与投资者之间的金融行为及其相互关系；b. 它揭示了增强企业自身的盈利能力和市场竞争力才是提升企业市场价值的根本途径
有税 MM 模型	①假设前提：债务利息税前缴纳；普通股股利税后支付。 ②核心内容：由于债务融资的利息支出可以在税前扣除，使企业的税基减小、税收支出降低，故企业债务融资会产生税盾效应。因此企业的市场价值就等于同等风险无负债企业的市场价值加上税盾效应的价值
破产成本理论	核心内容：税盾效应对企业市场价值的提升作用是有限的；财务危机对企业未来发展所造成的负面影响具有长期性。通常，财务危机对企业经营产生的间接影响比财务危机本身造成的直接影响要大得多。因此，在做债务融资决策时，企业需要充分考虑财务危机成本以及破产成本对企业市场价值所产生的综合效应

（3）权衡理论

权衡理论是对有税 MM 模型和破产成本理论的一种理论综合，认为企业通过权衡税盾效应和破产成本（以及代理成本等）来选择资本结构。根据权衡理论，负债企业的市场价值可表述为：$V_L = V_U + PVTS - PVFD$，其中，V_L为负债企业的市场价值；V_U为无负债企业的市场价值；$PVTS$ 为税盾现值；$PVFD$ 为破产成本现值。

（4）新理论（见表 24-5）

表 24-5　新理论

理论	观点
代理成本理论	信息不对称使得债务资本和股权资本都存在代理成本，总代理成本最小时企业达到最优资本结构。 企业资本包括：内部股权资本、外部股权资本和债务资本，其中外部股权资本和债务资本都存在代理成本，财务杠杆（债务与净资本比值）与外部股权资本的代理成本成反比，与债务资本的代理成本成正比
信号理论	企业的经理人相对外部投资者拥有信息不对称带来的信息优势，经理人可以通过财务杠杆（负债比例）来显示企业的质量，最终影响企业的市场价值。 通常来说破产概率与企业质量呈负相关关系，与企业财务杠杆呈正相关关系，而低质量的企业无法用高财务杠杆的方式模仿高质量企业，因而投资者会将较高的负债率看作企业高质量的表现
啄序理论	并不存在最优资本结构，企业通常按照内源融资、债务融资和股权融资的融资次序来选择融资方式

考点三：公司治理　★★★

1. 公司治理的定义

（1）内部治理

内部治理是由公司法确认的一种正式制度安排，主要是指股东、董事、监事和经理人之间的制衡与约束安排，构成了公司治理的基础。

（2）外部治理

通过资本市场、产品市场、劳动力市场以及国家法律与社会舆论等外在市场以及外部因素的竞争压力推动公司选择有效的治理安排。

2. 公司治理结构的演进

从总体上看，西方的公司治理结构的演进过程是由管理层中心主义到股东大会中心主义，再到董事会中心主义。20 世纪以来，股份公司兴起，股权分散化以及公司所有权和控制权分离带来的委托代理问题愈发明显。进入 20 世纪 70 年代，经济全球化进程催化了集团治理、跨国公司治理和网络治理等一些新兴公司治理形式。

3. 公司治理模式（见表 24-6）

表 24-6　公司治理模式

模式	含义/特点	主要代表	评价
外部控制模式	又称英美模式或"用脚投票"控制模式，以成熟的经理人市场和完备的信息披露机制为基础，通过发展机构投资者集中分散的股权、收购和兼并、外部非执行董事监督、法律和监管、股权激励等手段来约束管理层，进行企业外部控制	美国、英国、加拿大和澳大利亚	缺点：①过于强调股东利益，从而在一定程度上忽视了其他利益相关者；②董事会受管理层的影响较大；③内部监督制度相对薄弱等
内部控制模式	又称德日模式或"用手投票"控制模式，公司股权较为集中，银行在公司治理中发挥了重要作用，特别强调内部控制	德国、日本以及一些欧洲大陆国家	缺点：①董事会不独立，董事长权力过大；②股东大会流于形式；③责任追究制度虚置等

续表

模式	含义/特点	主要代表	评价
家族控制模式	指家族占有公司股权的相对多数、企业所有权与经营权不分离、家族占据公司经营管理主导地位的一种治理模式。此模式下，企业所有权主要由家族控制；重大决策依靠家族内部机制；日常经营实行家庭式管理；经营者存在利益与亲情的双重激励约束机制	韩国、新加坡、马来西亚、泰国、印度尼西亚、菲律宾和中国香港等	优点：凝聚力强、稳定性高和决策迅速等。 缺点：①若家族成员不具备较强的经营管理能力，家族式企业通常呈现崩塌式破产的状态；②具有较大的继承风险；③社会化程度较低，融资方式单一，极易陷入高负债经营困境
转型治理模式	指实行中央计划经济体制国家的企业在向市场经济体制转型过程中形成的特殊治理安排	—	缺点：①行政控制与公司治理的双重失效，使得企业发展偏离了计划经济条件下的社会效用最大化目标以及市场经济条件下的利润最大化目标；②低效率的企业借助外部救助继续生存，造成“预算软约束”问题

4. 商业银行的公司治理(见表 24-7)

表 24-7　商业银行的公司治理

要点	具体内容
治理特性	①需要兼顾股东、存款人及其他利益相关者的利益。 ②需要兼顾银行自身利益最大化和整个金融体系的稳定。 ③需要立足内部治理机制并合理兼顾外部治理机制
中国商业银行公司治理	目前，我国正探索既符合国际通行银行公司治理规范，又能兼顾国内银行业自身特点的银行公司治理新模式

24.2　课后习题详解

1. 什么是资本成本？如何理解资本成本的影响因素？

答：资本成本是指企业筹措资金、运用长期资金所要付出的代价。

市场经济环境中，多方面因素的综合作用决定着企业资本成本的高低，其中主要包括总体经济环境、证券市场条件、企业内部的经营和融资状况、项目融资规模。具体分析如下：

(1)总体经济环境

总体经济环境决定了整个经济中资本的供给和需求，以及预期通货膨胀的水平，其通过作用于无风险报酬率来影响资本成本。当货币需求增加，投资人会提高投资收益率要求，企业的资本成本上升；反之，则会降低投资收益率要求，资本成本下降。当预期通货膨胀水平上升，货币购买力下降，为补偿预期的投资损失，投资者会有更高的投资收益率要求，导致企业资本成本上升。

(2)证券市场条件

包括证券的市场流动性和波动性在内的证券市场条件会影响证券投资的风险。当市场流动性不好，投资者变现风险加大，或价格波动性增加，投资的风险增加，从而要求的收益率提高。

(3)企业内部的经营和融资状况

企业内部经营风险和财务风险的大小会影响资本成本，一般风险越大，投资者要求的收益率也越高。经营风险是企业投资决策的结果，表现在资产收益率的变动上；财务风险是企业筹资决策的结果，表现在普通股收益率的变动上。

(4)项目融资规模

企业的融资规模较大，资本成本较高。

2. 试述企业融资方式的选择与资本成本之间的关系。

答：(1)融资方式

①根据是否有金融中介参与，企业的融资方式可分为直接融资和间接融资。直接融资是指借助资本市场工具(如债券、股票等)进行的筹资活动，而间接融资是指通过金融中介体系(主要是银行体系)进行的资金筹措。

②根据资金来源的不同，企业的融资方式可分为内源融资和外源融资。企业最常见的内源融资方式是留存收益投资，而外源融资既有发行债券和股票等直接融资方式，也有银行借款等间接融资方式。

③根据融资工具的不同，企业的融资方式可分为权益融资和债务融资。权益融资包括留存收益投资和股权融资，而债务融资包括借款融资和债券融资。

④根据融资期限的长短，企业的融资方式可分为短期融资和中长期融资。短期融资主要是为了满足企业的流动性需求，期限在一年以下的银行短期贷款和商业票据等，中长期融资则是期限在一年以上的融资活动。

(2)资本成本影响企业融资方式

资本成本作为企业筹措、运用长期资金所要付出的代价，是企业选择融资方式时需要考虑的最主要因素。面对形式多样、成本各异的融资方式，企业需要选择成本最小的融资组合，以实现最优资本结构。准确估算企业的资本成本，还是企业进行长期投资决策的基本依据。因为在给定投资收益率的条件下，只有确知某项投资的资本成本，企业才能最终确定该项投资是否划算。

对于一个债务与股权均可上市交易的企业或投资项目而言，可以根据债务和股权的当前市场价格计算出债务资本和股权资本的市场期望收益率，进而得到相应的资本成本。然后，再根据以当前市场价值计算的投资权重进行加权平均，最终得出企业或者投资项目的总资本成本。总资本成本最小化是最优资本结构的目标之一。

3. 简要论述代理成本产生的机理，并举例说明。

答：(1)产生机理

代理成本是指因企业的委托人和代理人之间的代理问题而产生的成本。在现代企业制度下，由于所有权与经营权分离，委托代理关系普遍存在，主要包括两种委托代理关系，分别是股东与管理者之间的代理关系以及股东与债权人之间的代理关系。同时，委托人与代理人之间通常存在信息不对称，即代理人更具信息优势，故代理人就有动机去利用信息优势牟取私利或损害委托人利益，由此产生了委托代理问题以及代理成本。

股东与管理者之间的代理关系：股东的目标是企业长期价值最大化。管理者则有利己的动机，如谋求更优厚的报酬、更长的休假和更豪华的办公环境等。两者之间产生了利益冲突，股东需要对管理者实行监管，由此会产生一定的成本费用。

股东与债权人之间的代理关系：债权人没有企业和借出资金的控制权，股东可能采取提高财务杠杆、投资高风险项目以及增加股利分派等活动最大化自身利益而损害债权人的利益。此外，债权人为保证自己本息偿还的安全性，对企业现金流有很高要求，往往会在借款合同中加入规定资金用途、限制新债发行等限制性条款。以上利益冲突都会导致代理成本的大量发生，并对企业的资本结构产生重要影响。

(2)举例

监督成本：指企业的委托人或外部股东为了监督管理者的过度消费或者消极怠工而支付的费用。

约束成本：指代理人或管理者为了取得委托人或外部股东的信任而发生的自我约束费用(如聘请外部独立审计的支出等)。

剩余成本：指由于委托人和代理人发生利益冲突而导致的直接损失。

4. 权衡理论是如何阐释企业最优资本结构的决定机理的?

答：权衡理论认为企业在权衡税盾效应和破产成本(以及代理成本等)之后最终确定了企业的资本结构，是对有税 MM 模型和破产成本理论的一种理论综合。将负债企业的市场价值表述为：$V_L = V_U + PVTS - PVFD$，式中，V_L为负债企业的市场价值；V_U为无负债企业的市场价值；$PVTS$ 为税盾现值；$PVFD$ 为破产成本现值。则权衡理论中财务杠杆 D/E 与负债企业市场价值的关系可用图 24-1 表示。

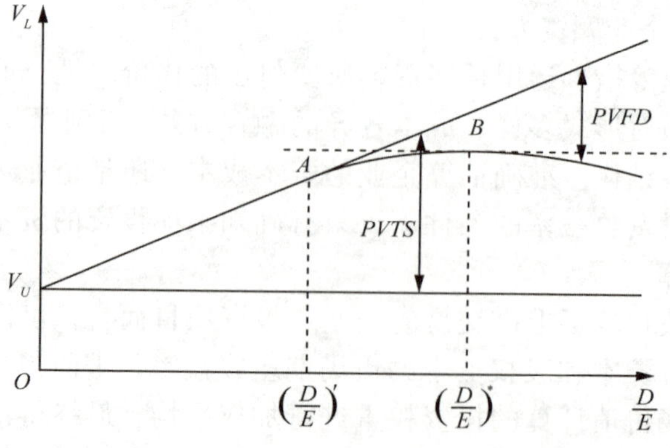

图 24-1　税盾效应与破产成本的权衡

图 24-1 表明，如果企业的资本均为股权资本，即财务杠杆为零，企业的市场价值为 V_U。在 A 点以前，即财务杠杆达到$\left(\frac{D}{E}\right)'$之前，由于没有破产成本，$V_L = V_U + PVTS$，此时企业市场价值随财务杠杆上升带来的税盾效应增强而上升。A 到 B 点之间，破产成本随财务

杠杆升高而产生，但边际税盾收益大于边际破产成本，故企业的实际市场价值仍会上升。在 B 点，边际税盾收益等于边际破产成本，企业的实际市场价值达到极值，$\left(\frac{D}{E}\right)^*$ 为最优资本结构。B 点之后，边际税盾收益开始小于边际破产成本，继续增加债务融资将导致企业的实际市场价值下降。

5. 试述啄序理论在解释中国企业资本结构问题时的适用性。

答： (1) 啄序理论

啄序理论认为并不存在最优资本结构且税盾效应的影响也被弱化，企业融资方式的选择通常按照内源融资、债务融资和股权融资的次序进行。这一融资次序得到全球绝大多数国家金融市场发展历史的验证。这一理论的解释是：自有资金最易获得且风险较小，也不会带来治理结构的问题，故首选内源融资。其次，在外源融资中，银行贷款风险较小且容易获得，也较少牵涉公司治理问题；债权融资风险以及治理问题上与银行贷款相仿，但发行成本较高，资金可得性稍差；发行股票风险较大、成本较高且股票价格易受宏观经济走势、企业经营绩效以及投资者心理预期等因素的影响，同时还牵扯较为严重的公司治理问题。故外源融资的选择次序为银行贷款、债券融资、股权融资。

(2) 啄序理论解释西方发达国家企业资本结构问题的适用性

西方发达国家上市公司的融资顺序与我国恰好相反，为股权融资、短期债务融资、长期债务融资和内源融资，且多采用发行股票方式筹资。这与啄序资本结构理论一般认为的融资方式选择顺序不同，因此啄序理论的适用性存在一定不足。

(3) 啄序理论解释中国企业资本结构问题的适用性

从啄序资本结构理论认为的，公司的最佳资本结构应该在一定的经营风险下使公司的资本成本最低的角度来看，权益资本成本有名义成本和实际成本之分，前者为税后利润与权益市值之比，后者为分红导致的现金流出与公司实际的股权融资额之比。而中国上市公司的分红率偏低，故股权融资的实际成本(手续费率 + 股利率)，远远低于债务融资成本，故根据啄序资本结构理论，低成本的股权融资受到中国上市企业的偏好。此外，上市公司偏好股权融资的直接动因在于，我国股票市场不健全，二级市场股价普遍被高估，并且市场机制的不健全使得上市公司并不担心采用股票再融资会引发市场股价的下跌。最后，我国上市企业多由国企改革而来，企业领导人权力比较集中，可根据管理层喜好进行融资，股权融资没有还本付息的压力，因此受到企业领导人的偏好。

6. 试比较不同公司治理模式的优劣。

答： (1) 外部控制模式

外部控制模式主要依靠发展机构投资者、并购、外部非执行董事、法律监管、股权激励等外部因素对管理层实行控制。

其主要优势是：董事会中的独立董事占比较大；公司控制权市场在外部约束中居于核心地位；在经理人的报酬中，股票期权占较大比例等。但是，以上这些方式都须建立在拥有成熟的经理人市场和完备的信息披露机制的基础之上。

其主要缺陷表现为：过于强调股东利益，从而对其他利益相关者有所忽视；董事会受管理层的影响较大；内部监督制度相对薄弱等。

(2)内部控制模式

内部控制模式又称德日模式或“用手投票”控制模式。该模式中，公司股权较为集中，银行在公司治理中发挥了重要作用，特别强调内部控制。

其优点是：公司股权集中度高、股东相对稳定，很少出现企业兼并或接管现象。

其缺陷是：董事会不独立和董事长权力过大；股东大会流于形式；责任追究制度虚置等。

(3)家族控制模式

家族控制模式指家族占有公司股权的相对多数、企业所有权与经营权不分离、家族占据公司经营管理主导地位的一种治理模式。

其优点是：凝聚力强、稳定性高和决策迅速等。

其缺点是：在家族缺乏领导能力时，家族式企业往往呈现崩塌式破产的状态；具有较大的继承风险。

(4)转型治理模式

转型治理模式是指实行中央计划经济体制国家的企业在向市场经济体制转型过程中形成的特殊治理安排。

其优点是：能够适应国家经济体制转变中的特殊市场环境。

其缺点是：行政控制与公司治理的双重失效，使得企业发展偏离了计划经济条件下的社会效用最大化目标以及市场经济条件下的利润最大化目标；低效率的企业借助外部救助继续生存产生“预算软约束”问题。

7. 简要评价中国现有公司治理模式的特征与优劣，并指出其未来发展方向。

答：(1)中国现有公司治理模式特点与评价

①我国公司融资以银行间接融资为主，但上市企业偏好股权融资，整体来看，直接融资比例不断上升。以银行融资为主的模式在一定程度上降低了融资成本，但同时也面临巨大财务负担，而且使企业与银行之间风险联动性加强，同时一些小企业和民企还存在融资难和融资贵的问题。

②公司股权结构比较集中，“一股独大”现象明显，这会加剧大、小股东之间由信息不对称引发的委托代理困境，小股东的分散化也使得其有效监督企业和有效维权变得很困难。

③内部控制层面，我国公司采取了以股东大会为中心，董事会与监事会相制衡，职工可在一定程度内参与决议的制度安排，这样分权化的治理制度有益于提高公司决策的科学性，但同时也带来了决策效率低下的问题。

④控股股东和大股东拥有直接控制和掌握公司管理团队的实际权利，这与现代企业制度精神不符，虽然一定程度上可以减轻股东与管理者之间的委托代理问题，但会使得公司治理决策的科学性受到影响。

⑤公司价值多元化，强调企业的社会责任，这有助于从企业层面来实现社会效益最大化，丰富企业的内涵。

(2)发展方向

①随着资本市场不断发展，上市企业会越来越多，企业直接融资比重将会上升，资本

市场对企业的约束和激励机制也会更加完善。

②公司治理的法制环境会更加健全，从法律角度加大对公司权利的保护以及义务履行的监督。

③随着全球化进程，先进的企业治理理念被引入，公司决策会更加科学化。

④更加关注和强调企业的社会责任。

8. 中国上市公司治理结构存在哪些主要问题？请分别给出改进对策。

答：(1)中国上市公司治理结构存在的问题

①“一股独大”现象明显，不少公司的股东大会形同虚设。

②公司控制权市场不发达，公司董事和管理层缺乏严格的外部市场约束。

③“内部人控制”严重，董事会、监事会、经理层之间没有形成有效的权力制衡与约束关系。

④独立董事制度不健全，相当比例的独立董事缺乏独立性。

⑤经理人市场尚不成熟，经营者的激励约束机制特别是股权激励机制有待完善；信息披露不规范，在不同程度上存在选择性披露、滞后性披露现象。

⑥不少上市公司缺乏合规守信、以股东利益为核心的公司治理文化等等。

(2)解决的对策

①完善股东大会制度。保证股东对公司重大事项的知情权和参与决策权；完善包括代理投票制、投票权集中制、累积投票制在内的股东投票制度；制定固定大会议事规则，明确决策程序，保证股东大会决议的公平、透明；运用现代信息技术手段，扩大股东参与股东大会的比例；公平对待包括中小股东和外资股东在内的所有股东；政府作为股东，不得超越股东正常权利直接干预公司事务；建立股东诉讼制度。

②完善董事会制度。完善董事会的产生程序，保证董事会成员构成符合规范，能够履职；完善董事会的工作程序，保证执行职能；完善董事会约束机制，体现为规范董事会通过各种议案的表决方式。

③完善监事会制度，丰富监事会的监督手段。

④推进对经营者的激励机制。在进一步完善年薪制的基础上，应区分企业不同类型，制定出台股票期权激励等政策。

⑤完善公司治理的立法体系。建立健全对公司治理结构的法律监管机制以削弱公司控制者的信息优势和垄断权力，缓和委托代理问题。

⑥完善上市公司的信息披露制度。一方面制定信息披露准则，主要是诚信准则、持续准则、对称准则、敏感性准则。另一方面制定信息披露规则体系，即对信息披露工作的规定，具体指内容、形式、时间等方面对上市公司信息披露工作的强制性要求。此外，还应建立完善的信息披露责任机制，改革审计制度，强化社会中介机构的监督。

9. 简述商业银行公司治理的特殊性。

答：商业银行公司治理除包含一般企业公司治理的共性外，还具有以下特性：

(1)需兼顾利益相关者利益

一般企业的公司治理以保护股东权益作为根本目标。但对于商业银行来说，存款的特殊地位以及存款人相对于商业银行的信息劣势决定了保护存款人利益的极端重要性。此外，商业银行的经营成败在社会经济生活中有很广泛的影响，故还需考虑其他诸如监管者、政府以及贷款人等利益相关者的利益。

(2)需兼顾自身利益和金融体系稳定

商业银行经营具有高风险性以及风险的高传染性。银行股东为追求短期收益最大化，要求银行管理者从事高收益的高风险投资，但监管者为维护金融体系的稳定性，要求银行管理者从事低风险的投资。故银行公司治理的一项重要内容是权衡股东与监管者之间的利益，进而协调银行利益和金融稳定的关系。

(3)需兼顾内、外部治理机制

银行市场属于有限竞争的市场，不充分的市场竞争使得外部激励约束机制较难发挥应有作用，而商业银行较少的权益资本与较多且分散的存款债务这种特殊的资本结构导致债权人监督缺位。此外，商业银行巨大的并购成本也削弱了外部治理机制的作用。综上，内部治理机制，即董事会与高级管理层之间的激励约束机制以及针对存款人等利益相关者的信息披露，在商业银行公司治理中具有更重要的地位。

10. 试就中国未来商业银行的公司治理模式谈点个人的看法。

答：目前，中国正在积极探索既符合国际通行银行公司治理规范，又能兼顾中国银行业本身特点的银行公司治理新模式。但与拥有先进金融体系的国家相比，中国银行业的公司治理还存在委托代理问题突出、公司治理机制不完善、银行职业经理人市场不够成熟、信息透明度有待提高等问题。结合中国银行业公司治理模式特点和现状，中国未来商业银行的公司治理模式有以下趋势：

(1)股权结构会更加优化

在国有、私有和海外资金持股比例均衡且股权集中度适宜的条件下，银行业的委托代理关系将会得到极大的改善，董事会治理水平也会提高。

(2)外部治理及监管环境会不断完善

通过国家层面立法，不断完善法律法规，改善外部治理；通过规范政府职能，改善公共治理；通过积极推进商业银行公司治理的评价制度、破产制度、债权人监督激励制度，改善市场及立法监管。在外部治理及监管环境不断优化的背景下，银行业发展的规范程度会大大提高，同时能够有效控制金融风险。

(3)商业银行经营环境会更加公平规范

一个高效、有序的银行业市场，需要适当的业内竞争。通过加强信息披露、提高透明度、健全有效的职业经理人选拔机制等措施可以确保商业银行公司治理机制良好运行，提高整个行业的效率和规范度。

第 25 章　商业银行业务与管理

25.1　复习笔记

【知识框架（庖丁解牛）】

- 商业银行业务与管理
  - 商业银行的负债业务
    - 负债业务概述
      - 负债业务定义
      - 商业银行资金来源
    - 负债业务种类
      - 吸收存款
      - 理财产品
      - 结构性存款
      - 其他负债业务
  - 商业银行的资产业务
    - 资产业务概述
    - 资产业务种类
      - 贴现
      - 贷款
      - “按揭”与“次贷”
      - 证券投资
      - 租赁业务
  - 商业银行的中间业务和表外业务
    - 中间业务和表外业务的概念
    - 中间业务的类型
      - 汇兑
      - 信用证业务
      - 代收业务
      - 代客买卖业务
      - 承兑业务
      - 信托业务
      - 代理融通业务
      - 银行卡业务
  - 网络银行
    - 含义及种类
    - 优势
    - 障碍
  - 商业银行的经营原则与管理
    - 商业银行的利润目标
    - 商业银行的净息差、缺口与久期
    - 商业银行的三大经营原则
    - 商业银行资产与负债管理理论
    - 风险管理
    - 我国现行的资产负债管理
    - 风险防范与银行内部控制

【考点难点归纳（厚积薄发）】

考点一：商业银行的负债业务 ★★★★★

1. 负债业务概述

(1) 负债业务的定义

商业银行的负债业务是指形成商业银行资金来源的业务。

(2) 商业银行资金来源

商业银行资金来源包括自有资金和吸收外来资金两部分。

①自有资金：又称为权益资本，包括成立时发行股票所筹集的股份资本、公积金和未分配的利润。一般自有资金所占比重很小，不过却是吸收外来资金的基础。

②吸收的外来资金：外来资金的形成渠道主要包括吸收存款、向中央银行借款、向其他银行和货币市场拆借及从国际货币市场借款等，其中以吸收存款为主。

2. 负债业务种类

(1) 吸收存款

①定义：吸收存款业务是银行接受客户存入的货币款项，存款人可随时或按约定时间支取款项的一种信用业务，在负债业务中占有最主要的地位，是银行的传统业务，属于银行与生俱来的基本特征。

②存款的具体分类见表 25-1。

表 25-1　存款分类

存款种类	定义
活期存款	可以由储户随时存取的存款，主要用于交易和支付。由于支用时必须使用银行规定的支票，故又被称为支票存款
定期存款	在确定的到期期限后才准提取的存款，近期暂不支用或作为价值储存。20 世纪 60 年代以来，银行推出了可于到期日前在货币市场上转让买卖的“可转让”的定期存单，以提高吸收存款的竞争力
储蓄存款	针对居民个人积蓄货币之需所开办的一种存款业务，定期居多，但无论定期、活期都支付利息，只是利率高低有别，通常由银行发给储户存折，一般不能据此签发支票，支用时只能提取现金或转入储户的活期存款账户

(2) 理财产品

商业银行理财产品的投资人须承担一定的投资风险。大部分理财产品的流动性较低，投资人一般不可提前终止合同，少部分产品可终止或质押，但手续费或质押贷款利息较高，具体理财产品分类见表 25-2。

表 25-2　理财产品分类

分类标准	类别	特点
是否进入资产负债表	表内理财产品	通常以结构性存款科目反映在资产负债表的交易性金融负债项下，此类产品通常为商业银行自营并承担主要风险
	表外理财产品	以备忘、备查类形式反映在银行资产负债表外，由投资者承担亏损风险
投资标的	债券型理财产品	投资于货币市场中个人无法直接投资的央行票据或企业短期融资券
	信托型理财产品	投资于由商业银行或其他信用等级较高的金融机构担保或回购的信托产品
	挂钩型理财产品	一般将产品最终收益率与相关市场或产品的表现挂钩，如与汇率、利率、国际黄金价格、国际原油价格以及股票指数挂钩等
	QDII 型理财产品	投资者将手中的人民币资金委托给合格商业银行，由合格商业银行将其兑换成外币(如美元)，直接在境外投资，到期后将外币收益及本金结汇成人民币后分配给客户

(3)结构性存款

结构性存款，又称收益增值产品，是指投资者将自己持有的本币或外币资金存入银行，银行将金融衍生工具嵌入普通存款，从而使存款人在承担一定风险的同时获得较高预期回报的一种存款产品。其收益一部分来自存款产生的固定收益，另一部分来自所投资资产的价格波动，因此它的收益和风险均高于普通存款，但低于银行理财产品。

(4)其他负债业务(见表 25-3)

表 25-3　其他负债业务

业务	具体内容
从中央银行借款	①通常，商业银行向中央银行借款的目的不是盈利，而是缓解本身资金的暂时不足。 ②主要有两种形式：a. 再贴现，即商业银行把自己办理贴现业务所买进的未到期票据，如商业票据、短期国库券等，再转卖给中央银行；b. 直接借款，用自己持有的有价证券作为抵押品向中央银行取得抵押贷款
银行同业拆借	银行同业拆借是指银行相互之间的资金融通活动。银行借入资金主要是用以解决自身临时资金周转的需要，一般均为短期，利率水平较低
从国际货币市场借款	①国际货币市场借款也叫欧洲货币市场借款，是指商业银行在国际货币市场上进行短期借款所采用的一种形式。 ②具体方式包括在国际货币市场上办理定期存款，发行大额定期存单，出售商业票据、银行承兑票据，以及发行债券等
结算中短期资金占用	结算过程中的资金占用是指在为客户办理转账结算等业务过程中可以占用客户的资金，占用的时间虽短，但金额巨大，处于结算过程中的资金便构成商业银行可以运用的资金来源
发行金融债券	商业银行的长期借款一般采用金融债券的形式，所筹集到的资金不用缴纳法定准备金，银行可根据自身需要，有针对性地筹集长期资金。此外还可发行符合条件的次级债，可按一定比例计入附属资本，以提高商业银行的资本充足率
发行永续债	永续债是一种无固定期限或到期日作为机构清算日的、具有一定损失吸收能力，并且可以计入银行其他一级资本的债券。永续债可以缓解商业银行特别是中小银行补充资本的压力

考点二：商业银行的资产业务 ★★★★★

1. 资产业务概述

商业银行的资产业务是指商业银行将自己通过负债业务所聚集的货币资金加以运用的业务，是取得收益的主要途径。我国银行单一的资产业务向多样化方向的转化已呈较快的发展趋势。

【例 25.1】商业银行资产业务［中国人民大学 2017 金融硕士］

答：商业银行的资产业务是指商业银行将自己通过负债业务所聚集的货币资金加以运用的业务，是取得收益的主要途径。商业银行盈利状况如何、经营是否成功，很大程度上取决于资金运用的结果。商业银行的资产业务一般包括贷款、贴现、证券投资、金融租赁，其中贷款和投资最为重要。

2. 资产业务种类

(1) 贴现

①定义：贴现是银行应客户的要求，买进尚未到付款日期的票据，即购买票据的业务称为贴现。

②主要对象：商业票据和政府短期债券。

③程序：银行办理贴现业务要向客户收取一定利息，即贴息或折扣。银行根据票面金额及贴现率，计算贴现利息，并从票面金额中扣除，余额部分支付给客户。票据到期时，银行持票据向票据载明的支付人索取票面金额的款项。

④贴现付款额计算公式：

$$贴现付款额 = 票据金额 \times \left(1 - 年贴现率 \times \frac{未到期天数}{360\text{ 天}}\right)$$

(2) 贷款

贷款是银行将其所吸收的资金，按一定的利率贷给客户并约定归还期限的业务。常见贷款分类方式包括还款方式、贷款期限、贷款对象和是否有抵押品，具体内容见表 25-4。

表 25-4　贷款的种类

分类标准	种类	特点
还款方式	分期偿还贷款	借款人按规定的期限分次偿还本金和支付利息的贷款
	一次性偿还贷款	贷款到期时一次性偿还贷款本金和利息的贷款
贷款期限	长期贷款	期限超过八年
	中期贷款	期限一般为一年以上到八年之间
	短期贷款	期限不超过一年
贷款对象	消费贷款	用于消费者消费活动的贷款
	农业贷款	用于农业生产的贷款
	工商业贷款	贷给工商企业的贷款
有否抵押品	抵押贷款	以特定的抵押品作为担保的贷款
	信用贷款	银行完全凭借客户的信誉而无需提供抵押物或第三者保证而发放的贷款

(3)“按揭”与“次贷”

①按揭。按揭是指对个人购买住房的贷款。通常做法是：购房时，购房者以房价的一定比例的现款进行“首付”；其余部分用银行的长期贷款支付。购房者是债务人，以将房产抵押给银行为条件取得贷款，获得房屋的产权后可入住，银行是债权人。购房贷款能否正常运行的关键取决于贷款者是否具备必要的条件以及宏观经济形势。

②次贷。次贷是指以低于正常标准发放购房贷款，这里正常标准是指正常发放购房贷款所应遵循的信用评级标准。

(4)证券投资

①定义：证券投资是指商业银行以其资金持有各种有价证券的业务活动。

②目的：商业银行证券投资的目的主要是增加收益和增加资产的流动性。

③投资对象：主要投向信用良好、风险较小、流动性强的政府及所属机构的证券。商业银行证券投资的主要对象是各类债券：国库券、中长期国债、政府机构证券、市政债券或地方政府债券、公司债券。我国商业银行证券投资业务的对象主要是政府债券和中央银行、政策性银行发行的金融债券。

(5)租赁业务

①定义：租赁是指以收取租金为条件出让物件使用权的经济行为。

②种类：

a. 经营性租赁：是指出租人将租赁物反复出租给不同的承租人的租赁业务。一般由出租人负责租赁物的保养、维修和配件供应，租赁期满后不发生所有权的转移。

b. 融资性租赁：又称金融租赁，是指企业需要添置某些技术设备而又缺乏资金时，由出租人代其购进或租进所需设备，然后再将它租给承租人，使承租人在一定期限内能够有偿使用的一种租赁方式。一般出租人只负责筹措购买租赁物所需的资金，而不负责设备的挑选、安装及维修等业务。商业银行所从事的租赁业务主要是融资性租赁。

【例 25.2】下列不属于商业银行资产业务的是(　　)。[清华大学 2016 金融硕士]

A. 贴现　　B. 贷款　　C. 信用证　　D. 证券投资

【解析】商业银行的资产业务是指将自己通过负债业务所聚集的货币资金加以运用的业务。常见的资产业务有：①贴现，是银行应客户的要求，买进尚未到期的票据；②贷款，是银行将其所吸收的资金，按一定的利率贷给客户并约定归还期限的业务；③证券投资，是商业银行以其资金持有各种有价证券的业务；④租赁业务。C 项属于中间业务。

【答案】C

考点三：商业银行的中间业务和表外业务 ★★★★

1. 中间业务和表外业务的概念

(1)中间业务

中间业务也称为无风险业务，是指银行不需要运用自己的资金而代理客户承办支付和其他委托事项，并据以收取手续费的业务。常见的中间业务包括传统的汇兑、信用证、代收、代客买卖等业务。

(2)表外业务

表外业务是指凡未列入银行资产负债表内且不影响资产负债总额的业务。广义的表外业务既包括传统的中间业务，又包括金融创新中产生的一些有风险的业务，如互换、期权、期货、远期利率协议、票据发行便利、贷款承诺、备用信用证等业务。狭义的表外业务专指金融创新中产生的一些有风险的业务，通常提及的表外业务指狭义表外业务。

【例 25.3】表外业务[天津大学 2019 金融硕士；中央财经大学 2017 金融硕士；兰州大学 2017 金融硕士；西南科技大学 2016 金融硕士；南开大学 2012 金融硕士]

答：表外业务是指未列入银行资产负债表内且不影响资产负债总额的业务。广义的表外业务既包括传统的中间业务，又包括金融创新中产生的一些有风险的业务，如互换、期权、期货、远期利率协议、票据发行便利、贷款承诺、备用信用证等业务。通常提及的表外业务专指金融创新中产生的一些有风险的业务，即狭义表外业务。其中，远期利率协议是一种远期合约，买卖双方规定将来一定时间段的协议利率和参照利率，在清算日按规定的期限和本金数额，由一方向另一方支付协议利率和届时参照利率之间利息差额的贴现金额；票据发行便利属于银行的承诺业务，是一种具有法律约束力的中期周转性票据发行融资的承诺；备用信用证是银行担保业务的一种主要类型，通常是为投标人中标后签约、借款人还款及履约保证金等提供担保的书面保证文件。

2. 中间业务的类型(见表 25-5)

表 25-5　中间业务的类型

类型	定义
汇兑/汇款业务	客户以现款交付银行，由银行把款项支付给异地收款人的一种业务。汇款结算分为电汇、信汇和票汇三种形式
信用证业务	由银行保证付款的业务，主要包括商品信用证业务(银行应客户即购货单位的要求，按其所指定的条件开给销货单位的一种保证付款的凭证)。银行经办信用证业务，除可从中收取手续费外，还可以占用一部分客户资金
代收业务	银行根据各种凭证以客户名义代替客户收取款项的业务
代客买卖业务	银行接受客户委托，代替客户买卖有价证券、贵金属和外汇的业务
承兑业务	银行为客户开出的汇票或票据签章承诺，保证到期一定付款的业务，包括对商业汇票的承兑和银行汇票的承兑
信托业务	①银行信托是经营金融性质的委托代理业务，即银行作为受托人按客户即委托人的委托，代为管理、经营、处理有关钱财方面的事项。 ②具体种类包括：a. 按组成信托关系的对象，可分为个人信托和法人信托；b. 按成立信托关系的方式，可分为任意信托和特约信托；c. 按受益对象，可分为公益信托和私益信托；d. 按信托资产的不同，可分为资金信托、动产信托和不动产信托
代理融通业务	由银行或专业代理融通公司代顾客收取应收账款并向顾客提供资金融通的一种业务方式
银行卡业务	由银行发行、供客户办理存取款和转账支付的新型服务工具的总称，包括信用卡、支票卡、记账卡、智能卡等

【例 25.4】信托业务由于能够使商业银行获利，所以是资产业务。(　　)［中央财经大学 2015 金融硕士］

【解析】信托业务是商业银行的中间业务。中间业务是商业银行最古老的服务性业务，早期主要集中于货币的鉴定、兑换、保管、汇兑等种类，现代发展为结算、代理、信托、理财、信息咨询等业务。

【答案】×

【例 25.5】以下业务中属于商业银行表外业务的是(　　)。［浙江工商大学 2011 金融硕士］

A. 结算业务　　B. 信托业务

C. 承诺业务　　D. 代理业务

【解析】表外业务通常有互换、期权、期货、远期利率协议、票据发行便利、贷款承诺、备用信用证等业务。

【答案】C

考点四：网络银行（见表 25-6）★

表 25-6　网络银行

要点	具体内容
含义及种类	①含义：网络银行也称网上银行、在线银行或互联网银行，是指通过互联网或其他电子传送渠道，提供金融服务的新型银行。 ②种类：网络银行通常分为纯网络银行和分支型网络银行两类。 a. 纯网络银行：一般只有一个办公地址，无分支机构、无营业网点，几乎所有业务都通过互联网进行的银行，它是一种虚拟银行。 b. 分支型网络银行：原有传统的实体银行，利用互联网作为新的服务手段，以增强竞争力的网络银行
优势	①方便、快捷、超越时空。 ②成本低。 ③不仅提供大部分传统银行业务，还可提供公共信息服务、详细而低成本的投资理财服务、投资咨询服务和综合经营服务等。 ④可以按照客户的需求提供极具个性化的服务
障碍	①安全问题。互联网的公开性会带来网络银行的安全性问题，诸如伪造和复制网络银行的金融产品和信息的隐患给网络银行带来了巨大风险。 ②法律规范问题。目前全球关于计算机和网络领域的立法工作相对滞后，相关金融法规很不健全。 ③信用体系问题。网络银行没有物理网点和抵押担保，只通过网络技术对客户进行信用评估，故非常依赖于社会信用体系。网络银行还存在各家银行之间客户信用体系的开放共享问题

考点五：商业银行的经营原则与管理　★★★★★

1. 商业银行的利润目标

(1)商业银行定义

商业银行是以追求最大利润为目标，以多种金融负债筹集资金，以多种金融资产为经营对象，利用负债进行信用创造，并向客户提供多功能、综合性服务的金融企业。

（2）商业银行经营目标

商业银行具有一般企业的特征。商业银行实行独立核算、自负盈亏，其经营目标是利润最大化。

（3）两个重要财务指标

①资产收益率（ROA）：净收入与总资产的比值。

②资本收益率（ROE）= ROA × 杠杆比率，其中，杠杆比率为银行资产与银行资本的比值，即资产资本比率的倒数。通常，银行股东依据资本收益率（ROE）对银行经理做出评价。

2. 商业银行的净息差、缺口与久期

（1）净息差

净息差，又称净利息收益率，是衡量利率变化对银行利润水平影响的重要指标，其计算公式为：

NIM =（银行贷款和投资的利息收入 - 存款和其他负债的利息支出）/银行收益资产总额

由于并非所有的资产和负债都受利率变动的影响，因此为使银行利润免受利率波动影响，银行管理者只需考虑那些受利率变动影响的资产和负债并且希望 NIM 保持在一个相对固定的水平。

（2）缺口

缺口分析是对那些直接受利率变动影响的资产和负债所进行的分析，通过区分利率敏感型资产和利率敏感型负债的方式对银行利润对利率变化的敏感性进行直接衡量。缺口的计算公式为：

缺口 = 利率敏感型资产 - 利率敏感型负债

缺口为零则表示利率变动不会影响银行的利息收益率；如果缺口为负，即利率敏感型负债大于利率敏感型资产，利率上升则会减少银行的利润；如果缺口为正，即利率敏感型负债小于利率敏感型资产，利率上升会增加银行的利润。

（3）久期

久期着眼于考察商业银行资产和负债的市场价值对利率变动的敏感性，弥补了缺口分析的缺陷。

对于商业银行而言，一项资产或负债市场价值的变动大致等于其久期与资产或负债利率相对变化的乘积。其计算公式为：

$$\frac{\Delta P}{P} \approx -D \times \frac{\Delta i}{1+i}$$

式中，$\Delta P/P$ 为银行所持金融资产市场价值变化的百分比；D 为久期；$\Delta i/(1+i)$ 表示资产或负债利率的相对变化。

3. 商业银行的三大经营原则(见表 25-7)

表 25-7　商业银行的三大经营原则

经营原则	定义	三原则之间关系
流动性	银行能随时满足客户提取存款及各方面资金需求的能力。缺乏流动性，银行可能面临“挤兑”，陷入破产困境，故一方面要保持资金流动性，另一方面要拓展融资渠道，增强融资能力	安全性、流动性和盈利性既统一又矛盾。一般安全性与流动性正相关，与盈利性负相关，即流动性较强的资产，风险较小，安全性高，盈利率较低；反之，盈利性较高的资产，往往流动性较差，风险较大。因此，银行必须从现实出发，在安全性、流动性和盈利性三者之间寻求最佳统一与均衡
安全性	避免经营风险，保证资金的安全。因为自有资本占比小，银行业风险集中，主要包括传统的信用风险、利率风险和流动性风险，以及新出现的国家风险、市场风险、操作风险、法律风险和声誉风险	
盈利性	银行为其所有者获取利润的能力，这既是其最终目标和改进服务、开拓业务和改善经营管理的内在动力，又是其生存和发展的必要条件	

4. 商业银行资产与负债管理理论

西方商业银行经营管理理论围绕着安全性、流动性和盈利性三者之间的统一与均衡，经历了资产管理、负债管理、资产负债综合管理的演变过程。

(1)资产管理理论

①观点：商业银行在负债处于被动的前提下，通过主动调整其资产结构，在现金、证券、货币等各种资产持有形式之间进行合理分配来协调安全性、流动性和盈利性之间的关系。

②该理论的三个发展阶段见表 25-8。

表 25-8　资产管理理论发展的三个阶段

阶段	理论	观点
第一阶段	商业贷款理论（真实票据论）	为了应付其不可预期的提取存款的流动性需要，商业银行应使资产保持足够的流动性，资产业务应集中于短期和商业性贷款
第二阶段	可转换性理论	以金融工具和金融市场的发展为背景，该理论认为，商业银行资产不一定局限于短期自偿性贷款，可将其资金的一部分投资于具备转让条件的证券上，从而扩大了商业银行资产范围，在保证一定流动性和安全性的基础上增加盈利
第三阶段	预期收入理论	该理论认为商业银行应把借款人的预期收入作为衡量其贷款偿还能力的标志，并以此来重新协调流动性、安全性和盈利性，从而使商业银行跳出短期性的局限，开始向长期性经济活动大量渗透，促进资产业务的多样化
评价	上述几个阶段，是按照对资产流动性的不同理解，来扩大银行资产业务规模和范围，目的是在保证必要的流动性水平的同时尽可能地提高盈利水平。但因影响流动性的不确定因素逐渐增加，上述理论不断发展的同时也加大了商业银行的风险	

【例 25. 6】认为银行只宜发放短期贷款的资产管理理论是(　　)。[中央财经大学 2011 金融硕士]

A. 可转换理论　　B. 预期收入理论　　C. 真实票据理论　　D. 可贷资金论

【解析】真实票据论又称商业贷款理论，其认为为了保持资金的高度流动性，贷款应是短期和商业性的；用于商品生产和流通过程的贷款如果具有自偿性，最为理想。

【答案】C

(2)负债管理理论

①背景：20 世纪 60 年代，由于经济发展需要银行大量的资金支持，以及银行业竞争的加剧，商业银行需要拓展资金来源，以取得更多的资金。

②观点：银行的流动性不仅可以通过加强资产管理获得，也可以通过负债管理，即向外借款来提供。因此，银行除了高流动性资产外还应将资金投入到更有利可图的资产上。负债管理的核心是：银行主动以借入资金来保持流动性，从而扩大资产业务，增加银行收益。

③优点：负债管理开创了保持商业银行流动性的新途径，商业银行主动以负债去适应或支持资产，进一步扩大了商业银行的业务规模和范围。

④缺陷：

a. 提高了银行的融资成本。

b. 因金融市场的变幻莫测而增加了经营风险。

c. 由于忽视自有资本的补充而不利于银行稳健经营。

(3)资产负债综合管理理论

①背景：20 世纪 80 年代，由于金融市场的发展和政府金融管制的放松导致金融业竞争更加激烈，利率上升，银行融资成本提高。银行一方面需要增强资产的流动性，提高防风险的能力，另一方面又必须最大限度地取得收益。

②观点：该理论认为应该将资产和负债两个方面加以对照并作对应分析，通过调整资产和负债双方达到合理搭配，尽可能实现资产和负债的均衡，实现安全性、流动性和盈利性的统一。

5. 风险管理

(1)风险管理的含义

风险，是指未来结果的不确定性。风险中有一个重要的概念——风险升水：风险升水 = 有风险投资的预期收益率 - 无风险投资的预期收益率。现代的投资理念是以风险承担换取风险收益，在科学度量风险的基础上，相应地发展了预防风险、分散风险、转嫁风险、对冲风险、补偿风险等种种策略和金融工具，这些构成了现代风险管理的主要内容。

(2)VaR 技术(见表 25-9)

表 25-9　VaR 技术

要点	具体内容
定义	VaR(Value at Risk)，即在险价值，是一种用标准统计技术估计金融风险的方法。它的定义是：一种可以在正常的市场环境下，给定一定的时间区间和置信度水平，预计某种资产或资产组合最大损失的方法
适用范围	VaR 技术适用于复杂的投资组合，用来说明投资的杠杆作用和分散的效果

续表

要点	具体内容
特点	可用表述潜在风险的数值简单明了地指示风险大小；计算 VaR 值的过程表明风险来源，指明了管理风险的着手点，可以辅助决策
局限性	VaR 的值表明的是一定置信度内的最大损失，不能绝对排除发生高于这个值的损失的可能性；只是一个工具，不能代替决策，还需要好的管理、好的经验和好的判断来进行决策

(3)商业银行的风险类别(见表 25-10)

表 25-10 商业银行的风险类别

风险类别	定义
信用风险	银行的客户或交易对手无力履约的风险，是银行所面临的最主要风险
市场风险	由于金融市场的一些重要变量(如利率、汇率、股价等)的变动而导致银行的头寸面临损失的风险
操作风险	银行内部控制、信息系统的缺陷以及公司治理机制失效导致的风险
其他风险	包括流动性风险、国家和转移风险、法律风险及声誉风险等

(4)压力测试(见表 25-11)

表 25-11 压力测试

要点	具体内容
定义	压力测试是通过测算银行在极端不利情况下可能发生的损失，并分析这些损失对银行盈利能力和资本金带来的负面影响，进而对单家银行、银行集团和银行体系的脆弱性做出评估与判断，并采取必要措施的一种以定量分析为主的风险分析方法
作用	①能够帮助商业银行充分了解潜在风险因素与银行财务状况之间的关系，深入分析银行抵御风险的能力，预防极端事件可能给银行带来的冲击。 ②是风险计量模型的重要补充。 ③帮助银保监会充分了解单家银行和银行体系的风险状况与风险抵御能力
方法	①敏感性测试，旨在测量单个重要风险因素或少数几项关系密切的因素由于假设变动而给银行风险暴露和风险承受能力带来的影响。 ②情景测试，是在多个风险因素同时发生变化以及某些极端不利事件发生的前提下，分析它们对银行风险暴露和银行承受风险能力的影响

6. 我国现行的资产负债管理(见表 25-12)

表 25-12 我国现行的资产负债管理

时间	管理方式
20 世纪 80 年代末期之前	贷款规模管理
20 世纪 80 年代末期之后	部分银行在部分城市试行资产负债比例管理
1994 年起	全国范围内实行资产负债比例管理

7. 风险防范与银行内部控制

商业银行的内部控制是风险管理的重要环节。1998 年，巴塞尔委员会还专门议定了

《银行机构内控体系的框架》。我国发布的“商业银行风险监管核心指标”体现了对国内银行资产负债比例管理和风险管理的最新要求，如表 25-13 所示。

表 25-13　商业银行风险监管核心指标一览表

指标类别		一级指标	二级指标	临界值
风险水平	流动性风险	1. 流动性比例		≥25%
		2. 核心负债比例		≥60%
		3. 流动性缺口率		≥－10%
	信用风险	1. 不良资产率		≤4%
			2. 不良贷款率	≤5%
		3. 单一集团客户授信集中度		≤15%
			4. 单一客户贷款集中度	≤10%
		5. 全部关联度		≤50%
	市场风险	1. 累计外汇敞口头寸比例		≤20%
		2. 利率风险敏感度		
	操作风险	1. 操作风险损失率		
风险迁徙	正常类贷款	1. 正常贷款迁徙率		
			2. 正常类贷款迁徙率	
			3. 关注类贷款迁徙率	
	不良贷款	1. 不良贷款迁徙率		
			2. 次级贷款迁徙率	
			3. 可疑贷款迁徙率	
风险抵补	盈利能力	1. 成本收入比		≤45%
		2. 资产利润率		≥0.6%
		3. 资本利润率		≥11%
	准备金充足程度	1. 资产损失准备充足率		≥100%
			2. 贷款损失准备充足率	≥100%
	资本充足程度	1. 资本充足率		≥8%
			2. 核心资本充足率	≥4%

25.2　课后习题详解

1. 商业银行经营哪些业务？什么是表外业务？这类业务为什么越来越受到重视？几类业务之间存在着怎样的相互制约关系？

答：(1)商业银行的业务

商业银行经营负债业务、资产业务、中间业务和表外业务。

①负债业务是指形成其资金来源的业务，具体包括吸收存款、理财产品、向中央银行借款、向其他银行和货币市场拆借以及发行中长期金融债券等。

②资产业务是指将自己通过负债业务所聚集的货币资金加以运用的业务，包括贴现、贷款、证券投资和租赁业务，其中贷款是占比最大的资产业务。

③中间业务也称无风险业务，指银行不需要运用自己的资金而代理客户承办支付和其他委托事项，并据以收取手续费的业务。最常见的中间业务是传统的汇兑、信用证、代收、代客买卖、承兑业务。

④表外业务是指未列入银行资产负债表内且不影响资产负债总额的业务。广义的表外

业务既包括传统的中间业务，又包括金融创新中产生的一些有风险的业务，如互换、期权、期货、远期利率协议、票据发行便利、贷款承诺、备用信用证等业务。狭义表外业务也是通常所指的表外业务，专指金融创新中产生的一些有风险的业务。

(2) 表外业务越来越受重视的原因

①新技术的发展和政府对监管的放松为银行开拓表外业务创造了良好的条件。

②面对来自其他非银行金融机构对贷款客户的竞争压力，表外业务帮助银行开拓新的收入来源。

(3) 几类业务之间的相互制约的关系

①资产业务和负债业务属于商业银行的信用业务，是商业银行的主要传统业务。其中资产业务是银行对其营运资金的运用和利息收入的重要来源；负债业务是形成银行资金来源的业务，是资产业务的前提和条件，也是资产业务和中间业务的基础。

②中间业务和表外业务以资产负债业务为基础，在一定条件下，还可以直接或间接转化为商业银行的表内资产或负债业务。中间业务以信用业务为基础，客户委托的中间业务基本需要依靠其在银行的存贷款为联系进行。中间业务的发展会促进信用业务的发展，因为中间业务使银行能够合理占用客户资金，增加了银行的资金来源，增强了银行的实力。

③中间业务（含表外业务）与资产、负债业务在业务范围的外延上具有交叉性，主要体现在银行卡、信用证和承兑等业务上。银行卡业务、信用证业务和承兑业务既属于商业银行的传统中间业务，又因其会形成银行的“或有资产”“或有负债”，而转化为表内资产、表内负债并可归入表内业务之列。因此，商业银行的中间业务在一定条件下可能转化为表内资产业务或表内负债业务。

2. 与传统银行相比，网络银行有哪些优势和劣势？有一种说法是“网络银行将最终取代传统银行”，你怎样认为？

答：网络银行是指通过互联网或其他电子传送渠道，提供各种金融服务的新型银行。

(1) 网络银行的优势

①方便、快捷、超越时空。传统银行基本上是在柜台内为客户提供直接服务，时空限制严格。而网络银行能够在任何时候、任何地方、以任何方式为客户提供实时服务，提高了服务效率。

②各项成本低。网络银行可以少设甚至不设分支机构，而且其雇员要比传统银行少得多。

③拓宽了金融服务领域。网络银行可提供一些如公共信息服务（包括利率、汇率信息，经济、金融新闻等）、详细而低成本的投资理财服务、投资咨询服务和综合经营服务等全新业务。

④以客户为导向的营销方式具有更强的吸引力。传统银行一般是单方面开发业务品种，向客户推销产品和服务。网络银行采取以客户为导向的营销方式，按照客户的需求为其提供个性化服务。

⑤网络银行具有信息透明度高、存款利息高等优势。

(2) 网络银行的劣势

①安全问题。互联网的公开性使得网络银行的安全性受到威胁，伪造和复制网络银行

的金融产品和信息等问题不时发生。

②法律规范问题。目前全球关于计算机和网络领域的立法工作相对滞后，有关这方面的金融法规很不健全。

(3)对网络能否取代传统银行的看法

应该说，网络银行较之传统银行有许多优势，但并不是说网络银行就能够取代传统银行。即使在美国，网络银行现阶段也还有一些不可克服的困难，如盈利能力弱、银行业务产品种类少、IT 技术投入较大、客户忠诚度低等。如果没有传统银行的支持，网络银行也会出现发展瓶颈。安全第一网络银行被加拿大银行收购就是典型的例子。而多项调查表明，安全问题也已成为网络银行乃至其他形式的电子商务客户的最大顾虑。

网上银行也无法解决与客户的沟通交流问题。比如信用卡业务，银行必须与客人直接接触，才能了解客户年龄、财政状况等真实资料，这是网上虚拟世界所无法做到的。同时，“网上银行”绝非保险，万一发生线路故障，客户必须打电话或以其他方式通知银行进行维修。

所以，从目前来看，网络银行无法最终取代传统银行。

3. 试描述商业银行的 ROA、ROE 以及杠杆率之间的关系。

答：(1)商业银行的 ROA、ROE 和杠杆率

①商业银行的资产收益率(ROA)为净收入与总资产的比值。

②商业银行的杠杆率为银行资产与银行资本的比值。

③商业银行的资本收益率(ROE)为净收入与净资产即银行资本的比值。

(2)三者关系

从定义来看，ROE = ROA × 杠杆率。ROE 是评价银行经营业绩的一个重要指标。一个较小的 ROA 通过杠杆率可以转化为一个较大的 ROE。但是，高杠杆也可以将资产损失放大，因此各国银行监管都对商业银行体系提出严格资本要求。

4. 某银行下个月内有利率敏感型资产 10 亿元、利率敏感型负债 8 亿元，该银行是属于资产敏感型还是负债敏感型？如果利率上升，该银行的 NIM 会发生怎样的变化？

答：NIM =(银行贷款和投资的利息收入 - 存款和其他负债的利息支出)/银行收益资产总额

由于利率敏感型负债小于利率敏感型资产，表明该银行是资产敏感型，利率上升会增加银行的利润。

5. 为什么直到 20 世纪 80 年代欧美国家的商业银行才开始重视久期问题？试述久期缺口影响商业银行净值的机理。

答：(1)20 世纪 80 年代起重视久期问题的原因

久期又称持续期或者有效持续期，是由麦考利在 1938 年提出的概念，但长期以来被经济理论界和银行家所忽视。自 20 世纪 80 年代以来，随着利率波动性的日益增大，欧美国家的商业银行面临越来越严峻的利率风险，在这种情况下，久期问题引起了人们的重视。

(2)久期缺口影响商业银行净值的机理

一般来说，银行资产和负债的期限越长，当市场利率上升时，其市场价值下降的幅度

就越大。利率变化导致的银行净值的变化，在很大程度上依赖于资产和负债的相对期限。在利率上升时，资产久期长于负债久期的银行将比资产久期相对较短或者资产和负债久期相当的银行遭受更大的损失。

久期的计算公式为：

$$\frac{\Delta P}{P} \approx -D \times \frac{\Delta i}{1+i}$$

式中，$\Delta P/P$ 为银行所持金融资产市场价值变化的百分比；D 为久期；$\Delta i/(1+i)$ 表示资产或负债利率的相对变化。

6. 商业银行经营的三原则为盈利性、流动性和安全性，它们相互之间的关系应该怎样把握？为实现经营原则的资产负债管理，其理论发展的脉络是怎样的？

答：(1)商业银行经营的三原则之间的关系

商业银行经营的三原则——盈利性、流动性和安全性，既有统一的一面，又有矛盾的一面。一般说来，安全性与流动性是正相关的：流动性较强的资产，风险较小，安全有保障。但它们与盈利性往往有矛盾：流动性强，安全性好，盈利率一般较低；盈利性较高的资产，往往流动性较差，风险较大。银行在经营过程中，经常面临两难选择，即安全性和流动性原则提倡把资金投放在短期周转的资金运用上，而盈利性原则提倡将资金投放于周转期较长但收益较高的贷款和投资上。对此，只能从现实出发，统一协调，寻求最佳的均衡点。

(2)资产负债管理的发展脉络

为实现经营原则的资产负债管理，西方商业银行经营管理理论经历了资产管理、负债管理、资产负债综合管理的演变过程。

①资产管理理论：该理论认为商业银行在负债处于被动的前提下，通过主动调整其资产结构，在现金、证券、货币等各种资产持有形式之间进行合理分配来协调安全性、流动性和盈利性之间的关系。资产管理理论依次经历了三个阶段，分别是：商业贷款理论或真实票据论，它认为为了应付其不可预期的提取存款的流动性需要，商业银行应使资产保持足够的流动性，资产业务应集中于短期和商业性贷款；可转换性理论，它认为商业银行资产不一定局限于短期自偿性贷款，可将其相当一部分分布在需要款项时可立即出售的证券资产上，从而扩大了商业银行资产范围，在保证一定流动性和安全性的基础上增加盈利；预期收入理论，它主张商业银行应把借款人的预期收入作为衡量其贷款偿还能力的标志，并以此来重新协调流动性、安全性和盈利性，从而使商业银行跳出短期性的局限，开始向长期性经济活动大量渗透，促进资产业务的多样化。上述几个阶段，不断扩大了银行资产业务规模和范围，保证必要的流动性水平的同时尽可能地提高盈利水平，但也使得影响流动性的不确定因素增加，带来了更大的风险。

②负债管理理论：为了应对银行业竞争的加剧，拓展资金来源，负债管理理论应运而生。它认为银行的流动性不仅可以通过加强资产管理获得，也可以通过负债管理，即向外借款来提供，其核心是：银行主动以借入资金来保持银行的流动性，从而扩大资产业务，增加银行收益。负债管理开创了保持商业银行流动性的新途径，扩大了业务规模和范围。但同时负债管理也提高了银行的融资成本，增加了经营风险，不利于银行稳健经营。

③资产负债综合管理理论：由于金融业竞争更加激烈，利率上升，银行融资成本提高，银行需要在增强资产流动性、提高防风险能力的同时，最大限度地取得收益，资产负债综合管理理论由此产生。该理论认为应该将资产和负债两个方面加以对照并作对应分析，通过调整资产和负债，使双方达到合理搭配，尽可能实现资产和负债的均衡，实现安全性、流动性和盈利性的统一。

7. 商业银行应该树立怎样的风险管理观？风险管理的基本内容是什么？

答：(1)商业银行应该树立的风险管理观

风险实际是无处逃避和躲藏的，商业银行经营的全部内容是管理风险，而不是消除风险。

(2)风险管理的内容

风险管理是一种事前管理，即属于投资决策的环节。预防风险、分散风险、转嫁风险、对冲风险、补偿风险等种种策略和金融工具是现代的风险管理的主要内容。具体来看，风险管理的基本内容有以下几点：

①对于贷款等资产业务的方针以及具体项目进行风险评价。

②资金投放过程之中的风险管理，即已投入的某一或某些项目的贷款由于种种原因其风险状况发生了变化，则进一步的决策必须做相应的调整。

③对风险升水的追求构成风险分析和风险管理的重要内容。

④对内部人员行为的监督与管理。

第5篇

金融发展与稳定机制

第 26 章　货币经济与实际经济

26.1　复习笔记

【知识框架（庖丁解牛）】

货币经济与实际经济
- 两个两分框架
  - 实际方面与名义方面
  - 实际经济与货币经济
- 虚拟资本
- 货币中性与非中性
  - 货币数量论的货币中性概念
  - 一般均衡论的货币中性概念
  - 货币短期非中性与长期中性及相应的货币政策

【考点难点归纳（厚积薄发）】

考点一：两个两分框架（见表 26-1）★★★★

表 26-1　两个两分框架

要点	具体内容	
含义	假设在一个经济模型中，商品货币关系全面覆盖，其中存在两个由两分法构成的分析框架： ①任意产出个体和任意经济集合都在两个方面相互依存：实际方面和名义方面。 ②任意微观经济行为主体和任意社会经济体拥有由两种形态构成的资产、财富：实际形态和货币形态；整个社会经济过程也随之一分为二：实际经济和货币经济	
名义与实际的类型及关系	商品与服务的名义与实际	对于每一件产出品来说，“实际”面是指该产出品的有用性，即使用价值；“名义”面则是指该产出品的货币价格。通货膨胀和通货紧缩会影响货币价格，从而对名义量产生影响。但名义量的变化不影响实际量
	利率、汇率、工资率的名义与实际	这些比率本身就是价格，名义形态和实际形态都由货币表示，对它们使用两分框架进行分析时，实际量是经通货膨胀率调整后的比率，名义量是包含通货膨胀因素的比率
	有价证券及金融衍生品的名义与实际	股票、债券、期货合约都有价格，但这些价格含义不同，可能是对未来回报的求索权，也可能是对未来交易的选择权。两分框架不适用于对其进行分析
	其他经济集合的名义与实际	经济中的许多集合也同时具备名义形态与实际形态，比如 GDP 和 GNP

续表

要点	主要内容
实际资产与货币资产的关系	①对于微观主体，实际资产与货币资产构成总资产。 ②对于宏观经济，一个封闭经济体只有实际资产。货币资产的作用是促进实际经济加速发展。 ③实际资产和货币资产在相互作用中形成、运行的过程被称为经济过程，它把货币资产和实际资产归结为“货币经济”与“实际经济”

考点二：虚拟资本（见表 26-2）★★

表 26-2　虚拟资本

要点		具体内容
马克思对虚拟资本的论述		①有收益，但不是现实资本； ②将该收益与市场利率相比，能够计算出相当于该收益的本金金额； ③虽然不是实际资本，但具有资本资格
马克思描述的虚拟资本与目前所说的虚拟资本的区别		①马克思划分的虚拟资本：商业票据、国家债券、股票； ②目前所说的虚拟资本：股票、债券这类有价证券以及衍生金融工具
虚拟经济	含义	虚拟资本的活动领域包括有价证券和衍生金融工具的交易，基本覆盖了资本市场。“虚拟经济”用来概括虚拟资本活动的巨大领域
	特点	①规模巨大； ②独立性强； ③运动轨迹波动幅度大、振荡频率高； ④活跃的虚拟经济虽然能推动实际经济的发展，但它的突然崩塌也会打击实体经济； ⑤与泡沫、泡沫经济密切相关

考点三：货币中性与非中性 ★★★★

货币是中性的还是非中性的，焦点在于，货币因素能否改变实际资源的配置。若不能，货币是中性的；若能，则是非中性的。

1. 货币数量论的货币中性概念（见表 26-3）

表 26-3　货币数量论的货币中性概念

要点	具体内容
含义	货币数量的变动会影响商品的价格水平，但不会改变相对价格。相对价格不变，各市场主体的行为就不会发生变化。因此货币数量的变动不会改变整个经济中的实际资源配置
面对的质疑	①当货币数量变化时，各卖者对价格变化的预期不同，因此作出反应的强度不同；各买者对不同商品需求的变化也不同。因而相对价格不能保持不变。 ②货币数量的变化不会均匀地反映在所有市场，因此会导致相对价格改变，进而影响资源配置

2. 一般均衡论的货币中性概念(见表 26-4)

表 26-4　一般均衡论的货币中性概念

要点	具体内容
含义	在瓦尔拉斯均衡下(市场完全竞争、资源完全流动、一切行为主体充分掌握信息并且预期是理性的，价格、工资等名义量的变动不为刚性，不存在“货币幻觉”等)，货币因素不能影响实际资源的均衡配置
货币职能	①便利交易的媒介，只在交易发生时起作用； ②价值贮存的工具

3. 货币短期非中性与长期中性及相应的货币政策(见表 26-5)

表 26-5　货币短期非中性与长期中性及相应的货币政策

项目 / 时期	货币	货币政策
短期	货币非中性，货币数量变动时，价格和产出会受到影响，名义利率和实际利率也会受到影响，而利率变动会对实际资源的配置造成影响	货币政策非中性，目标是消除资源配置的非均衡，如过高的物价上涨率和过高的失业率
长期	货币中性，货币数量对产出不会产生显著影响，也不会改变资源的均衡配置	货币政策中性，目标是保持资源均衡配置，如物价稳定、就业充分等

拓展 1：菲利普斯曲线

货币短期非中性和长期中性也可表示为失业率与工资、物价上涨率之间的关系：短期内货币增加能够降低失业率，增加产出，同时工资、物价也有所上涨；长期内货币增加即使提高了工资和物价，也不会显著影响失业率和产出。

以失业率为横轴，工资、物价上涨率为纵轴，二者间的关系可以表示为向下倾斜的曲线——菲利普斯曲线。短期内曲线斜率较大，长期内曲线趋近垂直。

拓展 2：“超中性”货币政策

“超中性”的货币政策是指以保持动态均衡为目标的货币政策，它要求货币数量增长应与实际经济变量相适应，以实现资源配置的动态均衡。

26.2　课后习题详解

1. 研究经济的货币方面、金融方面，必须时时紧密联系经济的实际方面；或者说，对于经济的货币方面、金融方面，是作为经济整体中与实际方面不可分割的部分进行研究的。学习这门课程后，你对这样的思路有怎样的领会？

答：考察个人资产、公司资产甚至一个经济体，其中均包含实物资产和金融资产。这就是说，资产或财富都由实物形态和货币形态构成。实物，如果在理解上不局限于有形的“物”，那么采用上面所说的“实际”概念，可能更确切，即资产或财富之中有实际资产、实际财富，因此，研究经济的货币方面、金融方面，必须时时紧密联系经济的实际方面；或者说，对于经济的货币方面、金融方面，是作为经济整体中与实际方面不可分割的部分进行研究的。当然，实际资产、实际财富都会有一个相应的货币金额，即有其“名义”的一面。但与实际资产、实际财富并存的货币资产、货币财富却不能名之为“名义”的资产或财富。因为这里所说的并不是用作度量的观念货币，而是用作支付准备和价值储存的货币，是实实在在的货币，是货币实际存在的形态。

就这个意义来说，货币资产、货币财富好像也可以称为“实际”资产、“实际”财富。但是，不能冠之以这样的叫法。这是因为：①采取这样的叫法，就易于把事实上存在区别的实际资产与货币资产混淆起来。②更为重要的是，就微观主体来说，实际资产与货币资产这两者都是实实在在的资产，这两者的和构成总资产；而从宏观角度考察，一个封闭经济体模型，它的资产，它的财富，只是由实际资产构成。至于货币资产，无论其数额如何大，都只是实际经济运行的润滑剂；它可以促进实际经济加速发展，但无论如何，却不能构成实际资产与实际财富的本身。

2. 两分法的分析框架在理论研究中被广泛地运用，但要具体运用却不太容易。例如，什么是“名义”，什么是“实际”，你能时时事事都分清吗？再如，什么是“货币方面”，什么是“金融方面”，你能清清楚楚地予以界定吗？不妨试试看。

答：(1)名义与实际

任何经济都有商品的产出和服务的产出，它们共同构成经济的实际方面，或者说，是实际经济。与“实际”相对的是“名义”，或者说，是经济的名义方面，是实际经济用货币表示的方面。

任何产出都有用货币数量表示的价格。对于产出品来说，其有用性和使用价值，是各产出品“实际”的一面；至于“名义”的一面，就是各产出品的价格。

如果说上面是就个体观察其“名义”与“实际”的两方面，那么经济生活中的诸多集合也同时具有“名义”与“实际”两个方面，比如：GDP 和 GNP，有名义 GDP 和实际 GDP、名义 GNP 和实际 GNP 之别。

只要有货币存在，就有价格。纵然价格长期不变，任一事物也必然是名义方面和实际方面的统一。只不过，就单一事物来说，如果价格不变，名义与实际的区分意义不大。在通货膨胀与通货紧缩的条件下，名义与实际的关系有这样一些类型：

①商品、服务的名义与实际的关系。在这一领域，由于通货膨胀，价格上涨，名义量增大；由于通货紧缩，价格下跌，名义量减小。与这类产出相关的经济集合也属于同样的性质，即名义量不论如何变，都不改变实际量。

②利率、工资与汇率等的名义与实际问题。如果说上述种种产出，其名义方面是“货币”形态——按马克思的表述是“观念”的货币形态，而其实际方面都是有用性或者说是使用价值的载体，那么利率、工资与汇率等指标的名义形态和实际形态都是货币形态。实际形态即为名义形态对通货膨胀进行调整。

(2)货币方面与金融方面

基于两分法的分析框架，“货币方面”和“金融方面”可以这样界定：“货币方面”是指以货币作为主要金融工具的经济活动。“金融方面”是指货币所派生出来的其他一系列金融工具的经济活动。

3. 这是一个涉及“名义与实际”“货币与实际”的问题：为什么微观主体的资产总和并非宏观经济体的总资产？

答：名义与实际讲的是“一个”个体本身或“一个”集合本身的两个侧面——名义面和实际面；实际资产与货币资产构成的框架，则是存在于任一经济体——不论是微观经济行为主体还是宏观经济整体之内的两个有紧密联系却又能清清楚楚加以区分的并存部分。

就微观经济行为主体来说，实际资产与货币资产这两者都是实实在在的资产，这两者的和构成总资产；而从宏观角度考察则是另一种情况。一个经济体——一个封闭经济体模型，它的资产，它的财富，只是由实际资产构成，至于货币资产无论其数额如何大，那只是实际经济运行的润滑剂；它可以促进实际经济加速发展，但无论如何，却不能构成实际资产与实际财富的本身。

4. 虽然我们今天所讲的虚拟资本是承接马克思所论证的理论概念，但我们今天所讲的虚拟资本，其范围只是马克思所讲的虚拟资本的一部分；而我们所承接的这一部分，较之马克思的时代有极大的发展。你能把这些差别说清楚吗？

答：关于虚拟资本，马克思有这样的概括：“人们把虚拟资本的形成叫做资本化。”换一个说法，那就是，由资本化而存在的资本是虚拟资本。有时他还把这种虚拟资本叫做“幻想资本”，或“幻想的虚拟资本”。被马克思归入虚拟资本的有：商业票据、国家债券、股票。在《资本论》第三卷第五篇第二十九章，他这样概括：“……银行家资本的最大部分纯粹是虚拟的，是由债权（汇票），国家证券（它代表过去的资本）和股票（对未来收益的支取凭证）构成的。”

今天我们所说的虚拟资本是指股票、债券这类有价证券以及衍生金融工具。

由此可见，马克思所说的虚拟资本，与我们今天所说的虚拟资本，在口径上有出入。股票、债券，这是包括在马克思的口径之中的；而衍生金融工具，马克思生活的年代还没有，不可能提到。然而，引文中马克思所说的“汇票”，是指银行通过票据贴现业务所持有的商业票据。在那个时代，英国银行的主要资产业务是票据贴现，作为商业票据主要形式的汇票，却不属于我们今天说的虚拟资本。

5. 今天所讲的虚拟资本有怎样的特征？可自己尝试归纳。

答：虚拟资本是以实质资本为基础而存在的金融性资本，其主要表现形式是股票、债券等金融产品及其衍生产品。

具体来说，虚拟资本具有以下一些特点：

（1）虚拟资本是一种用于经营获利的资本

货币的出现，社会信用的发展，是虚拟资本产生的前提。货币是一切商品的一般等价物，同资本有本质的区别，它只有在用于经营赚取利润的时候才转化为资本，才可能成为虚拟资本。信用自然不是虚拟资本，就是在信用基础上产生的有价证券，也只有在用于买卖和经营以赚取利润时才转化为虚拟资本。股票、债券等在未被当作买卖经营对象、没有通过买卖获取经营利润、仅由所有者保有、作为到期领取红利或利息的凭证时，它们还不是虚拟资本。同样，在外汇市场上，只有当人们把外国货币作为交易对象，作为赚取利润的工具时，外国货币才转化为虚拟资本。

(2)虚拟资本以实体资本为基础

①没有实体资本或实体经济，就没有虚拟资本。也就是说，如果没有股份制企业，没有发行债券和其他有价证券的经济实体，股票和债券等就不可能出现，虚拟资本也就不可能产生。国家债券归根到底也是以整个国民经济为基础的。由此可见，虚拟资本不是虚无的，不等于虚假资本。

②实体资本是虚拟资本的利润源泉，虚拟资本虽然可能比较容易获得利润，但它不能创造价值，它的利润最终来源于实体经济。就总量而言，它的利润只能是实体资本利润的一个部分。如果发行股票、债券的企业经营管理不善，发生亏损，前景也不被看好，则这种股票、债券的价格就可能下降，投在这些股票、债券上的虚拟资本也就可能发生亏损。

(3)虚拟资本独立于实体资本之外

以上市股票为例，投入股份制企业的资本实体，以劳动力、厂房、机器、原料、成品等形式处于生产和经营过程，不断创造新价值和利润，发挥着资本的作用。而与此同时，这些股票又在资本市场流通转让、频繁交易，被用于获取交易利润(价差)，充作同实体经济相对立的另一套资本的载体。如果考虑到在有价证券基础上产生出来的衍生金融工具，则同实体资本相对立的就可能是几套资本。一套资本变为几套资本，前一套资本是实体资本，后一套或几套资本就被称为虚拟资本。

(4)虚拟资本有独特的运动规律

同实体资本不同，虚拟资本可以大跨度迅速运动，以捕捉赚取利润的机会。同时，虚拟资本的利润虽然来源于实体资本，且其总量只能是实体资本利润的一部分，但就其某一部分的利润率而言，却可以大幅度地脱离相关经济实体的利润率。虚拟资本的最佳获利点，有可能在实体经济利润率高的地方，在特定情况下也有可能在实体经济利润率比较低的地方。

6. 考察近几十年来各国虚拟经济和实际经济之间发展的态势，谈谈自己对虚拟经济的未来发展有什么看法。

答：(1)虚拟经济的发展阶段

①闲置货币资本化。这是虚拟经济的最初阶段。例如，当某人持有暂时不用的闲置货币，而另一人却急需生产经营资金时，前者便可将其闲置货币让渡给后者去使用，后者则承诺对借入资金按期还本付息。这种借据或借贷凭证便成为虚拟资本的雏形，贷方据以获取利息收益的活动也就是一种虚拟的经济活动。

②借贷行为中介化。这一阶段的标志就是银行的产生。在这一时期，货币资金借贷主要不再是个人之间的直接借贷，而是表现为以银行为中介的间接借贷。此时，对广大的存款人而言，其持有的能够带来利息的存款凭证就是虚拟资本。因此，借贷行为的中介化实际上意味着虚拟经济活动的社会化，这种社会化由于能够扩大社会的资金借贷规模，提高社会范围内资金的配置和使用效率，因而，对促进实体经济的发展具有重要意义。

③证券交易的市场化。随着股票、债券等有价证券的大量发行，客观上要求形成一种便于有价证券实现流动性的机制或场所，于是，证券市场应运而生。虚拟资本交易的市场化可以引导资金向预期收益较好的产业流动，从而有利于优化社会资金的配置结构，提高社会资金的使用效率。

④虚拟经济国际化。进入 20 世纪后，较大规模的跨国证券投资开始出现，虚拟资本的发展由此进入新的阶段。特别是第二次世界大战后，在布雷顿森林协议和关贸总协定推动下最终形成的规模巨大的国际金融市场，更加便利了虚拟资本的跨国交易，从而使虚拟资本交易日益呈现为一种国际性的经济活动。虚拟经济活动的国际化可以促进资本在世界范围内的优化配置，并使资本的使用效率进一步提高。

⑤金融工具创新化。20 世纪 60 年代以后，虚拟经济进一步发展。一方面，国际性的货币市场、资本市场、外汇市场等规模进一步扩大，另一方面，包括各种金融期货、期权等在内的金融创新工具层出不穷。金融工具的创新化使得虚拟资本的交易规模达到前所未有的程度，并使虚拟经济越来越脱离实体经济而日益呈现为一个相对独立的经济活动领域。

必须明确的是，实体经济是虚拟经济的历史基础和现实基础。在虚拟经济和实体经济的关系中，实体经济是第一位的，虚拟经济是第二位的。虚拟经济是随着实体经济的发展而产生和发展起来的，但同时也在自身的发展过程中极大地促进了实体经济的发展。虽然虚拟经济有助于提高社会资本的配置效率，分散企业经营风险并提供了大量的就业机会，但虚拟经济也有可能产生“泡沫经济”，对实体经济需求产生剧烈震荡，并可能成为监管和税收的“盲区”。

(2)对虚拟经济未来发展的看法

①发展虚拟经济为实体经济提供有益的设施。对于可以代替实体经济运行的虚拟经济部分要有条件地发展，力求降低实体经济的经营成本。要转变宏观管理的观念，逐步取消金融管制，建立合理的金融监管体系，完善金融机构内部监管，增强透明度，确保虚拟经济健康运行。

②在加快资本市场规范化建设的同时，应着力加快资本市场的发展。这不仅包括扩大证券品种的规模、增加新的证券品种，也包括拓展和开辟新的市场，扩大居民投资渠道和企业获得资本性资金的渠道。

③积极创造条件，促进实物经济的货币化和资产证券化。实物的货币化和资产证券化，是市场经济发展的必然产物。实物的非货币化，有着诸多弊端；资产的非证券化，严重限制着资产的准确定价和资产存量的盘活。

④加强系统性风险管理。虚拟经济独立于实体经济之外，其价格变化更多地受心理预期的影响，因而具有比现实金融交易更大的风险，因此，其系统性风险日益突出。要加强对虚拟经济的风险管理。在加强风险管理中，要针对虚拟经济中存在的风险投机交易行为，对虚拟经济的风险适当加以限制，不仅要对虚拟经济的风险加强管理，而且要对风险从虚拟经济向实体经济转移予以防范，并实现技术上的保证。

⑤加强对虚拟经济的监督管理。虚拟经济的发展可能会给现实经济提供经济金融犯罪的可乘之机，为此，要加强对虚拟经济的监督管理，适时制定有效的虚拟经济法规，颁布相关的税收和会计准则，防止通过虚拟经济进行非法金融交易、盗窃资金、“洗钱”等金融犯罪。确保虚拟经济对实体经济发挥积极作用。

⑥建立和完善实体经济结构调整。虚拟资本的发展可能对实体经济形成竞争和替代。为了适应虚拟经济的适度发展，还要在企业改革、金融政策、宏观经济调控等方面采取相关政策措施，要努力推动现代企业制度建设，提高企业技术创新的动力；重组银行业，充

分发挥金融中介的作用；逐步放松金融管制，推进利率市场化，完善货币市场和资本市场，建立适应市场机制运行的金融市场体系；在宏观调控手段方面，要努力采用市场化手段，发挥金融机构金融创新的积极性。总之，要通过多方面的努力，为发展虚拟经济创造条件，推动虚拟经济和实体经济的同步发展，最终实现实体经济的可持续发展。

7. 区分货币是中性的还是非中性的，基本的根据是什么？

答：货币中性还是非中性是经济学中一个古老的论题，其焦点在于在货币已被广泛使用的社会经济生活中，货币因素能否改变实际资源的配置。概括地说，如果货币因素不能改变实际资源配置，货币是中性的；如果能改变实际资源配置，货币就是非中性的。

货币是中性还是非中性，就是看货币供给量的变化对一般价格水平和实际利率及产出水平的影响差异。如果货币供给变化只是影响一般价格水平，一定量的货币供应增加(减少)只引起一般价格水平的上升(下降)，那么货币就是中性的；如果货币供应量的变化，引起实际利率和产出水平等实际经济变量的调整和改变，那么货币是非中性的。

8. 结合费雪方程式，分析货币中性论的前提、结论及缺陷。

答：(1)费雪方程式

费雪方程式表示的是国民收入水平与价格水平、货币供应量之间的数量关系。费雪方程为：$MV=PY$，其中，M 为货币数量，V 为货币流通速度，P 为价格水平，Y 为产出。费雪方程表明，由一定水平的名义收入引起的交易水平决定了人们的货币需求。

费雪认为，假定 V(货币流通速度，即一单位名义货币余额的流通速度)不变、Y 也不变，则货币供给量 M 的变化将完全体现于价格 P 的变化上，所以货币是中性的。

(2)货币中性论的前提与结论

费雪得出货币中性的前提假设是在货币数量发生变动的时候，货币流通速度因取决于经济体制和交易习惯等因素而保持不变，市场上商品的相对价格不会发生变化。结论是：货币数量的变动会影响商品价格并使价格总水平变动，但不会改变相对价格。只要相对价格不变，各个市场行为主体进行选择时的格局就不会改变。从而，整个经济中实际资源配置也不会因货币数量变动而变动。这样的货币中性概念，可称为货币数量论的概念。对它有一个形象的概括，即“货币面纱”。

(3)货币中性论的缺陷

①在货币数量变动时，相对价格会发生变化。相对价格是各个具体商品价格之间的比率，而各个具体的价格分别由各种商品的供求决定。当货币数量增加而推动价格上升时，卖者会调高自己商品的价格。由于各自掌握信息的不对称而对涨价的预期有差异，由于各自在市场所占份额有大小而对调价的反应有强弱；买者也会随着货币数量的增加调整需求，但由于各自的收入受工资等生产要素价格的影响有所不同，因而需求调整在总量水平上会有差异；又因各种商品需求的价格弹性高低不同，因而不同商品的需求在数量上也有区分。因此在货币数量影响价格的过程中，买卖双方的这些可能的行为特点说明相对价格不能保持不变。

②货币数量增加，通常采取增加发行或扩大贷款的方式。增量货币通过政府部门、银行企业，直接或间接进入市场，而不是平均地、成比例地进入一切市场。相对价格也不能

保持不变。

9. 货币的短期非中性和长期中性是怎么论证出来的？可试用 *IS-LM* 模型进行论证。

答：在货币与经济活动的关系问题上，存在着货币中性或货币非中性之争。“货币中性”是货币数量论的一个基本命题的简述，即流通中的货币数量仅仅影响经济中的价格总水平，而不影响真实产出水平和相对价格。因此，货币中性与非中性问题实际上又涉及“两分法”，即货币领域和真实领域之间，或相对价格与价格总水平之间的关系问题。古典和新古典货币数量论、货币主义以及新凯恩斯主义主张货币长期是中性的，即从长期来看，充分就业的产出是既定的，货币只是经济活动的润滑剂或面纱，但又不否认短期的非中性即货币扰动。

货币非中性是凯恩斯主义货币理论的基本特点，即货币部门和真实部门是不能截然分开的。根据 *IS-LM* 模型的解释，在存在失业的情况下，价格总水平并不随货币数量的增加按照相同的比例增长，由此造成实际货币余额的增加而导致利率下降，从而使投资和国民收入水平增长。因此建立在 *IS-LM* 分析基础上的凯恩斯主义货币非中性仅仅是由于存在“刚性”价格或工资率，从而成为新古典经济学的特例，因而凯恩斯主义的货币非中性也可理解为新古典货币中性的特例。

10. 中性的货币政策与非中性的货币政策是不是完全对立的？中央银行在具体决策时，能不能兼顾货币中性和非中性两个方面，以更好地实现货币政策的目标？

答：对于货币中性或非中性的探讨，必然引出：货币政策应该是中性的还是非中性的。对应于货币短期非中性，货币政策应该是非中性的。货币政策是对诸多货币因素的安排，目的是改进实际资源的配置。非中性货币政策依据于这样的判断：货币因素在影响价格的同时，能够影响产出和收入。非中性的货币政策是以相机抉择的方式来实现的，就是选择适当的政策目标和工具，并随着环境条件的变化而调整其优先次序和轻重缓急。

对应于货币中性，应当有中性的货币政策。中性货币政策的含义可以理解为货币政策目标是实现资源的均衡配置，政策工具应以保持和改进这种均衡为目的。

中性货币政策与非中性货币政策不是完全对立的，对应于货币短期非中性和长期中性：短期内，货币政策应以消除资源配置的非均衡，如以过高的物价上涨率、过高的失业率等为目标；而长期内，应以保持资源均衡配置，如物价稳定、就业充分等为目标。

资源配置均衡是动态的。以保持动态均衡为目标，货币政策的中性就应包含更多的内容，比如货币量增长率应与实际经济变量相适应。

货币的中性或非中性，表面看起来完全对立。但在现实经济生活中，这样的对立并不那么尖锐。中央银行在具体决策时，兼顾货币中性和非中性两个方面，才能提高政策措施的有效性，实现货币政策的目标。

第 27 章　金融发展与经济增长

27.1　复习笔记

【知识框架(庖丁解牛)】

- 金融发展与经济增长
  - 金融与经济增长
    - 金融发展的含义
    - 衡量金融发展的基本指标
    - 金融化
    - 货币化路径的“倒 U”假说
  - 金融压抑与经济增长
    - 金融压抑及其表现
    - 金融压抑的政策原因
    - 利率管制对经济发展的副作用
  - 金融自由化与经济增长
    - 金融自由化改革的核心内容
    - 金融自由化促进经济增长的理论说明
    - 发展中国家金融自由化的经验教训
  - 普惠金融
    - 金融排斥
    - 阻碍因素
    - 发展措施
    - 指标体系

【考点难点归纳(厚积薄发)】

考点一：金融与经济增长 ★★★

1. 金融发展的含义

金融发展指金融结构的变化。金融结构包括金融工具的结构(数量、种类、先进程度)和金融机构的结构(数量、种类、效率)两个方面，不同类型的金融工具和金融机构相互组合，构成了不同特征、不同发展程度的金融结构。随着金融发展程度逐步提高，金融工具和金融机构的数量、种类随之增加，金融效率也随之提高。

2. 衡量金融发展的基本指标(见表 27-1)

表 27-1　衡量金融发展的基本指标

度量角度	指标
以金融结构状态的数量指标度量	①主要金融资产与全部金融资产之比； ②金融机构发行的金融工具与非金融机构发行的金融工具的比率；

续表

度量角度	指标
以金融结构状态的数量指标度量	③金融机构在非金融机构发行的主要金融工具中持有的比重； ④主要金融机构相对规模； ⑤各类金融机构的资产之和与全部金融机构总资产的单独比率； ⑥非金融部门的内源融资与外源融资之比； ⑦国内金融机构和外国贷款人在各类债券和股票中的相对规模
以金融发展状态与经济增长的相互关系指标度量	①金融相关率：全部金融资产价值与该国经济活动总量之比； ②货币化率：通过货币进行交换的商品与服务的值占国民生产总值之比。 注：货币化率表示形式通常采用货币供给量与 GDP 之比。特殊情况下，出现比值大于 1，此时货币化率方法的表示形式不适用

3. 金融化

金融化是指近几十年来金融资产规模相对于实体经济加速扩张、金融部门影响力持续增大的过程。同时反映了近几十年来金融部门从简单的金融中介转变为借助金融市场谋取回报的角色转变。服务实体经济也逐渐变为其辅助功能。

金融化问题的核心是金融发展以及自由化都存在有效边界，越过这一边界，金融发展带给经济社会的影响，将从效率增进和福利改善转变为风险和灾难。

4. 货币化路径的“倒 U”假说

“倒 U”假说主要描述了流通中的货币与国民财富之比先上升，趋于平稳甚至下降的过程。假说表明，任一国家的经济从低货币化水平开始，慢慢增长到较高货币化的水平，之后伴随着金融市场的发展与完善，金融化经济将取代货币化经济，货币化又会逐渐回落。

考点二：金融压抑与经济增长　★★

1. 金融压抑及其表现

金融压抑：发展中国家的市场机制没有充分发挥作用 —表现→

- 金融工具：形式单一，规模有限
- 金融体系：存在着明显的“二元结构”
- 金融机构：单一，主要为商业银行，金融效率低
- 直接融资市场：比较落后
- 金融管制：严格管制，金融资产价格扭曲

2. 金融压抑的政策原因

经济发展水平较低
财力不足
外汇资金短缺
…

} 发展中国家存在的困境 → 压抑性金融政策

- 人为压低实际利率
- 人为高估本币汇率
- 对金融机构实施严格管控
- 以信贷配给方式分配稀缺的信贷资金

3. 利率管制对经济发展的副作用

人为压低利率 —导致→
- 低水平的储蓄
- 金融中介机构存款转移至收益不确定的投资
- 因地下信贷市场的兴起，受政府管制的金融中介可能被削弱
- 资金成本较低，银行借款人会对贷款产生超额需求

【例 27.1】金融抑制［西安交通大学 2020 金融硕士］

答：金融抑制是对发展中国家金融业因政府抑制而不能有效促进经济增长这一现象的解释，由于政府抑制金融业导致其阻碍经济发展的现象。发展中国家由于政府干预金融业导致市场机制作用没有得到充分发挥、金融资产单调、金融机构形式单一、过多的金融管制和金融效率低下等问题，而金融体系的发展滞后又阻碍了经济的发展，从而造成了对金融的抑制和经济落后的恶性循环。这些手段包括政府所采取的使金融价格发生扭曲的利率、汇率等在内的金融政策和金融工具。金融抑制具有消极作用，它会导致资本市场效率的降低，经济增长达不到最佳水平，并且限制了银行体系适应经济增长的需要等。

考点三：金融自由化与经济增长 ★★★★

1. 金融自由化改革的核心内容

金融自由化改革的核心内容包括：①减少利率管制；②减少对汇率和资本流动的限制；③放松金融机构审批限制，促进金融同业竞争；④发行直接融资工具，活跃证券市场；⑤缩小指导性信贷计划实施范围。

2. 金融自由化促进经济增长的理论说明（见表 27-2）

表 27-2　金融自由化促进经济增长的理论说明

代表人物	核心观点	具体内容	
爱德华·肖	取消利率和汇率管制等金融自由化政策会带来一系列正效应	储蓄效应	利率管制取消→实际利率上升→私人部门储蓄提高→私人储蓄率上升→国内利率高于国际市场利率→吸引大量的外资流入
		投资效应	利率管制取消→利率作为相对价格引导资源配置→投资规模和投资效率提高
		就业效应	金融自由化有助于缓解以下状况： ①低利率→低储蓄→生产资金不足→失业； ②人为压低利率→资金大量投资于资本密集型产业→失业
		收入分配效应	①金融自由化→就业提高→工资收入的份额增加； ②金融自由化→特权者的垄断收入减少； ③金融自由化→资本积累→改善以压低农产品价格对农民进行变相剥削的现象
		稳定效应	①金融自由化→改善国内储蓄流量和国际收支状况→增强经济对国际贸易/信贷/援助等方面波动的承受能力； ②金融自由化→储蓄增加→改善财政收支→减少财政对通胀政策的依赖→稳定货币政策
		政府干预	减少因政府干预带来的效率损失和贪污腐化

续表

代表人物	核心观点	具体内容	
麦金农	金融自由化的导管效应和替代效应对经济增长具有促进作用	货币与实物资本的互补性假说	①发展中国家金融市场不发达→经济单位仅限于内源融资； ②投资具有不可分割性→潜在投资者必须积累足够货币金额才能获得收益； ③实物资本需求越高，货币需求也越大→货币和实物资本是互补品而非替代品
		发展中国家的货币需求函数	公式为：$(M/P)^D = L(Y, I/Y, d-\pi^e)$，其中投资占收入比率 I/Y 与实际货币需求正相关，体现发展中国家货币与实物资本的互补性假说；实际收益率 $d-\pi^e$ 与货币需求正相关，利率压制和通胀严重时，其往往为负，制约了货币需求和金融部门的发展。 金融自由化政策能够使得 $d-\pi^e$ 提高，并转为正值，从而引致实际货币积累增长以及货币需求增加
		导管效应	投资和存款货币在一定条件下成正向关系：$I/Y=f(r, d-\pi^e)$。当货币存款实际利率低于投资实际回报率 r 时，实际利率上升，人们用货币进行内部储蓄的意愿上升，内源融资型投资上升；当货币存款实际利率超过实物资本平均回报率 r 以后，人们持有货币而不愿投资，传统的“资产替代效应”依然存在，如图 27-1 所示。 图 27-1 的 A 点代表金融压抑状态，此处实际利率为负值。金融自由化措施的实施提高了实际利率，在 A 点至实物资本平均回报率 r 之间，导管效应的作用更大，投资随着实际利率的上升而增加；超过实物资本平均回报率 r 之后，替代效应的作用更大，投资随着实际利率的上升而减少

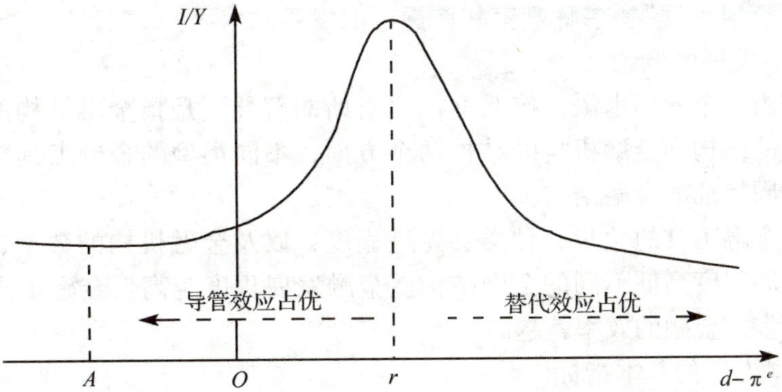

图 27-1　发展中国家货币的导管效应与资产替代效应

3. 发展中国家金融自由化的经验教训

发展中国家金融自由化的经验教训包括：①要有稳定的宏观经济背景；②与价格改革或自由定价机制相配合；③改变直接干预的方式；④事先预测价格变动对不同集团利益的影响。

考点四：普惠金融(见表27-3) ★★★

表27-3 普惠金融

要点	具体内容
定义	普惠金融是指使用金融服务的个人和企业占全部个人和企业的较高份额，其实质是将金融服务以更经济的方式惠及所有社会群体，尤其是弱势群体
金融排斥	金融排斥是指金融体系中人们缺少分享金融服务机会的状态，可分为： ①自愿排斥，是指某些个人和企业可以获得但选择不直接使用金融服务； ②非自愿排斥，是指人们具有获取金融服务的需求却无法获得应有的金融服务
阻碍因素	阻碍因素从高到低依次为：①缺乏资金；②自愿排斥；③费用高昂(包括交易费和年费)；④空间障碍；⑤缺乏文件(开户所需的文件)；⑥缺乏信任；⑦宗教原因(长期因素)
发展措施	①重视技术进步； ②创新产品设计与商业模式； ③普及金融知识和提升金融能力； ④强化消费者保护和市场监管； ⑤适当的政府干预
指标体系	目前国际上应用的指标体系有：①GPFI的G20普惠金融指标体系；②世界银行普惠金融指标体系；③IMF普惠金融指标体系；④OECD的普惠金融指标体系；⑤AFI的普惠金融指标体系

27.2 课后习题详解

1. 什么是“金融发展”？怎样观察和度量金融发展的水平？

答：(1)金融发展的概念

金融发展作为一个专用术语，按照戈德史密斯的解释，是指金融结构的变化。金融结构包括金融工具的结构和金融机构的结构两个方面；不同类型的金融工具与金融机构组合在一起，构成不同特征的金融结构。

一般来说，金融工具的数量、种类、先进程度，以及金融机构的数量、种类、效率等的组合，形成发展程度高低不同的金融结构。金融发展程度越高，金融工具和金融机构的数量、种类就越多，金融的效率就越高。

(2)衡量金融发展的基本指标

对于金融发展的程度，一是根据对金融发展的释义，通过对金融结构状态的数量指标来度量；二是通过金融发展状态与经济增长的相互关系指标来度量。

①金融内部结构指标：

a. 主要金融资产占全部金融资产的比重；

b. 金融机构发行的金融工具与非金融机构发行的金融工具之比率；

c. 在非金融机构发行的主要金融工具中，由金融机构持有的份额；

d. 主要金融机构相对规模；

e. 各类金融机构的资产之和分别占全部金融机构总资产的比率；

f. 非金融部门的内源融资和外源融资的对比；

g. 国内部门和外国贷款人在各类债券和股票中的相对规模。

②金融发展与经济增长相互关系指标：

a. 金融相关率：全部金融资产价值与该国经济活动总量的比。

b. 货币化率：通过货币进行交换的商品与服务的值占国民生产总值的比重，通常采用货币供给量与 GDP 的比值来间接表示。但有时出现比值大于 1 的情况，这时间接表示法已不适用。

除了以上提到的指标外，还可以根据研究的实际需要构造适宜的金融发展指标进行实证分析。

2. 自己动手搜集、整理一些有关我国金融发展水平的数据，试对我国的金融发展水平做总体估价。

答：根据中国人民银行发布的《2018 年中国金融市场发展报告》，我国目前金融环境总体平稳，金融业运行保持稳健。

(1)2018 年宏观金融数据

①货币增量增长保持稳定，人民币贷款持续较快增长。

2018 年 12 月末，广义货币供应量 M2 余额为 182.67 万亿元，同比增长 8.1%。人民币贷款余额为 136.3 万亿元，同比增长 13.5%，增速比上年同期高 0.8 个百分点，金融机构贷款持续较快增长。社会融资规模增量累计为 19.26 万亿元，其中，对实体经济发放的人民币贷款增加 15.67 万亿元，同比多增 1.83 万亿元，占同期社会融资规模的 81.4%，同比多增 19.6 个百分点；企业债券净融资 2.48 万亿元，同比多增 2.03 万亿元。12 月社会融资规模增量为 1.59 万亿元，比上年同期多增 33 亿元。

②金融业运行总体平稳，行业资产总量保持稳定增速。

银行业发展规模保持增长，风险抵补能力较为充足。银行业金融机构本外币总资产年末余额 268.24 万亿元，同比上升 6.27%，总负债 246.58 万亿元，同比上升 5.89%。商业银行不良贷款余额 2.03 万亿元，不良贷款率 1.83%，略高于上年年末的 1.74%。商业银行贷款损失准备余额 3.77 万亿元，拨备覆盖率 186.31%，贷款拨备率 3.41%，资产充足率 14.2%，商业银行流动性比例 55.31%，人民币超额备付金率 2.64%，各项指标均优于上年同期水平。证券业资产规模保持稳定，盈利状况继续下行。截至 2018 年 12 月 31 日，131 家证券公司总资产为 6.26 万亿元，净资产为 1.89 万亿元，净资本为 1.57 万亿元，行业总体规模保持稳定。全年实现营业收入 2 662.87 亿元，全年实现净利润 666.20 亿元，106 家公司实现盈利，行业整体盈利状况继续下行。保险业原保费收入增速有所放缓，总资产增速保持稳定。全年保险业实现原保费收入总计 38 016.63 亿元，同比上升 3.92%，低于上年同期增速水平；赔款和给付支出总额 12 297.87 亿元，同比上升 9.99%，高于上年同期增速；总资产年末余额 183 308.92 亿元，同比上升 9.45%，与上年同期基本持平，各项投资年末余额 139 724.88 亿元，同比下降 6.35%。

(2)2018 年我国金融运行特点及发展水平

①市场总体规模持续扩大，债券市场融资功能显著增强。

2018 年，金融市场总体规模稳步扩大。货币市场保持合理增速，信用拆借成交量大幅增长 76%，票据承兑量稳步增长 25%，债券回购和同业存单交易量实现平稳增长。债券市场存量规模位居全球第三，绿色债券规模位居全球第一，公司信用类债券发行量大幅增长 33%，企业债券净融资额显著上升，企业债券融资占社会融资规模的比重达 13%，成为企业仅次于信贷市场的第二大融资渠道。债券二级市场现券交易量大幅增长 45%，市场流动性显著提升。股票市场融资结构优化，配股、优先股和可转债发行规模上升。外汇市场成交量稳步增长，银行间市场外币对业务交易量增长超五成。

②改革与创新有序推进，服务实体经济提质增效。

2018 年，金融市场改革与建设加快了推进步伐。同业拆借夜盘交易正式推出，票据交易系统实现纸电交易融合，三方回购交易引入债券市场。银行间债券指数产品发展起步，CFETS-BOC 交易型债券指数正式推出。新增地方政府债券作为柜台市场交易品种，试点金融债券、地方政府债券弹性招标发行机制，信托公司获准开展非金融企业债务融资工具承销业务。规范上市公司停复牌制度，完善股票回购、退市制度，提高上市公司质量，健全资本市场内生稳定机制。熊猫普制金币挂牌交易所上市交易，黄金市场投资品种进一步丰富，互联网黄金、黄金积存和黄金资管业务规范制度确立，黄金市场制度建设不断加强。

③对外开放稳步推进，市场开放力度不断加大。

2018 年，金融业对外开放取得重大突破。进一步统一了中外资银行市场准入标准，明确了外资法人银行开展对银行业金融机构的股权投资的法律依据，取消了中资银行和金融资产管理公司的外资持股比例限制，实施内外一致的股权投资比例规则等。允许外资控股合资证券公司，允许外商境外投资者持股境内期货公司，放开合资证券公司和外资保险经纪公司的业务范围。成立首家外资保险控股公司，有序推动证券基金经营机构“走出去”，金融业对外开放水平大幅提升。

④市场化法治化进程继续推进，防范化解重大金融风险取得进展。

2018 年，金融市场监管持续加强，重大领域金融风险防范扎实推进。金融市场服务供给侧结构性改革，稳步推进结构性去杠杆。加快弥补金融监管制度短板，出台金融机构资产管理业务统一监管标准和不同类型机构资产管理业务规范细则，保障了金融机构资产管理业务的长期健康发展。稳步推进互联网金融风险专项整治，严厉打击非法金融活动，互联网金融总体风险水平显著下降。发布系统重要性金融机构监管政策，出台非金融企业投资金融机构监管指导意见。

3. 在中央集中计划体制下和在市场经济体制下，金融在经济发展中的作用有极大差别，为什么？在市场经济体制下，金融的发展对于推进经济发展所可能发挥的积极作用可做怎样的估价？

答：(1)不同体制下金融在经济发展中的作用差别极大的原因

在中央集中计划体制下，金融压抑的现象比较严重，普遍存在的情况是金融资产单调、金融工具形式单一、规模有限。金融体系存在着明显的“二元结构”：一是以大城市和经济发达地区为中心的由现代大银行为代表的现代部门；二是以落后的农村为中心的由钱庄、当铺、合会为代表的传统部门。金融机构单一，商业银行在金融活动中居于绝对的主导地位，非银行金融机构则极不发达；金融机构的专业化程度低，金融效率低。直接融资市场极其落后，并且主要是作为政府融资的工具而存在；企业的资金来源主要靠自我积累和银行贷款。金融资产价格严重扭曲，无法反映资源的相对稀缺性。金融业的价格管制和数量管制同时存在，不但利率、汇率受到严格管制，信贷资金的规模和投向也是受到管制的，基本上不存在规范意义上的金融市场。之所以出现这种情况，从根本上讲，并不是这类国家的经济发展水平低到几乎不需要金融调节的程度，而是由于体制的选择所决定。中央计划高度集中地统一分配资源必然力图排斥市场机制在配置资源方面的作用，其实行的金融压抑政策更是起直接作用。

在市场经济体制下，金融发展程度相对较高，金融市场亦比较完善，具体表现在：市场结构合理，金融工具多种多样、规模庞大，交易工具丰富、交易主体多元化、价格信号机制健全、金融机构体系功能全面、法律制度完善等等。虽然在市场经济条件下，也有可能存在金融压抑的现象，但从总体上看，市场机制在资源配置中仍发挥主要效能，市场经济体制为金融的发展创造了良好的环境或基础。

基于上述原因，在集中计划体制下和市场经济体制下，金融在经济发展中的作用有极大差别。

(2)在市场经济体制下，金融发展对经济发展的积极作用

①金融发展有助于实现资本的积聚与集中，以实现现代化的大规模生产经营，获取规模经济效益。这个作用是金融的基本功能之一，金融业越发达，市场迅速积聚资本的功能就越强。在金融高度发达的国家，金融不仅可以帮助迅速集中国内资源，还可以迅速调动国外资源，推进经济发展的国际化和全球一体化。

②金融发展有助于提高资源的使用效率，减少因政府干预带来的效率损失和贪污腐化，从而提高社会经济效率。发达的金融体系为投资人提供了众多的可供选择的投资工具和理想的金融市场。在充分竞争和较充分竞争的金融市场上，各种金融工具的价格相对趋近于其合理水平，投资人的理性决策有助于将资源从不善经营管理的企业导向经营管理能力强的企业，从而实现社会资源的合理配置，提高资源的使用效率。

③金融发展有助于提高用金融资产进行储蓄的比例，进而提高社会总体投资水平。以实物资产进行储蓄，在投资用途上不易转换。因此，投资对于储蓄的依赖，在很大程度上是对金融资产储蓄的依赖。金融业的发展可以提高金融资产的流动性，使品种多样化、收益率提高，从而提高人们持有金融资产的兴趣，增加金融资产储蓄的份额。尽管社会的总储蓄水平并未提高，但储蓄结构的改善也会在较大程度上带动投资的增长。当然，如果金融发展可以帮助提高社会的储蓄水平，无疑会更加有助于增加投资。

4. 在中央集中计划体制下，有金融压抑，在市场经济体制下，也有不少国家存在金融压抑；在发展中国家，金融压抑问题较为普遍，但在发达国家，也并非完全不存在金融压抑。这无不涉及国家对金融事业的干预。对于这样的问题，你认为如何认识才较为全面？

答：在中央集中计划体制下，金融压抑的现象比较严重，普遍存在的情况是金融资产单调，银行业完全由国家控制，金融业的价格和数量管制同时存在，不但利率、汇率受到严格管制，信贷资金的规模和投向也是受到管制的，基本上不存在规范意义上的金融市场。之所以出现这种情况，并不是这类国家的经济发展水平低到几乎不需要金融调节的程度，而是由于体制的选择所决定。中央计划高度集中地统一分配资源必然力图排斥市场机制在配置资源方面的作用。

而在市场经济体制下，金融发展程度相对较高，金融市场亦比较完善，具体表现在：市场结构合理，交易工具丰富，交易主体多元化，价格信号机制健全，法律制度完善等等。虽然在市场经济条件下，也有可能存在金融压抑的现象，但从总体上看，市场机制在资源配置中仍发挥主要效能，市场经济体制为金融的发展创造了良好的环境或基础。

国家对宏观经济的干预在各种经济体制下都有可能存在，这是经济社会发展的必然要求，区别仅在于不同经济体制下国家干预的程度和方式不尽相同。在集中计划体制下，国家更多地采用行政手段和法律手段进行直接干预，经济手段运用较少，国家干预在一定程度上超越了市场机制的作用；而在市场经济体制下，更多的是采用利率、汇率等经济手段进行间接干预，国家干预仅作为市场机制作用的一种必要补充，整个经济运用的基础仍然是市场机制。

综上所述，在不同的经济体制下，金融在经济发展中的作用有着较大差别：在集中计划体制下，金融很难发挥其原有的积极功效；而在市场经济体制下，金融能较好地为经济发展服务。因此，在解决金融压抑问题时，并不是要完全取消政府的直接干预，而是要改变直接干预的方式。要以法律和规章的干预取代人为的行政干预，使以价格调节为核心的市场机制充分发挥积极作用。从一些发展中国家金融改革的经历看，改革的一项重要内容就是放松对金融体系的管制。但在放松管制的过程中若不注意建立一套适合本国国情的严密的监管制度，就会在信贷的分配方面出现失控或营私舞弊等现象，情况严重时会使许多银行丧失清偿能力并面临破产威胁。

5．金融自由化浪潮不仅席卷发展中国家及转型国家，并且也扩及几乎所有发达国家。其背景及必然性应如何理解？

答：（1）发达国家金融自由化的背景及必然性

各主要发达国家金融自由化始于 20 世纪 60 年代后期，在 70 年代初曾一度停顿，到 70 年代末又重新发展，并在 80 年代中后期达到高潮。他们推行金融自由化改革，有着与发展中国家不同的经济背景。与发展中国家相比，其金融自由化是在金融抑制程度比较低、金融业国际化程度高的条件下进行的。

①金融自由化具有现实要求。发达国家金融自由化主要是为了解决市场深化进程中出现的金融结构与金融管理体制矛盾与冲突，其本质是市场深化进程中的金融重构。战后，由于科学技术的迅猛进步与社会生产力的迅速发展，国际分工的扩大及加深与贸易方式的创新等因素的作用，世界市场范围和规模的扩大及国际贸易发展速度超过以往任何时期。因分工的深化、市场范围的扩大，市场机制作用在不断地深化。它直接表现为竞争范围的延伸与程度的加剧。在金融领域，表现为同类型的金融机构间以及不同类型的金融机构间为了市场份额展开激烈的竞争。

②政府的抑制政策使金融部门失去活力。第二次世界大战后资本主义国家作为垄断资产阶级的总代表对经济生活进行干预，是凯恩斯主义经济理论和政策盛行时期。在国家干预经济下，市场运行过程发生许多重大变化，市场机制起作用的范围与渠道受到不同程度的抑制或堵塞。在金融业方面，出于对 30 年代经济大危机的反思，各国政府普遍认为过度竞争是导致金融业倒闭的主要原因，于是纷纷通过立法等措施，强化对金融业的监督控制，试图消除金融部门中存在的不稳定因素，维护金融长期稳健运行。这些措施促进了战后国

民经济稳定增长，但也使金融部门由于过分管制而失去了活力。

③进行金融自由化改革具有必要性。随着西方经济与金融的不断发展，金融管制抑或由于过严，抑或由于国际间或国内金融管制的不平衡，抑或由于金融创新浪潮的冲击，在不同程度上损害了该国金融业正常的运行机制与效率，阻碍了金融业的正常竞争与发展，因而西方发达国家纷纷进行金融自由化改革。

(2) 发展中国家金融自由化背景及必然性

发展中国家金融自由化的背景与发达国家不同，发展中国家金融自由化开始于 20 世纪 70 年代中期，并且在 80 年代发展成为一股强劲浪潮。与发达国家相比，其金融自由化是在金融压抑普遍存在，经济水平落后，市场制度不完善的条件下进行的。

①金融自由化理论的提出为金融自由化提供了理论基础。麦金农和肖认为，金融压抑政策所带来的金融萎缩严重制约了发展中国家的经济增长，使得发展中国家陷入金融萎缩和经济萎缩的恶性循环。他们认为，发展中国家必须解除对金融资产价格的不适当管制，通过金融自由化政策、金融深化政策来促进金融部门自身的发展，进而促进经济增长，以打破这一恶性循环。

②国际组织提出的金融自由化要求。从 20 世纪 70 年代开始，利率自由化就成为国际货币基金组织对发展中国家实行经济稳定计划的一项基本要求。

③发达国家金融自由化对发展中国家产生影响。自 20 世纪 70 年代后，发达国家普遍放松金融管制，实施金融自由化，这使得金融资产从 80 年代开始迅速膨胀，金融全球化成为 21 世纪不可抗拒的趋势。资本主义制度作为一种内在扩张的制度，当产业资本和银行资本日益融合，形成万能的金融资本之后，以金融资本为核心的全球扩张就不可避免。面对发达国家资本自由流动的要求，发展中国家普遍以放松资本管制作为快速跟进全球化的手段。对资本管制的普遍放松趋势出现在 80 年代初期，尤其是亚洲新兴市场国家坚持以外向型贸易自由化和投资自由化为特征的外向型经济取得令人注目的成功之后，越来越多的国家和地区为了经济增长而开始放松长期坚持的资本管制措施。

综上所述，金融自由化是经济发展的产物，是经济对于解除束缚其发展障碍的要求。无论是发达国家还是发展中国家，其经济体制中都存在着不完善的地方，影响了市场发挥作用的经济效率。因此，金融自由化的发生是必然的。只是由于发达国家和发展中国家金融压抑的程度和产生根源不同，金融自由化的表现和效果也不相同。

6. 金融自由化改革的核心内容是什么？它对经济增长起什么作用？

答：金融自由化是经济一体化和经济全球化的最高级形态。从外延上看，金融自由化可分为对内自由化和对外自由化，前者指政府对国内金融机构和金融市场放松管制，以及推进国内利率的市场化；后者即金融国际化，表示一国放松对于外资金融机构的市场准入，并取消外汇管制。进行金融自由化改革是充分发挥金融在一国经济发展中的重要作用的必然举措。

(1) 金融自由化改革的核心内容

①放松利率管制；

②缩小指导性信贷计划实施范围；

③减少金融机构审批限制，促进金融同业竞争；

④发行直接融资工具，活跃证券市场；

⑤放松对汇率和资本流动的限制。

(2)金融自由化对经济增长的促进作用

①爱德华·肖关于金融自由化对经济增长促进作用的理论说明：

a. 储蓄效应。取消利率管制后，随着储蓄实际收益率(实际利率)的上升，以及金融资产的多元化，私人部门储蓄的积极性提高，将使国内私人储蓄率上升。国内利率高于国际金融市场利率，在放松资本管制的条件下，还会吸引大量的外资流入。

b. 投资效应。取消利率管制后，利率将作为一种有效的相对价格引导着资源的配置。随着储蓄效应和金融中介的发展，投资规模和投资效率都将提高。一方面，金融中介的发展使得企业能在更大范围内、更方便地筹资；另一方面，金融自由化后，政府对资金的行政性分配减少，信贷资金更多地流向高收益的投资项目，使社会的投资效率得以提高。

c. 就业效应。落后经济中的失业，在某种程度上是金融压抑的结果。由低利率造成的低储蓄本来就不能为生产提供足够的资金。更为糟糕的是，由于利率的人为压低，这些和劳动力相比本来就十分稀缺的资金往往又被大量投资于资本密集型产业，从而使失业状况更为严重。而金融自由化则有助于缓解这一状况。

d. 收入分配效应。金融自由化及其相关的政策，有助于促进收入分配的平等。金融自由化可以通过提高就业增加工资收入的份额；可以减少拥有特权的少数进口商、银行借款者和资源消费者的垄断收入。金融自由化带来的资本积累还有助于改变落后经济中普遍存在的以压低农产品价格的形式进行的对农民的变相剥夺。

e. 稳定效应。通过采取适宜的金融自由化政策，改善国内储蓄流量和国际收支状况，就使得经济对国际贸易、国际信贷与国际援助等方面的波动可以有较强的承受能力。由于金融自由化导致储蓄增加，有利于改善财政收支，减少财政对通货膨胀政策的过度依赖，从而使稳定的货币政策成为可能。

f. 减少因政府干预带来的效率损失和贪污腐化。

②麦金农关于金融自由化对经济增长促进作用的理论描述：

麦金农从金融自由化的导管效应和替代效应来解释金融自由化对经济增长的促进作用。

a. 货币与实物资本的互补性假说。传统理论认为，货币和实物资本是相互竞争的替代品。麦金农根据以下两个假设前提提出了货币与实物资本的互补性假说：一是发展中国家金融市场不发达，经济单位必须依靠自我积累，即只限于内源融资；二是投资具有不可分割性，即投资必须一次性达到一定规模才能获得收益。在经济单位仅限于内源融资的前提下，投资的不可分割性使得潜在的投资者必须为其投资积累足够的货币金额。因此对实物资本需求越高的经济主体，其货币需求也越大。在这样的情况下，货币和实物资本就是互补品，而不是传统理论所说的替代品。

b. 发展中国家的货币需求。麦金农提出适用于欠发达国家的货币需求函数：$(M/P)^D = L(Y,\ I/Y,\ d-\pi^e)$

式中，$(M/P)^D$为实际货币需求，M为名义货币存量(指广义货币，包括定期存款、储蓄存款、活期存款及流通中的通货等)，P为价格水平；Y为收入，I为投资，I/Y为投资占收入的比；d为各类存款利率的加权平均数，π^e为预期的未来通货膨胀率，$d-\pi^e$为货币的实际收益率。

在解释变量中，I/Y 与实际货币需求正相关，体现发展中国家货币与实物资本的互补性假说。

强调货币存款的实际收益率 $d-\pi^e$，指出它对货币需求是正相关。在严重的利率压制和通货膨胀的情况下，货币存款的实际利率 $d-\pi^e$ 往往为负，这制约了货币需求，制约了金融部门的发展。

c．金融自由化的导管效应。从货币和实物资本的互补性还得出了：投资和存款货币的实际利率在一定条件下成正向关系的结论：$I/Y=f(r,\ d-\pi^e)$

在货币存款的实际利率低于投资的实际回报率 r 的范围内，由于货币需求与货币存款的实际利率成正相关，实际利率的上升，就会提高人们以货币的形式进行内部储蓄意愿。在投资不可细分的假设下，内部储蓄的增加，导致内源融资型投资上升。麦金农将货币存款实际利率对投资的这种正向影响称作货币的“导管效应”。

不过，当货币存款的实际利率超过实物资本的平均回报率 r 以后，经济主体将持有货币，而不愿进行投资，传统的“资产替代效应”依然存在。

麦金农用图 27-2 表示货币存款的实际利率与投资的相关关系。

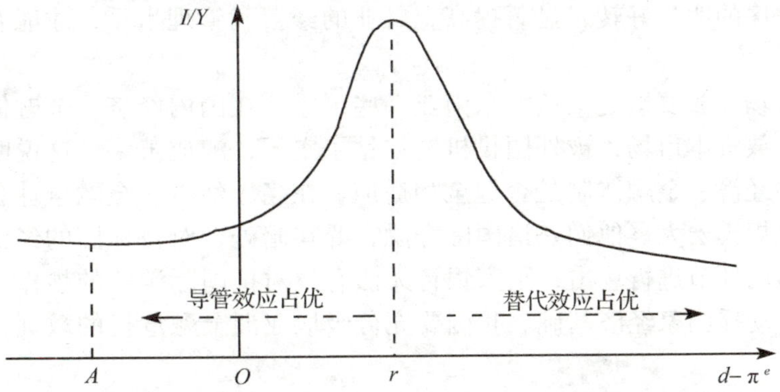

图 27-2　发展中国家货币的导管效应与资产替代效应的关系

假设某发展中国家处在金融压抑状态。由于人为压低利率和存在通货膨胀，实际利率为负，在图 27-2 中用 A 点表示，那么，通过实施适当的金融自由化政策，存款的实际利率提高，在小于实物资本的实际回报率 r 的范围内，导管效应发挥作用，投资将增加；显然，如果存款实际利率超过了实物资本的实际回报率 r，货币的资产替代效应发挥作用，投资反而下降。

7．应如何领会发展中国家在金融自由化改革中的经验和教训？联系 20 世纪末亚洲金融危机对我们的启示，在中国今后的金融改革中应如何处理好利率改革、汇率形成机制的完善、资本市场的扩大开放以及对外资金融机构的准入和监管等问题？

答：（1）世界银行对金融自由化改革所总结的主要经验教训

①以金融自由化为基本内容的改革一定要有稳定的宏观经济背景。否则，利率和汇率浮动导致的资金不规则的流动，会引起企业和银行的破产，造成种种经济不安定状况。

②金融自由化的改革必须与价格改革或自由定价机制相配合。假若一国的价格依然是

保护价格或管制价格，在这种价格信号扭曲的条件下实行金融自由化，资金流动就会被错误的价格信号所误导，结果出现新的资源配置结构失调。

③金融自由化改革并不是要完全取消政府的直接干预，而是要改变直接干预的方式。在放松管制的过程中若不注意建立一套适合本国国情的谨慎的监督制度，就会在信贷的分配方面出现失控或营私舞弊等现象，情况严重时会使许多银行丧失清偿能力并面临破产威胁。

④政府当局在推行金融自由化改革和价格改革政策时，必须预先判断出相对价格变动对不同集团利益的影响，并出于公平原则和政治均衡要求的考虑，适当采用经济补偿手段。

(2)亚洲金融危机对我国的启示

①要进一步完善金融调控监管机制，有效防范和化解金融风险。亚洲金融危机说明，国内金融体制和金融监管机制是否健全，是能否抵御国际金融危机的一个重要因素。我国金融形势总体上是好的，但仍然隐藏着一定的金融风险，主要表现在：国有商业银行不良贷款比重较高；一些非银行金融机构遗留问题较多；社会上乱办金融，严重扰乱了金融秩序；股票期货市场存在违法违规行为；各种违法违规活动比较严重。建立与社会主义市场经济发展相适应的金融机构体系、金融市场体系和金融调控监管体系，加强对金融的调控权，实现金融秩序的明显好转，显著提高金融业的经营和管理水平，才能有效防范和化解金融风险。

②对资本市场开放要慎之又慎。东南亚一些国家，在国内经济、金融体制不太健全的时候，过早地开放资本市场，被外国投机资本钻了空子，酿成苦果。这说明一国开放资本市场，要与国内经济、金融体制是否健全相适应。在当今经济、金融全球化过程中，国际游资连成一气，规模宏大。他们熟谙国际金融，躲在暗处，对目标国的经济、政治形势了如指掌，抓住薄弱环节进行攻击，国家银行无法有效对抗国际游资的炒作，容易在短期内爆发信心危机，动摇国家经济基础。我国要充分吸取亚洲金融危机的教训，对资本市场开放要慎之又慎。

③要保持人民币汇率的基本稳定，同时根据经济发展变化的需要，适时调整汇率。亚洲金融危机的教训表明，在国际经济发展变化的情况下，保持固定不变的联系汇率制，弊端较多，不能有效地利用汇率政策为本国创造有利的发展条件。我国要运用好汇率政策，适应经济发展变化的需要，适时调整汇率。

④积极稳妥地推进金融体制改革。改革开放 40 年来，我国金融体制改革取得了一定成效，专业银行向商业银行转换步伐加快，一批新兴的商业银行和非银行金融机构得到发展，金融市场逐步形成，中央银行的调控手段进一步加强。但也存在不少问题。在金融改革过程中，一定要处理好“管”与“放”的关系。亚洲金融危机表明，金融稳定是经济发展的重要前提之一，是避免经济大起大落和保持社会稳定不可缺少的条件，金融安全对整个经济的健康发展十分重要。我国作为这样一个大国，在改革中既要积极借鉴发达国家的有益经验，又要立足于本国国情，探索出一条有中国特色的金融体制改革的道路，为我国整个的改革开放和现代化建设做出贡献。

8．如何理解普惠金融？根据已学的相关知识，评估中国普惠金融的状况。

答：(1)普惠金融和普惠金融制度

普惠金融是指使用金融服务的个人和企业占到全部个人和企业的较高份额。相应地，普惠金融制度是指能够利用金融服务的个人和企业占比很高的制度。

(2) 普惠金融的实质

普惠金融的实质就是将金融服务以更经济的方式惠及所有群体，特别是弱势群体。在每个人或者企业有金融需求时，都能以合适的价格获得方便及时、有尊严和高质量的金融服务。但是，使金融服务惠及弱势群体，绝不意味着普惠金融就是“慈善金融”“救济金融”或者政府补贴金融，而是要立足于市场机制，谋求其可持续发展。

(3) 全球推动普惠金融的发展的共识

在全球范围内，为推动普惠金融的发展取得的共识包括：①重视技术进步的作用；②创新产品设计与商业模式；③普及金融知识和提升金融能力；④强化消费者保护和市场监管；⑤政府的适当干预。

(4) 中国普惠金融的状况

在我国，发展普惠金融已成为全社会的一个基本共识。我国大约在 2005 年前后开始使用普惠金融概念。2013 年 11 月 12 日，十八届三中全会通过的《中共中央关于全面深化改革若干重大问题的决定》提出发展普惠金融。2015 年 11 月 3 日发布的《中共中央关于制定国民经济和社会发展第十三个五年规划的建议》将发展普惠金融列入国家战略。2015 年 12 月 31 日，国务院印发《推进普惠金融发展规划(2016—2020)》，明确提出：到 2020 年，建立与全面建成小康社会相适应的普惠金融服务与保障体系，有效提高金融服务可得性、金融服务覆盖率和金融服务满意度，使我国普惠金融发展水平居于国际中上游水平。

近年来，我国的普惠金融取得了显著发展。我国银行账户保有率、储蓄、金融机构数、金融机构分支机构数和 ATM 数等相关指标的世界排名均靠前。根据 G20 普惠金融指标体系 2013 年和 2014 年的相关数据，我国有 12 个指标排在前 30%。其中，银行金融产品信息的披露指数和内外部纠纷解决机制指数均为满分，与多个国家并列第一；储蓄和账户等多项指标表现较好，如在正规金融机构持有账户的成年人比例(78.93%)和在正规金融机构储蓄的成年人比例(41.15%)等指标，均优于 G20 国家平均值。但有一些指标排名靠后，如 2013 年，我国的每 200 美元侨汇平均汇入成本占比在 G20 国家中最高，个人信贷和信贷市场信息障碍方面的得分均低于 G20 国家平均水平。另外，根据 2014 年的 FAS 数据，中国在金融机构服务网点以及个人、家庭、小微企业存贷款账户数量和余额方面，居于全球领先地位。但是，据世界银行普惠金融指标体系，我国在个人借款选择、按揭贷款、信用卡使用和应急基金的资金来源多元化方面却相对薄弱。

从总体上看，与发达经济体和部分发展中经济体相比，我国普惠金融的发展水平尚有不小的差距。

第 28 章　金融脆弱性与金融危机

28.1　复习笔记

【知识框架（庖丁解牛）】

- 金融脆弱性与金融危机
  - 金融脆弱性生成机制
    - 定义
    - 成因
    - 反映金融脆弱性的指标
  - 金融自由化与金融脆弱性
    - 关系总括
    - 金融自由化引发金融脆弱性的途径
    - 金融脆弱性不等于否定金融自由化
  - 金融危机
    - 含义与分类
    - 金融脆弱性演化为金融危机的途径
    - 金融全球化与金融危机国际传播
    - 金融危机的危害
  - 金融危机的防范与治理
    - 金融危机防治思路
    - 金融危机防治具体措施
  - 中国金融脆弱性与金融危机
    - 中国金融脆弱性的表现
    - “脆弱”未演化为“危机”的原因
    - 市场化改革与金融脆弱性

【考点难点归纳（厚积薄发）】

考点一：金融脆弱性生成的内在机制　★★

1. 金融脆弱性的定义

狭义上的金融脆弱性：高负债经营的行业特点决定了金融业具有容易失败的特性。

广义上的金融脆弱性，泛指一切融资领域中的风险积聚。

金融脆弱性与金融风险在意义上有相似之处，不同之处在于着重点。金融风险指发生损失的潜在可能，金融脆弱则是一种“状态”——与稳定相对的，由于风险积聚造成的状态。两者在适用领域上也有所不同，金融风险在宏观、微观领域均有应用，金融脆弱则多在讨论金融体系时使用。

以研究对象为标准对金融脆弱性研究分为两类：

①通过金融机构运作的信贷市场的脆弱性；

②金融市场的脆弱性。

2. 金融脆弱性的成因（见表 28-1）

表 28-1 金融脆弱性的成因

<table>
<tr><th>成因类别</th><th colspan="2">具体内容</th></tr>
<tr><td rowspan="4">金融机构的脆弱性</td><td>企业角度的金融脆弱性假说</td><td>①“金融脆弱性假说”认为私人信用创造机构的内在特性导致其自身的周期性危机和破产，在经济体中传播产生金融危机。
②该假说基于长波周期理论，认为经济处于上升期时，企业预期收益上涨，贷款条件放松，借款人及借债行为持续增多。当经济周期滑坡引发违约和破产，在机构间扩散导致资产价格泡沫破灭，引发金融危机。
③银行未吸取教训限制借贷的原因：a. 贷款人的遗忘性；b. 竞争压力下被迫做出不审慎的放贷决策</td></tr>
<tr><td>银行角度的“安全边界说”</td><td>①“安全边界”的含义：银行包含在所收利息中的必要风险报酬“边界”，可以为银行提供保护。
②银行家做出贷款决策主要依据借款人信用记录，在经济稳定扩张期间借款人的信用良好，安全边界随之降低，忽视风险扩大。到达最低程度时，微小的经济现实与预期的偏离就会导致借贷关系紧张，债务紧缩进程开始，发生金融危机</td></tr>
<tr><td>借贷双方的信息不对称性</td><td>①金融机构在一定程度上可以缓解信息不对称，一方面帮助存款人筛选借款对象，另一方面更好地监督借款人。
②缓解信息不对称的前提：存款人对机构抱有信心而不会同时提款、机构对借款人能够高效筛选。这两个条件无法绝对成立：借款人有信息优势，而存款人信心问题无法解决，产生金融脆弱性</td></tr>
<tr><td>一般均衡信贷链模型</td><td>①任何企业都可以同时作为借款人和贷款人，同时扮演产品生产者与金融机构的角色。企业之间相互链接构成圆周，破产将会沿着圆周传递。银行的位置类似圆心。企业破产风险的增加会使银行收缩信贷，进而产生信贷危机传导链条（见图 28-1）。
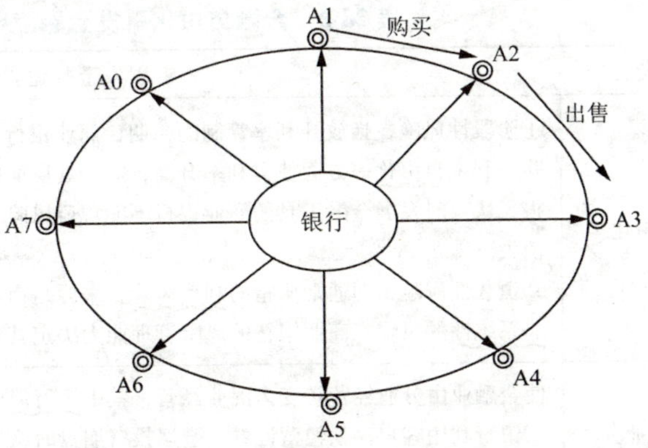

图 28-1 信贷关系的一般均衡模型
②即使经济未见下行，由于银行会拒绝向还款能力低下的企业提供贷款，负面影响在信贷链中传递，最终促成金融体系崩溃。避免崩溃的做法是货币当局同时关注企业间、企业与银行信贷间两方面及其联系，以维持市场信心，维持金融体系稳定</td></tr>
</table>

续表

成因类别		具体内容
金融市场的脆弱性	主要原因	金融体系脆弱性主要是由金融资产的价格波动造成的。金融资产的价格形成的重要来源是对其未来收入流量的预期，因此市场上资产价格与交易行为之间的桥梁是市场心理，二者之间的循环关系使资产价格过度波动。 过度波动的三种解释：①过度投机；②宏观经济不稳定；③交易和市场结构的某些技术性特征
	其他原因	汇率过度波动。汇率超调理论提出，面对外部冲击，资产市场与商品市场调整的不同步会集中反映于汇率，加上市场参与者对该货币汇率稳定性信心流失，最终导致汇率过度波动

3. 反映金融脆弱性的指标

指标包括：①债务与外汇储备之比短期失调；②经常项目逆差过高；③财政预算中赤字严重；④短期资本在资本流入中占比过高；⑤持续过高的汇率；⑥货币供应量增加速度过快；⑦十个月之内的通胀率均值较历史平均水平超过8%以上；⑧M2与官方储备之比半年持续上升后过快下降；⑨高利率。

考点二：金融自由化与金融脆弱性 ★★★

1. 总括分析

金融自由化会引发金融脆弱性，表现为突发的金融危机背后是金融脆弱性的积累。虽然金融脆弱性受到经济衰退、宏观决策失误、国际收支危机等方面的负面影响，但是稳定的宏观经济状态下金融自由化仍会通过增加脆弱性导致金融系统稳定性遭受冲击。

2. 金融自由化引发金融脆弱性的途径(见表28-2)

表28-2 金融自由化引发金融脆弱性的途径

金融自由化方向	引发金融脆弱性的途径
利率自由化	①阶段性风险，指放开利率管制的初期，商业银行在利率市场化环境中无法适应而产生的金融风险。利率自由化一方面使得利率升高，对宏观层面的金融稳定不利；另一方面频繁变动的利率使得无法及时发展金融工具的商业银行不能规避风险。转轨阶段完成后，这种系统性风险就会逐渐消失。 ②恒久性风险，即通常所指的利率风险，来源是市场利率变动的不确定性。这种风险是长期的、非系统性的风险。商业银行的风险管理能力决定其对利率风险的承受力
金融机构业务经营自由	使金融业由分业经营转变为混业经营，其中银行混业和银行投资房地产领域会加强金融脆弱性。 ①银行利用客户存款经营证券，遭遇投资崩盘时将造成客户提款困难，风险实际由客户承担。 ②银行对房地产的贷款过度倾斜及过量投资会引发次贷危机。 业务经营自由造成金融机构职能趋同、货币创造主体多元化，削弱货币当局对货币的控制能力
机构准入自由	机构准入自由意味着对本国金融机构开业门槛放宽，同时允许外资金融机构进入市场，这两方面都加剧了银行间竞争，使得银行特许权价值降低，银行对风险管理的自我激励被降低，从而加大金融脆弱性； 审慎监管可以在一定程度上遏制银行从事高风险业务，避免金融体系隐藏风险增大

续表

金融自由化方向	引发金融脆弱性的途径
非国有化	银行私有化使原本在政府保护措施下被掩盖的不良贷款威胁暴露出来，潜在风险转化为金融波动乃至形成危机
资本自由流动	资本自由流动意味着汇率管制在一定程度上得到放开，国际资本流动的限制减少用以吸引外资，带来的风险主要集中于盯住汇率制度。若国际游资大量流出，盯住汇率维持变难，此时采取浮动汇率或限制资本流动均会导致本国经济震荡

3. 金融脆弱性增强并不否定金融自由化的本身

金融自由化与金融脆弱性的联系理论认为“只要金融自由化就可以简单解决金融压抑导致的一系列问题”的论断是不现实的，涉及利率管制、汇率管制、资本流动限制、金融机构监管等方面是否放开都需要更多审慎考量。

这并不是金融自由化自身的否定，其核心提升金融效率是值得肯定的，在效率提高与脆弱性之间寻求平衡，是实施金融自由化的必然趋向。

考点三：金融危机 ★

1. 金融危机的含义及分类

金融危机通常的含义是指短期、急速、超周期的大范围甚至全部金融指标波动，这些指标包括利率、汇率、资产价格、企业偿债能力、金融机构倒闭数量。金融危机的具体类别如表 28-3 所示。

表 28-3 金融危机类别

类别	危机表现形式
货币危机	一国货币由于收到投机冲击导致汇率降低，或货币当局同时为了维持本币币值大量调用国际储备及大幅提升利率
银行危机	现实及潜在银行大量破产导致银行停止清偿国内债务，政府不得不动用大规模财政进行援助；标志因素有：①银行挤兑；②无挤兑但有大规模资产转移、破产、政府救助与接管
股市危机	股市崩盘
债务危机	一国无法偿还外债本息
系统性金融危机	主要金融领域的全面混乱，往往同时有多种危机发生

2. 金融脆弱演化为金融危机的机制

金融脆弱指的是金融的不稳定性，其积累是金融危机爆发的前提条件，同时还需要突发负面事件动摇公众信心作为金融危机的导火索。金融危机“自我实现”的过程以金融脆弱性的存在为前提。金融脆弱性越高，人们对金融体系出现问题的警觉性越高，同时也更可能发生金融危机。

3. 金融全球化与金融危机的国际传播

(1)金融全球化及其表现

金融全球化指的是金融活动以及金融风险发生机制在全球范围内联系趋向紧密的过程。

具体表现包括：①金融活动规则的全球趋同；②参与市场的资金供给与需求方均面向全球；③金融工具适应全球交易；④金融市场全球化；⑤多国货币成为交易币种；⑥利率水平变动趋同；⑦金融风险可全球扩散。

（2）金融危机的国际传播渠道（见表 28-4）

表 28-4　金融危机的国际传播渠道

渠道	具体内容	
贸易联系	情况一	与危机国家存在贸易关系的国家会因为危机国的货币贬值和需求下降导致联系国出口下降，进而影响国际收支，成为危机扩散的承受者
	情况二	国家之间存在间接贸易联系，存在共同依赖的出口市场，此时危机可能通过危机国货币贬值造成的出口市场挤压，或通过市场预期与危机国有间接贸易联系的国家货币贬值导致货币大量被抛售，造成危机的扩散
金融联系	直接金融联系	指与危机国家有直接投资或直接借贷关系的国家受到危机波及
	间接金融联系	指危机国家与其他国家同为跨国银行及国际机构投资对象或业务对象时，危机国家投资受损会使跨国投资者收缩对同时投资的其他国家的资金流向，从而导致危机扩散

4. 金融危机的危害

具体危害包括：①使金融机构面临倒闭、盈利困难、不良竞争、信誉受损、融资困难等经营困境。②政府为实施救助导致财政压力加重。③货币政策由于银行体系不稳定导致实施效率低下。④银行信用紧缩，进而导致信贷紧缩，造成大量企业和机构融资困难面临倒闭。⑤打击经济增长。

考点四：金融危机的防范与治理 ★★

1. 危机治理思路

治理危机的对策主要有三类：①发生危机时的应急稳定措施；②通过金融重组处理不良资产；③在宏观和结构层面进行调整，达到短期促进复苏，长期优化结构的目的。

2. 危机防范与治理具体措施（见表 28-5）

表 28-5　金融危机防范和治理措施

危机防范治理措施	措施含义与实施方法
建立危机预警系统	建立危机预警系统的主要工作是筛选并构建预警指标体系，在发生危机之前做好准备，保持警醒。 应用最广泛的备选指标包括：①资本项目；②债务；③经常项目；④国际变量；⑤国内金融变量；⑥实际经济变量；⑦财政变量；⑧政治变量。 判断预警指标是否有用的条件：①该指标做出预警两年内发生金融危机；②若未有预警，相应的两年内未有金融危机发生；③首次预警与危机爆发之间应尽可能有较长的时间间隔；④预警效果应当是持续的。 "好的指标"在现实中包括国际储备波动、实际汇率、国内通胀率、国际收支、财政赤字等
稳定金融市场	稳定金融市场的举措包括：①调用外汇储备调节外汇市场，缓解汇率波动及打击；②通过提高利率提高投机操作借用本币的成本，维持本币汇率；③财政介入，维持股市稳定；④保障储蓄与债权，避免存款人信心流失；⑤建立稳定机制，应对危机实施救助

续表

危机防范治理措施	措施含义与实施方法
管理国际资本流动	①课征短期资本流动税——托宾税； ②外汇流入流出限额； ③外资投资证券限额； ④加强外债的规模与结构管理
重组和改革金融部门	主要指危机之后对金融部门采取的措施，尤其是对银行业的重组和改革：①制定重组改革规划，确定执行机构；②处理不良资产，进行多渠道分离与处置；③帮助银行达成资本充足率，协助充实资本金；④引导外资参与国内金融修复；⑤提高金融机构的公司治理水平；⑥对有问题的金融机构进行合并与重组
推进宏观及结构性改革	包括采取宽松的财政政策、扩张性货币政策、通过调整经济结构让市场发挥调配资源的作用

考点五：中国金融脆弱性和金融危机(见表 28-6)　★★★

表 28-6　中国金融脆弱性与金融危机

要点	具体内容
中国金融脆弱性的表现	①商业银行不良贷款率较高； ②非银行金融机构的管理混乱、坏账累积、金融风险暴露、支付问题导致挤兑甚至破产； ③保险业无序竞争，代理费高昂以及利率持续下调，保单利差反向； ④对外金融交易资本外逃规模较大
“脆弱”没有导致“危机”的原因	中国是亚洲唯一的一个安然度过 1997—1998 年全球金融大动荡的新兴市场国家。对此，国内外的解释如下： ①直接原因是未开放资本项目； ②中国以间接融资为主的特有金融结构具有较强抗冲击的能力； ③中国的综合债务规模尚可承受； ④中国经济具有稳定持续增长的根基，实体经济状态良好
伴随市场化改革的脆弱性	随着改革开放推进市场化深入，金融脆弱性逐渐累积显现。但不能因为脆弱性就放弃市场化进程。 ①作为改革任务的一部分，金融市场化有其轨道，其对经济效率的提升能够弥补脆弱性代价； ②金融脆弱性的生成有其应对措施，应当正视并寻求缓解，重点是在新旧机制交替过程中加强金融创新能力与风险分化能力

28.2　课后习题详解

1. 金融脆弱性、金融风险、金融危机之间有什么关系？

答：(1)金融脆弱性、金融风险、金融危机的含义

狭义上的金融脆弱性是指高负债经营的行业特点决定了金融业具有容易失败的特性。

广义上的金融脆弱性，则是泛指一切融资领域——包括金融机构融资和金融市场融资——中的风险积聚。

金融风险，严格说来，是指潜在的损失可能性。

金融危机通常的含义是指短期、急速、超周期的大范围甚至全部金融指标波动，这些指标包括利率、汇率、资产价格、企业偿债能力、金融机构倒闭数量。

(2)三者之间的关系

金融脆弱性与金融风险在意义上有相似之处，不同之处在于着重点。金融风险指发生损失的潜在可能，金融脆弱则是一种“状态”——与稳定相对的，由于风险积聚造成的状态。两者在适用领域上也有所不同，金融风险在宏观、微观领域均有应用，金融脆弱则多在讨论金融体系时使用。

金融脆弱指的是金融的不稳定性，其积累是金融危机爆发的前提条件，同时还需要突发负面事件动摇公众信心作为金融危机的导火索。金融危机“自我实现”的过程以金融脆弱性的存在为前提，在金融市场膨胀发展、虚拟经济相对于实体经济愈益独立发展的背景下，金融脆弱性具有一种自我增强的趋势。

2. 关于金融机构的脆弱性有种种假说，试结合前面章节的有关内容进行分析。

答：(1)企业角度的金融脆弱性假说

“金融脆弱性假说”形成于明斯基对金融内在脆弱性的分析，认为私人信用创造机构的内在特性导致其自身的周期性危机和破产，这些负面状态传递到经济体各部分，产生金融危机。

明斯基的假说依据是50年左右的长波周期理论，他认为金融危机的种子在长周期的繁荣期已经埋下。经济处于上升期时，贷款条件放松，借款人被激励积极借款，随着周期继续向好发展，企业预期收益上涨，借款人及借债行为持续增多。当经济周期迎来滑坡，借新还旧被打断，引发违约和破产，进而在机构间扩散导致金融资产价格泡沫破灭，激发金融危机。

银行未从不断发生的金融危机中吸取教训限制借贷的原因：①贷款人的遗忘性；②竞争压力迫使贷款人为了留住顾客和市场做出不审慎的贷款决策。

(2)银行角度的“安全边界说”

“安全边界”的概念由克瑞格引用，其含义是银行包含在所收利息中的必要风险报酬“边界”，可以为银行提供保护。但是由于银行家在做出贷款决策时主要依据借款人信用记录，在经济稳定扩张期间借款人的信用往往能够保持良好，银行家随之降低安全边界，忽视风险扩大。借款人与银行家同时提升信心导致安全边界持续降低，到达最低程度时，微小的经济现实与预期的偏离就会导致借贷关系紧张，债务紧缩进程开始，发生金融危机。

(3)借贷双方的信息不对称性

金融机构在一定程度上可以缓解信息不对称，一方面帮助存款人筛选借款对象，另一方面更好地监督借款人。金融机构实现缓解信息不对称的前提有二：①存款人对机构抱有信心，不会同时提款影响流动性；②机构对借款人的筛选能达到高效率低成本。然而信息不对称使得这两个条件都无法绝对成立，借款人总是更了解项目的风险与收益，从而使存款人的资产选择和信心问题无法得到解决，导致金融脆弱性的产生。

(4)一般均衡信贷链模型

由于信贷过程所具有的信息特征，任何企业都可以同时作为借款人和贷款人，同时扮演产品生产者与金融机构的角色，从而企业之间相互链接构成圆周，破产将会沿着圆周传递。银行的位置类似圆心，出于审慎对高风险借款人收缩贷款，构成信贷危机链。根据该模型，在经济未见下行的前提下，由于银行会拒绝向评判为还款能力低下的企业提供贷款，进而导致信贷链中的企业沿圆周受到负面影响，最终促成金融体系崩溃。为避免这种崩溃，货币当局应该采取的做法是同时关注企业间的内部信贷、企业与银行间的外部信贷两方面及其联系，维持市场信心，维持金融体系稳定。

3. 关于金融市场的脆弱性也有种种分析、论证，试结合前面章节的有关内容进行分析。

答：金融体系脆弱性主要是由金融资产的价格波动造成的。

金融资产价格形成的重要来源是对其未来收入现金流的预期，因此影响未来收入预期的心理波动会引起价格波动。索罗斯据此分析，市场上资产价格与交易行为之间的桥梁是市场心理，二者之间的循环关系使资产价格间接取决于自身，高价资产持续升价，低价资产价格持续跌价，自我循环的推动作用必将造成资产价格过度波动。

经济学上对过度波动有三种解释：①过度投机，集体性的非理性投机推高资产价格，因为不符合基础经济规律所以存在市场预期逆转的潜在可能；②宏观经济的不稳定，当宏观的不稳定因素显现出一定迹象，就会引起股市波动；③交易和市场结构的某些技术性特征(如保证金交易方式)，允许参与投资的人进行大规模交易，使资产市价波动幅度过大。

除资产价格波动以外，汇率过度波动也会造成金融市场脆弱性，相关解释如汇率超调理论，该理论认为面对外部冲击，资产市场与商品市场调整的不同步会集中反映于汇率中，加上市场参与者对该货币汇率稳定性信心流失，最终导致汇率过度波动。

4. 金融自由化的方方面面都有加重、强化金融脆弱性的作用。但是，人们并没有据以否定推进金融自由化的方向。对于这样的矛盾，你认为应该根据怎样的准则决策？我国的金融改革在这方面应该注意什么问题？

答：金融危机的爆发虽然总是表现为突然事件，却都经历了脆弱性的积累。金融自由化在相当程度上激化了金融固有的脆弱性。实证研究证明：①金融脆弱性会受到多种负面宏观因素的影响，如经济衰退、政策失误或国际收支恶化都会引起波动。②在以上负面因素得到控制的前提下，金融自由化仍与金融危机发生概率正相关，自由化单独看来依然会对金融系统存在负面影响，会加深金融脆弱性。

(1)金融脆弱性不是金融自由化的否定

金融自由化与金融脆弱性的联系理论认为“只要金融自由化就可以简单解决金融压抑导致的一系列问题”的论断是不现实的，涉及利率管制、汇率管制、资本流动限制、金融机构监管等方面是否放开都需要更多审慎考量。这并不是金融自由化自身的否定，其核心提升金融效率是值得肯定的，在效率提高与脆弱性之间寻求平衡，是实施金融自由化的必然趋向。

(2)不能脱离市场孤立考虑金融脆弱性

中国金融的脆弱性是伴随市场化而来的。假如无视整体和全局，把脆弱性和市场化这种相关关系孤立地进行考察，做出停止市场化、消除脆弱性的论断是错误的，我国的金融改革应该注意以下两个问题：

①随着市场化改革的深入，金融脆弱性逐渐累积显现。但不能因为脆弱性就放弃市场化进程。作为改革任务的一部分，金融市场化有其轨道，重点在于形成高效金融机制，其对经济效率的提升能够弥补脆弱性代价。

②在改革过程中金融脆弱性虽然不可避免地伴随而来，但对于脆弱性生成和积累的过程却不是无能为力的。认识并正视金融脆弱的内生性，并寻求得当的缓解、缓冲、疏导、控制的措施和途径，就会使这一过程较为平缓、渐进，就会提高可控程度。

5. 以 1997 年亚洲金融危机为例，分析金融危机的成因、危害及防范措施。为什么中国在亚洲金融危机中受到的冲击和影响较小？中国应该从这次危机中吸取怎样的经验和教训？

答：(1)金融危机的成因

亚洲金融危机的直接导因是国际投机资本利用亚洲一些国家和地区对外经济失衡、金融体制不健全以及本币高估等问题兴风作浪、肆意炒作，根本原因在于国家的经济政策和经济结构存在深层次问题。

①经济结构失衡，“泡沫经济”过度膨胀。亚洲发展中国家多实行出口导向型战略，出口结构单一，以劳动密集型产品为主，相互竞争激烈。在欧美紧缩市场、实行贸易保护主义的时候，这些国家出口开始下滑，进口势头上升，外贸赤字增加。如 1996 年泰国国内的私人消费按现价计算比 1995 年增长 13.4%，货物和劳务进口同比增长 14%，但出口却只增长9.2%。部分投资者盲目将大量资金投向房地产项目，如 1996 年泰国金融机构贷给房地产业的资金约占总贷款额的 50%，酿成“泡沫经济”。目前泰国、印尼、马来西亚和菲律宾出现大量房地产积压，造成银行呆、坏账激增。

②在金融监管机制不健全的时候，盲目推动金融自由化，过早地开放了金融市场。股票、证券等虚拟资本投资比例过高，外国短期资本流入过多。九十年代以来，泰国为吸引外资先后推出了一系列金融改革措施。1990 年 4 月正式接受国际货币基金组织协定的有关义务，取消了经常项目国际收支的限制。1991 年，开始减少对资本项目交易的外汇限制。1992 年，允许国内投资者直接通过银行获得低息的外国资金。1994 年进一步放松资本项目下的有关限制，如放宽入境可携带的外币限额，允许持有泰国离岸银行执照的外国银行在泰国各城市设立分支机构等。1996 年，泰国的外债总额超过 900 亿美元，占其国内生产总值的 50% 以上，流入的外资中有 53% 属于短期资本。由于未建立起有效的金融监管体系，央行很难对短期的投机性资本流动进行调控，一旦外资抽逃，经济必受影响。

③实行固定汇率制度，未能及时地调整汇率。东亚多数国家和地区实行与美元固定的联系汇率制度，九十年代以来，美国以高科技产业为龙头，成功地进行了结构调整，经济持续增长，通胀率低，美元坚挺；东亚一些国家经济结构调整滞后，通胀率高于美国，货币明显高估，出口竞争力被削弱。这时，他们未能及时调整汇率政策，而是实行高利率政策，期望吸引大量的短期外资，来弥补经常项目赤字，这使得金融风险加大，最终爆发金融危机。

④对迅速变化的国际经济环境缺乏相应的预测能力和应变能力。随着国际经济一体化步伐的加快，日益增多的国际资本对全球金融市场的影响与日俱增。目前全世界现货、期货和外汇交易合同日平均交易额为 1.23 万亿美元，是国际贸易额的 50 倍。由于东南亚国家经常项目赤字的扩大和经济状况的恶化，其货币很容易成为国际投机商的攻击目标。在金融危机爆发前，已有许多专家指出了这一迹象，但东南亚国家政府没有充分重视这些信息，当危机最终爆发时，显得措手不及，采用的调控措施失当，造成巨大的外汇损失。

⑤政治腐败。亚洲有的国家政局不稳，有的政府更迭频繁，有的腐败蔓延，政府官员与银行、财团、大企业有千丝万缕的联系，这些也是加剧金融危机爆发的重要原因。

(2)金融危机的危害

金融危机对经济的冲击会涉及方方面面，社会总会为之付出高昂的代价。不论是发展中国家，还是发达国家，都屡受其害。亚洲金融危机则使一向欣欣向荣的亚洲经济倒退五六年，"东亚奇迹"黯然失色。

①使金融机构陷入经营困境。1997 年东南亚金融危机发生后，日产生命公司、三洋证券公司、北海道拓殖银行和山一证券公司接连宣告破产。1997 年泰国发生金融危机后，泰国政府一次性关闭了 56 家金融机构。即使一些银行幸而没有倒闭，经营上也困难重重。首先是盈利能力下降；其次是不规范竞争增多；再次是银行体系的整体信誉下降，融资成本增加等等。

②财政负担加重。由于金融业在国民经济中的特殊作用及其与千百万中小存户的密切联系，各国在发生银行危机时，财政都会出面救助。在亚洲金融危机中，印度尼西亚、泰国、韩国、菲律宾、马来西亚仅重组其银行业的不良资产，就分别耗去了各国 1999 年 GDP 的 58%、50%、29%、22%、7%。日本为解决银行业的不良贷款问题，不止一次投入公共资金，给财政造成极大的压力。

③降低货币政策效率。不稳定的银行体系打乱了货币政策工具与货币政策目标之间正常的联系规律。比如，货币乘数有明显变化；货币供给量的利率弹性有明显变化等等。在金融动荡期间所出现的扰动，往往难以预计其摆动方向以及摆动幅度。这无疑会给货币政策的实施增加困难。

④债务紧缩效应。金融危机之后的萧条阶段银行信用必然会过分紧缩并成为抑制经济复苏的重要因素。1997 年由于银行抑制融资而直接造成的企业倒闭达 226 家。其中山一证券的倒闭、八佰伴的破产，都和融资困难有关。

⑤金融危机的诸多不利影响最终都将打击经济增长。亚洲金融危机爆发后的 1998 年，印度尼西亚的经济增长率跌至 -13.7%，马来西亚跌至 -7.5%，韩国跌至 -5.8%，泰国跌至 -10.8%。

(3)金融危机的防范措施

①建立危机预警系统。通过构造一套预警指标体系，使一国金融当局能在危机发生前有所准备。选取的指标主要是：国际储备的变化、实际汇率、国内信贷、对公共部门的信贷、国内通货膨胀率、短期外债与 GDP 的比例、贸易差额、出口、货币供应增长率、GDP 增长率、财政赤字等。把这些指标组合成了一套预警指标体系，并力求恰当地赋予这些指标一定的权重，还有可能计算出在某一特定时间后的 24 个月中发生金融危机的概率。

②稳定金融市场：

a. 动用外汇储备干预外汇市场。针对国际投资资本的侵入，中央银行可以运用本外币资金入市干预，以稳定汇率。1997 年 5—10 月，泰国、印度尼西亚、菲律宾、马来西亚的中央银行先后动用近百亿美元外汇储备购买本国货币，以阻止本币贬值。

b. 提高利率，增加借用本币资金成本。提高短期利率的目的，在于拉高投机者在进行卖空投机操作时借入本币的成本。1997 年 5 月，菲律宾中央银行将隔夜拆借利率由原来的 10% 提高到 15%。1997 年 7 月 20 日到 8 月 18 日，印度尼西亚中央银行将再贴现率由 7% 提高到 30%。

c. 动用财政资金，稳定股市。1997 年 11 月 21 日，印度尼西亚政府规定国有企业将净利润的 1% 用于在雅加达股票市场上购买股票。更正规的形式是建立股市稳定基金。当股价下跌到某一水平，可运用基金进场护盘。

d. 保障金融债权，维护存款人信心。1998 年 1 月 27 日，印度尼西亚政府向所有银行提供了储蓄业务和外债的全面保证，以维护储户和债权人的利益。1998 年，日本修改存款保险法，允许储蓄存款保险机构设立特别结算账户，共可动用资金 13 万亿日元，使原先不在保险范围内的大额储蓄存款，也可以获得保险。

③管理国际资本流动。在稳定金融市场的措施中，暂时实施资本账户管制，特别受到关注。在管理短期资本流动方面，最突出的建议就是对短期资本流动课税。除课税手段外，还有很多直接管理资本流动的手段。比如中国台湾为防范国际游资对岛内经济的冲击，在平时就建有多层次的防范措施。其中如对于外汇进出台湾，就有每一家公司每年汇入汇出台湾资金的结售额度各为1000万美元的规定；对于外资投资于证券市场，有总限额的规定——外国机构投资台湾证券的总额度为 7.5 亿美元，有对单个外商的限额规定——最高不得超过 2 亿美元等等。1997 年 7 月，东南亚金融危机爆发之时，台湾股票交易所中外国证券投资仅占股市总值的 4%，兴不起大风浪。

④重组和改革金融部门。发生了金融危机，金融部门难辞其咎。在金融危机之后，大规模的金融部门重组和改革势在必行。银行业的重组和改革被置于核心地位。1997 年 11 月，泰国国会通过了 6 项旨在改革金融业的法律。根据这些法律，财政部专门成立了“金融重组局”，负责各项金融重组事务。

⑤推进宏观及结构性改革。实施扩张性的财政政策和货币政策，调整经济结构。1998 年 4 月，马来西亚便为防止衰退而放松了财政政策。

(4) 中国在亚洲金融危机中受到的冲击和影响较小的原因

①资本项目没有开放，这就不存在国际短期资本急速抽逃从而引爆危机的机制。这在危急时刻有其关键意义，但并不是唯一的原因，也不是决定性的。

②中国特有的金融结构，就效率来看，问题突出，可是从抗拒金融冲击的角度看，却又较强。在中国，银行信贷的间接融资占社会融资总量的 80%，其中的四大国有商业银行又占间接融资总额的 70%。较小的金融市场和国家直接支持的银行信贷，是外部冲击较难动摇的。

③国家综合债务水平尚在可承受的范围之内。中国综合债务的特点是：银行不良资产多，但政府债务、居民债务和外债却不高。若以政府内债、银行坏账以及外债表示国家综

合债务额，那么中国国家综合债务率(国家综合债务额/名义 GDP)，在 1997 年为 47%，1998 年也低于 50%。而同期日本、泰国、印度尼西亚、韩国的这一比率则分别达 114.3%、109.3%、92.7%、75.4%。美国的同一指标长期在 70%，欧元区的标准为 60%。

④中国经济具有活力，它保持了国民经济持续稳定的增长和在国际经济舞台上的竞争潜力。也正是具备这样的根基，才使得自身的金融脆弱性虽在不断累积的情况之下，却能够经受住亚洲金融危机的剧烈冲击。在亚洲金融危机后的 1998—2000 年，中国 GDP 增长速度虽然较之前数年有明显下降，但仍分别达 7.8%、7.2% 和 8.0%；出口总值也依然持续增长。实体经济的良好状态从根本上保证了金融稳定的态势。

(5)中国应该从亚洲金融危机中吸取的经验和教训

①短期资本流动性很强，与此相比，外国直接投资相对稳定，对一国经济发展更为有利。而且，引进外国直接投资在大多数情况下都同时引进外国先进管理经验、技术、人力资本以及海外销售渠道。对于经济发展来说，所有这些相伴随的因素都与融资本身同等重要。因此，当一个经济实施金融市场的自由化时，迫切需要创造出一个政策框架，鼓励外国直接投资和长期资本流入，不鼓励短期贷款流入。

②遭受危机严重打击的经济有许多短期资本流入被用来为证券和房地产市场提供融资，引起这些市场过热。如果允许银行将相当大比重的贷款投向证券和房地产市场，则证券和房地产市场泡沫的破灭将导致这些贷款成为呆坏账，银行体系变得极为脆弱。所以，当泡沫破灭，或者预期要破灭的时候，就会引起银行危机，使国际资本流动发生逆转，触发货币危机。为了防止泡沫和金融危机，在放开资本市场的同时，加强银行监管是至关重要的。

③在开放经济中，追求与宏观经济可持续发展不相符的政策的国家很快就会受到国际资本市场的惩罚。对于一个遵循自己的比较优势来发展的经济，主要的政策是维护自由市场制度，以便价格能够充分反映生产要素的相对稀缺性和供需信息，制定并执行游戏规则，消除外部性。这样的政策有助于宏观经济稳定和可持续发展。

④在任何国家，多位金融资本家联手对该国证券和货币市场的操纵在法律上都是不容许的，但目前几位国际投机家联手对他国货币市场的冲击却尚无法律可以制止，使经济规模小的发展中国家在金融和货币市场自由化时的风险大增。面对不可避免的全球经济一体化的趋势，发展中国家应该遵循比较优势的原则来发展经济以提高经济基本面的健康程度，并改革和上述原则不相符合的政策制度，有序地推行金融、货币市场的自由化来迎接经济一体化所带来的机会和挑战。但为了避免全球经济一体化成为国际投机资本以大吃小的一个手段，国际间建立一个新的经济构架，防范国际投机资本的兴风作浪也是非常必要的。

6. 如何评判中国改革以来的所谓“无危机增长”?

答：1978 年到 2017 年间，中国经济取得了连续 39 年平均每年 9.5% 的增长速度，这是人类历史上高增速、长时间的增长奇迹。2009 年中国经济规模超过日本成为世界第二大经济体；2010 年，中国的出口数量超过德国，成为世界最大出口国，97% 以上的出口产品是制造业产品，所以中国被称为世界工厂；2013 年中国贸易，即进口加出口总值超过美国成为世界第一大贸易国；2014 年按照购买力平价计算，中国经济规模超过美国，成为世界第一大经济体；2017 年，中国人均国内生产总值已达到 8640 美元，成为中等偏上收入国家。在这个过程中，将近八亿人摆脱国际贫困线标准，对过去 40 年世界减贫的贡献率超过 70%。

同时中国也对世界上其他国家做出了很多贡献，最明显的是在 1997 年、1998 年东亚金融危机，2008 年国际金融经济危机，中国继续以强劲的增长带动了周边国家和世界上其他国家的经济复苏。改革开放以来，尤其 2001 年加入世贸组织（WTO）后，中国虽遇到坎坷波折，但多表现为"内生性"，游离于全球性危机之外。像 22 年前的亚洲金融危机，中国被公认"受影响不大"。后来的"次贷风暴"，中国仅在危机之初受到一定冲击。

（1）保持政府对市场的干预

二十世纪八十年代、九十年代，所有的社会主义和非社会主义国家都从政府主导的发展方式转向市场经济，当时的主流理论是新自由主义，倡导"华盛顿共识"，主张用"休克疗法"一次性消除各种政府干预扭曲，以建设完善的市场经济体系。按照这个方式来转型的国家都遭遇经济崩溃、停滞、危机不断，而少数几个像中国、越南、柬埔寨取得快速的发展，他们和我们一样是采用双轨渐进的改革模式。中国没有完全放任市场这只"看不见的手"。

一方面要有有效的市场，来提高资源配置效率，一方面也要有有为的政府，来克服市场失灵。在经济发展和转型过程中市场失灵是不可避免的，所以，市场有效以政府有为为前提，政府有为的目的则是让市场有效，所以政府有为以市场有效为依归。

（2）中国区域发展不平衡

另一方面，中国区域发展不平衡，这是改革开放前经济长期滞后导致的，却让中国拥有更大的经济缓冲余地，从而令"危机周期原理"，即危机一般有五个阶段：酝酿期、爆发期、扩散期、处理期、后遗症期，由于发展不平衡导致扩散速度、范围和程度有限，难以起到明显作用。

（3）对外开放倒逼改革

中国作为一个负责任大国，挑起维护世界金融秩序的重担。中国经济自身也在与外部风险做斗争的过程中，逐步推进改革的深化，进一步增强抗风险能力。2008 年世界金融危机发生时，中国经济已与外部关联度非常高，经济外向度一度高达 70% 左右，中国经济受到来自外部比较严重的冲击，而党中央国务院坚持改革开放基本政策基本路线。这两次外部冲击，第一证明了中国经济韧性强，稳定性高，更让我们坚持探索建设中国特色社会主义这条道路；第二，对中国加入 WTO，我们有了更深的认识。中国在对外开放中不断倒逼改革、全面深化改革，比如国企改革、金融改革等，都在"入世"后得到快速推进。

（4）采取贴合自身实际的政策

在经济发展过程中，一方面对过去建立起来的、违反比较优势、在开放竞争市场中没有自生能力的国有企业继续给予必要的转型期的保护，另一方面放开准入并因势利导，推动符合比较优势、能够形成竞争优势的劳动密集型产业的发展。因而，我国取得了稳定并快速的发展成绩。

主流理论来自发达国家经验的总结，但是发展中国家跟发达国家条件不一样，因此拿发达国家主流理论到发展中国家来应用，必然会出现淮南为橘、淮北为枳的问题，另一方面发达国家由于自身条件也在变化，盛行的理论也是隔十年、二十年就被新的理论取代。中国并不是简单地去模仿，而是在中国特色社会主义前提下寻找适合自己的发展道路。

7. 简要说明欧洲债务危机的成因与特征，试结合前面学过的相关内容谈谈治理此次危机的对策。

答：(1)欧洲债务危机的成因

①债务危机引发经济衰退，为了应对衰退，扩大政府支出是必然选择。支出扩大，而财政收入有限甚至是负增长将直接导致这些国家收支失衡。同时，政府对债务提高的警惕性较差，缺乏明确合理的财政计划，使得债务不断深化，最后才引发危机。

②欧洲发达国家的福利保障相对于发展中国家来说过高，这是引发债务危机的根本原因。过于丰厚的福利制度会降低劳动力的积极性，导致劳动力市场僵化，创新增长缓慢，公共债务居高不下，从而导致债务危机。

③欧元单一货币制度的先天缺陷使其在危机应对上处于更加被动的位置。在欧元区里面超国家主义的权力统一的货币政策和拥有主权的财政政策的矛盾，设计的缺陷可能导致在经济不景气的时候，遇到其他债务就发生危机。

④发展水平参差不齐。欧盟从 6 个国家组成的共同体发展到现在的 27 个国家的最大联盟，各个国家的发展水平是不均衡的，政治联盟与经济承受能力之间严重不匹配，再加上北方和南方之间经济发展严重失衡，内部经济发展不平衡也造成了债务危机。

⑤对周期性较强产业的过度依赖导致国民经济在危机面前显得异常脆弱。

⑥国际市场投机在欧洲主权债务危机中起到推波助澜的作用。

(2)债务危机的特点

①债务规模巨大。债务危机爆发以后，发展中国家的债务总额急剧增长，1988 年达到 9932 亿美元，1990 年超过了 13000 亿美元。尤为严重的是，自 1984 年以来，由于债务总额的积累和还本付息负担的不断加重，以及国际商业贷款资金的减少，国际间的借贷资本已形成由发展中国家向发达国家的净流出，1988 年发展中国家资金的净流出额已超过 500 亿美元，可见债务负担问题是相当严峻的。

②债务高度集中。自 1982 年以后，发展中国家外债的半数，是集中在以南美中等收入发展中国家为主的十几个国家。1989 年它们的债务总额仍在增长，当年应偿还的债务本金和利息占出口收入额的比重仍在 40% 以上，远远超过国际公认的 20% 的警戒线，它们的债务总额占国民生产总值的比重也仍然超过 50%。而且，对于这些重债国来说，它的债务 70% 以上是欠国际私人商业银行的贷款，因而还本付息的负担十分沉重。

③某些低收入债务国的处境十分艰难。在外债负担最为沉重的国家当中，还有位于撒哈拉南部的非洲国家，这是世界上最为贫穷的地区。它们的外债总额与南美主要债务国相比虽然不大，在 80 年代末仍不到 1300 亿美元，而且其中约 70% 是官方贷款，但是它们的外债总额几乎与国民生产总值相等。

(3)应对债务危机的对策

①建立危机预警系统。

②稳定金融市场。这包括动用外汇储备干预外汇市场；提高利率增加借用本币资金成本，抑制投机操作，影响资本流出入，改善本币状况；动用财政资金，稳定股市；保障金融债权，维护存款人信心等。

③管理国际资本流动。这包括直接性的资本流动控制，加强外债管理，课征短期资本

流动税——托宾税等。

④重组和改革金融部门。在金融危机之后，大规模的金融部门重组和改革势在必行。银行业的重组和改革被置于核心地位，具体包括确立金融部门重组和改革的规划及其执行机构，多渠道分离和处置不良资产，多途径充实银行资本金，允许或吸引外资参与重振国内金融业，加强金融机构的公司治理，合并、重组有问题的金融机构等。

⑤推进宏观及结构性改革。这包括实施扩张性的财政政策、实施扩张性的货币政策和调整经济结构等。

8. 在金融全球化的背景下，金融危机具有极强的国际传播效应，主要的防治措施有哪些？这些措施的作用机制是怎样的？

答：主要的金融危机防治措施包括：危机爆发前的预警、维持金融市场稳定、对国际资本流动加以控制、金融部门的重组与改革、宏观与结构性举措等。

(1)建立危机预警系统

建立危机预警系统的主要工作是筛选并构建预警指标体系，在发生危机之前做好准备，保持警醒。应用最广泛的备选指标包括：①资本项目；②债务；③经常项目；④国际变量；⑤国内金融变量；⑥实际经济变量；⑦财政变量；⑧政治变量。

判断预警指标是否有用的条件：①该指标做出预警两年内发生金融危机；②若未有预警，相应的两年内未有金融危机发生；③首次预警与危机爆发之间应尽可能有较长的时间间隔；④预警效果应当是持续的。“好的指标”在现实中包括国际储备波动、实际汇率、国内通胀率、国际收支、财政赤字等。

(2)稳定金融市场

稳定金融市场的举措包括：①调用外汇储备调节外汇市场，缓解汇率波动及打击；②通过提高利率来提高投机操作借用本币的成本，维持本币汇率；③财政介入，维持股市稳定；④保障储蓄与债权，避免存款人信心流失；⑤建立稳定机制，应对危机实施救助。

(3)管理国际资本流动

国际资本流动对于一国经济往往具有较强的冲击性，放任其自由流动将会造成严重的负面影响，需要进行适当的限制与引导。管理国际资本流动的举措包括：①课征短期资本流动税——托宾税；②外汇流入流出限额；③外资投资证券限额；④加强外债的规模与结构管理。

(4)重组和改革金融部门

主要指危机之后对金融部门采取的措施，尤其是对银行业的重组和改革，具体措施包括：①制定重组改革规划，确定执行机构；②处理不良资产，进行多渠道分离与处置；③帮助银行达成资本充足率，协助充实资本金；④引导外资参与国内金融复苏；⑤提高金融机构的公司治理水平；⑥对有问题的金融机构进行合并与重组。

(5)推进宏观及结构性改革

包括采取宽松的财政政策、扩张性的货币政策、通过调整经济结构让市场发挥调配资源的作用。

第 29 章　金融监管

29.1　复习笔记

【知识框架（庖丁解牛）】

- 金融监管
  - 金融监管的界说和理论
    - 金融监管及其范围
    - 金融监管的基本原则
    - 金融监管的主要理论依据
    - 金融监管成本
    - 金融监管失灵的主要原因
  - 金融监管体制
    - 金融监管体制及其类型
    - 美日英的金融监管模式
    - 对中央银行监管地位的讨论
    - 金融业自律
    - 金融机构的内部控制
    - 中国的金融监管体制
  - 银行监管的国际合作
  - 金融国际化与金融监管的国际协调
    - 金融国际化
    - 金融风险的国际化
    - 金融国际化给金融监管带来的挑战
    - 金融监管的溢出效应
    - 监管竞争和监管套利
    - 金融监管的国际协调
  - 金融监管的国际协调组织
  - 国际金融监管协调的基本内容
    - 监管信息的交流和共享
    - 有关国际银行的监管范围和监管责任
    - 对跨国金融机构实施并表监管
    - 国际监管标准的建立
    - 对金融集团的监管
    - 欧盟的统一监管
  - 金融监管国际协调展望

【考点难点归纳(厚积薄发)】

考点一：金融监管的界说和理论　★★

1. 金融监管及其范围

(1)金融监管的概念

金融监管 = 金融监督 + 金融管理

狭义：金融主管当局依据法律法规所进行的，为使金融业稳健运行的监管等行为。

广义：金融主管当局进行监管 + 金融机构内控与稽核 + 行业自律性组织监督 + 社会中介组织监督。

(2)金融监管的范围

金融监管涉及多个金融领域，包括：存款货币银行、非存款货币银行的金融机构、短期货币市场、资本市场、证券业、投资基金、外汇市场、衍生金融工具市场、保险业等。

【例 29. 1】金融监管［首都经济贸易大学 2015 金融硕士］

答： 金融监管是金融监督和金融管理的复合词。金融监管有狭义和广义之分。狭义的金融监管是指金融主管当局依据国家法律法规的授权对金融业(包括金融机构以及它们在金融市场上的业务活动)实施监督、约束、管制，使它们依法稳健运行的行为总称。广义的金融监管除金融主管当局的监管之外，还包括金融机构的内部控制与稽核、行业自律性组织的监督以及社会中介组织的监督等。

2. 金融监管的基本原则(见表 29-1)

表 29-1　金融监管的基本原则

基本原则	具体内容
依法监管原则	①监管必须依据法律法规行事； ②金融机构必须接受法律法规所规定的监管； ③金融管理当局必须保证监管的权威性、严肃性、强制性、一贯性和有效性，因此必须依法展开工作
合理、适度竞争原则	监管重心在于维护竞争环境：既不能排斥竞争，造成金融垄断，使市场失去效率和活力；也不能过度、破坏性竞争，危害金融业的安全和稳定
自我约束和外部强制相结合的原则	①自我约束：培养被监管对象的自身管理能力； ②外部强制：消除被监管对象的不正当行为
安全稳健与经济效率相结合的原则	安全稳健是中心目标，经济效率是基本要求，两者要相互协调
顺应市场变化适时调整原则	监管力度要松紧搭配，管理要审慎、强化

3. 金融监管的主要理论依据（见表 29-2）

表 29-2　金融监管的主要理论依据

理论依据	具体内容
社会利益论	①金融监管基本出发点：维护公众利益； ②公众利益特点：高度分散化，单个金融机构的风险会分散到金融经济体系中； ③结论：只能选择构建政府主导的金融体系，或国家授权的机构进行有市场准入门槛的金融监管，通过适度监管实现提高配置效率和降低管制成本的平衡。
金融风险论	①金融业特点：高负债率、风险积聚、高收益引导盲目扩张、受公众信心影响大、连锁性、影响范围广； ②结论：金融风险与货币制度稳定、宏观经济状况直接关联，必须由权威机构进行监管
投资者利益保护论	①现实中的不完全竞争市场：信息不对称、交易不公平，信息优势方可以谋利及转嫁风险与损失； ②结论：对信息优势方进行监管、约束，维护投资环境的公平
管制供求论	金融监管自身是有供给和需求的商品。 ①管制需求：为从监管中获利的人对监管的需要，如金融机构为了限制竞争者、消费者为了获得高质量低成本的金融服务等； ②管制供给：政府为提高自身认可度而进行监管； ③决定因素：管制供求双方力量对比
公共选择论	运用供求分析研究监管平衡。 ①思想：管制寻租，即监管方与被监管方均试图从监管中谋利； ②监管者："外租"管制以获利； ③被监管者："寻租"管制以维护利益

4. 金融监管成本（见图 29-1）

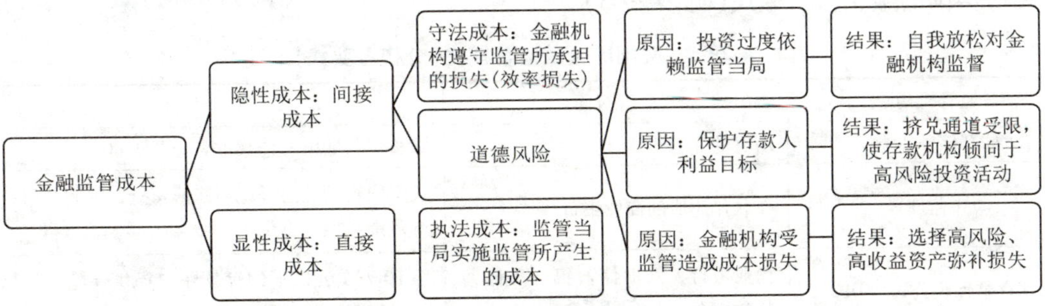

图 29-1　金融监管成本

另外，监管过度会保护无效率金融机构，从而使整个社会面临福利损失。

5. 金融监管失灵的主要原因（见表 29-3）

表 29-3　金融监管失灵的主要原因

主要原因	具体内容
监管者的经济人特性	金融监管人员作为经济人，具有为实现个人利益最大化而损害公众利益的动机

续表

主要原因	具体内容
监管行为的非理想化	监管效果受到客观规律的制约，包括监管者对客观规律的认识存在局限性、监管者相对被监管者有信息不完备的情况、从认识现象到采取措施存在滞后现象
监管地位的独特化	金融监管机构几乎没有竞争压力和市场约束，使监管效率低，容易产生官僚主义

考点二：金融监管体制 ★

1. 金融监管体制及其类型

（1）金融监管体制的概念

金融监管体制即监管的制度安排，包括：①监管当局影响金融机构与金融市场的机制；②整个监管体系的组织架构。

（2）金融监管体制的类型（见表 29-4）

表 29-4　金融监管体制的类型

类型	具体内容		
单一监管体制	由一家监管机关对金融业实施高度集中监管，通常是各国央行，也有另设独立监管机关		
多头监管体制	根据金融机构从事业务主体及业务范围的不同，设立不同的监管机构进行监管	分权多头式	多为联邦国家。监管机关在金融机构与金融业务上有分类，联邦及各个州（省）都有监管相应金融机构的权利，例如美国和加拿大
		集权多头式	设立不同的监管机构，但中央政府享有集中监管权限，一般由财政部、央行作为监管主体，例如日本和德国

2. 美日英的金融监管模式

（1）美国的金融监管模式（见表 29-5）

表 29-5　美国的金融监管模式（分权多头式）

监管机构	监管对象	监管性质
联邦储备体系	所有的存款机构	审核银行账簿，监察准备金是否符合要求
货币监理署	在联邦注册的商业银行	负责银行的注册登记与账簿审查，限制其所持资产范围
联邦存款保险公司（FDIC）	商业银行、互助储蓄银行和储蓄贷款协会	为 10 万美元以下的存款账户提供保险，审核投保银行账簿，对其持有资产范围设限
全国信用社管理局（NCUA）	在联邦注册的信用社	信用社的注册登记、账簿核查，持有资产范围设限
储贷机构监管局（OTS）	储蓄贷款协会	核查账簿、限制所持资产范围
证券交易委员会（SEC）	有组织的交易所和金融市场	监督信息公开，限制内幕交易
商品期货交易委员会（CFTC）	期货交易所	监管期货市场交易过程

（2）日本的金融监管模式（集权多头式）

日本主要监管机构是金融厅和日本银行。

金融厅：对金融制度的计划、立案以及金融监管全面负责。

日本银行：货币政策执行者，同时对在该行开设往来账户的金融机构、从该行取得贷款的金融机构实施监管。

(3)英国的金融监管模式

2013 年，英国再次对金融监管体系进行重大改革，在保留混业统一监管的基础上形成了“双峰监管”模式：

①废除英国金融监管局(FSA)，由英格兰银行全面承担金融监管职责；

②设立审慎监管局(PRA)和金融行为监管局(FCA)。前者是英格兰银行的附属机构，后者作为独立的监管机构直接向英国议会与财政部负责。

3. 对中央银行监管地位的讨论(见表 29-6)

表 29-6 对中央银行监管地位的讨论

讨论问题	主要观点	具体内容
金融监管和货币政策是否相关	高度相关	由于履行支付结算和防止欺诈行为的特殊困难性，货币政策的实施必须有银行业监管的配合
	相关性低	控制通胀与银行业监管无关，金融监管对控制物价的作用有限
两者高度相关的情况下，是否应将这两种职能统一于央行	肯定	只有央行具有有效协调这两项职能的能力，应当对央行的监管权力立法扩展。 ①货币政策的实施要经由金融机构的传导，央行可以及时、准确获取金融机构运行信息； ②央行作为银行的银行，对银行业的信息获取有优势； ③央行具有人才和技术优势
	否定	货币政策职能与金融监管职能不相容，需要法定清晰分界，央行负责金融监管会产生负面影响。 ①金融机构认为有央行兜底所以选择高风险投资谋求高收益，社会公众失去监督和甄选金融机构的动力，形成道德风险； ②央行有监管失误与两难选择的可能，一旦出现将损害货币政策的声誉和严肃性

4. 金融业自律

(1)金融业自律的概念

金融业自律是指身处金融业的从业者，为保护自身利益以及推动金融业发展，从共同利益出发，形成组织，制定规则来约束自身，最终达成金融业内部的自我监督管理。

(2)金融业自律组织的功能(见表 29-7)

表 29-7 金融业自律组织的功能

功能	具体内容
协调功能	协调会员之间关系，实现整体利益最大化
G4 服务功能	为会员提供各种金融服务、金融创新培训，形成会员之间的服务网络，为会员提供广泛的信息来源
沟通功能	在金融监管当局与会员之间进行沟通，一方面代表会员向监管机构提出要求与建议，另一方面作为监管当局的委托人执行部分管理职能
监督功能	建立举报监管系统，依规处罚违规会员

5. 金融机构的内部控制

(1)机构内控在监管体系中的地位

金融机构的内部控制在整个金融监管体系中处于基础性位置。监管当局负责外部的全方位监管，金融行业公会负责行业内部的监管，而微观金融主体的内控是两者实现作用的前提。外部监管和行业内部监管均要求微观主体在防范风险、审慎稳健经营方面具有主观能动性。

(2)具体措施

通过风险管理技术实现内部控制，保证内控机制的审慎、严密性，将内控融合于公司的文化、组织等多方建设。

6. 中国的金融监管体制

我国当前的金融监管体制为集权多头式，监管权限高度集中于中央政府，具体监管分属：

(1)中国银行保险监督管理委员会

依照法律法规统一监督管理银行业和保险业，负责银行、保险公司、资产管理公司、信托投资公司及其他存款类金融机构的监督管理工作，维护银行业和保险业合法、稳健运行，防范和化解金融风险，保护金融消费者合法权益，维护金融稳定。

(2)中国证券监督管理委员会

依照法律、法规和国务院授权，统一监督管理全国证券期货市场，维护证券期货市场秩序，保障其合法运行。

考点三：银行监管的国际合作(见表 29-8)　★★★★

表 29-8　银行监管的国际合作

<table>
<tr><th>协议</th><th colspan="2">具体内容</th></tr>
<tr><td rowspan="3">《巴塞尔协议》</td><td>目的</td><td>①制定银行资本与资产比例的计算方法与比例标准，督促国际银行体系健康发展；
②在国际金融市场上，通过制定共同标准消除国家之间银行的非公平竞争</td></tr>
<tr><td>主要内容</td><td>①资本组成：一档核心资本(股本＋公开准备金)≥50%；二档附属资本(未公开准备金＋资产重估准备金＋普通准备金＋呆账准备金)。
②风险加权：为评估银行应具备的各类资本规模，给出资产负债表表内和表外资产的风险度量标准，并将资本与加权风险挂钩。
③标准比率：截止到 1992 年底，规定——银行资本/风险加权资产≥8%；银行核心资本/风险加权资产≥4%</td></tr>
<tr><td>局限性</td><td>①对银行风险理解不全面；
②资本充足率的计算方法无法解释银行的资本套利所导致的资产质量下降；
③国家信用等级划分标准不合理；
④不重视银行内部管理</td></tr>
</table>

续表

协议	具体内容	
《有效银行监管的核心原则》	出台背景	20 世纪 90 年代中期，许多国家银行体系的弱点显露，严重威胁全球金融稳定
	原则归类	①目标、独立性、权力、透明度和合作； ②业务许可范围； ③审慎监管规章制度； ④持续监管方法； ⑤会计处理与信息披露要求； ⑥监管当局的纠正及整改权力； ⑦并表及跨境监管
	主要内容	①银行监管应具备适当的法律、法规，监管机构应明确其责任、目标和自主权； ②金融机构业务范围要明确，银行审批程序要严格； ③对《巴塞尔协议》关于资本充足率的标准着重要求，监管方应具备独立评测、监管银行风险的政策程序，银行方应具备风险防范管理体系和规范的内控程序； ④健全持续监控手段； ⑤跨国银行监管应确保双方监管当局联系配合，东道国对国内外银行的业务采取统一标准
《巴塞尔协议Ⅱ》	出台背景	①《巴塞尔协议》只考虑了信用风险，没有考虑市场风险和操作风险； ②亚洲金融危机的爆发和蔓延； ③风险衡量和定价方面的技术进步
	三大支柱	①最低资本要求：在前一部《巴塞尔协议》的基础上，关于风险资产的计算方面同时考虑信用风险、市场风险和操作风险； ②监管当局的监管：监管当局应该检查和评价银行是否建立起有效的内部评估程序、银行资本是否充足、银行是否具备监测和及时满足资本充足率的能力，同时应尽早干预； ③市场纪律：市场纪律的核心是信息披露，包括应用范围、资本构成、风险披露的评估管理结果、资本充足率几个方面的信息。一般银行半年披露一次，活跃大型银行每季度披露一次
《巴塞尔协议Ⅲ》	关注点	①从单一银行资产方向关注资产负债表所有要素扩展，特别对资产方与负债方的期限匹配提出要求； ②关注金融体系整体的稳定性，要求系统性风险较大的业务与机构具有更高的资本流动性； ③不仅关注金融体系是否稳健，更注重金融与实体经济的联系，引入逆周期因子
	修订内容	①更加强调资本吸收损失的能力：提高一级核心资本充足率；要求核心资本≥4.5%，留存资本缓冲≥2.5%，逆周期资本缓冲 0～2.5%； ②引入杠杆率监管，加强逆周期调节：在衡量资本充足程度时采用表内外资产简单加总代替风险加权资产； ③建立宏观审慎监管框架：对系统重要性金融机构加强监管，规避“大而不能倒”的金融机构所带来的道德风险和系统性风险； ④流动性监管：对压力情形下的流动性监管加强关注，提防流动性危机

续表

协议	具体内容	
《巴塞尔协议Ⅲ》	宏观审慎框架	银行应在良好经营的情况下积累缓冲，为不利形势做准备； 缓冲主要包括资本留存缓冲以应对金融困境和逆周期资本缓冲以应对总体信贷增长过度。缓冲以普通股的形式存在
《巴塞尔协议Ⅲ》中国版	强化资本充足率监管	①对资本充足率计算方法进行改进： a. 对资本的定义进一步严格化，改进为三级分类，对一级资本的扣除更加严格，提升资本对损失的吸收能力。 b. 将风险加权方法优化为差异化权重，对操作风险的资本要求加以明确，对复杂金融工具的风险权重加以提升。 ②提高资本充足率监管要求： a. 最低资本充足率要求：核心一级资本充足率≥5%、一级资本充足率≥6%、资本充足率≥8%； b. 宏观审慎调节：通过 2.5% 的留存超额资本、0～2.5% 的逆周期超额资本实现逆周期资本监管； c. 系统重要性银行的附加资本要求：非系统重要性银行资本充足率≥10.5%，系统重要性银行资本充足率 11.5%。 ③建立杠杆率监管标准：一级资本/调整后表内外资产余额≥4%
	改进流动性风险监管	①构建多方覆盖的监管标准和监测指标体系防范流动性风险； ②增强银行体系的流动性风险管理能力
	强化贷款损失准备监管	①对贷款拨备率和拨备覆盖率设立监测标准： a. 贷款拨备率 = 贷款损失准备/贷款≥2.5%； b. 拨备覆盖率 = 贷款损失准备/不良贷款≥150%； ②构建贷款损失准备动态调整制度： a. 经济上行期：适当提高贷款损失准备要求； b. 经济下行期：适当调低贷款损失准备要求； c. 对贷款质量和盈利能力不同的金融机构采取不同的贷款损失准备要求

【例 29.2】宏观审慎监管［中国人民大学 2015 金融硕士］

答：宏观审慎监管是为了维护金融体系的稳定，防止金融系统对经济体系的负外部溢出而采取的一种自上而下的监管模式。

宏观审慎监管的具体目标：①限制金融风险的累积，降低金融危机的可能性或强度，这是对系统风险的事前预防；②强化金融体系对经济下滑和其他负面冲击的恢复能力，这是对系统风险爆发后的事后补救。

宏观审慎监管的主要内容：①识别系统性风险，即发现、监测并计量系统性风险及其潜在影响；②降低系统性风险发生的概率，即通过提高监管标准、采取针对性监管措施预防系统性风险的爆发；③缓解系统性风险的溢出效应，即在风险爆发后，控制其对金融体系和实体经济的破坏，最大程度降低损失。

《巴塞尔协议Ⅲ》中的宏观审慎要素：要求银行在经营状况良好时积累缓冲以备不时之需，通常包括资本留存缓冲和逆周期资本缓冲。建立宏观审慎框架有助于降低银行乃至整个金融体系的顺周期性，进而增强金融体系应对系统性风险的能力。

考点四：金融国际化与金融监管的国际协调 ★★

1. 金融国际化

(1) 金融国际化的含义

在生产和资本走向国际化、跨国公司在全球范围扩张业务的前提下，银行资本不断集中和垄断，越来越多的国家推进金融自由化，形成了全球金融活动和风险发生机制联系日益紧密的金融国际化进程。

(2) 金融国际化的主要表现

①走向国际化和网络化的金融机构；

②欧洲货币市场的形成和发展；

③金融市场的国际化；

④国际金融业务不断创新与普及。

2. 金融风险的国际化

含义：金融风险在国际间传播。

金融机构的国际化一方面使风险多样化、复杂化，增加外汇风险和国家风险，增大经营不确定性；另一方面，使风险无法控制在一国之内，增强其传染性，增大国外风险和诱发国际性金融危机的可能性。

所有银行相互联系，构成互相交织的债务债权网。一个节点的支付困难都可能导致全面的流动性危机。

3. 金融国际化给金融监管带来的挑战

金融国际化给金融监管带来的挑战具体包括：①各国监管局限于国内。国别化的金融监管相对国际化的金融活动形成监管真空。②金融国际化进程使监管机构面对日益复杂化的金融机构业务，信息劣势不断累积，监管难度增加。③金融创新使表外业务、衍生工具等日渐复杂，现有监管框架难以应对，监管对象大量增加。④分散化的金融监管无法应对逐渐形成金融集团的业务与机构。

4. 金融监管的溢出效应

(1) 溢出过程

监管决策→金融机构在国内的经营行为→该机构在国际上的经营行为→该机构的合作者/交易对手→他国的金融机构。

(2) 溢出效应的影响

监管当局不恰当的监管决策可能会导致全球范围内的金融产出效率降低，资源配置有效性下降。

5. 监管竞争和监管套利（见表 29-9）

表 29-9　监管竞争和监管套利

现象		具体内容
监管竞争	定义	在金融国际化中，为吸引更多金融资源，各国监管者通过放松管制展开竞争
	负面效应	由于监管者可以通过竞争吸引金融资源，而不用直接承担竞争成本和收益，因此有强烈动机进行竞争性的放松管制。过度放松就会引发灾难性后果，例如引发金融危机
	正面效应	使世界范围内的监管标准趋于同一水平
监管套利	定义	被监管方通过在监管制度宽松程度不同的国家之间转移机构和业务实现获利
	负面效应	导致本国的金融监管失效，以及使本国的金融机构无法达到理想竞争状态的数量，降低资源配置效率
	正面效应	使世界范围内的监管标准趋于同一水平

6. 金融监管的国际协调

（1）目前金融监管国际协调的形式

①双边谅解备忘录；

②多边论坛；

③在一致的监管标准下的协调；

④统一监管。

（2）有效的金融监管国际协调可能产生的两个效应

①加强金融的国际化和一体化进行，并为该进程创造良好的金融环境；

②提升国际金融市场的监管效力，维护金融稳定。

考点五：金融监管的国际协调组织（见表 29-10）　★★

表 29-10　金融监管的国际协调组织

分类标准	国际协调组织	具体内容
对成员国无法律约束力	巴塞尔委员会	①建立：1974 年由英格兰银行提议，国际清算银行发起和支持，十国集团央行行长组织成立了银行法规与监管事务委员会，这就是巴塞尔委员会； ②与会代表：各成员国央行或银行监管机构； ③工作重点：弥补监管漏洞，提高监管水平，加强监管指标有效性，改善监管质量； ④基本原则：监管应充分，任一境外银行机构均不能逃避监管； ⑤性质：不具备监管特权，只提倡最佳监管做法
	国际证监会组织（IOSCO）	①建立：创建于 1984 年，共 179 个成员。 ②特点：自律性组织和其他国际组织可以作为联系成员或附属成员加入，几乎所有有证交所的国家都已是其成员。 ③宗旨：a. 以合作促监管，维持市场公平有效； b. 就经验交换信息，促进各国市场发展； c. 共同建立国际证券交易标准，达成有效监管；

续表

分类标准	国际协调组织	具体内容
对成员国无法律约束力	巴塞尔委员会	d. 相互援助，严格执行标准，实现市场一体化。 ④组织结构：主席委员会、执行委员会、自律性组织咨询委员会、两个专业性委员会、四个区域性委员会。 ⑤性质：不具备法律约束力、无强制性、建议性提议
	国际保险监管官联合会(IAIS)	①建立：成立于 1994 年，以促进国际保险监管协调为目标； ②宗旨：a. 以合作促监管，维持保险市场的效率、公平、安全和稳定； b. 共同制定监管标准，推动监管合作，提供成员培训； ③会员组成：宪章会员(成立大会上加入)、新会员(成立大会后加入)； ④组织机构：会员大会、执行委员会、秘书处； ⑤作用：信息交流、制订并推广全球保险监管原则和标准
	金融稳定理事会(FSB)	①建立：在 2009 年 G20 伦敦峰会上建立，秘书处设在国际清算银行。 ②宗旨：推动各国与国际标准指定机构的相关政策连贯协调，维护国际金融稳定性。 ③具体职责：a. 评估并解决金融系统脆弱性； b. 促进各国金融稳定当局的合作； c. 监测市场发展，提出监管建议； d. 提出并监测最佳监管标准； e. 联合国际标准制定机构对政策制定进行联合审查； f. 健全联合监管机制指引； g. 为跨境危机管理机构提出应急管理计划； h. 与国际货币基金组织在早期预警方面合作
对成员国有法律约束力	欧盟	欧盟与北美自由贸易区以国际法或区域法为基础，可对成员国进行统一监管，具有法律约束力
	北美自由贸易区	

考点六：国际金融监管协调的基本内容 ★★

目前国际金融监管协调主要包括：促进监管主体信息交流、加强监管跨国机构并实施并表监管、统一国际监管标准、重点监管金融集团、促进区域性一体化的金融监管。

1. 监管信息的交流和共享

(1)遵循的原则

①监管者必须获得足够信息；

②监管者应对所需信息和与其他监管者的合作保持前瞻性态度，反馈问题具有时效性；

③监管者应及时向金融机构传递信息(包括实施中的政策、信息变动、可能的负面状态、现行及潜在监管行动)；

④主要监管者与其他监管机构的信息共享；

⑤监管者之间建立协议，合作中保持信任。

(2)交流机制的形式

主要有双边合作和多边合作两种形式：

①双边合作：谅解备忘录、双边援助协议、非正式的信息交流及共享；

②多边合作：通过国际监管组织提出建议、建立标准来实现。

2. 有关国际银行的监管范围和监管责任

(1)“第一个巴塞尔协定”

由巴塞尔委员会在1975年提出，首次提议对银行国外机构的监管责任进行划分：

①母国和东道国共同负责银行国外机构的监管；

②不应有任何银行国外机构逃避监管；

③主要由东道国承担银行国外机构流动性监管的责任；

④分行偿付能力的监管由母国负责，国外附属机构(子行)偿付能力的监管由东道国负责；

⑤东道国可以和母国或授权银行监察机构合作，推进信息交流。

(2)《对银行国外机构的监管原则》

由巴塞尔委员会在1983年修订，既要求母国与东道国监管当局进行适当的责任划分，同时要求双方的交流与合作，在机构类型划分、强调合作、关注集团、责任划分上进行了改进。

(3)《对国际银行集团及其境外机构的最低监管标准》

由巴塞尔委员会在1992年制定，为适应银行业新发展，提出了四条最低监管标准。

(4)《跨境银行监管》报告

3. 对跨国金融机构实施并表监管(见表29-11)

表29-11 对跨国金融机构实施并表监管

要点	主要内容
并表监管定义	监管当局对银行集团的总体经营进行监管。“集团”包括子公司、直接分支机构、非银行附属公司、金融附属机构
并表监管主要目的	①保证银行无论在何处经营，都受到监管； ②防止资本双重杠杆； ③保证无论银行集团在何处注册，其经营风险都在全球基础上实施评估控制
并表监管的运用	①巴塞尔委员会针对跨国银行的建议和标准； ②欧盟内部
并表监管不能代表监管合作机制的原因	①并表监管无法杜绝监管套利； ②由于某些国家银行保密法的阻碍，母银行和母国监管当局无法获得所辖银行国外机构的信息； ③没有考虑到东道国的法律以及东道国监管竞争

4. 国际监管标准的建立

巴塞尔委员会：《巴塞尔协议》。

国际证监会组织：信息披露准则。

国际保险监管官联合会：保险公司资产管理业务的监管标准。

5. 对金融集团的监管

金融集团（在至少两个金融部门大规模地提供服务）的出现冲击了传统金融监管体制，造成了一系列监管漏洞，降低了监管有效性。

1993 年初，三大国际组织成立三方小组，对大型金融集团的监管问题展开研究。

1995 年发布《金融集团的监管》，系统化、规范化金融集团的监管问题。

1996 年，三方小组升级为联合论坛。

1999 年公布《多元化金融集团监管的最终文件》，就多元化金融集团的监管原则与方法提出了具体的指导意见，包含四项基本原则：资本充足、适宜性、信息分享以及协调员制度。

6. 欧盟的统一监管

《马斯特里赫特条约》赋予欧洲央行实施货币政策的职能，但没有进行监管、提供流动性支持的职能。金融监管和稳定性维护由各国负责；同时，欧盟介入部分金融监管活动，形成欧盟内部分散监管和统一监管并存的局面。

在欧洲单一市场上，欧盟的金融监管遵循母国原则和最小一体化原则，欧盟的统一监管主要体现在存款保险制度、资本标准和审慎监管三个方面。

考点七：金融监管国际协调展望（见表 29-12）★

表 29-12 金融监管国际协调展望

要点	具体内容
金融监管国际协调的困难	①国家利益至上原则； ②监管政策丧失自主性； ③各国发展水平、发展目标、发展理念不同； ④监管标准的制定落后于发展的需要； ⑤三大国际金融监管组织不拥有实质性的决策和执行权力
金融监管国际协调的发展	①国际监管合作意向加强； ②国际监管范围扩大，包括国家和领域； ③国际监管协调机制不断完善； ④局部领域的统一监管不断推进； ⑤国际监管协调组织发挥越来越重要的作用； ⑥金融集团的合作监管成为关注重点

29.2 课后习题详解

1. 不同的金融监管理论在论证金融监管的必要性时，既有各自不同的侧重点，又有交叉之处，试分析比较。

答：（1）社会利益论

金融监管基本出发点是维护公众利益，而公众利益特点是高度分散化，单个金融机构的风险会分散到金融经济体系中。因此，只能选择构建政府主导的金融体系，或国家授权的机构进行有市场准入门槛的金融监管，通过适度监管来实现提高配置效率和降低管制成本的平衡。

(2)金融风险论

金融业具有高负债率、风险积聚、高收益引导盲目扩张、受公众信心影响大、连锁性、影响范围广的特点，这些特点在一定程度上会导致金融风险。由此可见金融风险与货币制度稳定、宏观经济状况直接关联，必须由权威机构进行监管。

(3)投资者利益保护论

现实中的金融市场实际是不完全竞争市场，存在信息不对称、交易不公平等问题，信息优势方可以谋利及转嫁风险与损失。为保护投资者利益，需要监管当局对信息优势方进行监管、约束，维护投资环境的公平。

(4)管制供求论

该理论的前提认知是：金融监管自身是有供给和需求的商品，由此衍生出管制的供给和需求。管制需求指的是为从监管中获利的人对监管的需要，如金融机构为了限制竞争者、消费者为了获得高质量低成本的金融服务等；管制供给指的是政府为提高自身认可度而提供监管；管制供求双方的力量对比决定了金融市场所实际采取的管制形式与要求。

(5)公共选择论

该理论同样通过供求分析研究监管平衡。其核心思想是管制寻租，监管方与被监管方均试图从监管中谋利，监管方通过“外租”管制以获利，被监管方通过“寻租”管制维护利益，双方的利益均衡造就了金融市场的监管平衡。

综合来看，社会利益论侧重于将监管视作维护公众利益的公共品；金融风险论侧重宏观视角下的金融风险内生性；投资者利益保护论侧重于信息不对称问题；管制供求论和公共选择论虽然都采取“监管供求”视角，但前者侧重于供求双方的力量对比，后者侧重于双方的利益均衡。

2. 结合中国金融监管的现状和未来发展，想一想我国应当如何解决降低监管成本和避免监管失灵的问题。

答：一般来说，金融监管低效率的原因既有可能是金融监管程度不够(监管成本较低)引起的，也有可能是由于金融监管的成本过高引起的。节约监管成本也是提高金融监管效率的一种有效手段。在实现既定的监管目标下，成本最低的金融监管才是最优的金融监管。因此，我国银行监管机构在追求既定的监管目标时不应忽视监管成本的高低，必须认真地进行监管成本—效益分析，努力降低监管成本。

(1)金融监管的成本

①执法成本。这是金融监管当局实施监管过程中产生的成本，表现为该单位的行政预算。监管当局关注监管目标而较少考虑降低成本，导致执法成本过高。

②守法成本。这是金融机构在满足监管要求的过程中额外承担的损失，主要是效率损失，是一种隐性成本。如为了满足法定准备金要求而降低了资金的使用效率；由于监管对金融创新的抑制从而限制了新产品的开发和服务水平的提高等。

③道德风险。a. 投资者相信监管机构的监管效力，因此放松对金融机构的审查、筛

选、监督，只追求获得高收益，导致部分不良机构仍能获得投资者的选择，从而导致整个金融体系的风险增加。b. 监管往往以保护存款人利益为目标，堵塞存款人可能通过挤兑向金融机构经营施压的渠道，存款金融机构无限制地进行高利率竞争，导致人为金融风险。c. 金融机构的守法成本使其追逐高收益资产来弥补损失，相应的高风险将会导致金融体系不稳定。

(2)监管失灵

监管失灵是指虽然政府管制可以在一定程度上纠正市场缺陷，但政府同样也会面临失灵问题，即政府管制并不能必然实现资源的有效配置。

(3)降低监管成本和避免监管失灵的措施

①改革监管成本的负担方式，让被监管者承担一定数量的成本。这正是金融监管借以实现目标的主要手段之一，通过施加监管，使被监管者从事不良活动的成本上升，促使其自发地将自身行为的负外部效应内部化，达到约束被监管者行为的目的。同时，促使其规范经营，减少各种不合规行为。

②加强行业自律，由行业内部承担监管费用。要健全银行业同业组织，完善同业自律制度，充分发挥同业组织的监管职能，使部分行业监管费用由行业内部承担。

③加强对国外先进监管制度的引进。制度是一种公共品，对别的国家设计的先进制度的引进，既可以增加制度资源，同时又可以降低制度设计的成本。

④完善监管制度的实施机制，降低制度的实施和监督成本。要变过去"运动"式的现场检查为制度性的定期现场检查，采取措施消除监管制度实施中的"有法不依、执法不严、违法不究"现象。

⑤注重突出监管重点。将有限的监管资源由全面监管向重点监管集中，以提高监管的效率。当前要突出加强对资产风险和创新业务的监管，即由支付风险监管向资产风险监管转变，由传统业务的监管为主向中间业务和表外业务等创新业务的监管为主转变。

⑥完善监管方式和监管法律体系，以合规性监管为前提，风险性监管为主导；监管目标兼顾安全和效率；健全监管法律体系，既要适应国内金融行业现状，又要满足混业监管过渡期以及内外资金融机构监管并轨的需要，同时加强对金融监管执法工作的监督，避免监管失灵。

当前我国金融业处于混业经营过渡期。我国目前实行"一委一行两会"的金融监管模式，对于完善我国金融监管体系、弥补金融监管缺陷或堵塞金融监管漏洞有重要意义。但之前实行的分业金融监管模式，不仅滞后于金融业创新与发展的现实需要，也滋生了大量金融监管套利行为，引发了资金脱实向虚、加速了金融资产泡沫化、诱发了大量违法违规经营等市场乱象。因此金融监管需要更新监管理念，树立和增强监管中的"效益、市场、系统、持续"意识，改进和完善金融监管责任制的制度安排，优化监管机构内部的人员配置，增强金融监管力量，以提高监管效率，解决监管失灵问题。

3. 我国的金融监管体制与历史文化传统、政治体制、经济发展水平和法制建设等方面存在怎样的联系？

答：(1)金融监管体制与历史文化传统

我国的金融监管体制一直根据实践而改变的，这也符合中国历史文化传统中的"实践论”，通过实践获得理性的认识。改革开放以来，随着中国金融业的迅速发展，出现了多元化的金融机构、多种类的金融工具和金融业务，引进了外资金融机构。实践中单一的监管已经不再能够发挥良好的作用，为了适应这种局面，我国金融业监管经历了从集中统一监管到分业监管的变迁，相应的，金融监管部门也经历了从单一监管机构到多个监管机构的发展。最初，由中国人民银行一家机构负责对整个金融业的监管，但是现在，我国不再只依靠中国人民银行进行监管，而已形成了“一委一行两会”的金融监管模式。

(2)金融监管体制与政治体制改革

从1948年12月1日起，中国人民银行一直行使着国家银行职能，集中力量研究和实施全国金融的宏观决策，加强信贷总量的控制和金融机构间的资金调节，以保持货币稳定作为基本职责。随着政治体制改革，开放程度提高，经济向着市场化推进，中国农业银行、中国银行等机构的建立，中国人民银行开始履行从国家银行向中央银行职能的过渡同时属于国务院组成部门。

(3)金融监管体制与经济发展水平和法制建设

随着中国经济发展变化，金融行业不断发展，监管面临着不同的挑战，由此相关的法制建设对金融行业的监督管理也变得尤为重要。中国工商银行建立后，中国人民银行开始专门行使中央银行职能，从此，中国的中央银行体制开始确立并不断发展。大致来说，我国中央银行与金融监管体制的改革经历了五个阶段：

第一阶段：从1984年开始，中央银行以金融调控为主要目标，围绕稳定货币与经济增长的关系开展工作，存款准备金、再贷款、再贴现成为最主要工具，而此时的经济发展目标就是支持和促进国民经济稳定发展。

第二阶段：从1992年开始，随着中国经济发展势头向好，金融行业发展迅速，金融机构的不断增多，证券市场的发育、信托机构等的存在，银行和保险业的竞争，尤其是宏观金融失控和金融秩序混乱的状况，使得金融监管的重要性逐渐提高，而且“立法”监管变得重要且有效。1992年8月，国务院决定成立证券委和中国证监会，将证券业的部分监管职能从人行分离出来。1995年《中华人民共和国中国人民银行法》颁布实施，首次以国家立法的形式确立了中国人民银行作为中央银行的地位，明确其基本职责是：在国务院领导下，制定与实施货币政策，并对金融业进行监督管理。

第三阶段：从1998年开始，针对亚洲金融危机的严重局势和中国经济金融实际情况，党中央、国务院决定对我国金融体制进行重大改革，其标志性的改革是建立跨省区的中国人民银行分行，实施中国人民银行与证监会、保监会的分业监管，来应对中国经济发展迅猛带来的金融行业分化快速，监管存在真空的问题。1998年，在商业银行和人民银行与所办证券公司、保险公司、信托公司等经济实体彻底脱钩，银行、证券、保险和信托实现分业经营的基础上，中国人民银行的监管职能又做了进一步调整。先是于1998年6月将对证券机构的监管职能移交给证监会，后又于11月将对保险业务、保险机构和保险市场的监管职能分离出去，移交同年成立的中国保险监督管理委员会。至此，银行、证券、保险实现了分业监管。从1998年到2003年，中国人民银行对银行业的监管是按照银行的产权性质分设监管部门(依照国有银行、股份制银行、信用合作社、非银行金融机构和外资银行来分别设立)。

第四阶段：2003 年，十届全国人大一次会议决定，中国人民银行不再承担有关金融监管职能，批准国务院成立中国银行业监督管理委员会。至此，我国建立了银监会、证监会和保监会分工明确、互相协调的金融分工监管体制。

第五阶段：2018 年，以整合银监会和保监会为基础，成立中国银行保险监督管理委员会，简称银保监会；同时将原归属于中国银监会和中国保监会的职责——拟定银行业和保险业重要法律法规草案、拟定审慎监管基本制度——划入中国人民银行。形成监管权限高度集中于中央政府的集权多头式监管。

目前，实行混业监管的金融制度，主要是为了减少由监管主体协调不当而造成的危机和市场乱象，提高监管效率。随着我国证券市场的逐渐成熟和商业银行的运作规范化，以及金融业内各行业间将相互开放、相互进入的金融发展格局，可以借鉴国际经验，逐步创建统一的金融监管机构。

(4) 金融监管体制未来方向

金融监管制度必须建立在市场运行法则的基础上才能达到效率和稳定性兼顾的目的。金融环境是复杂多变的，经济发展的不同阶段金融活动的特征亦是不同的，因而监管制度应该能在发展变化的环境中自我调整、自我适应，既要防止监管松懈带来的风险扩大化，又要避免不计成本的监管带来的负面效应。实施具有弹性的监管策略，就是依据经济、金融发展状况，适时变革金融监管制度，不断提高金融监管的有效性。

4. 监管当局的监管、行业自律和金融业的内部管理，这三者之间的相互关系应该怎样理解？

答： 金融行业自律，是金融业自我管理、自我规范、自我约束的一种民间管理方式。它可以提高行业内部的管理，有效地避免各主体之间的不正当竞争，规范其行为，促进彼此的协作，与官方金融监管机构一起来维护金融体系的稳定与安全，因此，行业自律也是金融监管的一个重要方面。

金融机构内部管理控制制度，是防范金融风险与危机的基础性、根本性制度，是金融机构稳健经营的前提。各国的监管经验表明，金融监管当局的外部监管手段只是作为金融机构内控不足的补充，控制风险的根本措施还要靠内控制度。

政府监管与行业自律监管相结合是指在加强政府主管机构对金融业监管的同时，也要加强从业者的自我约束、自我教育和自我管理。政府对金融市场的监管是一种外部监管，金融从业者的自我约束则属于金融机构的内部管理，单纯的外部监督并不一定能实现良好的监管效果，加强金融机构的自律管理可以减轻监管机构的负担，提高市场监管效率。政府监管与自我管理相结合的原则是世界各国共同奉行的原则。

5. 与《巴塞尔协议》相比，《巴塞尔协议Ⅱ》有哪些重大的变化？试分析这些变化将对银行业的经营管理产生何种影响？

答： (1) 与《巴塞尔协议》相比，《巴塞尔协议Ⅱ》的重大变化

与 1988 年的《巴塞尔协议》相比，《巴塞尔协议Ⅱ》的内容更加广泛、更加复杂，它摒弃了以往一刀切的资本监管方式，提出了计算资本充足率的几种不同方法，供各国选择。《巴塞尔协议Ⅱ》在以下几个方面有重大创新：①除最低资本充足率 8% 的数量规定以外，

《巴塞尔协议Ⅱ》提出了监管部门监督检查和信息披露两方面要求，从而构成了《巴塞尔协议Ⅱ》的三大支柱；②除计算信用风险的标准法外，《巴塞尔协议Ⅱ》允许风险管理水平较高的银行使用自己的内部评级体系计算资本充足率；③在计算信用风险的标准法中，采用评级公司的评级结果确定风险权重，废除以往以是否为经济组织成员来确定风险权重的不合理做法；④把操作风险纳入资本监管。

(2)对银行业的经营管理的影响

①改变了商业银行经营管理的战略思想。《巴塞尔协议Ⅱ》对商业银行的资本提出了更高的要求，并为商业银行的资本充足率的计算给出了明确方法。使商业银行由重视资产总值转变为重视资本和资产的比率。从扩张性的经营战略转化为谨慎性的经营战略。由过度注重银行的短期盈利性发展到较多地关注流动性和安全性。《巴塞尔协议Ⅱ》为各国商业银行建立和完善内部评级体系指明了方向。《巴塞尔协议Ⅱ》的核心内容是内部评级法(IRB法)，允许管理水平高的银行采用 IRB 法计算资本充足率，从而将资本充足率与银行信用风险的大小紧密结合起来。

②拓宽了管理的对象。传统的资产负债管理一般只局限于对资产负债表表内项目业务的控制。而不涉及表外业务的监督，这使商业银行所面临的表外业务风险被忽视。协议开发了能兼容表内外业务的监管系统，解决了如何统一管理表外业务的难题。使商业银行的管理对象从表内业务拓展到表内业务和表外业务并行。

③改变了商业银行管理措施的着力点。长期以来，商业银行一系列管理措施的着力点都集中在如何筹措资金和扩大市场份额上。协议的颁布和实施，将人们注意的焦点引向了资本与风险资产的比率之上，如何不断增加资本、提高资本的充足比率已成为各国商业银行一系列管理措施的着力点。

④更加全面的资本管理理念。从微观上讲，《巴塞尔协议Ⅱ》对银行面临的信用风险、市场风险和操作风险均提出了配置相应资本的要求。从宏观上讲，鉴于银行自律管理的有限性，《巴塞尔协议Ⅱ》强调监管当局的准确评估和及时干预，强调银行资本管理的透明度和市场约束。《巴塞尔协议Ⅱ》的最大特点和创新之处就在于第一次真正地将资本管理和风险管理挂起钩来，银行不再是被动地去满足最低资本充足率的要求，而是从强化内部风险管理着手，实现资本水平和风险水平的合理匹配。

6. 从《巴塞尔协议》到《巴塞尔协议Ⅱ》，再到《巴塞尔协议Ⅲ》，说明在国际金融监管中发生了哪些变化？这些变化所产生的背景是什么？

答：(1)国际金融监管中发生的变化

①要求建立完整的资本监管框架。新资本协议明确了商业银行保持资本充足的责任，建立了资本充足率监管的程序和标准，强化了资本监管的有效性，并强调了以市场力量来约束银行的经营行为，提升市场约束的效果，从而形成了《巴塞尔协议Ⅱ》的“三大支柱”。

②改进资本充足率的计算方法。《巴塞尔协议Ⅱ》摒弃了 1988 年资本协议的单一做法。银行可根据其风险管理水平，在外部评级法和内部评级法中选择，风险管理水平较高的选择内部评级法，风险管理水平较低的选择外部评级法。

③扩大风险覆盖种类。1988 年版的资本协议只对信用风险进行资本监管，《巴塞尔协议Ⅱ》将操作风险纳入资本监管。

④拓宽资本充足率监管的适用范围。近年来银行间产权关系日趋复杂，《巴塞尔协议Ⅱ》进一步强调了并表监管，以消除由于银行集团内部相互持股造成银行资本充足率高估的影响，将资本充足率的监管范围扩大到银行集团内部不同层次的商业银行和银行集团的持股公司。

⑤各国监管机构对于银行资本状况的监管方式和重点出现了重要变化，监管规则更加灵活、更加动态化。旧协议局限在基于银行过去和现在的资产负债情况，监测由其反映的风险水平，衡量资本充足率是否符合量化的审慎标准，实际上是一种静态的风险监管，具有较强的"合规性"色彩。《巴塞尔协议Ⅱ》转向了审查银行的风险管理体系是否完善、合理和有效，关注的是银行如何度量和管理风险及其管理能力，监管重点从原来的单一的最低资本充足水平转向银行内部的风险评估体系的建设状况上来。而且，《巴塞尔协议Ⅱ》更加强调各国监管当局结合各国银行业的实际风险对各国银行进行灵活的监管。这主要是巴塞尔委员会注意到不同国家的具体金融环境和体制差异，因而开始强调各国监管机构承担更大的责任。《巴塞尔协议Ⅱ》中，许多风险衡量的水平和指标需要各国监管当局根据实际状况确定，可以自主确定不低于8%的最低资本充足率。

可以这样说，《巴塞尔协议Ⅱ》更全面、更敏感地反映了商业银行面临的各种风险，代表了风险管理技术和监管手段的发展趋势，进一步强化了风险监管的理念，有助于促进银行体系的安全稳健运行和公平竞争。

(2)《巴塞尔协议Ⅱ》出台的背景

《巴塞尔协议Ⅱ》出台时，国际银行业的运行和监管环境有如下变化：①操作风险和市场风险加剧，但《巴塞尔协议》只考虑了信用风险，没有考虑市场风险和操作风险；②亚洲金融危机的爆发和蔓延；③风险衡量和定价方面的技术进步。

《巴塞尔协议Ⅱ》草案相对《巴塞尔协议》更复杂、更全面，实现了资本充足率评估与银行风险的进一步结合，能够更好地反映银行面临的风险，同时提出"三大支柱"，即最低资本要求、监管当局监管、市场纪律，与资本充足率标准相互补充，从而有效提升了金融体系的安全性和稳定性。

(3)《巴塞尔协议Ⅲ》

《巴塞尔协议Ⅲ》产生的背景：2007年的国际金融危机暴露了金融体系与金融监管中的重大制度性缺陷。

《巴塞尔协议Ⅲ》的变化：在延续以往《巴塞尔协议》以风险为本的监管理念的基础上，拓宽了银行风险理解，采用微观审慎与宏观审慎相结合的监管制度模式。

相较于以往的《巴塞尔协议》，《巴塞尔协议Ⅲ》对关注方向进行了调整：

①从单一银行资产方向关注资产负债表所有要素扩展，特别对资产方与负债方的期限匹配提出要求；

②关注金融体系整体的稳定性，要求系统性风险较大的业务与机构具有更高的资本和流动性；

③不仅关注金融体系是否稳健，还注重金融与实体经济的联系，引入逆周期因子。

相比以往的《巴塞尔协议》，《巴塞尔协议Ⅲ》修补了对银行抗冲击能力和逆周期调节能力的要求：

①更加强调资本吸收损失的能力：提高一级核心资本充足率；要求4.5%的最低核心资本，2.5%的留存资本缓冲和0~2.5%的逆周期资本缓冲；

②引入杠杆率监管，加强逆周期调节：在衡量资本充足程度时采用表内外资产简单加总代替风险加权资产；

③建立宏观审慎监管框架：对系统重要性金融机构加强监管，规避“大而不能倒”的金融机构所带来的道德风险和系统性风险；

④流动性监管：对压力情形下的流动性监管加强关注，提防流动性危机。

7. 就金融国际化论证对金融监管国际协调的必要性。

答： 就金融国际化角度来看，金融监管国际协调的必要性表现在以下几个方面：

(1)金融风险的国际化需要金融监管的国际协调

金融风险的国际化指的是金融风险在国际间传播。

金融机构的国际化一方面使风险多样化、复杂化，增加外汇风险和国家风险，增大经营不确定性。另一方面，使风险无法控制在一国之内，增强其传染性，增大国外风险和诱发国际性金融危机的可能性。

所有银行相互联系，构成互相交织的债务债权网，一个节点的支付困难都可能导致全面的流动性危机。

只有通过国际间的金融监管协调，才能更好地应对国际化的金融风险，防范金融风险的产生与扩散，在全球范围内构建安全稳定的金融体系，维持全球金融市场的稳定运行。

(2)金融国际化给金融监管带来了挑战，需要金融监管的国际协调

无论金融国际化的程度到达哪一层次，对于一国的金融监管当局而言都是严峻的挑战。

①各国监管局限于国内，国别化的金融监管相对国际化的金融活动形成监管真空。

②金融国际化进程使监管机构面对日益复杂化的金融机构业务，信息劣势不断累积，监管难度增加。

③金融创新使表外业务、衍生工具等日渐复杂，现有监管框架难以应对，监管对象大量增加。

④分散化的金融监管无法应对逐渐形成金融集团的业务与机构。

这意味着各国的监管部门必须加强协调与合作，否则，无论是对个别国家还是对整个国际金融市场都有可能带来消极的影响。

(3)金融监管的溢出效应要求国际金融监管协调

不同于封闭世界中各国只需要考虑本国情形来制定监管政策，在一个开放的世界中，由于国与国之间的金融联系日渐紧密，金融监管也将在金融国际化的进程中显现出明显的溢出效应。溢出效应的过程指的是：一国的监管决策通过对金融机构在国内的经营行为形成影响，进一步影响该机构在国际上的经营行为，从而对该机构的合作者/交易对手产生影响，最终使他国的金融机构也受到该决策的作用。这样的溢出效应作用过程意味着监管当局不恰当的监管决策可能会导致全球范围内的金融产出效率降低，资源配置有效性下降。为解决这些负面效应，各国的监管当局之间应就相互联系达成了解，在政策上主动加强相互协调。

(4)监管竞争和监管套利的存在要求国际金融监管协调

一方面，在金融国际化中，为吸引更多金融资源，各国监管者通过放松管制展开竞争，导致政策趋向宽松，不利于达成监管目标，过度放松有可能引发金融危机；另一方面，被监管方通过在监管制度宽松程度不同的国家之间转移机构和业务实现监管套利，降低相关国家的资源配置效率。监管竞争和监管套利都不利于监管的有效性，只有通过各国监管当局之间的协调才能避免部分负面影响。

8. 弄清金融监管溢出效应、监管竞争和监管套利这些概念的内容，把握金融监管国际协调的复杂性，理解金融监管国际协调面临的困难。

答：(1)金融监管的溢出效应、监管竞争和监管套利

溢出效应：不同于封闭世界中各国只需要考虑本国情形来制定监管政策，在一个开放的世界中，由于国与国之间的金融联系日渐紧密，金融监管也将在金融国际化的进程中显现出明显的溢出效应。溢出效应的过程指的是：一国的监管决策通过对金融机构在国内的经营行为形成影响，进一步影响该机构在国际上的经营行为，从而对该机构的合作者/交易对手产生影响，最终使他国的金融机构也受到该决策的作用。这样的溢出效应作用过程意味着监管当局不恰当的监管决策可能会导致全球范围内的金融产出效率降低，资源配置有效性下降。

监管竞争：在金融国际化中，为吸引更多金融资源，各国监管者通过放松管制展开竞争。

监管套利：被监管方通过在监管制度宽松程度不同的国家之间转移机构和业务实现获利。

(2)金融监管国际协调的复杂性

双边的金融监管协调缺乏一种稳定的机制予以保障。谅解备忘录要么流于形式，要么只有一些零散的信息交流活动。多边的国际协调主要靠国际性的监管组织，而这些组织的权力有限；它们通过的决议、原则、标准对成员国并没有法律约束力，有时流于理念上的探讨。即使在欧盟，虽然实现了部分的统一监管，但金融监管权力却仍然分散在各国监管当局手中。

(3)金融监管国际协调面临的困难

①各国遵循国家利益至上的原则，在国际经济金融关系中将本国利益摆在首位。金融监管国际协调过程中，各国可能因为违背协调所带来的更大收益放弃合作或采取违约行为，而现行的国际监管机制无法对违约者做出惩罚，导致国际协调中放弃合作的低成本低损失。

②金融监管的国际协调意味着监管政策自主性丧失，各国面临的市场状况在现实中往往并不相同，统一标准意味着灵活性的缺失，不利于各国实现自己的监管目标，国际协调在一定程度上导致了各国自身的监管权力缺失，部分权利被让渡，使达成协调困难程度增加。

③各国发展水平、发展目标、发展理念不同，这使得参与协调的各方对协调结果的要求无法达成完全统一，尤其是发展中国家与发达国家所处的经济发展阶段不同，所追求的监管目标和监管效力也不同。同时，各国不同的法律制度也对国际协调的最终达成造成了阻碍。

④监管标准的制定落后于发展的需要，若为了达成协调采取参与各国的最低标准，发

展程度更高的国家无法达成合理的监管程度，监管的有效性被降低。另一方面，各国的利益不一致，发展目标不一致，金融体系的发展程度不一致，使得监管竞争与套利无法根除，国际协调的时间成本信息成本等过高，无法达成贴合各国情况的满意结果。

⑤三大国际金融监管组织不拥有实质性的决策和执行权力，本质上仍是提出建议的国际论坛，也无法通过国际援助或制裁进行施压，无法在实质上强制施行决策。

9. 虽然金融监管国际协调面对种种困难和阻力，但总的说来是不断发展的趋势，这意味着存在合作的共同基础。试加以分析。

答：金融监管国际协调虽然面临种种困难和阻力，随着金融国际化程度的不断推进，加强金融监管国际协调的需求会越来越强烈，现代金融的国际协调和统一化发展趋势将不断加强，监管的标准规则、信息技术以及机构体系的统一化也将得到提升，局部的统一监管局面将继续推进、扩展，全球金融监管则将进入全面协调和统一监管并存的格局。

（1）国际金融监管存在和发展的基础

①随着各国金融的不断发展和深入，金融业得到了迅猛的发展。但是，金融风险也日益暴露。金融机构的良好运行与整个国民经济息息相关，一旦发生经营失败或是危机，则会对整个国民经济带来不良影响，甚至引起社会动乱。各国金融风险的长期积聚则可能演化为金融危机，直接导致经济的衰退甚至酿成社会危机。因此金融监管成为各国保证经济和金融发展的重要举措。

②金融机构的集团化和业务综合化，促使全球金融的联系日益加强。金融集团复杂的业务结构和风险结构本身就使金融监管极为困难。此外许多国家实施的分散化的金融监管，使如何对进入本国的国际金融集团和本国进行跨国经营的金融集团实施全面有效的监管成为一个亟待解决的问题。

③随着金融自由化和金融创新的不断发展，金融竞争加强提高了金融体系的效率，同时也促进了世界经济与金融全球化的发展。在国际金融市场之间形成了高度的依存关系，增大了国际金融市场的风险，而广泛使用的金融衍生工具更是推波助澜，使得国际金融的不稳定性日渐突出，金融体系的脆弱性进一步加深。

④国内金融的发展促使金融风险日益受到关注，而国际金融市场的联系日益增强。各种金融风险在国与国之间，地区与地区之间的扩散也越来越广泛。一国孤立的实施监管，即使是最严格的监管也难以完全防范国内金融体系的风险。1997 年亚洲金融危机的爆发使各国的监管当局认识到在金融全球化联系不断加强的背景下，金融监管只有采用合作发展的方式才能抵御全球范围内金融风险的爆发和蔓延。

⑤金融国际化给金融监管带来的挑战实际是促使各国监管机构进行合作的基础。

a. 在金融活动和金融机构的国际化与金融监管的国别化之间，矛盾日益加深，造成监管真空的危险。

b. 金融国际化加大了监管者和被监管者之间的信息差异。

c. 国际金融业务的创新不断突破现有的金融监管框架，使得监管机构面临崭新的监管对象。

d. 金融机构的集团化和业务综合化与金融监管分散化之间的矛盾。

所以，金融监管国际协调尽管面临种种困难和阻力，仍具有不断发展的趋势。

（2）金融监管国际协调的发展趋势

①金融监管的国际协调在国际金融领域的作用不断增强，金球范围的监管合作意向越来越强，金融监管的国际协调将成为国际经济关系中一种重要的常规制度安排。

②金融监管国际协调的范围将扩大：a. 越来越多的国家将加入金融监管的国际协调体系中来，新兴市场国家将在金融监管的国际协调中发挥重要作用；b. 金融监管国际协调的领域将不断扩大，协调的内容将不断扩充。

③国际金融监管协调机制将不断完善。国际社会将在不断完善现有的协调机制的基础上，向建立统一的标准迈进；制度性框架和监管将日益成为各国金融经济发展的约束条件。

④世界范围内某些领域的统一监管将取得进展。在国际范围内，由于国家众多及金融发展水平的不一致，全面地实现统一监管存在很大的困难，但是在局部领域实现统一监管还是有可能的。巴塞尔委员会提出的资本标准正在被大多数国家所接受，这实际上就是统一监管的一个雏形。至于区域性的统一监管，在欧盟也将逐步推进。

⑤国际社会对金融监管协调的重视将使得现有的国际金融监管协调组织发挥越来越重要的作用；各国也将对这些国际协调组织提出一些新的要求，它们的组织结构和监管架构可能会做出一些相应的调整。此外，随着这些监管协调组织在国际金融监管中发挥的作用日益增强，金融实力强大的发达国家出于保护本国金融利益的考虑，将会更加介入这些国际金融协调组织。

⑥金融业务的融合和金融集团化发展是现代金融发展的一个趋势，与此相对应，金融集团的合作监管将成为金融监管国际协调的重点。这也会推动对所有金融业务监管实施统一协调的国际性组织的建立。现有的巴塞尔委员会、国际证监会组织、国际保险监管官联合会的国际协调组织格局也可能向统一性的协调组织方向演化。

10. 你是否知道我国参与金融监管国际协调的情况？

答：金融国际化已成为世界金融发展不可逆转的趋势，如果中国金融业想在世界金融业占有一席之位，必须顺应金融国际化的潮流，使我国的金融制度、监管方式与国际惯例接轨，中国政府与监管当局清醒地认识到了这一点，已经逐步开始与国际社会在金融领域的协调与合作。

中国于 1996 年加入国际清算银行，这使得我国能及时了解国际金融界主要决策者的政策取向，更好地把握国际金融体系与国际金融市场的重要动态，扩大我国金融监管人员与国际银行监管人员之间的亲密合作，促进我国金融业监管水平的提高。虽然中国不是巴塞尔委员会的成员，但是我国这些年来一直以《巴塞尔协议》为指导，加强对银行业的监管，并在制定 1997 年有效银行监管的核心原则的过程中作为联合小组的成员发挥了积极的作用。

中国还不断加强与国际证券市场及其监管机构的交流与合作。自 1993 年 6 月至今，中国证券监督管理委员会已与香港特别行政区、美国、新加坡等 24 个证券监管机构签署了监管合作备忘录。中国证监会还于 1995 年 7 月 11 日加入了国际证券事务监察委员会组织，并于 1998 年当选为该组织的执行委员会成员。在此期间，中国证监会积极履行相关义务，并引进了 IOSCO 的监管目标、原则和理念，用以规范中国的证券市场。

2000 年中国保险监督管理委员会加入国际保险监管官联合会，进一步加强了我国保险业与国际保险组织的联系与合作。

此外，我国于 1980 年分别恢复了在世界银行和国际货币基金组织的合法席位，又于 1986 年加入亚洲开发银行，与 IMF、世界银行集团及亚洲开发银行等国际金融组织建立了良好的合作关系，业务往来十分频繁。

我国与这些国际金融组织在银行业务、防范金融危机等重要问题上也进行了积极的交流与探讨，加强了协调与合作。这些为我国加强与其他成员国进行双边与多边协调合作打下了良好的基础。但是，我国在金融监管和国际协调与合作方面还属于初级阶段，需要继续不断地加以深化。

11．对于金融监管国际协调的国际组织、金融监管国际协调的层次这些距离日常生活较远的事务，可以从哪些途径获取相关信息？

答：可以通过访问下列网站获取金融监管国际协调的相关信息：

国际清算银行：www. bis. org

国际证监会组织：www. iosco. org

国际保险监管官联合会：www. iaisweb. org